发动机3

发动机4

发动机5

发动机6

发动机7

传动1

传动2

传动4

传动系3

传动系5

电动助力转向器

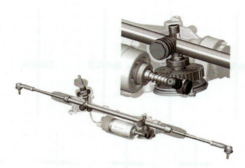
电动助力转向器2

变速器1

变速器2

变速器3

变速器4

悬架1

悬架2

悬架3

悬架4

悬架5

悬架6

悬架7

安全气囊

安全气囊2

安全气囊3

安全气囊4

ABS

电动车窗

制动器

转向系统和悬架系统

空调系统

高等院校汽车类创新型应用人才培养规划教材

汽车构造(第 2 版)

主　编　肖生发　赵树朋
副主编　冯　樱　郭一鸣　杨宗田
参　编　韩同群　白庆华
主　审　明平顺

内 容 简 介

本书在保持第1版的基本体系和内容的基础上，主要介绍汽车发动机、汽车底盘各系统的组成和工作原理，详细分析各总成和部件的结构，并增加了对"新能源汽车"的介绍。

本书的编写特色体现在实用、够用和有新意上。注重理论基础知识与工程实践应用的结合；以基本知识点为纲，结合国内外典型汽车实例介绍汽车的结构与工作原理；以轿车内容为主，介绍近年来已成熟的新结构、新技术。本书对部分汽车零部件名称做了英文标注。

本书是湖北汽车工业学院创建的国家精品课程"汽车构造"的配套参考教材，可作为高等院校汽车工程类各专业的教材，也可作为高职高专、成教汽车工程类各专业的教材，还可以作为汽车产业工程技术人员、公路运输行业工程技术人员的参考书和汽车爱好者的读本。

与本书配套的《汽车构造学习指导与习题详解》也由北京大学出版社出版。

图书在版编目(CIP)数据

汽车构造/肖生发，赵树朋主编. —2版. —北京：北京大学出版社，2012.7
（高等院校汽车类创新型应用人才培养规划教材）
ISBN 978-7-301-19907-7

Ⅰ. ①汽… Ⅱ. ①肖…②赵… Ⅲ. ①汽车—构造—高等学校—教材 Ⅳ. ①U463

中国版本图书馆CIP数据核字(2011)第260365号

书　　　名：	汽车构造(第2版)
著作责任者：	肖生发　赵树朋　主编
责任编辑：	童君鑫
标准书号：	ISBN 978-7-301-19907-7/TH·0278
出　版　者：	北京大学出版社
地　　　址：	北京市海淀区成府路205号　100871
网　　　址：	http://www.pup.cn　http://www.pup6.cn
电　　　话：	010-邮购部 62752015　发行部 010-62750672　编辑部 010-62750667
电子邮箱：	pup_6@163.com
印　刷　者：	北京虎彩文化传播有限公司
发　行　者：	北京大学出版社
经　销　者：	新华书店
	787毫米×1092毫米　16开本　29印张　彩插2　681千字
	2006年8月第1版
	2012年7月第2版　2021年8月第4次印刷
定　　　价：	69.00元

未经许可，不得以任何方式复制或抄袭本书之部分或全部内容。
版权所有，侵权必究　　举报电话：010-62752024
　　　　　　　　　　　电子邮箱：fd@pup.pku.edu.cn

第 2 版前言

本书是北京大学出版社 2006 年出版的《汽车构造》教材的修订版。

本书在保持第 1 版的基本体系和内容的基础上，主要在以下方面进行了修改。

（1）调整和改写了部分章节内容。根据教学实践，为更好地协调各章节内容，对部分章节进行了调整，如合并了第 1 版的第 9 章和第 10 章，删除了第 22 章。改写了部分章节内容，如第 2 章、第 9 章、第 12 章、第 13 章等。

（2）增加了一些新内容。如增加了对"新能源汽车"的介绍，以及"双离合变速器"、"电控机械自动变速器"、"线控电动转向系统"、"车辆稳定性控制系统"等内容。

本书编写特色体现在实用、够用和有新意上。注重理论基础知识与工程实践应用的结合；以基本知识点为纲，结合国内外典型汽车实例介绍汽车的结构与工作原理；以轿车内容为主，介绍近年来已成熟的新结构、新技术。本书对部分汽车零部件名称做了英文标注。

本书是湖北汽车工业学院创建的国家精品课程"汽车构造"的配套参考教材，可作为高等院校汽车工程类各专业的教材，也可作为高职高专、成教汽车工程类各专业的教材，还可以作为汽车产业工程技术人员、公路运输行业工程技术人员的参考书和汽车爱好者的读本。

本书由湖北汽车工业学院肖生发教授任第一主编，河北农业大学赵树朋副教授任第二主编，湖北汽车工业学院冯樱教授、郭一鸣博士、河南工业大学杨宗田副教授任副主编，湖北汽车工业学院韩同群教授、河北农业大学白庆华参编。全书由肖生发统稿，武汉理工大学汽车工程学院明平顺教授任主审。参加本书编写的有肖生发（绪论，第 2、9、10、19 章）、赵树朋（第 4、5、8 章）、冯樱（第 11、12、13、14 章）、郭一鸣（第 15、20、21 章）、杨宗田（第 1、3、17、18 章）、韩同群（第 6、7 章）、白庆华（第 16 章）。全书英文标注由郭一鸣编写。

本书在编写过程中，得到了东风乘用车公司、东风股份汽车公司、东风襄樊旅行车公司、东风汽车有限公司、神龙汽车公司、长城汽车公司等单位有关同志的大力支持和帮助，谨此一并致谢。

因编者水平有限，疏漏和不足之处在所难免，恳请广大读者批评指正。

编 者
2012 年 4 月

目 录

绪论 …………………………………… 1
  0.1 国内外汽车工业发展概况 ………… 1
      0.1.1 汽车的诞生与发展 ………… 1
      0.1.2 世界汽车工业的发展 ……… 3
      0.1.3 中国汽车工业的发展 ……… 7
  0.2 汽车定义及组成 …………………… 10
      0.2.1 汽车定义 …………………… 10
      0.2.2 汽车组成 …………………… 10
  0.3 汽车分类及代号 …………………… 11
      0.3.1 汽车分类 …………………… 11
      0.3.2 汽车产品型号规则 ………… 13
      0.3.3 汽车代号 …………………… 14
  思考题 ………………………………… 15

第1章　汽车发动机的基本知识 ……… 16
  1.1 概述 ………………………………… 16
      1.1.1 发动机的发展 ……………… 16
      1.1.2 发动机的分类 ……………… 17
      1.1.3 发动机基本结构与术语 …… 18
  1.2 四冲程发动机的工作原理 ………… 20
      1.2.1 四冲程汽油机工作原理 …… 20
      1.2.2 四冲程柴油机工作原理 …… 21
      1.2.3 汽油机和柴油机的比较 …… 22
  1.3 发动机的总体构造与内燃机型号
      编制规则 …………………………… 23
      1.3.1 发动机的总体构造 ………… 23
      1.3.2 内燃机名称及型号编制
            规则 ………………………… 25
  1.4 发动机的性能指标 ………………… 26
      1.4.1 动力性指标 ………………… 27
      1.4.2 经济性指标 ………………… 27
      1.4.3 环境指标 …………………… 27
      1.4.4 可靠性指标和耐久性
            指标 ………………………… 28
  思考题 ………………………………… 29

第2章　曲柄连杆机构 ………………… 30
  2.1 概述 ………………………………… 30
      2.1.1 工作条件 …………………… 30
      2.1.2 受力分析 …………………… 31
  2.2 机体组 ……………………………… 31
      2.2.1 气缸体 ……………………… 32
      2.2.2 气缸盖与气缸盖衬垫 ……… 35
      2.2.3 油底壳 ……………………… 37
  2.3 活塞连杆组 ………………………… 37
      2.3.1 活塞 ………………………… 37
      2.3.2 活塞环 ……………………… 40
      2.3.3 活塞销 ……………………… 44
      2.3.4 连杆 ………………………… 45
  2.4 曲轴飞轮组 ………………………… 47
      2.4.1 曲轴 ………………………… 47
      2.4.2 扭转减振器 ………………… 52
      2.4.3 飞轮 ………………………… 53
  2.5 发动机的悬置 ……………………… 53
  思考题 ………………………………… 54

第3章　配气机构 ……………………… 55
  3.1 概述 ………………………………… 55
      3.1.1 发动机换气 ………………… 55
      3.1.2 充气效率 …………………… 56
      3.1.3 配气相位 …………………… 57
  3.2 配气机构布置形式及组成 ………… 58
      3.2.1 布置形式 …………………… 58
      3.2.2 气门组 ……………………… 62
      3.2.3 气门传动组 ………………… 65
  3.3 可变配气机构 ……………………… 69
      3.3.1 气门可变机构 ……………… 69
      3.3.2 配气定时（配气相位）
            可变机构 …………………… 70

3.3.3 气门定时和升程可变机构 …… 71

思考题 …… 72

第4章 化油器式汽油机供给系统 …… 73

4.1 概述 …… 73
 4.1.1 汽油的基本特性 …… 73
 4.1.2 汽油机对燃料供给系统的要求 …… 74
 4.1.3 汽油机燃料供给系统的组成 …… 74
 4.1.4 可燃混合气的形成 …… 75

4.2 化油器 …… 80
 4.2.1 主供油系统 …… 80
 4.2.2 其他供油系统 …… 81

4.3 汽油供给装置 …… 85
 4.3.1 汽油箱 …… 85
 4.3.2 汽油泵 …… 87
 4.3.3 汽油滤清器 …… 88

思考题 …… 88

第5章 电控汽油喷射系统 …… 90

5.1 概述 …… 90
 5.1.1 电控汽油喷射系统的优点 …… 90
 5.1.2 系统的组成与分类 …… 91

5.2 电控汽油喷射系统组成及工作原理 …… 98
 5.2.1 汽油供给系统 …… 98
 5.2.2 空气供给系统 …… 102
 5.2.3 电子控制系统 …… 105

5.3 汽油缸内直喷系统 …… 108
 5.3.1 工作原理 …… 108
 5.3.2 典型结构 …… 109

思考题 …… 110

第6章 柴油机燃料供给系统 …… 112

6.1 概述 …… 112
 6.1.1 柴油的基本特性 …… 112
 6.1.2 柴油机对燃料供给系统的要求 …… 114
 6.1.3 柴油机燃料供给系统的组成 …… 115
 6.1.4 可燃混合气形成的影响因素与燃烧室 …… 116

6.2 喷油器 …… 119
 6.2.1 功用与分类 …… 119
 6.2.2 孔式喷油器 …… 119
 6.2.3 轴针式喷油器 …… 121

6.3 喷油泵 …… 121
 6.3.1 功用与分类 …… 121
 6.3.2 柱塞式喷油泵 …… 122
 6.3.3 转子分配式喷油泵 …… 131

6.4 调速器 …… 135
 6.4.1 功用与分类 …… 135
 6.4.2 两极式调速器 …… 136
 6.4.3 全程式调速器 …… 140

6.5 柴油供给装置 …… 146
 6.5.1 柴油滤清器 …… 146
 6.5.2 油水分离器 …… 147
 6.5.3 输油泵 …… 147

思考题 …… 149

第7章 电控柴油喷射系统 …… 150

7.1 概述 …… 150
 7.1.1 电控柴油喷射系统的发展 …… 150
 7.1.2 系统组成与分类 …… 151

7.2 电控柴油喷射系统组成 …… 151
 7.2.1 电控直列泵 …… 151
 7.2.2 电控分配泵 …… 153
 7.2.3 电控单体泵 …… 155
 7.2.4 电控泵喷嘴 …… 156

7.3 共轨柴油喷油系统 …… 157
 7.3.1 工作原理 …… 157
 7.3.2 典型结构 …… 159

思考题 …… 163

第8章 进、排气系统及排气净化装置 …… 164

8.1 进气系统 …… 165

8.1.1　空气滤清器 …………… 165
　　　8.1.2　进气支管 ……………… 167
　8.2　排气系统 …………………… 169
　　　8.2.1　排气支管 ……………… 169
　　　8.2.2　进气、排气支管的
　　　　　　布置 ………………… 169
　　　8.2.3　消声器 ………………… 170
　8.3　汽车发动机增压 …………… 171
　　　8.3.1　基本原理与分类 ……… 171
　　　8.3.2　涡轮增压系统 ………… 172
　8.4　排气净化装置 ……………… 176
　　　8.4.1　催化转换器 TWC …… 176
　　　8.4.2　废气再循环装置 EGR … 177
　　　8.4.3　柴油机微粒过滤器 DPF … 179
　　　8.4.4　汽油蒸发控制系统 EVAP … 179
　思考题 …………………………… 180

第 9 章　冷却系统与润滑系统 …… 181
　9.1　冷却系统 …………………… 181
　　　9.1.1　功用与组成 …………… 182
　　　9.1.2　冷却强度调节 ………… 183
　　　9.1.3　主要部件 ……………… 184
　　　9.1.4　冷却液 ………………… 189
　9.2　润滑系统 …………………… 189
　　　9.2.1　功用与组成 …………… 189
　　　9.2.2　润滑方式与润滑油路 … 190
　　　9.2.3　主要部件 ……………… 192
　　　9.2.4　润滑剂 ………………… 195
　思考题 …………………………… 197

第 10 章　点火系统与起动系统 …… 198
　10.1　概述 ………………………… 198
　　　10.1.1　点火系统的分类 …… 198
　　　10.1.2　点火系统的工作原理 … 199
　10.2　传统点火系统 ……………… 201
　　　10.2.1　点火线圈 …………… 201
　　　10.2.2　分电器 ……………… 202
　　　10.2.3　火花塞 ……………… 206
　10.3　电子点火系统和微机控制点火
　　　　系统 ………………………… 207

　　　10.3.1　电子点火系统 ……… 207
　　　10.3.2　微机控制点火系统 … 212
　10.4　起动系统 …………………… 215
　　　10.4.1　组成及工作原理 …… 215
　　　10.4.2　起动机 ……………… 216
　思考题 …………………………… 218

第 11 章　汽车底盘的基本知识 …… 219
　11.1　概述 ………………………… 219
　　　11.1.1　底盘的组成 ………… 219
　　　11.1.2　汽车的布置形式 …… 220
　11.2　汽车的基本原理 …………… 222
　　　11.2.1　汽车行驶的原理 …… 222
　　　11.2.2　汽车制动的原理 …… 223
　11.3　汽车的主要性能 …………… 224
　　　11.3.1　汽车的动力性和燃料
　　　　　　　经济性 …………… 224
　　　11.3.2　汽车的制动性 ……… 224
　　　11.3.3　汽车的操纵稳定性和
　　　　　　　舒适性 …………… 225
　　　11.3.4　汽车的通过性 ……… 225
　思考题 …………………………… 225

第 12 章　离合器 …………………… 226
　12.1　概述 ………………………… 226
　　　12.1.1　汽车离合器的功用 … 226
　　　12.1.2　离合器的基本组成和
　　　　　　　工作原理 ………… 227
　　　12.1.3　离合器的基本要求和
　　　　　　　分类 ……………… 228
　12.2　摩擦离合器 ………………… 229
　　　12.2.1　周布弹簧离合器 …… 229
　　　12.2.2　膜片弹簧离合器 …… 232
　　　12.2.3　从动盘和扭转减振器 … 234
　12.3　离合器操纵机构 …………… 237
　　　12.3.1　机械式操纵机构 …… 237
　　　12.3.2　助力式操纵机构 …… 237
　思考题 …………………………… 241

第 13 章　变速器与分动器 ………… 242
　13.1　概述 ………………………… 242

- 13.1.1 变速器的功用 ……………… 242
- 13.1.2 变速器的类型 ……………… 243
- 13.1.3 齿轮式变速器的工作原理 …………………………… 243
- 13.2 变速器的变速传动机构 ……… 245
  - 13.2.1 两轴式变速器 ……………… 245
  - 13.2.2 三轴式变速器 ……………… 249
  - 13.2.3 组合式变速器 ……………… 253
- 13.3 同步器 ………………………… 254
  - 13.3.1 无同步器的换挡过程 ……… 254
  - 13.3.2 同步器的构造及其工作原理 …………………………… 256
- 13.4 变速器操纵机构 ……………… 259
  - 13.4.1 功用和类型 ………………… 259
  - 13.4.2 操纵机构的构造 …………… 261
- 13.5 分动器 ………………………… 263
- 思考题 …………………………………… 266

第 14 章 自动变速器 …………………… 267

- 14.1 概述 …………………………… 267
  - 14.1.1 自动变速器的类型 ………… 267
  - 14.1.2 组成及工作原理 …………… 268
- 14.2 液力耦合器和变矩器 ………… 269
  - 14.2.1 液力耦合器 ………………… 269
  - 14.2.2 液力变矩器 ………………… 270
- 14.3 行星齿轮变速器 ……………… 275
  - 14.3.1 单排行星齿轮机构的工作原理 …………………… 275
  - 14.3.2 行星齿轮变速器换挡执行元件 …………………… 277
  - 14.3.3 典型行星齿轮变速机构 …………………………… 278
  - 14.3.4 自动换挡操纵系统 ………… 282
- 14.4 无级变速器 …………………… 284
  - 14.4.1 组成和工作原理 …………… 284
  - 14.4.2 主要部件 …………………… 285
- 14.5 电控机械式自动变速器 ……… 286
  - 14.5.1 AMT 系统组成 …………… 287
  - 14.5.2 AMT 系统的工作原理 …………………………… 287
- 14.6 双离合变速器 ………………… 288
  - 14.6.1 DCT 的组成 ……………… 289
  - 14.6.2 DCT 的工作原理 ………… 290
- 思考题 …………………………………… 291

第 15 章 万向传动装置 ………………… 292

- 15.1 概述 …………………………… 292
  - 15.1.1 汽车对万向传动装置的要求 …………………………… 292
  - 15.1.2 组成及工作原理 …………… 293
- 15.2 万向节 ………………………… 294
  - 15.2.1 十字轴式万向节 …………… 295
  - 15.2.2 等速万向节 ………………… 298
- 15.3 传动轴和中间支承 …………… 301
  - 15.3.1 传动轴 ……………………… 301
  - 15.3.2 中间支承 …………………… 304
- 思考题 …………………………………… 306

第 16 章 驱动桥 ………………………… 307

- 16.1 概述 …………………………… 307
  - 16.1.1 汽车对驱动桥的要求 ……… 307
  - 16.1.2 驱动桥的组成与分类 ……… 308
- 16.2 主减速器 ……………………… 309
  - 16.2.1 单级主减速器 ……………… 309
  - 16.2.2 其他主减速器 ……………… 311
- 16.3 差速器 ………………………… 313
  - 16.3.1 普通差速器 ………………… 314
  - 16.3.2 防滑差速器 ………………… 317
- 16.4 半轴与桥壳 …………………… 320
  - 16.4.1 半轴 ………………………… 320
  - 16.4.2 桥壳 ………………………… 321
- 思考题 …………………………………… 322

第 17 章 车架、车桥和车轮 …………… 323

- 17.1 概述 …………………………… 323
- 17.2 车架 …………………………… 324
  - 17.2.1 边梁式车架 ………………… 324
  - 17.2.2 中梁式车架 ………………… 326
- 17.3 车桥 …………………………… 327
  - 17.3.1 转向桥 ……………………… 327
  - 17.3.2 转向轮定位 ………………… 329

17.3.3 转向驱动桥 ………… 331
17.4 车轮与轮胎 ………… 333
　17.4.1 车轮 ………… 333
　17.4.2 轮胎 ………… 337
思考题 ………… 341

第18章 悬架 ………… 343

18.1 概述 ………… 343
　18.1.1 汽车对悬架的要求 ………… 343
　18.1.2 悬架的组成与分类 ………… 344
18.2 弹性元件 ………… 345
　18.2.1 钢板弹簧 ………… 345
　18.2.2 螺旋弹簧 ………… 346
　18.2.3 扭杆弹簧 ………… 346
　18.2.4 气体弹簧 ………… 347
18.3 减振器 ………… 348
　18.3.1 液力减振器 ………… 349
　18.3.2 充气式减振器 ………… 350
18.4 非独立悬架 ………… 352
　18.4.1 纵置板簧式非独立悬架 ………… 352
　18.4.2 螺旋弹簧非独立悬架 ………… 353
　18.4.3 空气弹簧非独立悬架 ………… 353
18.5 独立悬架 ………… 354
18.6 平衡悬架 ………… 358
18.7 电子控制悬架系统 ………… 359
　18.7.1 组成及工作原理 ………… 359
　18.7.2 电子控制变高度悬架系统 ………… 361
　18.7.3 电子控制变刚度悬架系统 ………… 363
　18.7.4 电子控制变阻尼悬架系统 ………… 363
　18.7.5 变高度变刚度变阻尼悬架系统 ………… 364
思考题 ………… 365

第19章 汽车转向系统 ………… 366

19.1 概述 ………… 366
　19.1.1 汽车转向基本特性 ………… 366
　19.1.2 转向系统类型、组成及工作原理 ………… 368
19.2 机械转向系统 ………… 370
　19.2.1 转向操纵机构 ………… 370
　19.2.2 机械转向器 ………… 373
　19.2.3 转向传动机构 ………… 375
19.3 动力转向系统 ………… 377
　19.3.1 液压式动力转向系统的组成与类型 ………… 378
　19.3.2 液压动力转向系统的工作原理 ………… 378
　19.3.3 整体式液压动力转向器 ………… 379
　19.3.4 转向液压泵 ………… 381
19.4 电子控制动力转向系统 ………… 383
　19.4.1 组成与分类 ………… 384
　19.4.2 液压式电子控制动力转向系统 ………… 384
　19.4.3 电动式电子控制动力转向系统 ………… 386
19.5 四轮转向系统与线控电动转向系统 ………… 390
　19.5.1 概述 ………… 390
　19.5.2 四轮转向系统 ………… 391
　19.5.3 线控电动转向系统 ………… 393
思考题 ………… 393

第20章 汽车制动系统 ………… 395

20.1 概述 ………… 395
　20.1.1 汽车对制动系统的要求 ………… 395
　20.1.2 制动系统的组成及工作原理 ………… 396
　20.1.3 制动系统的分类 ………… 397
20.2 制动器 ………… 398
　20.2.1 鼓式制动器 ………… 398
　20.2.2 盘式制动器 ………… 404
20.3 液压制动系统 ………… 406
　20.3.1 组成及工作原理 ………… 406
　20.3.2 制动主缸 ………… 408
　20.3.3 真空助力器 ………… 409

汽车构造（第2版）

20.3.4 制动轮缸 …………… 411	21.1.1 新能源汽车的定义 …… 436
20.4 气压制动系统 …………… 412	21.1.2 新能源汽车的分类 …… 437
20.4.1 组成及工作原理 …… 413	21.2 纯电动汽车 ……………… 437
20.4.2 气压制动系统的供能装置 …………… 413	21.2.1 纯电动汽车的组成及原理 …………… 437
20.4.3 气压制动系统的控制装置 …………… 416	21.2.2 纯电动汽车的主要特点 …………… 438
20.4.4 气压制动系统的传能装置 …………… 419	21.2.3 纯电动汽车动力电池 …………… 439
20.5 驻车制动系统 …………… 420	21.2.4 纯电动汽车驱动电动机 …………… 441
20.5.1 组成及工作原理 …… 420	21.3 混合动力电动汽车 ……… 444
20.5.2 驻车制动器 ………… 421	21.3.1 混合动力电动汽车的含义 …………… 444
20.6 制动力调节装置 ………… 423	21.3.2 混合动力电动汽车的种类 …………… 445
20.6.1 限压阀 ……………… 424	21.4 燃料电池电动汽车 ……… 448
20.6.2 比例阀 ……………… 425	21.4.1 燃料电池电动汽车的含义 …………… 448
20.6.3 感载阀 ……………… 426	21.4.2 燃料电池电动汽车的基本结构 …………… 448
20.6.4 惯性阀 ……………… 427	21.4.3 燃料电池 …………… 449
20.7 制动防抱死系统 ………… 428	21.5 天然气汽车 ……………… 450
20.7.1 ABS 理论基础 ……… 429	21.5.1 天然气汽车的分类 …… 450
20.7.2 ABS 的组成及工作原理 …………… 429	21.5.2 天然气汽车的结构 …… 450
20.7.3 ABS 的分类 ………… 432	21.5.3 天然气汽车的特点 …… 452
20.8 车辆稳定性控制系统 …… 434	思考题 ………………………… 452
20.8.1 ESP 组成 …………… 434	
20.8.2 ESP 工作原理 ……… 434	
思考题 ………………………… 435	
第 21 章 新能源汽车 …………… 436	**参考文献** …………………………… 453
21.1 概述 ……………………… 436	

绪 论

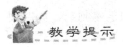

教学提示

汽车是工业革命的产物,它有着灿烂的发展历程。汽车产业在20世纪创造了辉煌,成为发达国家国民经济的支柱产业。汽车结构复杂,种类繁多。

教学目标

要求学生了解国内外汽车工业发展情况;了解汽车对人类的影响;掌握汽车的组成、分类及汽车编号规则;了解车辆识别代号。

汽车发明至今已有百余年。在现代交通方式中,汽车运输突显其灵活方便性。汽车的使用已是现代社会生活的客观需要。汽车产业的快速发展又极大地影响着人们的生活,形成汽车文化,推动科技进步,并对国民经济增长产生重要的促进作用。汽车这一"改变世界的机器"将对人类社会作出更大贡献。

0.1 国内外汽车工业发展概况

0.1.1 汽车的诞生与发展

1769 年蒸汽机汽车诞生。1862 年法国 B. D. 罗杰斯提出一种四行程的内燃机循环理论。1876 年德国青年工程师 N. A. 鄂图制成了第一台往复活塞式内燃机。之后欧洲各地迅速出现改进的内燃机,并且被装上汽车。

现代汽车是以内燃机为动力作标志的。法国人称,1884 年法国人爱德华·德马拉·德布特威尔制造出第一辆内燃机汽车。因此,1984 年巴黎举行了内燃机汽车诞生百年庆典。1886 年 1 月 29 日德国人卡尔·本茨申请德国皇家专利局专利证书第 37435 号——一辆带煤气发动机的三轮汽车(图 0.1)。因此,1986 年德国也举办了汽车百年诞辰庆典。同年,德国人戈特利布·戴姆勒制成了四轮内燃机汽车(图 0.2)。汽车的发明是一个漫长的过程,许多人为之作出了不同的贡献。全世界纪念汽车诞生是以卡尔·本茨申请汽车专利为标志的,因此人们称卡尔·本茨为"汽车之父"。

1893 年,德国工程师 R. 狄塞尔发明了压燃式内燃机循环。柴油机的实用机型在 1897

年制成，因其笨重，柴油机轻量化进展较慢，因此大量用于汽车是 20 世纪中叶以后。

内燃机汽车诞生之初并非完善，真正辉煌的时代从 1895 年 6 月 11 日开始，这一天在法国巴黎举行世界首届汽车拉力赛。据记录，参赛汽车 22 辆，其中 1 辆是电动汽车，6 辆是蒸汽机汽车，其余为内燃机汽车。竞赛路段是巴黎到波尔多的往返里程。比赛结果有 9 辆汽车跑完全程，其中 8 辆是内燃机汽车，另一辆无记录。这一结果宣告了内燃机汽车的绝对胜利。蒸汽机汽车由此逐渐退出市场，直到 1923 年停止生产。

汽车技术的发展一是其动力——内燃机技术的迅速成熟；二是车辆本身的发展。汽车行驶速度提高首先需要发动机功率增加，动力大，加速快，行驶也快；另一方面，要保证高速行驶安全、舒适，就要求车辆有良好的控制，包括方向准确控制和迅速制动，同时要求良好的减振、避振，这些性能都是车辆技术的发展。

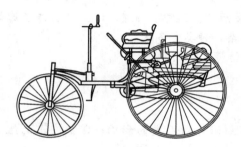
图 0.1　卡尔·本茨的三轮汽车

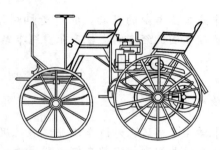
图 0.2　戈特利布·戴姆勒的四轮汽车

20 世纪是人类进入工业化社会的世纪。汽车工业影响着整个工业化的发展进程。汽车技术也不断地发展进步，在汽车发展史上建立了几个里程碑，对汽车演变产生了重要影响。

19 世纪末，法国的帕纳尔·勒瓦索公司将发动机装在汽车前部，通过离合器、变速装置和齿轮传动装置把驱动力传到后轮，这种方案后来被称为"帕纳尔系统"。人们称这种方案为常规方案，载货汽车一直沿用这种方案。

戴姆勒公司的埃米尔·那利内克于 1901 年 3 月用女儿的名字"梅塞德斯"作为汽车的牌号登记参加了"尼扎赛车周"赛车。这种新赛车战胜了所有的对手，一鸣惊人。法国汽车俱乐部的秘书长保罗·梅昂说："我们进入了梅塞德斯时代。"

1908 年 10 月 1 日，汽车技术史上树起了第二个里程碑，美国底特律开始生产一种以"福特"命名的汽车，型号为"T 型"（图 0.3）。这种少见的汽车推动了一个新的工业时代的到来，在这个时代，工人们首次用大批量生产的部件在流水线上组装汽车。到 20 世纪 20 年代，全世界一半以上的注册汽车都是福特牌。福特汽车公司创造了一个巨大的永久性汽车市场，带动了全球汽车产业的发展。

继亨利·福特之后，安德烈·雪铁龙于 1934 年在法国树起了汽车史上的第三个里程碑。1934 年 3 月 24 日，一种新型的汽车结构出现了：一款名叫 7A 的前驱动汽车问世。前轮驱动、无底盘的车身结构、通过扭杆实现单轮减振以及液压制动等集中在一辆汽车上，并批量生产。这种前轮驱动汽车，成为轿车设计的潮流，直到今天也没有过时。

"甲壳虫"型汽车（图 0.4）于 1939 年 8 月正式投产，以后取得极大的成功。它打破了福特 T 型汽车的产量纪录，累计生产 2150 万辆，独领风骚 70 年。目前，"甲壳虫"又卷土重来，大众汽车公司再度推出"新甲壳虫(New Beetel)"，引起了人们的极大兴趣。大众"甲壳虫"车的优点同样是结实耐用，不讲究豪华，而且价格大众化。

图 0.3　美国 1908 年福特 T 型车　　　　图 0.4　大众 1939 年"甲壳虫"汽车

1959 年面世的"迷你(Mini)"触发了汽车技术的一场革命。这种车长 3.05m，宽 1.4m，质量仅 630kg。这种小型车在取得"观念上的突破"的同时，还在汽车赛中取得成就，其中在蒙特卡洛汽车赛中 3 次夺魁。微型轿车也正成为汽车家族的重要成员。多用途厢式车英文全称为 Multi - Purpose Vehicle，简称 MPV，这种由法国雷诺汽车公司在 20 世纪 80 年代创造的 Espace 牌 MPV，以它新颖的车厢布局设计引起了车坛的轰动。MPV 车内每个座椅都可独立调节，可以做成多种形式的组合，既可是乘车形式，又可组合成有小桌的小型会议室。从车厢座椅位置的固定到可调，从固定空间布置到可变空间布置，标志着汽车使用概念上的变革。受 MPV 设计概念的启发，现代又出现了运动型多用途车，英文全称为 Sport & Utility Vehicle，简称 SUV，它具有轿车和轻型卡车的特点，在 MPV 与 SUV 的基础上，又出现了近年风靡全球的休闲车热浪。休闲车英文全称为 Recreation Vehicle，简称 RV，它在外形上突破了传统轿车三厢式的布局，车厢空间具有多用途、富于变化和适应性广的特点。正因为 MPV 的出现，才使汽车设计者突破了旧的框架，设计出从专用性到多样性的各种各样的家庭汽车。

现代汽车已发展成为高新科技产品，计算机技术、现代设计理论、现代测试手段、新材料、新工艺、新技术等诸多方面的成就在汽车上大量应用，可以说汽车也是科学技术发展水平的标志。特别是微电子技术在汽车上的应用，大大改善和提高了汽车的性能。例如，电子控制的发动机点火系统和供油系统、缸内直喷技术、电动节气门技术、柴油机共轨电控燃料喷射、可变涡轮增压技术、变速器的电子控制系统、电子驱动力调节系统(ETS)、防抱死制动系统(ABS)、智能悬架、速度感应式转向系统(SSS)、电子车厢温度调节系统、电控防撞安全系统、电子防盗系统、卫星导航系统(GPS)等。现代汽车技术的发展正朝着安全、环保、节能的方向不断迈进。

0.1.2　世界汽车工业的发展

自卡尔·本茨制造出第一辆三轮汽车以后，德国的汽车公司大量涌现。戴姆勒-奔驰汽车公司是世界上历史最悠久的汽车公司。其前身奔驰汽车厂成立于 1886 年，戴姆勒公司成立于 1890 年，两家公司于 1926 年合并为戴姆勒-奔驰汽车公司。世界主要汽车公司创立的年份见表 0-1。

表 0-1　世界主要汽车公司创立的年份

国家	汽车公司	创立年份	国家	汽车公司	创立年份
美国	福特	1901 年	法国	雷诺	1898 年
美国	通用	1908 年	法国	雪铁龙	1915 年
美国	克莱斯勒	1925 年	英国	劳斯莱斯	1906 年
日本	丰田	1933 年	意大利	菲亚特	1899 年
日本	日产	1933 年	意大利	法拉利	1929 年
日本	本田	1946 年	瑞典	沃尔沃	1924 年
德国	大众	1938 年	韩国	现代	1967 年
德国	宝马	1916 年	韩国	大宇	1977 年
法国	标致	1890 年			

汽车产业是 19 世纪后期在欧洲产生的,当时西欧是世界上唯一的生产地。进入 20 世纪后汽车生产传到美国,当时在底特律集中了一批工匠,形成了美国制造中心,很快美国取代欧洲成为世界汽车产业中心,产品销往全世界。一直到 20 世纪 60 年代美国生产的汽车占世界总量的 70%～80%。20 世纪 50 年代欧洲经济快速恢复发展,到 20 世纪 70 年代,欧洲(指当时称欧共体)汽车产量可以与美国抗衡。同时,日本汽车工业高速发展,到 20 世纪 80 年代形成美国、西欧(主要是英、法、德、意四国)、日本三足鼎立之势,世界汽车产业中心由一个中心变成三个中心,各自的实力基本相当,世界其他地方的汽车产业无不与这三大中心有关。

1980 年世界汽车的总产量,日本、北美和欧洲各占 25% 左右,其余 25% 是所有其他国家汽车产量的总和。到 2003 年,世界汽车年产量已经超过 6000 万辆,汽车保有量达到 7.8 亿辆。表 0-2 为 2001—2004 年世界主要汽车生产国家的汽车产量表。

表 0-2　2001～2004 年世界前 10 国汽车产量

单位:辆

序号	国家	2004 年产量	2003 年产量	2002 年产量	2001 年产量
1	美国	11989387	12077726	12279582	11424689
2	日本	10511518	10286318	10257315	9777191
3	德国	5569954	5506629	5469309	5691677
4	中国	5070527	4443686	3286804	2334440
5	法国	3665990	3620056	3701870	3628418
6	韩国	3469464	3177870	3147584	2946329
7	西班牙	3011010	3029690	2855239	2849888
8	加拿大	2710683	2546124	2629437	2532742
9	英国	1856049	1846429	1823018	1685238
10	巴西	2210062	1827038	1791530	1817237
全球汽车产量		63956415	60658136	58954220	56161323

以北美、日本和欧洲工业国家组成的不仅是世界汽车产业中心,同时也是吸收汽车的主要市场,称为传统汽车市场。迄今为止,传统汽车市场仍旧是世界汽车市场的主体。不过到20世纪80年代,传统市场基本上达到了饱和,因而汽车厂商急于向第二、第三世界开拓新市场。另一方面,许多国家经济迅速跟上,汽车需求大增,形成了汽车工业全球化趋势。

1980~1999年是全球化的初期,表现为全球汽车市场扩大,以及汽车生产基地向第二世界甚至第三世界的国家扩散。许多国家和地区采取多种方式与汽车工业国合作,或请外商直接在本国设厂,或与外资合作设厂,或引进技术设备。亚洲的韩国、南美洲的巴西和欧洲的西班牙是第二批汽车产量较大的国家。中国和印度这时也开始引进汽车和汽车生产技术。

1998年以德国戴姆勒-奔驰公司兼并美国克莱斯勒公司为标志,人们普遍认为一场跨国界的汽车工业资产重组浪潮开始了,通俗的说法叫做全球化。一般认为这是20世纪末世界社会经济发展的大趋势,从科学技术上说是寻求进一步规范化,降低汽车成本扩大市场的必然。

20世纪末的汽车企业兼并重组浪潮大致采取了3种形式。第一种形式为合并,即原来的两家企业合并为一家企业。如戴姆勒-奔驰公司和克莱斯勒公司的合并。第二种形式为注入资金,即一家企业向另一家企业注入资金,取得部分产权;或协议相互注入同等额度的资金。如雷诺公司和日产公司采取协议相互注入资金。第三种形式为收购,收购方获得全部或大部分产权。如通用公司收购大宇公司、福特公司收购沃尔沃公司等。这次兼并重组浪潮的特点在于:基本不改变原有产业的组织框架而只进行资本重组,企业力量对比发生了深刻变化,但被兼并的公司仍以具有法人资格的企业形式保留下来,兼并者与被兼并者的目标和利益都得到一定程度的满足。

汽车企业兼并重组浪潮给世界汽车产业的影响在于:在世界范围内汽车企业更集中了,形成六大汽车集团和为数不多的独立企业(表0-3),全球化和自由化表现得更明显。

表0-3 兼并重组浪潮后的世界汽车产业格局

单位:辆

集团	公司	注册国家	2000年全球产量	2000年全球销售量
通用集团	通用公司	美国	8182351	8032872
	菲亚特	意大利	2231161	2453054
	铃木	日本	965461	973561
	五十铃	日本	132549	281533
	富士重工	日本	576661	564473
	大宇	韩国	1007080	863855
	合计		13095263	13159348
福特集团	福特公司	美国	6914150	6672773
	马自达	日本	896316	873387
	合计		7810466	7546160
戴姆勒-克莱斯勒集团	戴姆勒-克莱斯勒	德国	4245847	4393377
	三菱	日本	1119706	1384956
	合计		5365553	5778333

续表

集团	公司	注册国家	2000年全球产量	2000年全球销售量
雷诺-日产集团	雷诺	法国	2354906	2285748
	日产	日本	2362409	2421988
	合计		4717315	4707712
丰田集团	丰田	日本	5200487	5427115
大众集团	大众	德国	4952261	4532143
六大集团总计			41141345	41150811
其他企业	标致	法国	2550565	2498407
	本田	日本	2434772	2457017
	宝马	德国	992412	790007
	现代	韩国	2334431	2076319
6＋X 总计			49453525	48964581
全球总计			57592000	

注：
1. 福特公司统计中包括沃尔沃、路虎（越野车）的数据。
2. 丰田公司统计中包括大发的数据。
3. 大众公司统计中包括劳斯莱斯、斯格达的数据。
4. 部分合资企业未计入数据中，如各公司在各地的合资公司。
5. 资料来源："Automotive News International" September 2001。

近几年来，世界汽车生产的格局发生了重大变化，中国汽车生产呈迅猛发展之势，汽车产量不断上升，2008年中国汽车产量居世界第二位，表0-4为2005—2008年世界主要汽车生产国家的汽车产量表。《2010中国汽车产业发展报告》显示，"十二五"期间中国汽车市场仍将处于高速发展阶段，年汽车产量将稳定在1500万辆以上，2015年的汽车产量预计将超过2000万辆，汽车产销量都将稳居全球第一位，全球汽车产销中心将逐渐向中国转移。

表0-4 2005~2008年世界前10国汽车产量

单位：万辆

序号	国家	2008年产量	2007年产量	2006年产量	2005年产量
1	日本	1156.36	1159.63	1148.42	1079.96
2	中国	934.51	888.24	718.87	570.84
3	美国	870.52	1078.07	1126.39	1194.66
4	德国	604.05	621.34	581.96	575.77
5	韩国	380.66	408.63	384.01	369.93
6	巴西	322.04	297.71	261.10	253.08
7	法国	256.89	301.58	316.92	354.90

续表

序号	国家	2008年产量	2007年产量	2006年产量	2005年产量
8	西班牙	254.16	288.97	277.74	275.25
9	印度	231.46	225.37	201.98	163.86
10	墨西哥	219.12	209.52	204.55	168.42

汽车是一部复杂的机器，其生产制造离不开其他行业的基础，汽车产业的发展又会拉动相关行业的发展。汽车生产的原材料包括钢铁、有色金属、工程塑料、橡胶、玻璃、纺织品、木材、涂料等众多材料；汽车制造涉及冶金、机械制造、化工、电子、电力、石油、轻工业等工业部门；汽车后市场还涉及汽车的销售、金融、商业、运输、旅游、服务等第三产业。汽车产业的发展带动着整个国民经济的快速发展。汽车产业无疑成为发达国家的支柱产业。

现代化的汽车产品出自现代化的设计手段和生产手段。目前，在汽车设计与制造上已广泛应用全球信息网、计算机辅助造型(CAS)、计算机辅助设计(CAD)、计算机辅助工程分析(CAE)、计算机辅助制造(CAM)、计算机辅助试验(CAT)、计算机集成制造系统(CAIMS)、虚拟实现系统(VR)等一大批先进技术，促成了并行工程(SE)的实现，真正做到技术数据和信息在网络中准确地传输与管理，实现无图样化生产和制造柔性化，不但大大提高了工作效率，缩短了开发周期，而且提高了产品的精度和质量，降低了生产成本。汽车产业的发展必将促进科学技术的繁荣昌盛。

0.1.3 中国汽车工业的发展

旧中国没有汽车制造业。中国土地上第一辆汽车是1903年输入的美国产奥斯莫比尔牌小汽车，领得第一号汽车行驶牌证，其所有者为上海富商。现存于北京颐和园内的最早的小客车是1908年袁世凯奉献给慈禧太后的。

中国制造汽车的尝试是在奉系军阀张学良将军支持下，于1928年聘请美国技师指导，在沈阳北大营军工厂成功仿造了美国万国牌载重汽车，1年中装出10辆。

1936年中国政府曾有计划与德国奔驰公司合作，成立官办"中国汽车制造公司"，拟先组装汽车、后制造汽车。翌年，抗日战争爆发，此议遂搁置下来。直到1949年国民党离开大陆，中国只有汽车使用和修理业。

新中国成立后，中国汽车产业才得以建立和发展。中国汽车产业的发展过程可以分成三个阶段：创建阶段、独立自主发展阶段和对外开放阶段。

1. 创建阶段

1953—1958年是中国汽车产业的创建阶段，长春第一汽车制造厂的建成是这一阶段的标志。这一阶段的特点为建设工作是在苏联的全面援助下进行的，产品由苏联引进，工艺流程由苏联设计，主要设备由苏联提供，连厂房设计也是由苏联方面承担的。第一汽车制造厂的设计能力为年生产汽车3万辆，产品是载重4t的载货汽车和相应的越野车。第一汽车制造厂于1953年奠基，1956年从第一汽车制造厂流水装配线上开出第一台"解放牌"汽车(图0.5)。1958年生产汽车16000辆。

2. 独立自主发展阶段

1958—1984年是中国汽车产业的第二阶段。1958年左右，中苏关系恶化。中国汽车产业与其他经济部门一起进入自力更生的时期。在初步形成了自己的基础工业之后，我国各地纷纷仿造和试制了多款汽车，逐渐形成了几个较有规模的汽车制造厂。除第一汽车制造厂外，较大规模的还有南京汽车制造厂、北京汽车制造厂等。1958年北京汽车制造厂研制了中国人的第一辆轿车，起名"井冈山牌"，开进了中南海。从此，中国汽车产业进入了一个新的发展阶段——独立自主、自力更生的发展阶段。这一阶段标志性的成果是第二汽车制造厂的建设。

1964年开始筹建第二汽车制造厂，从当时的政治、军事和经济建设观点出发选择湖北省西北部山区(指现在的十堰市)建厂。全国相关行业大协作，从1966年开始动工，几十个工厂散布在山沟里，绵延80km。建设期间经过"文化大革命"，1978年开始批量投产，主要产品是中国人自己开发的载重5t的"东风牌"载货汽车(图0.6)，20世纪80年代中期达到年产中型载货汽车10万辆以上的规模，成为国内生产规模最大的企业，并且产品深受用户欢迎。第二汽车制造厂的工厂设计和工艺设计都是中国人自己完成的，98%的生产设备是国产设备。在当时条件十分困难的中国，第二汽车制造厂的建成可以说是一个奇迹。

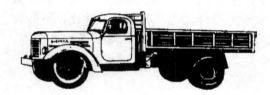   

图0.5 第一台"解放牌"汽车　　　　图0.6 载重5t的"东风牌"载货汽车

3. 对外开放阶段

20世纪80年代中期，中国发生了一次激烈的争论，主题是要不要发展轿车消费和轿车生产。争论的结果是中国需要发展轿车，中央决定建立现代轿车工业，这是我国汽车产业发展中的一项重要决定。

1984年，第一家整车制造合资公司，由北京汽车工业公司与克莱斯勒共同投资的轿车生产企业诞生，这标志着汽车产业进入一个新的发展阶段——对外开放阶段。从此，一大批合资公司在中国诞生。

这一阶段有以下特点：把轿车工业作为发展的重点；引进外资，建立合资企业；引进国外产品、工艺和管理方法，实行高起点、大批量的起步方针，很快形成一定规模；企业初步做到按市场机制运行。

20世纪80年代中期开始的改变，是中国汽车产业初步实现与世界产业的接轨。20世纪90年代中国社会经济制度发生了从中央统一计划经济向社会主义市场经济的重大转变，并且开始融入国际经济大循环，加入世界贸易组织(WTO)的谈判并取得成功。中国的汽车产业也走上逐渐国际化大循环的道路。

自1994年《汽车工业产业政策》发布并执行以来，中国汽车工业有了长足发展，企业生产规模、汽车产销量、产品品种、技术水平、市场集中度均有显著进步。进入21世纪，国内外环境发生了深刻变化，中国汽车工业既有良好的发展机遇，又面临着严峻挑战，同时一些深层次的矛盾和问题也逐渐暴露出来。要促进汽车工业的健康发展，需要有一个具有创新性、前瞻性、科学性，并具有指导意义的产业政策。国家发展改革委员会于2004年6月1日正式颁布实施《汽车产业发展政策》。

与1994年《汽车工业产业政策》相比，新颁布的《汽车产业发展政策》具有7个方面的特点：①取消了与世贸组织规则和我国加入世贸组织所做承诺不一致的内容；②大幅度减少行政审批，依靠法规和技术标准，引导产业健康发展；③提出了品牌战略，鼓励开发具有自主知识产权的产品，为汽车工业自主发展明确政策导向；④引导现有汽车生产企业兼并、重组，促进国内汽车企业集团做大做强；⑤要求汽车生产企业重视建立品牌销售和服务体系，消除消费者的后顾之忧；⑥引导和鼓励发展节能环保型汽车和新型燃料汽车；⑦对创造更好的消费环境提出了指导性意见。其具体目标是使我国汽车产业在2010年前发展成为国民经济的支柱产业。

1992年我国汽车年总产量突破100万辆，到2000年汽车年总产量达到200万辆，此间增长100万辆用了8年。进入21世纪，我国汽车年总产量迅猛增加，2002年突破300万辆，2003年突破400万辆，2004年突破500万辆。短短的几年，100万辆的增长幅度不超过1年(图0.7)。

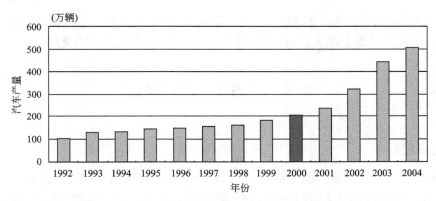

图0.7　1992—2004年我国汽车产量变化趋势

从1984年到2005年，我国汽车年总产量由31.6万辆提高到570万辆，21年内增长17倍；其中乘用车由0.6万辆提高到393万辆，21年内增长654倍。2009年中国汽车产销量均超过1300万辆，中国已经成为世界汽车生产和消费第一大国。2010年中国汽车产销量均突破1800万辆表0-5为2010年中国汽车产销统计。图0.8所示为1994年至2009年中国汽车销售量及增长率。

表0-5　2010年中国汽车产销统计

单位：万辆

	2010年产量	同比增长/(%)	2010年销量	同比增长/(%)
汽车总计	1826.47	32.44	1806.19	32.37
总计中：乘用车	1389.71	33.83	1375.78	33.17
总计中：商用车	436.76	28.19	430.41	29.90

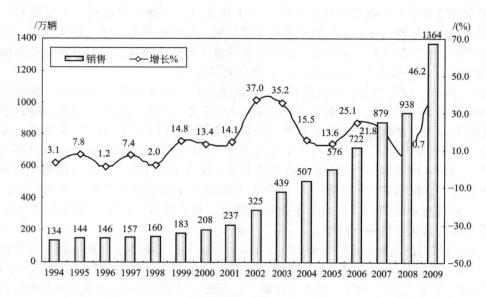

图 0.8　1994 年至 2009 年中国汽车销售量及增长率

2011 年我国的汽车产销量均超过 1800 万辆。在总体发展目标上，我国要在 20 年左右的时间里不仅成为世界上最大的汽车生产国，而且努力成为汽车技术强国之一。

0.2　汽车定义及组成

0.2.1　汽车定义

按照 GB/T 3730.1—2001 对汽车的定义：由动力驱动，具有 4 个或 4 个以上车轮的非轨道承载的车辆，主要用于载运人员和(或)货物；牵引载运人员和(或)货物的车辆；特殊用途。

美国汽车工程师学会标准 SAEJ 687C 中对汽车的定义是：由本身动力驱动，装有驾驶装置，能在固定轨道以外的道路或地域上运送客货或牵引车辆的车辆。

日本工业标准 JISK 0101 中对汽车的定义是：自身装有发动机和操纵装置，不依靠固定轨道和架线能在陆上行驶的车辆。

0.2.2　汽车组成

车身

发动机和底盘

图 0.9　汽车的总体构造

现代汽车至少由上万个零件装配而成，且型号很多，用途与构造各异，但从汽车的整体构造而言，任何一辆汽车都包括四大组成部分：发动机、底盘、车身、电气设备。如图 0.9 所示是汽车的典型总体构造。

1) 发动机(engine)

发动机是汽车的动力装置，其作用是使供入其中的燃料经过燃烧而变成热能，并转化为动能，通过底盘的传动系统驱动汽车行驶。

2）底盘（chassis）

底盘用来支承车身，接受发动机产生的动力，并保证汽车能够正常行驶。底盘本身又可分为传动系统、行驶系统、转向系统和制动系 4 部分。

3）车身（body）

车身用来乘坐驾驶员、旅客或装载货物。乘用车有一整体的车身；载货汽车车身则包括车头、驾驶室与车厢 3 部分。

4）电气设备（electrical system）

电气设备包括电源、发动机起动系统以及汽车照明等用电设备。在强制点火的发动机中还包括发动机的点火系统。

以上所述是当前大多数汽车的总体构造。为了适应不同使用要求及改善汽车某些方面的使用性能，汽车的总体构造和布置形式可作某些变动。汽车结构的发展过程是不断出现矛盾和解决矛盾的过程。因此，在研究汽车总体和部件的构造时，应看到它们只是解决汽车在使用、制造过程中出现的一系列矛盾的结果，其结构形式不是一成不变的。

0.3 汽车分类及代号

0.3.1 汽车分类

分类的目的是从事物的本质特征深刻地认识事物。分类的方法是按照事物的若干本质特征做出逻辑归纳。因此，有许多分类的方法，本书主要参照国标 GB 3730.1—1988 对汽车进行分类。

按汽车所用原动机类型可分为热力机和电动机汽车两类。热力机可再分为外燃机和内燃机。电动机可再按电源类型分为蓄电池、燃料电池和太阳能电池汽车。

目前常用的汽车按燃料种类分为汽油机汽车、柴油机汽车和其他燃料（压缩天然气、液化石油气、醇类、氢气等）汽车。

随着汽车用途日趋广泛，汽车结构性能不断地得到改进，因而汽车种类也越来越多。为便于国产汽车和半挂车的生产、管理、销售及其产品统计，1988 年 6 月发布的国标 GB 3730.1—1988 规定了在公路城市道路和非公路上行驶的国产汽车和半挂车的分类标准；进口汽车也可参照执行。以下根据国标 GB 3730.1—88 对汽车进行分类。

1. 轿车（saloon car）

轿车是指用于载送人员及其随身物品，且座位布置在两轴之间的汽车。轿车分级按表 0-6 的规定。

2. 客车（passenger car）

客车是指具有长方箱形车厢，主要用于载送人员及其行李物品的汽车。客车分级按表 0-7 的规定。

表 0-6 轿车的分级(GB 3730.1—1988)

类 型	说 明
微型轿车	发动机排量≤1L 的轿车
普通级轿车	发动机排量>1L 且≤1.6L 的轿车
中级轿车	发动机排量>1.6L 且≤2.5L 的轿车
中高级轿车	发动机排量>2.5L 且≤4L 的轿车
高级轿车	发动机排量>4L 的轿车

表 0-7 客车的分级(GB 3730.1—1988)

类 型	说 明
微型客车	车辆长≤3.5m 的客车
轻型客车	车辆长>3.5m 且≤7m 的客车
中型客车	车辆长>7m 且≤10m 的客车
大型客车	车辆长>10m
特大型客车	铰接客车和双层客车

3. 货车(truck)

货车是载货汽车的简称,又称载重汽车(卡车),主要用于运送货物,有的可牵引挂车。

1) 按最大总质量分类(表 0-8)

表 0-8 货车的分级(GB 3730.1—1988)

货车的分级	微型	轻型	中型	重型
最大总质量(t)	≤1.8	1.8<～≤6.0	6.0<～≤14.0	>14.0

2) 按驾驶室与发动机的相对位置分类

(1) 长头货车——长头货车的特点是将驾驶室布置在发动机之后。

(2) 短头货车——短头货车发动机的一部分伸入驾驶室内。

(3) 平头货车——驾驶室位于发动机上方。

4. 越野汽车(cross-coutry vehicle)

越野汽车是指主要用于坏路或无路地区、具有高通过性的全轮驱动汽车。越野汽车通常采用两个或两个以上的驱动桥。

5. 自卸汽车(tipper)

自卸汽车是指以运送货物为主而具有可倾卸货箱的汽车。

6. 牵引车(tractor)和挂车(trailer)

(1) 牵引汽车——牵引汽车是指专门或主要用于牵引挂车的汽车。分为全挂牵引汽车和半挂牵引汽车。

① 全挂牵引汽车——主要用于牵引全挂车，采用牵引杆来牵引挂车，一般都装有辅助货台，也可作普通货车用。

② 半挂牵引汽车——专门用于牵引半挂车。

(2) 挂车——挂车是指由汽车牵引、本身没有自带动力及驱动装置，用以载运人员或货物的车辆。

7. 专用汽车(special vehicle)

专用汽车是指为完成特定的载运(货物或人员)或作业任务，装置有专用设备或经过特殊改装的汽车。可分为厢式汽车、罐式车、专用自卸汽车、起重举升汽车、仓栅式汽车和特种结构汽车。中国行业标准 ZBT 50004—1989 对此做了专门的规定。

(1) 厢式汽车指具有独立的封闭结构车厢或与驾驶室联成一体的整体式封闭结构车厢，装备有专用设施。用于载运人员、货物或承担专门作业的专用汽车和专用挂车。例如，救护车、售货车、淋浴车、冷藏车、电视转播车、邮政车。

(2) 罐式汽车指装置有罐状的容器，并且通常带有工作泵，用于运输液体、气体或粉状物质，以及完成特定作业任务的专用汽车和挂车。例如，油罐车、沥青运输车、液化气罐车、洒水车、消防车等。

(3) 专用自卸车装有由本车发动机驱动的液压举升机构，能将车厢卸下或使车厢倾斜一定角度，货物依靠自重能自行卸下的专用汽车。

(4) 起重举升汽车指装置有起重设备或可升降的作业台(斗)的专用车。

(5) 仓栅式汽车指只有仓笼式、栅栏式结构的车厢，用于运输散装颗粒食物、畜禽等货物的专用汽车和专用挂车。

(6) 特种结构汽车指具有桁架形结构、平板结构等各种特殊结构的专用汽车和专用挂车。

国家质量监督检验检疫总局于 2001 年 7 月 3 日发布新的汽车分类标准 GB/T 3730.1—2001《汽车和挂车类型的术语和定义》，已于 2002 年 3 月 1 日正式实施。

新标准参照国际惯例，汽车分类由原来的轿车、客车、载货汽车等类型，分为乘用车、商用车两大类，常说的轿车归属乘用车，载货汽车、客车归属商用车。乘用车(不超过 9 座)分为普通乘用车、活顶乘用车、高级乘用车、小型乘用车、敞篷车、仓背乘用车、旅行车、多用途乘用车、短头乘用车、越野乘用车和专用乘用车等 11 类；商用车分为客车、货车和半挂牵引车等 3 类。客车细分为小型客车、城市客车、长途客车、旅游客车、铰接客车、无轨客车、越野客车和专用客车等；货车细分为普通货车、多用途货车、全挂牵引车、越野货车、专用作业车和专用货车等。

0.3.2 汽车产品型号规则

汽车的产品型号反映企业名称、车辆类别、主要特征参数等内容，用字母和阿拉伯数字表示。它由首部、中部和尾部构成。

(1) 首部用代表企业名称的两个或三个汉语拼音字母表示。

(2) 中部用 4 位阿拉伯数字表示各类汽车的主要特征参数(表 0-9)。

表 0-9 汽车型号中部 4 位阿拉伯数字代号的含义

首位数字表示 汽车类型		中间 2 位数字表示各类汽车的主要特征参数	末位数字表示 企业自定产品序号
载货汽车	1	汽车总质量(单位为 t)的数字； 当汽车总质量＜10t 时，前面以"0"占位； 当汽车总质量＞100t 时，允许用 3 位数字	以 0，1，2，…依次排列
越野汽车	2		
自卸汽车	3		
牵引汽车	4		
专用汽车	5		
客车	6	汽车总长度乘 10 的数字； 当汽车总长度＞10m，计算单位为 m	
轿车	7	发动机的工作容积乘 10 的数字	
	8		
半挂车及 专用半挂车	9	汽车总质量(单位为 t)的数字； 当汽车总质量＜10t 时，前面以"0"占位； 当汽车总质量＞100t 时，允许用 3 位数字	

(3) 尾部用汉语拼音字母或阿拉伯数字表示专用汽车的分类或企业自定代号。其基本型一般无尾部。例如，东风汽车公司生产的第二代载货汽车，总质量为 9290kg，其型号为 EQ1091。含义依次为：EQ 表示东风汽车公司；1 表示载货汽车；09 表示载货汽车的总质量为 9t；1 表示产品序号；基本型。

0.3.3 汽车代号

车辆识别代号(Vehicle Identification Number，VIN)由原机械工业部于 1996 年 12 月 25 日发布，从 1997 年 1 月 1 日起实施。车辆识别代号中含有车辆的制造厂家、生产年代、车型、车身形式、发动机以及其他装备的信息。它是由 17 位字母、数字组成的编码，经过排列组合，可以使车辆生产在 30 年之内不会发生重号现象，具有对车辆的唯一识别性，故称其为"汽车身份证"。车辆识别代号是汽车管理、汽车营销、汽车维修和配件采购的重要依据。

车辆识别代号由 3 个部分组成：世界制造厂识别代号(WMI)；车辆说明部分(VDS)；车辆指示部分(VIS)。其具体内容参见 GB/T 16736—1997。

(1) 世界制造厂识别代号，由 3 位字码组成：第一位字码是标明一个地理区域的字母或数字；第二位字码是标明一个特定地区内的一个国家的字母或数字；第一、二位字码的组合将能保证国家识别标志的唯一性；第三位字码是标明某个特定的制造厂的字母或数字。第一、二、三位字码的组合能保证制造厂识别标志的唯一性。对于年产量小于 500 辆的制造厂，第三位字码为数字 9。

(2) 车辆说明部分，由 6 位字码组成，如果制造厂不用其中的一位或几位字码，应在该位置填入制造厂选定的字母或数字占位。此部分应能识别车辆的一般特性，其代号顺序由制造厂决定。

（3）车辆指示部分，由 8 位字码组成，其最后 4 位字码应是数字。第一位字码指示年份，年份代码按表 0-10 的规定使用。第二位字码可用来指示装配厂，若无装配厂，制造厂可规定其他内容。如果制造厂生产的某种类型的车辆年产量大于或等于 500 辆，此部分的第三至第八位字码表示生产顺序号；如果制造厂的年产量小于 500 辆，则此部分的第三、四、五位字码应与第一部分的 3 位字码一起来表示一个车辆制造厂。

表 0-10　标示年份的字码

年份	代码	年份	代码	年份	代码	年份	代码
1971	1	1981	B	1991	M	2001	1
1972	2	1982	C	1992	N	2002	2
1973	3	1983	D	1993	P	2003	3
1974	4	1984	E	1994	R	2004	4
1975	5	1985	F	1995	S	2005	5
1976	6	1986	G	1996	T	2006	6
1977	7	1987	H	1997	V	2007	7
1978	8	1988	J	1998	W	2008	8
1979	9	1989	K	1999	X	2009	9
1980	A	1990	L	2000	Y	2010	A

车辆识别代号中仅能采用下列阿拉伯数字和大写英文字母（字母 I、O 和 Q 不能使用）：

1 2 3 4 5 6 7 8 9 0
A B C D E F G H J K L M N P R S T U V W X Y Z

我国乘用车的 VIN 码大多可以在仪表板左侧、风挡玻璃下面找到。

1. 汽车产业为何能成为发达国家国民经济的支柱产业？
2. 你认为汽车对人类产生了哪些影响？
3. 我国汽车产业是如何发展变化的？
4. 谈谈你对我国汽车产业发展的看法。
5. 汽车由哪几部分组成？各部分的功用如何？
6. 汽车按用途分成哪些类型？
7. 汽车编号规则包含哪些内容？
8. 车辆识别代号有何意义？

第 1 章
汽车发动机的基本知识

教学提示

发动机是将某一种能量转换为机械能的机器，是汽车的动力之源，被称为汽车的心脏。本章重点介绍发动机的分类、术语、工作原理、总体构造及其性能指标。

教学目标

要求学生了解发动机的发展历程；掌握发动机的分类和基本术语；重点掌握四冲程发动机的工作原理；了解发动机的总体构造和国产发动机编号规则；熟悉发动机的主要性能指标。

1.1 概　　述

发动机(engine)是将某一种形式的能量转换为机械能的机器。发动机为汽车提供动力。发动机还广泛应用于交通运输机械、农业机械、工程机械和发电机组等各个方面。

1.1.1 发动机的发展

往复活塞式四冲程汽油机是德国人奥托(Nicolaus A. Otto)在大气压力式发动机基础上，于1876年发明并投入使用的。由于采用了进气、压缩、做功和排气4个冲程，发动机的热效率从大气压力式发动机的11%提高到14%，而发动机的质量却降低了70%。1892年德国工程师狄塞尔(Rudolf Diesel)发明了压燃式发动机(即柴油机)，实现了内燃机历史上的第二次重大突破。由于采用高压缩比和膨胀比，热效率比当时较其他发动机又提高了1倍。1956年，德国人汪克尔(F. ankel)发明了转子式发动机，使发动机转速有较大幅度的提高。1964年，德国NSU公司首次将转子式发动机安装在轿车上。

1926年，瑞士人布希(A. Buchi)提出了废气涡轮增压理论，利用发动机排出的废气能量来驱动压气机，给发动机增压。20世纪50年代后，废气涡轮增压技术开始在车用内燃机上逐渐得到应用，使发动机性能有很大提高，成为内燃机发展史上的第三次重大突破。

1967年德国博世(Bosch)公司首次推出由电子计算机控制的发动机汽油喷射系统(Electronic Fuel Injection，EFI)，开创了电控技术在汽车发动机上应用的历史。经过30年的发展，以电子计算机为核心的发动机管理系统(Engine Management System，EMS)已逐渐成为汽车特别是轿车发动机上的标准配置。由于电控技术的应用，发动机的污染物排放、噪声和燃油消耗大幅度降低，改善了动力性能，成为内燃机发展史上的第四次重大突破。

20世纪50年代中期，我国有了自己成批制造的汽车发动机——CA10型六缸5.56L汽油机，用于解放牌CA10型中型货车上。在以后的20年中，又批量制造了跃进NJ70型六缸3.5L汽油机、东风EQ6100型六缸5.42L汽油机和黄河6135Q型六缸12L柴油机等。轿车用发动机开发有红旗8V100型5.6L汽油机和上海680Q型2.23L汽油机。

改革开放以后，随着汽车工业的高速发展，我国先后从发达国家引进生产了一批较为先进的汽车发动机。如从意大利引进Sofim8140系列四缸2.5L柴油机；从美国引进Cummins6BT5.9系列六缸5.8L柴油机；从奥地利引进Steyr WD615系列六缸9.72L柴油机等。此间，对已有的一些产品进行了改进和创新。同时，我国自主开发和研制了一批具有较先进水平的车用发动机，如YC6105Q型6.5L柴油机、6110A型6.8L柴油机和X6130型11.95L柴油机等。用于桑塔纳2000GLi型轿车上的AFE型1.8L电控汽油喷射发动机已批量生产。1998年3月问世的AJR型1.8L无分电器电控汽油喷射发动机使我国制造轿车发动机的水平提高到一个新的台阶。

1.1.2 发动机的分类

发动机是汽车的动力源。汽车发动机大多是热能动力装置，简称热力机。热力机借助工质的状态变化将燃料燃烧产生的热能转变为机械能。

热力机分内燃机和外燃机两种。直接以燃料燃烧所生成的燃烧产物为工质的热机为内燃机，反之则为外燃机。内燃机包括活塞式内燃机和燃气轮机。外燃机则包括蒸汽机、汽轮机和热气机(也称斯特灵发动机)等。内燃机与外燃机相比，具有结构紧凑、体积小、质量轻和容易起动等优点。因此，内燃机尤其是活塞式内燃机被广泛地用作汽车的动力装置。本书以后涉及发动机的内容，主要指活塞式内燃机。

活塞式内燃机按不同的特征分类，主要包括以下内容。

(1) 按活塞运动方式的不同，分为往复活塞式和旋转活塞式两种。前者活塞在气缸内做往复直线运动，后者活塞在气缸内做旋转运动。旋转活塞式发动机(也称转子发动机)主要在日本马自达轿车上应用。由于往复活塞式发动机应用广泛，本书内容以往复活塞式发动机为主。

(2) 根据所用燃料种类的不同，分为汽油机、柴油机和气体燃料发动机三类。以汽油或柴油为燃料的活塞式内燃机分别称作汽油机或柴油机。使用天然气、液化石油气和其他气体燃料的活塞式内燃机称作气体燃料发动机。汽油和柴油都是石油制品，是汽车发动机的传统燃料。非石油燃料称作代用燃料。燃用代用燃料的发动机称作代用燃料发动机，如乙醇发动机、氢气发动机、甲醇发动机等。

(3) 按冷却方式的不同，分为水冷式和风冷式两种。以水或冷却液为冷却介质的称为水冷式内燃机，而以空气为冷却介质的则称为风冷式内燃机。

(4) 按在一个工作循环期间活塞往复运动的行程数，分为四冲程和二冲程发动机。在一个工作循环中活塞往复4个行程的内燃机称作四冲程往复活塞式内燃机，而活塞往复两个行程完成一个工作循环的则称作二冲程往复活塞式内燃机。

(5) 按进气状态不同，分为增压和非增压两类。若进气是在接近大气状态下进行的，称作非增压内燃机或自然吸气式内燃机；若利用增压器增高进气压力，进气密度增大，则称作增压内燃机。

(6) 根据气缸布置形式的不同，分为L型（直列式）发动机、V型发动机、斜置式发动机和对置式发动机等。

1.1.3 发动机基本结构与术语

1. 发动机的基本结构

如图1.1所示为单缸发动机的基本结构，它由气缸10、活塞8、连杆7、曲轴3、气缸盖11、机体、凸轮轴16、进气门25、排气门15、气门弹簧、曲轴齿形带轮等组成。

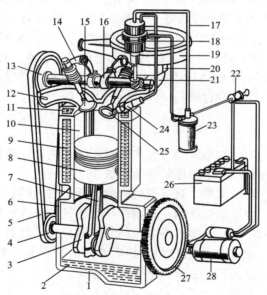

图1.1 单缸发动机的基本结构

1—油底壳 2—机油 3—曲轴 4—曲轴同步带轮 5—同步带 6—曲轴箱 7—连杆 8—活塞 9—水套 10—气缸 11—气缸盖 12—排气管 13—凸轮轴同步带轮 14—摇臂 15—排气门 16—凸轮轴 17—高压线 18—分电器 19—空气滤清器 20—化油器 21—进气管 22—点火开关 23—点火线圈 24—火花塞 25—进气门 26—蓄电池 27—飞轮 28—起动机

往复活塞式内燃机的工作腔称作气缸，气缸内表面为圆柱形。在气缸内作往复运动的活塞通过活塞销与连杆的一端铰接，连杆的另一端则与曲轴相连，构成曲柄连杆机构。活塞在气缸内作往复运动时，连杆推动曲轴旋转，或者相反。同时，气缸的容积在不断地由小变大，再由大变小，如此循环不已。气缸的顶端用气缸盖封闭。气缸盖上装有进气门和排气门。通过进、排气门的开闭实现向气缸内充气和向气缸外排气。进、排气门的开闭由凸轮轴驱动。凸轮轴由曲轴通过齿形带或齿轮驱动。构成气缸的零件称作气缸体，曲轴在曲轴箱内转动。

2. 发动机的基本术语

以图 1.2 为例说明发动机的一些基本术语。

(1) 工作循环(cycle)。由进气(intake)、压缩(compression)、做功(power)和排气(exhaust)等 4 个工作过程组成的封闭过程。

(2) 上、下止点。活塞顶离曲轴回转中心最远处为上止点(Top Dead Center, TDC)；活塞顶离曲轴回转中心最近处为下止点(Bottom Dead Center, BDC)。活塞从一个止点运动至另一个止点的过程称为冲程(stroke)。

(3) 活塞行程(piston stroke)。上、下止点间的距离 S 称为活塞行程。曲轴的回转半径 R 称为曲柄半径。显然，曲轴每回转 1 周，活塞移动 2 个活塞行程。对于气缸中心线通过曲轴回转中心的内燃机，有 $S=2R$。

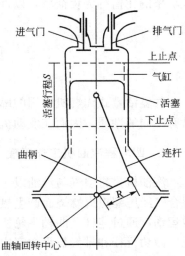

图 1.2 往复活塞式内燃机示意图

(4) 气缸工作容积。上、下止点间所包容的气缸容积称为气缸工作容积(swept volume)，记作 V_S，单位为 L。

$$V_S = \frac{\pi D^2}{4 \times 10^6} \cdot S$$

式中，D 为气缸直径(Bore)，mm；S 为活塞行程，mm。

(5) 发动机排量。发动机所有气缸工作容积的总和称为发动机排量(engine displacement)，记作 V_L，单位为 L。

$$V_L = i \cdot V_S$$

式中，i 为气缸数；V_S 为气缸工作容积，L。

(6) 燃烧室容积。活塞位于上止点时，活塞顶面以上气缸盖底面以下所形成的空间称为燃烧室，其容积称为燃烧室容积(clearance volume)，也称为压缩容积，记作 V_C，单位为 L。

(7) 气缸总容积。气缸工作容积与燃烧室容积之和称为气缸总容积，记作 V_a，单位为 L。

$$V_a = V_S + V_C$$

(8) 压缩比。气缸总容积与燃烧室容积之比称为压缩比(compression ratio)，记作 ε。

$$\varepsilon = \frac{V_a}{V_C} = 1 + \frac{V_S}{V_C}$$

压缩比的大小表示活塞由下止点运动到上止点时，气缸内的气体被压缩的程度。压缩比越大，压缩终了时气缸内的气体压力和温度就越高。一般车用汽油机的压缩比约为 8～11；柴油机的压缩比约为 16～22。表 1-1 为国产主要轿车发动机的压缩比。

表 1-1 国产轿车汽油机的压缩比 ε

车名	长安奥拓	夏利	富康	桑塔纳	捷达	标致	奥迪
压缩比 ε	8.7	9.5	9.3	8.5	10	8.0	9.3

（9）工况。内燃机在某一时刻的运行状况简称工况，以该时刻内燃机输出的有效功率和曲轴转速表示。曲轴转速即为内燃机转速(speed)。

（10）负荷率。内燃机在某一转速下发出的有效功率与相同转速下所能发出的最大有效功率的比值称为负荷率，以百分数表示。负荷率通常简称负荷(load)。

1.2 四冲程发动机的工作原理

往复活塞式内燃机所用的燃料主要是汽油(gasoline)或柴油(diesel)。由于汽油和柴油具有不同的性质，因而在发动机的工作原理和结构上也有所差异。

1.2.1 四冲程汽油机工作原理

汽油机是将空气与汽油以一定的比例混合成良好的混合气，在进气行程被吸入气缸，混合气经压缩点火燃烧而产生热能，高温高压的气体作用于活塞顶部，推动活塞作往复直线运动，通过连杆、曲轴飞轮机构对外输出机械能。四冲程汽油机在进气行程、压缩行程、做功行程和排气行程内完成一个工作循环。

以气缸容积 V 为横坐标、气缸内气体压力 p 为纵坐标构成示功图(图 1.3)，表示活塞在不同位置时各个行程中 p 与 V 的变化关系。下面结合示功图来说明汽油机的工作过程。

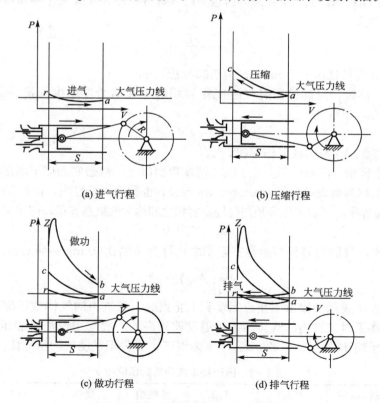

图 1.3 四冲程汽油机的 p-V 示功图

1. 进气行程(intake stroke)

活塞在曲轴的带动下由上止点移至下止点。此时进气门开启,排气门关闭,曲轴转动180°。在活塞移动过程中,气缸容积逐渐增大,气缸内气体压力从 p_r 逐渐降低到 p_a,气缸内形成一定的真空度,空气和汽油的混合气通过进气门被吸入气缸,并在气缸内进一步混合形成可燃混合气。由于进气系统存在阻力,进气终点(图中 a 点)气缸内气体压力小于大气压力 p_0,即 $p_a=(0.80\sim0.90)p_0$。进入气缸内的可燃混合气的温度,由于进气管、气缸壁、活塞顶、气门和燃烧室壁等高温零件的加热以及与残余废气的混合而升高到340~400K。在示功图上,进气行程为曲线 r-a。

2. 压缩行程(compression stroke)

压缩行程时,进、排气门同时关闭。活塞从下止点向上止点运动,曲轴转动180°。活塞上移时,工作容积逐渐缩小,缸内混合气受压缩后压力和温度不断升高,到达压缩终点时,其压力 p_c 可达800~2000kPa,温度达600~750K。在示功图上,压缩行程为曲线 $a\sim c$。

3. 做功行程(power stroke)

当活塞接近上止点时,由火花塞点燃可燃混合气,混合气燃烧释放出大量的热能,使气缸内气体的压力和温度迅速提高。燃烧最高压力 p_Z 达3000~6000kPa,温度 T_Z 达2200~2800K。高温高压的燃气推动活塞从上止点向下止点运动,并通过曲柄连杆机构对外输出机械能。随着活塞下移,气缸容积增加,气体压力和温度逐渐下降,到达 b 点时,其压力降至300~500kPa,温度降至1200~1500K。在做功行程,进气门、排气门均关闭,曲轴转动180°。在示功图上,做功行程为曲线 c-Z-b。

4. 排气行程(exhaust stroke)

排气行程时,排气门开启,进气门仍然关闭,活塞从下止点向上止点运动,曲轴转动180°。排气门开启时,燃烧后的废气一方面在气缸内外压差作用下向缸外排出,另一方面通过活塞的排挤作用向缸外排气。由于排气系统的阻力作用,排气终点 r 点的压力稍高于大气压力,即 $p_r=(1.05\sim1.20)p_0$。排气终点温度 $T_r=900\sim1100$K。活塞运动到上止点时,燃烧室中仍留有一定容积的废气无法排出,这部分废气叫残余废气。在示功图上,排气行程为曲线 b-r。

1.2.2 四冲程柴油机工作原理

四冲程柴油机和汽油机一样,每个工作循环也是由进气行程、压缩行程、做功行程和排气行程组成。由于柴油机以柴油作燃料,与汽油相比,柴油自燃温度低、黏度大不易蒸发,因而柴油机采用压缩终点自燃着火,其工作过程及系统结构与汽油机有所不同,如图1.4所示。

1. 进气行程

进入气缸的工质是纯空气。由于柴油机进气系统阻力较小,进气终点压力为 $p_a=(0.85\sim0.95)p_0$,比汽油机高。进气终点温度为 $T_a=300\sim340$K,比汽油机低。

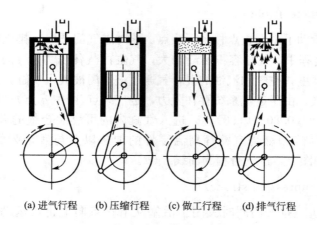

(a) 进气行程　(b) 压缩行程　(c) 做工行程　(d) 排气行程

图 1.4　四冲程柴油机的工作原理图

2. 压缩行程

由于压缩的工质是纯空气，因此柴油机的压缩比比汽油机高（一般为 $\varepsilon = 16 \sim 22$）。压缩终点的压力为 $3000 \sim 5000 \mathrm{kPa}$，压缩终点的温度为 $750 \sim 1000 \mathrm{K}$，大大超过柴油的自燃温度（约 520K）。

3. 做功行程

当压缩行程接近终了时，在高压油泵作用下，将柴油以 10MPa 左右的高压通过喷油器喷入气缸燃烧室中，在很短的时间内与空气混合后立即自行发火燃烧。气缸内气体的压力急速上升，最高达 $5000 \sim 9000 \mathrm{kPa}$，最高温度达 $1800 \sim 2000 \mathrm{K}$。由于柴油机靠压缩自行着火燃烧，故称柴油机为压燃式发动机。

4. 排气行程

柴油机的排气与汽油机基本相同，只是排气温度比汽油机低。一般为 $T_r = 700 \sim 900 \mathrm{K}$。

对于单缸发动机来说，其转速不均匀，发动机工作不平稳，振动大。这是因为 4 个行程中只有一个行程是做功的，其他 3 个行程是消耗动力为做功做准备的行程。为了解决这个问题，飞轮必须具有足够大的转动惯量，这样又会导致整个发动机质量和尺寸增加。采用多缸发动机可以弥补上述不足。现代汽车多采用四缸、六缸和八缸发动机。

对于多缸四冲程发动机的每一个气缸，所有的工作过程完全相同，并按上述同样的次序进行，但所有气缸的做功行程并不同时发生。例如在四缸发动机内，曲轴每转动半周便有一个气缸在做功；在八缸发动机内，曲轴每转动 1/4 周便有一个做功行程。多缸机做功行程的间隔为 $720°/i$（i 为气缸数），气缸数越多，发动机的工作越平稳，但发动机缸数增加会使发动机结构复杂，尺寸及质量增加。

1.2.3　汽油机和柴油机的比较

（1）可燃混合气形成方式不同。汽油和柴油在蒸发性和流动性上的差别使得两种发动机的混合气形成方式不同。除了缸内汽油直接喷射的汽油机外，目前绝大部分汽油机的可燃混合气是在气缸外部准备好的；而柴油机的可燃混合气是在气缸内部形成的。

(2) 可燃混合气着火方式不同。汽油机的可燃混合气由电火花强制点火燃烧（称为点燃），而柴油机的可燃混合气则在高温高压环境下自行着火燃烧（称为压燃）。

(3) 压缩比大小不同。汽油机的压缩比受到汽油爆燃的限制，而柴油机压缩的是空气，压缩比比汽油机高，燃气膨胀充分，膨胀终了的气体温度较低，热量利用率高，热效率可达40%左右（汽油机只有30%左右），所以柴油机燃油消耗率低。由于柴油机压缩比高，不仅造成起动困难，同时零件所受的机械负荷大。与相同功率的汽油机相比，柴油机的体积大，质量重，制造和维修成本高，运转时振动和噪声较大。

(4) 尾气排放质量不同。柴油机的尾气排放，由于柴油和空气在气缸内混合的时间极短，通常需要比理论空气量多的过量空气，废气中的CO(一氧化碳)含量比汽油机低；柴油在气缸内能充分燃烧，总的HC(碳氢化合物)排放量比汽油机低得多。柴油机的NO_x(氮氧化物)和PM(颗粒)排放量较高。此外，由于柴油机的燃油经济性好，相应的CO_2(二氧化碳)排放量也比汽油机低。

总之，汽油机具有转速高、质量轻、体积小、升功率高、噪声小、起动性能好、制造和维修成本低等特点，在汽车特别在轿车上得到广泛应用。自20世纪70年代以来，人们对环境污染和能源问题的日益重视，低油耗、低排放（主要指CO、HC和CO_2）的柴油机在各种货车和中型以上客车上得到越来越多的应用，并且在轿车上也有广泛应用。

1.3 发动机的总体构造与内燃机型号编制规则

1.3.1 发动机的总体构造

发动机是一部由许多机构和系统组成的复杂机器。尽管发动机的类型各不相同，但其基本构造相似。通常，汽油机由一个机体、两个机构、五大系统组成；柴油机由一个机体、两个机构、四大系统组成（无点火系）。

下面以图1.5为例，介绍四冲程汽油机的一般构造。

1. 机体组（engine body）

发动机的机体组包括气缸盖10、气缸盖罩盖、气缸垫、气缸体9及油底壳8等。在进行结构分析时，常把机体组列为曲柄连杆机构。发动机机体组是发动机的装配基础。

2. 曲柄连杆机构（crankshaft and connecting rod system）

曲柄连杆机构包括活塞12、连杆总成2、曲轴1和飞轮6等。这是发动机借以产生动力，并将活塞的往复直线运动转变为曲轴的旋转运动而输出动力的机构。

3. 配气机构（valve system）

配气机构包括进气门3、排气门、液力挺杆总成、凸轮轴4、凸轮轴定时齿轮、曲轴定时齿轮、定时传动带。其作用是将可燃混合气更多地充入气缸并及时从气缸排出废气。

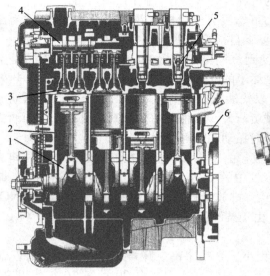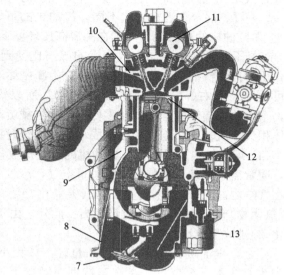

图1.5 轿车发动机

1—曲轴 2—连杆 3—气门 4—凸轮轴 5—火花塞 6—飞轮 7—机油集滤器
8—油底壳 9—气缸体 10—气缸盖 11—凸轮 12—活塞 13—机油滤清器

4. 燃料供给系统(fuel system)

燃料供给系统包括汽油箱、汽油泵、汽油滤清器、油管、空气滤清器、喷油器(或化油器)、进气支管、排气支管、排气消声器等。其作用是根据发动机各种工况要求,配制具有一定数量和浓度的可燃混合气供入气缸,并将燃烧生成的废气排出发动机。

5. 点火系统(ignition system)

点火系统包括电源(蓄电池和发电机)、分电器、点火开关、点火线圈、火花塞5等。其作用是保证按规定时刻及时点燃气缸中被压缩的可燃混合气。

6. 冷却系统(cooling system)

冷却系统主要包括水泵、散热器、风扇、节温器、水温表以及气缸体9和气缸盖10里铸出的水套等。其功用是散发受热机件的热量于大气之中,以保证发动机在最适宜的温度下工作。

7. 润滑系统(lubrication system)

润滑系统包括油底壳8、机油集滤器7、机油滤清器13、机油泵、限压阀、润滑油道及油管、油温和油压传感器、油温和油压表、油标尺等。润滑系统的功用是将润滑油不断地供给作相对运动的零件以减少它们之间的摩擦阻力,减轻机件的磨损,并部分地冷却摩擦零件,清洗摩擦表面。

8. 起动系统(starting system)

包括起动机、冷起动加热器及其附属装置,用以使静止的发动机起动并转入自行运转。如图 1.6 所示为本田 Accord 轿车 F20B 型 DOHC(VTEC)汽油发动机。其主要结构特点为 4 气缸直列(L4)、16 气门(16V)、水冷却、双列凸轮轴顶置(DOHC)、可变配气相位(VTEC)和电子控制燃油喷射装置(EFI)。

图 1.6　本田 Accord 轿车 F20B 型 DOHC(VTEC)汽油发动机

1.3.2　内燃机名称及型号编制规则

1. GB 725—1991 主要内容简介

为了便于内燃机的生产管理和使用,我国于 1991 年对内燃机的名称和型号编制方法重新审定颁布了国家标准(GB 725—1991)。该标准的主要内容如下。

内燃机产品名称均按所采用的燃料命名。例如,柴油机、汽油机、煤气机、沼气机、双(多种)燃料发动机等。

内燃机型号由阿拉伯数码和汉语拼音字母组成,包含下列 4 部分内容。

(1) 首部。产品特征代号,由制造厂根据需要自选相应字母表示,但需经行业标准化归口单位核准、备案。

(2) 中部。由缸数符号、行程符号、气缸排列形式符号和缸径符号组成。

(3) 后部。结构特征和用途特征符号,以字母表示。

(4) 尾部。区分符号。同一系列产品因改进等原因需要区分时,由制造厂选用适当符号表示。

内燃机符号的排列顺序及符号所代表的意义规定如图 1.7 所示。

2. 型号编制示例

1) 汽油机

1E65F——表示单缸,L 型(气缸布置形式,即直列),二冲程,缸径 65mm,风冷,通用型汽油机。

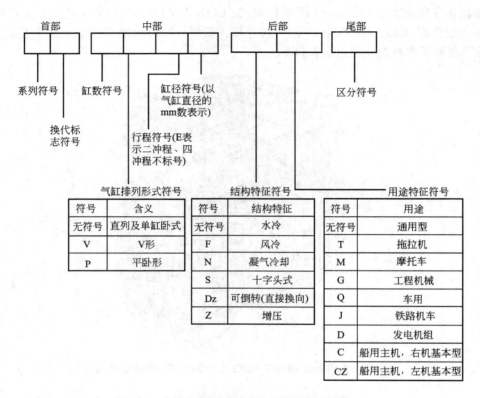

图 1.7　内燃机符号的排列顺序及符号代表意义

CA6102——表示第一汽车制造厂制造，六缸，L 型（气缸布置形式，即直列），四冲程，缸径 102mm，水冷，汽车用，汽油机。

EQ6100-1——表示东风汽车公司制造，六缸，L 型，四冲程，缸径 100mm，水冷，汽车用，第二代变型产品。

2）柴油机

6135Q——表示 6 缸，L 型，四冲程，缸径 135mm，水冷，汽车用柴油机。

10V120FQ——表示 10 缸，V 型，四冲程，缸径 120mm，风冷，汽车用柴油机。

R175ND——表示单缸，L 型，四冲程，缸径 75 mm，凝气冷却，发电用柴油机（R 表示 175 的换代标志符号）。

495T——表示四缸，L 型，四冲程，缸径 95mm，水冷，拖拉机用柴油机。

12VE230ZCZ——表示 12 缸，V 型，二冲程，缸径 230 mm，水冷，增压，船用主机，左机基本型。

1.4　发动机的性能指标

发动机的性能指标用来表征发动机的性能特点，并作为评价各类发动机性能优劣的依据。发动机的性能指标主要有动力性指标、经济性指标、环境指标、可靠性指标和耐久性指标。

1.4.1 动力性指标

动力性指标是表征发动机做功能力大小的指标,一般用发动机的有效转矩、有效功率、发动机转速等作为评价指标。

(1) 有效转矩。发动机对外输出的转矩称为有效转矩,记作 T_e,单位为 $N \cdot m$。有效转矩与曲轴角位移的乘积即为发动机对外输出的有效功。

(2) 有效功率。发动机在单位时间对外输出的有效功称为有效功率,记作 P_e,单位为 kW。它等于有效转矩与曲轴角速度的乘积。发动机的有效功率可以用台架试验方法测定,也可用测功器测定有效转矩和曲轴角速度,然后用如下公式计算出发动机的有效功率 P_e:

$$P_e = T_e \frac{2\pi n}{60} \times 10^{-3} = \frac{T_e n}{9550}$$

式中,T_e 为有效转矩,$N \cdot m$;n 为曲轴转速,r/min。

(3) 发动机转速。发动机曲轴每分钟的回转数称为发动机转速,用 n 表示,单位为 r/min。

发动机转速的高低关系到单位时间内做功次数的多少或发动机有效功率的大小,即发动机的有效功率随转速的不同而改变。因此,在说明发动机有效功率大小时,必须同时指明其相应的转速。在发动机产品标牌上规定的有效功率及其相应的转速分别称作标定功率和标定转速。发动机在标定功率和标定转速下的工作状况称作标定工况。标定功率不是发动机所能发出的最大功率,它是根据发动机用途而制定的有效功率最大使用限度。同一种型号的发动机,当其用途不同时,其标定功率值并不相同。

有效转矩也随发动机工况而变化。因此,汽车发动机以其所能输出的最大转矩及其相应的转速作为评价发动机动力性的一个指标。

1.4.2 经济性指标

发动机经济性指标一般用有效燃油消耗率表示。发动机每输出 $1kW \cdot h$ 的有效功所消耗的燃油量(以 g 为单位)称为有效燃油消耗率,记作 b_e,单位为 $g/(kW \cdot h)$。b_e 可按下式计算:

$$b_e = \frac{B}{P_e} \times 10^3$$

式中,B 为发动机在单位时间内的耗油量,kg/h,可由试验测定;P_e 为发动机的有效功率,kW。

显然,有效燃油消耗率越低,经济性越好。

1.4.3 环境指标

环境指标主要指发动机排气品质和噪声水平。由于它关系到人类的健康及其赖以生存的环境,因此各国政府都制定出严格的控制法规,以期削减发动机排气和噪声对环境的污染。当前,排放指标和噪声水平已成为发动机的重要性能指标。

排放指标主要是指从发动机油箱、曲轴箱排出的气体和从气缸排出的废气中所含的有害排放物的量。对汽油机来说主要是废气中的一氧化碳(CO)和碳氢化合物(HC)的含量;

对柴油机来说主要是废气中的氮氧化物（NO_x）和颗粒（PM）的含量。通过发动机台架试验，采用专门的测试设备，按有关标准制定的测试方法测得这些含量。

    汽车排放对人类生态环境的危害已日益受到重视，自20世纪70年代以来，美国、日本、欧洲联盟等发达国家和地区都已先后制定出越来越严格的法规，限制汽车的排放。因此，排放指标是和有关法规联系在一起的。其中美国，尤其是美国加利福尼亚州的汽车排放法规最为严格，一直是世界汽车工业界（特别是轿车工业界）追求的目标。在国外，欧洲Ⅳ号排放标准已经于2005年1月1日通过形式认证，并于2006年1月1日通过一致性认证。在我国，北京从2004年1月1日起，将机动车的尾气排放标准由欧洲Ⅰ号改为欧洲Ⅱ号；在2005年12月23日发布政策：自2005年12月30日起，正式执行国家第三、四阶段机动车排放标准（相当于欧洲Ⅲ号、Ⅳ号排放标准）；其中，对轻型汽油车和轻型燃气汽车实施国Ⅲ排放标准；对重型柴油发动机和重型燃气发动机（重型汽车）实施国Ⅲ排放标准；自2007年1月1日起，对轻型柴油车实施国Ⅳ排放标准。具体排放标准见表1-2。

    噪声是指对人的健康造成不良影响及对学习、工作和休息等正常活动发生干扰的声音。由于汽车是城市中的主要噪声源之一，而发动机又是汽车的主要噪声源，因此控制发动机的噪声就显得十分重要。如我国的噪声标准（GB/T 18697—2002）中规定，轿车的噪声不得大于79dB(A)。

表1-2 汽车排放标准

(g/km)

法规名称	车型	CO	HC	NO_x	HC+NO_x	PM
欧洲Ⅰ号	汽油车	2.72			0.97	0.14
	柴油车	3.16			1.13	0.18
欧洲Ⅱ号	汽油车	2.2			0.5	
	非直喷柴油车	1.0			0.7	0.08
	直喷柴油车	1.0			0.9	0.10
欧洲Ⅲ号	汽油车	2.3	0.2	0.15		
	柴油车	0.64		0.5	0.56	0.05
欧洲Ⅳ号	汽油车	1.0	0.1	0.08		0.025
	柴油车	0.5		0.25	0.3	

1.4.4 可靠性指标和耐久性指标

    可靠性指标是表征发动机在规定的使用条件下，在规定的时间内，正常持续工作能力的指标。可靠性有多种评价方法，如首次故障行驶里程、平均故障间隔里程等。

    耐久性指标是指发动机主要零件磨损到不能继续正常工作的极限时间。通常用发动机的大修里程，即发动机从出厂到第一次大修之间汽车行驶的里程数来衡量。大修里程的长短与发动机的结构特点、强化程度、零件的材料及加工精度以及使用条件等诸多因素密切相关。

思考题

1. 什么是发动机排量、燃烧室容积和压缩比?
2. 简述四冲程汽油机的工作原理。
3. 简述四冲程柴油机的工作原理。
4. 汽油机和柴油机在可燃混合气形成方式和点火方式上有何不同?
5. 四冲程汽油机和柴油机在总体结构上有哪些相同点和不同点?
6. BJ492Q 型发动机排量为 2.445L,求该发动机的曲柄半径?
7. 发动机的主要性能指标有哪些?

第 2 章 曲柄连杆机构

曲柄连杆机构的功用是将燃料燃烧时产生的热能转变为机械能，通过连杆将活塞的往复运动变为曲轴的旋转运动而对外输出动力。曲柄连杆机构由机体组、活塞连杆组和曲轴飞轮组 3 部分组成。本章主要介绍曲柄连杆机构的结构组成和工作原理。

要求学生熟悉曲柄连杆机构各组成部分的功用与组成，理解并掌握气缸体、气缸盖、活塞、连杆、曲轴等重要部件的结构和工作原理。

2.1 概 述

曲柄连杆机构是发动机的主要工作机构之一。它的功用主要表现在两个方面：①形成发动机的基体，把组成发动机的各机构和系统联系成一个整体；②将燃气作用在活塞顶上的力转变成曲轴的驱动转矩，对发动机内、外提供动力。曲柄连杆机构由机体组、活塞连杆组和曲轴飞轮组 3 部分组成。

2.1.1 工作条件

燃料在发动机燃烧室和气缸内燃烧，产生高温（最高温度高于 2500K）、高压（最高压力高达 5～9MPa），燃气推动活塞高速运动（发动机转速在 3000r/min 时，活塞线速度可达 8m/s）。由此可见，曲柄连杆机构的工作条件是很苛刻的，与燃气接触的零件需要耐高温、承受高压，做高速运动的零件还需要耐磨。此外，有的零部件还将受到化学腐蚀。

2.1.2 受力分析

曲柄连杆机构主要承受气体压力(gas force)、往复运动质量惯性力(inertia force)、旋转运动质量的离心力(centrifugal force)以及相对运动件接触表面的摩擦力(friction force)。因摩擦力数值相对较小，仅对影响较大的做功行程中的主要作用力做简要分析。

在做功行程中，活塞受到燃烧气体的作用力(气体压力)F_g和活塞以及连杆小头的往复惯性力F_j，两作用力沿气缸同轴方向，即活塞的总作用力F为F_g和F_j的代数和，如图2.1(a)所示。沿曲轴曲柄半径方向，存在着曲柄、曲柄销和连杆大头绕曲轴轴线旋转而产生的旋转惯性力，即离心力F_c。

总作用力F在活塞销轴中心分解为F_{p1}和F_{p2}，如图2.1(b)所示。分力F_{p2}把活塞压向气缸壁，此力称为侧压力，承受此侧压力的气缸壁面称为主承压面。侧压力会加剧活塞与气缸壁之间的磨损，同时会产生使发动机倾翻的趋势，需要发动机支承来克服。分力F_{p1}沿连杆方向作用在曲柄销上，可分为两个分力F_R和F_s。分力F_R沿曲柄方向使曲轴主轴颈与主轴承间产生压紧力；分力F_s对曲轴形成转矩T，推动曲轴旋转。

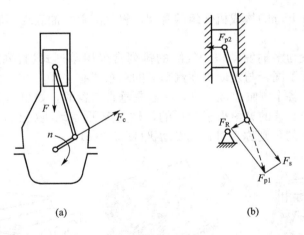

图2.1 曲柄连杆机构的作用力情况

如图2.1(a)所示，离心力F_c可分为沿垂直方向的分力F_{cy}和水平方向分力F_{cx}(图中未画出)。垂直方向的分力F_{cy}会加剧发动机的上下振动，水平方向的分力F_{cx}则使发动机产生水平方向的振动。

2.2 机 体 组

如图2.2所示，机体组主要由气缸体3、气缸盖2、油底壳5、气缸套和气缸垫等组成。

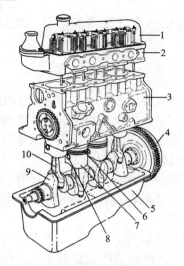

图2.2 机体组

1—气缸盖罩 2—气缸盖 3—气缸体 4—飞轮 5—油底壳
6—活塞环 7—活塞 8—活塞销 9—曲轴 10—连杆

2.2.1 气缸体

气缸体(cylinder block)构成机体组的骨架，将气缸盖、油底壳等联系起来，形成发动机的装配基体。

汽车发动机一般为多缸发动机。气缸的排列常采用单列式(直列式)和双列式两种形式。气缸的排列方式不同，与发动机在汽车上的总布置有关系。

直列式发动机的各个气缸排成一列，一般是垂直布置的，如图2.3(a)所示。双列式发动机左右两列气缸中心线的夹角小于180°的，称为V形发动机(图2.3(b))；两列气缸中心线的夹角等于180°的，则称为对置式发动机(图2.3(c))。

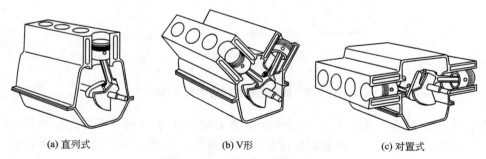

(a) 直列式　　　　(b) V形　　　　(c) 对置式

图2.3 多缸发动机排列形式

直列式多缸发动机气缸体因结构简单，加工容易，使用广泛，但长度和高度较大。一般6缸以下的发动机多采用单列式。V形发动机气缸体的长度和高度相对单列式缩短，其刚度增加，质量减轻，但V形发动机宽度加大了，且形状复杂，加工困难，主要用于气缸数多的大功率发动机上。对置气缸式发动机高度相对最低，但宽度最宽，有利于某些汽车(主要是大型客车和轿车)的总布置。

如图2.4所示是直列式多缸发动机气缸体，汽车发动机一般将气缸体和曲轴箱制成一体，可统称为气缸体。上平面4与气缸垫、气缸盖装配在一起；下部制成曲轴箱的一部分

（上曲轴箱6），其上有支承曲轴主轴颈的主轴承座5，下平面与油底壳装配在一起；缸体内制成供活塞运动的圆柱体形空腔，称为气缸3；还有环绕气缸供冷却液流动的水套8，以及润滑油道、冷却液通道等。

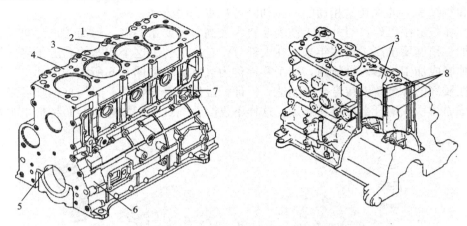

图2.4　直列式多缸发动机气缸体
1—冷却液孔　2—润滑油孔　3—气缸　4—上平面
5—主轴承座　6—上曲轴箱　7—气缸体　8—水套

气缸体的结构形式主要有3种。发动机的曲轴轴线与气缸体下平面在同一平面上的为一般式气缸体（图2.5(a)），这种气缸体便于机械加工。发动机的曲轴轴线高于气缸体下平面的（图2.5(b)），称为龙门式气缸体，这种气缸体的刚度和强度较好，但工艺性较差。还有一种为隧道式气缸体（图2.5(c)），这样便于安装滚动主轴承支承的组合式曲轴，其结构刚度高于龙门式。

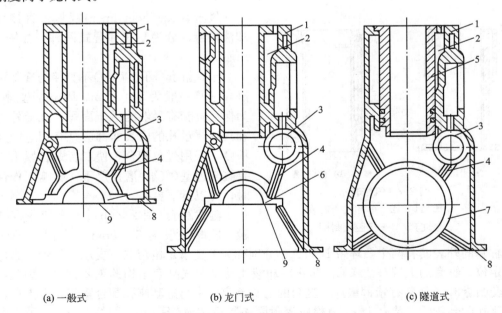

(a) 一般式　　　　　(b) 龙门式　　　　　(c) 隧道式

图2.5　气缸体结构形式
1—气缸体　2—水套　3—凸轮轴孔座　4—加强肋　5—湿缸套　6—主轴承座
7—主轴承座孔　8—安装油底壳的加工面　9—安装主轴承盖的加工面

气缸是与燃气接触的主要部位,加之活塞的高速摩擦,气缸表面温度很高,必须加以冷却。冷却方式采用冷却液冷却(亦称水冷)和空气冷却(风冷)两种。汽车发动机上采用较多的是冷却液冷却。在气缸体的气缸周围和气缸盖中铸成空腔,称为水套(water jacket),气缸体和气缸盖上的水套是相通的,冷却液可从水套中流动。

活塞在气缸中工作,对气缸工作表面要求很高,需要耐高温、耐高压、耐磨损、耐腐蚀,且加工精度要求高。近些年来,在大部分发动机上解决这个问题的办法是将气缸工作表面单独制成加工件镶入缸体内,这个零件称为气缸套,如图2.6所示。由此,气缸套可用耐磨性较好的合金铸铁或合金钢制造,保证气缸使用寿命延长,而气缸体则可采用价格较低的普通铸铁或铝合金等材料制造。这样不仅改善气缸的工作性能,而且带来很好的经济效益。

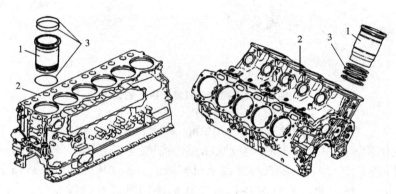

图2.6 直列式和V形发动机的气缸套
1—气缸套 2—气缸体 3—O形橡胶密封圈

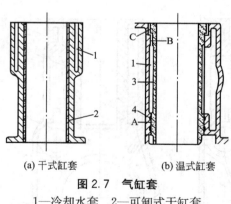

(a) 干式缸套　(b) 湿式缸套

图2.7 气缸套
1—冷却水套 2—可卸式干缸套
3—湿缸套 4—橡腔密封圈

气缸套(cylinder liner)视是否直接与冷却液接触,分为干式和湿式两种,如图2.7所示。

干式缸套(图2.7(a))不直接与冷却液接触,壁厚一般为1～3mm。因缸套壁厚薄,为保证缸套有足够的承压面积,缸套外表面和气缸体承孔的内表面都应具有相应的加工精度,采用过盈配合,使二者贴合紧密。如果缸套内壁(气缸)磨损严重,影响工作性能时,可以拆下更换。

湿式缸套(图2.7(b))与冷却液直接接触,壁厚一般为5～9mm。为保证径向定位,缸套的外表面有两个凸环带B和A,分别称为上支承定位带和下支承密封带。为保证轴向定位,缸套的上端有凸缘C。防止冷却液泄漏是湿式缸套结构的重要方面。为此,有的缸套凸缘C下面装有紫铜垫片。缸套的上支承定位带与缸套座孔配合紧密;下支承密封带与座孔配合较松,装有1～3道橡胶密封圈来封冷却液(图2.6、图2.7(b))。采用湿式缸套的气缸体铸造方便,缸套拆卸更换容易,冷却效果较好;但气缸体的刚度差,易于漏气、漏冷却液。湿式缸套广泛应用于汽车柴油机上。

缸套装入气缸体承孔后,其顶面略高出气缸体上平面 0.05～0.15mm。当紧固气缸盖螺栓时,可将气缸盖衬垫压得更紧,以保证气缸的密封性,防止冷却液和气缸内的高压气体窜漏。珠光体灰铸铁、合金铸铁、高磷铸铁和含硼铸铁等可作为缸套的材料。

2.2.2 气缸盖与气缸盖衬垫

气缸盖(cylinder head)用来封闭气缸体的上部(图 2.8),并构成燃烧室,用螺栓与气缸体联接起来。气缸盖上有气门座及气门导管孔等,其内部有气道和水套,还有冷却液孔和润滑油孔与气缸体相通,以利于冷却液循环和润滑油供给。汽油机的气缸盖设有火花塞座孔,柴油机则设有安装喷油器的座孔。

气缸盖分为整体式气缸盖(覆盖全部气缸,图 2.8(a))和分段式气缸盖(覆盖部分气缸,图 2.8(b))。采用整体式气缸盖可以缩短气缸中心距和发动机的总长度,但刚性较差,在受热和受力后易变形而影响密封。这种形式的气缸盖多用于发动机缸径小的汽油发动机上。缸径较大的发动机常采用分段式气缸盖。

气缸盖的形状复杂,一般采用灰铸铁或合金铸铁铸成。有的汽油机气缸盖用铝合金铸造,因铝的导热性比铸铁好,有利于提高压缩比,但刚度低,使用中易变形。

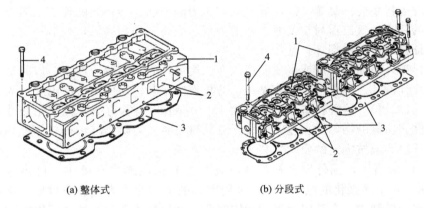

(a) 整体式　　　　　　　　　　(b) 分段式

图 2.8　发动机气缸盖

1—气缸盖　2—气道　3—气缸垫　4—气缸盖螺栓

汽油机的燃烧室(combustion chamber)是由气缸盖上相应的凹部空间与活塞顶部形成的。燃烧室是汽油机的重要部位,直接影响发动机的性能。为有利于混合气燃烧,要求燃烧室的结构尽可能紧凑,表面积要小,以减少热量损失及缩短火焰行程;在压缩行程终了时具有一定的涡流运动,以提高混合气的燃烧速度。

常用的汽油机燃烧室形状有盆形、楔形和半球形,如图 2.9 所示。

盆形燃烧室(图 2.9(a))结构较简单但不够紧凑,表面积大。楔形燃烧室(图 2.9(b))结构较简单、紧凑,在压缩终了时能形成挤气涡流,但存在较大的激冷面积,对 HC 排放不利。半球形燃烧室(图 2.9(c))结构紧凑,散热面积小,有利于燃料的完全燃烧和减少排气中的有害气体,但因进、排气门分置两侧而使配气机构较为复杂。半球形燃烧室在现代发动机上应用较多。

柴油机燃烧室的内容将在"柴油机燃料供给系统"一章中讨论。

气缸盖衬垫(cylinder head gasket,也称气缸垫)用来密封燃烧室,防止漏气、漏冷却

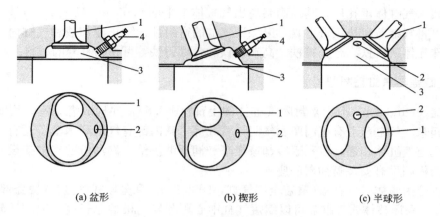

(a) 盆形　　　　　　　(b) 楔形　　　　　　　(c) 半球形

图 2.9　汽油机的燃烧室形状
1—气门　2—火花塞孔　3—燃烧室　4—火花塞

液和润滑油，同时补偿接合面的不平度。气缸盖衬垫装置在气缸盖与气缸体之间，靠螺栓固紧。气缸盖衬垫(图 2.10(a))上制成燃烧室孔、冷却液孔、润滑油孔和螺栓孔。

由于气缸盖衬垫受到高温、高压燃气以及压力润滑油、冷却液的作用，需要满足工作条件和环境的要求。气缸盖衬垫要有足够的强度、耐高温和耐腐蚀，要有一定的弹性，拆装方便，保证密封，不易损坏，使用寿命长等。

气缸盖衬垫外表面用钢皮或铜皮制成。在燃烧室孔周围有镶边增强，以防被高温燃气烧坏，有的冷却液孔、润滑油孔也有镶边，防止液体渗漏。钢皮覆盖层内通常为石棉或石棉—金属丝(金属屑)。这种衬垫压紧厚度为 1.2～2mm，有很好的弹性和耐热性，能重复使用，但厚度和质量的均匀性较差。安装气缸盖衬垫时，为防止缸垫被气体冲坏，应把光滑的一面朝气缸体或按规定的要求安装。

如图 2.10(b)所示，国外发动机的气缸盖衬垫有采用膨胀石墨作为衬垫材料的。如图 2.10(c)所示，很多强化的汽车发动机采用实心的金属片作为气缸盖衬垫。它由单块光整冷轧的低碳钢板制成，在需要密封的燃烧室孔、冷却液孔和润滑油孔周围有翻边，夹层之间有不锈钢板，并冲压出一定高度的凸纹，利用凸纹的弹性变形来实现密封。

气缸盖螺栓的固紧，其拧紧顺序和拧紧力矩值要按照制造公司的要求进行。一般原则是，拧紧螺栓要以从中央对称地向四周扩展的顺序，分几次拧紧，直至达到规定的拧紧力矩值。对于不同材质的气缸盖，其拧紧状态不同。铸铁气缸盖在发动机热的状态时最后拧紧；铝合金气缸盖则在发动机冷的状态下拧紧，以增加热状态的密封可靠性。

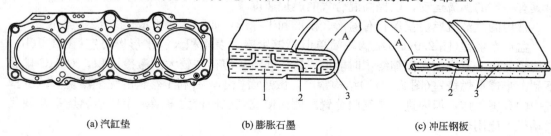

(a) 汽缸垫　　　　　　(b) 膨胀石墨　　　　　　(c) 冲压钢板

图 2.10　气缸盖衬垫的构造
1—石墨　2—不锈钢板　3—低碳钢钢板　A—朝向气缸面

2.2.3 油底壳

油底壳(oil pan)的主要功用是储存机油并封闭曲轴箱。油底壳受力很小,一般采用薄钢板冲压而成(图2.11),通过螺钉与气缸体下端面接合在一起。为防止漏油,在气缸体下端面和油底壳之间有密封衬垫。

油底壳制成一端较深的形状,以保证在发动机纵向倾斜时机油泵能经常吸到机油。有的油底壳内还设有挡油板,防止汽车行驶时油面波动过大。油底壳底部装有磁性放油螺塞,能吸集机油中的金属屑,以减少发动机运动零件的磨损。

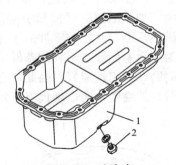

图 2.11　油底壳
1—油底壳　2—磁性放油螺塞

2.3　活塞连杆组

活塞连杆组由活塞、活塞环、活塞销、连杆等机件组成,如图2.12所示。

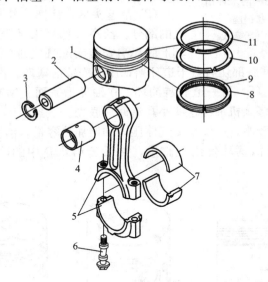

图 2.12　发动机活塞连杆组
1—活塞　2—活塞销　3—卡环　4—衬套　5—连杆及连杆盖　6—连杆螺栓
7—连杆轴瓦　8、9—组合油环　10—第二道气环　11—第一道气环

2.3.1 活塞

活塞(piston)的主要作用是承受气缸中的气体压力,并将此力通过活塞销传给连杆,以推动曲轴旋转。活塞顶部还与气缸盖、气缸壁共同组成燃烧室。

前已述及,活塞的工作条件主要是高压、高温、高速。高压是指在做功行程时,对于汽油机活塞顶部承受的燃气最大瞬时压力值可达3~5MPa;对于柴油机活塞顶部,其最大值可达 6~9MPa，采用增压时则更高。高温是指活塞顶部直接与燃气接触，燃气的最高温度可达 2500K 以上。高速是指活塞平均速度可达 10~14m/s。在这样的条件下，会导致侧压力大，加速活塞的磨损和引起活塞变形；活塞材料的机械强度显著下降，热膨胀量增大，破坏活塞与其相关零件的配合间隙；惯性力增大，增加附加的载荷。

为使活塞能够在不利的条件下良好地工作，要求活塞质量轻、热膨胀系数小、导热性好、耐磨和加工性能好。因此，必须在活塞的材料和结构上做出努力。由于铝合金比铸铁具有较好的性能，所以现代汽车发动机广泛采用铝合金活塞。

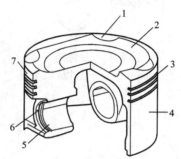

图 2.13　活塞结构剖视示意图
1—凹坑　2—活塞顶　3—活塞环槽
4—活塞裙　5—活塞销座
6—活塞销锁环槽　7—活塞头

活塞的基本构造可分为顶部、头部和裙部 3 部分，如图 2.13 所示。

（1）活塞顶部。活塞顶部的形状较多。汽油机活塞顶部多采用平顶（图 2.14(a)），其优点是吸热面积小，制造工艺简单。有的采用凹顶活塞（图 2.13），用来改善混合气的形成和燃烧，而凹坑的大小还可以调节发动机的压缩比。柴油机活塞顶部制成凹坑（图 2.14(b)、(c)），构成燃烧室的主体，其凹坑的具体形状、位置和大小都必须与柴油机混合气的形成或与燃烧要求相适应。

（2）活塞头部。活塞头部是指活塞环槽及环槽以上的部分。活塞头部用来承受气体压力并传给连杆，其上的环槽安装活塞环实现气缸的密封和热量传导。如图 2.14(a)所示，活塞头部切有若干道环槽，用以安装活塞环。汽油机一般有 3~4 道环槽，其中 2~3 道安装气环，另一道安装油环。在油环槽底面上钻有若干径向小孔，被油环从气缸壁上刮下来的多余机油经这些小孔流回油底壳。

活塞头部一般做得较厚，用以承受气体压力和增加热容量。活塞顶部的热量传导是从活塞顶部、活塞头部经活塞环传给气缸壁，然后传给水套中的冷却液，从而防止温度过高。

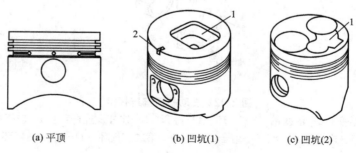

(a) 平顶　　　　(b) 凹坑(1)　　　　(c) 凹坑(2)

图 2.14　活塞顶部形状
1—凹坑　2—缺口（活塞顶朝前记号）

（3）活塞裙部。用来为活塞在气缸内作往复运动导向和承受侧压力。

活塞头部由于受燃烧气体压力和高温的作用，容易膨胀变形，在气缸内卡死，所以活塞的径向尺寸制作成上小下大，如图 2.15(a)所示，即活塞上部直径 A 小于裙部直径 B。

由此，活塞头部不与气缸壁接触，而是靠活塞环与气缸壁接触。活塞在气缸内的运动靠裙部导向。

活塞裙部与气缸配合，要有合适的配合间隙，其冷态和热态时的间隙又有差异。有两个方面的影响因素，一是活塞裙部承受侧压力，由此而产生的变形使裙部直径沿活塞销座轴线方向增大；二是活塞裙部的销座作为活塞销的支承座，金属堆积多，受热后膨胀量大，其热变形仍然使裙部直径沿活塞销座轴线方向增大。两方面的变形叠加，使活塞裙部在实际工作中呈椭圆状。

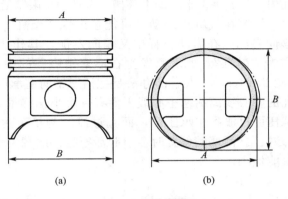

图 2.15　活塞裙部的椭圆变形
$A < B$

为了解决活塞裙部变形的问题，使裙部在正常工作温度下与气缸壁间保持比较均匀的间隙，必须事先在冷态下把活塞裙部断面制成沿活塞销座轴线方向的尺寸小于垂直于活塞销座轴线方向尺寸的椭圆形，如图 2.15(b)所示，即沿活塞销座轴线方向的 A 尺寸（短轴）小于其垂直方向的 B 尺寸（长轴）。此外，在有的汽油机铝合金活塞裙部销座中镶铸有热膨胀系数低的"恒范钢片"（含镍 33%～36%，线膨胀系数约为铸铝合金的 1/10），目的是牵制活塞裙部的热膨胀，如图 2.16 所示。为了减小活塞质量，在许多高速汽油机上采用如图 2.15(a)所示的裙部，在非承压面去掉部分金属。

柴油机铸铝活塞的裙部有的镶铸筒形钢片，还有的采用镶支架式钢片的结构（图 2.17），此种结构在裙部销座位置镶入两片弓形钢片，在承受侧压力部位镶入相应于裙部圆周形状的两条筒形钢片。两部分钢片形成支架，使裙部的膨胀量小且均匀。由此可减小冷态的装配间隙，不产生冷"敲缸"现象。

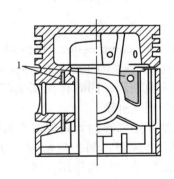

图 2.16　裙部铸有恒范钢片的活塞
1—恒范钢片

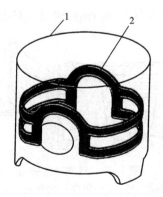

图 2.17　镶复式钢片的活塞
1—活塞　2—复式钢片
（弓形钢片两个、筒形钢片两个）

为了改善铝合金活塞的磨合性，通常对活塞裙部进行表面处理。汽油机的铸铝活塞的裙部外表面镀锡，柴油机的铸铝活塞的裙部外表面磷化。

活塞销座用来支承活塞销，并将活塞顶部的气体作用力经活塞销传给连杆。活塞销座孔内有安放弹性卡环的卡环槽。卡环用来限制活塞销在工作中的轴向窜动。

活塞在气缸内运动，可能会出现"敲缸"现象。在压缩行程时活塞受侧向力作用移向右侧，在做功行程中又偏向左侧，其作用方向的改变会引起活塞敲击气缸壁面，称为"敲缸"。此现象发生在活塞销座孔的中心线位于活塞中心线平面内的结构布置（图2.18(a)）。改善的办法是把活塞销向主承压面偏移布置（图2.18(b)），即活塞销座孔的中心线离活塞中心线平面有一个小偏移量 e。这样可使活塞较平稳地从压向气缸次承压面过渡到主承压面，而且过渡时刻早于达到最高燃烧压力的时刻，可以减轻活塞"敲缸"。活塞销偏置时会引起活塞裙部两端尖角的磨损或变形增大，要求活塞的间隙尽可能地小。

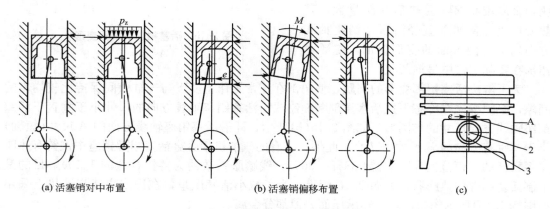

(a) 活塞销对中布置　　(b) 活塞销偏移布置　　(c)

图2.18　活塞销偏置时的工作情况

1—偏移量　2—活塞销中心　3—活塞中心　A—主承压面

2.3.2　活塞环

活塞环（piston ring）包括气环和油环。活塞环在活塞上的安装位置如图2.19所示。

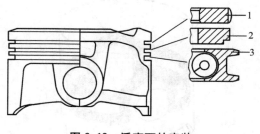

图2.19　活塞环的安装

1—桶面气环　2—扭曲锥面气环　3—油环

1. 气环

气环（compression ring）用来密封和传热，防止气缸中的气体从活塞与气缸壁间大量漏入曲轴箱，同时将活塞顶部的大部分热量传导到气缸壁。

油环用来布油，将气缸壁面的机油涂抹均匀形成油膜，刮去气缸壁上多余的机油，并起到辅助密封的作用。机油窜入活塞顶部会被燃烧掉而形成积碳，需要油环防止机油窜入；确保气缸中的摩擦副之间有机油，以利减少运动阻力和磨损。

活塞环在高温（第一道环温度可达600K）、高压、高速以及润滑困难的条件下工作，工作环境和条件十分恶劣。要求活塞环必须有良好的性能，尽可能延长其使用寿命。尤其是气环的密封性能，若能够有效截止高温燃气直接漏入曲轴箱，则性能良好；否则，将导致活塞和气环烧坏、机油变质、发动机功率不足等。因此，要在活塞环的材料、结构、安装等方面采取措施,保证活塞环工作良好。

由于活塞环的工作条件恶劣,其采用的材料不仅要耐热、耐磨,因承受很大的冲击负荷还要有高的强度和冲击韧度。目前广泛应用的材料是合金铸铁(在优质灰铸铁中加入少量铜、铬、钼等合金元素)。为改善第一道气环的润滑条件,一般在其工作表面镀上多孔性铬,因多孔性铬层硬度高,且能储存少量机油,可使环的使用寿命提高2~3倍。其余气环一般镀锡或磷化,也可以喷钼,以利改善磨合和提高耐磨性。在高速强化的柴油机上,可采用钢片环来提高弹力和冲击韧度。在国外也有试用粉末冶金的金属陶瓷和聚四氟乙烯制造的活塞环。

为保证气环封气效果,汽油机一般装有2~3道气环。活塞环有一个切口,其自由状态下非圆环形,外形尺寸大于气缸内径。当活塞环随活塞一起装入气缸后,靠自身弹力紧贴于气缸壁上。活塞环装入气缸,每道环的切口要相互错开,以阻碍燃气的泄漏。

在高压燃气压力作用下,第一道气环压紧在环槽的下端面上,燃气向下的通道被阻拦,于是燃气绕流到环的背面。一方面燃气膨胀,压力降低;另一方面燃气压力对环背的作用力使环更紧地贴在气缸壁上。燃气下漏的唯一通道是第一道气环的切口。当压力已下降的燃气漏到第二道气环的上平面时,工作情形如同燃气作用在第一道气环的情形一样。如此继续进行下去,从最后一道气环漏出来的燃气,其压力和流速已经大大减小,泄漏的燃气量也很少了。这种多环形成的阻拦燃气泄漏的"迷宫式"封气装置,可以有效密封气缸中的高压燃气。由于柴油机压缩比高,常设有3道气环。通常在保证密封的前提下,应该尽可能减少环数。

如上所述,活塞环的切口是燃气漏入曲轴箱的主要通路,因此,切口的形状和装入气缸后的间隙大小对燃气泄漏量有一定的影响。切口间隙过大,漏气严重,使发动机功率减小;间隙过小,活塞环受热膨胀后则有可能卡死或折断。切口间隙值一般为0.25~0.8mm。第一道气环的温度最高,因而其切口间隙值最大。气环的切口形状如图2.20所示。直角形切口工艺性好(图2.20(a));阶梯形切口的密封性好,但工艺性较差(图2.20(b));图2.20(c)所示为斜切口,斜角一般为30°或45°,其密封作用和工艺性均介于前两种之间,但其锐角部位在套装入活塞时容易折损。

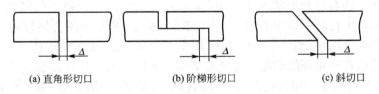

(a) 直角形切口　　　(b) 阶梯形切口　　　(c) 斜切口

图2.20　气环的切口形状

气环的断面形状对封气有较大影响。矩形断面(图2.21(a))是常用的气环断面,其工艺性和导热效果较好,但磨合性和密封性较差。矩形断面气环还存在一种所谓"气环的泵油作用"现象,即气环随活塞作往复运动时,会把气缸壁上的机油不断送入气缸中。

矩形断面气环的泵油原理如图2.21所示。活塞下行时,由于环本身的惯性和环与缸壁之间的摩擦阻力,活塞环槽的上端面压靠环的上端面并带动环下行,缸壁上的机油被刮入下边隙与背隙内。当活塞上行时,活塞环槽的下端面压靠环的下端面并带动环上行,进入第一道环背隙里的机油经过上边隙进入气缸中。缸壁上的机油在活塞及环的上下往复中进入气缸,并被最后压入燃烧室,这种现象称为油泵作用。窜入气缸内的机油会被烧掉而形成积炭,积炭吸附在燃烧室内,也可能残留在第一道环槽中,使环被卡死在环槽中而失去密封作用,划伤气缸壁,甚至使环折断。因矩形断面气环有泵油作用,使机油消耗大增,其运用越来越少。

在发动机上广泛采用非矩形断面的扭曲环(图 2.22(b))。所谓扭曲环是指在矩形环的内圆上边缘或外圆下边缘切去一部分。它的作用原理如图 2.22 所示。扭曲环随同活塞装入气缸时,由于环的弹性内力不对称作用,其外侧拉伸应力的合力 F_1 与内侧压缩应力的合力 F_2 之间有一力臂 e,于是产生扭曲力矩 M,使环产生明显的断面倾斜。环的边缘与环槽的上下端面接触,提高了表面接触应力,防止活塞环在环槽内上下窜动,且阻断泵油通道,消除或减少泵油作用,同时增加了密封性。扭曲环还易于磨合,并有向下刮油的作用。安装扭曲环时,必须注意环的断面形状和方向,应将其内圆切槽向上,外圆切槽向下,不能装反。

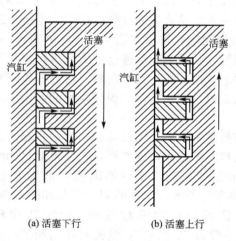

(a) 活塞下行　　(b) 活塞上行

图 2.21　矩形环的泵油作用

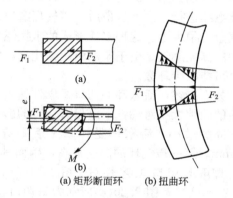

(a) 矩形断面环　　(b) 扭曲环

图 2.22　扭曲环的作用原理

除扭曲环外,还有多种形状的气环(图 2.23)。如图 2.23(a)所示的锥形环下行时具有良好的刮油作用,上行时形成油楔作用,可减少磨损。锥形环磨合性较好,可运用在第二、第三道气环。梯形环(图 2.23(d))常运用在热负荷较高的柴油机中的第一环。梯形环有两个方面的优点,一是环的侧隙 δ 能随着活塞受不同侧向力作用改变位置时而相应变化(图 2.24(a)),环与活塞的相对运动可以挤出沉积在环槽中的结焦,避免环被粘在环槽中而引起折断;二是环的密封性能稳定,作用在梯形环上的燃气作用力 R 的径向分力 R_x,能使环与气缸贴合良好,增强密封作用(图 2.24(b)),环的使用寿命延长。梯形环的主要缺点是上下两面的精磨工艺比较复杂。

(a) 锥面环　　(b) 正扭曲内切环　　(c) 反扭曲锥面环　　(d) 梯形环　　(e) 桶面环

图 2.23　气环的断面形状

作为一种新型结构的桶面环(图 2.23(e))广泛运用于高强化柴油机中的第一环。桶面环的外圆面为凸圆弧形,虽然凸圆弧表面加工较困难,可是环的磨合性好、密封性好、磨损小。当桶面环上下运动时,其凸圆弧形均能与气缸壁形成楔形空间而易于机油进入摩擦面,且接触面积小,活塞偏摆时的适应性也好。

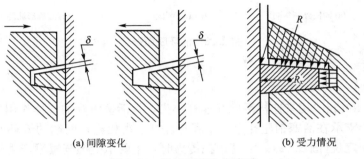

(a) 间隙变化　　　　(b) 受力情况

图 2.24　梯形环工作示意图

2. 油环

油环(oil ring)分为普通油环和组合油环两种。普通单体油环的结构如图 2.25 所示,一般是用合金铸铁制造的,其外圆面的中间切有一道凹槽,在凹槽底部加工出若干排油小孔或狭缝。钢片组合油环如图 2.26 所示,由刮油钢片 1、轴向衬环 2 和径向衬环 3 组成。

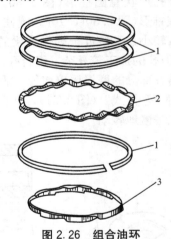

图 2.25　普通单体油环　　　图 2.26　组合油环
　　　　　　　　　　　　　1—刮油钢片　2—轴向衬环　3—径向衬环

油环的刮油作用如图 2.27 所示,在活塞油环槽的底部加工出多个排油小孔,油环随活塞上下移动时,多余的机油经排油小孔排出。

普通单体油环的断面形状如图 2.28 所示。油环上唇的上端面外缘一般均有倒角,使油环向上运动能够形成油膜,同时易于机油把油环推离气缸壁而进入油环的切槽内。如图 2.28(b)、(c)所示为鼻形油环,其刮油能力强,但加工较困难。钢片组合油环上下有两个刮油钢片(图 2.26),与气缸

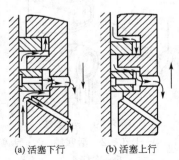

(a) 活塞下行　(b) 活塞上行

图 2.27　油环的刮油作用

壁的接触面积小，适应性好，能有效防止机油上窜，且其控油能力最强。

(a) 同向外倒角油环　　　(b) 鼻形油环　　　(c) 双鼻形油环

图2.28　油环断面形状

2.3.3　活塞销

活塞销（piston pin）用来连接活塞和连杆小头，将活塞承受的气体作用力传给连杆。

活塞销两端支承在活塞销座孔上，中间与连杆小头相连，两端的卡环嵌在销座孔凹槽中给活塞销轴向定位（图2.29）。活塞销在传力时，主要承受燃气爆发产生很大的周期性冲击载荷；活塞销处在高温区，其润滑条件很差（一般靠飞溅润滑）。因而要求有足够的刚度和强度，表面耐磨。活塞销随活塞高速运动，要求其质量尽可能小，为此通常将活塞销做成空心圆柱体，如图2.30所示。

活塞销一般用低碳钢或低碳合金钢制造，先经表面渗碳处理以提高表面硬度，并保证心部有一定的冲击韧度，然后进行精磨和抛光。

活塞销的内孔形状有圆柱形（图2.30(a)）、两段截锥与一段圆柱的组合形（图2.30(b)）以及两段截锥形（图2.30(c)）等。圆柱孔容易加工，但活塞销的质量较大。两段锥形孔的活塞销质量较小，又接近于等强度梁的要求（因活塞销的受力属简支梁，中部所承受的弯矩最大），但孔的加工较复杂。组合孔的结构则介于两者之间。

为使活塞销各部分的磨损比较均匀，活塞销与活塞销座孔和连杆小头衬套孔的连接配合，一般多采用"全浮式"（图2.31），即在发动机运转过程中，活塞销可相对于连杆小头衬套孔和销座孔缓慢地转动。

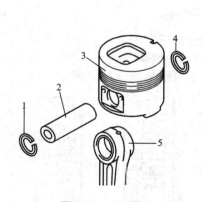

图2.29　活塞销
1、4—卡环　2—活塞销　3—活塞
5—连杆小头

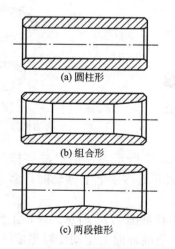

(a) 圆柱形

(b) 组合形

(c) 两段锥形

图2.30　活塞销的内孔形状

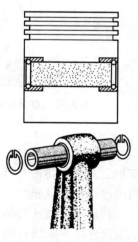

图2.31　活塞销的连接

由于铝活塞的活塞销座热膨胀量大于钢活塞销,为保证高温工作时有正常的工作间隙(0.01~0.02mm),在冷态装配时活塞销与活塞销座孔采用过渡配合。装配时,应先将铝活塞放在温度为70~90℃的水或油中加热,然后将销装入。

2.3.4 连杆

连杆(connecting rod)用来连接活塞和曲轴,将活塞承受的力传给曲轴,并将活塞的往复运动变为曲轴的旋转运动。

连杆主要承受活塞销传来的气体作用力,其次承受连杆小头随活塞组往复运动时的惯性力;连杆作平面运动,还要承受变速摆动而产生的惯性力矩。这些力和力矩的大小和方向都是周期性变化的。因此,连杆受力复杂,受到压缩、拉伸和弯曲等交变载荷的作用,要求连杆在质量尽可能小的条件下,有足够的刚度和强度。若连杆强度不足断裂,会导致发动机报废;若连杆刚度不足,会使连杆大头孔失圆而导致大头轴瓦因油膜破坏而烧损;连杆杆身弯曲,造成活塞与气缸偏磨、活塞环漏气和窜油等。

连杆一般用中碳钢或合金钢经模锻或辊锻而成,然后经机械加工和热处理。

连杆由连杆小头 2、杆身 3 和连杆大头 4 (含连杆盖 8)3 部分组成(图 2.32)。

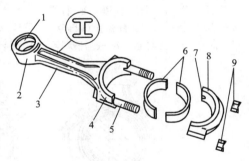

图 2.32 连杆组件分解图
1—连杆衬套 2—连杆小头 3—杆身
4—连杆大头 5—连杆螺栓 6—轴瓦
7—凹槽 8—连杆盖 9—螺母

连杆小头与活塞销相连,小头内孔装有青铜衬套,以减少磨损。活塞销与衬套的润滑,可在小头和衬套上钻出集油孔或铣出集油槽,靠收集被激溅上来的机油润滑。也有在杆身内钻出压力油通道,靠发动机供给的压力润滑油润滑。

连杆杆身通常做成"工"字形断面(图2.32),可在满足强度和刚度要求的前提下减小质量。

连杆大头做成剖分式的,以便与曲轴的曲柄销相连,被分开的部分称为连杆盖。连杆盖与连杆大头是配对组装的,采用组合镗孔加工,并在同侧刻上配对记号。大头孔内装有连杆轴瓦,并保证紧密贴合,连杆大头上铣出的凹槽用来给连杆轴瓦定位。为加强配气凸轮与气缸壁的激溅润滑,有的连杆大头连同轴瓦还钻有1~1.5mm的小油孔,从中可喷出机油。连杆大头与曲柄销的连接靠特制的连杆螺栓紧固。连杆螺栓是发动机中极重要的强力零件,一般采用韧性较高的优质合金钢或优质碳素钢锻制或冷镦而成。连杆螺栓的拧紧力矩要按工厂规定,分几次均匀拧紧。

连杆大头的剖分面可分为平切口和斜切口两种。平切口连杆(图2.32)的剖分面垂直于连杆轴线。平切口连杆大头一般用于汽油机,原因是气缸直径尺寸大于连杆大头。由于柴油机的连杆受力较大,其大头的尺寸会超过气缸直径。为使连杆大头能通过气缸,便于拆卸,一般采用斜切口连杆(图2.33)。斜切口连杆的大头剖分面与连杆轴线成30°~60°夹角。

平切口的连杆盖与连杆的定位是利用连杆螺栓上精加工的圆柱凸台或光圆柱部分,与经过精加工的螺栓孔来保证的。

斜切口连杆在工作中受到惯性力的拉伸，在切口方向有一个较大的横向分力。因此在斜切口连杆上必须采用可靠的定位措施。斜切口连杆常用的定位方法有以下3种。

（1）止口定位（图2.34(a)）的优点是工艺简单，但无法防止对连杆盖止口向外变形或连杆大头止口向内变形。

（2）套筒定位（图2.34(b)）是在连杆盖的每一个螺栓孔中压配一个刚度大，而且剪切强度高的短套筒。它与连杆大头的配合间隙精度很高，故能很方便地装拆连杆盖。由于定位套筒的工艺要求高，若孔距不够准确，则可能因过定位（定位干涉）而造成大头孔严重失圆。此外，压配短套筒会增大连杆大头的横向尺寸。

（3）锯齿定位（图2.34(c)）的接触面大，贴合紧密，定位可靠，结构紧凑。但对齿距公差要求严格，否则会出现个别齿脱空，影响连杆组件的刚度，且引起连杆大头孔失圆。

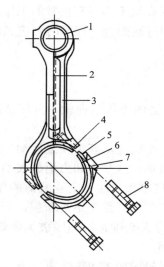

图2.33　斜切口连杆组件分解图
1—连杆衬套　2—杆身油道　3—杆身
4—连杆大头　5—连杆盖止口凸台
6—轴瓦　7—连杆盖　8—连杆螺栓

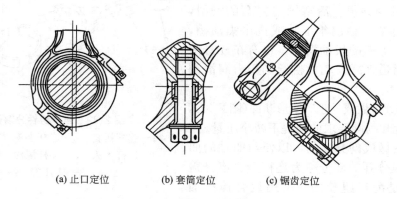

(a) 止口定位　　(b) 套筒定位　　(c) 锯齿定位

图2.34　斜切口连杆大头的定位方式

连杆轴瓦（图2.35）采用剖分成两半的滑动轴承（图2.32、图2.35），轴瓦是在厚1～3mm的薄钢背的内圆面上浇铸0.3～0.7mm厚的减摩合金层（如巴氏合金、铜铅合金、高锡铝合金等）而成。减摩合金具有保持油膜、减少摩擦阻力和加速磨合的作用。巴氏合金轴瓦的疲劳强度较低，只能用于负荷不大的汽油机；而铜铅合金轴瓦或高锡铝合金轴瓦均具有较高的承载能力与耐疲劳性。锡的质量分数在20%以上的高锡铝合金轴瓦在汽油机和柴油机上均得到广泛应用。高强化柴油机上的轴瓦，在铜铅合金和减摩层上再镀一层厚度为0.02～0.03mm的钢或锡。单片轴瓦在自由状态下不是半圆形，将其装入连杆大头孔内时，因有过盈而能均匀地紧贴在大头孔壁上，具有

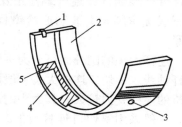

图2.35　连杆轴瓦
1—定位凸键　2—减摩合金层
3—油孔　4—钢背　5—铜铅合金

很好的承受载荷和导热的能力。两片半分连杆轴瓦上的定位凸键 1 是用来防止连杆轴瓦在工作中发生转动或轴向移动的,凸键分别嵌入连杆大头和连杆盖上的相应凹槽中。连杆轴瓦内表面的油槽用来储存润滑油,保证可靠润滑。

2.4 曲轴飞轮组

如图 2.36 所示,曲轴飞轮组主要由曲轴和飞轮以及其他不同功用的零件和附件组成。

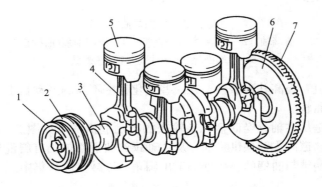

图 2.36 发动机活塞连杆组与曲轴飞轮组
1—皮带轮 2—扭转减振器 3—曲轴 4—连杆 5—活塞 6—飞轮 7—齿环

2.4.1 曲轴

曲轴(crankshaft)用来承受连杆传来的力,并将其转变为驱动转矩。曲轴主要在周期性变化的气体压力以及旋转质量的离心力和往复惯性力的共同作用下,承受弯曲与扭转载荷。曲轴应具有足够的刚度和强度,且各工作表面要耐磨和润滑良好,以确保曲轴可靠工作。

如图 2.37 所示,多数发动机的曲轴做成整体式的。曲轴主要由 3 部分组成:①曲轴的前端(或称自由端)轴 1;②若干个曲拐(由一个曲柄销 4 和它左右两端的曲柄 3,以及前后两个主轴颈 2 组成);③曲轴后端(或称功率输出端)凸缘 5。曲轴的曲拐数取决于气缸的数目和排列方式,直列式发动机曲轴的曲拐数等于气缸数;V 形发动机曲轴的曲拐数等于气缸数的一半。

曲轴的支承分为全支承曲轴和非全支承曲轴两种。全支承曲轴是指在相邻的两个曲拐之间,都设置一个主轴颈的曲轴;否则称为非全支承曲轴。直列发动机的全支承曲轴的主轴颈的总数(包括曲轴前端和后端的主轴颈)比气缸数多一个;V 形发动机的全支承曲轴的主轴颈总数比气缸数的一半多一个。采用全支承曲轴可以提高曲轴的刚度和弯曲强度,且能减轻主轴承的载荷。但曲轴的加工表面增多,主轴承增多,且机体会加长。汽油机可采用这两种形式的曲轴,但柴油机因其载荷较大的缘故多采用全支承曲轴。

曲轴的材料一般采用中碳钢或中碳合金钢模锻,以满足高强度、冲击韧度和耐磨性的要求。曲轴的主轴颈和曲柄销表面均需高频淬火或渗氮,再经过精磨,以达到高的精度和

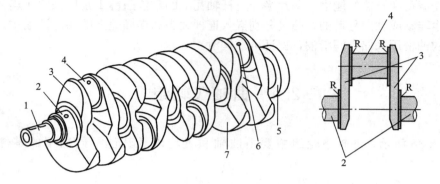

图 2.37　曲轴与曲拐
1—前端轴　2—主轴颈　3—曲柄　4—连杆轴颈（曲柄销）
5—后端凸缘　6—油孔　7—平衡重

较小的表面粗糙度值，提高其耐磨性。在一些强化程度不高的发动机上，还采用高强度的稀土球墨铸铁铸造曲轴。

曲柄销的润滑是从主轴颈经曲柄孔道输来的机油润滑的，如图 2.38 所示。发动机上的主油道有多个分油道向主轴颈供机油，从主轴颈到曲柄销加工有斜油道，以满足每个曲柄销的润滑。在曲柄销与曲柄的连接处加工出圆角，以减少应力集中。

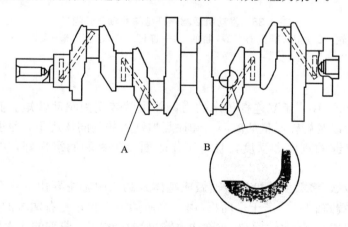

图 2.38　曲轴的润滑
A—油道；B—加工圆角

由于曲柄销偏离曲轴旋转中心，存在不平衡质量，需要对曲轴进行质量平衡。采用的办法是用平衡重（balancer weight）来平衡偏心质量引起的离心力和离心力矩，以及平衡部分往复惯性力。对于四缸、六缸等多缸发动机，因对称布置曲柄，往复惯性力和离心力及其产生的力矩从整体上看都能相互平衡，但曲轴的局部却受到弯曲作用。从图 2.39(a) 中可以看到，第 1 和第 4 曲柄销的离心力 F_1 和 F_4 与第 2 和第 3 曲柄销的离心力 F_2 和 F_3 因大小相等、方向相反而互相平衡；F_1 和 F_2 形成的力偶矩 M_{1-2} 与 F_3 和 F_4 形成的力偶矩 M_{3-4} 也能互相平衡，但两个力偶矩都给曲轴造成弯曲载荷。曲轴若刚度不够就会产生弯曲变形，引起主轴颈和轴承偏磨。解决的方式一般是在曲柄的相反方向设置平衡重，如

图 2.39(b)所示。如图 2.40 所示是装有平衡重(也称平衡块)的曲轴。

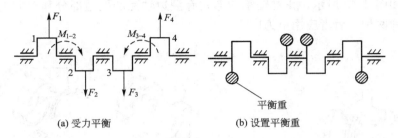

(a) 受力平衡　　　　　　　(b) 设置平衡重

图 2.39　曲轴平衡重作用示意

由图 2.39(b)可见，平衡重所造成的弯矩可以同 M_{1-2} 和 M_{3-4} 造成的弯矩平衡。有的发动机平衡重与曲柄是一体的(图 2.37)，一般四缸发动机设置 4 块平衡重；六缸发动机可设置 4、6、8 块平衡重，甚至在所有曲柄下均设有平衡重。是否设置平衡重需要综合多方面因素考虑。

有的发动机曲轴前端(图 2.41)装有驱动配气凸轮轴的定时齿轮 4，驱动风扇和水泵的带轮 1 以及扭转减振器 2 等。曲轴前端装置的甩油盘 3 用来防止机油沿曲轴颈外漏。甩油盘随着曲轴旋转，当有被齿轮挤出或甩出来的机油落到盘上时，会随甩油盘的旋转而被甩到齿轮室盖的壁面上，再沿壁面流回到油底壳中。甩油盘的外斜面应向后，不能装错，否则效果将适得其反。有的中小型发动机的曲轴前端还装有起动爪，必要时以便用人力转动曲轴，使发动机起动。

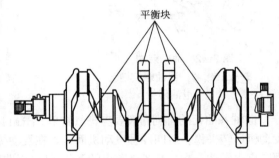

图 2.40　装有平衡重(块)的曲轴

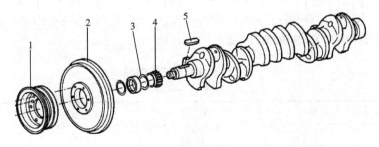

图 2.41　曲轴前端的结构

1—带轮　2—扭转减振器　3—甩油盘　4—定时齿轮　5—键

如图 2.42 所示，曲轴后端有凸缘 1、甩油环 3 和回油螺纹槽 2。凸缘用来安装飞轮。甩油环和回油螺纹槽用来防止机油从曲轴后端漏出。当机油流入曲轴后端时，甩油环将机油甩向外侧，顺着回油通道流回油底壳。回油螺纹槽螺旋方向与曲轴转动方向相反，靠机油本身的黏性与机体后盖孔壁的摩擦阻力使机油往回流动，阻止机油流向凸缘。

离合器与飞轮接合和分离时，会对曲轴施加轴向力，而使曲轴产生轴向窜动的趋势。由此会造成曲柄连杆机构各零件正确相对位置的破坏，必须用止推轴承(一般是滑动轴承)

加以限制。另一方面，应允许曲轴受热膨胀时能自由伸长，所以曲轴上只能设置一处轴向定位装置。如图 2.43 所示，止推轴承的形式有翻边轴瓦的翻边部分和单制的具有减摩合金层的止推片两种。后者应用更为广泛。

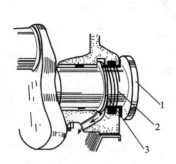

图 2.42　曲轴后端
1—凸缘　2—回油螺纹槽
3—甩油环

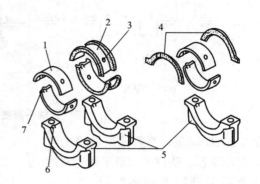

图 2.43　曲轴轴承与轴承座
1—主轴承　2—翻边轴瓦　3—油孔　4—止推片
5—主轴承座　6—主轴承止口　7—凸台

曲轴各曲拐的排列布置要考虑气缸数、气缸排列方式（单列或 V 形等）和点火次序，以保证发动机运转平稳。对四冲程发动机而言，在发动机完成一个工作循环的曲轴转角内，每个气缸都应点火做功一次，其各缸点火的间隔时间（以曲轴转角表示，称为点火间隔角）应力求均匀（做功间隔应力求均匀），对缸数为 i 的点火间隔角为 $720°/i$。此外，为减轻主轴承的载荷，同时避免可能发生的进气重叠现象（即相邻两缸进气门同时开启），应使连续做功的两缸相距尽可能远。

几种常用的多缸发动机曲拐布置和点火次序如下。

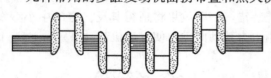

图 2.44　直列 4 缸发动机的曲拐布置

四冲程直列 4 缸发动机曲拐布置如图 2.44 所示，4 个曲拐布置在同一平面内。点火间隔角为 720°/4=180°。其点火次序有两种排列法，即 1—2—4—3 或 1—3—4—2，其工作循环见表 2-1、表 2-2。

表 2-1　4 缸机工作循环
（点火次序：1—2—4—3）

曲轴转角/(°)	第一缸	第二缸	第三缸	第四缸
0～180	做功	压缩	排气	进气
180～360	排气	做功	进气	压缩
360～540	进气	排气	压缩	做功
540～720	压缩	进气	做功	排气

四冲程直列 6 缸发动机曲拐布置如图 2.45 所示，6 个曲拐分别布置在 3 个平面内，各平面夹角为 120°。点火间隔角为 720°/6=120°。6 缸发动机曲拐的具体布置有两种，一种的点火次序为 1—5—3—6—2—4，此布置在国产汽车上应用普遍，其工作循环见表 2-3；

另一种的点火次序为 1—4—2—6—3—5。

表 2-2　4 缸机工作循环
(点火次序：1—3—4—2)

曲轴转角/(°)	第一缸	第二缸	第三缸	第四缸
0～180	做功	排气	压缩	进气
180～360	排气	进气	做功	压缩
360～540	进气	压缩	排气	做功
540～720	压缩	做功	进气	排气

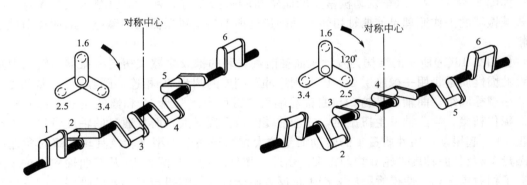

图 2.45　直列 6 缸发动机的曲拐布置

表 2-3　直列 6 缸机工作循环
(点火次序：1—5—3—6—2—4)

曲轴转角/(°)		第一缸	第二缸	第三缸	第四缸	第五缸	第六缸
0～180	0～60	做功	排气	进气	做功	压缩	进气
	60～120						
	120～180			压缩	排气		
180～360	180～240	排气	进气			做功	压缩
	240～300						
	300～360			做功	进气		
360～540	360～420	进气	压缩			排气	做功
	420～480						
	480～540			排气	压缩		
540～720	540～600	压缩	做功			进气	排气
	600～660						
	660～720			进气	做功		压缩

2.4.2 扭转减振器

装置于发动机曲轴前端的扭转减振器(torsional vibration damper)用来消减曲轴的扭转振动。产生曲轴扭转振动的原因在于，在发动机工作过程中，各曲拐所承受的转矩大小是周期性地变化的，将引起曲拐回转的瞬时角速度也呈周期性变化。由于曲轴后端固接的飞轮转动惯量大，瞬时角速度可看作是均匀的。因而，各曲拐相对于飞轮会产生大小和方向作周期性变化的相对扭转振动，简称扭振。曲轴是扭转弹性系统，本身具有一定的自振频率。出现扭振时，曲轴前端的角振幅最大，扭振的频率与曲轴弹性系统的自振频率相等或呈整数倍时，则会产生共振。由此会造成曲轴前端的定时传动系统失准，严重时将造成曲轴断裂。

如图 2.46 所示，汽车发动机常用的曲轴扭转减振器有 3 种，都属摩擦式减振器。摩擦式减振器的工作原理是使曲轴扭转振动能量逐渐消耗于减振器内的摩擦，从而逐渐减小振幅。

如图 2.46(b)所示的结构为发动机曲轴前端安装的橡胶摩擦式扭转减振器。转动惯量较大的惯性质量 1 用一橡胶层 2 和由薄钢片冲压制成的圆盘 10 相连，圆盘 10 与曲轴皮带轮 3 用螺栓固结，曲轴皮带轮 3 与曲轴前端用花键固定。圆盘 10 和惯性质量 1 都同橡胶层 2 硫化粘接。当曲轴发生扭振时，曲轴前端的角振幅最大，而且通过曲轴皮带轮 3 带动圆盘 10 一起振动。惯性质量 1 的转动惯量较大相当于一个小型飞轮，其转动瞬时角速度比圆盘 10 及其曲轴皮带轮 3 均匀得多。由此，惯性质量 1 与圆盘 10 及其曲轴皮带轮 3 之间有了相对角振动，使得橡胶层 2 产生正反方向交替变化的扭转变形。橡胶层 2 的变形导致橡胶内部产生分子摩擦，从而消耗扭转振动能量，减小整个曲轴的扭转振幅，避免在常用的转速内出现共振，将曲轴共振转速移向更高的转速区域内。由于橡胶摩擦式减振器结构简单、质量小、工作可靠，所以广泛应用于汽车发动机。但该减振器对曲轴扭转振动的衰减作用不够强，且由于橡胶内摩擦发热升温而容易老化。

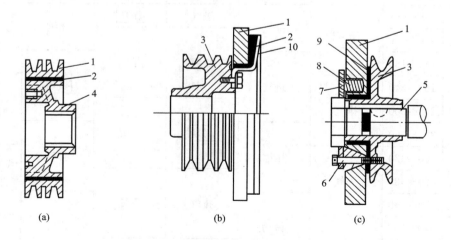

图 2.46 橡胶摩擦式扭转减振器

1—扭转减振惯性质量　2—硫化橡胶层　3—曲轴皮带轮　4—带轮轮毂
5—曲轴　6—螺栓　7—连接板　8—弹簧　9—摩擦板　10—圆盘

如图 2.46(c)所示的结构为一种干摩擦式扭转减振器。惯性质量 1 松套在曲轴皮带轮 3 的轮毂上,惯性质量 1 与曲轴皮带轮 3 之间有摩擦板 9,左侧的弹簧 8 将惯性质量 1 压紧在右侧的摩擦板 9 上。在曲轴发生扭振时,惯性质量 1 与曲轴皮带轮 3 发生相对角振动,靠它们与摩擦板 9 之间的干摩擦消减振动。

2.4.3 飞轮

飞轮(flywheel)用来储存曲轴在做功行程中做功的部分能量,在其他行程中释放能量用于克服曲柄连杆机构的运动阻力,保证曲轴的旋转角速度稳定和输出转矩尽可能均匀,克服发动机短时间的超载荷。飞轮同时又作为发动机的动力输出元件,成为汽车传动系中摩擦离合器的主动件。

飞轮是一个转动惯量很大的圆盘,如图 2.47 所示。为使得飞轮在质量尽可能小的情况下,保证有足够的转动惯量,飞轮的大部分质量都集中在轮缘上,因而轮缘通常做得宽而厚。为与起动机的驱动齿轮啮合,飞轮外缘上压有一个齿环 2,供起动发动机用。有的发动机为了校准点火时间,在飞轮上刻有第一缸点火定时记号"上止点/1-6"(图 2.48),当这个记号与飞轮壳上的刻线对正时,即表示 1-6 缸的活塞处在上止点位置。

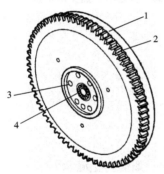

图 2.47 飞轮
1—飞轮 2—齿环 3—螺栓孔
4—轴承

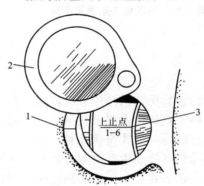

图 2.48 发动机点火定时记号
1—离合器外壳记号 2—观察孔盖板
3—飞轮上的记号

飞轮多采用灰铸铁制造,当轮缘的圆周速度超过 50m/s 时,要采用强度较高的球铁或铸钢制造。

飞轮和曲轴装配在一起后需要进行动平衡测量,消除不平衡质量。否则若存在不平衡质量,将因产生的离心力引起发动机振动并加速主轴承的磨损。一般用定位销或螺栓的不对称布置来保证飞轮与曲轴之间的相对位置,从而在拆装时也不至于破坏它们的平衡状态。

2.5 发动机的悬置

前已述及,燃烧气体的作用力和活塞以及连杆小头的往复惯性力以及曲柄、曲柄销和连杆大头绕曲轴轴线旋转而产生的旋转惯性力,会引起发动机的上下振动和水平方向的振动。在发动机气缸数目少或运转速度较低时,发动机的振动会加剧。为了防止和减轻振动传递,在发动机装置到车架或车身上时,在其连接支承部位要设置弹性元件。这种将振动源进行隔离的弹性支承称为发动机悬置(engine mounting)。

发动机悬置除吸收缓和振动外,还要有可靠支承发动机质量的能力,要综合考虑支承点及数目、发动机的类型、汽车底盘或车身的结构等。

采用较多的发动机悬置有 4 点支承和 3 点支承方式。采用 4 点支承的发动机悬置如图 2.49 所示,前部支承点位于定时齿轮壳下部或发动机机体下部两侧,后部支承点位于飞轮壳或变速器壳两侧。采用 3 点支承的发动机悬置如图 2.50 所示,前部支承点与 4 点支承的相同,后部支承点位于变速器壳后的 1 点。

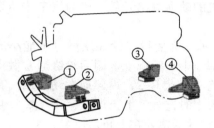
图 2.49 发动机 4 点支承示意

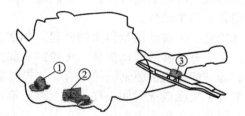
图 2.50 发动机 3 点支承示意

思考题

1. 曲柄连杆机构的功用和组成是什么?
2. 曲柄连杆机构主要承受哪几种作用力?
3. 气缸的排列方式有哪几种?
4. 汽油机燃烧室主要有哪几种?各有何特点?
5. 什么是干式缸套?什么是湿式缸套?采用湿式缸套时如何防止漏水?
6. 为保证正常工作,活塞的实际结构应是怎样的?
7. 简述矩形活塞环的泵油作用。
8. 全浮式活塞销有什么优点?为什么要轴向定位?
9. 曲轴的构造是怎样的?为什么曲轴要轴向定位?
10. 曲轴上的平衡重起什么作用?为什么有的曲轴上没有平衡重?
11. 曲轴扭转减振器起什么作用?

第 3 章 配气机构

教学提示

配气机构是保证新鲜可燃混合气(汽油机)或空气(柴油机)得以及时进入气缸并把燃烧后生成的废气及时排出气缸的装置。本章重点介绍配气机构的布置形式、配气相位、配气机构的气门组及气门传动组,同时还介绍可变配气系统。

教学目标

要求学生熟练掌握配气相位、配气机构的布置形式、结构特点、基本组成和工作原理,尤其是配气机构的气门组和气门传动组;了解发动机可变配气系统。

3.1 概　　述

发动机配气机构的功用是根据发动机每一气缸内进行的工作循环顺序,定时地开启和关闭各气缸的进、排气门,以保证新鲜可燃混合气(汽油机)或空气(柴油机)得以及时进入气缸并把燃烧后生成的废气及时排出气缸。

3.1.1 发动机换气

四冲程往复活塞式发动机经过进气、压缩、做功、排气 4 个行程完成一个工作循环,通过能量的转换给发动机正常运转提供动力。发动机的工作过程实质上就是,使燃烧以后的废气及时排出气缸和使新鲜的可燃混合气(或空气)及时进入气缸的换气过程。换气过程的任务就是将燃烧以后的废气及时干净地排出气缸,并充入尽可能多的新鲜可燃混合气(或空气)。换气过程进行的完善程度是提高发动机动力性的重要因素。

发动机排气过程和进气过程称为发动机的换气过程，包括从排气门开启到进气门关闭之间的全过程。换气过程可分为自由排气、强制排气、进排气重叠、正常进气、惯性进气等五个阶段。

（1）自由排气阶段。从排气门打开到气缸压力接近于排气管压力的这个时期，称为自由排气阶段。当缸内压力大于排气管压力时，缸内气体自行流出。排气门提前开，一般排气提前角设计为30°～80°曲轴转角。

（2）强制排气阶段。自由排气以后，由于排气门节流的影响，气缸内平均压力与排气管内平均压力之差较小，缸内气体不能自行流出，而是靠活塞从下止点向上止点移动时的推力强制排出废气，由上行活塞强制将废气推出的这个时期称为强制排气阶段。此阶段虽然持续时间较长，但因缸内废气压力逐渐接近大气压力，故该阶段排出废气只占总气量的一小部分。

（3）进排气重叠阶段。由于排气门延迟关闭，进气门提前开启，因此存在进排气门同时打开的现象，称为气门叠开，目的是进一步清除残余废气，增加进气。

（4）正常进气阶段。排气门关闭后，活塞继续下行，新鲜气体被吸入气缸。由于进气系统有一定的阻力，因此进气阶段气缸内的压力低于大气压力。新鲜气体在进气管中受到排气管的加热(汽油机)，流入气缸内的气体受到缸内残余废气的加热，其温度高于大气温度。

（5）惯性进气阶段。活塞由下止点上行至进气门关闭这个时期称为惯性进气阶段。该阶段曲轴转过的角度称为进气迟闭角。进气过程活塞运动到下止点的瞬间，进气门口仍有一定的流速，进气门迟闭就可以利用新鲜气体流动惯性和气缸内外压力差，继续进气，所以进气门都在下止点之后才关闭，使充气量增加。

3.1.2 充气效率

为了保证发动机每个气缸排气彻底，进气充分，要求气门具有尽可能大的通过能力。新鲜空气或可燃混合气被吸进气缸越多，则发动机可能发出的功率就越大。新鲜空气或可燃混合气充满气缸的程度，用充气效率 η_v 来表示。所谓充气效率就是指在进气过程中，实际进入气缸的新鲜空气或可燃混合气的质量与在理想状况下充满气缸工作容积的新鲜空气或可燃混合气的质量之比，即：

$$\eta_v = M/M_0$$

式中，M 为进气过程中，实际充入气缸的新鲜空气或可燃混合气的质量；M_0 为理想状态下，充满气缸工作容积的新鲜空气或可燃混合气的质量。

充气效率 η_v 是衡量发动机换气质量的参数。充气效率越高，表明进入气缸内的新鲜空气或可燃混合气的质量越多，可燃混合气燃烧时可能放出的热量越大，发动机发出的功率也就越大。对于一定工作容积的发动机而言，充气效率与进气终了时气缸内的压力和温度有关。此时压力越高，温度越低，则一定容积的气体质量就越大，因而充气效率越高。由于进气系统对气流的阻力造成进气终了时缸内气体压力降低，且上一循环中残留在气缸内的高温废气，以及燃烧室、活塞顶、气门等高温零件对进入气缸内的新鲜气体加热，使进气终了时气体的温度升高，实际充入气缸的新鲜气体的质量总是小于在理想状况下充满气缸工作容积的新鲜气体的质量，即充气效率总是小于1，一般为0.80～0.90。影响发动机充气效率的因素很多，就配气机构而言，要求其结构有利于减小进气和排气的阻力，进、排气门的开启时刻和持续开启的时间应适当，使吸气和排气过程尽可能充分，使充气效率得以提高。

3.1.3 配气相位

用曲轴转角表示的进、排气门实际开闭时刻和开启持续转角，称为配气相位（valve timing）。通常用相对于上、下止点曲拐位置的曲轴转角的环形图来表示，这种图形称为配气相位图，如图3.1所示。

理论上，四冲程发动机的进气门当曲拐处在上止点时开启，下止点时关闭；排气门则当曲拐在下止点时开启，上止点时关闭。进气过程和排气过程各占180°曲轴转角。但实际上由于发动机转速很高，活塞每一行程历时相当短，如上海桑塔纳轿车发动机活塞行程历时仅0.0054s。在这样短的时间内换气，势必会造成进气不足和排气不净，从而使发动机功率下降。因此，现代发动机气门实际开闭时刻需要提前开、迟后关，采取延长进、排气时间的方法，以改善进、排气状况，从而提高发动机的动力性。

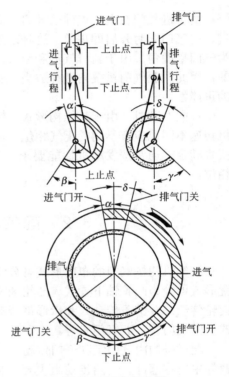

图3.1 配气相位图

1. 进气门的配气相位

（1）进气提前角（intake advance angle）α。在排气行程接近终了、活塞到达上止点之前，进气门便开始开启，从进气门开始开启到活塞移到上止点所对应的曲轴转角α称为进气提前角。进气门提前开启的目的是保证进气行程开始时进气门已开大，减小进气阻力，新鲜气体能顺利地充入气缸。

（2）进气迟后角（intake lag angle）β。在进气行程下止点过后，活塞又上行一段，进气门才关闭。从下止点到进气门关闭所对应的曲轴转角β称为进气迟后角。进气门迟后关闭的目的是：由于活塞到达下止点时，缸内压力仍低于大气压力，进入惯性进气阶段，仍可以利用气流惯性和压力差继续进气。

由此可见，进气门开启持续时间内的曲轴转角，即进气持续角为$\alpha+180°+\beta$。α角一般为10°～30°，β角一般为40°～80°。

2. 排气门的配气相位

（1）排气提前角（exhaust advance angle）γ。在做功行程接近终了、活塞到达下止点之前，排气门便开始开启。从排气门开始开启到下止点所对应的曲轴转角γ称为排气提前角。排气门提前开启的目的是：当做功行程活塞接近下止点时，进入自由排气阶段，气缸内的气体大约还有0.30～0.50MPa的压力，此压力对做功的作用已经不大，但仍比大气压力高，可利用此压力使气缸内的废气迅速地自由排出，一方面减小发动机功率消耗，另一方面高温废气迅速排出可防止发动机过热。

(2) 排气迟后角(exhaust lag angle)δ。活塞越过上止点后,排气门才关闭。从上止点到排气门关闭所对应的曲轴转角δ称为排气迟后角。排气门迟后关闭的目的是:由于活塞到达上止点时,气缸内的残余废气压力继续高于大气压力,加之排气时气流有一定的惯性,仍可以利用气流惯性和压力差把废气排放得更干净。

由此可见,排气门开启持续时间内的曲轴转角(即排气持续角)为 $\gamma+180°+\delta$。γ 角一般为 $40°\sim 80°$,δ 角一般为 $10°\sim 30°$。

3. 气门重叠

由于进气门在上止点前已开启,而排气门在上止点后才关闭,这就出现在一段时间内进、排气门同时开启的现象,这种现象称为气门重叠。气门同时开启的曲轴转角 $\alpha+\delta$ 称为气门重叠角。由于新鲜气流和废气流的流动惯性都比较大,在短时间内是不会改变流向的,因此只要气门重叠角选择适当,就不会有废气倒流入进气管和新鲜气体随同废气排出的可能性。

不同发动机,由于其结构形式、转速各不相同,因而配气相位也不相同。同一台发动机转速不同也应有不同的配气相位,转速越高,提前角和迟后角也应越大,但这在结构上很难满足。通常按发动机性能要求,通过反复试验确定某一常用转速下较为合适的配气相位。

3.2 配气机构布置形式及组成

配气机构按气门的布置形式可分为气门顶置式和气门侧置式(已淘汰);按凸轮轴的布置形式可分为凸轮轴下置式、凸轮轴中置式和凸轮轴上置式;按凸轮轴的传动方式可分为齿轮传动式、链条传动式和齿形带传动式;按每个气缸气门数及其排列方式可分为二气门式、四气门式、五气门式等。

配气机构由气门组和气门传动组组成。气门组包括气门、气门导管、气门座和气门弹簧等主要零部件。气门传动组主要包括凸轮轴、凸轮轴定时齿轮、挺柱、推杆(气门顶置式配气机构)、摇臂和摇臂轴。

3.2.1 布置形式

1. 气门的布置形式

由于气门侧置式配气机构已淘汰,本章不涉及此内容。

气门顶置式配气机构是现代汽车发动机广泛采用的一种配气机构形式。其特点是进气门和排气门都倒装在气缸盖上,如图3.2所示。该配气机构的组成主要包括气门3、气门导管2、气门弹簧4和5、弹簧座6、锁片7、摇臂轴9、摇臂10、推杆13、挺柱14、凸轮轴15和定时齿轮16等。发动机工作时,曲轴通过定时齿轮驱动凸轮轴旋转,当凸轮轴转到凸轮的凸起部分顶起挺柱14时,通过推杆13和调整螺钉12使摇臂10绕摇臂轴9摆动,压缩气门弹簧,使气门离开气门座,即气门开启。当凸轮凸起部分离开挺柱后,气门便在气门弹簧力作用下上升而落座,气门关闭。

四冲程发动机每完成一个工作循环,曲轴旋转两周,各缸进、排气门各开启一次,此

配气机构 第3章

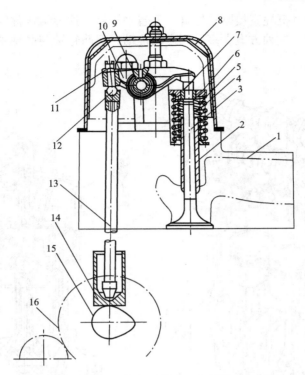

图 3.2 气门顶置式配气机构
1—气缸盖 2—气门导管 3—气门 4—气门主弹簧 5—气门副弹簧
6—气门弹簧座 7—锁片 8—气门室罩 9—摇臂轴 10—摇臂 11—锁紧螺母
12—调整螺钉 13—推杆 14—挺柱 15—凸轮轴 16—定时齿轮

时凸轮轴只旋转一周,因此曲轴与凸轮轴的转速传动比为 2:1。

气门顶置式发动机,由于燃烧室结构紧凑,充气阻力小,具有良好的抗爆性和高速性,易于提高发动机的动力性和经济性指标。

一汽奥迪 100、红旗 CA7220、捷达/高尔夫、上海桑塔纳、神龙富康和天津夏利等型轿车及解放 CA1091、东风 EQ1090E 型载货汽车发动机均采用气门顶置式配气机构。

如图 3.3 所示是采用传动链传动的气门顶置式配气机构。发动机工作时,曲轴 1 通过曲轴定时齿轮 2,带动传动链 3,驱动凸轮轴定时齿轮 4,使凸轮轴 6 转动,凸轮轴上的凸轮 5 直接驱动气门 7 开启,气门关闭则依靠气门弹簧,完成进气或排气行程。

2. 凸轮轴的布置形式

凸轮轴的布置形式可分为下置、中置和上置 3 种。三者都可用于气门顶置式配气机构。

1) 凸轮轴下置式配气机构

凸轮轴由曲轴通过定时齿轮驱动,因此希望尽可能缩短凸轮轴与曲轴之间的距离。将凸轮轴布置在曲轴箱中部,称为凸轮轴下置式配气机构,如图 3.2 所示。这种方案传动简单,一般都采用齿轮传动。

2) 凸轮轴中置式配气机构

当发动机转速较高时,为减小气门传动机构的往复运动质量,可将凸轮轴位置移至气缸体上部，凸轮轴经过挺柱直接驱动摇臂，而省去推杆，这种结构称为凸轮轴中置式配气机构，如图3.4所示。这种方案大多采用齿轮传动，但凸轮轴与曲轴中心距较远，需加中间齿轮(惰轮)。

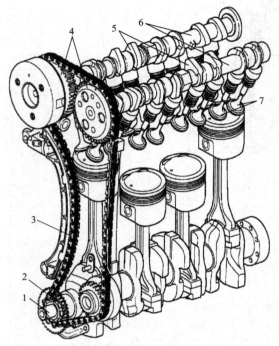

图3.3 链条传动的发动机配气机构
1—曲轴 2—曲轴定时齿轮 3—传动链
4—凸轮轴定时齿轮 5—凸轮
6—凸轮轴 7—气门

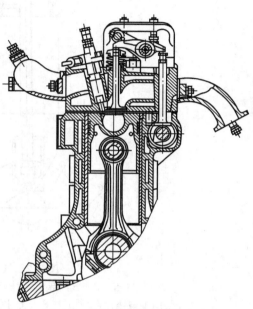

图3.4 凸轮轴中置式配气机构

3) 凸轮轴上置式配气机构

这种配气机构的凸轮轴布置在气缸盖上，凸轮轴可直接驱动气门(图3.3)或通过摇臂来驱动气门，它省去了挺柱和推杆，使往复运动质量大大减小，因此适合于高速发动机。

3. 凸轮轴的传动方式

凸轮轴由曲轴带动旋转，它们之间的传动方式有齿轮传动、链传动及齿形带传动等几种。

1) 齿轮传动(gear drive)

凸轮轴下置、中置式配气机构大多数采用圆柱定时齿轮传动。一般由曲轴到凸轮轴只需一对定时齿轮传动，必要时可加装中间齿轮。为了啮合平稳，减小噪声和磨损，定时齿轮一般都用斜齿轮并用不同材料制成，曲轴定时齿轮常用钢来制造，而凸轮轴定时齿轮则用铸铁或夹布胶木制成。如解放CA1091和东风EQl090E型载货汽车的配气机构采用齿轮传动。

2) 链传动(chain drive)和齿形带传动(belt drive)

链传动特别适合于凸轮轴上置式配气机构，如图3.5和图3.3所示，但其工作可靠性和耐久性不如齿轮传动。近年来在高速汽车发动机上还广泛采用齿形带代替传动链,如图 3.6 所示。这种传动对于减小噪声,减小结构质量与降低成本都有很大好处。齿形带用氯丁橡胶制成,中间夹有玻璃纤维以增加强度。

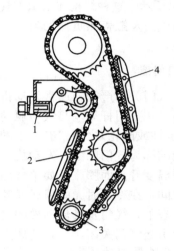 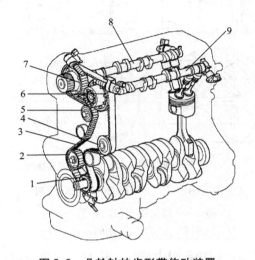

图 3.5　凸轮轴的链传动装置
1—液力张紧装置
2—驱动油泵的链轮
3—曲轴　4—导链板

图 3.6　凸轮轴的齿形带传动装置
1—曲轴定时带轮　2—中间轴定时带轮
3—定时齿形带　4、5—张紧轮
6、7—凸轮轴定时带轮　8—凸轮轴(进气门侧)
9—凸轮轴(排气门侧)

广州标致 505 型轿车配气机构采用链条传动;一汽奥迪 100 和捷达/高尔夫、上海桑塔纳及天津夏利 TJ7100 型轿车配气机构均采用齿形带传动。

4. 气门数目及排列方式

一般发动机都采用每缸两气门,即一个进气门和一个排气门的结构。为了进一步改善气缸的换气性能,在结构允许的条件下,应尽量增大进气门头部的直径。当气缸直径较大,活塞平均线速度较高时,每缸一进一排的气门结构就不能保证良好的换气质量,因此,在很多中、高级新型轿车和运动型汽车发动机上普遍采用每缸多气门结构。如天津夏利 TJ7100 和日本丰田 TOYOTA2E 型汽车发动机采用每缸三气门结构;奔驰 190E2.3L 型发动机采用每缸四气门结构;捷达王 EAll3 型发动机采用每缸五气门结构(三个进气门、两个排气门)。气门数目的增加,使发动机的进、排气通道的横截面积大大增加,提高了发动机的充气效率,改善了发动机的动力性能。

当每缸采用两气门时,为使结构简单,常采用所有气门沿机体纵向轴线排成一列的方式。这样,相邻两缸同名气门就有可能合用一个气道,并得到较大的气道通过截面;另一种方式是将进、排气门交替布置,每缸单独占用一个气道,这样有助于气缸盖冷却均匀。柴油机中为避免进气受到预热而影响充气效率,把进、排气道分别置于气缸盖的两侧。汽油机的进、排气道通常置于气缸盖的同一侧,以便进气受到排气的预热。当每缸采用四气门时,气门排列的方式有两种。一种是同名气门排成一行,如图 3.7(a)所示,由一个凸轮通过 T 形驱动件同时驱动,并且所有气门都可以由一根凸轮轴驱动。但两个气门串联会影

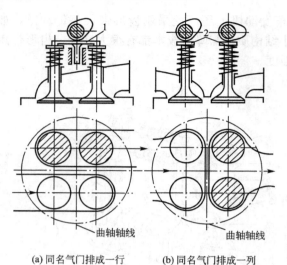

图 3.7 每缸四气门的布置
1—T形杆　2—气门尾端的从动盘

响进气充气效率且使前后两排气门热负荷不均匀,这种方案不常采用。另一种是同名气门排成一列,需用两根凸轮轴驱动,如图 3.7(b)所示。这种结构在组织进气涡流、保证排气门及缸盖热负荷均匀等方面都有优越性。

5. 气门间隙

为保证气门关闭严密,通常发动机在冷态装配时,在气门杆尾端与气门驱动零件(摇臂、挺柱或凸轮)之间留有适当的间隙,这一间隙称为气门间隙。发动机工作时,气门因温度升高而膨胀。如果气门及其传动件之间,在冷态时无间隙或间隙过小,则在热态下,气门及其传动件的受热膨胀势必会引起气门关闭不严,造成发动机在压缩和做功行程中漏气,从而使功率下降,严重时甚至不易起动。为了消除这种现象,通常留有适当的气门间隙,以补偿气门受热后的膨胀量。气门间隙的大小由发动机制造厂根据试验确定,一般在冷态时,进气门的间隙为 0.25～0.30mm,排气门的间隙为 0.30～0.35mm。气门间隙过大,将影响气门的开启量,同时在气门开启时产生较大的冲击响声。为了能对气门间隙进行调整,在摇臂(或挺柱)上装有调整螺钉及其锁紧螺母。一些中、高级轿车由于装用液力挺柱,故不预留气门间隙。

3.2.2 气门组

气门组的作用是实现气缸的密封。气门组的组成如图 3.8 所示。

1. 气门(valve)

气门由头部和杆部两部分组成,头部用来封闭气缸的进、排气通道,杆部则主要为气门的运动导向。气门的作用是与气门座相配合,对气缸进行密封,并按工作循环的要求定时开启和关闭。气门头部受高温作用,承受高压及气门弹簧和传动组惯性力的作用,气门杆在气门导管中做高速直线往复运动,其冷却和润滑条件差,因此,要求气门必须具有足够的强度、刚度、耐热和耐磨能力。进气门材料常采用合金钢(铬钢或镍铬钢等),排气门则采用耐热合金钢(硅铬钢等)。另外,为了改善气门的导热性能,有的在气门内部充注金属钠,钠在 970℃时为液态,液态钠可将气门头部的热量传给气门杆,冷却效果十分明显。捷达王轿车发动机排气门即采用钠冷却气门。

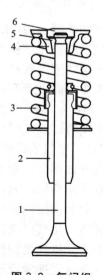

图 3.8 气门组
1—气门　2—气门导管　3—气门弹簧
4—气门弹簧座　5—锁片　6—垫块

1）气门头部

气门头部的形状有平顶、喇叭形顶和球面顶，如图3.9所示。目前使用最多的是平顶气门。平顶气门结构简单，制造容易，吸热面积较小，质量小，进、排气门均可采用。喇叭形顶头部与杆部的过渡部分具有一定的流线型，气流流通较便利，可减小进气阻力，但其顶部受热面积较大，故多用于进气门，而不宜用于排气门。球面顶气门头部，其强度高，排气阻力小，废气清除效果好，适用于排气门，但球形气门顶部的受热面积大，质量和惯性力也大，加工较困难。

气门头部与气门座圈接触的工作面，是与杆部同心的锥面，通常将这一锥面与气门顶部平面的夹角称为气门锥角，一般做成30°或45°，如图3.10所示。采用锥形工作面的目的：①就像锥形塞子可以塞紧瓶口一样，能获得较大的气门座合压力，以提高密封性和导热性；②气门落座时有定位作用；③避免使气流拐弯过大而降低流速。

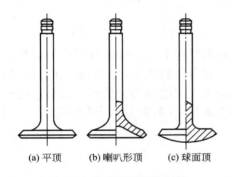

图3.9 气门头部结构形式

(a) 平顶　(b) 喇叭形顶　(c) 球面顶

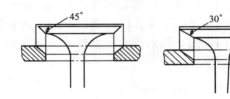

图3.10 气门锥角

为保证良好密合，装配前应将气门头部与气门座二者的密封锥面互相研磨，研磨好的零件不能互换。

气门头部直径越大，气门口通道截面就越大，进、排气阻力就越小。由于最大尺寸受燃烧室结构的限制，且进气阻力比排气阻力对发动机性能的影响大，为尽量减小进气阻力，进气门直径往往大于排气门。

2）气门杆部

气门杆是圆柱形，在气门导管中不断进行上、下往复运动。气门杆部应具有较高的加工精度和较小的表面粗糙度值，与气门导管保持正确的配合间隙，以减小磨损和起到良好的导向、散热作用。气门杆尾部结构取决于气门弹簧座的固定方式，如图3.11所示。常用的结构是用剖分或两半的锥形锁片4来固定气门弹簧座3（图3.11(a)），这时气门杆1的尾部可切出环形槽来安装锁片。也可以用锁销5来固定气门弹簧座3（图3.11(b)），对应的气门杆尾部有一个用来安装锁销的径向孔。

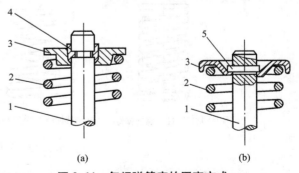

图3.11 气门弹簧座的固定方式

1—气门杆　2—气门弹簧　3—气门弹簧座
4—锥形锁片　5—锁销

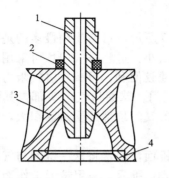

图 3.12 气门导管和气门座
1—气门导管　2—卡环
3—气缸盖　4—气门座

2. 气门导管(valve guide)

气门导管的功用是给气门的运动导向,并为气门杆散热。其结构如图3.8或图3.12所示。为便于调换或修理,气门导管内、外圆柱面经加工后压入气缸盖或气缸体的气门导管孔中,然后再精铰内孔。为了防止气门导管在使用过程中松落,有的发动机对气门导管用卡环定位(图3.12)。气门杆与气门导管之间一般留有0.05~0.12mm的间隙,使气门杆能在导管中自由运动。气门导管的工作温度较高,润滑比较困难,一般用含石墨较多的铸铁或铁基粉末冶金制成,以提高自润滑性能。

3. 气门座(valve seat)

气缸盖或气缸体的进、排气道与气门锥面相结合的部位称为气门座,气门座上有相应的锥面。气门座的作用是靠其内锥面与气门锥面的紧密贴合密封气缸,并接受气门传来的热量。气门座在高温下工作时,磨损严重,故有的发动机气门座是用耐热钢材或合金铸铁单独制成气门座圈,然后嵌入气缸盖或气缸体的气门座圈孔中(图3.12),以利提高其使用寿命并便于更换。

4. 气门弹簧(valve spring)

气门弹簧用来保证气门及时落座并与气门座紧密贴合,并防止气门在发动机振动时因跳动而破坏密封。因此要求气门弹簧具有足够的刚度和安装预紧力。

气门弹簧多用中碳铬钒钢丝或硅铬钢丝制成圆柱形螺旋弹簧,如图3.13(a)所示。气门弹簧在工作时承受交变载荷,要有合适的弹力、足够的刚度和抗疲劳强度。为此,气门弹簧要经过热处理,钢丝表面要磨光、抛光或喷丸处理等,提高气门弹簧的抗疲劳强度和工作可靠性。

  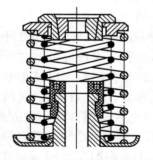

(a) 常用圆柱形螺旋弹簧　(b) 变螺距的圆柱形弹簧　(c) 同心安装的内外两根气门弹簧

图 3.13 气门弹簧

安装时,气门弹簧的一端支承在气缸盖或气缸体上,而另一端则压靠在气门杆尾端的弹簧座上,弹簧座用锁片固定在气门杆的末端。为防止弹簧发生共振,可采用变螺距的圆柱形弹簧(图3.13(b)),如红旗CA7560型汽车8V100型发动机气门弹簧。在大多数高速发动机上，每个气门同心安装有内、外两根气门弹簧(图3.13(c))，由此可防止共振，且当一根弹簧折断时另一根仍可维持工作，并能降低弹簧的高度。两根气门弹簧的螺旋方向和螺距各不相同，可防止折断的弹簧圈卡入另一个弹簧圈内。一汽奥迪100型、捷达、高尔夫、上海桑塔纳、广州标致505型轿车发动机以及CA6102、BJ492Q型汽油机均采用双气门弹簧。

3.2.3 气门传动组

气门传动组的作用是使气门按发动机配气相位规定的时刻及时开、闭，并保证规定的开启时间和开启升程。本内容主要涉及气门顶置式配气机构的气门传动组。

1. 凸轮轴(camshaft)

凸轮轴主要由凸轮1、凸轮轴轴颈2等组成(图3.14)。汽油机中，下置凸轮轴上还有用来驱动机油泵、分电器的螺旋齿轮4和驱动汽油泵的偏心轮3。凸轮受到间歇开启气门的周期性冲击载荷，因此凸轮表面要耐磨，凸轮轴要有足够的韧性和刚度。凸轮轴一般用优质锻钢或特种铸铁制成，凸轮和轴颈的工作表面经热处理后精磨和抛光，提高其硬度及耐磨性。

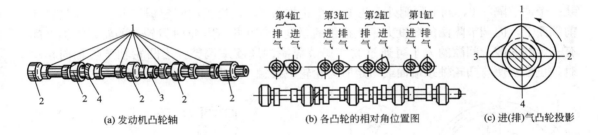

图3.14 4缸4行程汽油机凸轮轴

1—凸轮 2—凸轮轴轴颈 3—驱动汽油泵的偏心轮
4—驱动分电器等的螺旋齿轮

由图3.14可以看出，同一气缸的进、排气凸轮的相对角位置是与既定的配气相位相适应的，即符合发动机各缸的点火次序和点火间隔时间的要求。因此，根据凸轮轴的旋转方向以及各缸进、排气和凸轮的工作顺序，就可以判定发动机的点火次序。图3.14所示的四缸四冲程发动机，其各缸进气凸轮或排气凸轮彼此间的夹角均为$360°/4=90°$。由图3.14(c)可见，汽车发动机的点火次序为1—2—4—3(凸轮轴旋转方向，从前端向后看)。若六缸四冲程发动机的凸轮轴逆时针旋转，其点火次序为1—5—3—6—2—4，任何两个相继点火的气缸进气凸轮或排气凸轮间的夹角均为$360°/6=60°$，如图3.15

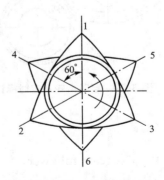

**图3.15 6缸4行程发动机
进(排)气凸轮投影**

所示。

凸轮轮廓形状如图 3.16 所示。O 点为凸轮轴的轴心，$\overparen{EA}$ 弧为凸轮的基圆。当凸轮按图示方向转过 $\overparen{EA}$ 弧段时，挺柱处于最低位置不动，气门处于关闭状态。凸轮转过 A 点后，挺柱开始上移。至 B 点，气门间隙消除，气门开始开启，凸轮转到 C 点，气门开度达到最大，而后逐渐关小，至 D 点，气门闭合终了。此后，挺柱继续下落，出现气门间隙，至 E 点挺柱又处于最低位置。ϕ 对应着气门开启持续角，ρ_1 和 ρ_2 则分别对应着消除和恢复气门间隙所需的转角。凸轮轮廓 $\overparen{BCD}$ 弧段为凸轮的工作段，其形状决定气门的升程及其升降过程的运动规律。

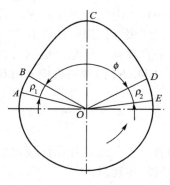

图 3.16 凸轮轮廓形状

凸轮轴由曲轴通过传动装置驱动，如图 3.17 所示有的采用一对定时齿轮传动。小齿轮和大齿轮分别用键安装在曲轴和凸轮轴的前端，其传动比为 2∶1。在装配曲轴和凸轮轴时，必须将齿轮定时标记对准，以保证正确的配气相位和点火时刻。

为防止凸轮轴在工作中产生轴向窜动和承受定时斜齿轮产生的轴向力，凸轮轴设有轴向限位装置。常见的轴向限位装置如图 3.18 所示。在凸轮轴前轴颈与定时齿轮之间，压装一个调节隔圈 6，调节隔圈外面松套一个止推板 4，止推板用固定螺钉 5 固定在气缸体前端面上，因调节隔圈的厚度大于止推板的厚度，使止推板与定时齿轮 1 的轮毂端面之间有一定的间隙。间隙的大小可通过改变调节隔圈的厚度来调整。当凸轮轴产生轴向移动时，止推板便与凸轮轴颈端面或与定时齿轮轮毂接触，止推板磨损后可以更换。

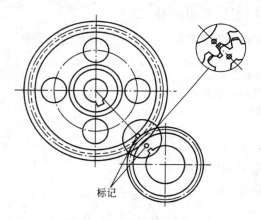

图 3.17 定时齿轮及定时标记

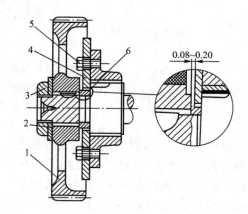

图 3.18 凸轮轴轴向限位装置
1—定时齿轮 2—定时齿轮轮毂 3—锁紧螺母
4—止推板 5—固定螺钉 6—调节隔圈

2. 挺柱(cam follower)

挺柱的作用是将凸轮的推力传递给推杆或气门杆，并承受凸轮轴旋转时所施加的侧向力。挺柱可分为普通挺柱和液力挺柱两种。

（1）普通挺柱。气门顶置式配气机构采用的挺柱有筒式和滚轮式两种结构形式，如

图 3.19 所示。筒式挺柱圆周钻有通孔,便于筒内收集的机油流出润滑挺柱底面及凸轮并可减轻质量。滚轮式挺柱可以减少磨损,但结构较复杂,质量较大,多用于大缸径柴油机的配气机构上。

挺柱工作时,由于受凸轮侧向推力的作用,会稍有倾斜,将引起挺柱与导管之间的单面磨损和造成挺柱底面磨损不均匀。为此,有的将挺柱底面制成球面(图 3.19(a)),而且把凸轮面制成带锥度形状。这样可使挺柱被凸轮顶起时还有绕本身轴线的转动,以达到均匀磨损的目的。

(2) 液力挺柱。由于存在气门间隙,发动机工作时,配气机构传动件将发生撞击而产生噪声。为解决这一矛盾,有些高级轿车发动机上采用液力挺柱。图 3.20 为红旗 CA7560 型轿车 8V100 型发动机所使用的液力挺柱结构图。在挺柱体 1 中装有柱塞 3,在柱塞上端压入支承座 5。柱塞被柱塞弹簧 8 压向上方,其最上位置由卡环 4 来限制,柱塞下端的单向阀架 2 内装有单向阀碟形弹簧 6 和单向阀 7。发动机工作时,润滑系统中的机油从主油道经挺柱体侧面的油孔流入,并充满柱塞内腔及其下面的空腔。

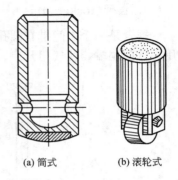

图 3.19 普通挺柱
(a) 筒式 (b) 滚轮式

当气门关闭时,柱塞弹簧 8 使柱塞 3 连同压合在柱塞中的支承座 5 紧靠着推杆,整个配气机构中不存在间隙。当挺柱被凸轮推举向上时,推杆作用于支承座 5 和柱塞 3 上的反力力图使柱塞克服柱塞弹簧 8 的弹力而相对于挺柱体 1 向下移动,于是柱塞下部腔内的油压迅速增高,使单向阀 7 关闭。此时挺柱如同一个刚体,这样便保证了必要的气门升程。当气门开始关闭或冷却收缩时,柱塞所受压力减小,在柱塞弹簧 8 的作用下,柱塞向上运动,始终与推杆保持接触,同时柱塞下部腔中产生真空度,单向阀 7 被吸开,油液便流入挺柱体腔。

一汽奥迪 100、捷达/高尔夫、红旗 CA7220 及上海桑塔纳型轿车发动机均采用液力挺柱。

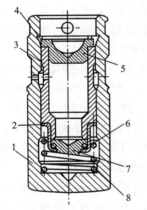

图 3.20 红旗 8V100 型发动机
液力挺柱结构图
1—挺柱体 2—单向阀架 3—柱塞
4—卡环 5—支承座
6—单向阀碟形弹簧 7—单向阀
8—柱塞弹簧

3. 推杆(push rod)

推杆的作用是将凸轮轴经过挺柱传来的推力传递给摇臂。推杆是根细长传力件,压力过大易挠曲。为保证有足够的刚度和减轻质量,常采用冷拔无缝钢管制成推杆。推杆可以是实心的,也可以是空心的。实心推杆两端有凹球支座和凸球体(图 3.21(a))。图 3.21(b)是硬铝棒制成的推杆,推杆两端配以钢制的支承,其上、下端头与杆身做成一体。空心推杆如图 3.21(c)和 3.21(d)所示,前者的球头与杆身做成整体,后者的两端与杆身用焊接或压配的方法连成一体。不同形状的端头与气门间隙调整螺钉的球形头部相适应,凹形球头可积存少量的润滑油以减小磨损。

4. 摇臂（rocker arm）

摇臂是一个中间带有圆孔的不等长双臂杠杆，其作用是将推杆传来的力改变方向后作用在气门尾端，使气门开启。摇臂分普通摇臂和无噪声摇臂两种。

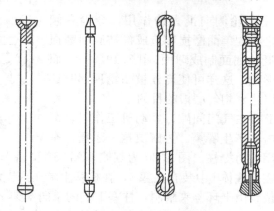

(a) 实心推杆　(b) 硬铝推杆　(c) 空心推杆（一）　(d) 空心推杆（二）

图 3.21　推杆

（1）普通摇臂。普通摇臂(图 3.22)的长臂端部制成圆弧形的工作面，以利传力和减少磨损。短臂端部螺孔中装入调整气门间隙的调整螺钉及锁紧螺母。螺钉的球头与推杆顶端的凹球座相连接。摇臂内有润滑油孔。

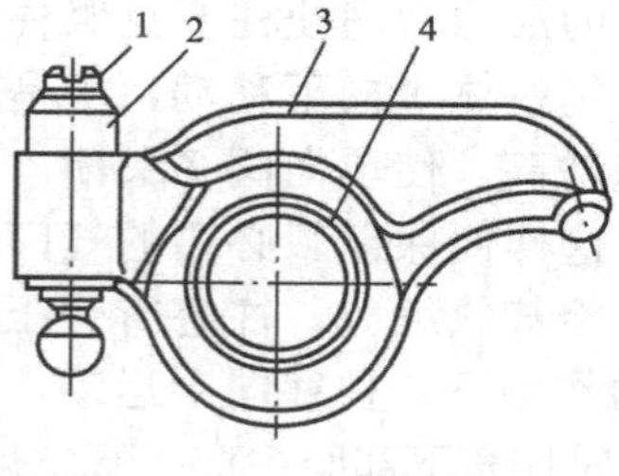

（2）无噪声摇臂。为了消除气门间隙带来的冲击噪声，可采用无噪声摇臂。如图 3.23 所示，凸环 8 处在摇臂 5 的长臂端与气门 9 杆端面之间，凸环 8 的侧位有柱塞 7 和弹簧 6 作用。当气门处在关闭位置时，摇臂失去推杆 3 的作用力，此时柱塞 7 在弹簧 6 的作用下，推动凸环 8 以摇臂长臂端为支点向外摆动，使凸环的凸弧高点与气门 9 杆端面接触，消除气门间隙。当气门开启时，摇臂 5 受推杆 3 的作用力，迫使凸环 8 向内摆动，压缩弹簧 6 使柱塞 7 内缩，凸环的凸弧仍然与气门 9 杆端面接触传力。各传动件之间都没有间隙。

图 3.22　摇臂
1—气门间隙调整螺钉
2—调节螺母　3—摇臂
4—摇臂轴套

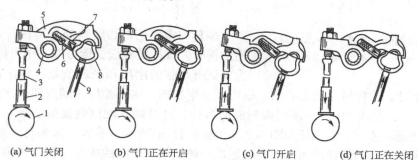

(a) 气门关闭　(b) 气门正在开启　(c) 气门开启　(d) 气门正在关闭

图 3.23　无噪声摇臂的工作过程
1—凸轮轴　2—挺柱　3—推杆　4—摇臂轴　5—摇臂
6—弹簧　7—柱塞　8—凸环　9—气门

如图3.24所示，摇臂通过摇臂轴来支承。摇臂7、摇臂轴2和摇臂轴前支座5等组成了摇臂组（摇臂支架）。摇臂7通过摇臂衬套6空套在两端带碗形塞1的空心摇臂轴2上，而摇臂轴又通过摇臂轴支座5和10固定在气缸盖上。通常润滑油从缸体上的主油道经缸体或缸体外油管、缸盖和摇臂轴支座中的油道进入中空的摇臂轴，然后通过轴上的径向孔进入摇臂及轴之间润滑。为防止摇臂轴向窜动，在每两个摇臂之间都装有限位弹簧11。

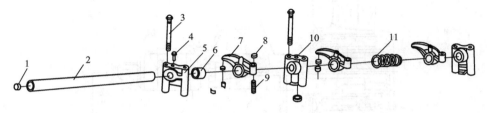

图3.24 摇臂组

1—碗形塞 2—摇臂轴 3—螺栓 4—摇臂轴紧定螺钉 5—摇臂轴前支座 6—摇臂衬套
7—摇臂 8—锁紧螺母 9—调整螺钉 10—摇臂轴中间支座 11—限位弹簧

摇臂的材料一般为中碳钢，也可以为铸铁或铸钢精铸。为提高耐磨性，支座的摇臂轴孔内镶有青铜衬套或装有滚针轴承。

3.3 可变配气机构

发动机的配气相位确定下来后，发动机在运转过程中是无法改变的。最佳的配气相位不能覆盖发动机的各种转速工况，只能满足一定转速范围，因此需要兼顾高、低转速时发动机性能对进排气的不同需求。由于发动机的进气对发动机性能影响大，在轿车发动机上出现了能随发动机转速变化而改变进气量或配气相位的装置。

3.3.1 气门可变机构

如图3.25所示，凸轮轴顶置驱动3个气门（2个进气门、1个排气门），其中两个进气门有主副之分，并且在主进气门处设置有螺旋进气道。

发动机在低速、中小负荷工作时，仅主气门打开。此时，由于螺旋进气道产生强烈的旋转涡流，非常有利于燃料的雾化，并提高与空气混合的质量，改善可燃混合气的燃烧状况，可获得较好的经济性。

当发动机在高速大负荷下工作时，主、副气门全开，进气通过面积增加，同时进气涡流消失，进气阻力小，充气量增大，可获得良好的动力性。

丰田公司分别于1984年和1987年生

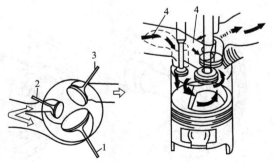

图3.25 多气门分段参加工作结构简图

1—主进气门 2—副进气门
3—排气门 4—螺旋进气道

产的 2E 型 1.3L 汽油机和 4 气门 5A-F 汽油机、马自达公司于 1987 年生产的 JF(V-6)型发动机都采用了多气门分段工作的可变进气系统。

3.3.2 配气定时(配气相位)可变机构

图 3.26 为配气定时可变控制系统 VTCS(Valve Timing Control System)。

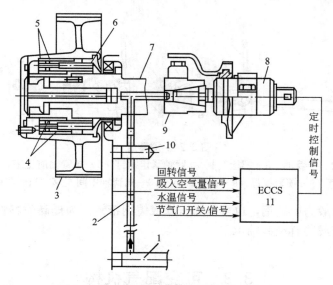

图 3.26　配气定时可变的控制系统(VTCS)
1—气缸体主油道　2—节流孔　3—凸轮轴齿形带轮　4—螺旋形花键
5—活塞　6—回位弹簧　7—凸轮轴　8—电磁阀
9—控制阀　10—气缸盖油道孔　11—电控单元

VTCS 的工作原理：如图 3.26 所示，进气凸轮轴齿形带轮 3 与凸轮轴通过螺旋形花键 4 连接，由控制阀 9 控制的油液可通过油道进入活塞 5 端部。如图 3.27 所示，当发动机的转速、负荷变化时，进入活塞 2 一侧端部油液压力升高，另一侧端部油液压力降低，活塞在油液压差作用下沿轴向移动，因螺旋形花键 4 的导向作用，使得凸轮轴 3 相对于凸轮轴齿形带轮 1 提前或滞后旋转一定的角度，从而改变配气相位。

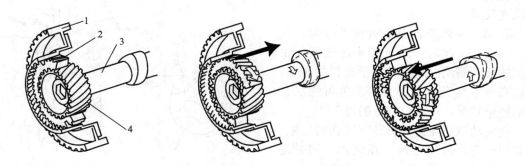

图 3.27　配气定时可变示意图
1—凸轮轴齿形带轮　2—活塞　3—凸轮轴　4—螺旋形花键

凸轮轴带轮内活塞的油液是由气缸体主油道提供的(图 3.26),用控制阀 9 和电磁阀 8 来控制凸轮轴带轮内活塞油压的变化。电控单元 11 通过相应的传感器提供发动机的转速、进气量、冷却水温度及节气门开度等参数的信息,向控制阀 9 和电磁阀 8 发出执行指令。

日产公司生产的 VG30DE 型发动机采用这种配气定时可变控制系统。

3.3.3 气门定时和升程可变机构

该机构是一种采用在一根凸轮轴上设计两种不同定时和升程的凸轮(低速凸轮和高速凸轮),且利用油压进行切换的装置。如图 3.28 所示,它的结构主要由中间摇臂 4、主摇臂 5、副摇臂 6、同步活塞 A 和 B(1 和 3)及凸轮轴 8 等组成。

该机构的工作原理如图 3.29 所示。在凸轮轴上装有低速凸轮 7(A、B)和高速凸轮 8,低速凸轮驱动主摇臂 6、副摇臂 4,高速凸轮驱动中间摇臂 5。发动机低速工作时,因没有油压作用于同步活塞 1 和 2 上,高速凸轮不参与工作,故中间摇臂不驱动气门;主、副摇臂 6、4 与中间摇臂 5 分离,高速凸轮 8 两边的低速凸轮 7(A、B)驱动主、副摇臂,压下气门使其开启,如图 3.29(a)所示。发动机高速工作时,进入摇臂内的油压作用在同步活塞上,使同步活塞向如图 3.29(b)中箭头方向移动,将主、副摇臂和中间摇臂 3 个摇臂连成一体,由高速凸轮 8 驱动,从而获得较大功率的配气相位和气门升程。

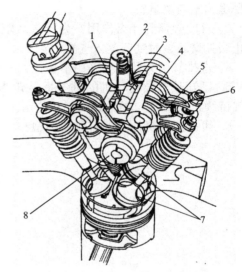

图 3.28 气门定时和升程可变机构结构图
1—同步活塞 A 2—空动机构组件
3—同步活塞 B 4—中间摇臂
5—主摇臂 6—副摇臂
7—进气门 8—凸轮轴

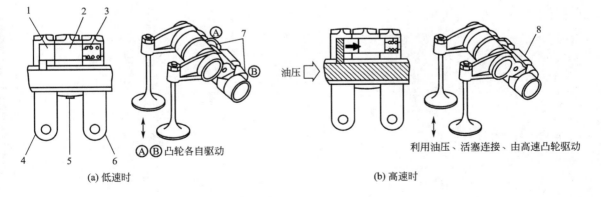

图 3.29 气门定时和升程可变进气系统原理图
1—同步活塞 A 2—同步活塞 B 3—定位活塞 4—副摇臂
5—中间摇臂 6—主摇臂 7—低速凸轮 8—高速凸轮

广州本田2.0LZC型发动机采用该机构。

1. 配气机构的功用是什么？其基本组成是什么？
2. 为什么一般在发动机的配气机构中要留气门间隙？气门间隙过大或过小有何危害？在哪里调整与测量？
3. 气门弹簧起什么作用？为什么装配气门弹簧时要预先压缩？对于顶置式气门如何防止当弹簧断裂时气门落入气缸中？
4. 进排气门为什么要采用不相等的气门锥角？
5. 已知某型号发动机的进气提前角为20°，气门重叠角为39°，进气持续角为256°，排气持续角为249°，画出其配气相位图。
6. 可变配气机构主要有哪些类型？

第 4 章
化油器式汽油机供给系统

教学提示

　　汽油机燃油供给系统是汽油发动机重要的组成部分。其功用是根据发动机各种不同工况的要求，配制出一定数量和浓度的可燃混合气，然后供入气缸燃烧，并将燃烧废气排入大气中。本章主要介绍化油器式汽油机燃油供给系统的结构组成和工作原理。

教学目标

　　要求学生能够了解燃油供给系统各组成部分的功用与组成，理解发动机运转工况对可燃混合气成分的要求，掌握化油器的基本结构和各个系统的工作原理。

4.1 概　　述

　　在汽车发动机上使用的汽油机燃料供给系统（简称汽油机供给系统）有两种基本形式：化油器式汽油机燃料供给系统和汽油喷射式汽油机燃料供给系统。本章介绍化油器式汽油机燃料供给系统，汽油喷射式汽油机燃料供给系统将在第 5 章介绍。

4.1.1 汽油的基本特性

　　汽油（gasoline）是由石油提炼而得到的密度小又易于挥发的液体燃料。汽油由多种碳氢化合物组成。按照提炼方法，汽油可分为直馏汽油和裂化汽油等。
　　汽油的使用性能指标主要是蒸发性、热值和抗爆性。对于高速发动机，形成可燃混合气过程的时间很短，一般只有百分之几秒，因此汽油蒸发性的好坏，对形成的混合气质量有很大的影响。汽油的蒸发性可通过燃料的蒸馏试验来测定。将汽油加热，分别测定蒸发出10%、50%、90%馏分时的温度及终馏温度。但发动机所用的汽油蒸发性越强，越易发生气阻导致发动机失速。燃料的热值是指1kg燃料完全燃烧后所产生的热量。汽油的热值约为44000kJ/kg。

汽油的抗爆性是汽油的一项主要性能指标。指汽油在发动机气缸中燃烧时，避免产生爆燃的能力，亦即抗自燃能力。发动机选用抗爆性较好的汽油，就可能采用较高的压缩比而不至于发生爆燃。汽油抗爆性的好坏程度一般用辛烷值表示，辛烷值越高，抗爆性越好。国产汽油的辛烷值可以看其代号，例如，代号为RQ-93的汽油，其辛烷值不小于93。选择汽油的主要依据就是发动机的压缩比，一般压缩比高的汽油机应采用辛烷值高的汽油。

4.1.2 汽油机对燃料供给系统的要求

汽油机供给系统的功用是根据发动机各种不同工况的要求，配制出一定数量和浓度的可燃混合气，然后供入气缸，使之在临近压缩终了时点火燃烧而膨胀做功，最后将燃烧废气排入大气中。如何根据发动机工作的要求配制出不同浓度、不同数量、具有较高雾化质量的可燃混合气，是汽油供给系统所要解决的主要问题。

汽油机的燃料——汽油在输入气缸前，须先喷散成雾状（雾化）和蒸发，并按一定的比例与空气混合形成均匀的混合气。这种按一定比例混合的汽油和空气的混合物，称为可燃混合气。可燃混合气中燃油含量的多少称为可燃混合气浓度。

可燃混合气是指空气与燃料的混合物，除了数量之外，它的成分对发动机的动力性、经济性与排放性等都有很大的影响。可燃混合气的成分通常有如下表示方法。

1. 空燃比 R

将实际吸入发动机中空气的质量与燃料的质量的比值称为空燃比 A/F（air/fuel ratio），用符号 R 表示（欧美国家采用），空燃比亦即燃烧1kg燃料实际供给的空气量。理论上，1kg汽油完全燃烧需14.7kg空气。故对汽油机而言，将空燃比为14.7的可燃混合气称为理论混合气；若空燃比小于14.7则说明汽油有余，称为浓混合气；若空燃比大于14.7则说明空气有余，称为稀混合气。

2. 过量空气系数 Φ_a

将燃烧1kg燃料实际供给的空气质量与理论上完全燃烧1kg燃料所需的空气质量之比称为过量空气系数（excess-air coefficient），用符号 Φ_a 表示。$\Phi_a=1$ 的可燃混合气为理论可燃混合气；$\Phi_a<1$ 的为浓可燃混合气；$\Phi_a>1$ 的则为稀可燃混合气。

4.1.3 汽油机燃料供给系统的组成

一般化油器式汽油机供给系统由下列装置组成（图4.1）。
(1) 汽油供给装置，包括油箱7、汽油滤清器5、汽油泵4和油管6等。
(2) 空气供给装置，即空气滤清器2。
(3) 可燃混合气形成装置，即化油器1。
(4) 可燃混合气供给装置，即进气管3。

汽油泵4(图4.1)将汽油自油箱7泵出，流经汽油滤清器5滤去所含杂质后，将汽油泵入化油器1中。空气则经空气滤清器2滤去所含灰尘后，流入化油器1中。汽油在化油器中实现雾化和蒸发,并与空气混合形成可燃混合气,经过进气管 3 分配到各个气缸。混合气燃烧生成的废气经排气管与排气消声器等被排到大气中。

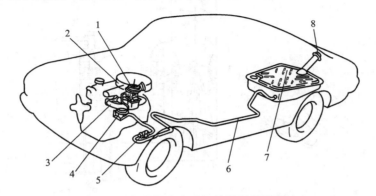

图 4.1 化油器式发动机的燃料供给系统
1—化油器 2—空气滤清器 3—进气管 4—汽油泵
5—汽油滤清器 6—油管 7—油箱 8—油箱盖

4.1.4 可燃混合气的形成

液体燃料必须在蒸发为气态后才能与空气均匀混合。要使混合气能在很短时间(约为 0.01~0.02s)内形成,必须先将燃料喷雾成极微小的油粒,使蒸发面积大大增加,并且利用进气系统吸入的空气流的动能来实现汽油的雾化与蒸发。由于汽油蒸发性好、黏度小、流动性较好,因而汽油机可以将汽油在气缸外部通过化油器初步雾化,并与空气按一定比例混合,然后在进气过程中适当加热蒸发(汽化),最后在气缸中形成可燃混合气。

1. 简单化油器的组成

简单化油器(carburetor)的构造原理和可燃混合气形成的过程如图 4.2 所示。简单化油器包括带有浮子机构(由浮子和针阀组成)的浮子室、喷管 3、喉管 2、节气门 5 等。

(1) 浮子机构。浮子室(float chamber)连同喷管 3 储存着自汽油泵输送来的汽油。中空的浮子能利用其浮力随液面自动升降,使针阀 6 开启或关闭。液面低于规定高度时浮力随液面下降,针阀即开启进油;液面与规定高度平齐时,针阀趋向关闭(只有在发动机停转时才可能真正关闭),进油量随耗油量变化而变化。浮子机构与汽油泵相配合保持油面的规定高度。

(2) 喷管和量孔。喷管(discharge tube)3 的出油口一端在喉管 2 处,其切口应朝下以便喷油。由于喷口高出浮子室液面,因此燃油不会自动流出。喷管的另一端与浮子室相通,浮子室内装有一精确尺寸的量孔(main jet),用来准确地限制汽油的流量。通过量孔的汽油流量大小取决于量孔的直径和量孔前后压力差的大小(液面高度差 Δh 和气压差 ΔP)。

(3) 喉管。空气管的上端与空气滤清器相连,其下端与发动机进气支管相连。为了在喷管口处形成吸油所需的真空度,空气管的中段做成通道截面积沿轴向变化的细腰管,称为喉管(venturi)2,其最窄处称为喉部,喷管即插入喉管内,并使喷管口位于喉部附近。

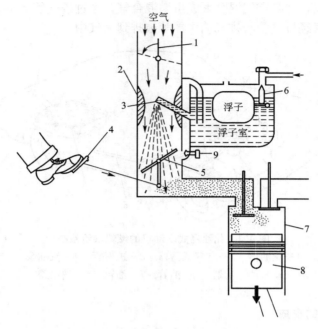

图 4.2 简单化油器工作原理
1—阻风门 2—喉管 3—喷管 4—加速踏板 5—节气门；
6—针阀 7—气缸 8—活塞 9—怠速调节阀

喉管的作用是：增大空气流速，从而使喷管处产生真空度，使浮子室的汽油流出；此处的气流速度大于燃油流出的速度约 25 倍，将汽油吹散雾化；控制空气的流量，与油量孔配合形成一定比例的混合气。

（4）节气门，俗称"油门"。驾驶员操纵加速踏板 4 控制节气门 5 的开度，从而控制可燃混合气的流量，改变发动机的功率。节气门 5(throttle valve)是一个椭圆形的片状蝶形阀门，可以绕其短轴转动一定角度。阀门在关闭位置时略成倾斜状（10°左右），但不能完全关闭，在长轴方向存在着通气间隙，以保证怠速运转时可燃混合气的供给。节气门开到垂直位置时，通道面积达到最大值。

2. 可燃混合气的形成

1）燃油的喷出和雾化

在进气行程中，进气门开启，活塞由上止点下行，气缸容积增大，缸内压力 P_a 小于大气压力 P_0。在真空度 $\Delta P_a = P_0 - P_a$ 的作用下，空气经空气滤清器、化油器空气管及进气支管向气缸流动。

由流体力学得知，流体（气体或液体）在管道中流动时，若管道各处截面积不同，则流体流经各处的流动速度和静压力也是不同的。截面积越小之处，其流速越大，而静压力则越低。对化油器而言，喉管的喉部截面积最小，因而喉部的空气流速最大，静压力 P_h 最低，且小于大气压力 P_0，即喉部存在着真空度 $\Delta P_h = P_0 - P_h$。浮子室因有孔通大气，故浮子室内的压力基本上等于大气压力 P_0。在浮子室内压力和喉部的压力差（即喉部真空度 ΔP_h）的作用下，汽油自浮子室经喷管喷入喉管中。

由于喉管处的空气流速大约等于汽油流速的 25 倍，因此由喷管喷出的油流即被高速的空气流冲散，成为大小不等的雾状颗粒，实现雾化，再与空气混合。在随空气流动的过程中，较小油粒立即蒸发成蒸汽，未蒸发的部分则在流经进气管时或在气缸内陆续蒸发，较大的颗粒沉积在进气管壁上而形成油膜，被混合气流带动流向气缸，在缸内受热蒸发。可利用废气的余热预热进气管，以利加速汽油的蒸发。

2) 空气量和燃油量的调节

通过改变节气门的开度，即改变可燃混合气的数量来调节发动机功率，称为功率的量调节。当发动机转速一定、节气门开度逐步增大时，流经喉管的空气流量和流速逐步增加，因而喉管真空度 ΔP_h 也随之逐步增大，汽油量与空气流量一同增加，发动机的功率增大。反之发动机的功率减小。

当节气门开度一定时，发动机转速的变化也会引起空气流量和流速的变化，使喉管真空度 ΔP_h 发生变化。发动机的转速越高，则气缸内的真空度越大，喉管中的空气流速和真空度也就越高，燃油流量也相应地变化。

3) 简单化油器特性

改变节气门的开度可以改变可燃混合气供入气缸的数量，但节气门开度的变化同样会引起可燃混合气浓度的变化。试验证明，在节气门小开度的范围内，随着节气门开度的加大，汽油流量的增长率比空气流量的增长率大，因而可燃混合气明显地逐渐由稀变浓。继续加大节气门开度，汽油流量和空气流量的增长率逐渐接近，因而可燃混合气的浓度也逐渐趋于稳定。在转速一定时，简单化油器所供给的可燃混合气浓度随节气门开度(或喉部真空度 ΔP_h)变化的规律，称为简单化油器的特性，如图 4.3 所示。纵坐标是过量空气系数 Φ_a，表示可燃混合气浓度，其值越大，表示可燃混合气浓度越小(越稀)。

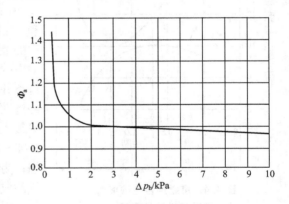

图 4.3 简单化油器的特性曲线

简单化油器不能在发动机上实际应用，因为它的特性曲线和实际发动机运行所需要的理想特性曲线相反。但是简单化油器已经具备了以下几个最基本的功能：将汽油吸出加以雾化与空气混合的功能；对燃油和空气量进行计量的功能；对混合气数量进行调节的功能。

3. 可燃混合气的成分对发动机性能的影响

1) 理论混合气($\Phi_a = 1$)

当 $\Phi_a = 1$ 时，理论上气缸中所含空气中的氧正好能使其中的燃料完全燃烧。但实际上，由于气缸中可燃混合气的成分不可能绝对均匀的分布，残余废气的存在也影响火焰中心的形成和火焰的传播，即使 $\Phi_a = 1$ 的可燃混合气也不可能得到完全燃烧。

2) 稀混合气($\Phi_a > 1$)

当 $\Phi_a > 1$ 时，可使所有汽油分子获得足够的氧气而完全燃烧。对应于燃料消耗率最低时的可燃混合气称为经济混合气。对不同的汽油机，经济混合气的成分一般在 $\Phi_a = 1.05 \sim$

1.15范围内。然而，空气过量后因燃烧速度减小、热损失增加而使平均有效压力和发动机的功率略有下降。若混合气过稀(图4.4中$\Phi_a>1.11$)，会因燃烧速度的进一步减小而造成加速性能变坏，不能对发动机供给过稀的可燃混合气。

3) 浓混合气($\Phi_a<1$)

当$\Phi_a<1$时，因可燃混合气中汽油分子较多而使燃烧速度加快，热损失减小。将发动机输出功率最大时的可燃混合气称为功率混合气。对不同的汽油机，功率混合气的成分一般在$\Phi_a=0.85\sim0.95$的范围内。这时因可燃混合气中空气含量不足，致使其燃烧不完全，经济性较差。若可燃混合气过浓(图4.4中的$\Phi_a<0.88$)，因燃烧不完全，产生大量的一氧化碳，在高温高压气体的作用下析出游离的碳粒，导致燃烧室积炭、排气管放炮及冒黑烟。

4) 燃烧极限

当可燃混合气太稀($\Phi_a\geq1.4$)以及太浓($\Phi_a\leq0.4$)时，虽能点燃，但火焰无法传播，导致发动机运转不稳定，直至熄火。故将此时的Φ_a值分别称之为火焰传播下限和火焰传播上限。

发动机转速一定和节气门全开的条件下，改变化油器量孔尺寸以改变Φ_a值，得到相应的发动机功率P_e和燃油消耗率b_e随Φ_a变化的曲线(图4.4中的2曲线和1曲线)。图4.4中纵坐标为P_e和b_e的相对值，对P_e而言，以各个不同的功率之中的最大值为100%；对b_e来说，以各个燃油消耗率中的最小值为100%。图4.4表明：功率点与经济点并不对应，当$\Phi_a=1.11$时燃油消耗率最低，经济性最好，而当$\Phi_a=0.88$时，发动机输出的功率最大；可燃混合气过浓($\Phi_a<0.8$)、过稀($\Phi_a>1.05\sim1.15$)时，发动机的动力性、经济性均不理想；为兼顾发动机的动力性和经济性，可燃混合气的成分在$\Phi_a=0.88\sim1.11$范围内最有利。

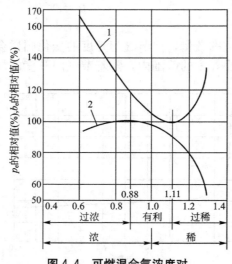

图4.4 可燃混合气浓度对发动机性能的影响

对图4.4所作的分析，列于表4-1中。

表4-1 可燃混合气浓度对发动机性能的影响

混合气种类	过量空气系数	发动机功率	油耗率	现象
火焰传播上限	0.4			混合气不燃烧,发动机不工作
过浓混合气	0.43~0.87	减小	显著增大	燃烧室积炭,排气管冒黑烟,消声器有拍击声(放炮)
功率混合气	0.88	最大	增大18%	
理论混合气	1.0	减小2%	增大4%	
经济混合气	1.11	减小8%	最小	
过稀混合气	1.13~1.33	显著减小	显著增大	化油器回火和有拍击声,发动机过热,加速性变坏
火焰传播下限	1.4			混合气不燃烧,发动机不工作

实际使用中，在一定的工况（负荷和转速）下，化油器只能供给一定浓度的可燃混合气。过量空气系数是以发动机动力性为主，还是以经济性为主，或是将排放控制放在首位，应根据汽车及其汽油机各工况的需要而定。

4. 汽车发动机各种工况对可燃混合气成分的要求

发动机工况是发动机工作情况的简称，其主要参数是负荷和转速，转速一定时，负荷可以用节气门开度来衡量。汽车在行驶过程中的载荷、车速、路况等经常变化。因此汽车发动机工作时有以下特点：工况变化范围大，负荷可从0变到100%，转速可从最低稳定转速变化到最高转速；在汽车行驶的大部分时间内，发动机在中等负荷下工作。轿车发动机的负荷经常是40%～60%，而货车则为70%～80%。

车用汽油机在不同工况下对混合气的浓度有不同的要求，分述如下。

(1) 稳定工况对混合气成分的要求。发动机的稳定工况是指发动机已经完成预热，转入正常运转，且在一定时间内没有转速或负荷的突然变化。稳定工况可按负荷大小划分为急速和小负荷、中等负荷、大负荷和全负荷5个范围。

急速工况：急速一般是指发动机在对外无功率输出的情况下以最低转速运转，此时混合气燃烧后所做的功只是用来克服发动机内部的阻力，使发动机保持最低转速稳定运转。汽油机的急速转速一般为400～800r/min，需供给浓而少的混合气（$\Phi_a=0.6\sim0.8$）。这是因为发动机转速低，化油器内空气流速低，雾化不良，与空气的混合很不均匀，废气比例相对增多。为了减少急速排气中的有害成分，宜采用较高的急速转速。

小负荷工况：当节气门略开启而转入小负荷工况时，新鲜混合气的品质逐渐改善，废气对混合气的稀释作用逐渐减弱，因而混合气浓度可以减小至0.7～0.9。Φ_a值应随节气门开度的增大而变大（稀）。

中等负荷工况：车用发动机在大部分工作时间内处于中等负荷状态。在此情况下，节气门有足够的开度，燃油经济性要求是首要的，$\Phi_a=0.9\sim1.1$，Φ_a值应随开度的加大而加大，供给多而稀的混合气。原因是：节气门开度加大，进入气缸的混合气量增多，残余废气量相对减少，燃烧速度变快，热损失较小，可以用稀的混合气；混合气成分虽稀，但数量增多，发动机功率随混合气数量的增多而增大，功率损失不多，节油的效果却很明显。

大负荷和全负荷工况：汽车需要克服较大的阻力而要求发动机能发出尽可能大的功率时，驾驶员往往将加速踏板踩到底，使节气门全开，发动机在全负荷下工作。节气门开度达85%以上是获得最大功率的工况。这时，要求化油器能供给相应于最大功率的浓混合气。$\Phi_a=0.8\sim0.9$，即多而浓的混合气。这是因为：此时应以动力性为主，经济性则退居次要地位。

如图4.5所示，曲线3表示发动机转速一定时混合气成分随发动机负荷（节气门开度）而变化的规律，称为理想化油器特性。它表明：①曲线3的中部在较大节气门开度范围内为稀混合气，两端在较小范围内为浓混合气，开度小的一端逐渐由浓变稀，开度大的一端迅速由稀变浓；②曲线3满足了正常工况下混合气量变和质变的要求，即自动调节、变化连续、过渡圆滑等性能；③理想化油器特性曲线3的变化规律和简单化油器特性曲线的变化规律相反，简单化油器特性无法满足要求，在汽车发动机上无法使用。

(2) 过渡工况。汽车在运行中主要的过渡工况有冷起动、暖机、加速及急减速等几种。它们对混合气成分各有特殊的要求。

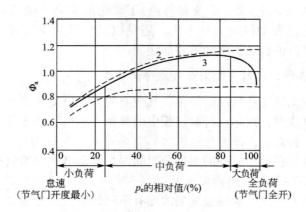

图4.5 理想化油器的特性(转速一定)
1—相应于最大功率的 Φ_a 值　2—相应于最小燃油消耗率的 Φ_a 值
3—理想化油器特性

起动工况：冷发动机起动，需供给极浓的混合气，$\Phi_a=0.2\sim0.6$。这是因为：起动转速极低(100r/min)，化油器内气流速度小，雾化条件差，从而使气缸内混合气过稀，以至无法燃烧；机体温度低，汽化条件和着火条件都不好。特别是在冷起动时，汽油呈油粒状附在进气管壁上。为此，要求化油器供给极浓的混合气，以保证进入气缸内的混合气中有足够的汽油蒸汽，使发动机得以顺利起动。

暖机：冷起动后，发动机各气缸开始自动运转，发动机温度逐渐上升(暖机)，直到接近正常温度、发动机能稳定地怠速运转为止。在暖机过程中，化油器供给的混合气 Φ_a 值应随着温度的升高，从起动时的极小值逐渐加大到稳定怠速所要求的数值为止。

加速工况：发动机的加速是指负荷突然迅速增加的过程。当加速时，驾驶员猛踩加速踏板，使节气门开度突然加大，以期发动机功率迅速增大。当节气门突然开大时，需供给额外的燃油，以防止混合气瞬间变稀，恶化加速性能。

对比理想化油器特性与简单化油器特性，可以看出二者截然相反。简单化油器无法满足车用汽油机在不同工况下对混合气的浓度的要求。现代化油器在简单化油器的基础上，加装了一系列自动调配混合气成分的装置。包括主供油装置、怠速装置、大负荷加浓装置、加速装置和起动装置。此外，还有一些特殊功能的附加装置。如节气门缓冲器、浮子室放气阀、热怠速补偿阀、怠速截止阀等装置。化油器不断得到改进和完善，已成为构造更复杂、加工更精密的计量装置。

4.2　化　油　器

化油器主要由主供油系统、怠速系统、加浓系统、加速系统、起动系统等部分组成。

4.2.1　主供油系统

除了怠速工况和极小负荷工况以外的所有工况，主供油系统始终都在起供给汽油的作用，要求随着节气门开度的加大供给多而稀的混合气。主供油系统把简单化油器在部分负荷下所供混合气成分偏浓的特性校正过来，使之符合理想化油器特性曲线。主供油系统使混合气成分变稀的基本原理是设法使汽油流量的增长慢于空气流量的增长，即采用的是降低主量孔处真空度的方案，其结构原理如图4.6所示。在喷管上加开一个通气管，管上设有控制渗入空气流量的空气量孔2。发动机不工作时，主喷管1和浮子室内的油面是等高的。加装了空气量孔后，当发动机工作时，从主喷管喷出的不仅是汽油，还有从空气量孔中渗入的空气，所以这种化油器的汽油流量就比没有空气量孔的要小些，供给的混合气较稀。同时由于汽油中有少量空气渗入，喷出的油液呈泡沫状，有助于汽油的雾化和蒸发。降低主量孔5处真空度的实质是引入极少量的空气到主喷管中，以降低主量孔处内外的压力差，从而降低汽油的流量和流速。

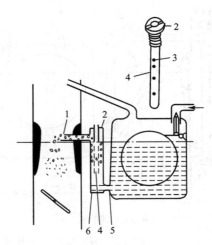

图4.6 降低主量孔处真空度的主供油系统
1—主喷管 2—空气量孔 3—泡沫孔
4—泡沫管 5—主量孔 6—主油井

4.2.2 其他供油系统

1. 怠速系统

怠速系统的功用是保证在怠速和很小负荷时供给很浓的混合气，其Φ_a值为0.6~0.8。怠速时节气门近于全闭，发动机转速很低，空气流量很小，节气门前方的喉管处真空度很低，根本不能将汽油由主喷管吸出。但节气门后面的真空度却很高，故可另设怠速油道，即将喷口设在节气门后，利用节气门后面的真空度将汽油吸出。

典型的怠速系统如图4.7(a)所示。它由怠速喷口3、怠速调整螺钉4、怠速过渡孔5、怠速量孔8、怠速空气量孔6、怠速油道7及限止螺钉2等组成。当发动机怠速时，怠速喷口在节气门后方，由于此时节气门开度很小，在节气门后方的进气管内有很高的真空度，在此真空度的作用下，浮子室中的汽油经主量孔和怠速量孔流入怠速油道，与从怠速空气量孔进入的空气混合形成泡沫状的油液，从怠速喷口喷出。喷出的泡沫状汽油受到高速流过节气门边缘的空气冲击，再次雾化。因为有极少量的空气从怠速空气量孔渗入，使通道中的真空度小于节气门后的真空度，实际上是怠速通道内的真空度决定通过怠速量孔的汽油流量。

在上述常见怠速系统方案中，怠速系统和主供油系统相通，因而从怠速喷口喷出的汽油也来自主量孔。发动机由怠速向小负荷圆滑过渡是靠主供油系统和怠速系统的协同工作来实现的。在低速怠速时，节气门开度很小，因而喉管真空度很小，但节气门后真空度却很大。主供油系统不能出油，如图4.7(b)所示，只有位于节气门下方的怠速喷口出油。当节气门开度稍大时，怠速喷口和过渡孔都处于高真空区(图4.7(c))，二者同时出油，以满足发动机以较高怠速转速工作的需要。节气门开度进一步增大，主供油系统开始工作，怠速系统逐渐停止供油。

2. 加浓系统

加浓系统在大负荷及全负荷时额外供给一部分汽油，保证混合气为功率混合气，使发动机发出最大的功率。加浓系统分为机械式和真空式两种。

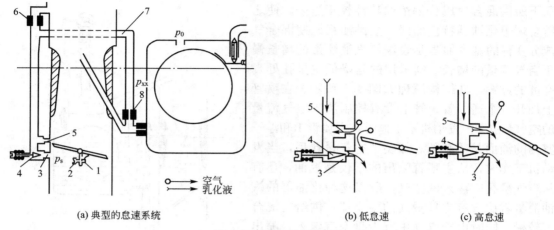

(a) 典型的怠速系统　　　　　(b) 低怠速　　　　　(c) 高怠速

图 4.7　化油器怠速系统

1—支块　2—限止螺钉　3—怠速喷口　4—怠速调整螺钉　5—怠速过渡孔
6—怠速空气量孔　7—怠速油道　8—怠速量孔

1) 机械式加浓系统

机械式加浓系统的结构原理如图 4.8(a)所示。在浮子室内装有加浓量孔 1 和加浓阀 3。加浓量孔 1 与主量孔 2 并联以便额外供油。当节气门开启时，摇臂 6 转动，带动拉杆 5 和推杆 4 一同向下移动，只有在节气门开度达到 80%～85%时，推杆才开始顶开加浓阀。于是，汽油便从浮子室经加浓阀和加浓量孔 1 流入主喷管，与从主量孔 2 来的汽油汇合，一起由主喷管喷出。这样便增加了汽油的供给量，使混合气加浓。正确选择加浓量孔的尺寸，便可保证在大负荷范围内混合气由稀转浓，直到全负荷所需的浓度。当节气门开度减小时，拉杆与推杆上移，加浓阀在弹簧作用下关闭加浓进油口。

2) 真空式加浓系统

由于机械式加浓系统起作用的时刻只取决于节气门的开度，而与发动机的转速无关。为了使加浓系统起作用时刻与转速相关，一般化油器同时还设有真空式加浓系统。真空式加浓系统有活塞式和膜片式两种，使用较为广泛的是活塞式真空加浓系统，如图 4.8(b)所示。推杆 4 与位于空气缸中的活塞 10 连接，在推杆上装有弹簧 7。空气缸的下方借空气通道与喉管前面的空间连通，空气缸的上方有空气通道 11 通到节气门后面。在中等负荷时，如果发动机转速不是很低，喉管前面的压力几乎等于大气压力 p_0；而节气门后的压力 p_x 则比大气压力小很多，因此在真空度 $\Delta p_x = p_0 - p_x$ 作用下，活塞压缩了弹簧以后处于最上面的位置。此时，加浓阀 3 被弹簧压紧在进油口上，即真空式加浓系统不起作用。在大负荷或转速下降到一定程度时，节气门后面的压力 p_x 增加，则真空度 Δp_x 减小到不能克服弹簧的作用力，于是弹簧伸张而使推杆和活塞下落，推开加浓阀，额外的汽油便经加浓量孔 1 流入主喷管中，以补偿主量孔出油的不足，使混合气加浓。

可见，真空式加浓系统起作用的时刻取决于节气门后面的真空度 Δp_x。只要 Δp_x 低到一定程度，真空式加浓系统就起加浓作用。而节气门后面的真空度 Δp_x 的大小不仅与节气门的开度有关，还与发动机的转速有关。当发动机转速不变时，节气门后的真空度将随节气门的开度加大而减低。如果节气门的开度保持不变，则节气门后的真空度将随转速的升高而升高，随着转速的降低而减小。

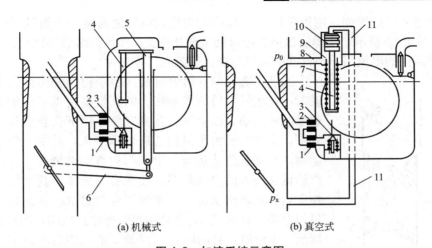

(a) 机械式　　　　　　　(b) 真空式

图 4.8　加浓系统示意图

1—加浓量孔　2—主量孔　3—加浓阀　4—推杆　5—拉杆　6—摇臂
7—弹簧　8—通道　9—空气缸　10—活塞　11—通道

3. 加速系统

汽车在一定的使用条件下需要加速前进或超车时,就要急速地加大节气门开度,使发动机功率迅速增大,此时要求供给浓混合气。为此化油器设有加速系统,其作用是在节气门突然开大时,及时将一定量的额外燃油一次性地喷入喉管,加速泵有活塞式和膜片式两种。通常采用的活塞式机械加速泵,如图 4.9 所示。在浮子室内有一泵缸,泵缸内有活塞 5。活塞通过活塞杆及弹簧、连接板 3 与拉杆 4 相连。拉杆由固装在节气门轴上的摇臂 8 操纵。加速泵腔与浮子室之间装有进油阀 7,泵腔与加速量孔之间的油道中装有出油阀 2。进油阀在不加速时,在本身重力的作用下,经常开启或关闭不严;而出油阀则靠重力经常保持关闭,只有在加速时方能开启。

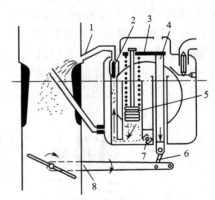

图 4.9　活塞式机械加速装置

1—加速喷口　2—出油阀　3—连接板　4—拉杆
5—活塞　6—连接钩　7—进油阀　8—摇臂

当节气门开度减小时,摇臂逆时针回转,带动拉杆、连接板、活塞杆及活塞向上移动,泵腔内产生真空度,汽油便自浮子室经进油阀充入泵腔。当增加负荷时,即节气门缓慢地开大时,活塞便缓慢地下降,泵腔内形成的油压不大,进油阀关闭不严密,于是燃油又通过进油口流回浮子室,加速系统并不起作用。但是当节气门迅速地开大时,由于活塞下移很快,泵腔油压迅速增大,使进油阀紧闭,同时顶开出油阀,泵腔内所储存的汽油便从加速喷口喷入喉管内,加浓混合气。这种加浓作用只是暂时的,当节气门停止运动后,即使保持的开度很大,加速泵也不再供油。

4. 起动系统

起动系统的作用是发动机在冷态下起动时,在化油器内形成极浓的混合气($\Phi_a = 0.2 \sim$

0.6),使之进入气缸燃烧。用得最广泛的起动系统是在喉管之前装一个阻风门(strangler valve),如图 4.10 所示,用弹簧保持它经常处于全开位置。阻风门装置具体可分为手动阻风门、带副风门的阻风门、半自动阻风门和全自动阻风门等多种。

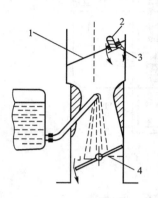

图 4.10 阻风门式起动系统
1—阻风门 2—弹簧
3—自动阀 4—节气门

发动机起动前,驾驶员通过手动拉钮将阻风门关闭。起动时,在阻风门后面产生很大的真空度使得主供油系统和怠速系统都供油,而阻风门在真空度作用下会自然打开一定的开度,少量空气由阻风门边缘缝隙进入,故混合气极浓。起动后,发动机怠速运行,阻风门后真空度增高,此时进入的汽油量比进入的空气量多,使混合气更浓,直到保持发动机稳定运行到热机状态。为避免混合气过浓,有的化油器在阻风门上装有自动阀 3。自动阀平时皆保持关闭,当喉管真空度增至一定值时,自动阀克服弹簧 2 的张力自动开启,放入空气。当发动机由起动工况转入怠速工况时,应逐渐开启阻风门(阻风门不宜开启得过快,否则混合气将突然变得过稀,使发动机熄火),同时使节气门开度减小至通常的低速怠速位置。

5. 化油器的分类

(1) 按喉管处空气流动方向不同,化油器可分为上吸式、下吸式和平吸式 3 种(图 4.11)。其中下吸式应用最广泛,因有如下优点:由于弯道少,进气阻力较上吸式小,有利于提高气缸充气效率和发动机功率;化油器装在进气管上方,便于调整和保养。其缺点是当燃油蒸发不良时,油滴容易流入气缸,冲洗气缸壁上的润滑油膜,并流入曲轴箱稀释润滑油。平吸式进气阻力也较小,多用于摩托车上。

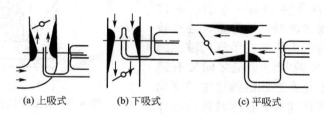

(a) 上吸式　　(b) 下吸式　　(c) 平吸式

图 4.11 化油器类型(按气流方向分类)

(2) 按重叠的喉管数目,化油器可分为单喉管式、多重(双重和三重)喉管式(图 4.12)。采用多重喉管的目的在于解决充气量与汽油雾化的矛盾。喉管大,则充气量可增加,但汽油雾化不良;喉管小,则汽油雾化较好,但充气量减少。多重喉管是将两个或三个直径不同的喉管按上小下大的顺序重叠套置组合而成的。主喷管出口位于最小的喉管中。当气流通过时,小喉管中的空气流速大,产生的喉管真空度高,汽油的雾化较好,有利于提高燃油经济性;大喉管与小喉管之间的环行通道则保证了化油器有足够的充气量,以满足动力性的要求。此外,采用多重喉管

(a) 单喉管式　(b) 双重喉管式　(c) 三重喉管式

图 4.12 化油器类型(按重叠喉管数分类)

时，由主喷管喷出的汽油经过在两个或三个喉管中的多次雾化，能更好地保证所形成的混合气的质量。

（3）按化油器的空气腔数目，可分为单腔式、双腔式、三腔式、四腔式。双腔双级化油器又可分为并动式和分动式两种。

双腔并动式化油器是两个同样的单腔化油器的并联，其特点是充气量大，发动机输出功率大。双腔分动式化油器由两个结构和作用不一样的单腔式化油器组成，两腔分为主腔和副腔。主腔在发动机负荷变化的整个过程中始终工作，而副腔只在中等及大负荷时参加工作。

四腔分动式化油器是两个同样的双腔分动式化油器的组合，因此它具有双腔分动式和双腔并动式化油器的优点。

6. 化油器的操纵机构

在汽车上，化油器节气门可以并用两套操纵机构，即通过踏板带动的脚操纵机构和通过拉钮带动的手操纵机构。它们之间是单向传动关系，即脚操纵机构不能带动手操纵机构，而手操纵机构却能带动脚操纵机构。化油器的阻风门只有一套通过拉钮带动的手操纵机构。节气门和阻风门的拉钮都装在驾驶室的前壁上，通常两个拉钮上标有不同的记号。

图 4.13 为常见的单腔化油器操纵机构的一般组成和布置。在驾驶室内装有加速踏板 15（俗称油门踏板）和节气门拉钮 16，供操纵节气门之用。通常只是在冷机起动后，发动机在暖机过程中，或要求发动机负荷不变时，或手摇起动时，才将拉钮 16 拉出到一定位置，使之固定不动。汽车行驶时，一般不用拉钮来操纵节气门。此外，还装有阻风门拉钮 1 供起动时操纵阻风门之用。阻风门通过拉杆 5 及带有凸轮 10 的杆与节气门连接，以保证阻风门与节气门的联动关系。

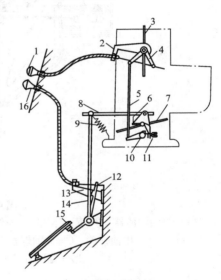

**图 4.13 单腔化油器操纵机构
的一般组成和布置**
1—阻风门拉钮　2、13—支柱　3—阻风门
4、12、14—杆　5—拉杆　6—止动支柱
7—节气门　8—横拉杆　9—弹簧　10—凸轮
11—调节螺钉　15—加速踏板　16—节气门拉钮

4.3 汽油供给装置

汽油供给装置由汽油箱、汽油滤清器、汽油泵及油管等组成。其作用是储存、滤清和输送燃油。

4.3.1 汽油箱

汽油箱用以储存汽油。汽油箱的数目及容量随车型而定，普通汽车只有一个汽油箱，越野汽车及长途运输汽车则常有两个汽油箱，分为主、副汽油箱，以适应使用要求。一般汽油箱的储备里程为 200~600km。轿车的油箱通常装在车身的尾部，而货车的油箱则装在车身中部外侧。

图 4.14 为解放 CA1091 型汽车的汽油箱构造图。油箱体是用薄钢板冲压焊接而成的。油箱上部设有加油管 12，管内带有可拉出的加油延伸管 8，延伸管底部有滤网 10。加油管 12 用油箱盖 7 盖住。油箱上表面装有油面指示表传感器 3 和出油开关 5。出油开关经输油管与汽油滤清器 1 相通。油箱底部有放油螺塞 6，用以排除箱内的积水和污物。箱内装有隔板 9，可减轻汽车行驶时燃油激烈地振荡。

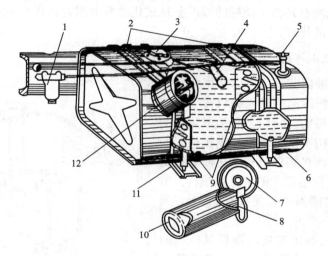

图 4.14　汽油箱
1—汽油滤清器　2—固定箍带　3—油面指示表传感器　4—油面指示表传感器浮子
5—出油开关　6—放油螺塞　7—油箱盖　8—加油延伸管　9—隔板
10—滤网　11—汽油箱支架　12—加油管

现代汽车上的汽油箱壳体采用高密度聚乙烯吹塑而成，其优点是抗冲击、防腐蚀、密封性好、易成型、结构紧凑、重量轻、成本低，提高了汽车行驶的安全性。图 4.15 为轿车用燃油箱。

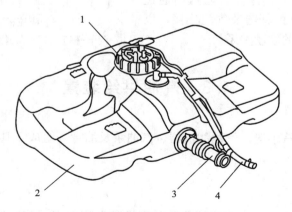

图 4.15　本田飞度轿车燃油箱
1—燃油泵　2—燃油箱体　3—加油管　4—输油管

4.3.2 汽油泵

汽油泵的作用是将汽油从油箱中吸出，经汽油滤清器过滤后送入化油器浮子室内。汽油泵有机械式和电动式两种。电动式汽油泵将在第 5 章介绍。

机械驱动膜片式汽油泵装在发动机曲轴箱的一侧，由发动机配气机构凸轮轴上的偏心轮驱动。图 4.16 为东风 EQ6100-1 发动机采用的 EQB601-C 型汽油泵。汽油泵壳体分为上下两部分。在上体 10 上装有进油管接头 24 和出油管接头 9。进油阀 23 和出油阀 22 结构相同，且都是单向阀。

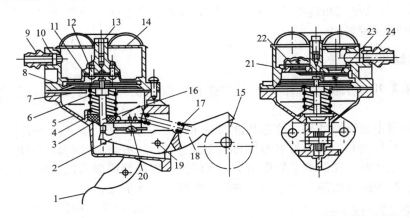

图 4.16 EQB601-C 型汽油泵

1—手摇臂 2—内摇臂 3—泵膜拉杆油封 4—拉杆油封座 5—下体 6—泵膜弹簧
7—泵膜弹簧座 8—泵膜 9—出油管接头 10—上体 11—阀门支持片
12—螺钉 13—泵盖 14、21—垫片 15—偏心轮 16—泵膜拉杆
17—摇臂回位弹簧 18—摇臂 19—摇臂轴 20—手摇臂轴
22—出油阀 23—进油阀 24—进油管接头

汽油泵上体与下体之间夹装着泵膜组件，它由橡胶泵膜 8（图 4.16）、上下护盘及泵膜拉杆 16 组成，泵膜弹簧 6 装于支承在下体凸缘上的泵膜弹簧座 7 和膜片下护盘之间，力图使膜片向上拱曲，弹簧座下面设有泵膜拉杆油封 3，以防止膜片破裂时，汽油流入曲轴箱。装在下体内的摇臂轴 19 上松套着摇臂 18 及内摇臂 2，二者之间借平面接触，形成单向传动关系。摇臂回位弹簧 17 使摇臂 18 压紧在配气凸轮轴上的偏心轮 15 上。当偏心轮转动到使摇臂绕其轴 19 逆时针（从图面上看）偏转时，摇臂 18 即通过斜面带动内摇臂 2 向同一方向转动，并通过拉杆 16 拉动泵膜向下拱曲，泵膜弹簧 6 被压缩。此时，膜片上方的容积增加，产生真空度，进油阀 23 开启，出油阀 22 关闭，汽油经进油管接头 24 流入进油腔内。当偏心轮转到最大矢径点离开摇臂 18 后，在回位弹簧 17 的作用下，摇臂 18 即为顺时针回转。泵膜 8 在弹簧 6 的作用下向上拱起，使其上方容积减小，压力增大。于是，进油阀 23 关闭，出油阀 22 开启，汽油便从出油阀经出油管接头 9 被压入化油器。出油阀外空腔的空气被压缩形成弹性的空气软垫，可以减小出油量的脉动和剧烈振荡，使汽油流量比较均匀。

一般汽油泵的最大供油量比发动机的最大油耗量大 2.5~3.5 倍。但当化油器中浮子室油面高度达到要求时，汽油泵应停止向化油器供油。因此，要求汽油泵能根据发动机油耗量自动调整供油量。

　　在发动机运转时，若化油器浮子室中的油面已达到规定的高度，浮子的浮力使针阀将进油孔关闭，此时汽油泵不能再向化油器供油，原因是泵膜弹簧6的弹力小。滞留在汽油泵内的汽油压力使泵膜不能上拱，泵膜及其拉杆16保持在最低位置，内摇臂2与摇臂18接触斜面之间出现间隙，摇臂在偏心轮作用下继续摇摆，但只是空摆，不能驱动内摇臂泵油。当发动机油耗量提高时，泵膜重新上拱，泵油恢复，泵油量相应增多。泵油量的多少取决于泵膜的实际行程。这就是汽油泵供油量的自动调整。

　　为了在发动机不工作时也能使汽油泵泵油，在内摇臂的上方装有断面为半圆的手摇臂轴20（图4.16）以及与之相连的手摇臂1。在发动机起动以前，若浮子室内无油或储油不足，则可利用手摇臂泵油。

4.3.3　汽油滤清器

　　汽油滤清器用来去除汽油中的水分和杂质，以免使汽油泵、化油器等零部件发生故障。

　　汽油滤清器由滤清器外壳、滤芯及进、出油管接头等组成。滤清器外壳有塑料和金属两种。滤芯除有尼龙布、聚合粉末塑料和纸质滤芯外，还有金属片缝隙式和多孔陶瓷式滤芯。当发动机工作时，在汽油泵的作用下，将汽油从汽油箱内吸入油管中，经汽油箱滤清器过滤，杂质被吸附在滤芯上，过滤后的清洁汽油进入汽油泵。

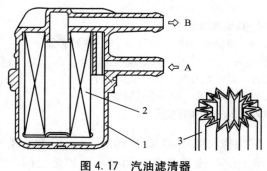

图4.17　汽油滤清器
1—壳体　2、3—纸滤芯
A—进油管接头（自油箱）
B—出油管接头（至汽油泵）

　　汽油滤清器的构造示意图如图4.17所示。它由壳体1、滤芯2等组成。壳体1上有进油管接头A和出油管接头B。纸滤芯2装在壳体内。

　　发动机工作时，燃油在汽油泵作用下，经进油管接头A流入，由于水的密度大于汽油，故水分及较重的杂质颗粒沉淀至壳体内底部，较轻的杂质随燃油流向滤芯，被粘附在滤芯上，而清洁的燃油通过纸滤芯渗入滤芯的内腔，然后从出油管接头B流出。纸滤芯是特制折叠的纸质滤芯3。

　　汽油滤清器的滤芯形式除纸质滤芯外，还有金属片缝隙式和多孔陶瓷滤芯。由于纸质滤清器的性能良好，制造和使用方便，故目前广泛采用。

 思　考　题

1. 汽油机供给系统的作用是什么？
2. 为了保证发动机可靠运转，过量空气系数应在什么范围内变化？
3. 汽车用发动机的各种工况对可燃混合气的浓度有何要求？为什么？
4. 结合理想化油器的特性曲线，说明现代化油器各供油装置的作用。
5. 主供油装置是在什么样的负荷范围内起作用？它的构造和工作原理如何？

6. 怠速装置的构造和工作原理是什么?
7. 机械加浓装置和真空加浓装置的构造和工作原理各如何?
8. 说明加速装置的功用、构造和工作原理。
9. 试述膜片式汽油泵的结构及工作原理。
10. 汽油滤清器的作用是什么?

第 5 章 电控汽油喷射系统

 教学提示

采用电控汽油喷射系统有效地提高了发动机的动力性和经济性并改善了排放性能。其组成包括燃油供给系统、空气供给系统和电子控制系统。

 教学目标

要求学生了解电控汽油喷射系统的分类及工作原理,重点掌握 L 型汽油喷射系统的组成及工作原理,掌握电控汽油喷射系统中主要部件的结构和工作原理。

5.1 概 述

5.1.1 电控汽油喷射系统的优点

电控汽油喷射系统 EFI(Electronic Fuel Injection)是利用电子控制技术控制喷油器,将一定数量和压力的汽油直接喷射到进气管道或气缸中,与进入的空气混合而形成可燃混合气的汽油机燃油供给装置。

化油器燃油供给系统与电控燃油喷射系统的比较如图 5.1 所示。化油器燃油供给系统的可燃混合气的形成和控制是通过化油器实现的,进入燃烧室的混合气量与发动机负荷成一定的比例关系,混合气浓度可以根据发动机工况调节,但控制精度不高。电控燃油喷射系统通过空气流量计预先测定空气量,然后电控单元根据进气量的多少控制喷油器喷射燃油。吸入的空气与喷油器喷出的雾状汽油混合形成可燃混合气。

装有电控汽油喷射系统的发动机具有下列优点。

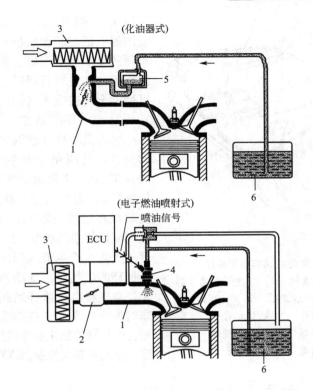

图 5.1 化油器与电控燃油系统的比较
1—进气管 2—空气流量传感器 3—空气滤清器
4—喷油器 5—化油器浮子室 6—燃油箱

（1）由于进气管道中没有喉管，提高了发动机的充气效率，增加了发动机的功率和转矩。

（2）对可燃混合气成分进行精确的控制，使发动机在任何工况下都处于最佳的工作状态。

（3）发动机各缸可燃混合气量的分配更加均匀，节省燃油并减少废气排放中的有害成分。

采用汽油喷射系统的发动机与传统的化油器式发动机相比，发动机的功率可提高 5%~10%，油耗降低 5%~10%，废气中有害排放含量减少 15%~20%，能满足目前严格的排放及燃料经济性法规的要求。

5.1.2 系统的组成与分类

1. 系统组成

电子控制汽油喷射系统由燃油供给系统、空气供给系统、电子控制系统组成。

1）燃油供给系统

燃油供给系统向气缸内供给燃烧时所需的燃油。燃油供给系统的组成如图 5.2 所示，主要由汽油箱 2、汽油泵 1、汽油滤清器 8、汽油压力调节器 3 及喷油器 5 等组成。汽油泵将汽油从汽油箱吸出后经过汽油滤清器，除去杂质和水分。汽油压力调节器控制供油总管的油压（一般 0.25～0.3MPa）后，送至各缸喷油器或低温起动喷油器。喷油器根据电控单元的喷油指令，把适量的汽油喷射到进气门附近，在进气行程时，汽油与空气形成的可燃混合气被吸入气缸内。

2）空气供给系统

它为发动机可燃混合气的形成提供必要的空气，并测量和控制空气量。其组成如图5.3所示，主要由空气滤清器1、空气流量传感器2、进气总管5及进气支管6等组成。发动机在进气行程时，空气经空气滤清器、空气流量传感器和节气门进入各缸进气支管。驾驶员通过操纵节气门的开度来控制每个工作循环的进气量。发动机怠速时，节气门关闭，空气量由怠速旁通阀来控制，保证冷暖车时加大空气量，正常怠速时恢复怠速空气量。空气阀控制快怠速转速，也可由电控单元指令怠速控制阀控制怠速转速和快怠速转速。

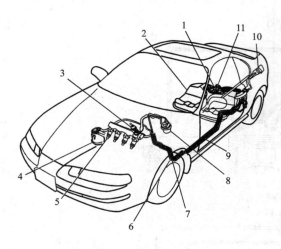

图5.2　电控发动机燃油供给系统
1—汽油泵　2—汽油箱　3—汽油压力调节器
4—汽油蒸发控制碳罐　5—喷油器
6—汽油蒸汽管　7—汽油供给管
8—汽油滤清器　9—汽油回流管
10—油箱盖　11—双通阀

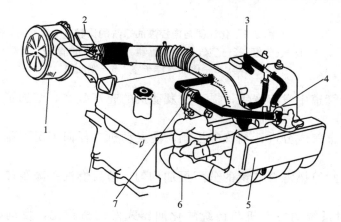

图5.3　空气供给系统
1—空气滤清器　2—空气流量传感器　3—PCV管　4—怠速开关控制传感器
5—进气总管　6—进气支管　7—空气阀

3）电子控制系统

它主要由电控单元 ECU（Electronic Control Unit）、各种传感器及执行器3部分组成，如图5.4所示。电控单元是电子控制系统的核心，它的主要功用是控制和检测。电控单元一方面接受来自各个传感器传来的信号，另一方面又完成对这些信息的处理，并发出相应的指令控制执行器的动作。传感器负责把各种反映发动机工况和汽车运行状况的参数转变成电信号（电压或电流）提供给电控单元，使电控单元正确地控制发动机运转或汽车运行。执行器用来完成电控单元发出的各种指令，是电控单元指令的执行者。

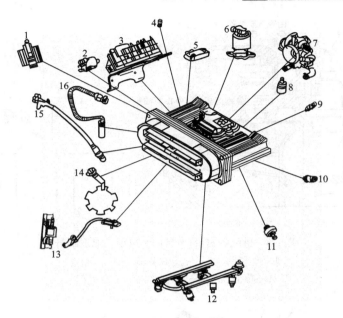

图 5.4 电子控制系统

1—空气流量传感器 2—碳罐电磁阀 3—点火模块和点火线圈 4—进气温度传感器
5—进气支管压力传感器 6—废气再循环阀 7—节气门体 8—曲轴箱强制通风阀
9—冷却水温传感器 10—机油压力传感器 11—爆震传感器 12—喷油器组件
13—曲轴转速传感器 14—曲轴位置传感器
15—氧传感器 16—凸轮轴位置传感器

2. 系统分类

车用汽油喷射系统有多种类型，可按不同方法进行分类。

按喷射控制装置的型式不同可分为机械控制式、机电混合控制式及电子控制式。其中机械式汽油喷射系统，汽油的计量是通过机械与液力传动实现的。在电子控制汽油喷射系统（EFI）中汽油、空气的计量和喷射是由电控单元及电磁喷油器实现的。而电控系统根据其控制过程又可分为开环控制方式及闭环控制方式。近年来电子控制汽油喷射系统得到了迅速的发展，并得到广泛的应用。

按喷射部位的不同可分为缸内喷射和缸外喷射两种。缸外喷射系统分为进气管和进气道喷射，是将喷油器安装在进气管或进气道上，以 0.1~0.35MPa 的喷射压力将汽油喷入进气管或进气道内。缸内喷射也称直接喷射，是通过安装在气缸盖上的喷油器，将汽油直接喷入气缸内。这种喷射系统需要较高的喷射压力，约 3~5MPa。

进气管喷射系统的喷油器安装在节气门体上（图 5.5），节气门体安装在进气支管的上部，相当于化油器式发动机安装化油器的位置。因此，进气管喷射又称节气门体喷射 TBI (Throttle Body Injection)。由于一台发动机只装有 1 或 2 个喷油器在节气门体上，汽油喷入进气管后与进气气流混合，形成的可燃混合气由进气支管分配到各个气缸，所以又称这种喷射方式为单点喷射 SPI (Single Point Injection)。

进气道喷射系统是每个气缸设置一个喷油器，各个喷油器分别向各缸进气道（进气门前方）喷油（图 5.6）。这种喷射方式又称多点喷射 MPI (Multi Point Injection)。

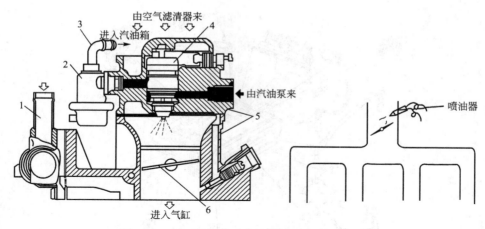

图 5.5 进气管喷射(节气门体喷射,单点喷射)
1—空气阀 2—油压调节器 3—回油管
4—喷油器 5—节气门体 6—节气门

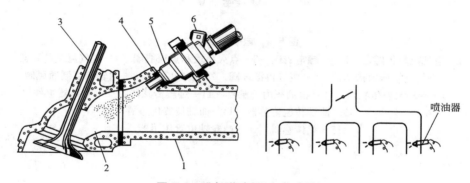

图 5.6 进气道喷射(多点喷射)
1—进气支管 2—进气道 3—进气门
4—密封圈 5—喷油器 6—接线柱

  按进气量的检测方式不同可分为流量型系统和压力型系统两种。流量型系统以质量流量方式检测进气量,即用空气流量计直接检测出进气管的空气流量,用测得的空气流量除以发动机的转速而得每一循环的空气量,由此算出每一循环的汽油喷射量。此方法检测精度高,目前使用较为广泛。压力型系统以速度——密度方式检测进气量,即通过压力传感器测出进气管的压力,再根据发动机的转速间接地推算出进气流量,从而确定汽油喷射量。因进气管压力与吸入的空气量间不是简单的线性关系,故此法的检测精度不高。

  按喷射的连续性将汽油喷射系统分为连续喷射式和间歇喷射式。连续喷射是指在发动机工作期间,喷油器连续不断地向进气道内喷油。这种喷射方式大多用于机械控制式或机电混合控制式汽油喷射系统。间歇喷射是指在发动机工作期间,汽油被间歇地按一定规律喷入进气道内。电子控制汽油喷射系统都采用间歇喷射方式。

  间歇喷射还可按各缸喷射时间分为同时喷射、分组喷射和顺序喷射等3种形式。同时喷射是电控单元发出同一个指令控制各缸喷油器同时喷油(图5.7)。分组喷射是指各缸喷油器分成两组,每一组喷油器共用一根导线与电控单元连接,电控单元在不同时刻先后发出两个喷油指令,分别控制两组的喷油器交替喷射(图5.8)。顺序喷射则是指喷油器按发动机各缸的工作顺序进行喷射。电控单元根据曲轴位置传感器信号,辨别各缸的进气行程,适时发出各缸喷油指令以实现顺序喷射(图5.9)。

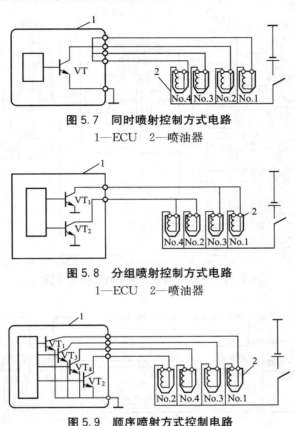

图5.7 同时喷射控制方式电路
1—ECU 2—喷油器

图5.8 分组喷射控制方式电路
1—ECU 2—喷油器

图5.9 顺序喷射方式控制电路
1—ECU 2—喷油器

3. 工作原理

电子控制汽油喷射系统EFI是以一个电控单元ECU为控制中心,利用安装在发动机上不同部位的传感器,测出发动机的各种运行参数,精确地计算进入气缸的空气量,再按照电控单元中预存的控制程序精确地控制喷油,使发动机在各种工况下都能获得最佳浓度的混合气,以求得最佳的动力性、经济性及排放性。其基本结构和工作原理如图5.10所示。

1) L型汽油喷射系统

它是多点、间歇式汽油喷射系统。它以发动机的进气量和发动机转速作为基本控制参数,从而提高了喷油量的控制精度。L型汽油喷射系统的组成如图5.11所示。汽油箱1内的汽油被电动汽油泵2吸出并加压至一定压力(0.25~0.35MPa),经燃油滤清器3滤除杂质后被送至燃油分配管。燃油分配管与安装在各缸进气支管上的喷油器7相通。在燃油分配管的末端装有油压调节器5,用来调节油压使其保持稳定。发动机的进气量由汽车驾驶员通过加速踏板操纵节气门来控制。节气门开度越大,进气量就越多,安装在进气管上的空气流量传感器12将空气流量转变为电信号传输给电控单元6。

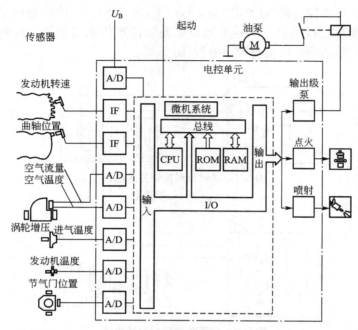

图 5.10 发动机电子控制系统工作原理图

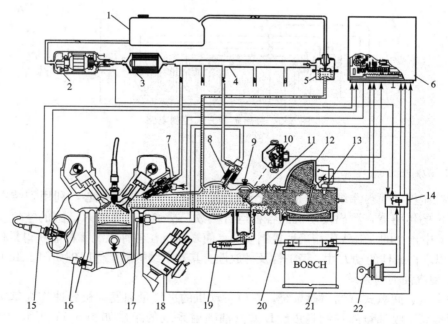

图 5.11 L 型汽油喷射系统

1—汽油箱 2—电动汽油泵 3—燃油滤清器 4—燃油分配管 5—油压调节器
6—电控单元 7—喷油器 8—冷起动喷嘴 9—急速调节螺钉 10—节气门位置传感器
11—节气门 12—空气流量传感器 13—进气温度传感器 14—继电器组 15—氧传感器
16—发动机温度传感器 17—热时间开关 18—分电器 19—补充空气阀
20—急速混合气调节螺钉 21—蓄电池 22—点火开关

喷油器的喷油量和喷油时刻由电控单元控制。电控单元首先根据转角传感器确定发动机转速，再根据转速和进气管压力计算出相应的喷油量，并通过控制喷油持续时间来控制喷油量。电控单元根据曲轴转角传感器发出的第一缸上止点信号，控制各缸喷油器在进气行程开始之前进行喷油。电控单元根据空气流量计和发动机转速计算出的喷油量是基本喷油量，尚须根据发动机的运行状况加以修正，以满足发动机各种运行工况对混合气成分的要求。

当发动机在怠速工作时，节气门接近关闭，节气门位置传感器10中的怠速触点闭合，这时电控单元指令喷油器增加喷油量，供给发动机较浓的混合气，以维持怠速运转的稳定性，并将怠速的有害排放控制在最低水平。发动机在中小负荷下运转时，电控单元根据发动机温度传感器16和进气温度传感器13传输来的发动机温度和进气温度信号，对基本喷油量进行修正，修正后的喷油量满足向发动机供给经济混合气的要求。发动机在全负荷下工作时，节气门全开，节气门位置传感器中的全负荷触点闭合。电控单元按照供给发动机功率混合气的要求增加喷油量，实现全负荷加浓，以使发动机发出最大功率。

2) D型汽油喷射系统

它是最早应用在汽车发动机上的电子控制多点间歇式汽油喷射系统，其基本特点是以进气管压力和发动机转速作为基本控制参数，用来控制喷油器的基本喷油量。D型汽油喷射系统的组成如图5.12所示。

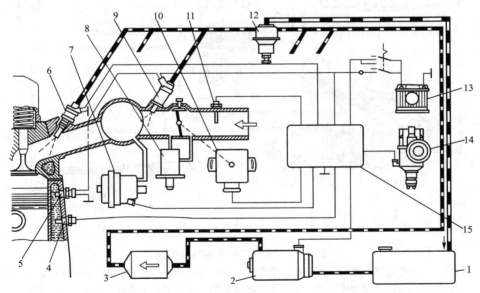

图5.12 D型汽油喷射系统

1—汽油箱 2—电动汽油泵 3—汽油滤清器 4—发动机温度传感器
5—热时间开关 6—喷油器 7—进气管压力传感器 8—补充空气阀
9—冷起动喷嘴 10—节气门位置传感器 11—进气温度传感器
12—油压调节器 13—蓄电池 14—分电器 15—电控单元

D型汽油喷射系统的工作原理与L型汽油喷射系统类似。汽油箱1内的汽油被电动汽油泵2吸出并加压至0.25MPa左右，经汽油滤清器3滤除杂质后被送至燃油分配管。燃油分配管与安装在各缸进气支管上的喷油器6相通。在燃油分配管的末端装有油压调节器12，用来调节油压使其保持稳定。发动机的进气量由汽车驾驶员通过加速踏板操纵节气门来控制。节气门开度越大,进气量就越多,进气管压力也越大,反之亦然。安装在进气管上的进气管压力传感器7将进气管压力转变为电信号传输给电控单元15。D型汽油喷油系统结构简单,工作可靠。但控制精度稍差,当大气状态有较大变化时,汽车加速反应不良。现代汽车发动机上所使用的D型汽油喷射系统都是经过改进的,如采用运算速度快、内存容量大的微机,完善控制功能等。

3) 节气门体汽油喷射系统

它是单点喷射系统。与上述多点喷射系统不同,单点喷射系统只用一个或两个安装在节气门体上的喷油器,将汽油喷入节气门前方的进气管内,并与吸入的空气混合形成混合气,再通过进气支管分配至各气缸。单点喷射系统由于喷射压力低(约0.1MPa),所以降低了对燃油系统零部件的技术要求,从而降低了成本。在性能上优于电控化油器,而不及多点喷射系统。但是单点喷射系统结构简单,工作可靠,维修调整方便。气门体汽油喷射系统的组成如图5.13所示。

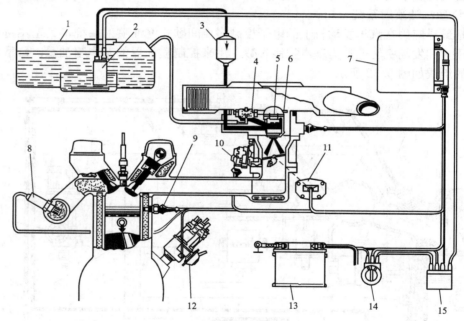

图5.13 节气门体汽油喷射系统

1—汽油箱 2—电动汽油泵 3—汽油滤清器 4—油压调节器 5—喷油器 6—进气温度传感器 7—电控单元 8—氧传感器 9—发动机温度传感器 10—怠速控制阀 11—节气门及节气门位置传感器 12—分电器及曲轴位置传感器 13—蓄电池 14—点火开关 15—继电器

5.2 电控汽油喷射系统组成及工作原理

5.2.1 汽油供给系统

电子控制汽油喷射系统的燃油供给系统由汽油箱、电动汽油泵、汽油滤清器、燃油分配管、油压调节器、喷油器、冷起动喷嘴和输油管等组成(图5.14)。

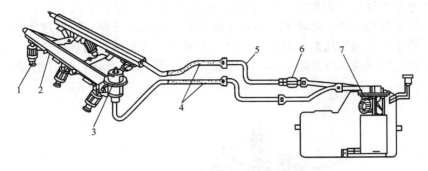

图 5.14 燃油供给系统组成图
1—喷油器 2—油道 3—燃油压力调节器 4—软管
5—进油管 6—燃油滤清器 7—燃油泵

1. 电动汽油泵(electric fuel pump)

电动汽油泵的功用是供给各喷油器及冷起动喷油器所需要的燃油。在电子控制汽油喷射系统中应用的电动汽油泵通常有两种类型，即滚柱式电动汽油泵和叶片式电动汽油泵。

滚柱式电动汽油泵如图 5.15 所示。泵壳的一端是进油口 1，另一端是出油口 6。进油口一侧的滚柱泵由泵壳中间的驱动电动机高速驱动。转子 9 偏心地安装在泵体 7 内，滚柱 8 装在转子的凹槽中。当油泵旋转时，由于离心力的作用，转子槽内的滚子向外移动，紧靠在偏心设计的泵体壁面上。同时在惯性力的作用下，滚柱总是与转子凹槽的一个侧面贴紧，从而形成若干个工作腔。工作过程中，进油口一侧的工作腔容积增大，成为低压吸油腔，汽油经进油口被吸入工作腔内。在出油口一侧的工作腔容积减小，成为高压油腔，高压汽油从压油腔经出油口流出。油泵出油口处有一单向阀，在油泵不工作时阻止燃油倒流回燃油箱，以保持发动机停机后的燃油压力，便于再次起动。出油口处的缓冲器是用来减小出油口处的油压脉动和运转噪声。这种油泵的最大泵油压力可达 0.45MPa 以上。若因汽油滤清器堵塞等原因使油泵出油口一侧油压过高，与油泵一体的限压阀即被顶开，使部分燃油回到进油口一侧，以保护电动汽油泵。

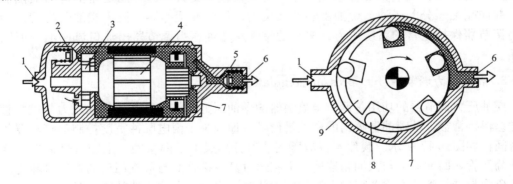

图 5.15 滚柱式电动汽油泵
1—进油口 2—限压阀 3—汽油泵 4—电动机 5—单向止回阀
6—出油口 7—泵体 8—滚柱 9—转子

叶片式电动汽油泵结构如图 5.16 所示。叶轮 3 是一个圆形平板，在平板的圆周上加工有小槽，形成泵油叶片。叶轮旋转时，小槽内的汽油随同叶轮一同高速旋转。由于离心力的作用，使出口处油压增高，而在进口处产生真空，从而使汽油从进口吸入，从出口排出。叶片式电动汽油泵运转噪声小，油压脉动小，泵油压力高，叶片磨损小，使用寿命长。

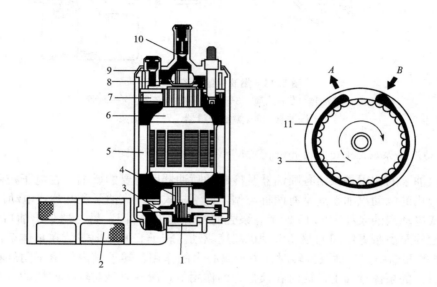

图 5.16　叶片式电动汽油泵
1—橡胶缓冲垫　2—滤网　3—叶轮及叶片　4、8—轴承　5—永久磁铁
6—电枢　7—炭刷　9—限压阀　10—单向止回阀　11—泵体

2. 燃油分配管(fuel distribution tube)

燃油分配管的功用是将汽油均匀、等压地输送给各缸喷油器；还有贮油蓄压、减缓油压脉动的作用。燃油分配管总成用螺栓安装在进气支管下部的固定座上，与喷油器相连，并向喷油器分配燃油。燃油由燃油泵泵出，经脉冲缓冲器，流入燃油分配管。燃油压力调节器保持正常的系统压力，多余的燃油从燃油压力调节器出油口流回油管返回燃油箱。

3. 燃油压力调节器(fuel pressure regulator)

燃油压力调节器的功用是调节至喷油器的燃油压力，使油路中的燃油压力与进气管压力之差保持常数，从喷油器喷出的燃油量便唯一地取决于由电脉冲宽度控制的喷油器的开启时间，如图 5.17 所示。膜片 4 将油压调节器分隔成上下两个腔。上腔有进油口 1 连接燃油分配管，回油口 2 与汽油箱连通。下腔通过真空接管 6 与节气门后的进气管相连。当燃油压力与进气管压力之差超过预调的压力值时，膜片上方的燃油就推动膜片向下压缩弹簧，打开回油阀，超压的燃油流回燃油箱，以保持一定的燃油压力。燃油供给系统的压力与进气管压力之差由油压调节器中的弹簧 5 的弹力限定，调节弹簧预紧力即可改变两者的压力差，也就是改变喷油压力。

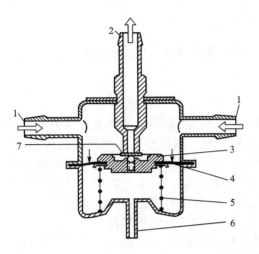
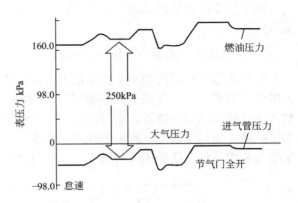

图 5.17　油压调节器
1—进油口　2—回油口　3—阀座　4—膜片　5—弹簧
6—真空接管(接进气管)　7—平面阀

4. 喷油器(injector)

喷油器的功用是按照电控单元的指令将一定数量的汽油适时地喷入进气道或进气管内，并与其中的空气混合形成可燃混合气。

轴针式喷油器的结构如图 5.18 所示，喷油器体内有一个电磁线圈 3，喷油器头部的针阀 6 与衔铁 5 结合成一体。电控单元以电脉冲的形式向喷油器输出控制电流(图 5.19)。当电控单元送来电流信号时，电磁线圈通电，产生电磁力，吸起铁芯与针阀，将燃油通过精确设计的轴针头部环形间隙喷出，在喷油器头部前端将燃油粉碎雾化，与空气混合，在发动机进气行程中被吸入气缸。电控单元利用电脉冲的宽度来控制喷油器每次打开喷油的时间，从而控制喷油量。一般喷油器针阀升程约为 0.1mm，而喷油持续时间在 2~10ms 范围内。

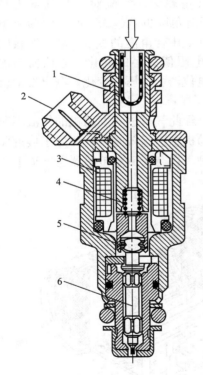

图 5.18　喷油器构造
1—滤网　2—电接头
3—电磁线圈
4—复位弹簧
5—衔铁　6—针阀

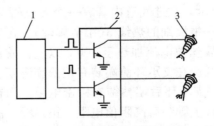

图 5.19　控制喷油器的输出回路
1—微机　2—输出回路　3—喷油器

5.2.2 空气供给系统

电子控制汽油喷射系统的空气系统主要包括空气流量传感器、怠速控制阀、节气门及空气滤清器等。

1. 空气流量传感器（air flow meter）

空气流量传感器的功用是测量进入发动机的空气流量，并将测量的结果转换为电信号传输给电控单元。空气流量传感器可分为两种：一种是直接测量空气体积流量的传感器，如叶片式空气流量传感器、卡门涡流式空气流量传感器；另一种是直接测量空气质量流量的传感器，如热线式空气流量传感器、热膜式空气流量传感器。若采用体积流量传感器测定空气容积流量，还必须进行修正，往往与进气温度和绝对压力传感器一起使用。

1）叶片式空气流量传感器

其结构原理如图 5.20 所示。在空气流量计壳体内有空气主流道和旁通空气道。在主流道内装有流量板（叶片）和缓冲板。在没有空气流过的情况下，卷簧总是使叶片处于关闭主流道的位置。进气量越大，气流对叶片的推力越大，叶片的开启角度也就越大。叶片上装有电位器，它把叶片开启角度的变化（即进气量的改变）转变成电阻值大小的变化。电位器与电

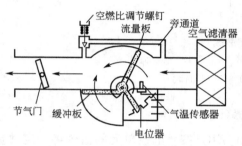

图 5.20　叶片式空气流量传感器

控单元相连，电控单元根据电位器电阻的变化或作用在电位器上电压的变化，测出发动机进气管空气量的多少。

空气流量传感器进气通道旁还设有一个旁通空气道。经此气道进入发动机的气流不对叶片产生推力，即不经过叶片的计量就进入发动机。发动机怠速运转时，叶片处于接近关闭状态，此时经旁通空气道进入发动机的气流占很大比例。在空气流量传感器空气道上还设置一个怠速调节螺钉，该螺钉可以调整怠速时旁通空气道的空气量的大小，旋出该螺钉时，空气流量增加；反之，空气流量减少。实现对怠速工况时的可燃混合气浓度的调整。

2）热线式空气流量传感器

它是一种测量空气质量型传感器，它不需要校正大气温度、压力对测量精度的影响。如图 5.21 所示，在进气道内套有一个测试管 2，小管架有一根极细的热线 3（铂金属丝），在工作中铂金属丝被电流加热至 100℃ 以上，故称之为铂热线。在支承环前端装有铂薄膜温度补偿电阻 4，支承环后端粘结有精密电阻，而在控制电路板上则装有高阻值电阻。铂热线、温度补偿电阻、精密电阻和高阻值电阻构成惠斯通电桥电路中的 4 个臂（图 5.22）。电路调节供

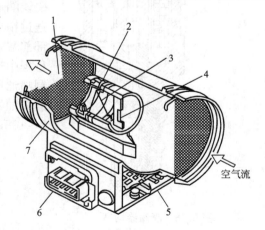

图 5.21　热线式空气流量传感器

1—金属防护网　2—测试管　3—热线
4—温度补偿电阻　5—控制电路板
6—电源插座　7—壳体

给4个臂的电流使电桥保持平衡。

空气流过时热线受到一定冷却,其电阻值随之减少,同时使电桥电路的电压也发生变化,这一信号输入电控单元,用来指示通过空气流量传感器的空气量。这时电路将自动增加供给铂热线的电流,以使其恢复原来的温度,直至电桥恢复平衡。流过铂热线的空气流量越大,混合电路供给铂热线的加热电流也越大。加热电流通过精密电阻产生的电压降作为电压输出信号传输给电控单元,电压降的大小即是对空气流量的度量。由于热线的冷却效果随着进入空气温度变化而不同,因此需要进行温度补偿,图5.22中的R_C,就是作温度补偿用的电阻(也称为冷线),一般将铂热线通电加热到高于温度补偿电阻温度100℃。其阻值随进气温度发生变化,起到一个参照的作用,使进气温度的变化不影响测量精度。

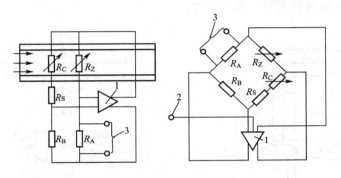

图5.22 热线式空气流量传感器电路
1—放大器 2—电源 3—输出信号

热线式空气流量传感器测量精度高,响应特性较好,因没有运动件而无磨损,进气阻力小;缺点是:热线表面玷污的尘埃影响测量精度。为克服上述缺点,可在电控单元中设计自洁电路,在发动机熄火后4s内,控制电路发出电流,使热线通电,约1s内迅速升温高达1000℃左右,烧掉黏附在热线上的污物。

3) 热膜式空气流量传感器

它与热线式空气流量传感器的结构和工作原理基本相同(图5.23)。它将热线、温度补偿电阻及精密电阻用厚膜工艺镀在一块陶瓷基片上(称为热膜电阻)装在测量管内。用热膜代替热线提高了空气流量计的可靠性和耐用性,并且热膜不会被空气中的灰尘黏附。热膜式空气流量传感器可满足精度要求,且结构简单,抗玷污能力比热线式空气流量传感器强。

4) 进气管压力传感器 MAP(Manifold Absolute Pressure)

D型汽油喷射系统利用进气管压力传感器测量节气门后进气管内的绝对压力,它接受节气门变化时进气管中压力高低的变化信号,以电压信号方式传给ECU并以此作为电控单元计算喷油量的主要参数。ECU再发出指令,使喷油器喷出适量的汽油。在发

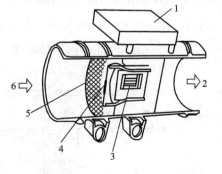

图5.23 热膜式空气流量传感器
1—控制电路 2—通至发动机
3—热膜 4—温度传感器
5—金属网 6—来自空气滤清器

动机工作时，节气门开大，进气量增多，进气管压力的大小反映了进气量的多少。进气管压力传感器有膜片式和弹性波纹筒式。

膜片式压力传感器是将进气管真空度变化转化为膜片的位移，膜片位移又使传感器内可变电阻器阻值发生变化，从而使输出电压发生变化，如图5.24(a)所示。

弹性波纹筒式压力传感器由抽空的弹性波纹筒4、铁心6、感应线圈8、定位弹簧7和稳压孔3组成，如图5.24(b)所示。波纹筒长度的变化使铁心位置发生变化，输出信号给ECU。不同的铁心位置，感应出线圈中不同的电动势，对应不同的喷油量。当转速一定时，节气门开度增大，压力增大，波纹筒缩短，喷油量应加大；节气门开度减小，压力减小，波纹筒变长，喷油量会减小。当节气门开度一定时，转速升高，压力减小，波纹筒变长，喷油量减小；转速降低时，喷油量增多。

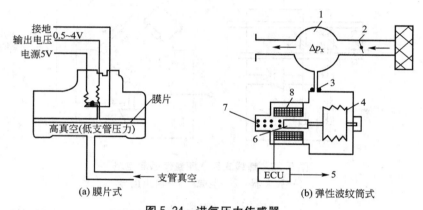

(a) 膜片式　　　　　　　　　(b) 弹性波纹筒式

图5.24　进气压力传感器

1—进气管　2—节气门　3—稳压孔　4—波纹筒　5—喷油嘴
6—铁心　7—定位弹簧　8—感应线圈

压力型传感器的优点是结构简单，无摩擦件影响，寿命较长，可靠性较高。其缺点是：空气流量因地理条件和气候条件的影响与压力不成正比例变化，计量精度稍差；由于发动机工况突变时，如急加速、急减速、急制动时，进气管内压力波动较大，有失控反应。为此，近年来采用了压敏电阻传感器，利用膜片通过硅胶液体传递压力的变化，使用性能明显提高。

2. 急速控制阀(idle control valve)

在节气门体汽油喷射系统的节气门体上装有怠速控制阀(图5.25)，其功用是自动调节发动机的怠速转速，使发动机在设定的怠速转速下稳定运转。步进电动机式怠速控制阀由步进电动机、螺旋机构和锥面控制阀等组成。螺旋机构中的螺母和步进电动机的转子制成一体，而螺杆和锥面控制阀制成一体。步进电动机中有几组励磁线圈，改变励磁线圈的通电顺序可以改变电动机的旋转方向。步进电动机由电控单元控制。电控单元从发动机转速传感器获得发动机实际转速的信

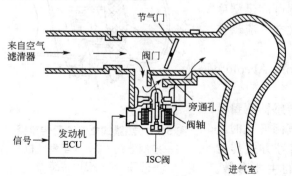

图5.25　步进电机式怠速控制阀原理图

息,并将实际转速与预编程序中设定的转速相比较,根据两者偏差的大小向励磁线圈输出不同的控制脉冲电流。这时步进电动机或正转或反转一定的角度,并驱动螺杆和锥面控制阀或向前或向后移动一定的距离,使旁通空气道的通过断面或减小或增大,从而改变了进气量,达到控制怠速转速的目的。

5.2.3 电子控制系统

电子控制汽油喷射系统中的控制系统由电控单元、各种传感器、执行器,以及连接它们的控制电路组成。

1. 电控单元(ECU)

电控单元是电子控制单元的简称,常用 ECU(Electronic Control Unit)表示。电控单元的功用是根据其内存的程序和数据对各种传感器输入的信息进行运算、处理、判断,然后输出指令,向喷油器提供一定宽度的电脉冲信号以控制喷油量。电控单元一般由中央处理器(CPU)、只读存储器(ROM)、可编程的只读存储器(PROM)、运行数据存储器(RAM)和输入/输出(I/O)接口等组成,如图 5.10 所示。

CPU 是微机中运算器与控制器的总称,其特性基本反映了微机的性能。ROM 用来存储固定数据信息,即存放各种永久性程序和数据。如电子控制燃油喷射系统中控制程序软件、燃油基本喷射时间脉谱图、点火控制特性脉谱图以及其他重要特性数据等,它们都是通过大量试验获得的。在 ROM 的基础上增加编程和改写功能便生产出了 PROM。汽车上的微机使用 PROM 来存储一些只适用于少数汽车类型的信息,如特定的分电器点火调整、整车或发动机的调整数据等。有了这些存储器可使同一台微机适用不同车型的发动机成为可能。RAM 在微机中起暂时存储信息的作用。切断电源时,存在 RAM 中的全部数据完全消失。因此,为防止发动机运行时,有些需较长时间保存以备后用的信息(如发动机故障代码)不致丢失,一些 RAM 都通过专用的电源后备电路与蓄电池直接连接,使其不受点火开关的控制。

当电控单元进入工作状态时,某些程序和步骤从 ROM 中取出,进入 CPU 中央处理器,这些程序可包括燃油喷射控制、点火时刻控制或怠速控制等。在执行程序过程中,所需要的信息来自各传感器。从各个传感器输出的信号首先经过输入回路,对其进行处理。传感器输送给输入回路的信号,若是模拟信号需经模/数(A/D)转换器转换成数字信号后,经 I/O 接口进入电控单元;若是数字信号,经 I/O 接口直接进入微机。大多数信息暂时存储在 RAM 内,根据指令再从 RAM 送到 CPU。将存入 ROM(或 PROM)的参数引入 CPU 后,使传感器输入的信息与之进行比较,对每一个信号依次取样,并与参考数据进行比较。CPU 对这些数据比较运算后,作出决定并发出输出指令信号,经 I/O 接口和输出回路去控制执行器动作。

2. 传感器(sensor)

1) 节气门位置传感器

节气门位置传感器的作用是把节气门的位置或开度转换成电压信号传输给电控单元,作为电控单元判定发动机运行工况的依据,实现不同节气门开度下的喷油量控制。节气门位置传感器有线性、开关型及综合型(既有开关又有线性可变电阻)3 种。节气门位置传感器装在节气门体上,与节气门联动,如图 5.26 所示。节气门位置传感器内部是一种滑动电位计,由节气门轴带动电位计的滑动触点,结构如图 5.26 所示。节气门开度不同,对应的电位计的电阻值不同,从而将节气门的开度转变为电阻或电压信号输送给微机。微机通过节气门位置传感器可获得表示节气门由全闭到全开的所有开启角度的连续变化的模拟信号,以及节气门开度的变化速率,从而更精确地判定发动机的运行工况,提高控制精度和效果。为了准确检测怠速工况(节气门全关状态)的信号,综合型节气门位置传感器有一个怠速触点。节气门全闭时,怠速输出触点接通,传感器输出怠速信号,这时电控单元将指令喷油器增加喷油量以加浓混合气。

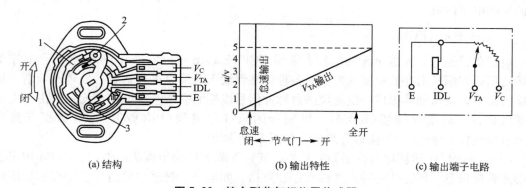

图 5.26 综合型节气门位置传感器
1—电阻膜 2—节气门开度输出动触点 3—怠速动触点

2) 冷却液温度传感器

冷却液温度传感器安装在发动机机体或气缸盖上,与冷却液接触,用来检测发动机循环冷却液的温度,并将检测结果传输给电控单元以便修正喷油量和点火正时。冷却液温度传感器常采用对温度变化非常敏感的热敏电阻制成,其结构及与电控单元的连接如图 5.27 所示。传感器的两根导线都和电控单元连接,其中一根为搭铁线。热敏电阻经常采用负温度系数电阻,冷却液温度越低,热敏电阻阻值越大,电控单元根据这一信号,增加喷油量,使可燃混合气浓度增加;反之减少喷油量。

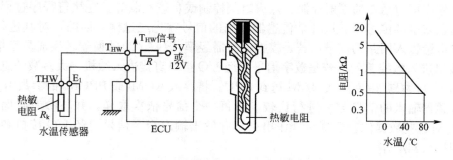

图 5.27 发动机冷却液温度传感器

3) 进气温度传感器

进气温度传感器通常安装在空气流量计上,用来测量进气温度。进气温度传感器与空气流量传感器相配合,测量空气温度的变化,以确定空气密度的变化,进而获得较精确的空气质量流量及空燃比。并将温度变化的信息传输给电控单元作为修正喷油量的依据之一。进气温度传感器内部也是一个热敏电阻,其电阻温度特性、构造、工作原理以及与电控单元的连接方式均与发动机冷却液温度传感器相同(图 5.28)。

4) 曲轴位置和转角传感器

曲轴位置和转角传感器用来检测第一缸和各缸压缩上止点位置信号、曲轴转角以及发动机转速,作为控制点火和喷射的信号源。曲轴位置和转角传感器的安装位置因车而异,通常安装在分电器内,有时安装在曲轴前端或曲轴后端。曲轴位置传感器有电磁感应式、光电式和霍尔效应式3种。

电磁感应式传感器:如图 5.29 所示的曲轴位置(转角)传感器是电磁感应式传感器,安装在分电器内。其功用是辨别发动机的气缸顺序,检测曲轴转角,确定曲轴的原始位置,检测发动机转速。它由上、下两个传感器组成。

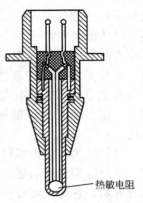

图 5.28 进气温度传感器

安装在分电器下部的传感器产生曲轴转角及发动机转速信号 Ne 信号。Ne 信号装置主要由信号转子与感应线圈组成,信号转子上有 24 个轮齿,固定在分电器轴上,感应线圈固定在外壳内,其工作原理与普通电子点火系中的磁感应信号发生器基本相同。分电器转一圈(曲轴转过 720°)产生 24 个脉冲,每 30°曲轴转角产生一个脉冲,送入发动机 ECU(图 5.30)。ECU 通过内部特设的转角脉冲发生器,将 30°转角等分成 30 份或更精细些,以满足使用精度的需要。同理,发动机的转速依据 Ne 信号直接计算脉冲数获得。曲轴位置传感器安装在分电器的上部,产生 G 信号,它是检测曲轴基准位置的信号,用来判别基准气缸及检测基准气缸活塞上止点的位置。ECU 可以根据两信号的关系计算出某时刻发动机活塞的位置及当时的转速,再从储存的数据表中查出最佳喷油时刻和最佳点火提前角,向喷油器和点火执行元件发出指令。

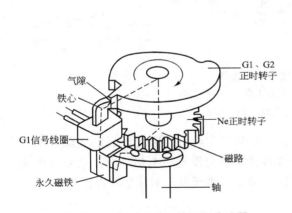

图 5.29 磁感应式曲轴位置传感器

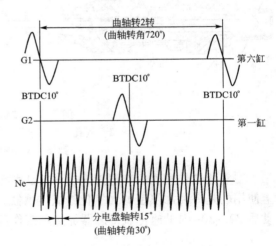

图 5.30 G 信号与 Ne 信号的关系

电磁感应式曲轴位置传感器也可以与曲轴直接相连,它可以安装在曲轴飞轮齿圈附近,也可以安装在曲轴带轮附近,利用飞轮轮齿上的参考记号(如安装一个销钉或一个凹槽)来产生脉冲信号。

5) 氧传感器

氧传感器是电子控制汽油喷射系统进行反馈控制的传感器,安装在排气管上。排气中氧分子的浓度与进入发动机的混合气成分有关。当混合气太稀时，排气中氧分子的浓度较高，氧传感器便产生一个低电压信号；当混合气太浓时，排气中氧分子的浓度低，氧传感器将产生一个高电压信号。电控单元根据氧传感器的反馈信号不断地修正喷油量，使混合气成分始终保持在最佳范围内。通常氧传感器和三效催化转化器同时使用，由于后者只有在混合气的空燃比接近理论空燃比的狭小范围内净化效果才最好，因此，在这种情况下，电控单元必须根据氧传感器的反馈信号，控制混合气的空燃比更接近于理论空燃比。

目前使用的氧传感器有二氧化锆（ZrO_2）型氧传感器和二氧化钛（TiO_2）型氧传感器两种。目前应用最多的是二氧化锆氧传感器（图5.31）。二氧化锆是具有传导氧离子能力的固体电解质，它能在氧分子浓度差的作用下产生电动势。在传感器壳体内有一个由氧化锆陶瓷体制成的一端封闭的锆管2，锆管的内外表面均覆盖一层多孔性薄铂导电层作为电极。锆管的内电极4与大气相通，外电极与排气接触。发动机工作时，排气从氧传感器锆管的外表面流过。在高温下氧分子发生电离，而且总是从氧离子浓度大的锆管内表面向浓度小的锆管外表面移动，从而在锆管的内外电极之间产生微小的电压。当发动机燃用浓混合气时，排气中无氧，锆管中氧离子移动强烈，产生0.9V的电压；当发动机燃用稀混合气时，排气中氧分子较多，锆管中氧离子移动能力减弱，只产生约0.1V的电压。因此，氧传感器输出的电压信号随混合气成分的不同而变化，并以理论空燃比为界发生突变。

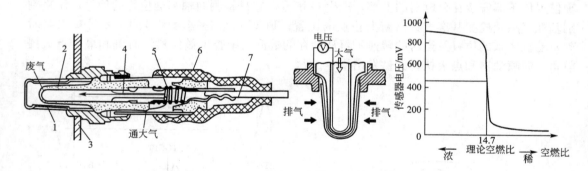

图5.31 二氧化锆氧传感器

1—气孔 2—锆管 3—排气管 4—铂电极
5—弹簧 6—铂电极座 7—导线

二氧化锆传感器只有温度超过300℃才可进入正常工作状态。因此，目前大部分汽车上使用的是一种加热型的二氧化锆氧传感器，即在传感器内设置一个加热器，在发动机起动后20~30s内迅速将氧传感器加热到工作温度，减少了排气温度对传感器性能的影响。

5.3 汽油缸内直喷系统

5.3.1 工作原理

为了进一步提高汽油机的经济性，降低有害气体排放，各汽车公司大力开发缸内直喷燃烧系统 GDI（Gasoline Direct Injection），如图 5.32 所示。GDI 发动机将汽油直接喷入气缸中，且喷射正时精确。

这种缸内直喷燃烧系统 GDI 的主要特点如下。

（1）由于汽油直接喷射，使缸内充量得到冷却，可以使用较大的压缩比，急速及部分负荷燃油消耗率可以降低。

（2）与缸外喷射系统汽油机相比，由于提高了燃油雾化质量和降低了泵吸损失，功率可以增加。

（3）缸内汽油直接喷射发动机可大幅降低 CO_2、CO、HC 及 NO_x 的排放。

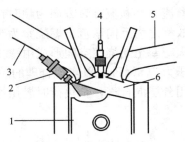

图 5.32　缸内直喷燃烧系统
1—浅碗活塞　2—高压喷油器
3—进气支管　4—火花塞
5—排气支管　6—燃烧室

5.3.2　典型结构

缸内汽油直接喷射发动机为达到省油及高输出的目标，相比一般喷射发动机采取了特殊结构。

（1）高压涡流喷油器：装在气缸盖上，配合高压燃油泵，将汽油直接喷入气缸中，喷油压力在 0.5～1.20MPa 之间。

（2）进气涡流产生装置：三菱汽车公司采用两条垂直进气道，进气道中不装控制阀，如图 5.33 所示。丰田汽车公司两条进气道中，一为直线孔道，一为螺旋孔道，直线孔道中设涡流控制阀，低负荷时关闭，空气经螺旋孔道进入气缸，可形成强烈的涡流，如图 5.34 所示。日产汽车公司采用两条进气道，其中一条进气道装设涡流控制阀，如图 5.35 所示。

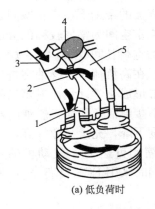 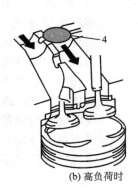 

图 5.33　三菱汽车公司采用的进气涡流产生装置
1—涡流形成凸缘　2—连通孔　3—螺旋孔道
4—涡流控制阀　5—直线孔道

图 5.34　丰田汽车采用的
进气涡流产生装置
1—垂直进气道　2—纵涡流

（3）特殊活塞：活塞顶部凹陷为浅碗或深碗形，并削成不规则形状，如图 5.36(a) 与图 5.36(b) 所示分别为三菱 GDI 发动机及日产发动机采用的活塞构造。

日本三菱公司缸内直喷分层充量燃烧系统（图 5.37）采用纵向直送气口形成缸内强烈的

紊流，其紊流旋转方向为顺时针，这与通常的横向过气口产生的缸内紊流方向正好相反，故称之为反向紊流。燃烧室为半球屋顶形，借助于紊流运动形成火花塞周围的浓混合气，火花塞至燃烧室空间形成由浓变稀的混合气分层现象，采用电磁式低压旋流喷油器，喷射压力为5MPa。以实现合理的燃油雾化、贯穿以及油束扩散。此燃烧系统在部分负荷时燃用分层混合气，全负荷时燃用均质混合气。

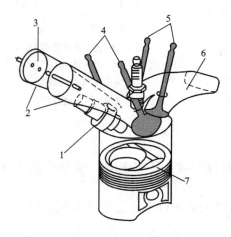

(a) 三菱GDI发动机活塞构造

(b) 日产发动机活塞构造

图5.35 日产汽车采用的进气涡流产生装置
1—高压喷射器 2—进气管 3—涡流控制阀
4—进气门 5—排气门 6—排气管
7—浅碗活塞

图5.36 特殊活塞的构造

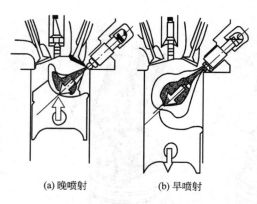

(a) 晚喷射　　　(b) 早喷射

图5.37 三菱直喷燃烧系统

在部分负荷时，燃油在进气行程后期喷向半球形的活塞凹坑，喷到凹坑的燃油向火花塞方向运动，在缸内紊流的帮助下在火花塞附近形成浓混合气，燃烧室空间为整体较稀的分层混合气，稳定运转的空燃比可达40∶1，燃油消耗率大幅度降低。在高负荷时，燃油在进气行程的早期喷入气缸形成化学计量比或稍浓的均质混合气，油束不接触活塞顶面，燃油的蒸发将使缸内充量温度下降，充量系数提高，所需辛烷值下降，压缩比可达12，发动机的整体性能明显提高，同时采用EGR降低NO_x的排放。

思考题

1. 电控燃油喷射式发动机有何优点？是如何分类的？
2. 试比较多点与单点喷射系统的优缺点。
3. L型电控汽油喷射系统有何特点？画出其控制原理图和结构组成图。试述L型电控汽油喷射系统的工作过程。

4. 空气流量传感器有哪几种？它们的结构和工作原理是什么？
5. 在电子控制汽油喷射系统中，喷油器的实际喷油量是如何确定的？试述其过程。
6. 油压调节器有何作用？它的结构和工作原理是什么？
7. 冷起动喷嘴有何作用？它的结构和工作原理是什么？
8. 怠速控制阀的原理是什么？
9. 如何将空燃比控制在 14.7∶1 附近？是否发动机所有工况都控制？氧传感器的结构和工作原理是什么？
10. 节气门位置传感器的结构和工作原理是什么？
11. 冷却液温度传感器和进气温度传感器的结构和工作原理是什么？
12. 曲轴转角和位置传感器的作用是什么？有几种形式？结构和工作原理是什么？

第 6 章
柴油机燃料供给系统

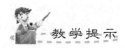
教学提示

柴油机所用燃料的理化特性决定了燃料供给方式,即在压缩行程接近终了时把柴油喷入气缸,使之与空气混合成可燃混合气,经压燃使其自行发火燃烧。柴油机燃料供给系统要与燃烧室配合,在一定高压下定时、定量并按一定喷射规律喷入气缸燃烧室。柴油机的供油量调节是由燃油泵和调速器共同完成的。

教学目标

要求学生了解柴油机供给系统的基本要求;掌握机械式燃料供给系统的功用和组成;掌握直列柱塞式喷油泵和转子分配式喷油泵的基本结构和工作原理,掌握调速器的功用,理解两速式调速器和全速式调速器的典型结构及工作原理。

6.1 概 述

6.1.1 柴油的基本特性

柴油机所用燃料是柴油,柴油的基本特性是其理化特性,这些特性决定了燃料供给方式和燃烧方式。不同柴油用于不同的柴油机,其中轻柴油用于高速柴油机,重柴油用于中、低速柴油机,重油用于大型低速柴油机。汽车用柴油机都是高速柴油机,使用轻柴油。柴油的使用特性包括自燃性、低温流动性(凝点)、雾化和蒸发性(馏程)、黏度、闪点等。

(1) 自燃性。柴油的自燃性常用十六烷值来评定。在没有外界火源的情况下能自行着火的最低温度称为自燃点。柴油的自燃点越低,着火延迟期越短,且在着火延迟期内,气缸中形成的可燃混合气量少,着火后缸内压力升高不剧烈,工作柔和,在低温时也易于起动。

十六烷值高对于缩短着火延迟期及改善冷起动性有利,但十六烷值过大将带来燃料相对分子质量加大,使燃油的蒸发性变差以及粘度增大,导致冒烟,经济性下降。因此,国产车用柴油的十六烷值一般规定在 40～55 之间。

(2) 低温流动性。低温时,柴油会析出蜡而使流动性变差,在寒冷地区,则可能堵塞柴油滤清器,使发动机起动不良,甚至运转中熄火。柴油失去流动性而开始凝固的温度称为凝点。当柴油接近凝点时,流动性已很差,不但喷雾恶化,有时供油也很困难,柴油机无法正常工作。我国的标准中用凝点来表示低温流动性。因此,柴油的选用是根据使用环境的温度来确定的。

我国轻柴油规格由 GB 252—2000 规定。轻柴油的牌号按凝点不同分为 10 号、0 号、－10 号、－20 号、－35 号 5 级,其凝点分别不高于 10℃、0℃、－10℃、－20℃ 和 －35℃。选用柴油时,应按最低环境温度高出凝点 5℃ 以上的标准,即－20 号柴油适用于最低环境温度为－15℃ 的场合。

(3) 雾化和蒸发性。馏程用一定体积(100mL)的燃油馏出某一体积百分比时的温度范围来表示。馏程中,50% 蒸发温度越低,说明轻馏分多、蒸发快,有利于混合气的形成,利于提高柴油机的暖机性能、加速性和工作稳定性。90% 馏出温度和 95% 馏出温度标志柴油中难以蒸发的重馏分含量,直接影响燃料能否及时完全燃烧。如果重馏分过多,燃料来不及蒸发形成可燃混合气,则不容易进行及时和完全燃烧,易冒烟。因此,高速柴油机常使用轻馏分柴油。但是馏分太轻,50% 馏出温度也低,大部分轻馏分容易蒸发,在着火前形成大量的可燃混合气,一旦着火,所形成的可燃混合气同时燃烧,使压力升高率过大,造成柴油机工作粗暴。

(4) 粘度。柴油的粘度是表示其粘稠程度及流动性的指标。它影响燃油的喷雾质量、过滤性及在油道中的流动性。粘度过高,柴油的喷雾质量差,恶化燃烧过程;粘度过低,柴油易通过喷油泵柱塞偶件和喷油器针阀偶件之间的间隙漏出,使供油量不准确。此外,低粘度的柴油在上述精密偶件的摩擦表面上不易形成油膜,使其润滑不良而加速磨损,缩短精密偶件的使用寿命。柴油粘度随温度而变化,温度越高,粘度越低,故应选择合适的粘度。

(5) 闪点。柴油加热后,柴油蒸汽与外界的空气混合形成混合气。混合气与火焰接触发生闪火的最低温度称为闪点。闪点越高,表明燃油在储存、运输和使用中越不易着火而引起火灾,即越安全。

柴油除了具有上述主要使用性能指标以外,还有机械杂质、水分、灰分、含硫量、酸度、残碳、抗氧化安定性等指标。表 6-1 列出了 GB 252—2000 规定的中国轻柴油标准。

表 6-1 中国轻柴油标准(GB 252—2000)

项 目		质量指标					试验方法
		10 号	0 号	－10 号	－20 号	－35 号	
色度(号)	不大于	3.5					GB/T 6540
氧化安定性总不溶物密度(mg/100mL)	不大于	2.5					SH/T 0175
硫含量[②](%,(质量分数))	不大于	0.2					GB/T 380

(续)

项　目		质量指标					试验方法
		10号	0号	−10号	−20号	−35号	
酸度（mg(KOH)/100mL）	不大于	7					GB/T 258
10%蒸余物残碳（%，(质量分数)）	不大于	0.3					GB/T 268
灰分(%，(质量分数))	不大于	0.01(0.02)					GB/T 508
铜片腐蚀 （50℃ 3h） 级		1					GB/T 5096
水分(%，(质量分数))	不大于	痕迹					GB/T 260
机械杂质		无					GB/T 511
运动粘度(20℃)(mm²/s)		3.0～8.0			2.5～8.0	1.8～7.0	GB/T 265
凝点(℃)	不高于	10	0	−10	−20	−35	GB/T 510
冷滤点(℃)	不高于	12	4	−5	−14	−29	SH/T 0428
闪点(闭口)(℃)	不低于	55			45		GB/T 261
十六烷值	不小于	45					GB/T 386
馏程： 　50%回收温度(℃) 　90%回收温度(℃) 　95%回收温度(℃)	不高于 不高于 不高于	300 355 365					GB/T 6356
密度(20℃)(kg/m³)		实测					GB/T 1884， GB/T 1885

6.1.2　柴油机对燃料供给系统的要求

柴油机燃料供给系统的作用是定时、定量并按一定规律向柴油机各缸供给高压燃油。经过近百年来的技术发展，柴油机燃油喷射装置出现了许多不同的结构。但是，燃油系统的实质性功能却是相承的。就其本质来说，柴油机对供油系统的要求可以概括如下。

（1）通过加压机构使燃油变成高压，即能产生足够高的喷油压力，以保证燃料良好的雾化、混合和燃烧，包括雾化质量(喷雾粒度及均匀性)和空间分布，以及与燃烧室、气流运动的匹配。

（2）实现所要求的喷油规律，保证合理的燃烧放热规律和良好的综合性能。

（3）调节每次喷油的喷油量，即对于确定的柴油机运转工况（转速和负荷），精确控制每个循环的喷油量，能随工况变化自动调节，工况不变时，各循环的喷油量要一致，多缸机各缸间的喷油量和喷油时刻相同。

（4）调节每次喷油的喷油时刻。

（5）将燃油分配到各个气缸中。

（6）将燃油喷入燃烧室，并使燃油雾化，避免出现异常喷射现象。

6.1.3 柴油机燃料供给系统的组成

常见的有直列柱塞式喷油泵供油系统(图 6.1)和转子分配式喷油泵供油系统(图 6.2)两种类型。

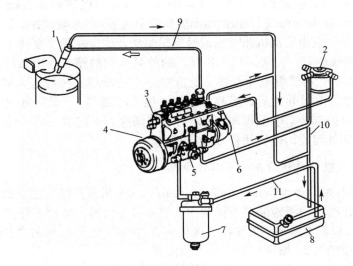

图 6.1 柱塞式喷油泵燃油供给系统

1—喷油器 2—燃油滤清器 3—直列柱塞式喷油泵 4—喷油提前器
5—输油泵 6—调速器 7—油水分离器 8—油箱
9—高压油管 10—回油管 11—低压油管

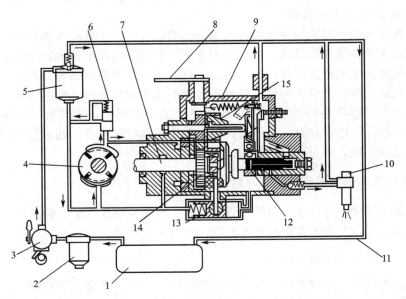

图 6.2 分配式喷油泵燃油供给系统

1—燃油箱 2—油水分离器 3—一级输油泵 4—二级输油泵 5—燃油滤清器 6—调压阀
7—分配式喷油泵传动轴 8—调速手柄 9—分配式喷油泵体 10—喷油器 11—回油管
12—分配式喷油泵 13—喷油提前器 14—调速器传动齿轮 15—调速器

1. 直列柱塞式喷油泵供油系统的工作原理

柱塞式喷油泵(plunger fuel injection pump)供油系统一般由油箱(fuel tank)8(图6.1)、输油泵(supply pump)5、燃油滤清器(fuel filter)2、直列柱塞式喷油泵(in-line plunger fuel injection pump)3、喷油器(injector)1等组成,另外还包括调速器(governor)6、油水分离器(oil and water separator)7和供油提前角调节装置(亦称喷油提前器)4等组成。

柱塞式喷油泵一般由柴油机曲轴的定时齿轮驱动。固定在喷油泵体上的活塞式输油泵5由喷油泵的凸轮轴驱动。当柴油机工作时,输油泵5从油箱8吸出柴油,经油水分离器7除去柴油中的水分,再经燃油滤清器2滤除柴油中的杂质,然后送入喷油泵3。在喷油泵内,柴油经过加压和计量之后,经高压油管9供入喷油器1,最后通过喷油器将柴油喷入燃烧室。喷油泵前端装有喷油提前器4,后端与调速器6组成一体。输油泵供给的多余柴油及喷油器顶部的回油均经回油管10返回油箱。

2. 转子分配式喷油泵供油系统的工作原理

转子分配式喷油泵(distributor fuel injection pump)供油系统的组成如图6.2所示。

当柴油机工作时,一级输油泵3将柴油从燃油箱1吸出,经油水分离器2及燃油滤清器5,将其送入二级输油泵4,柴油在二级输油泵中加压后充入密闭的分配式喷油泵体9内,再经分配式喷油泵12增压计量后进入喷油器10。

一级输油泵3为膜片式泵,由配气机构的凸轮轴驱动。二级输油泵为滑片式泵,装在分配式喷油泵体内,并由分配式喷油泵的传动轴驱动。滑片式输油泵出口油压随其转速增加而增加,为控制喷油泵体内腔油压保持稳定,在二级输油泵出口处设有调压阀6。当喷油泵体内腔油压超过规定值时,将有部分柴油经调压阀返回输油泵入口。在分配式喷油泵体内还装有调速器15和喷油提前器13。

以上两种传统的燃料供给系统也称为泵-管-嘴系统。由于有高压油管的存在,使喷油系统在发动机上的布置比较灵活,加上已积累了长期制造与匹配的理论与经验,因此,目前仍在各种汽车用柴油机上得到广泛应用。但是,也正由于高压油管的存在,降低了整个燃料供给系统高压部分的液力刚性,并难于实现高压喷射与理想的喷油规律。为了满足柴油机不断强化及日益严格的经济性、排放与噪声法规的要求,还开发了各种高压喷射系统,如:采用短油管的单体泵、泵喷嘴;以及电控燃料喷射系统,如电控单体泵、电控泵喷嘴、共轨喷油系统,等等(参见第7章)。

6.1.4 可燃混合气形成的影响因素与燃烧室

柴油机采用压燃,即在压缩行程接近终了时,把柴油喷入气缸,使之与空气混合成可燃混合气,并利用空气压缩所形成的高温使其自行发火燃烧。

1. 可燃混合气形成的影响因素

由于柴油机在进气过程中进入燃烧室的是纯空气,在压缩过程接近终了时,柴油才喷入,经一定准备后即自行着火燃烧,柴油机的混合气形成的时间很短,只占15°～35°曲轴转角。与汽油相比,柴油的蒸发性和流动性都比较差,难以在燃烧前彻底雾化蒸发并与空气均匀混合。为了保证燃烧完全,柴油机不得不采用较大的过量空气系数,即总体上过量空气系数 $\varPhi_a > 1$。但燃烧室内仍存在局部混合气过浓和过稀的现象。

柴油机的混合气形成直接影响燃烧,而柴油机燃烧又是一个极其复杂的过程,影响因素包括以下几方面。

(1) 燃油物化品质(十六烷值、热值、组分、杂质)。

(2) 压缩气体状态(温度、压力、残余气体量)。

(3) 燃油喷射规律(喷油压力、喷油正时、喷油率、持续期)。

(4) 油气混合组织(油束分布、穿透、雾化、气流运动)。

为了改善柴油机的混合气形成与燃烧,燃油系统、燃烧室以及它们之间的相互匹配起着重要的作用。不同形式的燃烧室对喷油始点、喷油持续角、喷油压力、喷油规律、喷注雾化质量及其在燃烧室内的分布等,都有不同的要求,对喷油系统的要求区别也很大。所有这些喷油参数的变化对柴油机的经济性、动力性、排放性和噪声水平都有直接的影响。

2. 柴油机燃烧室

柴油机燃烧室可分为直喷式燃烧室和非直喷式(也称分隔式)燃烧室两大类。

1) 直喷式燃烧室(direct injection type)

直喷式燃烧室可根据活塞顶部凹坑的深浅分为半开式燃烧室和开式燃烧室两类。图 6.3 为有代表性的各种直喷式燃烧室的形式。开式燃烧室有浅盆形,半开式燃烧室有 ω 形、挤流口形、各种非回转体形、球形等。

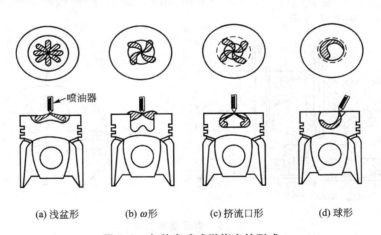

图 6.3 各种直喷式燃烧室的形式

作为例子,简要介绍在车用直喷柴油机上应用广泛的 ω 形燃烧室。

ω 形燃烧室(图 6.3(b))属于半开式燃烧室,尺寸参数如图 6.4 所示,在活塞顶部设有比较深的凹坑,其中 ω 形凹坑的中心凸起是为了帮助形成涡流以及排除气流运动很弱的中心区域的空气而设置的。采用 4~6 孔均布的多孔喷油器中央布置(4 气门时)或偏心布置(2 气门时)。ω 燃烧室一般适用于缸径 80~140mm,转速低于 4500r/min 的柴油机中。

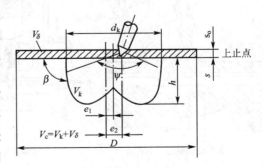

图 6.4 ω 形燃烧室的尺寸参数

非回转体燃烧室可以促进燃油与空气的微观混合。其中具有代表性的有日本五十铃公司推出的四角形燃烧室、日本小松公司的微涡流燃烧室 MTCC(Micro-Turbulence Combustion Chamber)、英国 Perkins 公司的 Quardram 燃烧室以及上海内燃机研究所研制的花瓣形燃烧室(图 6.5)。

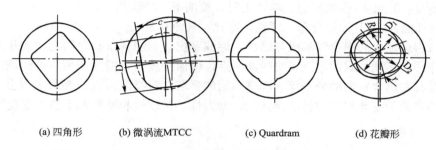

(a) 四角形　　(b) 微涡流MTCC　　(c) Quardram　　(d) 花瓣形

图 6.5　非回转体燃烧室

2) 非直喷式燃烧室(indirect injection type)

非直喷式燃烧室的结构特点是除位于活塞顶部的主燃烧室外,还有位于缸盖内的副燃烧室,两者之间有通道相连。燃油不直接喷入主燃烧室内,而是喷入副燃烧室内。典型的非直喷式燃烧室有涡流室燃烧室(swirl combustion chamber)和预燃室燃烧室(prechamber),如图 6.6、图 6.7 所示。

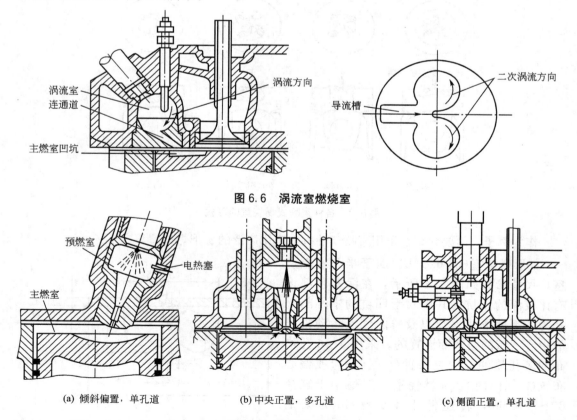

图 6.6　涡流室燃烧室

(a) 倾斜偏置,单孔道　　(b) 中央正置,多孔道　　(c) 侧面正置,单孔道

图 6.7　预燃室燃烧室

涡流室燃烧室的涡流室容积约占整个燃烧室压缩容积的 50%～60%。涡流室的形状有不同的类型，如近似球形的、上部为半球形下部为圆柱形的等。

涡流室与主燃烧室之间通道的截面积约为活塞截面积的 1%～3.5%，通道方向与活塞顶成一定的倾斜角度，其截面形状有多种，目标是降低通道的流动损失和改善混合气形成。

6.2 喷 油 器

6.2.1 功用与分类

喷油器的作用是将燃油雾化成容易着火和燃烧的雾滴，并使喷雾和燃烧室大小、形状相配合，分散到燃烧室各处，和空气充分混合。喷油器的喷油嘴是由针阀和针阀体组成的一对精密偶件，其配合间隙仅为 0.002～0.004mm。为此，在精加工之后，再配对研磨，在使用中不能互换。根据喷油嘴结构形式的不同，闭式喷油器可分为孔式喷油器和轴针式喷油器两种。

喷油器(injector)的工作原理如图 6.8 所示。由喷油泵送来的压缩燃油通过喷油嘴的通油孔进入压力室中，燃油压力使针阀克服喷油器中的调压弹簧的作用力 F 而升起，燃油从喷油孔中喷出。另一方面，由于调压弹簧的作用，针阀总是被压向阀座。因此，喷油器实际上是一种机械和液力作用下的自动阀。

压力室中使针阀升起时的燃油压力称为喷油器开启压力 p_0。针阀从开启状态转变到针阀关闭时压力室的燃油压力叫做针阀关闭压力 p_c。针阀关闭压力低于针阀开启压力。关闭压力越接近开启压力，则喷雾质量越好，断油也更干脆，这正是低惯量 P 型喷油器的优点(因为它的密封座面直径相对较小)。此外，喷油器开启压力 p_0 与喷油峰值压力 p_{jmax} 不同，不应混淆。但它们之间有一定的内在联系，一般说来，p_0 越大，p_{jmax} 也越高，后者一般是 p_0 的 2～4 倍。

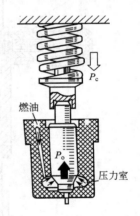

图 6.8 喷油器的工作原理

6.2.2 孔式喷油器

孔式喷油器一般用于直喷式燃烧室柴油机上，其结构如图 6.9 所示。

由针阀(needle valve)11 和针阀体(needle valve body)12 构成的喷油嘴(nozzle)通过锁紧螺母 10 与喷油器体 9 紧固在一起。调压弹簧 7 的预紧力通过顶杆 8 作用在针阀上，将针阀压紧在针阀体内的密封锥面上，使喷油嘴关闭。调压弹簧的预紧力由调压螺钉 5 调节。来自喷油泵的高压柴油通过高压油管送到喷油器，经进油管接头 16、喷油器滤芯 17 以及喷油器体 9 和针阀体 12 内的油道进入喷油嘴内的压力室(图 6.9)。油压作用在针阀的承压锥面上，产生向上的推力。当此推力超过调压弹簧的预紧力时，针阀升起并将喷孔打开，高压柴油经喷孔喷入燃烧室。当喷油泵停止供油时，喷油嘴压力室内的油压迅速下降，针阀在调压弹簧的作用下迅速落座，终止喷油。在喷油器工作期间，有少量柴油从针阀与针阀体配合表面之间的间隙中漏出，并沿顶杆周围的缝隙上升，最后通过回油管接头1进入回油管，流回燃油滤清器。这部分柴油在漏过针阀偶件时，对偶件起润滑作用。

孔式喷油器的喷油嘴头部加工有1个、2个或多个喷孔，一般喷孔数目为1~12个，喷孔直径为0.2~0.5mm。有的孔式喷油器对燃油喷射方向有特定的要求，所以在喷油器体与针阀体之间设有定位销14。

普通喷油器因弹簧上置，顶杆长，质量大，致使针阀上升和下降时间较长；而图6.10所示为低惯量喷油器，由于弹簧下置，顶杆质量大大减小，针阀上升和下降速度加快，有助于削减针阀的跳动，改善喷油过程，因此对于转速$n \geqslant 3000 r/min$的柴油机，宜采用低惯量喷油器。但低惯量喷油器的弹簧外径小，机械应力和热应力大，故要求相对提高。此外，可采用减小针阀直径的方法来进一步减少喷油器的运动惯量。如采用P系列喷油器，它的针阀直径为4mm，比常用的S系列喷油器(针阀直径为6mm)运动件质量减小了一半以上，同时喷油器外径减小，也有利于增大气门直径，提高充气效率。

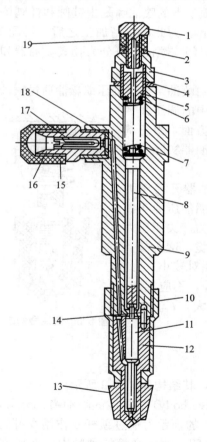

图6.9 孔式喷油器

1—回油管接头 2、18—衬垫 3—调压螺钉保护螺母
4、6—垫圈 5—调压螺钉 7—调压弹簧 8—顶杆
9—喷油器体 10—喷油嘴锁紧螺母 11—针阀 12—针阀体
13—垫块 14—定位销 15—进油管接头保护螺母
16—进油管接头 17—喷油器滤芯 19—保护套

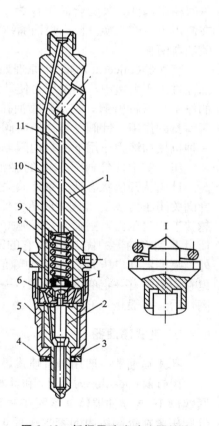

图6.10 低惯量孔式喷油器结构

1—喷油器体 2—喷油嘴
3—弹性垫圈 4—密封垫圈
5—喷油嘴锁紧螺母 6—接合座
7—顶杆 8—调压弹簧 9—垫圈
10—进油道 11—回油道

6.2.3 轴针式喷油器

轴针式喷油器与孔式喷油器的工作原理相同、结构相似，只不过轴针式喷油器将针阀头部的轴针伸入针阀体的喷油孔内，针阀升起后，燃油从喷油孔和轴针之间的环状间隙中喷出，呈中空圆锥形喷雾，主要用于非直喷式柴油机，将燃油喷入比较狭小的空间内。

轴针式喷油器的总体结构如图 6.11 所示。轴针式喷油器工作时，轴针在喷孔内往复运动，能清除喷孔中的积炭，喷孔不易堵塞，喷油器工作可靠；由于喷孔较大，因此加工方便。

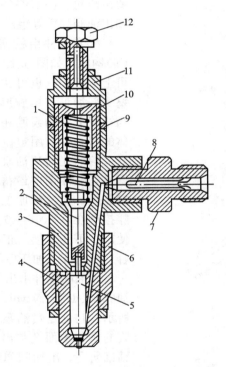

图 6.11 轴针式喷油器结构
1—调压弹簧　2—顶杆　3—喷油器体　4—针阀体　5—针阀　6—喷油嘴锁紧螺母
7—进油管接头　8—滤芯　9—垫圈　10—调压螺钉　11—保护螺母　12—回油管接头

6.3 喷 油 泵

6.3.1 功用与分类

喷油泵的功用是根据柴油机的运行工况和工作顺序，将一定量的燃油增高到一定的压力，按照规定时间向喷油器输送高压燃油，并保证供油迅速，停油干脆。对于多缸柴油机的喷油泵还应保证各缸的供油量要均匀，在标定工况下各缸供油量相差不超过 3%～4%；各缸的供油时刻及供油延续时间应一致，各缸供油提前角误差不大于 0.5°曲轴转角。可概括为定时、定量、定压。

喷油泵的结构形式很多,车用柴油机的喷油泵按其原理不同分为 3 类:柱塞式喷油泵、转子分配式喷油泵和泵-喷嘴式喷油泵。

6.3.2 柱塞式喷油泵

1. 柱塞式喷油泵分泵的基本结构和工作原理

柱塞式喷油泵(plunger fuel injection pump)的基本结构如图 6.12 所示。其泵油机构主要由凸轮、柱塞偶件、出油阀偶件、柱塞弹簧和出油阀弹簧等组成。

柱塞偶件由柱塞(plunger)和柱塞套(barrel)构成,如图 6.13 所示。柱塞在柱塞套内既可上下运动,也可在一定角度范围内转动。柱塞头部加工有螺旋形斜槽和直槽,直槽使斜槽与柱塞上方的泵腔相通。柱塞套安装在喷油泵体的座孔中,用定位螺钉固定防止转动。柱塞套上的油孔与喷油泵内的低压油腔相通。柱塞偶件是喷油泵中最精密的偶件,采用优质合金钢制造,经过精加工和配对研磨,使其配合间隙控制在 0.0015~0.0025mm 范围内,因而在使用中不能互换。正是由于柱塞偶件的精密配合,才保证了加压后的燃油具有足够的压力。

出油阀偶件由出油阀(delivery valve)2 与出油阀座(delivery valve seat)1 构成,如图 6.14 所示。它也是喷油泵中的一对精密偶件。出油阀的密封锥面 3 与出油阀座 1 的接触表面经过精细研磨。出油阀弹簧 9 将出油阀 2 压紧在出油阀座 1 上,隔绝了柱塞泵腔与高压油管之间的通路。出油阀中部的圆柱面与出油阀座孔紧密配合,称为减压环带。减压环带以下的导向部分有 4 个油槽,其横截面为十字形。

出油阀偶件位于柱塞偶件的上方,如图 6.14 所示,出油阀座的下端面与柱塞套的上端面接

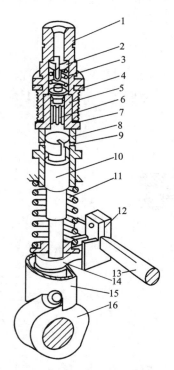

图 6.12 柱塞式喷油泵的基本结构
1—出油阀紧座 2—减容体 3—出油阀弹簧
4、7—密封垫 5—出油阀座 6—出油阀
8—柱塞套 9—径向油孔 10—柱塞
11—柱塞弹簧 12—拨叉 13—油量调节拉杆
14—油量调节臂 15—挺杆 16—凸轮

触,通过拧紧出油阀紧座 10 使两者的接触面保持密合。在有些出油阀紧座中设有减容体 8,用以减小高压管路系统的容积,改善燃油的喷射过程。此外,减容体还起到限制出油阀最大升程的作用。

柱塞式喷油泵工作原理如图 6.15 所示(并参照图 6.12)。柱塞 1 由凸轮轴、挺杆驱动,按喷油次序,依次在各自的柱塞套内做往复运动。当柱塞顶面下移至柱塞套油孔 4 以下以及柱塞停驻在下止点位置时,柴油从喷油泵的低压油腔经柱塞套油孔 4 充入柱塞顶部的空腔又称柱塞腔(图 6.15(a))。

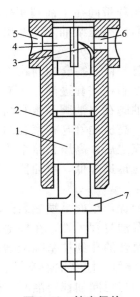

图 6.13　柱塞偶件
1—柱塞　2—柱塞套　3—螺旋槽
4—直槽　5、6—径向油孔　7—调节块

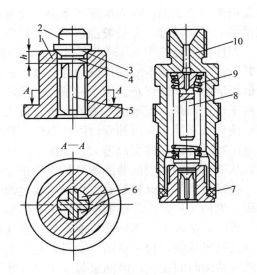

图 6.14　出油阀偶件
1—出油阀座　2—出油阀　3—密封锥面
4—减压环带　5—导向体　6—十字槽　7—密封垫
8—减容体　9—出油阀弹簧　10—出油阀紧座

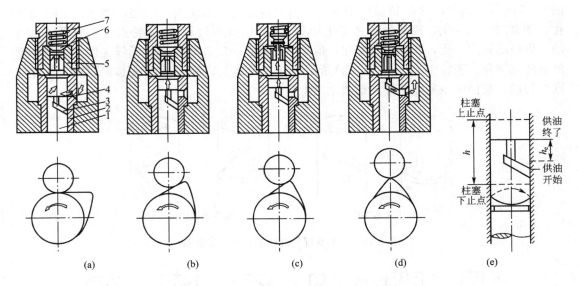

图 6.15　柱塞式喷油泵泵油原理示意图
1—柱塞　2—柱塞套　3—螺旋槽　4—柱塞套油孔
5—出油阀座　6—出油阀　7—出油阀弹簧

在柱塞从其下止点上移的过程中，将有部分柴油从柱塞腔经柱塞套油孔 4 被挤回低压油腔，这一过程一直延续到柱塞顶面将油孔的上边缘封闭为止(图 6.15(b))。

此后，柱塞继续上移，柱塞腔内的油压骤然增高，克服出油阀弹簧 7 的预紧力，将出油阀 6 顶起。当出油阀密封锥面已经离开出油阀座，但减压环带尚在出油阀座孔内时，喷油泵仍然不能供油。仅当减压环带全部离开出油阀座孔之后，高压柴油才能经出油阀上的切槽供入高压油管，并经喷油器喷入燃烧室（图 6.15(c)）。

当柱塞上移至图 6.15(d) 所示位置时，柱塞上的螺旋槽 3 将柱塞套进油孔 4 的下边缘打开，此时柱塞腔内的高压柴油经柱塞上的直槽、螺旋槽 3 和柱塞套进油孔 4 流回喷油泵的低压油腔，供油终止。由于柱塞腔的油压急剧下降，出油阀在出油阀弹簧和高压柴油的作用下迅速回落。当减压环带的下边缘进入出油阀座孔时，高压油管与柱塞腔的通路被切断，使燃油不能从高压油管流回柱塞腔。当出油阀完全落座之后，高压管路系统的容积因为空出减压环带的体积而增大，致使高压管路系统内的油压迅速降低，喷油器立即停止喷油，从而可以避免喷油器滴漏和其他不正常喷射现象的发生。

柱塞由其下止点移动到上止点所经过的距离称为柱塞行程，也就是喷油泵凸轮的最大升程。喷油泵柱塞行程由喷油泵凸轮的外形决定。由上述泵油过程可知，在柱塞上移的整个行程内，喷油泵并不始终供油，只是在柱塞顶面封闭柱塞套油孔到柱塞螺旋槽打开柱塞套油孔这段柱塞行程内供油。这段柱塞行程称为柱塞有效行程。柱塞供油有效行程越大，供油的持续时间越长，喷油泵每一次的泵油量越多。当直槽与径向油孔对准时，柱塞供油有效行程为零，喷油泵停止供油，使柴油机熄火。因此，改变柱塞斜槽和柱塞套径向油孔的相对位置即可改变柱塞供油有效行程，通常通过转动柱塞实现喷油泵循环供油量的调节。

为了满足各种需要，控油槽（包括直槽和螺旋槽）的形状有多种形式，如图 6.16 和图 6.17 所示。其中，图 6.17(a)～图 6.17(e) 的特点是：喷油始点一定，喷油终了时刻变化，即有效行程变化，喷油量随之变化。图 6.17(g) 和图 6.17(h) 的特点是：如果柱塞转动，则喷油始点变化，即预行程变化，但是喷油终点一定，所以有效行程变化，每循环喷油量随之变化。图 6.17(i)、(j)、(k) 所示的柱塞，其上边缘和下边缘都有切槽，随着柱塞的转动，喷油始点和喷油终点都随之发生变化。

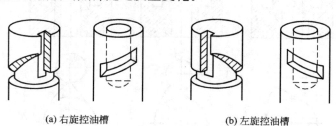

(a) 右旋控油槽　　　　　　　(b) 左旋控油槽

图 6.16　柱塞头部控油槽的两种基本形状

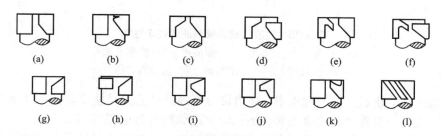

(a)　　(b)　　(c)　　(d)　　(e)　　(f)

(g)　　(h)　　(i)　　(j)　　(k)　　(l)

图 6.17　柱塞头部的各种形状

柱塞式喷油泵结构简单、工作可靠、性能良好、便于维护，为目前大多数车用柴油机所采用。由于柴油机的单缸功率变化范围很大，若根据每一种单缸功率所需要的循环供油量来设计和制造喷油泵，那么喷油泵的尺寸规格将有很多，给生产和使用都造成诸多不便。因此，世界各国的喷油泵制造厂都是以几种不同的柱塞行程作为基础，将喷油泵划分成为数不多的几个系列或型号，然后再配以不同尺寸的柱塞偶件，构成若干种循环供油量不等的喷油泵，以满足各种不同功率柴油机的需要。国产系列柱塞式喷油泵主要有A、B、P、Z等系列，其主要参数见表6-2。A、B系列喷油泵的基本结构相同，均为直列柱塞式喷油泵的传统结构。P型喷油泵则采用不开侧窗口的箱式封闭泵体，使喷油泵结构得到强化，喷油压力大大提高。

表6-2 国产系列柱塞式喷油泵主要参数

主要参数＼系列代号	A	B	P	Z
凸轮升程/mm	8	10	10	12
分泵中心距/mm	32	40	35	45
柱塞直径/mm	7～9	8～10	8～13	10～13
最大供油量 mm^3/循环	60～150	130～225	130～475	300～600
分泵数	2～12	2～12	4～12	2～8
最高转速/(r/min)	1400	1000	1500	900
使用柴油机缸径/mm	105～135	135～150	120～160	150～180

2. 典型柱塞式喷油泵结构

车用柴油机上常用的有A型和P型喷油泵。

1) A型喷油泵结构

A型喷油泵结构(图6.18)由泵油机构、油量调节机构、驱动机构和泵体等几部分组成。油泵泵体22将泵油机构、油量调节机构和驱动机构等部件组合在一起，共用一根凸轮轴20驱动，并对其供油量进行统一调节，保证各部件之间的相对位置和正确配合，构成喷油泵总成。

(1) 分泵(Pumping element)。多缸柴油机每一个气缸均需要一套泵油机构进行供油。这套泵油机构称为分泵。分泵的数量和柴油机气缸数一致。它主要由柱塞偶件、出油阀偶件、柱塞弹簧和出油阀弹簧等组成。柱塞10和柱塞套7、出油阀5和出油阀座6均是喷油泵内的精密偶件，不能互换。柱塞弹簧14的上端通过弹簧座13支承在喷油泵体22上，下端通过弹簧座15支承于柱塞10尾端。借助柱塞弹簧的预紧力使柱塞始终压紧在挺柱17上，并使挺柱的滚轮始终与喷油泵凸轮21保持接触。

(2) 油量调节机构。柴油机要改变功率，必须调节喷油泵的供油量。喷油泵油量调节机构就是转动柱塞、改变柱塞供油有效行程的机构。其主要结构形式有齿圈-齿杆式和拨叉-拉杆式。康明斯6BT车用柴油机配用的A型泵采用齿圈-齿杆式油量调节机构。该机构是柱塞式喷油泵最典型的机构，如图6.19(a)所示。

柱塞1下端有条状调节板嵌在控制套筒2相应的凹槽中，控制套筒松套在柱塞套5

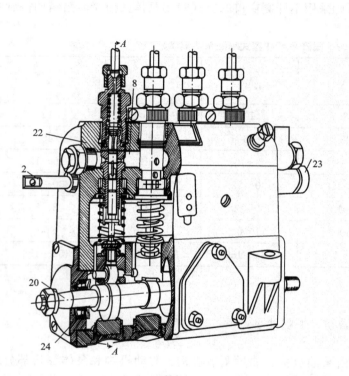
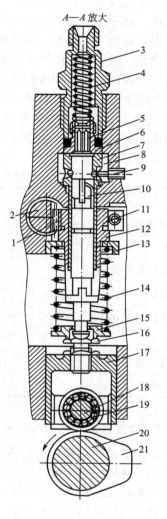

图 6.18 A型喷油泵结构

1—齿圈 2—供油量调节齿杆 3—出油阀紧座 4—出油阀弹簧 5—出油阀
6—出油阀座 7—柱塞套 8—低压油腔 9—定位螺钉 10—柱塞 11—齿圈夹紧螺钉
12—油量调节套筒 13、15—上、下柱塞弹簧座 14—柱塞弹簧
16—供油定时调节螺钉 17—挺柱 18—滚轮销 19—滚轮 20—喷油泵凸轮轴 21—凸轮
22—喷油泵体 23—供油量调节齿杆保护螺母 24—轴承

上。控制套筒上部有一个调节齿圈3，它与调节齿杆4相啮合。移动齿杆时，齿圈便带动控制套筒同步转动，控制套筒通过条状调节板带动柱塞相对于柱塞套转动，从而改变有效行程。

有些A型泵采用拨叉-拉杆式油量调节机构，如图6.19(b)所示。调节臂9固装在柱塞的下端，并插在调节叉7的凹槽内，调节叉用固定螺钉8固定在油量调节拉杆6上。当拉杆移动时，通过调节叉带动调节臂，使柱塞相对于柱塞套转动，从而调节供油量。

（3）驱动机构。驱动机构由凸轮轴、滚轮挺杆等组成(参看图6.18)。其作用是推动柱

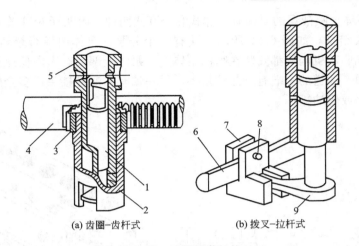

(a) 齿圈-齿杆式　　(b) 拨叉-拉杆式

图 6.19　油量调节机构

1—柱塞　2—控制套筒　3—调节齿圈　4—调节齿杆　5—柱塞套
6—油量调节拉杆　7—调节叉　8—固定螺钉　9—调节臂

塞往复运动，完成进油、压油和回油过程，并保证供油正时。柱塞弹簧使柱塞、滚轮挺杆和凸轮轮廓面始终保持接触，并使柱塞下行回位。

凸轮轴一般由曲轴定时齿轮驱动。四冲程柴油机喷油泵凸轮轴的转速是曲轴转速的一半，在一个工作循环之内，凸轮轴转一圈，向各气缸轮流供油一次。当喷油器开启压力调定时，其喷油规律主要由喷油泵凸轮来控制。凸轮轴上的偏心轮用以驱动活塞式输油泵。

喷油泵凸轮与从动件（一般为滚轮-挺柱体）是一对密切的配合件。凸轮型线规定了柱塞的运动规律，它对供油起始时间、供油压力、供油规律、油泵工作容量以及最高转速起决定性作用。凸轮与滚轮之间的接触应力大小又直接影响喷油泵的使用寿命。直列式喷油泵中常用的凸轮轮廓可分为3种基本形式：凸面凸轮、切线凸轮和凹面凸轮，此外还有由上述型面混合组成的多圆弧凸轮以及函数凸轮等，如图 6.20 所示。

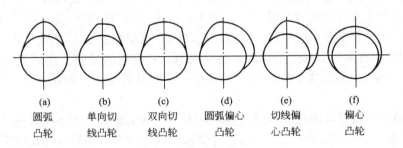

(a) 圆弧凸轮　(b) 单向切线凸轮　(c) 双向切线凸轮　(d) 圆弧偏心凸轮　(e) 切线偏心凸轮　(f) 偏心凸轮

图 6.20　喷油泵凸轮的典型形状

滚轮挺柱作为中间传动件将凸轮的旋转运动转变为柱塞的往复运动，避免柱塞承受侧向力，减少运动件的摩擦和磨损。滚轮靠凸轮轴甩油飞溅润滑，提高了使用寿命。常用的滚轮挺柱有垫块调整式和螺钉调整式两种。两者只是在调整挺柱有效高度的方式上有所不同，如图 6.21 所示。当调整螺钉 10 拧出或增加调整垫块 1 的厚度使挺杆有效高度增加时，柱塞套筒上的进油孔提前关闭，从而加大了供油提前角；反之，则减小了供油提前角。喷油泵各缸供油提前角和间隔角应调整一致。这种调整需在喷油泵试验台上进行。

(4) 喷油泵体。喷油泵的泵体有整体式和分开式两种。康明斯 6BT 车用柴油机使用的 A 型泵为整体式结构，如图 6.22 所示。共有 6 个分泵，泵体由铝合金铸成。泵油机构、油量调节机构和驱动机构等都安装在喷油泵体上。泵体上部设有纵向低压油道与各柱塞套的径向油孔相通。油道的一端有进油管接头，另一端有回油管接头，多余的燃油通过限压阀流回低压油路或燃油箱。

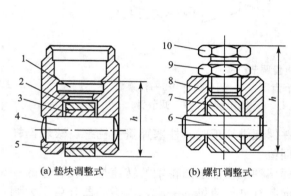
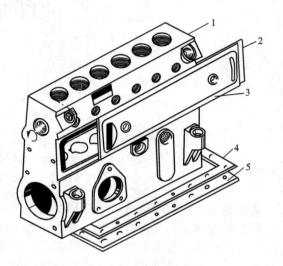

图 6.21 滚轮及挺杆部件
1—调整垫块 2—滚轮 3—衬套
4—滚轮轴 5—滚轮架 6—滚轮轴
7—滚轮 8—滚轮架
9—锁紧螺母 10—调整螺钉

图 6.22 A 型喷油泵泵体
1—油泵泵体 2、4—衬垫
3—侧盖 5—底盖

2) P 型喷油泵结构

随着柴油机不断的强化（高速、增压和扩大缸径），对喷油泵提出新的要求，即在不扩大喷油泵外形和主要安装尺寸的情况下，加大柱塞直径和循环供油量，使其对柴油机缸径的适应范围扩大。P 型泵适应了这一需要，在国内外重型柴油车上得到广泛应用。斯太尔 WD615 系列柴油机采用 Bosch 公司的 P 型喷油泵。P 型喷油泵的工作原理与 A 型喷油泵基本相同，但结构上却脱离了传统结构，具有一些明显的特点，如图 6.23 所示。其特点如下。

(1) 采用不开侧窗口的箱形封闭式喷油泵体 17，大大提高了喷油泵体的刚度，可以承受较高的喷油压力而不发生变形，能够适应柴油机向大功率、高转速强化的需要。

(2) 采用吊挂式柱塞套 4。喷油泵柱塞 5 和出油阀偶件 3 都安装在有连接凸缘的柱塞套 4 内，当拧紧柱塞套顶部的出油阀紧座 1 之后，构成一个独立的组件。然后通过紧固螺栓 14 将柱塞套凸缘紧固在泵体上，形成一个吊挂式结构。这种结构改善了柱塞套、出油阀和喷油泵体的受力状态。

另外，柱塞套内孔上端的孔径略大（图 6.24），可防止柱塞在上端卡死。柱塞套内孔的中部加工有集油槽 2，从柱塞偶件间隙泄漏的柴油集中于此槽内，经回油孔 1 流回喷油泵的低压油腔。

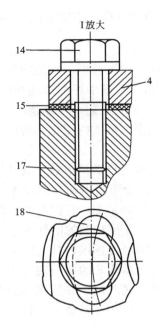
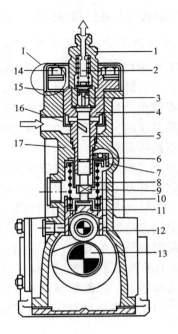

图 6.23 P 型喷油泵

1—出油阀紧座　2—减容器　3—出油阀偶件　4—柱塞套　5—柱塞　6—钢球
7—调节拉杆　8—控制套筒　9—柱塞榫舌　10—柱塞弹簧　11—弹簧座
12—挺柱　13—凸轮轴　14—柱塞套紧固螺栓　15—调节垫片
16—导流罩　17—喷油泵体　18—柱塞套凸缘上的螺栓孔

P 型喷油泵的柱塞顶部开有起动槽 3(图 6.24)。当柱塞处于起动位置时，此槽与柱塞套油孔相对，在柱塞上移到启动槽的下边缘封闭油孔时开始供油。由于起动槽的下边缘低于柱塞顶面，因此供油迟后，供油提前角减小，这时气缸温度较高，柴油喷入气缸容易着火燃烧，有利于柴油机低温起动。

在柱塞套油孔的外面装有导流罩 16(图 6.23)。当柱塞供油结束后，高压柴油以很高的速度经柱塞套油孔流回低压油腔，并强烈地冲击喷油泵体，使其发生穴蚀。导流罩可以防止喷油泵体穴蚀的发生。

(3) P 型喷油泵的供油量调节机构(图 6.23)包括调节拉杆 7、控制套筒 8 和嵌入调节拉杆凹槽中的钢球 6。柱塞榫舌 9 嵌入控制套筒的豁口中。移动调节拉杆，通过钢球带动控制套筒使柱塞转动，从而改变供油量。这种供油量调节机构结构简单，工作可靠，配合间隙小。

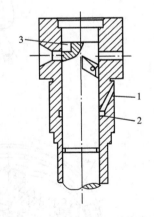

图 6.24 P 型喷油泵柱塞结构
1—回油孔　2—集油槽
3—起动槽

(4) 油泵采用强制润滑，并通过油管与柴油机润滑系统相连。

(5) P 型泵各缸供油提前角或供油间隔角是利用在柱塞凸缘下面增减调节垫片 15 的方法来进行调节的。调匀各缸供油量则通过转动柱塞套 4 来实现。柱塞套凸缘上的螺栓孔是长圆孔(图 6.23)，拧松柱塞套紧固螺栓 14，柱塞套可绕其轴线转动 10°左右。当转动柱塞套时，改变了柱塞套油孔与柱塞的相对位置,从而改变柱塞的有效行程,即改变了循环供油量。

3. 柱塞式喷油泵供油提前角自动调节器

供油提前角对柴油机燃烧过程影响很大,供油提前角过大或过小均使柴油机的动力性和经济性恶化。当转速和供油量一定时,能获得最大功率和最小燃油消耗率的供油时刻,称最佳供油提前角。最佳供油提前角随柴油机转速和负荷而变化,转速越高,负荷越大,最佳供油提前角也越大。汽车柴油机的转速和负荷都在很大范围内变化,所以现代汽车柴油机都装有喷油提前器。

目前在柱塞式喷油泵上大多应用机械离心式供油提前角自动调节器,其结构形式有多种,但工作原理却基本相同,图6.25为其中的一种。整个装置由防护罩9密封,其内部包括主动盘6和从动盘1,主动盘凸缘5的外侧有两个传动爪B,它们与喷油泵的驱动轴刚性连接。主动盘凸缘的内侧固定有两个传动销4和7。在传动销的圆柱面上加工有平凹坑,作为提前器弹簧8的支座。从动盘1与喷油泵凸轮轴刚性连接,其上固定有两个飞锤销2,在飞锤销的圆柱面上也加工有平凹坑,作为提前器弹簧8的另一端支座。飞锤3上的销孔套在飞锤销上。提前器弹簧8支承在传动销与飞锤销之间,并使飞锤的圆弧面压紧在传动销上。可见,主动盘与从动盘之间为弹性连接,并能相互转动一定的角度。

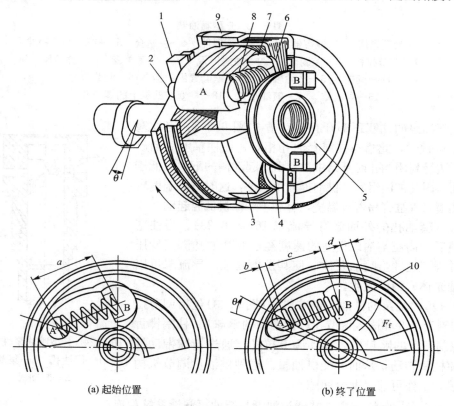

(a) 起始位置　　(b) 终了位置

图6.25　机械式自动喷油提前器
1—从动盘　2—飞锤销　3—飞锤　4、7—传动销　5—主动盘凸缘　6—主动盘　8—提前器弹簧
9—防护罩　10—飞锤圆弧面　a—起始时的弹簧长度　b—终了时飞锤销的移动距离
c—终了时的弹簧长度　d—终了时飞锤的移动距离　θ—提前角调节范围　F_f—飞锤离心力

当柴油机恒速运行时,喷油泵驱动轴通过主动盘凸缘 5、传动销 4 和 7、飞锤圆弧面 10、飞锤销 2 和从动盘 1 驱动喷油泵凸轮轴。若转速升高,则飞锤的离心力 F_f 克服弹簧力使飞锤向外张开。当飞锤的圆弧面沿传动销由内向外滑动时,便带动从动盘或喷油泵凸轮轴相对于主动盘或喷油泵驱动轴顺喷油泵旋转方向转过一定角度,从而使供油提前。喷油提前器的调节范围为 0°~10°。

6.3.3 转子分配式喷油泵

转子分配式喷油泵(distributor fuel injection pump)简称分配泵,又称 VE 型分配泵。与柱塞式喷油泵相比,分配泵结构简单,零件少,体积小,质量轻,使用中故障少,容易维修。精密偶件加工精度更高,供油均匀性好,不需要分别进行各缸供油量和供油定时的调节。另外,分配泵凸轮的升程小,有利于提高柴油机转速。但分配泵的运动件靠喷油泵体内的柴油进行润滑和冷却。因此,对柴油的清洁度要求很高。

1. 分配泵基本结构和工作原理

VE 型分配泵由驱动机构、二级滑片式输油泵、高压分配泵头和电磁式断油阀等部分组成。此外,机械式调速器和液压式喷油提前器也安装在分配泵体内(图 6.26)。

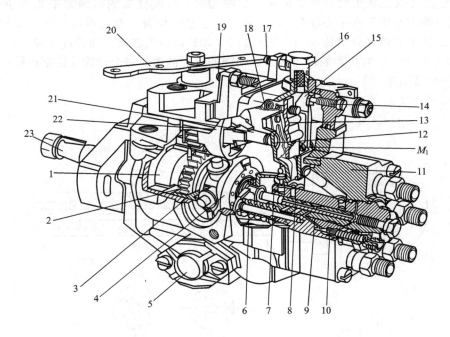

图 6.26 VE 型分配泵

1—二级滑片式输油泵 2—调速器驱动齿轮 3—滚轮机构 4—平面凸轮盘 5—液压式喷油提前器
6—柱塞弹簧 7—油量调节套筒 8—分配柱塞 9—柱套 10—出油阀 11—高压泵头
12—起动杠杆 13—调速器张力杠杆 14—最大供油量调节螺钉 15—校准杆
16—放气孔 17—急速调整螺钉 18—调速弹簧 19—高速调整螺钉
20—调速手柄 21—调速套筒 22—调速器齿轮及飞锤总成
23—驱动轴

如图6.27所示,驱动轴23由柴油机曲轴定时齿轮驱动。驱动轴带动二级滑片式输油泵1工作,并通过调速器驱动齿轮2带动调速器轴旋转。在驱动轴的右端通过联轴器25与平面凸轮盘4连接,利用平面凸轮盘上的传动销带动分配柱塞8。柱塞弹簧6将分配柱塞压紧在平面凸轮盘上,并使平面凸轮盘压紧滚轮26。滚轮轴嵌入静止不动的滚轮架24上。当驱动轴23旋转时,平面凸轮盘与分配柱塞同步旋转,而且在滚轮、平面凸轮和柱塞弹簧的共同作用下,凸轮盘还带动分配柱塞8在柱塞套9内做往复运动。往复运动使柴油增压,旋转运动则进行柴油分配。

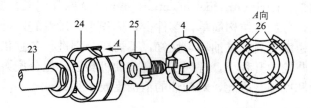

图6.27 滚轮、联轴器及平面凸轮
24—滚轮架　25—联轴器　26—滚轮(其余图注同图6.26)

凸轮盘上平面凸轮的数目与柴油机气缸数相同。分配柱塞的结构如图6.28所示。在分配柱塞1的中心加工有中心油孔3,其右端与柱塞腔相通,而左端与泄油孔2相通。分配柱塞上还加工有燃油分配孔5、压力平衡槽4和数目与气缸数相同的进油槽6。柱塞套9(图6.26)上有一个进油孔和数目与气缸数相同的分配油道,每个分配油道都连接一个出油阀10和一个喷油器。

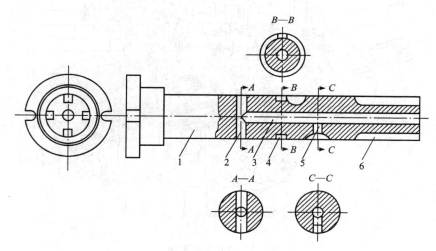

图6.28 分配柱塞
1—分配柱塞　2—泄油孔　3—中心油孔　4—压力平衡槽
5—燃油分配孔　6—进油槽

2. VE型分配泵工作过程

VE型分配泵的工作过程如图6.29所示。

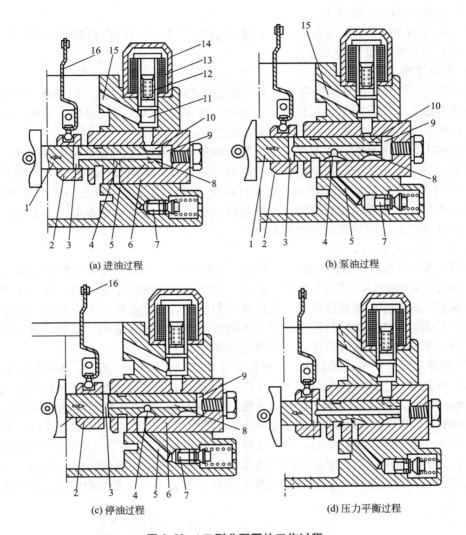

图 6.29　VE 型分配泵的工作过程

1—分配柱塞　2—油量控制套筒　3—泄油孔　4—分配孔　5—出油道　6—柱塞套
7—出油阀　8—中心油道　9—柱塞腔　10—进油槽　11—进油阀　12—弹簧
13—线圈　14—电磁阀　15—进油道　16—起动杠杆

1) 进油过程

如图 6.29(a) 所示，当平面凸轮盘的凹下部分转至与滚轮接触时，柱塞弹簧将使分配柱塞 1 由右向左推移至柱塞下止点位置，这时分配柱塞上的进油槽 10 与柱塞套 6 上的进油道连通，柴油自喷油泵体的内腔经进油道 15 进入柱塞腔 9 和中心油道 8 内。

2) 泵油过程

如图 6.29(b) 所示，当平面凸轮盘由凹下部分转至凸起部分与滚轮接触时，分配柱塞在凸轮盘的推动下由左向右移动。在进油槽转过进油孔的同时，分配柱塞将进油孔封闭，这时柱塞腔 9 内的柴油开始增压。与此同时，分配柱塞上的燃油分配孔 4 转至与柱塞套 6 上的一个出油道 5 相通，高压柴油从柱塞腔经中心油孔、燃油分配孔进入出油道 5，再经出油阀 7 和喷油器喷入燃烧室。

平面凸轮盘每转一周，分配柱塞上的燃油分配孔依次与各缸对应的出油道接通一次，即向柴油机各缸喷油器供油一次。

3) 停油过程

如图 6.29(c)所示，分配柱塞在平面凸轮盘的推动下继续右移，当柱塞上的泄油孔 3 移出油量控制套筒 2 并与喷油泵体内腔相通时，高压柴油从柱塞腔经中心油道 8 和泄油孔 3 流进喷油泵体内腔，柴油压力立即下降，供油停止。

从柱塞上的燃油分配孔 4 与柱塞套上的出油道 5 相通的时刻起，至泄油孔 3 移出油量控制套筒 2 的时刻止，分配柱塞所移动的距离为柱塞有效供油行程。显然，有效供油行程越大，供油量越多。移动油量调节套筒即可改变有效供油行程，向左移动油量调节套筒，停油时刻提早，有效供油行程缩短，供油量减少；反之，向右移动油量调节套筒，供油量增加。油量调节套筒的移动由调速器操纵。

4) 压力平衡过程

如图 6.29(d)所示，分配柱塞上设有压力平衡槽(图 6.28)，在分配柱塞旋转和移动过程中，压力平衡槽始终与喷油泵体内腔相通。在某一气缸供油停止之后，且当压力平衡槽转至与相应气缸的分配油孔连通时，分配油孔和出油道与喷油泵体内腔相通，于是两处的油压趋于平衡。在柱塞旋转过程中，压力平衡槽与各缸分配油道逐个相通，致使各出油道内的压力均衡一致，从而可以保证各缸供油的均匀性。

VE 型分配泵设有电磁断油阀，其电路和工作原理如图 6.30 所示。电磁阀装在柱塞套进油孔 7 的上方。在开关板上设有 ST、ON、OFF 开关，用以操纵电磁阀打开或关断进入气缸的燃油通路。起动时，将起动开关 1 旋至 ST 位置，这时来自蓄电池 4 的电流直接流过电磁线圈 3，产生的电磁力压缩回位弹簧 5，将阀门 6 吸起，进油孔 7 开启。柴油机起动后，开关转至 ON 位置，此时，由于电路中串入了电阻 2，使通过电磁线圈的电流减小，但由于有油压的作用，仍然能使阀门保持在开启位置。当柴油机停机时，将起动开关旋至 OFF 位置，这时电路断开，阀门在回位弹簧的作用下关闭，从而切断油路，停止供油。

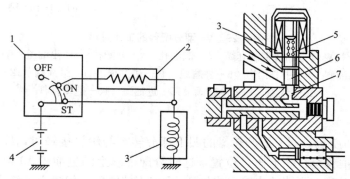

图 6.30　电磁式断油阀工作原理
1—起动开关　2—电阻　3—电磁线圈　4—蓄电池
5—回位弹簧　6—阀门　7—进油孔

3. 分配泵的供油提前角自动调节器

VE 型分配泵的下部装有供油提前角自动调节器，该装置为液压式调节器，其构造与工作原理如图 6.31 所示。

在喷油提前器壳体 1 内装有活塞 2，活塞 2 左端与二级滑片式输油泵的入口相通，并有弹簧 5 压在活塞上。活塞右端与喷油泵体内腔相通，内腔中的油压与滑片式输油泵的出口压力相等。当柴油机在某一转速下稳定运转时，作用在活塞左、右端的力相等，活塞处于某一平衡位置。柴油机工作时，二级输油泵的出油压力随转速的增加而上升，活塞右端油压力上升使作用于活塞右端的压力大于左端的作用力，活塞向左移动，带动传力销 4 使滚轮架 7 转动一定角度，滚轮架的转动方向与平面凸轮盘的旋转方向正好相反，使平面凸轮盘提前一定角度与滚轮 6 接触，供油提前角增大。转速越高，油压越大，供油提前角也越大。

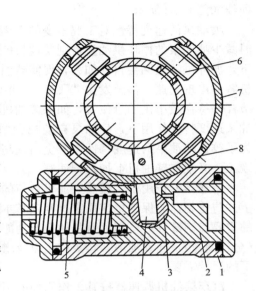

图 6.31　液压式供油提前角自动调节器
1—壳体　2—活塞　3—连结销　4—传力销
5—弹簧　6—滚轮　7—滚轮架　8—滚轮轴

当柴油机转速降低时，二级输油泵的输出压力下降，在调节器弹簧力的作用下，活塞被推至右边，传力销使滚轮架向着平面凸轮盘的旋转方向转动一定角度，供油提前角减小。这种供油提前角调节器的调整特性，可以通过改变弹簧的预紧力和弹簧刚度来调整。

6.4　调　速　器

6.4.1　功用与分类

柴油机设置调速器的必要性：由于喷油泵在供油时，给燃油加压与喷射是由柱塞的机械压缩脉冲来完成的，喷油泵每次循环供油量不仅取决于柱塞的供油有效行程，还与柴油机转速有关。当柱塞供油有效行程一定时，喷油泵的循环供油量随柴油机转速的上升而增加。这是因为柱塞上行，尚未完全关闭柱塞套径向油孔，由于节流阻力，致使泵腔的燃油压力升高，出油阀提早开启；而在柱塞供油终了时，节流阻力又使燃油不能及时流回低压油腔，致使泵腔内的燃油压力不能迅速下降，出油阀延迟关闭。出油阀的早开迟闭，使柱塞的实际供油行程大于它的几何供油行程。随着柴油机转速的升高，节流阻力随之增大，出油阀早开迟闭的效应相应增大，从而使喷油泵的循环供油量随转速的上升而增加。喷油泵循环供油量随柴油机转速变化的关系，称为喷油泵的速度特性。喷油泵的速度特性

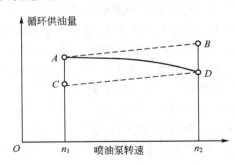

图 6.32　喷油泵的速度特性曲线
AB—较大有效行程　　*CD*—较小有效行程
AD—理想特性

曲线如图 6.32 所示。

喷油泵的速度特性对工况多变的车用柴油机非常不利。当负荷突然减小时，若不能及时减少喷油泵的循环供油量，则柴油机的转速将迅速增大，而此时在喷油泵速度特性作用下，循环供油量又会自动加大，促使柴油机的转速进一步升高，这样相互作用下去，柴油机容易出现超速，甚至发生"飞车"，并可能造成机件损坏。柴油机怠速运转时，油量调节杆保持在最小供油量位置，如果柴油机阻力偶尔增大，柴油机的转速便会降低，并在喷油泵速度特性作用下，喷油泵自动减少循环供油量，促使柴油机转速进一步降低而熄火。为了校正喷油泵的速度特性，避免出现高速时超速"飞车"和低速与怠速时不稳定运行的现象，必须在柴油机上加装调速器。

调速器的作用是：随着柴油机负荷的变化，自动调节喷油泵循环供油量。另外，除了上述防止超速与保持怠速稳定这两项基本任务以外，调速器作为柴油机及其燃料供给系统的重要控制部件，还担负着其他重要功能，如保持怠速与最高转速之间各工况的转速稳定（全程调速）、起动加浓、转矩校正以及增压与海拔高度补偿等，以满足柴油机在各种情况下的运转需要。

汽车柴油机调速器按其工作原理的不同，可分为机械式、气动式、液压式、机械气动复合式、机械液压复合式和电子式等多种形式。但目前应用最广的是机械式调速器，其结构相对简单，工作可靠，性能良好。

按调速器起作用的转速范围不同，又可分为两极式调速器和全程式调速器。

6.4.2 两极式调速器

两极式调速器(two speed governor)只在柴油机的最高转速和怠速时起自动调节作用，而在最高转速和怠速之间的其他任何转速，调速器不起调速作用，而是由驾驶员控制柴油机转速的变化。

1. RQ 型调速器结构

通常把调速器结构分为感应部件、传动部件和附加装置 3 部分。感应部件用来感知柴油机转速的变化，并发出相应的信号；传动部件则根据此信号进行供油量的调节。

RQ 型调速器的结构如图 6.33 所示。

调速器壳体用螺栓固定在喷油泵泵体的后端面上。喷油泵凸轮轴通过半圆键连接一个轴套，轴套上固定两个双头螺柱，在每个螺柱上套装一个飞锤 26。飞锤通过角形杠杆 24、调速套筒 1、调速杠杆 15 和油量调节杆 7 与喷油泵的供油量调节齿杆连接。飞锤内装有内、中、外 3 个弹簧，其外端均支承在外弹簧座 27 上。外弹簧 13 的内端支承在飞锤的内端面上，称怠速弹簧；中间弹簧和内弹簧 4 的内端支承在内弹簧座 3 上，称它们为高速弹簧。当把它们安装在弹簧座上时有一定的预紧力，预紧力的大小可由调整螺母 10 调节。

摆臂 17 的一端与调速手柄 18 连接，另一端与圆柱形的滑块 16 铰接，滑块在调速杠杆 15 的长孔中滑动。为了保证滑动块 20 能灵活地移动，设有导向销 21 为滑动销导向。

在调速器壳体的侧面装有停油臂 5，转动停油臂，拨动停油销 6，使其向左拉动油量调节齿杆直至停油。

此外，RQ 型调速器在调速器盖上装有怠速稳定弹簧 9，在滑动块 20 内装有转矩平稳器 14，还可根据需要在飞锤内安装转矩校正装置等。

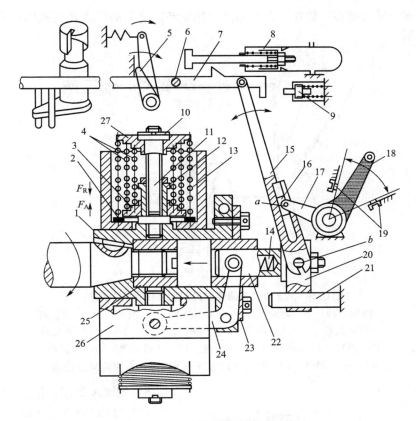

图 6.33　RQ 型两极调速器结构

1—调速套筒　2—怠速弹簧调整垫片　3—内弹簧座　4—高速弹簧　5—停油臂　6—停油销
7—油量调节杆　8—防冒烟限位器　9—怠速稳定弹簧　10—调整螺母　11—支承杆
12—限位螺母　13—怠速弹簧　14—扭矩平稳器　15—调速杠杆　16—滑块　17—摆臂
18—调速手柄　19—高低速限位螺钉　20—滑动块　21—导向销　22—滑动销
23—盖套　24—角形杠杆　25—固定螺母　26—飞锤　27—外弹簧座

感应部件由飞锤 26 等组成，而传动部件则包括角形杠杆 24、调速套筒 1、调速杠杆 15 和油量调节杆 7 等杠杆系统组成。

2. RQ 型调速器的基本工作原理

将 RQ 型调速器表示为如图 6.34 所示的机构简图。飞锤 17 在喷油泵凸轮轴 18 的驱动下旋转，当转速增加时，飞锤即在离心力作用下克服调速弹簧 16 的预紧力向外张开，此运动通过飞锤转臂 13 转变为滑柱 12 的轴向移动，从而使调速杠杆 5 绕滑块 4 上的支点旋转，调速杠杆端部通过连接叉杆 6 将油量调节杆 7 向减少油量的方向拉动；反之若转速降低，则将喷油泵齿杆向增加油量的方向推动。同时，若驾驶员通过加速踏板使操纵杆 2 在停车挡块 1 与全负荷挡块 3 之间转动时，调速杠杆 5 则改由下部滑座 10 上的铰链为支点摆动，从而拉动油量调节杆，达到增加或减少供油量的目的。

RQ 两极调速器飞锤中的 3 组弹簧如图 6.35(a)所示，外弹簧 4 为怠速工况弹簧，内弹簧 3 为两个同心安置(防止共振并优化弹簧特性)的调速弹簧。由于调速弹簧的压缩量与预紧力比怠速弹簧大很多，致使飞锤在怠速与标定转速之间的广大转速范围内不起作用而由驾驶员控制。

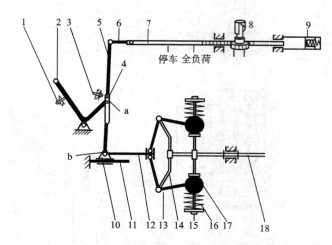

图 6.34　RQ 两极式调速器的机构简图(停车状态)
1—停车挡块　2—操纵杆　3—全负荷挡块　4—滑块　5—调速杠杆
6—连接叉杆　7—油量调节杆　8—喷油泵柱塞　9—防冒烟限位器
10—滑座　11—导向销　12—滑柱　13—飞锤转臂　14—飞锤座
15—调节螺母　16—调速弹簧　17—飞锤　18—喷油泵凸轮轴

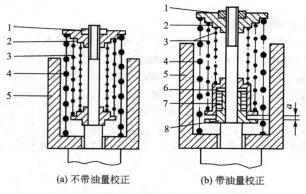

(a) 不带油量校正　　(b) 带油量校正

图 6.35　RQ 系列调速器的飞锤结构示意图
1—调节螺母　2—弹簧座　3—调速弹簧
4—怠速弹簧　5—飞锤　6—垫片
7—校正弹簧　8—校正弹簧座

RQ 型调速器的工作过程表述如下。

(1) 起动(图 6.36(a))。柴油机在冷车起动时，起动比较困难。为了便于起动，要求起动供油量多于全负荷额定供油量。因此，冷车起动时应将加速踏板踏到底，操纵杆压靠在高速限位螺钉上，操纵杆上的滑块即推动调速杠杆和油量调节杆向加油方向移动。当达到全负荷位置时，油量调节杆的凸块即推动防冒烟限位杆压缩防冒烟限位器弹簧，直到弹簧座与限制器壳体相抵为止，油量调节杆即达到起动加浓位置。这时怠速弹簧稍有压缩，飞锤向外略微张开，但并未达到和内弹簧座相靠的程度。这一动作非常必要，因为起动时调速器稍有转动，即产生离心力，向外的离心力将使油量调节杆减油，对起动很不利。将飞锤预先略微张开，从而使油量调节杆在一定的转速范围内保持在起动供油量位置，有利于起动。

(2) 怠速(图 6.36(b))。柴油机在怠速时，操纵杆和低速限位螺钉接触，滑块处于最高位置，油量调节杆移动到怠速供油量位置。此时的杠杆比减小，可保证在飞锤移动量一定的条件下，油量调节拉杆的移动量较小，有利于怠速的稳定。怠速时柴油机转速较低，飞锤的离心力小，张开的程度也较小，它与怠速弹簧相平衡，使飞锤处在套筒和高速弹簧座之间的空隙中游动。

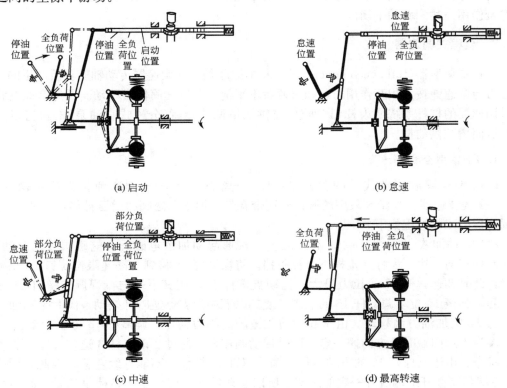

图 6.36 RQ 系列调速器的工作过程

当柴油机受某种因素的影响而转速下降时,飞锤产生的离心力减小,急速弹簧的张力便使飞锤向里收拢,通过角形杠杆和滑动销、滑动块、调速杠杆使油量调节杆向加油方向移动,增加供油量,使转矩增大,转速不再继续下降,直至飞锤的离心力与急速弹簧的张力达到新的平衡;当柴油机转速升高时,飞锤的离心力也相应地增加,使飞锤进一步克服急速弹簧的张力向外张开。这样,飞锤就通过角形杠杆、滑动销、滑动块、调速杠杆带动油量调节杆向减油方向移动,减少供油量,使转速不再升高,直至飞锤的离心力与急速弹簧重新平衡。调整螺母用来调节急速弹簧的预紧力,以达到调节急速转速的目的。

(3) 中速(图 6.36(c))。将操纵杆移至中速位置,油量调节杆处于部分负荷供油位置。柴油机在中等转速范围内工作时,飞锤在离心力的作用下,压缩急速弹簧与高速弹簧座相接触。由于飞锤产生的离心力不足以克服急速和高速两组弹簧的张力,所以飞锤便紧靠在高速弹簧座上,既不外张也不收拢,因而在中速范围内,调速器不起调速作用。这时,驾驶员则根据需要进行人工调节。人工调节是以滑动块的 b 销为支点,以操纵臂上的滑销 a 为力点(图 6.34),以不同的杠杆比来改变调速杠杆和油量调节杆的位置,使供油量和转速发生相应的变化。

(4) 最高转速(图 6.36(d))。将操纵杆移至高速限位螺钉位置,油量调节杆相应地移至全负荷供油位置,滑块处于调速杠杆的最低位置,杠杆比最大。若柴油机转速超过额定转速,飞锤的离心力克服全部调速弹簧的作用力向外张开,使飞锤连同内弹簧座一起向外移到一个新的位置。飞锤以较小的动作获得较大的油量调节杆移动量,使油量调节杆向减油方向迅速移动,供油量迅速减少,从而防止超速"飞车"事故。在此位置,飞锤离心力与弹簧作用力达到新的平衡。

6.4.3 全程式调速器

全程式调速器(full speed governor)的基本原理是:在调速器传动轴旋转所产生的飞锤离心力与调速弹簧力相互作用时,如果两者不平衡,调速套筒便会移动。调速套筒的移动通过调速器的杠杆系统使齿杆(直列泵)或供油量调节套筒(分配式喷油泵)的位置发生变化,从而增减供油量。

1. RSV 型全程调速器

RSV 型全程调速器代号的含义是:R——离心式;S——调速弹簧为拉簧摆动式;V——全程调速器。A 型泵采用的调速器还带有起动加浓电磁阀和增压补偿器。RSV 型全程调速器的工作过程如下。

(1)起动加浓(图 6.37(a))。起动之前,接通起动加浓电磁阀,电磁阀吸动起动轴,将联动杆移向一边,齿杆连接杆不再被阻挡。将操纵臂 12 移到与高速限位螺钉 11 相碰的位置,此时调速弹簧 17 的拉力最大,拉动支撑杆 19,使其下端与行程调节螺钉 21 相接触。起动弹簧 13 拉动调节杆 16 的上端,使其以下端为支点逆时针摆动,同时带动油量调节齿杆 10 向加油方向移动。由于起动前飞锤的离心力为零,调节杆 16 可以带动支架 15 以上端为支点向顺时针方向摆一点,同时带动调速套 1 通过活动杠杆 3 迫使飞锤 2 收拢到最小状态。由于支撑杆 19 的下端被行程调节螺钉 21 挡住,不能继续左移。因此,调速套 1 的右端与支撑杆下端脱开一定的距离,所以起动供油量要大于全负荷供油量,满足起动加浓的需要。

(2)怠速工况(图 6.37(b))。柴油机起动之后,将操纵臂 12 移到怠速位置,此时调速弹簧 17 拉力最小。飞锤在离心力的作用下向外张开,通过活动杠杆 3 使调速套 1 顶动支撑杆 19 下端向右移动,并带动支架 15 的下端以上端为支点逆时针摆动,而支架 15 则带动调节杆 16 以下端为支点顺时针摆动,调节杆的上端克服起动弹簧 13 的拉力,并带动油量调节齿杆 10 向减油方向移动。这时调速弹簧 17 的有效刚度小,与起动弹簧 13、稳定弹簧 18 一起控制发动机怠速工况的转速。当发动机转速降低时,飞锤的离心力变小,稳定弹簧 18 便把支撑杆 19 推向左侧,使油量调节齿杆向增油方向移动,使发动机转速上升;反之,可以使发动机的转速下降。这样使发动机保持稳定的怠速运转。

(3)部分负荷(图 6.37(c))。柴油机在部分负荷运行时,操纵臂处于怠速与高速限位螺钉之间的某一位置。这时调速弹簧对支撑杆的拉力也被设定,飞锤的离心力与调速弹簧和起动弹簧的拉力相平衡,油量调节齿杆处于某一相对稳定位置,使柴油机的转速稳定在一定范围内。

如果这时由于外界负荷的增大使柴油机的转速下降,飞锤离心力也随之下降,此时转矩校正弹簧的张力可以通过其导杆推动调速套向左移动一段距离。调速套此时带动支架、调节杆推动油量调节齿杆左移,实现加油,使转速回升。

(4)全负荷及校正工况(图 6.37(d))。柴油机在全负荷运行时,操纵臂被推到极限位置,与高速限位螺钉接触。这时,支撑杆在调速弹簧的作用下,下端紧靠在行程调节螺钉上。此时柴油机转速为额定转速,校正行程为零。

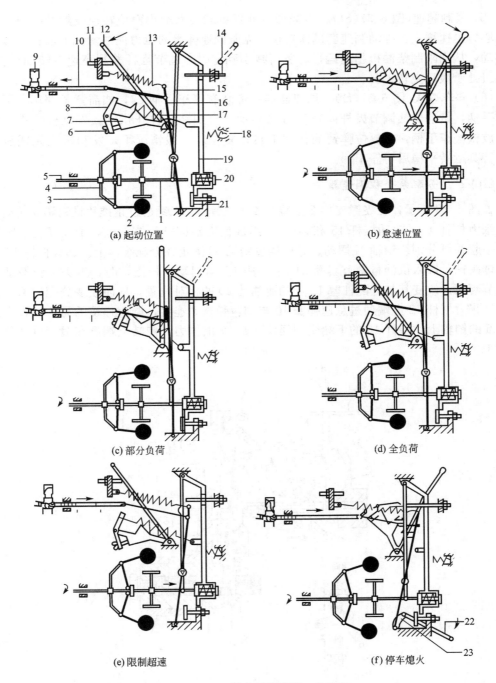

图 6.37 RSV 型全程调速器工作原理
1—调速套 2—飞锤 3—活动杠杆 4—飞锤支架 5—凸轮轴
6—调整螺钉 7—摇臂 8—调整摆片 9—柱塞 10—油量调节齿杆
11—高速限位螺钉 12—操纵臂 13—起动弹簧 14—怠速限位螺钉
15—支架 16—调节杆 17—调速弹簧 18—稳定弹簧 19—支撑杆
20—校正弹簧 21—行程调节螺钉 22—停车手柄 23—手柄臂

(5) 限制超速(图 6.37(e))。当柴油机外界负载突然减小而使转速突然升高时,飞锤的离心力迅速增大,推动调速套迅速右移,克服调速弹簧的拉力使油量调节齿杆向减油方向移动,从而限制柴油机超速运行。负荷减小到零时,调节齿杆移到高速空转油量位置,柴油机处于最高空转工况。

(6) 停车熄火(图 6.37(f))。调速器的下部装有停车手柄 22,如需紧急停车,可转动停车手柄,带动供油调节齿杆向减油方向移动,直到油泵停止供油,发动机熄火。停车后,放松停车手柄,在复位弹簧的作用下自动复位。一般情况下,发动机应先减速至怠速,待其运转平稳后再停车。

2. VE 型分配泵全程调速器

如图 6.38 所示,在飞锤支架 2 上装有 4 个飞锤 3,飞锤通过止推片推动调速套筒 4 移动。张力杠杆 12、起动杠杆 15 和导杆 16 组成调速器杠杆系统。这 3 个杠杆通过销轴 N 连在一起并可分别绕销轴 N 摆动。导杆通过销轴 M 固定在分配泵体上。起动杠杆 15 的下端是球头销,嵌入供油量调节套筒 21 的凹槽中。当起动杠杆摆动时,球头销将拨动供油量调节套筒,改变其与分配柱塞 19 上的泄油孔 20 的相对位置,从而改变分配柱塞的有效行程。张力杠杆 12 上端通过怠速弹簧 10 与调速弹簧 8 连接,调速弹簧的另一端挂在调速手柄 5 的销轴上。导杆 16 的下端受到回位弹簧 17 的推力,使其上端靠在最大供油量调节螺钉 11 上。

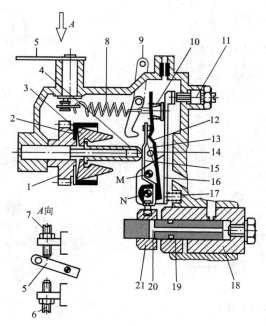

图 6.38 VE 型分配泵调速器结构示意图

1—调速器传动齿轮 2—飞锤支架 3—飞锤 4—调速套筒 5—调速手柄 6—怠速调节螺钉
7—最高速限止螺钉 8—调速弹簧 9—停车手柄 10—怠速弹簧 11—最大供油量调节螺钉
12—张力杠杆 13—起动弹簧 14—张力杠杆挡销 15—起动杠杆 16—导杆 17—回位弹簧
18—柱塞套 19—分配柱塞 20—泄油孔 21—供油量调节套筒
M—导杆支承销轴(固定) N—起动杠杆、张力杠杆及导杆支承销轴(可动)

此外,在 VE 型分配泵调速器上还装有一些附加装置,诸如增压补偿器和转矩校正装置等。

(1) 起动。如图 6.38 和图 6.39(a)所示,起动前,将调速手柄 5 推靠在最高速限止螺钉 7 上。这时调速弹簧 8 拉伸,弹簧的张力拉动张力杠杆 12 绕销轴 N 向左摆动,并通过板形起动弹簧 13 将起动杠杆 15 压向调速套筒 4,从而使静止的飞锤 3 处于完全闭合的状态。与此同时,起动杠杆下端的球头销将供油量调节套筒 21 向右拨到起动加浓供油位置 C,供油量最大。起动后,飞锤的离心力克服作用在起动杠杆上的起动弹簧的弹力,使起动杠杆绕销轴 N 向右摆动,直到抵靠在张力杠杆的挡销上为止。此时,起动杠杆下端的球头销向左拨动供油量调节套筒,供油量自动减少。

(2) 怠速。如图 6.39(b)所示,柴油机起动后,将调速手柄 5 移至怠速调节螺钉 6 上。在这个位置,调速弹簧 8 的张力几乎为零,即使调速器传动轴的转速很低,飞锤也会向外张开,推动调速套筒,使起动杠杆和张力杠杆绕销轴 N 向右摆动,并使怠速弹簧 10 受到压缩。这时,飞锤离心力对调速套筒的作用力与怠速弹簧及起动弹簧对调速套筒的作用力平衡,供油量调节套筒 21 处于怠速供油位置 D,柴油机在怠速下运转。

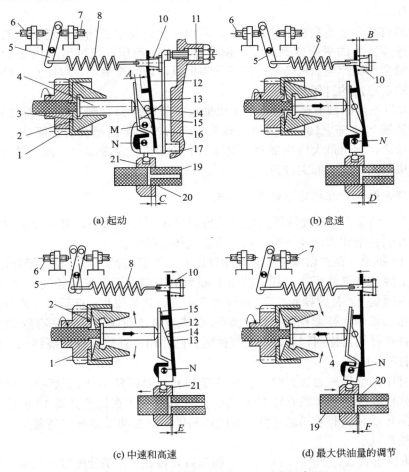

图 6.39　VE 型分配泵调速器工作原理示意图

A—起动弹簧压缩量　B—怠速弹簧压缩量　C—起动加浓供油位置　D—怠速供油位置
E—部分负荷最高转速供油位置　F—全负荷最高转速供油位置(其他图注同图 6.38)

若由于某种原因使柴油机转速升高,则飞锤离心力增大,上述的平衡被打破,飞锤推动调速套筒、起动杠杆和张力杠杆进一步压缩怠速弹簧而向右摆动,供油量调节套筒则向左移,供油量减少,转速回落复原。若柴油机转速降低,飞锤离心力减小,怠速弹簧推动张力杠杆和起动杠杆向左摆动,供油量调节套筒则向右移,增加供油量,使转速回升。

(3)中速和最高速。如图6.39(c)所示,欲使柴油机在高于怠速而又低于最高转速的任何中间转速工作,则需将调速手柄5置于怠速调节螺钉6与最高速限止螺钉7之间某一位置。这时,调速弹簧8被拉伸,同时拉动张力杠杆12和起动杠杆15绕销轴N向左摆动,而起动杠杆下端的球头销则向右拨动供油量调节套筒21,使供油量增加,柴油机由怠速转入中速状态。由于转速升高,飞锤离心力增大。当其向右作用于调速套筒上的推力与调速弹簧向左作用于张力杠杆和起动杠杆上的拉力平衡时,供油量调节套筒便稳定在某一中等供油量位置,柴油机也就在某一中间转速稳定运转。

当把调速手柄5置于最高速限止螺钉7上时,调速弹簧8的张力达到最大,如图6.39(d)所示。供油量调节套筒21也相应地移至最大供油量位置,此时柴油机将在最高转速或标定转速下工作。

不论柴油机在中速还是在最高速工作,若由于负荷发生变化而引起转速改变,则飞锤离心力与调速弹簧力的平衡遭到破坏,调速器将立即动作,通过增减供油量,使转速复原。如果突然全部卸掉柴油机负荷,调速器将把供油量减至最小,以防止柴油机超速。其调速过程与稳定怠速的过程相同。

(4)最大供油量的调节。若拧入最大供油量调节螺钉11,则导杆16绕销轴M逆时针方向转动,销轴N也随之转动,并带动球头销向右拨动供油量调节套筒21,这时最大供油量增加。反之,旋出最大供油量调节螺钉11,则最大供油量减少。改变最大供油量,可以改变柴油机最高转速或标定转速。

3. VE型分配泵全程调速器的附加装置

(1)增压补偿器。增压补偿器的作用是根据增压压力的大小,自动增减供油量,以提高柴油机的有效功率和燃油经济性,减少有害气体的排放。

如图6.40所示,在补偿器盖4和补偿器体6之间装有膜片5,膜片把补偿器分成上、下两个腔。上腔与进气管相通,其中的压力即为增压压力。下腔经通气孔8与大气相通,膜片下面装有弹簧9。补偿器阀杆10与膜片5相连,并与膜片一起运动。阀杆的中下部加工成上细下粗的锥体,补偿杠杆2的上端与锥体相靠。在阀杆上还钻有纵向长孔和横向孔,保证阀杆在补偿器体内移动时不受气体阻力的作用。补偿杠杆可绕销轴1转动,其下端靠在张力杠杆11上。

当进气管中的增压压力增大时,膜片5带动补偿器阀杆10向下运动,与阀杆锥体相接触的补偿杠杆2绕销轴1顺时针方向转动,张力杠杆11在调速弹簧13的作用下绕销轴N逆时针方向转动,从而使起动杠杆下端的球头销向右拨动供油量控制套筒12,供油量增加;反之供油量减少。

(2)转矩校正装置。如图6.41所示,根据需要可在VE型分配泵上装备正转矩校正或负转矩校正装置。正转矩校正可以改善柴油机高速范围内的转矩特性。VE型分配泵上的正转矩校正装置如图6.41(a)所示。转矩校正杠杆6的上端支承在销轴S上,同时抵靠在张力杠杆4的挡销5上。销轴S固定在起动杠杆1上端的凸耳上。转矩校正杠杆的下端靠

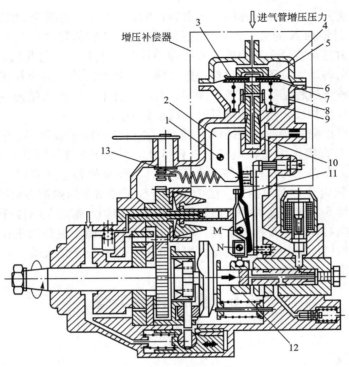

图 6.40 增压补偿器

1—销轴　2—补偿杠杆　3—膜片上支承板　4—补偿器盖　5—膜片　6—补偿器体　7—膜片下支承板
8—通气孔　9—弹簧　10—补偿器阀杆　11—张力杠杆　12—油量控制套筒　13—调速弹簧

在校正销 7 的大头端，校正销装在起动杠杆中部的相关孔内，并可在其中滑动。校正弹簧 2 总是向右推压校正销。

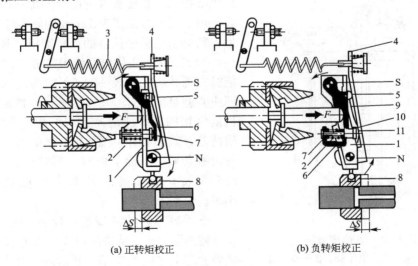

(a) 正转矩校正　　(b) 负转矩校正

图 6.41 转矩校正装置

1—起动杠杆　2—校正弹簧　3—调速弹簧　4—张力杠杆　5—挡销　6—校正杠杆　7—校正销
8—油量控制套筒　9—起动弹簧　10—校正销大端　11—停驻点　S、N—销轴

当柴油机转速升高到校正转速时，随着转速继续升高，作用在起动杠杆上的飞锤离心力的轴向分力 F 对销轴 N 的力矩，逐渐超过校正弹簧 2 的预紧力对校正杠杆的支点即挡销 5 的力矩，这时起动杠杆 1 及销轴 S 开始绕销轴 N 向右摆动。与此同时，校正杠杆 6 绕挡销 5 顺时针方向转动，其下端通过校正销 7 将校正弹簧压缩，直至校正销的大端靠在起动杠杆上为止，校正过程结束。在校正期间，起动杠杆下端的球头销向左拨动供油量调节套筒，供油量减少。相反，当转速降低时，供油量增加。

负转矩校正可以防止柴油机低速时冒黑烟。在负转矩校正装置中（图 6.41(b)），调速套筒的轴向分力 F 直接作用在转矩校正杠杆 6 上，使校正杠杆靠在张力杠杆 4 的挡销 5 上，转矩校正销 7 靠在张力杠杆的停驻点 11 上。当柴油机转速升高时，调速套筒的轴向分力 F 增大。若轴向分力 F 对挡销 5 的力矩大于校正弹簧 2 的弹簧力对挡销 5 的力矩，则使校正杠杆以挡销 5 为支点逆时针方向转动，并通过销轴 S 带动起动杠杆 1 绕销轴 N 向左摆动，球头销则向右拨动油量控制套筒，增加供油量，从而实现柴油机在低速范围内随转速增加而自动增加供油量的负转矩校正。当校正杠杆靠在校正销大端上时，校正结束。

6.5　柴油供给装置

6.5.1　柴油滤清器

柴油的清洁度对喷油泵、喷油器精密偶件的可靠性及寿命有重大影响。柴油中所含的机械杂质主要由灰尘粒子、金属表面的锈蚀产物、贴在零件表面上的杂质等组成。当周围环境温度急剧变化时，由于水蒸汽的冷凝，会在油箱中沉积出水分。另外，当温度高于 80℃时，由于燃料抗高温氧化性下降，形成沥青、结焦等物质。精密偶件的配合间隙一般都在 $1.5\sim2.5\mu m$，而平均粒度为 $12\mu m$ 的硬质粒子进入系统后，就会引起精密偶件的严重磨损，甚至卡死。

为了保证燃料供给系统可靠地工作，必须采用能滤去机械杂质 99%～99.5% 的高效滤清器，其滤网应能满足滤去 0.002～0.003mm 的粒子的要求。目前常用的单级滤清器或双级滤清器大多采用纸质滤芯，其表面能吸附粒度为 0.001～0.003mm 的机械杂质，纸面上刷有一层清漆，使水分易分离和沉淀，纸质滤芯的寿命一般约 300～400 小时。

纸质滤芯燃油滤清器的结构如图 6.42 所示。来自输油泵的柴油从进油口 5 进入滤清器壳体 6 与纸质滤芯 7 之间的空隙，然后经过滤芯过滤之后，由中心杆 8 经出油口 3 流出。在滤清器盖上设有限压阀 2，当油压超过 0.1～0.15MPa 时，限压阀开启，

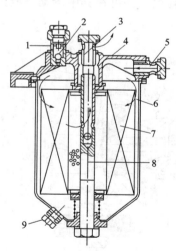

图 6.42　柴油滤清器
1—旁通孔　2—限压阀　3—出油口
4—滤清器盖　5—进油口　6—滤清器壳体
7—滤芯　8—中心杆　9—放油塞

多余的柴油自进油口经限压阀直接返回燃油箱。

重型汽车柴油机经常装置粗、精两级滤清器。当两级滤清器串联使用时，粗滤器采用毛毡等纤维滤芯，精滤器仍用纸滤芯。毛毡滤芯可滤除粒度为 $5\sim10\mu m$ 的杂质。毛毡具有一定的机械强度和弹性，堵塞以后可清洗再用。

6.5.2 油水分离器

当柴油机工作时，柴油首先经油水分离器粗滤，除掉水分和部分杂质，然后再流经燃油滤清器进行细滤，保证柴油的洁净度。

油水分离器由手压膜片泵 1、液面传感器 5、浮子 6、壳体 7 和盖 8 等组成，如图 6.43 所示。柴油经进油口 2 进入分离器，并经出油口 9 流出。柴油中的水分在分离器内从柴油中分离出来并沉积在壳体的底部。浮子 6 随着积水的增多而上浮。当浮子到达规定的放水水位时，液面传感器 5 将电路接通，仪表板上的报警灯发出放水信号，这时驾驶员应及时旋松放水塞 4 放水。手压膜片泵 1 供放水和排气时使用。

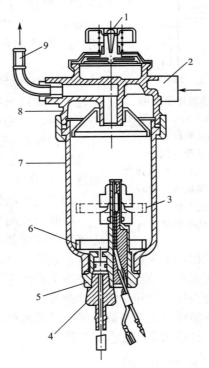

图 6.43 油水分离器
1—手压膜片泵 2—进油口 3—放水水位 4—放水塞 5—液面传感器
6—浮子 7—分离器壳 8—分离器盖 9—出油口

6.5.3 输油泵

输油泵的功用是保证柴油在低压油路内循环，并供应足够数量及一定压力的燃油给喷油泵，其输油量应为柴油机全负荷最大喷油量的 3～4 倍。输油泵有活塞式、膜片式、滑片式及齿轮式等几种。

1. 活塞式输油泵(piston type fuel supply pump)

活塞式输油泵安装在柱塞式喷油泵的侧面,并由喷油泵凸轮轴上的偏心轮驱动。图6.44为其工作原理图。

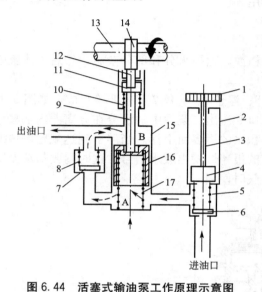

图6.44 活塞式输油泵工作原理示意图
1—手压泵拉钮 2—手压泵体 3—手压泵杆
4—手压泵活塞 5—进油单向阀弹簧
6—进油单向阀 7—出油单向阀
8—出油单向阀弹簧 9—推杆 10—推杆弹簧
11—挺柱 12—滚轮 13—喷油泵凸轮轴
14—偏心轮 15—输油泵体
16—输油泵活塞 17—活塞弹簧

当喷油泵凸轮轴13转动时,在偏心轮14和活塞弹簧17的共同作用下,输油泵活塞16在输油泵体15内做往复运动。当输油泵活塞在活塞弹簧的作用下向上运动时,A腔容积增大,产生真空,进油单向阀6开启,柴油经进油口被吸入A腔。与此同时,B腔容积缩小,其中的柴油压力增高,出油单向阀7关闭,B腔中的柴油经出油口被压出,送往燃油滤清器。当偏心轮14推动滚轮12、挺柱11和推杆9,使输油泵活塞向下运动时,A腔油压增高,进油单向阀关闭,出油单向阀开启,柴油从A腔流入B腔。

若喷油泵供油量减少,或燃油滤清器阻力过大,则使B腔油压增高。当活塞弹簧的弹力恰好与B腔的油压平衡时,活塞便滞留在某一位置而不能回到其行程的止点处。在这种情况下,活塞的行程减小,输油泵的输油量自然减少,从而限制了油压的继续增高,即实现输油量与供油压力的自动调节。

在起动长时间停止工作的柴油机之前,先将燃油滤清器和喷油泵的放气螺钉拧松,再将手压泵拉钮1(图6.44)旋出,上下反复拉动手压泵活塞4,使柴油自进油单向阀6吸入,经出油单向阀7压出,并充满燃油滤清器和喷油泵的低压油腔,将其中的空气驱除干净;然后拧紧放气螺钉,旋进手压泵拉钮,再起动柴油机。

手压泵活塞与手压泵体、输油泵活塞与输油泵体以及推杆与导管等偶件,都经过选配和研磨,达到较精密的配合,在使用中不能拆对互换。

2. 滑片式输油泵(vane fuel supply pump)

由于分配泵每次进油的时间很短,进油节流阻力较大。为了保证分配泵进油充分,需要提高输油压力,为此在分配泵内增设一个滑片式输油泵(参看图6.2中的二级输油泵)。滑片式输油泵由输油泵体、输油泵盖、转子和滑片等零件构成。输油泵转子由分配泵驱动轴传动。4个滑片分别安装在转子的4个滑片槽内。转子偏心地安装在泵体的内孔中,在转子和输油泵体之间形成弯月形工作腔,并被4个滑片分隔成4个工作室。

当转子旋转时,由于工作室的容积不断地由小变大或由大变小,而产生吸油或压油的作用。滑片式输油泵出口油压随其转速的增高而增大。为了保持油压稳定,在输油泵出口装置调压阀。

1. 影响柴油机混合气形成和燃烧的主要因素有哪些？
2. 柴油机燃烧室按结构形式分为哪两大类？各自有哪些燃烧室？
3. 对柴油机喷油系统有哪些要求？
4. 简述柱塞式喷油泵燃油供给系统的组成。
5. 简述分配式喷油泵燃油供给系统的组成。
6. 说明喷油器的工作原理。
7. 什么是低惯量喷油器？结构上有什么特点？为什么采用低惯量喷油器？
8. 简述柱塞式喷油泵和转子分配式喷油泵的工作原理，并说明喷油的计量和调节方式的异同。
9. 什么是柱塞式喷油泵柱塞和转子分配式喷油泵柱塞的有效行程？
10. 分别说明柱塞式喷油泵和分配式喷油泵供油提前角自动调节器的工作原理。
11. 简述 P 型喷油泵的优点。
12. 柴油机为什么要设置调速器？
13. RQ 型两极调速器为什么要利用可变杠杆比？是如何实现的？
14. 简述 RSV 型全程调速器的工作原理。
15. 输油泵的功能是什么？简述活塞式输油泵的工作原理。

第7章 电控柴油喷射系统

教学提示

将传统的机-液喷油系统实现电子控制,成为机-电或机-电-液一体化的喷油系统,并进而实现以控制喷油系统为核心的柴油机综合控制,可以全面优化柴油机性能。电控柴油喷射系统与燃烧室配合更加良好,喷油压力柔性可控、喷油量和喷油时刻控制与调节更加精确并能实现理想的喷射规律。

教学目标

要求学生了解柴油机电控喷射系统的发展过程和趋势,掌握分配式喷油泵实施电子控制的基本方法和工作原理,掌握共轨燃油喷射系统的优点、组成和控制原理。

7.1 概 述

7.1.1 电控柴油喷射系统的发展

全球环境的日益恶化,对柴油机的排放和经济性提出了更高的要求。为了适应更加严格的排放和能源法规的要求,改进柴油机燃油喷射系统是关键环节之一。

将传统的机-液喷油系统改造为电子控制,即机-电或机-电-液一体化的喷油系统,并进而实现以控制喷油系统为核心的柴油机整机综合控制与管理,可优化柴油机性能。

就燃油喷射系统而言,柴、汽油机的控制要素和控制要求有很大不同,汽油机主要是低压的进气支管内或节气门口喷射,对喷射定时和喷油规律(喷油率)没有严格要求;柴油机则是高压缸内喷射，而且要求在毫秒级的时间内完成喷油定时、喷油率、喷油压力与喷油量的精确控制。所以，要达到对燃油喷入量、喷油时刻和油束的空间形态三方面的控制优于传统机-液喷油系统的目的，其难度要比汽油机电控喷射大得多。例如，重型载货汽车电控泵喷嘴使用的电磁控制阀与汽油机的电磁喷油器相比，承受压力高了300~500倍，启闭速度则要快10~20倍。

因此，柴油机电控技术的发展比汽油机滞后。但是，随着微型计算机技术、电子与传感器技术和汽油机电控技术的发展，尤其是高速强力电磁阀的研制成功，柴油机电控技术的一系列关键问题得到解决，迅速发展起来。

柴油机电控技术从最初的对传统直列泵和转子分配泵的电控化改造，发展到柔性灵活控制的共轨式电控燃油喷射系统，呈现多样性与复杂性。

7.1.2 系统组成与分类

柴油机和汽油机的电控技术从总体上说有类似之处，即各种机构的电控系统都由传感器、电控单元 ECU 和执行器组成。但相对于汽油喷射系统，柴油机的电控系统更加多样化，具体功能及对性能的影响，不同系统则各不相同。

柴油机电控喷油系统根据不同的控制方式，分为压力脉动式电控喷油系统、压力脉动＋时间控制式喷油系统和共轨式喷油系统3类。压力脉动式喷油系统包括直列喷油泵、分配泵等，这类泵的原有的油量及供油规律控制靠柱塞螺旋槽(分配泵为油量控制套筒)、机械调速器和油泵凸轮，喷油定时靠机械式喷油提前器(分配泵为液压自动提前器)，它们的供油方式都是靠压力的脉动变化。将这类喷油系统电控化，压力脉动的供油方式没有改变，称为压力脉动式电控喷油系统。

压力脉动＋时间控制式喷油系统主要指电控泵喷嘴系统和电控单体泵系统，此类系统仍保持传统的柱塞往复运动而形成的压力脉动供油方式，但由电磁溢流阀开、闭时间和时刻控制油量和定时。

共轨式喷油系统不采用柱塞泵的压力脉动供油原理，而是由公共油道(共轨)或蓄压室向各喷油器提供所需的高压燃油，通过随工况而变化的实时控制共轨上的高速电磁阀调节喷射压力和喷油规律。这类电控系统又分为蓄压式电控燃油喷射系统、液力增压式电控燃油喷射系统和高压共轨式电控燃油喷射系统。

7.2 电控柴油喷射系统组成

7.2.1 电控直列泵

在原直列喷油泵的基础上装有齿杆位移传感器、凸轮轴或曲轴的转角位移及转速传感器、线性电磁铁的执行器、电控单元等组成的控制系统，对喷油量进行调节。喷油量的计量按位置控制方式，根据加速踏板位置、转速等输入信息、以柱塞的供油始点和供油终点间的物理长度，即有效行程(位置)确定，而有效行程又是由供油齿杆的位置决定的。图7.1为德国博世公司的电控直列泵。

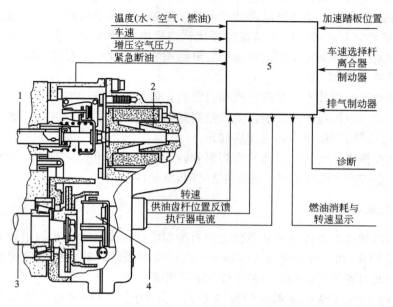

图 7.1 博世公司的电控直列泵
1—供油齿杆 2—比例电磁铁 3—油泵凸轮轴
4—转速传感器 5—电控单元(ECU)

如第 6 章所述，直列喷油泵的机械控制喷射系统通过加速踏板和调速器作用于齿杆，反馈的控制信息是柴油机转速和加速踏板的位置，二者通过机械联系改变供油齿杆位置而控制喷油量，电控后喷射系统则通过传感器检测柴油机的运行状态和环境条件，并由电控单元 ECU 计算出适应柴油机运行状况的控制量，然后由执行器实施。具体说来，加速踏板位置为一可变电压信号，它反映的是驾驶员愿望，通过标定加速踏板位置电压信号和转速信号与供油齿杆位置的对应关系，同时包括由其他传感器，如各种温度、进气压力、车速、制动、离合器分离等信号对供油齿杆位置进行修正的关系，并以软件的形式存储于 ECU 中，ECU 检测到各种信息后，通过线性电磁铁的执行器改变齿杆位置。例如，当采集到离合器分离信号时，线性电磁铁的执行器将齿杆拉到怠速位置。因此，它比纯机械喷射系统控制精确、灵敏；而且在需要扩大控制功能时，只需改变电控单元的存储软件，便可实现综合控制。

以上结构的电控直列泵还不能实现对喷油始点和喷油规律的电子控制。也就是说，还需要装备机械式喷油提前器。要实现该功能，可以采用可变预行程结构。其原理是通过喷油定时杆将原本固定的柱塞套筒用旋转电磁铁使套筒能在小范围内上下移动，从而就能选择喷油时刻。图 7.2 为日本 Zexel 公司的可变预行程直列泵。它是在博世公司的电控直列泵的基础上开发的。

上述电控喷油泵改动最小，是最早的柴油机电控产品。但由于供油齿杆及联动装置、柱塞套等都是惯性大的零部件，所以过程控制慢，精度不够高，喷射压力难以进一步提高，虽然可变预行程对喷油规律有一定的调节作用，但调节柔性低，结构复杂。

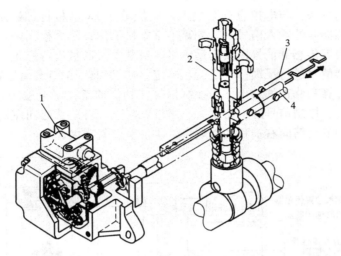

图 7.2　Zexel 公司的可变预行程直列泵
1—预行程执行器　2—柱塞副　3—齿杆　4—喷油定时杆

7.2.2　电控分配泵

用电控装置取代机械调速器和提前器，对 VE 分配泵供油量调节套筒的位置以及液压提前器进行低频连续调节，以实现油量和定时的控制，图 7.3 是日本电装公司用 VE 分配泵的电控喷油系统。

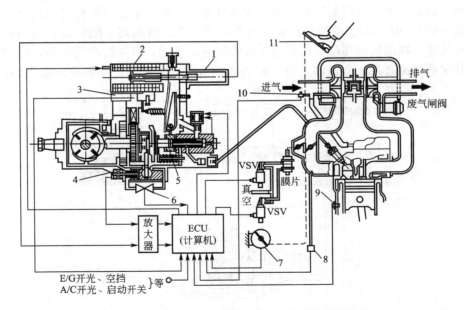

图 7.3　日本电装公司用 VE 分配泵的电控喷油系统
1—供油量调节套筒位置传感器　2—供油量控制电磁阀　3—转速传感器
4—定时器位置传感器　5—供油量调节套筒　6—定时器控制阀　7—加速踏板位置传感器
8—进气压力传感器　9—冷却液温度传感器　10—进气温度传感器　11—加速踏板

供油量的控制方法：与电控直列泵类似，电控单元 ECU 根据加速踏板位置传感器 7 和柴油机转速传感器 3 的输入信号，首先算出基本供油量；然后根据来自冷却液温度、进气温度和进气压力等传感器信号以及起动信号，对基本供油量进行修正；再按供油量调节套筒 5 位置传感器信号进行反馈修正之后，确定最佳供油量（调节套筒位置）。

电控单元把计算和修正的结果作为控制信号传到供油量控制电磁阀（图 7.4），产生磁力，吸引可动铁心。控制信号的电流越大，磁场就越强，可动铁心向左的移动量越大，通过杠杆将供油量调节套筒向右推移的就越多，供油量也就越大。

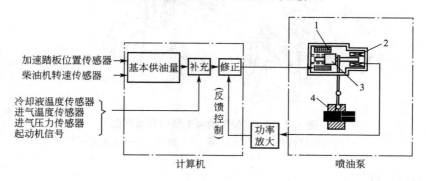

图 7.4 供油量的控制
1—供油量控制电磁阀　2—供油量调节套筒传感器
3—可动铁心　4—供油量调节套筒

供油定时的控制方法：电控单元首先根据柴油机转速和加速踏板位置等传感器的输入信号，初步确定一个供油时刻，然后再根据进气压力、冷却液温度等传感器的信号和起动机信号进行修正（图 7.5）。喷油泵的喷油提前器活塞位置传感器 1 的铁芯直接与喷油提前器的活塞相连。喷油提前器活塞位置信号反馈给电控单元，以实行反馈控制。电控单元根据最后确定的供油时刻，向供油定时控制阀 3 的线圈 6 通电，可动铁心 7 被电磁铁吸引，

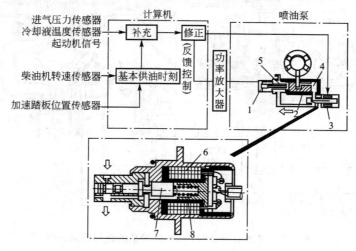

图 7.5 供油定时的控制
1—喷油提前器活塞位置传感器　2—喷油提前器活塞　3—供油定时控制阀
4—高压腔　5—低压腔　6—供油定时控制阀线圈　7—可动铁心　8—弹簧

压缩弹簧 8 向右移动,打开喷油提前器由高压腔 4 通往低压腔 5 的油路,使喷油提前器活塞两侧的压差减小,活塞 2 向右移动,供油时刻推迟,即供油提前角减小。

供油定时控制阀是电磁阀。通过改变流过电磁线圈的脉冲电流的占空比,改变由喷油提前器的高压腔到低压腔的流通截面积,以调整喷油提前器活塞两侧的压力差,使活塞产生不同的位移,以控制供油时刻。

电控分配泵相对于其原来纯机械式调节方式,控制油量和供油时刻精确、灵敏,不存在产生失调的可能性;在需要扩大控制功能时,只需改变电控单元的存储软件,便可实现综合控制。通过改换输入装置的程序和数据,可以改变控制特性,一种喷射系统可用于多种柴油机,也可在一种柴油机上实现不同的控制模式,优化柴油机的运转特性。

电控分配泵与电控直列泵相比,虽然在控制和调节方法上类似,由于前者被控元件更轻量化,故精度和灵敏度要高,因此在轿车、轻型客车、轻型卡车上得到广泛应用。

脉动式电控喷油系统只是对传统喷油系统的初步电控化改造。由于未变更原有喷油装置,脉动供油以达到喷射的特性保持不变,一般不能对喷油率和喷油压力进行调控。此外,由于不是对油量和定时进行直接控制,存在中间环节,控制响应速度不能满足现代柴油机的要求,同时也做不到各缸的独立控制。

7.2.3 电控单体泵

1. 时间控制式喷油系统的优点

合理的燃烧放热规律是柴油机具备良好动力性、经济性及降低排放与噪声的关键,而燃烧放热规律又是由喷油规律决定的。燃烧放热规律包括三要素,即燃烧放热始点、放热持续期和放热率曲线形状。

一般说来,传统的机械式喷油系统及上述的压力脉动式电控喷油系统通过调节供油提前角控制燃烧放热始点,通过油量调节、改变喷油持续角、改善雾化、加强缸内空气流动、喷油系统与燃烧室的合理匹配等措施控制放热持续期和放热率曲线形状,但由于喷油率(喷入气缸的油量与时间的关系)不可控,放热持续期和放热率曲线形状的控制既达不到较高的精度,也不能兼顾柴油机全工况范围。

时间控制式喷油系统实现了对喷油率的柔性控制,对于改善柴油机的性能具有十分重要的意义。

首先将利用柱塞泵的脉动喷油系统进行时间控制式的电子控制,它仍保持传统的柱塞往复运动脉动供油方式,利用安装在高压油路中的高速、强力电磁溢流阀来直接控制喷油始点和喷油量,柱塞副只起加压、供油作用,没有油量调节功能。为此取消了专用于调节油量和定时的机构,如调速器、提前器、供油调节杆、柱塞斜槽乃至出油阀组件等。

2. 电控单体泵的工作原理

图 7.6 是德国博世公司电控单体泵系统在柴油机上的安装图;图 7.7 为其工作原理图。

每个独立的单体泵(每缸一个)仍然是柱塞泵,柱塞在凸轮轴驱动下给燃油加压,旁通油路在电磁溢流阀关闭时,柱塞腔内压力不断升高。当压力升高到一定值时,喷油器打开,燃油喷入;旁通油路在电磁溢流阀打开时,柱塞腔泄压,使喷油器关闭。因此电磁溢流阀打开的时刻决定喷油提前角,打开的时间决定喷油量,同时可以得到所需要的喷油率。

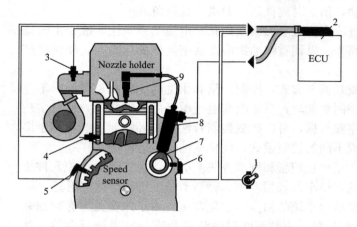
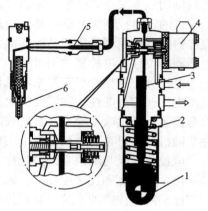

图 7.6　电控单体泵在柴油机上的安装图
1—加速踏板传感器　2—电控单元　3—增压压力传感器
4—冷却液温度传感器　5—曲轴转速传感器
6—凸轮轴转速传感器　7—驱动凸轮轴
8—单体泵　9—喷油器

图 7.7　电控单体泵工作原理图
1—驱动凸轮轴　2—柱塞
3—柱塞腔　4—电磁溢流阀
5—高压油路　6—喷油器

7.2.4　电控泵喷嘴

图 7.8 德国博世公司电控泵喷嘴系统在柴油机上的安装图,图 7.9 为电控泵喷嘴工作原理图。

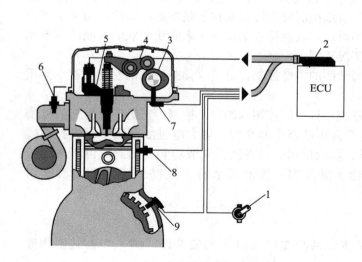
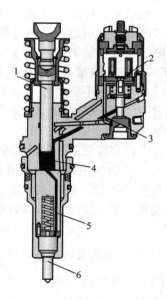

图 7.8　电控泵喷嘴在柴油机上的安装图
1—加速踏板传感器　2—电控单元　3—驱动凸轮轴
4—摇臂　5—泵喷嘴喷油器　6—增压压力传感器
7—转速传感器　8—冷却液温度传感器　9—曲轴位置传感器

图 7.9　电控泵喷嘴工作原理图
1—柱塞　2—电磁溢流阀
3—旁通油路　4—柱塞腔
5—高压油路　6—喷油器

电控泵喷嘴也是每缸一个，它取消了高压油管，工作原理与电控单体泵类似：柱塞在凸轮轴和摇臂的驱动下给燃油加压，旁通油路在电磁溢流阀关闭时，柱塞腔内压力升高使喷油器打开，燃油喷入；旁通油路在电磁溢流阀打开时，柱塞腔泄压，喷油器关闭。同样，电磁溢流阀打开的时刻决定喷油提前角，打开的时间决定喷油量，同时可以得到与电控单体泵相同的喷油率，即二者也具有同样的控制效果。

电控单体泵与电控泵喷嘴系统是目前已使用的两种时间控制式柱塞泵脉冲燃油喷射系统，它们均为"时间-压力"计量方式，其中供油压力仍是由凸轮的运转规律决定的，虽然可以达到 160~180MPa 的喷射压力，但不可控，因此控制喷油量的大小要首先考虑供油压力变化规律，然后由电磁溢流阀开启脉冲的大小来调节。喷油率虽然可控，但受凸轮的运转规律限制。另外，由于驱动系统复杂，强度要求高，所以目前只在重载柴油机上应用。

7.3 共轨柴油喷油系统

7.3.1 工作原理

1. 高压共轨系统的优点

共轨系统不再应用柱塞压力脉动供油原理，而是先将柴油以高压（喷油压）状态蓄集在被称为共轨（common rail）的容器中，然后利用电磁三通阀将共轨中的压力油引到喷油器中完成喷射任务。利用安装在高压油路中的高速、强力电磁溢流阀来直接控制喷油始点和喷油量，通过实时变更电磁阀升程和改变高压油路中的油压来实现对喷油率和喷油压力的控制。

共轨中蓄积着与喷油压力相同的柴油，此油直接进入喷嘴（针阀腔）开启针阀进行喷射，这就是高压共轨系统。比较成熟的有德国博世公司的 CR 系统、日本电装公司的 ECD-U2 系统等。

概括起来高压共轨系统的主要优点如下。

（1）共轨系统中的喷油压力柔性可调，对不同工况可确定所需的最佳喷射压力，从而优化了柴油机综合性能。

（2）可独立地柔性控制喷油正时，配合高的喷射压力（120~200MPa），可同时控制 NO_x 和微粒（PM）在较小的数值内，以满足排放要求。

（3）柔性控制喷油速率变化，实现理想喷油规律，容易实现预喷射和多次喷射，既可降低柴油机的噪声和 NO_x 的排放，又能保证优良的动力性和经济性。

（4）由电磁阀控制喷油，其控制精度较高，高压油路中不会出现气泡和残压为零的现象，因此在柴油机运转范围内，循环喷油量变动小，各缸供油不均匀可得到改善，从而减轻柴油机的振动和降低排放。

（5）能分缸调控并且响应快。

（6）具有极好的燃油密封性，高压燃油泄漏量小，降低了驱动燃油泵的功率损失。

（7）有很好的可安装性。对柴油机不要求附加驱动轴，可以像通常的直列式油泵一样安装，只需略加修改喷油器支架，就可安装电控喷油器。

高压共轨系统与常规的喷油泵-高压油管-喷油嘴系统相比，后者的喷油压力一般随转速的升高而升高，有的系统还与负荷有关。这种特性对低速和部分负荷下的燃油经济性和烟度不利，而共轨系统可以做到喷油压力不随转速变化而变化的特性，并可保持到柴油机的低转速达 500r/min。同时，最小循环供油量可达每循环 $1mm^3$，其值远小于重型卡车用柴油机为保持最低稳定转速所需的每循环 $12mm^3$。

高压共轨系统是一个电子控制的精确的压力-时间油量控制系统，共轨中压力波动很小，它没有常规电控喷油系统中存在的一些问题，如没有由压力波而产生的难控区、失控区，也没有调速器能力不足等问题，可实现柴油机所需的理想油量控制特性。

2. 高压共轨系统的组成与工作原理

图 7.10 为博世公司的共轨燃油喷射系统的基本组成图。主要由电控单元（ECU）14、高压油泵（high-pressure pump）2、共轨管（common rail）6、电控喷油器（electronic injector）8 以及其他传感器（sensors）12 与其他执行器（executors）13 等组成。

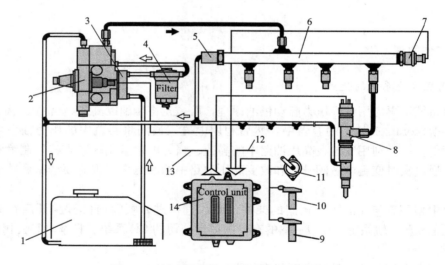

图 7.10 博世公司的 CR 共轨燃油喷射系统

1—油箱 2—高压油泵 3—齿轮泵 4—燃油滤清器 5—调压控制阀
6—共轨管 7—油轨压力传感器 8—电控喷油器 9—曲轴位置传感器
10—转速传感器 11—加速踏板 12—其他传感器
13—其他执行器 14—电控单元（ECU）

低压的齿轮泵 3 将燃油输入高压油泵 2，高压油泵 2 将燃油加压送入共轨管 6，共轨管 6 中的压力由电控单元 14 根据油轨压力传感器 7 测量的油轨压力以及电控单元预设的压力 MAP 图进行调节，高压油轨内的燃油经过高压油管，根据机器的运行状态，由电控单元从预设的 MAP 图中确定合适的喷油定时、喷油持续期和喷油率，然后电液控制的电控喷油器 8 将燃油喷入气缸。高压油泵只起向燃油轨供油的作用，其工作频率与柴油机转速没有固定的约束关系，可任意选择，只需保持共轨腔的油压即可。将油箱来的低压油泵入，经调压控制阀 5 调节到喷油所需的压力。

ECD-U2 系统的总体布置如图 7.11 所示。包括高压供油泵 11、共轨管 4、喷油管、电控单元 ECU 以及多种传感器。

高压供油泵是一个两缸直列泵，该泵的凸轮是一个三叶凸轮，近似三角形，凸轮轴旋转一次，每缸供油 3 次，装在它上面的油泵控制阀（PCV）12 接受来自 ECU 的指令控制旁通油量，达到控制共轨管 4 内油压的目的。共轨管 4 中的油压由燃油压力传感器 3 送到 ECU 中，并经预先储存在 ECU 中的油压 MAP 图（喷油压力与转速、负荷关系图）的比较和修正，进行喷油压力的反馈控制。共轨油压同样作为喷油器的背压（控制室内压力）使用，喷油量与喷油定时的控制依靠三通阀（TWV）5 不断变动控制室内的背压来实现，即依靠 ECU 指令，依靠作用在 TWV 上的电脉冲宽度来实现循环喷油

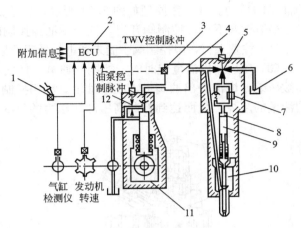

图 7.11　日本电装公司的 ECD－U2 共轨燃油喷射系统
1—加速踏板　2—电控单元　3—燃油压力传感器
4—共轨管　5—三通阀（TWV）　6—燃油箱
7—节流孔　8—控制室　9—液压活塞　10—喷嘴
11—高压供油泵　12—油泵控制阀

量的变化，依靠改变脉冲的定时来实现喷油定时的变化，依靠喷油器设计措施和脉冲作用方式的变化来实现喷油率的变化。ECD－U2 可实现三角形、靴形和引导喷射 3 类喷油率形状。

7.3.2　典型结构

1. 高压油泵（high-pressure pump）

高压油泵的供油量的设计准则是必须满足在任何工况下，柴油机的喷油量与控制油量之和的需求以及起动和加速时的油量变化的需求。由于共轨系统中喷油压力的产生与燃油喷射过程无关，且喷油正时也不由高压油泵的凸轮来保证，因此高压油泵的压油凸轮可以按照峰值转矩最低、接触应力小和耐磨的设计原则来设计。

博世公司采用由柴油机驱动的三缸径向柱塞泵来产生高达 135MPa 的压力（图 7.12）。

该高压油泵在每个压油单元中采用了多个压油凸轮，使其峰值转矩降低为传统高压油泵的 1/9，负荷也比较均匀，降低了运行噪声。该系统中高压共轨腔中压力的控制是通过对共轨腔中燃油的放泄来实现的。为了减小功率损耗，在喷油量较小的情况下，将关闭三缸径向柱塞泵中的一个压油单元使供油量减少。

ECD－U2 系统通过控制直列泵上面的油泵控制阀的旁通油量，如图 7.13 所示，即控制低压燃油有效进油量的方法，达到控制共轨管内

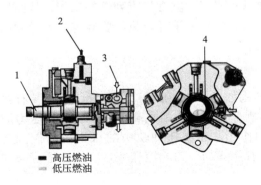

图 7.12　三缸径向柱塞型高压油泵
1—凸轮轴　2—出油口（到共轨管）
3—机油进油口　4—压油凸轮

的油压的目的。其工作原理如图7.14所示，表述如下。

（1）柱塞下行，控制阀开启，低压燃油经控制阀流入柱塞腔。

（2）柱塞上行，但控制阀中尚未通电，处于开启状态，低压燃油经控制阀流回低压腔。

（3）在达到供油量定时时，控制阀通电，使之关闭，回流油路被切断，柱塞腔中的燃油被压缩，燃油经出油阀进入高压油轨。利用控制阀关闭时间的不同，控制进入高压油轨的油量的多少，从而达到控制高压油轨压力的目的。

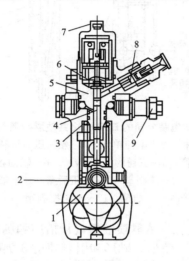

图7.13 三作用凸轮直列高压油泵
1—3次工作凸轮 2—挺柱体 3—柱塞弹簧
4—柱塞 5—柱塞套 6—外开型电磁阀
7—接头 8—出油阀 9—溢流阀

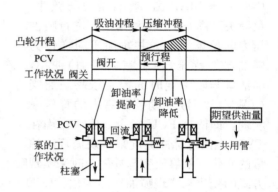

图7.14 三作用凸轮直列高压油泵工作原理

（4）凸轮经过最大升程后，柱塞进入下降行程，柱塞腔内的压力降低，出油阀关闭，停止供油，这时控制阀停止供电，处于开启状态，低压燃油进入柱塞腔，进入下一个循环。

高压供油泵采用小柱塞直径、长冲程和低凸轮轴转速的设计，以减少燃油泄漏、运动阻力以及驱动力矩高峰值。由于采用两缸直列泵就相当于六缸常规直列泵的功能，从而显著减小了供油泵的尺寸。另外，高压油泵不产生额外的功率消耗，只需要确定控制脉冲的宽度和控制脉冲与高压油泵凸轮的相位关系即可。

2. 共轨管（common rail）

共轨管存储高压燃油，保持压力稳定，其结构如图7.15所示，共轨管2上安装有共轨压力传感器1、限压阀3和流量限制器4。共轨管容积具有削减高压油泵的供油压力波动和每个喷油器由喷油过程引起的压力振荡的作用，使高压油轨中的压力波动控制在5MPa以下。但其容积又不能太大，以保证共轨有足够的压力响应速度，以快速适应柴油机工况的变化。

共轨压力传感器由压力传感膜片3、分析电路2等组成，其结构如图7.16所示。当燃油经小孔流向共轨压力传感器时，压力传感膜片感受共轨燃油压力，通过分析电路，将压力信号转换为电信号。

电控柴油喷射系统 第7章

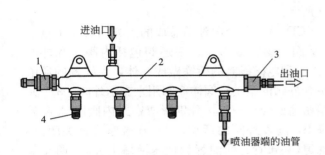

图 7.15 Bosch 公司 CR 系统的共轨管结构
1—共轨压力传感器 2—共轨管
3—限压阀 4—流量限制器

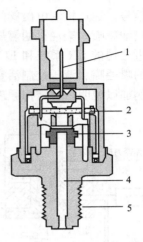

图 7.16 共轨压力传感器结构
1—电子接头 2—分析电路
3—压力传感膜片 4—高压油管 5—螺纹

限压阀的作用是限制共轨管中的压力,其结构如图 7.17 所示,当压力超过限压阀中的弹簧力时,柱塞 4 被顶起,高压燃油溢出,通过集油管流回油箱,保证共轨压力不超过系统最大压力。

流量限制器的作用是防止喷油器出现持续喷油,其结构如图 7.18 所示,柱塞 3 在静止时受弹簧力的作用总是靠在堵头一端。喷油后,喷油器端的压力下降,柱塞在共轨压力的作用下向喷油器端移动,但并不关闭密封锥面。只有在喷油器出现持续喷油,导致柱塞下移量增大时,才封闭通往喷油器的通道,切断供油。

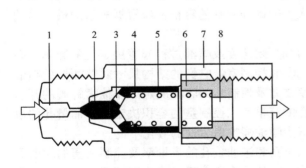

图 7.17 限压阀结构
1—高压油管 2—阀门 3—通道 4—柱塞
5—弹簧 6—限位块 7—阀体 8—通道

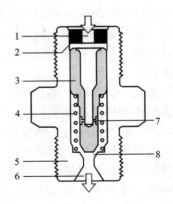

图 7.18 流量限制器结构
1—共轨管接头 2—锁紧垫圈
3—柱塞 4—弹簧 5—壳体
6—喷油器接头 7—节流孔 8—座面

3. 电控喷油器(electronic injector)

电控喷油器是共轨式燃油系统中最关键和最复杂的部件,它的作用是根据 ECU 发出的控制信号，通过控制电磁阀的开启和关闭，将高压油轨中的燃油以最佳的喷油定时、喷油量和喷油率喷入柴油机的燃烧室。

博世公司的 CR 系统和 ECD-U2 的电控喷油器的结构基本相似，都是由与传统喷油器相似的喷油嘴、液压控制活塞、控制量孔、控制电磁阀等组成。以 ECD-U2 的电控喷油器为例加以说明，其结构原理如图 7.19 所示。

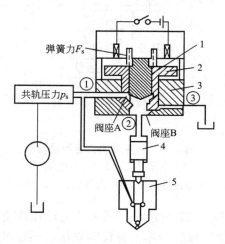

图 7.19 电控喷油器的工作原理图
1—内阀 2—外阀 3—阀体
4—液压活塞 5—喷嘴

ECD-U2 每个喷油器总成的上方均有一个电控 TWV 阀，参看图 7.19。三通阀包括内阀 1 和外阀 2，外阀和电磁线圈的衔铁做成一体，由线圈的通电来指令外阀的运动，阀体 3 则用来支承外阀。3 个元件精密地配合在一起，分别形成密封内阀座 A 和外阀座 B，随着外阀的运动，A、B 阀座交替关闭，3 个油道（共轨管、回油管和液压活塞上腔）两两交替接通，三通阀仅起压力开关阀的作用，本身并不控制喷油量。

当线圈没有通电时，外阀在弹簧力作用下落座，内阀在油道①的油压作用下上升（图 7.19），此时密封内阀座 A 开启，油道①、②相通，高压油从①进入液压活塞上腔②中。

当线圈通电时，外阀在电磁力的吸引下向上运动，关闭密封内阀座 A，此时内阀仍停留在上方，外阀座 B 开启，油道②、③相通，活塞上腔向回油室放油，这时喷油器喷油。线圈通电时间即喷油脉宽，决定喷油量。油道①、②也称为控制量孔，液压活塞上部的空间称为控制室的容积。

控制室的容积的大小决定了针阀开启时的灵敏度，控制室的容积太大，针阀在喷油结束时不能实现快速的断油，使后期的燃油雾化不良；控制室容积太小，不能给针阀提供足够的有效行程，使喷射过程的流动阻力加大，因此控制室的容积也应根据机型的最大喷油量合理选择。

控制量孔①、②的大小对喷油嘴的开启和关闭速度及喷油过程起着决定性的影响。因此三个关键性结构是进油量孔①、回油量孔②和控制室，它们的结构尺寸对喷油器的喷油性能影响大。回油量孔与进油量孔的流量率之差及控制室的容积决定了喷油嘴针阀的开启速度，而喷油嘴针阀的关闭速度由进油量孔的流量率和控制室的容积决定。进油量孔的设计应使喷油嘴针阀有足够的关闭速度，以减少喷油嘴喷射后期的雾化不良。

此外喷油嘴的最小喷油压力取决于回油量孔和进油量孔的流量率及控制活塞的端面面积。这样在确定了进油量孔、回油量孔和控制室的结构尺寸后，就确定了喷油嘴针阀完全开启的稳定、最短喷油过程，同时也确定了喷油嘴的稳定最小喷油量。控制室容积的减少可以使针阀的响应速度更快，使燃油温度对喷油量的影响更小。但控制室的容积不可能无限制减少，它应能保证喷油嘴针阀的升程以使针阀完全开启。两个控制量孔决定了控制室中的动态压力，从而决定了针阀的运动规律。

由于高压共轨喷射系统的喷射压力非常高，因此其喷油嘴的喷孔截面积很小，如博世公司的喷油嘴的喷孔直径为 0.169mm×6，在如此小的喷孔直径和如此高的喷射压力下，燃油流动处于极端不稳定状态,油束的喷雾锥角变大,燃油雾化更好,但贯穿距离变小。因此应改变原柴油机进气的涡流强度、燃烧室结构形状以确保最佳的燃烧过程。

对于喷油器电磁阀,由于共轨系统要求它有足够的开启速度,考虑到预喷射是改善柴油机性能的重要喷射方式,控制电磁阀的响应时间应缩短。博世公司 CR 系统的开启响应时间为 0.35ms,关闭响应时间为 0.4ms,全负荷能耗为 50W。

1. 对照机械式 VE 分配泵(参看第 6 章),说明电控 VE 分配泵的工作原理和优点。
2. 举例说明什么是"时间-压力"计量方式,电控泵喷嘴与电控单体泵系统的控制还存在哪些不足?
3. 高压共轨系统有哪些优点?
4. 简述高压共轨系统的工作原理。
5. 以带三通阀 ECD-U2 系统为例,说明电控喷油器的工作原理。

第 8 章
进、排气系统及排气净化装置

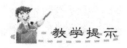教学提示

发动机进、排气系统的作用是供给发动机新鲜空气,并将发动机燃烧后的废气排至大气。一般进气系统主要包括空气滤清器和进气支管。排气系统分为单排气系统和双排气系统。本章还将介绍发动机的增压和发动机外部的排气净化装置。

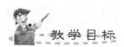教学目标

要求学生了解发动机进、排气系统的各种结构类型。重点掌握进、排气系统主要部件的结构和工作原理,了解增压器和排气净化装置的基本结构和工作原理。

发动机进、排气系统的作用是供给发动机新鲜空气,并将发动机燃烧后的废气排至大气。发动机进、排气系统由进气系统和排气系统构成。发动机进、排气系统的性能对发动机的动力性、经济性、排放性能有直接影响。柴油机和汽油机由于使用燃料的性质不同、供油方式不同导致进气系统的结构形式不同,两者的排气系统基本相同。进、排气系统的结构如图 8.1 所示。

进、排气系统及排气净化装置 第8章

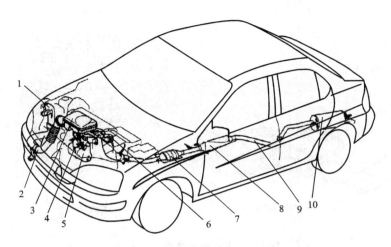

图 8.1 空气滤清器及进、排气装置
1—空气进气口 2—进气管 3—空气滤清器 4—空气流量计
5—进气支管 6—排气支管 7—三元催化转换器
8—副排气消声器 9—排气管 10—主排气消声器

8.1 进 气 系 统

进气系统的功用是尽可能多且均匀地向各气缸供给可燃混合气或纯净的空气。一般进气系统主要包括空气滤清器和进气支管。在化油器式和节气门体汽油喷射式发动机上通常装有进气预热装置。为了增进进气效果，有的进气系统还装有谐振器。在汽油喷射式发动机的进气系统中还包括空气流量计。

8.1.1 空气滤清器

空气滤清器的功用是滤除空气中的杂质或灰尘，也有消减进气噪声的作用。空气滤清器一般由进气导流管、空气滤清器盖、空气滤清器外壳和滤芯等组成。空气滤清器有多种结构形式。

1. 纸滤芯空气滤清器

纸滤芯空气滤清器被广泛用于各类汽车发动机上，其结构如图 8.2 所示。微孔滤纸制成的滤芯 1 安装在滤清器外壳 2 中。滤芯的上、下表面是密封面，当拧紧蝶形螺母 4 把滤清器盖 3 紧固在滤清器上时，下密封面 8 和上密封面 9 分别与滤清器盖及滤清器外壳底部的配合面贴紧密合。滤纸 7 打褶，以增加滤芯的过滤面积和减小滤芯阻力。滤芯外面是多孔金属网 6，用来保护滤芯在运输和保管过程中不使滤纸破损。在发动机工作时，空气从滤芯的四周穿过滤纸进入滤芯中心，随后流入进气管。杂质被滤芯阻留在滤芯外面。纸滤芯空气滤清器有质量轻、成本低和滤清效果好等优点。纸滤芯有干式和湿式两种。干式纸滤芯可以反复使用。干式纸滤芯经过浸油处理后即为湿式纸滤芯，不能反复使用，需定期更换。

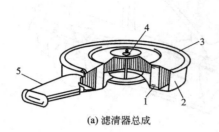
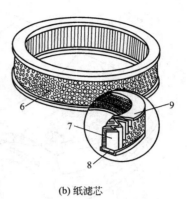

(a) 滤清器总成　　　　　(b) 纸滤芯

图 8.2　干式纸滤芯空气滤清器
1—滤芯　2—滤清器外壳　3—滤清器盖　4—蝶形螺母
5—进气导流管　6—金属网　7—打褶滤纸
8—滤芯下密封面　9—滤芯上密封面

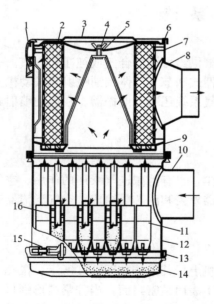

图 8.3　双级复合式空气滤清器
1—卡簧　2—纸滤芯　3—滤清器上盖
4—蝶形螺母　5—密封垫
6、9、13—密封圈　7—上体
8—出气口　10—进气口　11—旋流管
12—下体　14—集灰盘　15—卡箍
16—旋流管螺旋导向面

2. 离心式及复合式空气滤清器

离心式空气滤清器多用于大型载货汽车上。在许多自卸车或矿山用汽车上还使用离心式与纸滤芯式相结合的双级复合式空气滤清器(图 8.3)。双级复合式空气滤清器的上体 7 是纸滤芯空气滤清器，下体 12 是离心式空气滤清器。空气从滤清器下体的进气口 10 首先进入旋流管 11，并在旋流管内螺旋导向面 16 的引导下产生高速旋转运动。在离心力的作用下空气中的大部分灰尘被甩向旋流管壁并落入集灰盘 14 中，空气则从旋流管顶部进入纸滤芯空气滤清器。空气中残存的细微杂质被纸滤芯 2 滤除。

3. 进气导流管

在现代轿车上，为了增强发动机的谐振进气效果，空气滤清器进气导流管需要有较大的容积。但是导流管不能太粗，以保证空气在导流管内有一定的流速，因此，进气导流管只能做得很长(图 8.4)，有利于实现从车外吸气。

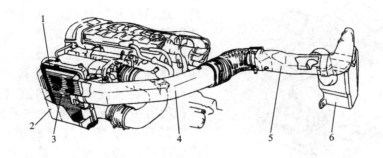

图 8.4 空气滤清器进气导流管
1—空气滤清器外壳 2—空气滤清器盖 3—滤芯
4—后进气导流管 5—前进气导流管 6—谐振室

8.1.2 进气支管

汽油机进气支管的作用是将化油器所供给的可燃混合气，分别送到发动机的各个气缸内。柴油机进气支管的作用则是将空气分别送到发动机的各个气缸内。

1. 进气支管的结构

对于化油器式或节气门体汽油喷射式发动机，进气支管指的是化油器或节气门体之后到气缸盖进气道之前的进气管路。它的功用是将空气、燃油混合气从化油器或节气门体分配到各缸进气道。对于气道燃油喷射式发动机或柴油机，进气支管只是将洁净的空气分配到各缸进气道。

一般化油器式或节气门体燃油喷射式发动机的进气支管由合金铸铁制造，轿车发动机多用铝合金制造。铝合金进气支管质量轻、导热性好。进气道燃油喷射式发动机除应用铝合金进气支管外，近来采用复合塑料进气支管的发动机日渐增多。这种进气支管质量极轻，内壁光滑，无需加工。图 8.5 和图 8.6 分别为节气门体喷射式和进气道喷射式发动机的进气支管。

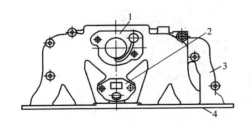

图 8.5 节气门体燃油喷射式发动机进气支管
1—节气门体安装面 2—废气再循环阀安装面
3—循环冷却液管 4—进气支管安装面

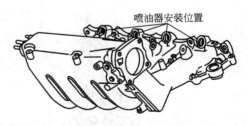

图 8.6 气道燃油喷射式发动机进气支管

2. 谐振进气系统

利用发动机的进气脉动，使进入发动机的空气在进气门开启时的压力为正压，实现"气体动力增压"，提高发动机的进气量，进而改善发动机的动力性。由于进气过程具有间歇性和周期性，致使进气支管内产生一定幅度的压力波。此压力波以当地声速在进气系统内传播和往复反射。如果利用一定长度和直径的进气支管与一定容积的谐振室组成谐振进气系统(图8.7)，并使其自振频率与气门的进气周期调谐，那么在特定的转速下，就会在进气门关闭之前，在进气支管内产生大幅度的压力波，使进气支管的压力增高，从而增加进气量。这种效应称作进气波动效应。谐振进气系统的优点是没有运动件，工作可靠，成本低。但只能增加特定转速下的进气量和发动机转矩。

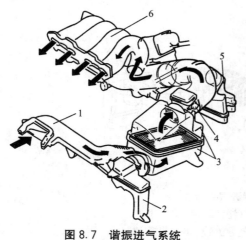

图8.7 谐振进气系统
1—进气导流管 2—副谐振室
3—空气滤清器 4—空气流量传感器
5—主谐振室 6—进气支管

3. 可变进气支管

为了充分利用进气波动效应和尽量缩小发动机在高、低速运转时进气速度的差别，从而达到改善发动机经济性及动力性特别是改善中、低速和中、小负荷时的经济性和动力性的目的，要求发动机在中、低转速时配用细而长的进气支管，在高速时配用短而粗的进气支管。可变进气支管就是为适应这种要求而设计的。

如图8.8所示为一种能根据发动机转速和负荷的变化而自动改变有效长度的进气支管。当发动机低速运转时，发动机电子控制装置5指令转换阀控制机构4关闭转换阀3，这时空气经空气滤清器1和节气门2沿着弯曲而又细长的进气支管流进气缸。细长的进气支管提高进气速度，增强了气流的惯性，使进气量增多。当发动机高速运转时，转换阀3开启，空气经空气滤清器1和节气门2直接进入粗短的进气支管。短粗的进气支管进气阻力小，也使进气量增多。可变长度进气支管不仅可以提高发动机的动力性，还由于它提高

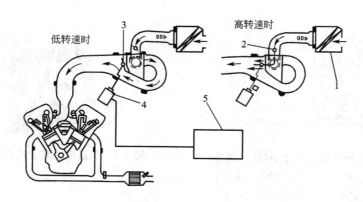

图8.8 可变长度进气支管
1—空气滤清器 2—节气门 3—转换阀
4—转换阀控制机构 5—发动机电子控制装置

了发动机在中、低速运转时的进气速度而增强了气缸内的气流强度,从而改善燃烧过程,使发动机中、低速的燃油经济性有所提高。

另一种可变进气支管如图 8.9 所示。其每个支管都有两个进气通道,一长一短。根据发动机转速的高低,由旋转阀 2 控制空气经哪一个通道流进气缸。当发动机在中、低速运转时,旋转阀将短进气通道 1 封闭,空气沿长进气通道 2 经进气道 5、进气门 6 进入气缸。当发动机高速工作时,旋转阀使长进气通道 2 短路,将长进气通道 2 也变为短进气通道 1。这时空气同时经两个短进气通道进入气缸。

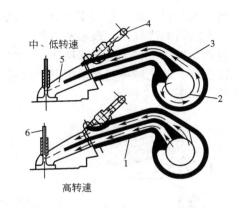

图 8.9 双通道可变进气支管

1—短进气通道 2—旋转阀 3—长进气通道
4—喷油器 5—进气道 6—进气门

8.2 排 气 系 统

8.2.1 排气支管

一般排气支管由铸铁或球墨铸铁制造,采用不锈钢排气支管的汽车越来越多,其质量轻、耐久性好,同时内壁光滑、排气阻力小。排气支管的形状十分重要。为了不使各缸排气相互干扰及不出现排气倒流现象,并尽可能地利用惯性排气,应该将排气支管做得尽可能的长,而且各缸支管应该相互独立、长度相等。如图 8.10 所示的不锈钢排气支管的结构较好地满足了上述要求。相互独立的各个支管都很长,而且 1、4 缸排气支管汇合在一起,2、3 缸汇合在一起,可以完全消除排气干扰现象。图 8.11 为铸铁排气支管结构图。

图 8.10 不锈钢排气支管图

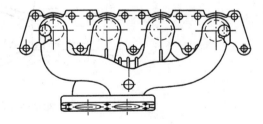

图 8.11 铸铁排气支管

8.2.2 进气、排气支管的布置

在直列式多缸发动机上,进、排气支管有多种排列方法。一种是每一对相邻两缸共用一条进气管,这样可使进气支管制造简化;而两缸使用单独的排气管,这样有利于排气的散热,以降低进气支管附近的温度。第二种是部分气缸使用单独的进气管。第三种是每缸都单独使用一条进气管,这样可以减弱相互之间的影响,有利于改善混合气分配的均匀

性。柴油发动机将进、排气支管分装在两侧,其目的是避免热机时废气对进气支管加热,以提高发动机的进气量,改善动力性。

直列型发动机在排气行程期间,气缸中的废气经排气门进入排气支管,再由排气支管进入排气管、催化转换器和消声器,最后由排气尾管排到大气中。这种排气系统称作单排气系统,如图 8.12 所示。

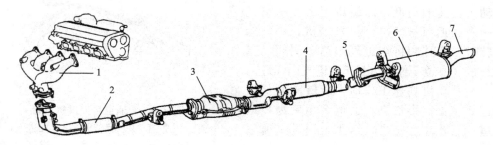

图 8.12　单排气系统的组成

1—排气支管　2—前排气管　3—催化转换器　4—副消声器
5—后排气管　6—主消声器　7—排气尾管

V 型发动机有两个排气支管,在大多数装配 V 型发动机的汽车上仍采用单排气系统,即通过一个叉形管将两个排气支管连接到一个排气管上。来自两个排气支管的废气经同一个排气管、同一个消声器和同一个排气尾管排出(图 8.13(a))。有些 V 型发动机采用双排气系统(图 8.13(b))。

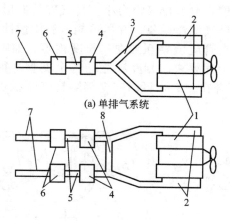

(a) 单排气系统

(b) 双排气系统

图 8.13　V 型发动机排气系统示意图

1—发动机　2—排气支管　3—叉形管　4—催化转换器　5—排气管
6—消声器　7—排气尾管　8—连通管

8.2.3　消声器

排气消声器的作用是减少排气噪声和消除废气中的火焰及火星,使废气安全地排入大气。发动机的废气在排气支管中流动时,因排气门的开闭与活塞往复运动的影响,使气流呈脉动形式。发动机的排气压力约为 0.3～0.5MPa，温度约为 500℃～700℃。如果让废气直接排入大气，废气高速流出喷入大气时，将发出脉动噪声和强烈的喷气噪声，同时高温气体排入大气也会对环境造成危害。为消除上述问题，汽车上必须装有消声器。其基本原理是消耗废气流的能量，并平衡气流的压力波。具体方法是：多次变动气流方向；使气流重复通过收缩又扩张的断面；将气流分割为许多小支流，并沿着不平滑的平面流动；将气流冷却。

加装排气消声器，不可避免地增加气流的阻力，使发动机功率下降。排气消声器的阻力应小于 40kPa。采用多种方法的组合式消声器如图 8.14 所示。本田飞度轿车排气消声器如图 8.15 所示。

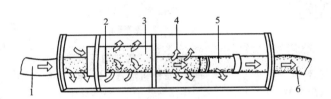
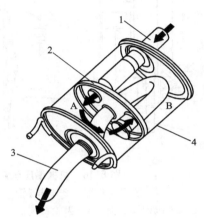

图 8.14 组合式消声器
1—排气管 2—节流管 3—反射管 4—吸声材料
5—干涉管 6—尾管

图 8.15 本田飞度轿车消声器
1—排气管 2—中间隔板 3—尾管
4—外壳 A、B—消声室

8.3 汽车发动机增压

8.3.1 基本原理与分类

增压就是将空气预先压缩后再供入气缸，以期提高空气密度、增加进气量的一项技术。发动机通过增压提高了新鲜空气或混合气的压力及密度，因此可以提高功率及转矩，降低比油耗。一般增压功率可以提高 20%～30%，如果采用中冷及较高的增压压力，那么提高的幅度会更大。增压有涡轮增压、机械增压和气波增压等 3 种基本类型。

机械增压器 4 由发动机曲轴 1 经齿轮增速器 5 驱动(图 8.16(a))，或由曲轴齿形传动带轮经齿形传动带 9 及电磁离合器 6 驱动(图 8.16(b))。机械增压能有效地提高发动机功率，与涡轮增压相比，其低速增压效果更好。另外，机械增压器与发动机容易匹配，结构也比较紧凑。但是，由于驱动增压器需消耗发动机功率，因此燃油消耗率比非增压发动机略高。

气波增压器中有一个特殊形状的转子 3，由发动机曲轴带轮经传动带 4 驱动(图 8.17)。在转子 3 中发动机排出的废气直接与空气接触，利用排气压力波使空气受到压缩，以提高进气压力。气波增压器结构简单,加工方便,工作温度不高,不需要耐热材料,也无需冷却。与涡轮增压相比,其低速转矩特性好,但是体积大,噪声水平高,安装位置受到一定的限制。目前,这种增压器还只是在低速范围内使用。由于柴油机的最高转速比较低,因此多用于柴油机上。

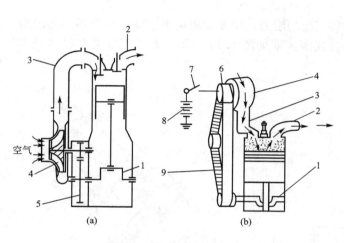

图 8.16　机械增压示意图
1—发动机曲轴　2—排气管　3—进气管
4—机械增压器　5—齿轮增速器　6—电磁离合器
7—开关　8—蓄电池　9—齿形传动带

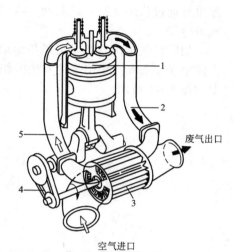

图 8.17　气波增压示意图
1—发动机活塞　2—排气管
3—转子　4—传动带
5—进气管

8.3.2　涡轮增压系统

由于废气涡轮增压可以明显地提高发动机的动力性能,降低比油耗及排放,所以可以利用排气能量推动涡轮,带动压气机向发动机提供压力高、密度大的新鲜充量,从而提高功率及转矩。

1. 分类

涡轮增压系统分为单涡轮增压系统和双涡轮增压系统。只有一个涡轮增压器的增压系统为单涡轮增压系统,如图 8.18 所示。涡轮增压系统除涡轮增压器之外,还包括进气旁通阀 1、排气旁通阀 9 和排气旁通阀控制装置 10 等。

图 8.19 所示为六缸汽油喷射式发动机的双涡轮增压系统示意图。其中两个涡轮增压器并列布置在排气管中,按气缸工作顺序把 1、2、3 缸作为一组,4、5、6 缸作为另一组,每组 3 个气缸的排气驱动一个涡轮增压器。因为 3 个气缸的排气间隔相等,所以增压器转动平稳。另外,把 3 个气缸分成一组还可防止各缸之间的排气干扰。此系统除包括涡轮增压器 9、进气旁通阀 2、排气旁通阀 10 及排气旁通阀控制装置 11 之外,还有中冷器 3、谐振室 4 和增压压力传感器 5 等。

2. 涡轮增压器(turbocharger)的结构及工作原理

车用涡轮增压器由离心式压气机和径流式涡轮机及中间体 3 部分组成(图 8.20)。增压器轴 5 通过两个浮动轴承 9 支承在中间体 14 内。中间体内有润滑和冷却轴承的油道，还有防止润滑油漏入压气机或涡轮机中的密封装置等。

1）离心式压气机

离心式压气机由进气道 6（图 8.20）、压气机叶轮 3、无叶式扩压管 2 及压气机蜗壳 1 等组成。叶轮包括叶片和轮毂，并由增压器轴 5 带动旋转。

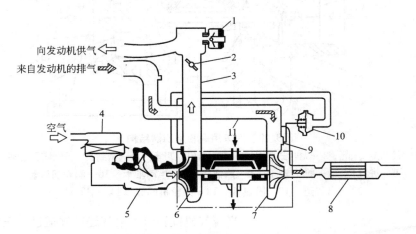

图 8.18　单涡轮增压系统示意图

1—进气旁通阀　2—节气门　3—进气管　4—空气滤清器　5—空气流量计
6—压气机　7—涡轮机　8—催化转换器　9—排气旁通阀
10—排气旁通阀控制装置　11—排气管

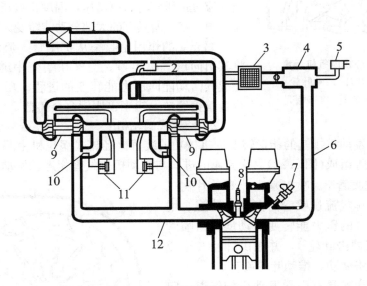

图 8.19　双涡轮增压系统示意图

1—空气滤清器　2—进气旁通阀　3—中冷器　4—谐振室　5—增压压力传感器
6—进气管　7—喷油器　8—火花塞　9—涡轮增压器　10—排气旁通阀
11—排气旁通阀控制装置　12—排气管

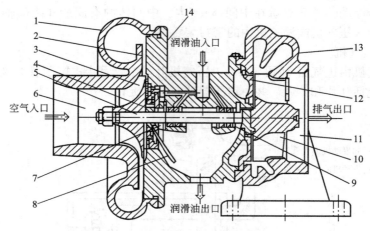

图 8.20 汽车用涡轮增压器结构

1—压气机蜗壳 2—无叶式扩压管 3—压气机叶轮 4—密封套 5—增压器轴
6—进气道 7—推力轴承 8—挡油板 9—浮动轴承 10—涡轮机叶轮
11—出气道 12—隔热板 13—涡轮机蜗壳 14—中间体

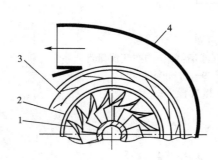

图 8.21 离心式压气机示意

1—压气机叶片 2—叶轮
3—叶片式扩压管 4—蜗壳

当压气机旋转时,空气经进气道进入压气机叶轮,并在离心力的作用下沿着压气机叶片1(图8.21)之间形成的流道,从叶轮中心流向叶轮的周边。空气从旋转的叶轮获得能量,使其流速、压力和温度均有较大的增高,然后进入叶片式扩压管3。扩压管为渐扩形流道,空气流过扩压管时减速增压,温度也有所升高。即在扩压管中,空气所具有的大部分动能转变为压力能。

蜗壳4的作用是收集从扩压管3流出的空气,并将其引向压气机出口。空气在蜗壳中继续减速增压,完成其由动能向压力能转变的过程。压气机叶轮由铝合金精密铸造,蜗壳也用铝合金铸造。

2) 径流式涡轮机

涡轮机是将发动机排气的能量转变为机械功的装置。径流式涡轮机由蜗壳4、喷管3、叶轮1和出气道等组成(图8.22)。蜗壳4的进口与发动机排气管相连,发动机排气经蜗壳引导进入叶片式喷管3。喷管是由相邻叶片构成的渐缩形流道。排气流过喷管时降压、降温、增速、膨胀,使排气的压力能转变为动能。由喷管流出的高速气流冲击叶轮1,并在由叶片2形成的流道中继续膨胀做功,推动叶轮旋转。

涡轮机的蜗壳除具有引导发动机排气以一定的角度进入涡轮机叶轮的功能外,还有将排气的压力能和热能部分地转变为动能的作用。涡轮机叶轮经常在700℃高温的排气冲击下工作,并承受巨大的离心力作用,所以采用镍基耐热合金钢

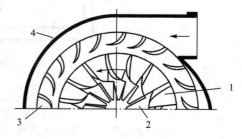

图 8.22 径流式涡轮机示意图

1—叶轮 2—叶片
3—叶片式喷管 4—蜗壳

或陶瓷材料制造。用质量轻并且耐热的陶瓷材料可使涡轮机叶轮的质量大约减轻 2/3，涡轮增压加速滞后的问题也在很大程度上得到改善。喷管叶片用耐热和抗腐蚀的合金钢铸造或机械加工成型。蜗壳用耐热合金铸铁铸造，内表面应该光洁，以减少气体流动损失。

3. 增压压力的调节

在涡轮增压系统中都设有进气旁通阀和排气旁通阀，用以控制增压压力。排气旁通阀及其控制装置在增压器上的安装位置如图 8.23 所示。控制膜盒 1 中的膜片将膜盒分为左室和右室，右室经连通管 11 与压气机的出口相通，左室设有膜片弹簧作用在膜片上。膜片还通过连动杆 2 与排气旁通阀 3 连接。当压气机出口压力，也就是增压压力低于限定值时，膜片在膜片弹簧的作用下移向右室，并带动连动杆使排气旁通阀保持关闭状态。当增压压力超过限定值时，增压压力克服膜片弹簧力，推动膜片移向左室，并带动连动杆将排气旁通阀打开，使部分排气不经过涡轮机而直接排放到大气中，从而达到控制增压压力及涡轮机转速的目的。

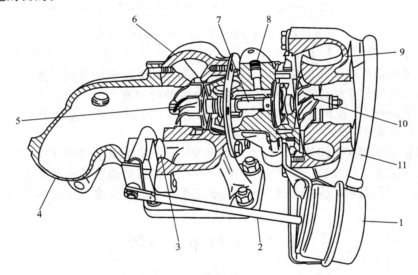

图 8.23　排气旁通阀及其控制装置的安装位置
1—控制膜盒　2—连动杆　3—排气旁通阀　4—排气管　5—涡轮机叶轮
6—涡轮机蜗壳　7—增压器轴　8—中间体　9—压气机蜗壳
10—压气机叶轮　11—连通管

进气旁通阀的工作原理与排气旁通阀相似。在有些发动机上，排气旁通阀的开闭由电控单元操纵的电磁线圈控制。电控单元根据压气机出口增压压力的高低，对电磁线圈通电或断电，以开闭排气旁通阀。有的电控单元还能按照预编程序，在发动机突然加速时，允许增压压力短时间超出限定值，以提高发动机的加速性。

4. 涡轮增压器的润滑及冷却

来自发动机润滑系统主油道的机油，经增压器中间体上的机油进口 1 进入增压器，润滑和冷却增压器轴和轴承。然后，机油经中间体上的机油出口 2 返回发动机油底壳（图 8.24）。在增压器轴上装有油封，用来防止机油窜入压气机或涡轮机蜗壳内。如果油封损坏，将导致机油消耗量增加和排气冒蓝烟。

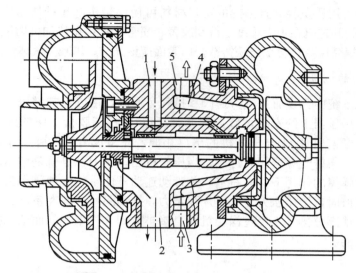

图 8.24 涡轮增压器的润滑油路及冷却水套
1—机油进口　2—机油出口　3—冷却液进口　4—冷却水套　5—冷却液出口

由于汽油机增压器的热负荷大,因此在增压器中间体的涡轮机侧设置冷却水套,并用软管与发动机的冷却系统连通。冷却液自中间体上的冷却液进口3流入中间体内的冷却水套4,从冷却液出口5流回发动机冷却系统。冷却液在中间体的冷却水套中不断循环,使增压器轴和轴承得到冷却。

有些涡轮增压器在中间体内不设置冷却水套,只靠机油及空气对其进行冷却。发动机在大负荷或高转速工作之后,如果立即停机,那么机油可能由于轴承温度太高而在轴承内燃烧。因此,这类涡轮增压发动机应该在停机之前,至少在怠速下运转1min。

8.4　排气净化装置

世界各国都制定了相应的法规和标准,以期把汽车有害排放物控制在较低的水平。为了满足排放标准,必须对发动机排气进行净化。近几年来,汽车界开发和创制出许多净化排气的新技术和新装置。本节只介绍安装在发动机外部的排气净化装置:催化转换器、废气再循环系统、汽油蒸发控制系统等。

汽车排放的污染物主要有一氧化碳(CO)、碳氢化合物(HC)、氮氧化合物(NO_x)和微粒。CO是燃油的不完全燃烧产物,HC包括未燃和未完全燃烧的燃油和机油蒸汽。NO_x主要是指NO和NO_2,产生于燃烧室内高温富氧的环境中。微粒主要是指柴油机排气中的碳烟。当前汽车上装备的各种排气净化装置就是为了降低上述污染物的排放。

8.4.1　催化转换器 TWC

催化转换器是利用催化剂的作用将排气中的CO、HC和NO_x转换为对人体无害的气体的一种排气净化装置,也称作催化净化转换器 TWC(Three-Way catalytic Converter)。

金属铂、钯或铑均可作催化剂。在化学反应过程中,催化剂只促进反应的进行,不是反应物的一部分。催化转换器有氧化催化转换器和三元催化转换器。氧化催化转换器只将排气中的 CO 和 HC 氧化为 CO_2 和 H_2O,这种催化转换器必须向氧化催化转换器供给二次空气作为氧化剂,才能使其有效地工作。三元催化转换器可同时减少 CO、HC 和 NO_x 的排放,它以排气中的 CO 和 HC 作为还原剂,把 NO_x 还原为氮(N_2)和氧(O_2),而 CO 和 HC 在还原反应中被氧化为 CO_2 和 H_2O。当同时采用两种转换器时,通常把两者放在同一个转换器外壳内,而且三元催化转换器置于氧化催化转换器前面。排气经过三元催化转换器之后,部分未被氧化的 CO 和 HC 继续在氧化催化转换器中与供入的二次空气进行氧化反应。

催化转换器有两种结构形式(图 8.25)。一种是颗粒型催化转换器(图 8.25(a)),由直径为 2~3mm 的多孔性陶瓷小球构成反应床,排气从反应床流过。另一种是整体型催化转换器(图 8.25(b)),其中是一个有很多蜂窝状小孔的陶瓷块,排气从蜂窝状小孔流过。转换器内的陶瓷小球或陶瓷块小孔表面有一层薄薄的铂、钯或铑的镀层。小球或陶瓷块均装在不锈钢外壳内。与颗粒型催化转换器相比,整体型催化转换器有体积小、与排气接触的表面积大和排气阻力小等优点。

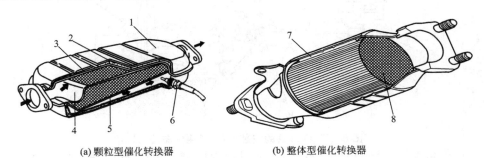

(a) 颗粒型催化转换器　　(b) 整体型催化转换器

图 8.25　三元催化转换器结构

1—转换器外壳　2—隔热层　3—转换器内壳　4—挡板　5—陶瓷小球
6—排气温度传感器　7—整体隔热层　8—陶瓷块

催化转换器的使用条件相当严格。首先,装有催化转换器的发动机只能使用无铅汽油。如果使用加铅汽油,铅覆盖在催化剂表面将使催化剂失效。其次,仅当温度超过 350℃时,催化转换器才起催化反应。温度较低时,转换器的转换效率急剧下降。因此,催化转换器都安装在温度较高的排气支管后面。第三,必须向装有三元催化转换器的发动机供给理论混合比的混合气,才能保证三元催化转换器有较好的转换效果。如果混合气成分不是理论混合比,那么 CO 和 HC 的氧化反应或 NO_x 的还原反应不可能进行得很完全。另外,发动机调节不当,如混合气过浓或气缸缺火,都将引起转换器过热。

8.4.2　废气再循环装置 EGR

废气再循环 EGR(Exhaust Gas Recirculation)是净化排气中 NO_x 的主要方法。废气再循环是指把发动机排出的部分废气回送到进气支管,并与新鲜混合气一起再次进入气缸。由于废气中含有大量的 CO_2,可以使气缸中混合气的燃烧温度降低,从而减少了 NO_x 的生成量。为了既减少 NO_x 的排放,又保持发动机的动力性,必须根据发动机的工况对再循环的废气量加以控制。NO_x 的生成量随发动机负荷的增大而增多,因此,再循环的废气量也应随负荷的增大而增加。在暖机期间或急速时,NO_x 的生成量不多,为了保持发动机运转的稳定性,不进行废气再循环。在全负荷或高转速下工作时,为了使发动机有足够的动力性,也不进行废气再循环。

再循环的废气量由废气再循环(EGR)阀自动控制。由真空操纵的 EGR 阀有两种。EGR 阀安装在废气再循环通道上(图 8.26),废气再循环通道的一端连接排气门,另一端通进气支管。当 EGR 阀开启时,部分废气将从排气门经废气再循环通道进入进气支管。由计算机控制的废气再循环系统控制原理如图 8.27 所示。电磁阀 6 接受发动机 ECU 的控制信号开启真空通路,在进气管道真空度作用下,EGR 阀 8 上的膜片被吸起,使阀打开,将来自排气管的废气引入气缸,使 NO_x 的排放降低。

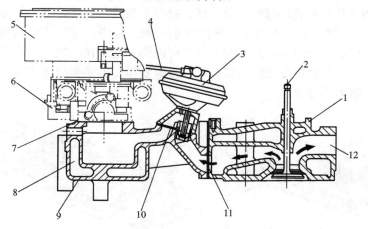

图 8.26 EGR 阀的安装位置(通用汽车公司)

1—气缸盖 2—排气门 3—EGR 阀 4—真空软管 5—空气滤清器 6—节气门体
7、10、11—衬垫 8—循环水套 9—进气支管 12—排气道

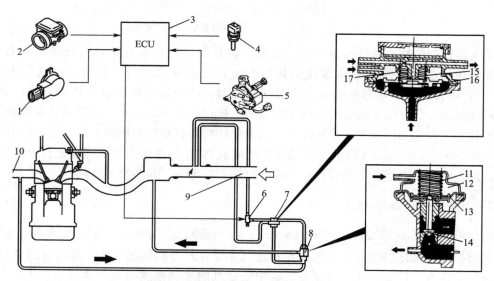

图 8.27 计算机控制废气再循环系统

1—节气门位置传感器 2—空气流量计 3—ECU 4—冷却液温度传感器 5—转速传感器
6—电磁阀 7—真空调节阀 8—EGR 阀 9—进气管 10—排气管 11、15—弹簧
12、17—真空膜片室 13、16—膜片 14—锥形阀

8.4.3 柴油机微粒过滤器 DPF

微粒是柴油机排放的主要问题。对车用柴油机排气微粒的处理主要采用过滤法。微粒过滤器的滤芯由多孔陶瓷制造，它有较高的过滤效率。排气穿过多孔陶瓷滤芯进入排气管，而微粒则滞留在滤芯上。过滤器工作一段时间后，需及时清除存积在滤芯上的微粒，以恢复过滤器的工作能力和减小排气阻力。为此，在过滤器入口处设置一个燃烧器，通过喷油器向燃烧器内喷入少量燃油，并供二次空气，利用火花塞或电热塞将其点燃，将滞留在滤芯上的微粒烧掉(图 8.28)。

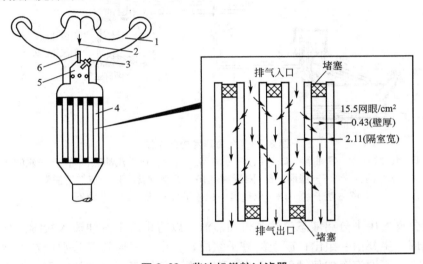

图 8.28 柴油机微粒过滤器
1—排气支管　2—燃油　3—电热塞　4—滤芯　5—燃烧器　6—喷油器

8.4.4 汽油蒸发控制系统 EVAP

汽油箱和化油器浮子室中的汽油随时都在蒸发汽化，若不加以控制或回收，则当发动机停机时，汽油蒸汽将逸入大气，造成对环境的污染。汽油蒸发控制系统的功用便是将这些汽油蒸汽收集和储存在炭罐内，在发动机工作时再将其送入气缸燃烧。

典型的汽油蒸发控制系统如图 8.29 所示。炭罐 5 内填满活性炭 6。当发动机停机后，汽油箱 1 中的汽油蒸汽经气、液分离器 3 和汽油蒸汽管 4 进入炭罐 5。浮子室 12 中的汽油蒸汽则经汽油蒸汽管 15 进入炭罐。汽油蒸汽进入炭罐后被其中的活性炭吸附。发动机起动之后，进气管真空度经真空软管 10 传送到限流阀 8，在进气管真空度的作用下，限流阀膜片上移并将限流孔开启。与此同时，新鲜空气自炭罐底部经滤网 7 向上流过炭罐，并携带吸附在活性炭表面的汽油蒸汽经限流孔和汽油蒸汽管 9 进入进气支管。

炭罐的外壳一般由塑料制造，内部填充活性炭颗粒。炭罐顶部有限流阀，用来控制进入进气支管的汽油蒸汽及空气的数量。发动机怠速时，传送到限流阀膜片室的真空度很小，致使孔径为 1.40mm 的限流孔关闭，只有少量的汽油蒸汽及空气从孔径为 0.76mm 的限流孔流入进气支管，以免破坏怠速时混合气的空燃比。发动机在大负荷或高转速工作时，作用在限流阀膜片上的真空度增大，限流阀全开，大量的汽油蒸汽及空气同时经两个限流孔流入进气支管。

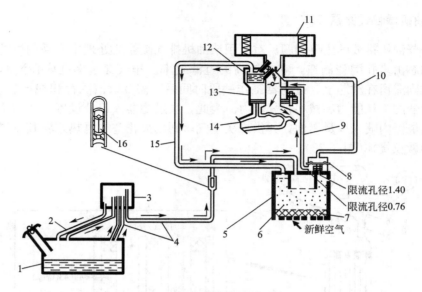

图 8.29 汽油蒸发控制系统

1—汽油箱　2—回油管　3—气、液分离器　4、9、15—汽油蒸汽管　5—炭罐
6—活性炭　7—滤网　8—限流阀　10—真空软管　11—空气滤清器
12—浮子室　13—化油器　14—进气支管　16—节流阀

气、液分离器用来分离液态汽油和汽油蒸汽，以防止液态汽油流入炭罐。分离器安装在汽油箱顶部，主要由一组出口朝上的管子组成，其中三根通气管分别接在汽油箱的中央和两侧。这样，不论汽车如何倾斜，至少会有一根通气管高于汽油的液面，使汽油蒸汽得以经汽油蒸汽管 4 进入炭罐。分离出来的液态汽油从回油管 2 流回汽油箱。

1. 空气滤清器的作用是什么？常用的有哪几种类型？
2. 为什么发动机在大负荷、高转速时应装备粗短的进气支管，而在低转速和中、小负荷时应装备细长的进气支管？
3. 进、排气支管的布置方式有哪几种？
4. 为什么汽车发动机要安装排气消声器？排气消声器的原理是什么？排气消声器采用什么方法来实现它的工作原理？
5. 试述废气涡轮增压器的工作原理。
6. 催化转换器在什么情况下会过热？为什么？
7. 在什么情况下不进行废气再循环？为什么？
8. 炭罐起何作用？是如何工作的？

第 9 章 冷却系统与润滑系统

教学提示

发动机工作时，气缸内燃烧气体的温度可高达 2500℃，过高的温度将使金属材料的强度显著下降，润滑油也将因高温烧损变质或黏度下降，这会导致运动零件卡死或加剧磨损，因此对发动机必须加以适度冷却。发动机中有许多作高速相对运动的摩擦副，若不对这些摩擦副表面进行润滑，将造成发动机功率消耗、零件摩擦生热磨损加剧、影响发动机寿命等严重后果。

教学目标

要求学生掌握冷却系统的功用、组成、冷却强度的调节及冷却系统主要机件的结构和工作原理；重点了解强制循环式水冷系统中冷却液的循环路径，掌握润滑系统的功用、润滑方式、组成及润滑系统主要机件的工作原理；重点了解润滑油路中机油的工作路径。

9.1 冷却系统

发动机工作时，为防止发动机过热，通过冷却发动机，并使其保持适宜温度范围的系统称为冷却系统(cooling system)。

发动机气缸内燃烧气体的温度最高可达 2500℃，与高温气体直接接触的气缸壁、气缸盖、活塞、气门等零部件，随着吸收热量的过度增高，其工作状态将受到极大影响，因此需要采取措施，对发动机进行适度冷却。

当超过发动机适宜温度范围时，称为发动机过热，即冷却不足。在这种情况下，气缸内零部件因受热膨胀过大而破坏正常的配合间隙，严重时运动零部件会出现卡死现象；气缸壁的润滑油膜因高温而破坏，机油易变质；发动机过热，使气缸的充气效率下降、工作过程恶化等，导致发动机的动力性、经济性、排放性能等下降。

当发动机温度过低时，称为发动机过冷，即冷却过度。在这种情况下，会降低发动机的热效率，造成热损失；不利于可燃混合气的形成和燃烧；因机油黏度大而供给不足。发动机过冷会造成与发动机过热相近的结果。

9.1.1 功用与组成

1. 功用

发动机冷却系统的功用是使发动机在各种工况下都保持在适宜的温度范围内工作。对于汽车发动机，广泛采用水冷式冷却系统，即要求发动机体水套中适宜的温度为 80～90℃，防止发动机过热和过冷。此外发动机冷起动时，需要使发动机暖机，迅速达到适宜的温度。

发动机的冷却方式有水冷式（water cooling）和风冷式（air cooling）两种。以冷却液为冷却介质的冷却系统称为水冷却系统；以空气为冷却介质的冷却系统称为风冷却系统。由于汽车发动机较少采用风冷却系统，本章不做赘述。

2. 组成

汽车发动机的水冷却系统如图 9.1 所示。这是一种强制循环式水冷却系统（forced-feed water circulation system）。该系统由散热器 1、风扇 3、水泵 4、节温器 5、百叶窗（图中未画出）、气缸盖水套 6 和气缸体水套 7 等组成。

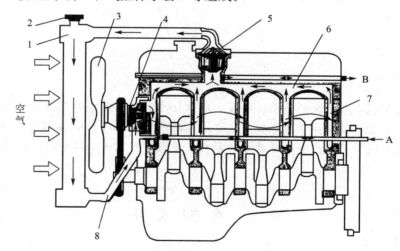

图 9.1 发动机强制循环式水冷系统示意图

1—散热器　2—散热器盖　3—风扇　4—水泵　5—节温器　6—气缸盖水套
7—气缸体水套　8—散热器出水软管　A—自暖风机出口　B—至暖风机进口

强制循环式水冷却系统通过水泵提高冷却液的压力，促进冷却液在冷却系统中循环流动，将发动机内部的热量输送到发动机外部，经散热器散发到大气中去。如图 9.1 所示，水泵 4 在发动机曲轴皮带轮的带动下，通过出水软管 8 将散热器 1 下部的冷却液吸入并压送至气缸体水套 7，冷却液从气缸壁吸热而升温，然后流向气缸盖水套 6，吸热升温后的冷却液经节温器 5，通过进水软管流入散热器 1。冷却液流经散热器 1 芯部时，冷却液携带的热被流过芯部的空气带走，温度下降，冷却液再次被吸入到水泵 4 的进水口。如此循环往复，不断地将发动机内部的热量散发到大气中去，使在高温条件下工作的发动机零部件得到冷却。

9.1.2 冷却强度调节

汽车发动机冷却系统必须保证发动机在常用工况和较高气温情况下使发动机冷却可靠。如果发动机的使用条件（如转速、负荷和气温等）发生变化，发动机冷却系统的散热能力就必须随之改变，以保证发动机总是在适宜的温度状况下工作。把发动机冷却系统散热能力的改变称为冷却强度调节。冷却强度调节的方式有冷却液流量调节和空气流量调节两种。冷却液流量调节是通过改变流经散热器内的冷却液流量来加以调节的。空气流量调节则是通过改变流经散热器芯部的空气流量加以调节的。

1. 改变流经散热器内的冷却液流量

为了保证发动机在不同的负荷和转速条件下处于适宜的温度范围内工作，冷却系统中设有调节冷却液流量的装置——节温器等。发动机水套冷却液的温度由水温传感器感知，设在驾驶室仪表盘上的水温表显示温度的变化。

冷却液流量调节是通过节温器来控制的。如图 9.2 所示，节温器 2 装置在发动机气缸盖水套 3 出口处，节温器如同冷却液流动路径上的阀门，控制着两条冷却液流动通道，一条通往散热器 1，另一条直接通往水泵 5 入口。当发动机冷起动时，冷却液温度低，为使发动机迅速达到适宜的温度，节温器将通往散热器的通道关闭，开启通往水泵入口的通道，使冷却液不流经散热器，而经旁通管流入水泵入口。这样，冷却液在发动机水套—节温器—水泵—水套之间循环，把这种循环称为冷却液小循环（图 9.3(a)）。当发动机冷却液温度升高到一定值时，节温器关闭直接通往水泵入口的通道，将通往散热器的通道逐渐开启，使冷却液流经散热器冷却。此时，冷却液在发动机水套—节温器—散热器—水泵—水套之间循环，把这种循环称为冷却液大循环（图 9.3(b)）。冷却液是进行大循环或小循环，由节温器来控制。

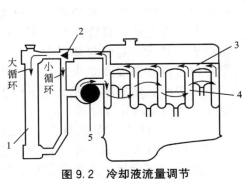

图 9.2 冷却液流量调节
1—散热器 2—节温器 3—气缸盖水套
4—气缸体水套 5—水泵

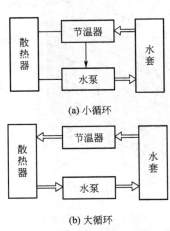

图 9.3 冷却液循环示意图

2. 改变流经散热器芯部的空气流量

冷却液携带的热量主要是由散热器散发到大气中去的，流过散热器芯部的空气流量越多，散热的效果越好。流过散热器芯部的空气流量取决于空气流经散热器芯部的面积和流速。控制空气流量的方式有两种，一种是通过装置在散热器前端的百叶窗来调节空气流经散热器芯部的面积，另一种是利用风扇来加速空气的流速。

有的载货汽车和大型客车上装有百叶窗(shutter)。在发动机冷起动或环境温度较低时，部分或全部关闭百叶窗，减少或遮挡散热器芯部的通风面积，以利冷却液温度迅速上升或保证发动机在适宜的温度范围内工作。百叶窗的开度由驾驶员操纵控制，也可以用感温器自动控制。

风扇用来加速流经散热器芯部的空气流速，从而降低冷却液温度。风扇的驱动动力来自发动机，风扇的转速随发动机转速的变化而变化，风扇转速越高，消耗发动机的功率越多且风扇噪声越大。在发动机冷起动或环境温度较低(如冬天)时，冷却液温度较低，此时并不需要风扇参与工作。为了减少发动机的功率损失，节省燃油，使风扇能根据冷却液温度的变化而适时地参与工作，在现代汽车发动机上大多装置风扇离合器。风扇离合器有硅油式、电磁式或电动式等。

9.1.3 主要部件

1. 散热器(radiator)

散热器的功用是将冷却液所携带的热散发至大气中以降低冷却液温度。

1) 散热器的结构

散热器的构造如图9.4所示，它由上储水室2、散热器芯6和下储水室7等3部分构成。从节温器来的冷却液先流入散热器的上储水室2，然后流入散热器芯6的冷却管，热的冷却液通过冷却管上的散热片向空气散热，空气流过散热片缝隙时带走热量，冷却液降温，随后流入散热器的下储水室7。散热器实际上是一个热交换器。

散热器芯主要有管片式和管带式等结构形式。图9.5为管片式散热器芯，它由冷却管1和散热片2组成。冷却管是焊在上、下储水室之间的直管。冷却管有扁管和圆管之分。与圆管相比，扁管在容积相同的情况下散热表面较大。扁管与多层散热片焊接，使散热器芯部散热面积扩大。管片式结构具有气流阻力小、结构刚度好及承压能力强、制造工艺比较复杂等特点。

图9.6为管带式散热器芯，它由冷却管1及波形散热带2组成。冷却管为扁管并与波形散热带相间焊接。为增强散热能力，在波形散热带上加工有鳍片。由于管带式散热器芯比管片式散热器芯散热能力强，所以其应

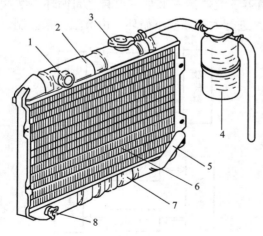

图9.4 散热器结构

1—进水管 2—上储水室 3—散热器盖
4—补偿水桶 5—出水管 6—散热器芯
7—下储水室 8—放水口

用日益增多。管带式结构具有制造简单、质量轻、成本低、结构刚度差等特点。

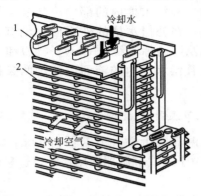 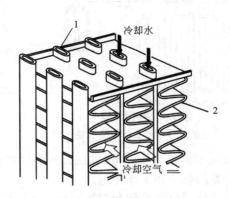

图 9.5　管片式散热器芯示意图　　　　图 9.6　管带式散热器芯示意图
　1—冷却管　2—散热片　　　　　　　　　1—冷却管　2—散热带

　　散热器的材料要求热传导率高、抗腐蚀能力强、有足够的强度、易于成型和钎焊等。散热器除用黄铜制造外，也有用铝、锌等材料制造的。有的散热器采用复合塑料制造上、下储水室。

　　2）散热器盖（radiator cap）和补偿水桶（compensation reservoir）

　　散热器的散热量大体上与冷却液—空气总温差（进入散热器冷却液温度与流经散热器空气温度之差）成正比，所以提高冷却系统压力进而提高冷却液的沸点是增加散热量的有效方法之一。现代汽车发动机冷却系统均采用散热器盖密闭冷却液加注口的封闭系统，即闭式水冷系。

　　散热器盖的作用是密闭冷却液加注口和调节冷却系统内的压力。散热器盖的结构如图 9.7 所示，为调节冷却系统内的压力，散热器盖安装有真空阀和蒸汽阀。当发动机热状态在正常范围时，真空阀和蒸汽阀在各自弹簧力作用下处于关闭状态。当冷却系统内蒸汽压力超过预定值时，蒸汽阀便开启（图 9.7(a)），此时将从溢流管中流出一部分冷却液到补偿水桶，使冷却系统内的压力下降，防止冷却液胀裂散热器。当冷却系统内蒸汽压力低于大气压力时，真空阀便开启（图 9.7(b)），补偿水桶中的一部分冷却液从溢流管流回散热器，防止散热器冷却管被大气压瘪。

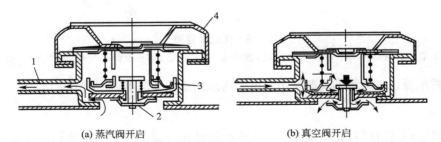

(a) 蒸汽阀开启　　　　　　　　　　(b) 真空阀开启

图 9.7　带真空—蒸汽阀的散热器盖
1—溢流管　2—真空阀　3—蒸汽阀　4—散热器盖

　　补偿水桶（图 9.8）用来减少冷却系统冷却液的溢失，起到调剂冷却液量的作用。补偿水桶用软管与散热器盖上的溢流管连接。当冷却系统内蒸汽压力过高时，部分冷却液

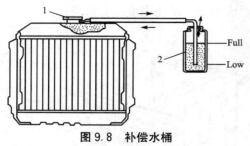

图9.8 补偿水桶
1—散热器盖；2—补偿水桶

流入补偿水桶；当冷却系统内产生一定的真空度时，补偿水桶内的部分冷却液又被吸回散热器。在补偿水桶的外表面上刻有两条显示液面高度的标记线："Low"（低）和"Full"（满）。补偿水桶内的液面应位于两条标记线之间。

2. 节温器（thermostat）

节温器有折叠式节温器（folding thermostat）和蜡式节温器（wax-like thermostat）之分，由于蜡式节温器使用广泛，这里仅介绍蜡式节温器的结构和工作原理。

蜡式节温器分为单阀和双阀两种。单阀蜡式节温器的结构如图9.9所示。推杆2的一端固定在支架1上，而另一端插入胶管6内。胶管与感温体7之间装有精制石蜡5，当冷却液温度低于规定值时，石蜡呈固态，在弹簧8的作用下关闭阀门3（图9.9(a)），冷却液流向散热器的通道被切断，冷却液经旁通孔、水泵返回发动机，进行小循环。当冷却液温度达到规定值后，石蜡开始熔化而逐渐变成液体，体积随之增大并压迫胶管使其收缩。在胶管收缩的同时，对推杆作用以向上的推力。由于推杆上端固定，因此推杆对胶管和感温体产生向下的反推力使阀门开启（图9.9(b)）。这时冷却液经节温器阀进入散热器，并由散热器经水泵流回发动机，进行大循环。

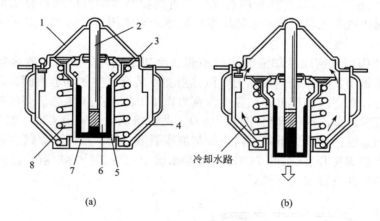

图9.9 蜡式节温器
1—支架　2—推杆　3—阀门　4—节温器外壳　5—石蜡　6—胶管　7—感温体　8—弹簧

国产轿车捷达、桑塔纳及奥迪100型等均采用蜡式节温器。

3. 水泵

水泵的功用是通过对冷却液升压，促进冷却液在冷却系统中循环流动。发动机上广泛应用的离心式水泵，具有结构简单、尺寸小、工作可靠、制造容易等特点。图9.10(a)为离心式水泵示意图。离心式水泵主要由水泵壳体2、水泵轴4和水泵叶轮5等组成。水泵轴与水泵叶轮固接，当水泵轴在皮带轮的驱动下转动时，水泵叶轮一同旋转，叶轮上各叶片之间的冷却液被叶轮带动旋转，冷却液在离心力的作用下不断地被甩向水泵壳体的内缘，即叶轮叶片外端处冷却液压力增高，使冷却液从出水口 3 流出。叶轮叶片内端处冷却液不断地被甩向外端而压力降低，散热器中的冷却液经进水口 1 被吸入水泵中心，然后又被叶轮甩向外端。叶轮的叶片呈径向或弯曲的形状，数目为 6~9 片，其结构如图 9.10(b) 所示。

(a) 离心式水泵示意图

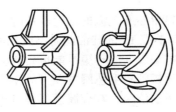
(b) 叶轮的叶片

图 9.10　离心式水泵
1—进水口　2—水泵壳体　3—出水口　4—水泵轴　5—水泵叶轮

4. 风扇(fan)

1) 风扇的功用与结构

风扇的功用是增大流经散热器芯部的空气流速，增强散热能力。

汽车发动机风扇通常采用轴流式风扇，即风扇旋转时空气沿着风扇旋转轴方向流动。风扇的扇风量主要与风扇的直径、转速、叶片形状、叶片安装角及叶片数目有关。叶片形状有弧形和翼形，叶片数目通常为 4 片或 6 片，叶片与风扇旋转平面倾角一般为 30°~45°。叶片之间的间隔角一般不相等，以减小旋转时产生的振动和噪声。叶片可用薄钢板冲压制成，也可以用塑料或铝合金铸成。翼形叶片风扇效率较高，功率消耗较少，故在轿车和轻型汽车上得到广泛应用。为提高风扇效率，有的风扇外围设有导风罩，以利冷却空气全部通过散热器芯部。

风扇通常装置在皮带轮上，与水泵同轴，由三角皮带驱动。三角皮带将风扇皮带轮、曲轴皮带轮和发电机皮带轮联系起来。三角皮带传动需要一定的张紧力，张紧力达不到规定值时，皮带会打滑，风扇和水泵的转速会降低；张紧力超过规定值时，会增加水泵轴承磨损。将发电机皮带轮作为张紧轮来调节皮带的张紧力。皮带的张紧力亦称为风扇皮带松紧度。

2) 硅油风扇离合器(silicon oil fan and clutch)

硅油风扇离合器是一种以硅油为传动介质的液力传动离合器，硅油的流动靠感温器感知散热器的气流温度来控制。硅油风扇离合器的结构示意图如图 9.11 所示。硅油风扇离合器由主动轴 10、主动板 8、从动板 7、离合器壳体 6、双金属感温器 3 和阀片 5 等组成。主动板 8 与主动轴

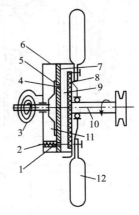

图 9.11　硅油风扇离合器
1—回油孔　2—钢球弹簧阀
3—双金属感温器　4—进油孔
5—阀片　6—离合器壳体
7—从动板　8—主动板
9—工作腔　10—主动轴
11—储油腔　12—风扇

10固结,并由皮带轮驱动;从动板7与离合器壳体6、风扇12固结成一体,由轴承支撑。从动板将离合器壳体内部分割成两个容腔,从动板左侧的容腔称为储油腔11,储存硅油;从动板右侧的容腔称为工作腔9。在从动板上设置有进油孔4和回油孔1。储油腔内的硅油通过进油孔进入工作腔,从回油孔再返回储油腔。进油孔由装置在离合器壳体上的双金属感温器3和阀片5控制,回油孔由钢球弹簧阀2控制,钢球弹簧阀2为单向阀。

当流过散热器芯部气流的温度较低时,螺旋形的双金属感温器3使铍青铜的阀片5遮闭进油孔4,储油腔11的硅油此时不能流入工作腔9内。工作腔内没有硅油,主动板在工作腔内空转,主动板8的转矩不能传到从动板上,离合器处于分离状态。离合器壳体上的风扇叶片在主动板密封毛毡圈摩擦力的作用下,以很低的转速旋转。当流过散热器芯部气流的温度超过一定值时,双金属感温器3的金属片受热变形,带动阀片5转过一定角度,开启进油孔4,储油腔中的硅油通过此孔进入工作腔中。主动板利用硅油的黏性带动从动板,使离合器壳体和风扇转动,离合器处于接合状态。进入工作腔的硅油在离心力的作用下甩向外缘,顶开钢球弹簧阀2并通过回油孔1流回储油腔,然后再通过进油孔进入工作腔,形成循环。硅油在循环时产生的热量由离合器壳体上的散热片散至大气。当流过散热器芯部气流的温度低于一定值时,双金属感温器将阀片关闭进油孔,硅油不再进入工作腔,残留在工作腔中的硅油在离心力作用下不断地返回储油腔,直至硅油被排空,离合器此时又处于分离状态。

3) 电动风扇(Electric fan)

电动风扇是将风扇装置在电动机驱动轴上,电动机通电时风扇随驱动轴转动,风扇转速与发动机转速无关。由于电动风扇具有结构简单、布置方便、不消耗发动机功率等特点,所以在现代轿车上普遍采用。

电动风扇工作示意图如图9.12所示。水温传感器4感知发动机冷却液的温度,并将温度变化信号传输给温度开关8。当冷却液温度达到一定值时,温度开关8将导通电路向电动风扇离合器1供电,风扇2随之转动;当冷却液温度低于一定值时,温度开关将切断电路,风扇停止转动。

桑塔纳2000GSi、奥迪100、捷达等轿车采用的电动风扇分为两挡,风扇转速由温控热敏电阻开关控制。当冷却液流出散热器的温度为92~97℃时,热敏开关接通风扇电动机的1挡,这时风扇转速为2300r/min;当冷却液温度升高到99~105℃时,热敏开关接通风扇电动机的2挡,这时风扇转速升为2800r/min;当冷却液温度降到84~91℃时,热敏开关切断电源,风扇停转。

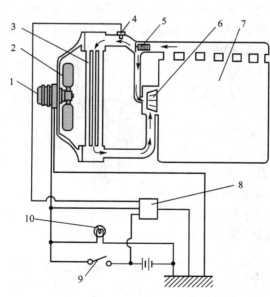

图9.12 电动风扇离合器

1—电动风扇离合器 2—风扇
3—散热器 4—水温传感器
5—节温器 6—水泵 7—水套
8—温度开关 9—开关 10—指示灯

9.1.4 冷却液

冷却液(cooling liquid)又称防冻液。作为发动机的冷却介质,具有冷却、防冻、防垢、防腐、防沸等作用,直接影响到发动机的使用寿命。冷却液的沸点可达106℃以上,可防止出现发动机"开锅"现象;加入防冻剂后,其冰点可达-15~-68℃,可以有效防止冬季结冰冻裂气缸体和散热器。

冷却液一般由防冻剂、水、添加剂三部分组成。应用最广泛的防冻剂是乙二醇,它具有稳定性好、沸点高、黏度适中,与橡胶相容性好等特点。水约占冷却液的30%~60%,是冷却液重要的组成部分,必须使用蒸馏水或去离子水,对水的硬度、腐蚀离子含量都有相应规定。冷却液中使用的添加剂主要有缓蚀剂、缓冲剂、防垢剂、防泡剂和染色剂等。这些添加剂分别用来减缓金属部件的腐蚀;维持一定的pH值,防止酸化;防止金属离子与负离子结合形成水垢,分散水垢成微小的悬浮颗粒;消除泡沫产生的气穴危害;具有醒目的颜色,以便识别。

冷却液牌号即为其冰点值。并不是冰点越低的冷却液越好,应选用比车辆运行地区最低温度再低10℃的冷却液,以确保在特殊情况下冷却液不冻结。若因冷却系统渗漏引起散热器液面降低时,应及时补充同一品牌的冷却液。应定期更换冷却液,一般为汽车行驶40000~50000km或两年更换一次。

9.2 润滑系统

在发动机内部有若干对摩擦副,这些零件表面既要承担相应负荷,又要做高速相对运动。如曲轴主轴颈与主轴承、曲柄销与连杆轴承、凸轮轴轴颈与凸轮轴轴承以及活塞、活塞环、气缸壁等工作表面,因摩擦会产生大量热。若这些摩擦表面没有润滑油,将会形成干摩擦,导致零件温度急剧升高,加速零件工作表面磨损或烧损,严重时会使零件"粘接"在一起。因此,为保证发动机正常工作,提高可靠性和耐久性,必须润滑摩擦副零件表面,从而形成液体摩擦,减小摩擦阻力,降低发动机的功率消耗。

9.2.1 功用与组成

1. 功用

润滑系统(lubrication system)的功用是在发动机工作时不断地向运动零件的摩擦表面输送清洁和充足的润滑油。润滑油的流动兼有冷却和清洁的功能。

发动机使用的润滑油也称机油。

2. 组成

发动机润滑系统主要由油底壳、集滤器、机油泵、机油滤清器和机油冷却器等零部件组成。此外还装有起限压、安全等作用的各种压力阀,以及机油油压表、温度表和机油管道等。

油底壳用来存储机油;集滤器用来滤除机油中粗大的杂质;机油泵连续不断地提供一定压力的机油,保证进行压力润滑和机油在润滑系统内能循环流动;机油滤清器用来滤除机油中的金属磨屑、机械杂质和机油氧化物;机油滤清器有机油粗滤器和机油细滤器之分；机油冷却器用来降低机油的温度。

9.2.2 润滑方式与润滑油路

1. 润滑方式

有3种不同的润滑方式，分别用于发动机中不同工作条件的摩擦副。

（1）压力润滑（pressure lubrication）。是一种通过机油泵将润滑油施加一定压力后输送到承受负荷较大摩擦表面的润滑方式。如曲轴主轴承、连杆轴承及凸轮轴轴承等摩擦表面采用压力润滑。

（2）飞溅润滑（splash lubrication）。是一种通过运动零件将油底壳的润滑油击溅呈油滴或油雾来润滑负荷较小摩擦表面的润滑方式。如气缸壁面和配气机构的凸轮、挺柱等零件的工作表面采用飞溅润滑。

（3）润滑脂润滑（grease lubrication）。是一种通过润滑脂嘴定期加注润滑脂来润滑零件工作表面的润滑方式。如水泵、发电机、起动机等部件轴承的润滑采用润滑脂润滑。

2. 润滑油路

现代汽车发动机润滑系统的油路随发动机工作条件和具体结构的不同而有差异。如图9.13所示为某四缸发动机的润滑系统示意图。曲轴的主轴颈、连杆轴颈、凸轮轴轴颈、摇臂轴等采用压力润滑；活塞、活塞环、活塞销、气缸壁、凸轮面等采用飞溅润滑。

如图9.14所示为该发动机润滑油路示意图。发动机工作时，机油泵3将油底壳中的机油经集滤器2过滤后吸入，并形成一定压力后向机油滤清器6供油。经滤清器过滤后的机油进入发动机主油道7。机油分别被输送到各个曲轴主轴颈4轴承和各个凸轮轴8轴颈轴承。曲轴主轴颈轴承处的机油经曲轴上的斜油道流向连杆轴颈5轴承。主油道的机油经分油道润滑摇臂轴13，以及推杆11球头和气门端。所有机油都会流回油底壳1。

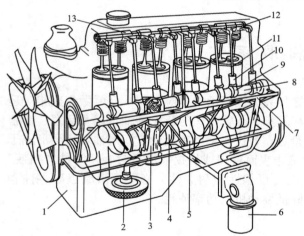

图9.13 发动机润滑系统示意图

1—油底壳 2—集滤器 3—机油泵 4—曲轴主轴颈
5—曲轴连杆轴颈 6—机油滤清器 7—主油道
8—凸轮轴 9—凸轮 10—挺杆 11—推杆
12—摇臂 13—摇臂轴

当机油泵所供机油油压超过一定值时，机油泵上的限压阀开启，机油返回机油泵入口。当机油滤清器因机油太脏堵塞时，机油滤清器盖上设置的旁通阀开启，机油不流经滤清器而由旁通阀直接进入主油道，保证主油道有机油供给。在主油道上还装有机油压力感应器，机油压力在驾驶室仪表板机油油压表上显示。若机油压力低于规定值，则机油油压报警灯闪亮或蜂鸣器鸣响报警。

丰田SPARKY汽车发动机润滑油路示意图如图9.15所示（图中箭头部分为压力润滑油路）。机油泵1向机油滤清器4供油，过滤后的机油进入发动机主油道6，主油道的机油

冷却系统与润滑系统 第9章

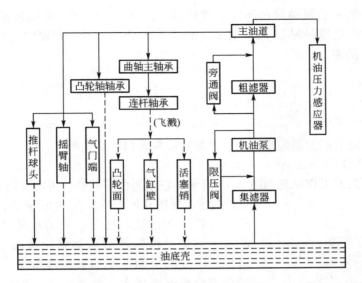

图 9.14 发动机润滑油路示意图

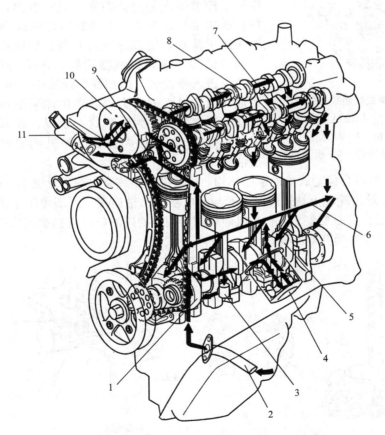

图 9.15 丰田 SPARKY 汽车发动机润滑油路示意图
1—转子式机油泵　2—集滤器连接管　3—机油泵旁通阀　4—机油滤清器　5—曲轴　6—主油道
7—排气门凸轮轴　8—进气门凸轮轴　9—旁通阀　10—可变配气定时器　11—机油控制阀

分别进入曲轴 5 的主轴颈轴承和连杆轴颈轴承。此外，主油道的机油还流向可变配气机构，一方面通过机油控制阀 11 向可变配气定时器 10 供油，另一方面向进气门凸轮轴 8 和排气门凸轮轴 7 供油。

9.2.3 主要部件

1. 机油泵(oil pump)

现代汽车发动机润滑系统常用的机油泵有齿轮式和转子式两种。

1) 齿轮式机油泵(gear type oil pump)

齿轮式机油泵的工作原理如图 9.16 所示。它主要由主动轴、主动齿轮 2、从动轴、从动齿轮 5、泵体 6 等组成。主动齿轮 2 由主动轴驱动，从动齿轮 5 套在从动轴上，主动齿轮 2 与从动齿轮 5 啮合。当主动齿轮带动从动齿轮按图示方向旋转时，进油腔 1 处的机油不断地被轮齿带走、齿轮逐渐脱开啮合而容积逐渐增大，此处形成一定的真空，油底壳中的机油被吸入到进油腔来。另一方面，轮齿带走的机油被送至出油腔 3，出油腔因轮齿逐渐进入啮合而容积趋于减小，使机油压力升高，机油经出油口被压入润滑油道，流向机油滤清器。在机油出油腔 3 处，当轮齿进入啮合时，出油腔容积减小，压力急剧升高，形成对齿轮很大的推力，导致机油泵轴衬套磨损加剧和功率消耗增大。为改善这一状况，在泵盖上加工一道卸压槽 4，使轮齿间被挤压的机油通过卸压槽流入出油腔。

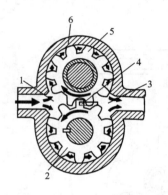

图 9.16 齿轮式机油泵工作原理

1—进油腔　2—机油泵主动齿轮
3—出油腔　4—卸压槽
5—机油泵从动齿轮　6—机油泵体

如图 9.17 所示为齿轮式机油泵的结构。机油泵体上装有主动齿轮轴 1、主动齿轮 4 和从动齿轮 5。主动齿轮轴上端通过联轴套与分电器传动轴连接，下端则用半圆键 3 与主动齿轮装配在一起。机油泵盖 9 上有与机油集滤器相通的进油口、与机油粗滤器相通的出油口、有限压阀 6 及旁通孔等结构。

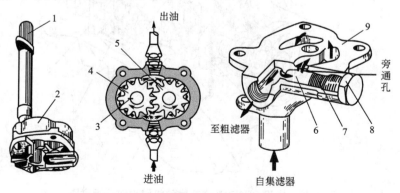

图 9.17 齿轮式机油泵

1—主动齿轮轴　2—油泵壳体　3—半圆键　4—主动齿轮　5—从动齿轮
6—限压阀　7—限压阀弹簧　8—螺塞　9—机油泵盖

机油泵齿轮与泵体的配合间隙（端面间隙和径向间隙）影响机油泵的使用性能，因此配合间隙要符合规定值。间隙过大，机油易泄漏，不容易建立高油压；间隙过小，会产生磨损或形成运动阻力。

齿轮式机油泵具有效率高、工作可靠、功率损失小以及制造成本较高等特点，其应用广泛。

2) 转子式机油泵（rotor-type oil pump）

转子式机油泵的工作原理如图9.18所示。它主要由内转子2、外转子3、机油泵壳体4及机油泵盖等组成。内转子用键或销固定在主动轴1上，由曲轴齿轮直接或间接驱动；外转子3松套在泵体内。内转子有4个凸齿（图9.18），外转子有5个凹齿，内、外转子之间存在一定的偏心距。内转子2带动外转子3同向转动，但不同步。内、外转子工作面轮廓为一对共轭曲线，内、外转子啮合时，可形成4个工作腔。当某一工作腔转到进油口时，由于转子间脱离啮合，容积增大，产生真空，机油经进油口被吸入工作腔内。当该工作腔转到出油口时，容积减小，油压升高，润滑油经出油口被压出。

转子式机油泵具有结构紧凑、质量轻、供油均匀、噪声小、泵油量大、成本低等特点，在中、小功率高速发动机上的应用广泛。转子式机油泵在发动机上的安装如图9.19所示。

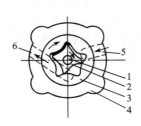

图9.18 转子式机油泵工作原理
1—主动轴 2—内转子 3—外转子
4—机油泵壳体 5—进油口 6—出油口

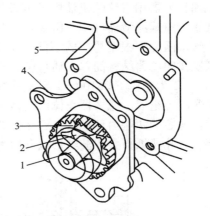

图9.19 转子式机油泵
1—主动轴 2—内转子 3—外转子
4—油泵壳体 5—发动机体

2. 机油滤清器

机油滤清器用来滤清机油中的金属屑、机械杂质及机油氧化物，防止这些物质进入发动机零件的摩擦表面，以免零件表面被拉毛、刮伤，减缓零件磨损，避免堵塞润滑通道。

机油的供给量与机油滤清程度是一对矛盾。机油滤清程度要求越高，机油流动阻力越大。为解决这对矛盾，在发动机润滑系统中设置有几个不同滤清能力的滤清器：集滤器、粗滤器、细滤器。在润滑油道中，可采取将滤清器串联或并联的形式。与主油道串联的滤清器称为全流式滤清器；与主油道并联的滤清器称为分流式滤清器。本内容只涉及集滤器和粗滤器的结构。

1) 集滤器（suction filter）

集滤器用来滤除机油中较大的杂质。集滤器安装在机油泵进油管上，其滤清装置多采用滤网式结构。集滤器有浮筒式和固定式两种。

浮筒式集滤器的结构如图9.20所示。它由浮筒3、滤网2、浮筒罩1及吸油管4等构成。浮筒3是空心的,利用其浮力随油底壳机油液面浮动,此结构能吸入液面上层较清洁的润滑油,但油面上的泡沫易被吸入,会导致机油压力下降。集滤器的中央有环口,靠滤网的弹性将环口紧压在罩板上(图9.20(a))。浮筒罩的边缘有缺口,与浮筒装合后形成吸入机油的狭缝,滤除粗大的杂质。若滤网被杂质堵塞,则滤网上方的真空度增大,克服滤网的弹力,滤网上升且环口离开浮筒罩,机油便直接从环口进入吸油管,以保证机油的供给(图9.20(b))。

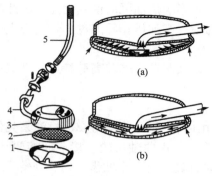

图9.20 浮筒式机油集滤器
1—浮筒罩 2—滤网 3—浮筒
4—吸油管 5—固定管

固定式集滤器固装在油底壳机油面以下,可防止泡沫吸入。这种集滤器具有结构简单、润滑可靠等特点,其应用广泛。

2) 机油粗滤器(primary oil filter)

机油粗滤器用来滤除机油中粒度较大(直径为0.05~0.1mm以上)的杂质。机油粗滤器通常属全流式滤清器(full-flow oil filter),它串联在机油泵与主油道之间,对机油产生较小的流动阻力。根据滤芯的不同,粗滤器有不同的结构形式,有金属片式、纸质式等。由于纸质式粗滤器结构简单、质量轻、成本低等特点,被现代汽车发动机普遍采用。

图9.21为东风EQ6100-1型发动机的纸质滤芯式粗滤器。它主要由滤清器壳体、滤芯和旁通阀等组成。滤清器壳体由上盖1和外壳3组成。滤芯4用经过树脂处理的微孔滤纸制成。滤芯的两端由环形密封圈2和6密封。用金属丝网或带有网眼的薄铁皮作为滤芯的骨架,微孔滤纸折叠成波纹形以利增大过滤面积(图9.22)。

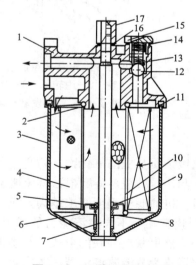

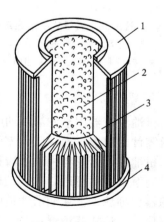

图9.21 纸质机油粗滤器
1—上盖 2、6、11、14、16—密封圈 3—外壳 4—滤芯
5—托板 7—拉杆 8—弹簧 9—垫圈 10—芯筒
12—旁通阀 13—弹簧 15—阀座 17—螺母

图9.22 纸质滤芯
1—上端盖 2—芯筒
3—微孔滤纸 4—下端盖

粗滤器工作时，机油由上盖的进油孔进入滤芯周围（图9.21），通过滤芯过滤后，从上盖的出油孔流出，进入主油道。当滤芯被积污堵塞，其内外压差达到 0.15～0.17MPa 时，旁通阀 12 即被顶开，大部分机油不经滤芯滤清，直接进入主油道，以保证主油道有机油供给。

3. 机油冷却器（oil cooler）

有的发动机润滑系统中设置有机油冷却器，在发动机大负荷、高转速下长时间工作时，用来对机油进行强制冷却，以保持机油在适宜的温度范围内（70～80℃）工作。

机油冷却器分为风冷式和水冷式两类。风冷式机油冷却器利用汽车行驶时的迎面风对机油进行冷却。如图 9.23 所示，机油油管的周围焊有散热片，油管和散热片常用导热性好的黄铜制造。机油从进口流入扁形机油管，经散热片降温后从出口流出。如图 9.24 所示，水冷式机油冷却器装在冷却水路中，靠冷却液的流动使流经冷却器的机油降温。

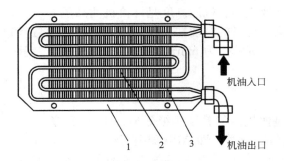

图9.23 风冷式机油冷却器
1—安装底板 2—散热片 3—油管

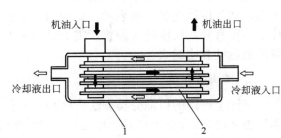

图9.24 水冷式机油冷却器
1—冷却液箱 2—机油散热管

9.2.4 润滑剂

汽车发动机所使用的润滑材料有机油和润滑脂两种。

1. 机油的主要作用

（1）润滑与减摩。在摩擦副零件表面形成油膜，减少摩擦阻力，降低磨损，减少发动机动力消耗等是机油的首要作用。

（2）冷却。靠机油的循环流动，带走部分摩擦热和燃烧传导的热量。

（3）密封。辅助活塞环密封，防止燃气窜入曲轴箱。

（4）清洁。机油中的清净分散剂能清洗掉部件表层的漆膜沉积物，使油泥和其他污染物分散成细小颗粒，悬浮在油中，保持机件清洁。

（5）防腐防锈。机油中的添加剂可以中和燃料燃烧时的酸性产物和机油氧化时产生的有机酸。

2. 机油的添加剂与机油黏度

汽车发动机用的机油一般都是矿物性润滑油，它是以从石油中提炼出来的润滑油为基础油，再加入各种添加剂混合而成的。这些添加剂主要包括黏度指数改善剂（使机油在高温时保持足够的黏度，而在低温时黏度增加不多）、抗氧化剂（防止机油受热和在曲轴箱被搅拌后被氧化、形成沥清、黏胶)、防腐蚀和防锈蚀剂(防止酸性物质的形成和置换金属表面的水分)、泡沫抑制剂(防止泡沫引起对正常润滑的干扰)、清洁分散剂(清洗零件上的污物并使其颗粒分散细化)。此外,还有抗磨改善剂、耐高压添加剂、石墨和钼的混合剂等。

20世纪70年代初出现了采用化学方法制造成的"化学合成机油"。它们是以有机酸或酒精为原料,或以煤和石油为原料,根据需要添加各种成分化合而成的,化学合成机油具有较宽的黏度指数范围。但当时由于成本较高,价格昂贵而未能获得广泛应用,现在合成机油的价格在一些国家已大大降低,应用日益增多,被认为是新一代的汽车用机油。

机油必须具有良好的流动性,特别应具有良好的低温流动性。机油的黏度是反映流动性的指标,具体地说,是反映机油层在两相对运动表面之间可以产生滑动的难易程度。温度升高,黏度下降,机油变稀;反之温度下降,黏度增大、机油变稠。因此使用时应根据季节和地区的变化来选择机油的牌号。夏季气温高时,要用黏度较大的机油,否则将因机油过稀而不能使发动机得到可靠的润滑;冬季气温低时则要用黏度较低的机油,否则将因机油黏度过大,流动性差而不能输送到零件的摩擦表面。机油黏度是评价机油品质的主要指标,通常用运动黏度来表示。运动黏度是根据一定量的机油在一定的压力下,通过黏度计上一定直径与长度的毛细管所需的时间来确定,其单位为 mm^2/s。所需时间越长,表示机油的运动黏度越大。

3. 机油的分类

国际上通用的机油分类方法有两种,一种是按机油的黏度等级分类,即SAE(美国汽车工程师协会)分类法;另一种是按机油性能(品质)分类,即API(美国石油学会)分类法。

美国工程师学会(SAE)按照机油的黏度等级,把机油分为冬季用机油和非冬季用机油。冬季用机油有6种牌号:SAE0W、SAE5W、SAE10W、SAE15W、SAE20W和SAE25W。非冬季机油有4种牌号:SAE20、SAE30、SAE40和SAE50。标号越大,黏度越高。上述牌号的机油只是单一的黏度等级,也称为单级机油。使用单级机油时,需要根据季节和气温的变化,注意更换机油。能满足季节和温度变化两方面黏度要求的机油称之为多级机油,其牌号有SAE5W-20、SAE10W-30、SAE15W-40、SAE20W-40等。例如,SAE10W-30在低温下使用时,具有与SAE10W号机油一样的黏度特性,而在高温下使用时,又具有与SAE30号机油一样的黏度特性。目前使用的机油大多数具有多黏度等级,这样的机油可以冬夏通用。

API性能分类法是美国石油学会(API)根据机油的性能及其最适合的使用场合,把机油分为S系列和C系列两类。S系列为汽油机油,目前有SA、SB、SC、SD、SE、SF、SG和SH共8个级别。C系列为柴油机油,目前有CA、CB、CC、CD和CE共5个级别。标号越靠后,质量等级越高,适用的机型越新或强化程度越高。其中,SA、SB、SC和CA等级别的机油,除非汽车制造厂特别推荐,否则已不再使用。

我国的润滑油分类法参照ISO分类方法。GB/T 7631.3—1995规定,按机油的性能和使用场合分类如下。

(1) 汽油机油:SC、SD、SE、SF、SG、SH等6个级别。

(2) 柴油机油:CC、CD、CD-Ⅱ、CE、CF-4等5个级别。

4. 润滑脂

ISO给予润滑脂的定义是:润滑脂是由稠化剂分散在液体润滑剂中形成的一种稳定的

半流体至固态状产品，还可加入赋予某种特性的添加剂和填料。

　　润滑脂具有不流失、不飞溅、使用温度范围宽(-20～120℃)、耐压性高、使用寿命长等特性。发动机所用润滑脂分为钙基脂、锂基脂、复合钙基脂及复合锂基脂等。使用时须根据不同季节、各类润滑脂的特点，考虑润滑部位的工作温度、负荷、速度和环境等，按有关标准选用。

思考题

1. 冷却系统的功用是什么？冷却过度和冷却不足各对发动机有何影响？
2. 典型水冷却系统由哪些主要部件组成？各起什么作用？
3. 水冷却系统中为什么要装节温器？什么叫大循环？什么叫小循环？
4. 为什么要采用风扇离合器？简述硅油风扇离合器的基本工作原理。
5. 水冷系统的节温器在夏季是否可以摘除？为什么？
6. 润滑系统的功用是什么？它由哪些部件组成？
7. 发动机通常采用哪几种机油滤清器？
8. 试述齿轮式机油泵和转子式机油泵的构造和工作原理。
9. 润滑油路中如果不装限压阀将引起什么后果？
10. 简述发动机压力润滑油路的主要路径。
11. 试解释 SAE15W-40 有什么样的黏度特性。

第10章 点火系统与起动系统

教学提示

汽油发动机工作时采用点燃式着火方式，因此，它必须设置一个独立的系统用于专门点燃气缸内压缩终了的高温高压的可燃混合气——点火系统。主要功能是按照汽油机工作的要求，定时地产生高压电点燃气缸内的高温高压的可燃混合气。

现代汽车的起动电机电路是一个大电流的电路，由蓄电池产生的电能通过起动电动机中的电磁场相互作用转变为机械能。现代内燃机需要90~150A的电流驱动曲轴以400r/min或更高的速度转动，以便可靠起动。

教学目标

要求学生掌握发动机汽油机点火系统和起动系统的主要部件、各自的作用及工作原理。

10.1 概 述

汽油发动机工作时采用点燃式着火方式，因此，它必须设置一个独立的系统用于专门点燃气缸内压缩终了的高温高压的可燃混合气——点火系统(ignition system)。

点火系统的主要功能是按照汽油机工作的要求，定时、可靠地产生高压电点燃气缸内的高温高压的可燃混合气。

10.1.1 点火系统的分类

按照点火系统的组成和产生高压电的方法不同，分为传统点火系统、电子点火系统、微机控制点火系统以及磁电机点火系统。

(1) 传统点火系统。以蓄电池或发电机提供 12V 的低压直流电源,通过点火线圈和断电器将低压电转变为高压电,再经过配电器分配到各缸火花塞,使火花塞两电极之间产生电火花,点燃混合气。

(2) 电子点火系统。由点火线圈和三极管以及集成电路构成点火器的作用,将电源的低压电转变为高压电。它是目前国内外汽车上广泛应用的点火系统。

(3) 微机控制的点火系统。由点火线圈和微机控制装置产生的点火信号,将电源的低压电转变为高压电。微机控制的点火系统已广泛应用于各种轿车上。微机控制的点火系统根据工作方式不同可分为有分电器的点火系统和无分电器的点火系统。

(4) 磁电机点火系统。它由磁电机产生低电压,通过内部的电磁线圈产生高压电,并送入气缸火花塞点燃可燃混合气,而不需要另设低压电源。结构简单,主要用于各种小型汽油发动机上。

目前,汽车发动机的点火系统与汽车的其他电器设备一样,国内外汽车几乎都采用单线制和负极搭铁。

10.1.2 点火系统的工作原理

1. 传统点火系统的组成及功用

传统点火系统的组成如图 10.1 所示,主要包括电源 1、点火线圈 6、分电器 5、火花塞 4 等。

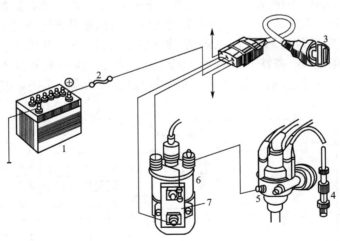

图 10.1 传统点火系统的组成
1—蓄电池 2—熔断器 3—点火开关 4—火花塞 5—分电器
6—点火线圈 7—点火线圈附加电阻

(1) 电源(electrical source)。为蓄电池或发电机,其作用是给点火系统提供低压电源,电压一般为 12V 或 24V。

(2) 点火线圈(ignition coil)。其作用是将 12V 低压电变成 15~20kV 的高压电,其结构与自耦变压器相似。点火线圈初级绕组匝数少、导线粗,次级绕组匝数多、导线细。

(3) 分电器(distributor)。包括断电器、配电器、电容器和点火提前机构等部分。断电器的作用是接通与切断初级电路;配电器的作用是将点火线圈产生的高压电,按照发动机的工作顺序送至各缸火花塞;电容器的作用是减少断电器触点火花,延长触点使用寿命和提高次级电压;点火提前机构的作用是随发动机转速、负荷和汽油辛烷值的变化改变点火提前角。

(4) 火花塞(spark plug)。其作用是将高压电引入气缸并产生电火花点燃混合气。

(5) 附加电阻(affixation resistance)。用来改善点火性能和起动性能。

(6) 点火开关(ignition switch)。用来控制点火系统初级电路;还用来控制仪表电路、起动继电器电路等。

2. 传统点火系统的工作原理

图 10.2 所示为传统点火系统的工作原理电路图。断电器凸轮 14 在凸轮轴的驱动下随之旋转,使断电器触点交替地闭合和打开。当点火开关 3 接通后,如触点闭合时,便接通蓄电池(或发电机)向初级绕组 11 供电,其电路是:蓄电池 1 正极—电流表 2—点火开关 3—点火线圈 5 "开关+"接柱—附加电阻 4—点火线圈"开关"接柱—点火线圈初级绕组 11—点火线圈"—"接柱—断电器 7 触点—搭铁—蓄电池负极。初级电流 i_1 流经的电路称为低压电路或初级电路。初级电流在初级绕组中逐渐增大至某一值,并建立较强的磁场。当凸轮将触点顶开时,初级电路被切断,初级电流及磁场迅速消失,在两个绕组的每一匝中都感应出电动势。由于次级绕组 12 的匝数多,所以在次级绕组 12 内就感应出 15~20kV 的电动势。此时,随凸轮 14 同轴旋转的分火头 13 恰好对准某缸的旁电极,该高压电经配电器 8 加于火花塞 9,它足以击穿火花塞的电极间隙并产生火花,点燃混合气。高压电流 i_2 的回路(电感放电)是:次级绕组 12—附加电阻 4—"开关+"接柱—点火开关 3—电流表 2—蓄电池 1—搭铁—火花塞 9 侧电极—中心电极—配电器 8(旁电极、分火头 13)—次级绕组 12。一般从点火线圈到火花塞的电路被称为高压电路,或称为次级电路。

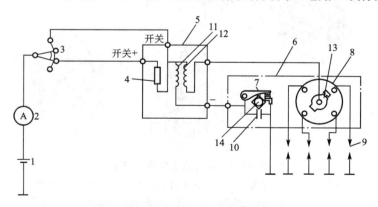

图 10.2 传统点火系统的工作原理电路图

1—蓄电池 2—电流表 3—点火开关 4—附加电阻 5—点火线圈
6—分电器总成 7—断电器 8—配电器 9—火花塞 10—电容
11—初级绕组 12—次级绕组 13—分火头 14—断电器凸轮

综上所述,断电器触点每打开一次,产生一次高压电,当分电器轴转一圈时,由配电器按照点火顺序将高压电轮流引至各气缸火花塞点火一次。发动机工作时，该过程周而复始地进行，若要停止发动机工作，只要断开点火开关即可。

10.2 传统点火系统

传统点火系统的主要部件包括点火线圈、分电器和火花塞等。

10.2.1 点火线圈

点火线圈的作用是将电源的 12V 低压电转变为 15~20kV 高压电。点火线圈按有无附加电阻可分为带附加电阻型和不带附加电阻型。按铁芯形状不同可分为开磁路式和闭磁路式。按功能差异分为普通型和高能型。

1. 开磁路点火线圈

传统的开磁路点火线圈的基本结构如图 10.3 所示，主要由铁芯 17、绕组（14、15）、胶木盖 7、绝缘座 18 等组成。

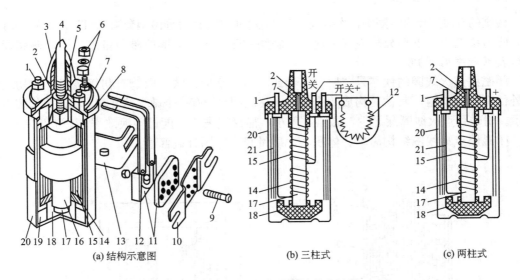

图 10.3 开磁路点火线圈的基本结构

1—"—"接柱　2—高压线接头　3—橡胶罩　4—高压阻尼线
5—高压线插座　6—螺母及垫圈　7—胶木盖　8—橡胶密封圈
9—螺钉　10—附加电阻盖　11—附加电阻（瓷质绝缘体）
12—附加电阻及接线片　13—固定夹　14—初级绕组　15—次级绕组
16—绝缘纸　17—铁芯　18—绝缘座　19—沥青材料
20—外壳　21—导磁钢套

（1）铁芯。由互相绝缘的条形硅钢叠制而成，各片间利用氧化油层或涂绝缘漆隔离，外层套有绝缘套管，其作用是增强磁通。

（2）初级绕组。用导线直径为 0.5~1.0mm 的漆包线分层绕于次级绕组外层，以利散热，初级绕组为230～370匝。外面包有数层绝缘纸，以增强绝缘。绕组绕好后在真空中浸以石蜡和松香混合物，进一步加强绝缘。初级绕组的作用是利用绕组内的电流变化实现电磁感应。

（3）次级绕组。用导线直径为0.06～0.10mm的漆包线绕于铁芯绝缘套管外部，约11000～26000匝。为加强绝缘和免遭机械损伤，每层导线都用绝缘纸隔开，最外层的绝缘纸层数较多，或者套上纸板套管。其作用是产生互感电动势。

（4）导磁钢套。初级绕组与外壳之间装有导磁用钢套。用磁钢片卷成筒形，构成磁路的一部分，使铁芯形成半封闭式磁路，减少漏磁。

（5）填充物。为加强绝缘和防止潮气浸入，在外壳内填满沥青或变压器油，填充变压器油时，线圈散热性较好，温升较低，且绝缘性好。近年来也使用六氟化硫（SF_6）等气体绝缘或采用塑料造型绝缘。

（6）附加电阻。三柱式点火线圈壳体外部装有一附加电阻，附加电阻两端连于胶木盖上的"开关＋"和"开关"接柱，其作用是改善点火性能。两柱式点火线圈无附加电阻，在点火开关与点火线圈"＋"接柱间，连入一根附加电阻线。附加电阻的作用是改善点火性能。

2. 闭磁路点火线圈

传统的开磁路点火线圈中，次级绕组在铁芯中的磁通通过导磁钢套构成回路，如图10.4所示，磁力线的上、下部分从空气中通过，磁路的磁阻大、泄漏的磁通量多，因此磁路损失大，转换效率低（约60％）。

闭磁路点火线圈的铁芯是"日"字形或"口"字形，铁芯内绕有初级绕组，在初级绕组外面有次级绕组，其铁芯构成闭合磁路，磁路中只设有一个微小的气隙，其磁路如图10.5所示。闭磁路点火线圈漏磁少，磁路磁阻小，能量损失小，能量转换效率高（约75％）。此外，闭磁路点火线圈结构简单、体积小、质量轻，应用日益普遍。

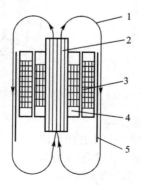

图10.4 开磁路点火线圈的磁路
1—磁力线 2—铁芯 3—初级绕组
4—次级绕组 5—导磁钢片

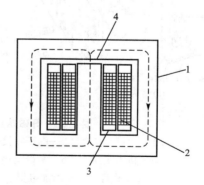

图10.5 闭磁路点火线圈的磁路
1—"日"字铁芯 2—次级绕组
3—初级绕组 4—空气隙

10.2.2 分电器

分电器由断电器、配电器、点火提前装置和电容器组成，如图10.6所示。

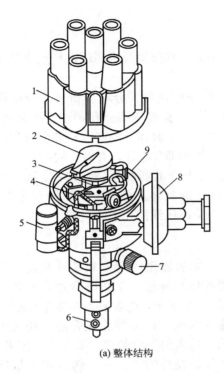
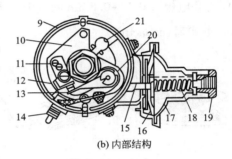

(a) 整体结构　　　　　　　　　　(b) 内部结构

图 10.6　FD632 型分电器

1—分电器盖　2—分火头　3—断电器凸轮　4—断电触点及底板总成　5—电容器
6—联轴器　7—油杯　8—真空调节器　9—分电器壳体　10—活动底板
11—偏心螺钉　12—固定触点及支架　13—活动触点　14—接柱
15—拉杆　16—膜片　17—真空调节器外壳　18—弹簧
19—螺母　20—活动触点臂弹簧片　21—油毡

1. 断电器(breaker)

断电器的作用是接通和切断低压电路，主要由一对触点和凸轮组成。凸轮的凸角数和发动机的气缸数相等。工作时，分电器轴带动断电器凸轮转动。当断电器凸轮凸角顶在活动触点臂上时，触点打开；当断电器凸轮凸角离开活动触点臂时，触点闭合。断电器凸轮转一周，将初级电路接通和切断与气缸数相等的次数。

(1) 底板(base plate)。用薄钢板制成，由固定底板和活动底板组成。固定底板用螺钉紧固于分电器壳体上，活动底板与固定底板通过弹簧连接，可以相对转动。其作用是安装、固定断电器触点，并可以调节触点和断电器凸轮的相对位置。

(2) 触点(contact)。由坚硬、耐高温的钨合金制成，俗称"白金"。有活动和固定两个触点。活动触点由导线引出，与壳体外侧的接线柱相连。固定触点和支架用固定螺钉和偏心螺钉安装在活动底板上，并通过活动底板直接搭铁，偏心螺钉可调节触点间隙。

(3) 断电器凸轮(cam)。为钢质整体，上部呈正多边形，边数(或凸角数)等于气缸数，断电器凸轮工作面与活动触点臂胶木顶块接触，下部是一长方形拨块，其上有两个对称长孔，套装于离心调节器两离心块的拨板销上。断电器凸轮上方有一带缺口的圆柱，其上可装分火头，缺口起定位作用。

2. 配电器（distributor）

配电器装于断电器上部，由分电器盖、分火头组成。其作用是将高压电按点火顺序分配至各火花塞。

（1）分电器盖。由胶木粉在钢模中热压而成，耐压耐热好。分电器盖装于分电器顶端，用两弹性夹卡固。外面有管状高压线插孔，中心为中央高压线插孔，连于点火线圈，孔内有压簧炭柱，压于分火头导电片上；周围均布有与气缸数相等的旁电极和分缸高压线插孔，插孔连火花塞（按点火顺序），旁电极对准分火头端部导电片，并有一间隙。

（2）分火头。材料和制作与分电器盖相同，套装于分电器的顶端（凸轮体顶端圆柱面），用弹性片卡紧，由断电器凸轮带动随分电器轴一起旋转。分火头顶面铆有导电片，其端部与旁电极有 0.2～0.8mm 的气隙。顶部压着中央高压线插孔中的炭柱。

3. 电容器（capacitor）

图 10.7 电容器
1—纸带 2—箔带 3—软导线
4—外壳 5—引线

电容器用固定夹和螺钉安装于分电器壳体的外面，与断电器触点并联。如图 10.7 所示，电容器由两锡箔（或铝箔）带和两条石蜡纸带相互叠加，卷成圆柱形，装入铝壳内形成。纸带比锡箔带宽，以保证良好绝缘。一条锡箔带上接软导线，引出壳体，接于分电器外壳的低压接线柱上；另一条锡箔带通过接铁片接于壳体，直接搭铁。

4. 点火提前调节装置

点火时刻对发动机的工作和性能有很大的影响。混合气燃烧，即从火花塞间隙跳火到混合气燃烧完毕，气缸内的温度和压力上升到最大值，是需要一定时间的。虽然这段时间很短，不过千分之几秒，但是发动机的转速很高，在这样短的时间内曲轴却转过较大的角度。若恰好在活塞到达上止点时点火，混合气开始燃烧时，活塞已开始向下运动，使气缸容积增大、燃烧压力降低，发动机功率下降。因此，应提前点火，即在活塞进行压缩行程到达上止点之前火花塞间隙跳火，理想情况是使燃烧室内的气体压力在活塞到达压缩行程至上止点后 10°～15°时达到最大值。这样混合气燃烧时产生的热量，在做功行程中得到最有效的利用，可以提高发动机的热效率。

火花塞跳火到活塞压缩至上止点时所对应的曲轴转角，称为点火提前角。能使发动机获得最佳动力性、经济性和最佳排放时的点火提前角，称为最佳点火提前角。最佳点火提前角不是固定值，其影响因素主要有发动机转速和混合气的燃烧速度。

当节气门开度一定时，随着发动机转速的升高，单位时间内曲轴转过的角度增大，点火提前角应随发动机转速的升高而增大。

当发动机转速一定时，随着负荷增加节气门开度增大，单位时间内吸入气缸内的可燃混合气数量增加，压缩行程终了时燃烧室内的温度和压力增高。同时残余废气在气缸内混合气中所占的比例减少，混合气的燃烧速度加快，点火提前角应适当减小。

在汽车运行中，发动机的转速和负荷是经常变化的。为此一般设有两套自动调节点火提前角的装置：一套是离心点火提前调节装置，随发动机转速的变化自动地调节点火提前角；另一套是真空点火提前调节装置，随发动机负荷的变化自动地调节点火提前角。

(1) 离心点火提前调节装置。它主要由离心块、弹簧、托板、拨板等组成，如图10.8所示。两离心块1、7分别套在托板4的两个轴销5上，可绕其转动。一端由弹簧2或8拉紧，靠向轴心。中部有拨板销6。拨板9与凸轮10是一体的，两端有长形孔，套于离心块两拨板销上。

离心点火提前调节装置的工作原理是：在发动机转速变化时，改变凸轮10与其驱动轴3的相对转角，使断电器活动触点张开时刻变化，如图10.9所示。离心点火提前调节装置不工作时，处于如图10.9(a)的位置，两离心块在拉簧作用下抱向轴心。当发动机转速升高时，如图10.9(b)所示，两离心块在离心力作用下向外甩开，离心块上的拨销拨动拨板和凸轮，顺着分电器驱动轴的旋转方向相对于轴超前转动一个角度，将断电器触点提早顶开，点火提前角增大。发动机的转速越高，离心块的离心力越大，点火提前角越大。反之，转速降低，点火提前角减小。

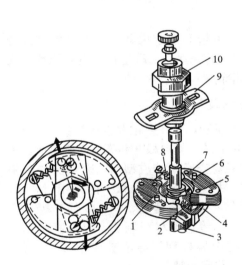

图10.8 离心点火提前调节装置

1、7—离心块 2、8—弹簧 3—驱动轴
4—托板 5—轴销 6—拨板销
9—带孔拨板 10—凸轮

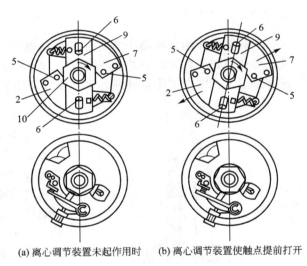

(a) 离心调节装置未起作用时 (b) 离心调节装置使触点提前打开

图10.9 离心点火提前调节装置工作原理

(2) 真空点火提前调节装置。它主要由膜片5、拉杆4、真空点火提前调节装置外壳10(简称外壳)等组成，如图10.10所示。膜片中心一侧与拉杆固连，另一侧压有弹簧。拉杆一端与断电器活动底板2相连，外壳10通过真空管7与节气门附近的小孔相通。

真空点火提前调节装置的工作原理：发动机负荷(即节气门开度)变化时，改变断电器触点与凸轮的相对角度，使断电器活动触点张开时刻变化，如图10.10所示。当发动机负荷小时，节气门8下方及真空管7的真空度增大，真空吸力克服膜片弹簧6的张力，使膜片连带拉杆4右移，进而带动活动底板2相对于凸轮逆时针转动一个角度，使断电器触点提前顶开，于是点火提前角增大。负荷越小，节气门开度也越小，真空度越高,点火提前角越大,如图 10.10(a)所示。反之,负荷变大则点火提前角减小,如图 10.10(b)所示。

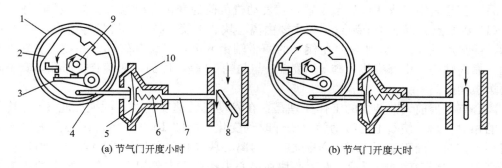

图 10.10　真空点火提前调节装置工作原理
1—分电器壳体　2—活动底板　3—触点　4—拉杆　5—膜片　6—弹簧
7—真空管　8—节气门　9—凸轮　10—真空点火提前装置外壳

10.2.3　火花塞

火花塞的作用是将高压电引进发动机燃烧室,在电极间形成火花,以点燃可燃混合气。火花塞安装在气缸盖的火花塞孔内,下端电极伸入燃烧室,上端连接分缸高压线。火花塞是点火系统中工作条件最恶劣、要求高和易损坏部件。

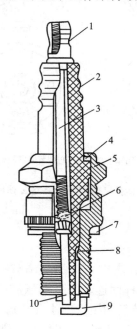

图 10.11　火花塞
1—接触头　2—瓷绝缘体　3—金属杆
4—内密封垫圈　5—壳体　6—导电玻璃
7—多层密封垫圈　8—内密封垫圈
9—侧电极　10—中心电极

1. 火花塞组成

如图 10.11 所示,火花塞主要由接触头 1、瓷绝缘体 2、中心电极 10、侧电极 9 和壳体 5 等组成。瓷绝缘体用氧化铝陶瓷经压铸成型后,表面涂白色瓷釉再烧结而成。中心电极和侧电极一般采用耐高温、耐腐蚀的镍锰合金钢或铬锰氮、钨、镍锰硅等合金制成。也有些采用镍包铜材料制成,以提高散热性能。中心电极与金属杆利用导电玻璃熔接为一体,与侧电极构成火花塞间隙。

2. 火花塞的热特性

要使火花塞能正常工作,其下部绝缘裙部的温度应保持在 500～700℃,这样才能使落在绝缘体上的油滴立即燃烧掉,从而防止积炭形成。通常称这个温度为火花塞的"自净温度"。如果温度低于自净温度,就可能使油雾聚积成油层,产生积炭而不能跳火;如果温度过高(例如,超过 850℃),则会形成炽热点,发生表面点火,将影响发动机性能。

火花塞裙部的工作温度取决于火花塞的热特性和发动机气缸的工作温度。火花塞的热特性就是指火花塞裙部吸收的热量与向发动机冷却系统散热量之间的平衡关系。影响火花塞热特性的主要因素是火花塞裙部的长度。裙部较长时，受热面积大，吸收热量多，而散热路径远，散热少、裙部温度较高，把这种火花塞称为"热型"火花塞；反之，当裙部较短时，吸热少，散热多，裙部温度较低，把这种火花塞称为"冷型"火花塞，如图10.12所示。

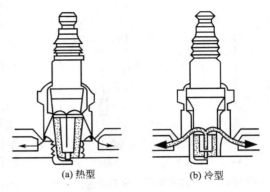

图 10.12　火花塞热特性

火花塞热特性用热值表示，我国是以火花塞绝缘体裙部长度来标定的。火花塞热值分别用 1～11 之间的阿拉伯数字表示。1、2、3 为低热值火花塞；4、5、6 为中热值火花塞；7、8、9 及以上为高热值火花塞。热值数越高，表示散热性越好。因而小数字为热型火花塞，大数字为冷型火花塞。

火花塞裙部温度还与发动机气缸内的工作温度有关。对于大功率、高压缩比和高转速的发动机来说，燃烧室内温度高，火花塞裙部温度就高，应该选用冷型火花塞。反之，小功率、小压缩比、低转速的发动机应该选用热型火花塞。

10.3　电子点火系统和微机控制点火系统

10.3.1　电子点火系统

传统点火系统存在如下缺点：断电器触点分开时，在触点之间产生火花，使触点逐渐氧化、烧蚀，因而断电器触点的使用寿命短；在火花塞积炭时，因火花塞漏电而不能可靠地点火；点火线圈产生的高压电随发动机转速的升高和气缸数的增多而下降，因此在高速时容易出现缺火等现象。近年来，汽车发动机向多缸、高速方向发展，同时人们力图通过改善混合气的燃烧状况来减少排气污染，以及燃用稀混合气以达到节约燃油的目的。这些都要求点火装置能够提供足够的次级电压、火花能量和最佳的点火时刻。传统点火装置已不能适应这一要求。

电子点火系统可以改善发动机的高速性能；在火花塞积炭时仍有较强的跳火能力；可以减小触点火花，延长触点的使用寿命，还可以取消触点进一步改善点火性能。因此，采用电子点火系统可以提高发动机的动力性、经济性，并减少排气污染，在国内外汽车上已得到广泛应用。

目前使用的电子点火系统分为触点式电子点火系统和无触点式电子点火系统两种类型。

1. 触点式电子点火系统

触点式电子点火装置利用晶体三极管的开关作用，代替断电器的触点控制点火线圈初级电路的通、断，减小了触点电流，可以减小触点火花，延长触点寿命；配用高匝数比的点火线圈、还可以增大初级电流，提高次级电压，改善点火性能。

图 10.13 是触点式电子点火系统的工作原理。一只大功率的 PNP 型晶体三极管串联在点火线圈的初级电路中，控制初级电路的通断。断电器的触点串联在三极管的基极电路中，用触点开闭产生的点火信号控制三极管的导通与截止，从而控制点火系统的工作。其工作过程如下。

接通点火开关 S，当断电器触点闭合时，接通三极管的基极电路，使三极管饱和导通，并接通点火线圈的初级电路。其路径为三极管的基极电流从蓄电池"正极"—点火开关 S—初级绕组 N_1—点火线圈的附加电阻 R_f—三极管 VT 的发射极 e、基极 b—电阻 R_2—断电器触点 K—搭铁—蓄电池"负极"。

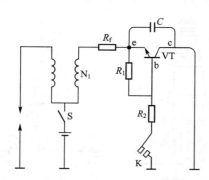

图 10.13 触点式电子点火系统的工作原理

点火线圈初级绕组的电流从蓄电池"正极"—点火开关 S—初级绕组 N_1—附加电阻 R_f—三极管 VT 的发射极 e、集电极 c—搭铁—蓄电池"负极"，使点火线圈的铁芯中产生磁场。

当断电器触点分开时，三极管的基极电路被切断，于是三极管 VT 截止，切断点火线圈初级绕组的电路，初级电流迅速下降到零，在点火线圈的次级绕组中产生高压电，在火花塞间隙中跳火，使混合气点燃。

图中电阻 R_1、R_2 是三极管的偏置电阻，用来控制三极管的基极电流。电容器 C 的作用是使触点分开瞬间初级绕组中产生的自感电压旁路、防止三极管 VT 在截止时被自感电压损坏。

触点式电子点火装置工作时，流过触点的电流是三极管的基极电流，它是初级电流的 1/5～1/10，可以减小触点火花，延长触点使用寿命。但是，这种点火系统还是利用触点开闭的作用产生点火信号，控制点火系统的工作，因此它克服不了触点式点火装置的固有缺点。例如，高速时触点臂振动，触点分开后不能及时闭合，顶推触点臂的凸轮或顶块磨损时会改变点火时刻，触点污染时不能可靠地点火等。目前触点式电子点火装置已很少使用。

2. 无触点式电子点火系统

无触点式电子点火系统简称无触点点火系统。它利用各种类型的传感器代替断电器的触点，产生点火信号，控制点火系统的工作。

无触点点火系统一般由传感器、点火控制器、点火线圈、配电器、火花塞等组成。国内外汽车上使用的无触点点火装置，按所使用的传感器形式不同有磁脉冲式、霍尔效应式、光电式等多种形式。

1) 磁脉冲式无触点点火装置

图 10.14 是用于日本丰田旅行车的无触点点火装置电路原理图。它由安置在分电器内的传感器、点火控制器、点火线圈等组成。

(1) 传感器。传感器是一个磁脉冲式点火信号发生器，用来在发动机工作时产生点火信号。它由安装在分电器轴上的信号转子 1、安装在分电器底板上的永久磁铁 4 和绕在铁芯 3 上的传感线圈 2 等组成，如图 10.15 所示。

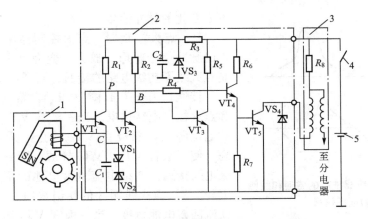

图 10.14　磁脉冲式无触点点火装置电路原理图
1—传感器　2—点火控制器　3—点火线圈　4—点火开关　5—蓄电池

信号转子 1 的外缘有凸齿，凸齿数与发动机气缸数相等。它由分电器轴带动并以相同转速转动。永久磁铁的磁通经转子的凸齿、传感线圈 2（以下简称线圈）的铁芯 3、永久磁铁 4 构成磁路。当转子转动时，其凸齿交替地在铁芯旁扫过。转子凸齿与线圈铁芯间的空气间隙不断变化，穿过线圈铁芯中的磁通量也不断变化。

根据电磁感应原理，当穿过线圈铁芯的磁通量发生变化时，线圈中产生感应电动势，感应电动势的大小与磁通的变化速率成正比，其方向则是阻碍磁通变化的方向。

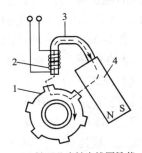 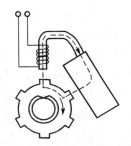 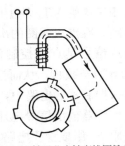

(a) 转子凸齿转向线圈铁芯　　(b) 转子凸齿与线圈铁芯中心对齐　　(c) 转子凸齿转离线圈铁芯

图 10.15　传感器示意图
1—信号转子　2—传感线圈　3—铁芯　4—永久磁铁

转子处于图 10.15(a) 所示位置时，转子的凸齿逐渐转向线圈铁芯，与铁芯之间的间隙逐渐减小，穿过线圈铁芯的磁通量则逐渐增多。在图 10.16 磁通变化曲线的 a 点时，磁通的变化率最大，线圈中产生的感应电动势达到最大值。随着转子转动，线圈铁芯中磁通量增加的速度减慢，线圈中产生的感应电动势减小。当转子转到图 10.15(b) 所示位置时，转子的凸齿刚好与线圈的铁芯对齐，转子凸齿与铁芯之间的空气间隙最小，穿过线圈铁芯的磁通量最多，但磁通量的变化率为零，所以感应的电动势减小到零。转子继续转动，凸齿渐渐离开线圈铁芯，转子凸齿与线圈铁芯之间的空气间隙逐渐加大，穿过线圈铁芯中的磁通量逐渐减少，线圈中产生的感应电动势增大，但方向与穿过线圈铁芯的磁通增加时相反。当转子转到图 10.15(c) 所示位置时，磁通量减少的速率最大，线圈中的感应电动势反向达到最大值。这样，随着转子不断旋转，在传感线圈中产生如图 10.16 所示大小和方向

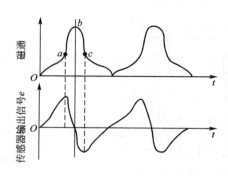

图 10.16 穿过线圈铁芯的磁通和线圈中的电压信号

不断变化的脉冲信号。

(2) 点火控制器。点火控制器用来将传感器输入的脉冲信号整形、放大,变为点火控制信号,控制点火线圈初级电路的接通、断开,使火花塞点火。

接通点火开关 4(图 10.14),蓄电池向点火线圈和点火控制电路供电。当三极管 VT_2 导通时,B 点的电位降低,三极管 VT_3 截止,其集电极电位升高,使三极管 VT_4、VT_5 导通,于是点火线圈的初级电路接通。初级电流从蓄电池的正极出发,经点火开关 4、点火线圈 3 的初级绕组、三极管 VT_5 搭铁流回蓄电池负极。当三极管 VT_2 截止时,B 点的电位升高,三极管 VT_3 导通,其集电极电位降低,使三极管 VT_4、VT_5 截止,点火线圈初级电路被切断,在次级绕组中产生高压电,击穿火花塞间隙,点燃混合气。

三极管 VT_2 是导通还是截止取决于 P 点的电位。P 点的直流电位是一定的,且略高于三极管 VT_2 的工作电位。三极管 VT_1 的发射极与基极相连,在此电路中相当于发射极为正、集电极为负的二极管,起温度补偿作用。当传感器输出的交变信号电压使 C 点的电位高于 P 点电位时,三极管 VT_1 因承受反向电压而截止。这时,P 点电位高于三极管 VT_2 的工作电位,所以三极管 VT_2 导通,VT_4、VT_5 也导通。当传感器输出的交变信号电压使 C 点的电位低于 P 点的电位时,三极管 VT_1 导通,使 P 点的电位降低。当 P 点的电位低于三极管 VT_2 的工作电位时,三极管 VT_2 截止,从而 VT_4、VT_5 也截止,使初级电流中断,在点火线圈的次级绕组中产生高压电。可见,发动机工作期间,传感器输出的交变电压信号是点火控制信号。它通过使三极管 VT_1 截止或导通的作用,控制三极管 VT_5 的导通与截止,从而控制点火线圈初级电路导通、断开和点火系统的工作。

点火控制器的电路中,使用了 4 个稳压管(VS),其作用如下:稳压管 VS_1 和 VS_2 用来限制传感器输出信号电压的幅度,以保护晶体三极管 VT_1、VT_2。稳压管 VS_3 和电容 C_2、电阻 R_2 组成稳压电路,用来稳定三极管 VT_1、VT_2 的电源电压。稳压管 VS_4 保护晶体三极管 VT_4 免受自感电动势的损坏。

点火控制器是由专用的点火集成电路芯片、电阻、电容、稳压管、达林顿管等组成的混合集成电路点火控制器,安装在点火线圈上。图 10.17 所示是它的电路原理图。

2) 霍尔效应式无触点点火装置

霍尔效应式无触点点火装置利用霍尔元件的霍尔效应制成传感器,产生点火信号,控制点火系统的工作,它主要由霍尔分电器、点火控制器、点火线圈等组成。

图 10.18 是用于奥迪、桑塔纳等轿车的霍尔效应式无触点点火装置的组成示意图。

(1) 霍尔传感器。霍尔传感器安装在分电器内,用来在发动机工作时产生点火信号。霍尔传感器由霍尔触发器、永久磁铁和带缺口的转子组成,如图 10.19 所示。

霍尔触发器(也称霍尔元件)是一个带集成电路的电子基片。当外加电压作用在触发器两端时,便有电流 I 在其中通过。如果在垂直于电流的方向上同时有外加磁场的作用,则在垂直于电流和磁场的方向上产生电压 U_H,称该电压为霍尔电压。这种现象称为霍尔效应,图 10.20 为霍尔效应示意图。

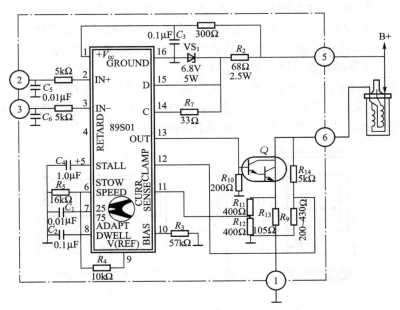

图 10.17 点火控制器的电路原理图

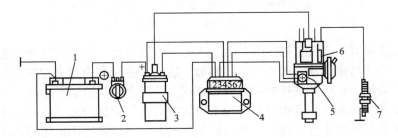

图 10.18 上海桑塔纳轿车点火系统的组成
1—蓄电池 2—点火开关 3—点火线圈 4—点火控制器
5—霍尔信号发生器 6—分电器 7—火花塞

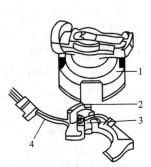

图 10.19 霍尔信号发生器的结构
1—分火头及触发叶轮 2—霍尔集成电路
3—永久磁铁 4—专用插头

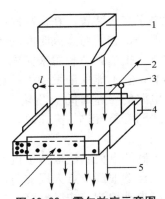

图 10.20 霍尔效应示意图
1—永久磁铁 2—外加电压 3—霍尔电压
4—霍尔触发器 5—磁力线

霍尔信号发生器的工作原理如图10.21所示。触发叶轮转动时，每当叶片进入永久磁铁与霍尔元件之间的空隙时，霍尔集成电路中的磁场即被触发叶轮的叶片所旁路（或称隔磁），如图10.21(a)所示，这时不产生霍尔电压，发生器无信号输出，集成电路放大器输出极导通，点火线圈的初级绕组中有电流通过。

当触发叶轮的叶片离开空气隙时，永久磁铁3的磁通便通过导磁板5作用于霍尔元件2上，此时，霍尔元件产生霍尔电压比（图10.21(b)），发生器有信号输出，集成电路输出极被截止，初级绕组中电流被切断，次级绕组中便感应出高压电动势。

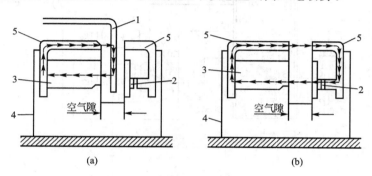

图10.21 霍尔信号发生器的工作原理
1—触发叶轮的叶片 2—霍尔元件 3—永久磁铁
4—触发开关 5—导磁板

（2）点火控制器。点火控制器由专用的点火集成电路片、达林顿管及其他辅助电路组成。它用来将霍尔传感器输入的点火信号整形、放大，并转变为点火控制信号，通过达林顿管控制点火线圈一次电路的接通或断开，在点火线圈次级绕组中产生高压电。

有些车型的点火系统将点火控制器功率输出极的达林顿管安装在点火线圈上，以利于散热。霍尔传感器均装于分电器中，称为霍尔分电器。霍尔效应式传感器输出电压的幅度不受发动机转速的影响，作用可靠、抗干扰能力强，已广泛应用于国产汽车的点火系统上。

10.3.2 微机控制点火系统

上述电子点火装置，在提高次级电压和点火能量，延长触点使用寿命等方面都是卓有成效的。但是，它们对点火时间的调节与传统点火系统一样，仍靠离心提前和真空提前两套机械式点火提前调节装置来完成。由于机械的滞后、磨损以及装置本身的局限性等许多因素的影响，它不能保证发动机的点火时刻总是最佳值，不是偏早就是偏迟。同时，点火线圈初级电路的导通时间受凸轮形状的限制，发动机低速时触点闭合时间长，初级电流大、点火线圈容易发热；高速时，触点闭合时间缩短，初级电流减小，次级电压降低，点火不可靠。

微机控制的点火系统取消了机械式点火提前调节装置，由微机控制点火系统随发动机工况的变化自动地调节点火提前角，使发动机在任何工况下均在最佳的点火时刻点火。此外，它还能自动地调节初级电路的导通时间，使高速时初级电路的导通时间延长，增大初级电流，提高次级电压；低速时初级电路导通时间适当缩短，限制初级电流的幅度，以防止点火线圈发热。

微机控制点火系统一般由传感器、微机控制器和点火控制器、点火线圈等组成。如图 10.22 所示是微机控制点火系统的组成原理图。用于不同车型的微机控制点火系统各组成部分的结构不同,但它们的工作原理是类似的。

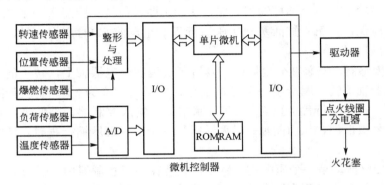

图 10.22 微机控制点火系统组成原理图

图 10.23 为奥迪 200 型轿车五缸涡轮增压型发动机,是由微机控制点火系统组成的。

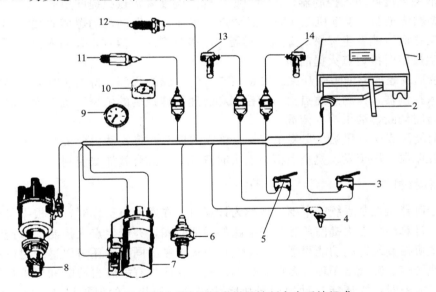

图 10.23 奥迪 200 型轿车微机控制点火系统组成
1—微机控制器 2—增压传感器接管 3—全负荷开关 4—进气温度传感器
5—怠速及超速燃油阻断开关 6—冷却液温度传感器 7—点火线圈
8—霍尔分电器 9—速度表 10—故障灯 11—爆燃传感器
12—制动灯开关 13—发动机转速传感器 14—点火基准传感器

1. 传感器

微机控制点火系统中的传感器,在发动机工作时不断地检测反映发动机工作状况的信息,并输入控制器,作为控制系统进行运算和控制的依据或基准。

(1) 发动机转速传感器。是由绕在铁芯上的传感线路和永久磁铁构成的磁脉冲式信号发生器,安装在飞轮的侧面,传感线圈的铁芯与飞轮上的 135 个凸齿相对应。飞轮旋转时。在传感线圈中产生交变的电压信号(以下简称脉冲信号)。曲轴转一圈,产生135个脉冲信号,输入控制器,用于计算发动机转速和点火时刻。

(2) 点火基准传感器。该传感器的结构与发动机转速传感器相同,也安装在飞轮的侧面,与固定在飞轮上的一个圆柱销相对应,发动机曲轴每转一圈产生一个脉冲信号。在安装传感器时,应保证当第一缸活塞到达压缩行程上止点前62°时产生信号,以此信号作为点火控制的基准信号。

(3) 霍尔传感器。安装在分电器内。其转子安装在分电器轴上,转子的外缘上只有一个缺口,分电器轴每转一圈产生一个脉冲信号,信号的宽度为35°。安装传感器时应使该信号出现在第一缸压缩行程上止点前80°。霍尔信号输入控制器,并使来自点火基准传感器的第二个信号被抵消,从而曲轴每转两转得到一个第一缸压缩行程时,活塞到达上止点前62°的信号。

(4) 增压传感器。是一个压电式传感器,安装在微机控制器内,通过胶管接到发动机进气系统,将进气管内的压力转变为电压信号输入控制器,也作为点火控制的主要依据。

(5) 冷却液温度传感器。是一个热敏电阻式温度传感器,安装在发动机冷却水道上,检测冷却液的温度并输入控制器,作为根据冷却液温度修正点火提前角的依据。

(6) 爆燃传感器。发动机工作时的最佳点火提前角与发动机的爆燃曲线极其接近,所以发动机工作时可能发生爆燃。爆燃传感器可以检测到这一信号,并输入控制器,以便在发动机发生爆燃时推迟点火提前角。

(7) 怠速及超速燃油阻断开关。安装在节气门总成的底部,将怠速时节气门关闭的电压信号输入控制器,作为怠速点火时刻控制和怠速转速控制的依据,也作为发动机怠速状态超速运转时切断燃油供给的依据。

(8) 全负荷节气门开关。安装在节气门总成的顶部,将发动机全负荷时节气门全开的信号输入控制器,用于发动机全负荷时点火时刻控制和混合气加浓控制。

2. 微机控制器

微机控制器是控制系统的中枢,也称为计算机。在发动机工作时,它根据各传感器输入的信号,计算最佳点火提前角和初级电路的导通时间,并产生点火控制信号控制点火系统工作。微机控制装置的功能很强,它在实行点火控制的同时,还可以进行对发动机的空燃比、怠速转速、废气再循环等多项参数的控制。它还具有故障自诊断和保护功能,当控制系统出现故障时,它还能自动地记录故障代码并采取相应的保护措施,维持发动机运行,使汽车能开回维修站。

微机控制器简称控制器或控制单元,常用其英文名称的缩写 ECU 表示。它由微处理器(CPU)、存储器(ROM、RAM)、输入/输出(I/O)接口、模/数(A/D)转换器以及整形、驱动等大规模集成电路组成;或将具有上述功能的各元件制作成汽车专用的大规模集成电路芯片——车用单片微型机,简称单片机。

在控制器中,微处理器是控制器的核心部分,它具有运算与控制的功能。发动机运行时,微处理器采集各传感器输入的信号进行运算,并将运算的结果转变为控制信号,控制被控对象的工作,并实行对存储器、输入/输出接口和其他外部电路的控制。存储器用来存放实现过程控制的全部程序,还存放通过大量试验获得的数据,例如,发动机在各种转速和负荷时的最佳点火提前角、初级电路通电时间及其他有关数据,以及运算的中间结果。I/O 接口用来协调微处理器与外部电路之间的工作。A/D 转换器将传感器输入的模拟信号转变为计算机能接受的数字信号。整形电路可以将传感器输入的信号转变为理想的波形。驱动电路则将计算机发出的控制信号加以放大，以便驱动点火控制器等执行机构的工作。

其工作过程如下：发动机工作期间，各传感器分别将每一瞬间的发动机转速、负荷、冷却液的温度、节气门的状态以及是否发生爆燃等与发动机工况有关的信号，经接口电路输入控制器。控制器根据发动机转速和负荷信号，按存储器中存放的程序以及与点火提前角和一次电路导通时间有关的数据，计算出与该工况对应的最佳点火提前角和初级电路导通时间，并根据冷却液的温度加以修正。最后根据计算结果和点火基准信号，在最佳的时刻向点火控制电路和点火线圈发出控制信号，接通点火线圈的初级电路，经过最佳的初级电路导通时间后，再发出控制信号切断点火线圈的初级电路，使初级电流迅速下降到零，在点火线圈的次级绕组中产生高压电，并经配电器送往火花塞，点燃混合气。

在发动机工作期间，如果发生爆燃，爆燃传感器输出的电压信号输入控制器，控制器将点火时刻适当推迟；爆燃消除后再将点火时刻逐渐移回到最佳点，实现了点火提前角的闭环控制。

采用微机控制点火系统对于提高发动机的动力性、经济性、减少排气污染等都是十分有效的。因此，微机控制点火系统在现代汽车汽油发动机上已得到较为广泛的应用。

10.4 起动系统

发动机从静止转入工作状态，必须借助外力带动曲柄连杆机构运动，完成可燃混合气的压缩，才能开始点火燃烧或自燃。产生外力使发动机从静止状态进入工作状态的装置或系统即是发动机的起动系统。

发动机常采用人力、电力、辅助汽油机等多种方式起动。

人力起动：使用人力将发动机起动的方式。主要用于小型汽油机或作为紧急备用起动方式。

电力起动：起动机在点火开关和起动继电器的控制下，将蓄电池的电能转化为机械能，带动发动机飞轮齿圈使曲轴转动，完成发动机的起动。

辅助汽油机起动：大功率柴油机起动系统可以采用小型汽油机来起动。通过先起动汽油机后，再带动柴油机运转。

电力起动系统起动方便、迅速，起动可靠、结构简单，是目前汽车上广泛使用的一种起动方式。

10.4.1 组成及工作原理

起动系统由蓄电池、起动机、起动继电器、点火开关等组成，如图 10.24 所示。

起动系统的工作过程是：当点火开关置于起动挡时，起动机控制电路先接通（图中虚线线路），然后起动机供电电路接通（图中实线线路），蓄电池 1 电流经电磁开关 8，将起动机的驱动齿轮 7 向外推出，使其与发动机飞轮齿圈 6 相啮合；同时电流流入起动电动机 5，并使其转动起来，通过驱动齿轮拖转发动机。待发动机能自行运转后，飞轮会反过来带动

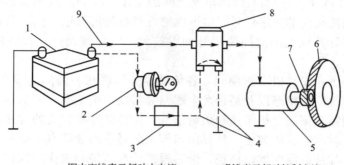

图中实线表示起动大电流　　　虚线表示起动控制电流

图 10.24　电力起动系统的组成
1—蓄电池　2—点火开关　3—起动安全开关　4—控制电流　5—起动电动机
6—飞轮齿圈　7—驱动齿轮　8—电磁开关（起动继电器或起动线圈）　9—起动电流

起动机驱动齿轮运转，此时起动机上的单向离合器使驱动齿轮相对于起动电动机电枢轴空转（以保护起动机）。当驾驶员及时将点火开关转到点火挡时，切断起动机控制电路，在回位弹簧作用下，驱动齿轮回位脱离与飞轮齿圈啮合。同时起动机因起动电路被切断而停转。

10.4.2　起动机

起动机是起动系统的主要组成部分，一般由直流串励式电动机、传动机构、电磁开关等部分组成。如图 10.25 所示为东风 EQ1090E 型汽车采用的 QD124 型起动机的结构图。QD124 型起动机额定功率为 1.84kW，额定电压为 12V，它由直流电动机、传动机构和控制装置 3 部分组成。

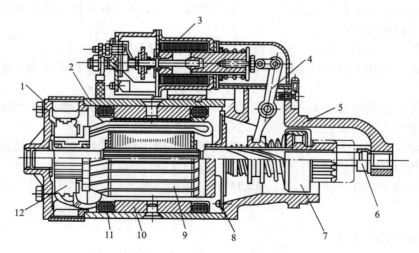

图 10.25　QD124 型起动机结构图
1—前端盖　2—外壳　3—电磁开关　4—拨叉　5—后端盖　6—限位螺钉
7—单向离合器　8—中间支承板　9—电枢　10—磁极　11—磁场绕组　12—电刷

直流电动机的作用是产生起动转矩。它由磁场、电枢、电刷装置 3 部分组成。由于电动机工作电流大、转矩大、工作时间短（一般为 5s 左右），因此要求零件的机械强度高、电路电阻小。

单向离合器 7 的作用是在起动发动机时，将电动机的转矩传给发动机曲轴起动发动机，而当发动机起动后，能自动滑转，防止电枢轴被发动机拖动超速旋转。

单向离合器主要有 3 种形式：滚柱式离合器、摩擦片式离合器和弹簧式离合器。目前国产汽车大多采用滚柱式离合器。

滚柱式单向离合器的构造如图 10.26 所示。

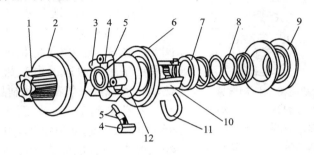

图 10.26　滚柱式离合器结构图

1—驱动齿轮　2—外壳　3—十字块　4—滚柱　5—压帽与弹簧　6—护盖　7—弹簧座
8—缓冲弹簧　9—移动衬套　10—花键套筒　11—卡簧　12—垫圈

驱动齿轮 1 与外壳 2 制成一体，外壳内装有十字块 3 和四套滚柱 4、压帽与弹簧 5。十字块与花键套筒 10 固连，护盖 6 与外壳相互扣合密封。在外壳与十字块之间，形成 4 个宽窄不等的楔形槽，槽内分别装有一套滚柱、压帽及弹簧。滚柱的直径略大于楔形槽窄端，略小于楔形槽的宽端，因此，当十字块为主动时，滚柱滚入窄端，将十字块与外壳卡紧形成摩擦力，能传递转矩。当外壳为主动时，滚柱滚入宽端，则放松滑转，不能传递转矩。花键套筒的外面装有缓冲弹簧 8 及衬圈，末端安装着移动衬套 9。

如图 10.25 所示，整个单向离合器总成套装在电动机轴的花键部位上，可作轴向移动和随轴转动。操纵拨叉 4 可使移动衬套通过缓冲弹簧迫使驱动齿轮沿电枢轴轴向移动，平时驱动齿轮与飞轮齿圈保持分离状态。

当起动发动机时，电动机电路接通，电枢轴带动十字块 1 旋转（图 10.27(a)），在摩擦力和弹簧压力作用下，滚柱移向楔形腔室较窄的一端，将外壳 4 与十字块 1 卡紧成一体，于是与外壳 4 一体的驱动齿轮 5 随电枢轴一起转动并带动飞轮旋转，使发动机起动。

起动发动机后，由于飞轮齿圈带动驱动齿轮高速旋转且比电枢轴的转速高得多，此时飞轮齿圈变成了主动轮，在摩擦力作用下，滚柱克服弹簧张力，移向楔形腔室较宽的一端，驱动齿轮外壳与十字块脱离而自由转动，发动机的动力不能传给电枢轴，避免电机超速（图 10.27(b)）。

滚柱式单向离合器具有构造简单、

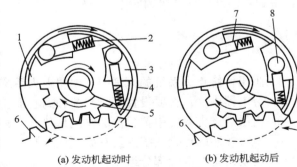

(a) 发动机起动时　　(b) 发动机起动后

图 10.27　滚柱式离合器的工作原理

1—十字块　2—弹簧　3—楔形槽　4—外壳
5—驱动齿轮　6—飞轮　7—活柱　8—滚柱

工作可靠等优点,得到广泛应用。

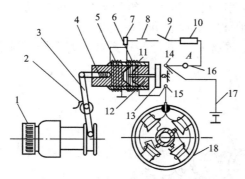

图 10.28　起动机电磁式控制装置

1—驱动齿轮　2—回位弹簧　3—传动拨叉
4—活动铁芯　5—保持线圈　6—吸拉线圈
7—接线柱　8—起动按钮　9—总开关
10—熔断器　11—铜套筒　12—挡铁
13—接触盘　14、15—主触点　16—电流表
17—蓄电池　18—电动机

起动机的控制装置又称起动机电磁开关,其作用是控制驱动齿轮与飞轮齿圈的啮合与分离;控制电动机电路的接通与切断。控制装置有机械式和电磁式两种。电磁式控制装置的结构如图 10.28 所示。它由吸拉线圈 6、保持线圈 5、挡铁 12、活动铁芯 4、回位弹簧 2、主触点 14、15 和接触盘 13 组成。吸拉线圈 6 与保持线圈 5 匝数相同、绕向也相同。由于起动机电磁开关的主触点通过的电流极大(几百安培),因此动、静触点一般都是铜制品。

发动机起动时,如图 10.28 所示,接通总开关 9,按下起动按钮 8,电流由蓄电池 17 正极经主触点 14、电流表 16、总开关 9、起动按钮 8、接线柱 7,分别流向吸拉线圈 6 和保持线圈 5。保持线圈 5 的一路直接搭铁。吸拉线圈 6 的一路电流经电动机的激磁绕组和电枢绕组后搭铁。两路电流都回到蓄电池 17 负极。这时,两个线圈产生同方向的电磁力,并产生很强的吸引力,吸引活动铁芯 4 右移,并通过电枢中的电流使电枢轴缓慢运转。活动铁芯 4 的运动使与其连接的传动拨叉 3 克服回位弹簧 2 的阻力,使驱动齿轮 1 与飞轮齿圈直至完全啮合。同时,活动铁芯运动正好通过挡铁 12 中的推杆使接触盘 13 与主触点 14、15 闭合。此时,吸拉线圈的两端被主触点短路,蓄电池输出的大电流直接进入电动机而发出较大的转矩,驱动飞轮使发动机起动。吸引线圈 6 被短路后,靠保持线圈 5 中的电流来维持活动铁芯的吸合状态。

发动机起动后,断开起动按钮 8,从起动按钮供给保持线圈 5 的电流被切断,但此瞬时主触点 14、15 仍闭合,电流从主触点流向吸拉线圈 6,再经保持线圈 5 搭铁,而这时吸拉线圈电流改变了方向,两个线圈产生的磁通方向相反而抵消。在回位弹簧 2 的作用下,活动铁芯 4(带动拨叉和驱动齿轮)返回原位。接触盘 13 在其右端小弹簧的作用下离开主触点,主触点断开,起动机因断电而停转。

 思 考 题

1. 画出传统点火系统的原理图,说明点火系统是怎样工作的。
2. 分电器中为什么要设置真空提前和离心提前调节装置?
3. 无触点点火系统中传感器的作用是什么?试述霍尔传感器的工作原理。
4. 微机控制的点火系统主要有哪些优点?
5. 起动机由哪 3 大部分组成?各部分的作用是什么?
6. 电磁开关的作用是什么?吸引线圈、保持线圈分别起什么作用?
7. 单向离合器的作用是什么?

第 11 章 汽车底盘的基本知识

底盘是汽车的基体。底盘可分为 4 个部分：传动系统、行驶系统、转向系统与制动系统。本章主要介绍底盘的组成、汽车的布置形式、汽车行驶的工作原理和汽车的主要性能。

要求学生重点掌握汽车传动系统的布置特点，汽车驱动和制动的工作原理等。

11.1 概　　述

11.1.1 底盘的组成

汽车底盘的作用是支承、安装汽车发动机和汽车各部件、总成，构成汽车整体；将发动机传来的动力，经减速增矩后传给驱动车轮，驱动车辆前进。底盘上设置有转向控制、制动控制及减振缓冲等装置，以确保车辆正常行驶。汽车底盘由传动系统、行驶系统、转向系统和制动系统 4 个部分组成，如图 11.1 所示为汽车底盘的主要部件。

汽车传动系统是汽车发动机与驱动轮之间动力传递装置的总称。它能根据需要将动力平稳接合并传递给驱动车轮，或迅速彻底地分离动力；能满足汽车倒车和必要时左、右驱动车轮差速转动的要求；能保证在一定的行驶条件下提供必需的牵引力和达到相应的车速。传动系统包括离合器、变速器、万向传动装置、主减速器、差速器等部分。

汽车构造(第2版)

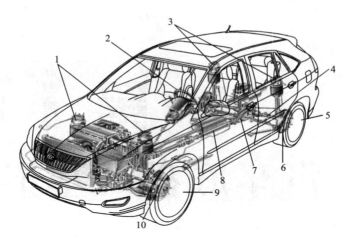

图 11.1　汽车底盘的组成

1—前悬架　2—转向盘　3—后悬架　4—半轴　5—后轮　6—后制动器
7—主减速器与差速器　8—传动轴　9—前轮　10—前制动器

汽车行驶系统接受发动机经传动系统传来的转矩,并通过驱动轮与路面间的附着作用产生牵引力;缓和不平路面对车身造成的冲击和振动,保证行驶的平顺性;消除对汽车转向的干涉,保证汽车的操纵稳定性。行驶系统包括车架、车桥、车轮和悬架等部分。

汽车转向系统是用来保持或者改变汽车行驶方向的机构。汽车转向时,要保证各转向轮之间有协调的转角关系。驾驶员通过操纵转向盘,使汽车保持直线或转向的运动状态。转向系统包括转向盘、转向轴、转向器、转向传动机构等部分。

汽车制动系统是汽车装设的全部制动减速和驻车装置的总称,其功能是使行驶中的汽车减速或停车,并能实现可靠驻车。制动系统包括前后制动器、控制装置、供能装置和传动装置。

11.1.2　汽车的布置形式

汽车发动机的动力是经过传动系统传给驱动车轮的。汽车布置形式反映发动机、驱动桥和车身的相互关系,对汽车的使用性能有很重要的影响。

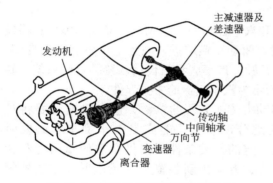

图 11.2　发动机前置后轮驱动形式

常见的汽车布置形式有发动机前置后轮驱动、发动机后置后轮驱动、发动机前置前轮驱动和全轮驱动等形式。

1. 发动机前置后轮驱动(FR 方式)

这是一种传统的布置形式(图 11.2)。它是将发动机、离合器、变速器等构成的整体置于汽车前部,驱动桥置于汽车后部。国内外的大多数货车、部分轿车和部分客车都采用这种形式。这种布置形式是前轮转向后轮驱动，发动机的输出动力通过离合器—变速器—传动轴输送到驱动桥，经减速增矩后传给左、右半轴，驱动后轮使汽车运行。

2. 发动机后置后轮驱动（RR方式）

在大型客车上多采用这种布置形式，少量微型、轻型轿车也有采用这种形式的。发动机后置使前轴不易过载，能更充分地利用车箱面积，有效地降低车身地板的高度或充分利用汽车中部地板下的空间安置行李，还能减轻发动机的高温和噪声对驾驶员的影响。缺点是发动机散热条件差，行驶中的某些故障不易被驾驶员察觉；因远距离操纵使操纵机构变得复杂、维修调整不便。由于优点较为突出，这种布置形式在大型客车上应用得越来越多。

3. 发动机前置前轮驱动（FF方式）

这种布置形式是将发动机、离合器、变速器等构成的整体与驱动桥都置于汽车前部，简称为前置前驱，如图11.3所示。现在大多数轿车采取这种布置形式。其优点是发动机和动力传动系统布置紧凑；因去掉贯穿前后的传动轴，使车身地板低而平；前轴的负荷大，呈现不足转向特性，整车的操纵稳定性好；易于变形为客货两用车。但上坡时驱动轮的附着力减小、易打滑；前轮兼有驱动和转向功能使得结构复杂；轮胎易磨损；当后座无乘客制动时，后轮易抱死。

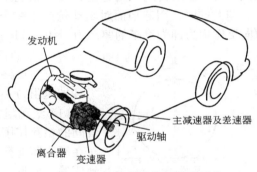

图11.3 发动机前置前轮驱动形式

4. 全轮驱动（nWD方式）

越野汽车一般为发动机前置，在变速器后面装有分动器将动力传递到全部车轮上，形成全轮驱动。目前，轻型越野汽车普遍采用4×4驱动形式（图11.4），中型越野汽车采用4×4或6×6驱动形式；重型越野汽车一般采用6×6或8×8驱动形式。

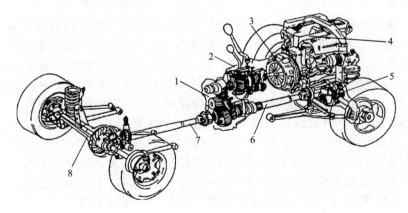

图11.4 四轮驱动形式
1—分动器 2—变速器 3—离合器 4—发动机 5—前驱动桥
6—前万向传动装置 7—后万向传动装置 8—后驱动桥

11.2 汽车的基本原理

11.2.1 汽车行驶的原理

1. 行驶驱动力与行驶阻力

汽车要运动并以一定的速度行驶，必须由外界沿汽车行驶方向施加一个驱动力，用以克服汽车行驶中所受到的各种阻力。

1) 驱动力 F_t

F_t 是由发动机的转矩经传动系统传至驱动轮得到的。汽车发动机产生的有效转矩 T_e，经汽车传动系统传到驱动轮上，在驱动轮上作用转矩 T_t，从而产生对地面的一个圆周力 F_0，与此同时，引起地面对驱动轮产生一个与汽车行驶方向一致的切向反作用力 F_t，此切向反作用力即为汽车的驱动力，如图 11.5 所示。

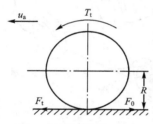

图 11.5 汽车的驱动力

2) 汽车的行驶阻力

汽车在道路上行驶时一般有滚动阻力、空气阻力、坡道阻力和加速阻力 4 种。

(1) 滚动阻力 F_f：F_f 是当车轮在路面上滚动时，由于两者间的相互作用力和相应变形所引起的能量损失的总称。当汽车在硬路面上行驶时，车轮滚动，轮胎圆周的各个部分被不断地压缩、变形，然后又不断地恢复变形。在这个变形过程中，橡胶分子之间发生摩擦，伴随摩擦而发热，且向大气散发。由于使轮胎变形所做的功不能全部回收，从而消耗了汽车的输出功率，这部分功率损失称为轮胎的弹性迟滞损失。当汽车在软路面上行驶时，其滚动阻力则来自松软路面变形和轮胎弹性变形的迟滞损失。

(2) 空气阻力 F_w：汽车是在空气介质中行驶的，汽车相对于空气运动时，空气作用力在行驶方向上的分力称为空气阻力。空气阻力分为摩擦阻力与压力阻力两部分。摩擦阻力是由于空气的黏性在车身表面产生的切向力的合力在行驶方向的分力。摩擦阻力与车身表面质量及表面有关，约占空气阻力的 8%~10%。压力阻力是作用在汽车外形表面上的法向压力的合力在行驶方向的分力。压力阻力中的形状阻力占主要部分，所以车身主体形状是影响空气阻力的主要因素，改进车身流线型体是减少空气阻力的有效途径。

(3) 坡道阻力 F_i：汽车在纵向坡道上坡行驶时，汽车质量产生与地面平行的分力，其分力方向与汽车行驶方向相反，即形成汽车的上坡阻力。汽车的上坡阻力与坡度值成正比。

(4) 加速阻力 F_j：汽车加速行驶时，需要克服其质量加速运动时的惯性力，就是加速阻力。汽车的质量分为平移质量和旋转质量两部分。加速时，不仅要克服汽车平移质量在加速过程中产生的惯性力，同时还要克服旋转质量产生的惯性力偶矩。

2. 汽车的行驶方程式

汽车行驶时，必须满足驱动和附着条件，即汽车的驱动力应与阻力相平衡，由此得到汽车行驶方程式：

$$F_t = F_f + F_w + F_i + F_j$$

上述各阻力中，滚动阻力和空气阻力始终作用于行驶的汽车上，坡度阻力和加速阻力仅在相应行驶条件下存在。汽车在水平道路上等速行驶时没有坡度阻力和加速阻力。汽车下坡时，F_i 为负值，这时汽车重力沿路面方向的分力已不是汽车的行驶阻力，而转变成动力。汽车减速行驶时，F_j 为负值，惯性作用力转变成使汽车前进的力。

3. 汽车行驶的条件

为保证在道路上正常行驶，汽车必须具有足够的驱动力来克服各种行驶阻力，同时汽车驱动轮与路面不能产生滑动与滑移。前者称为驱动条件；后者称为附着条件。

（1）汽车行驶的驱动条件。即汽车驱动力大于滚动阻力、空气阻力、上坡阻力之和时，汽车加速行驶；驱动力等于上述阻力之和时，汽车等速行驶；小于上述阻力之和时，汽车减速行驶直至停车。

汽车的驱动条件可写成：

$$F_t \geqslant F_f + F_w + F_i$$

（2）汽车行驶的附着条件。通常把轮胎不滑转时，地面对车轮的最大切向反作用力的极限值，称为附着力 F_φ。使附着力大于或等于最大驱动力，这就是汽车行驶的附着条件。

汽车的附着条件可写成：

$$F_t \leqslant F_\varphi$$

式中，$F_\varphi = F_z \varphi$，φ 称为附着系数，它是由路面和轮胎决定的；F_z 为驱动轮法向反作用力。

11.2.2 汽车制动的原理

汽车制动是汽车行驶状态的一种重要方式。汽车制动性能好是汽车行驶安全的基本要求。汽车的制动方式有两种：一是使汽车减速，直至停车；二是保持静止状态。通常前者称为行车制动，后者称为驻车制动。

使汽车减速直至停车的外力，称为汽车的制动力。它来自空气阻力和地面作用。要使汽车迅速减速，实际外力主要由地面提供，即在车轮制动时路面对车轮的切向反作用力。

图 11.6 表示制动时车轮受到的力。其中 W 为车轴负荷，F_P 为车轴对车轮的推力，F_z 为地面法向反力。当汽车制动时，汽车上不旋转的制动部件对旋转的车轮作用一个与车轮旋转方向相反的摩擦力矩 T_μ，车轮给地面一个向前的切向作用力，地面给车轮一个向后的反作用力 F_B。

F_B 是使汽车减速以至停止的作用力即地面制动力。其值取决于制动器内制动蹄摩擦片与制动鼓间的摩擦力，以及轮胎与地面间的摩擦力，即附着力。地面制动力 F_B 决定于地面的状况，它最大不可能超过地面附着力。因此，除了要求制动器产生足够大的制动力外，还要求地面提供高的附着力（即路面状态好），才能产生足够的地面制动力，取得好的制动效能。汽车在有水的路面或在泥泞、冰雪路面制动时，其制动性能会大受影响。此外，附着力还与车轮的运动状态有关，在许多汽车上采用的防抱死装置（ABS）就是为了提高汽车的制动效能。

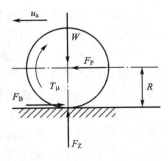

图 11.6 车轮制动时的受力

11.3 汽车的主要性能

汽车的性能是指汽车能适应各种使用条件而发挥最大工作效率的能力。主要性能有动力性、燃料经济性、制动性、操纵稳定性、舒适性和通过性。

11.3.1 汽车的动力性和燃料经济性

汽车是一种高效率的运输工具，其运输效率的高低在很大程度上取决于汽车的动力性。汽车的动力性是汽车各种性能中最基本、最重要的性能。汽车的动力性是指汽车在良好路面上直线行驶时，由纵向外力决定的、所能达到的平均行驶速度。汽车的平均行驶速度是评价汽车动力性的总指标，从这一观点出发，汽车的动力性主要由以下三方面的指标来评定。

（1）汽车的最高车速。指汽车满载时在良好水平路面上能达到的最高行驶速度。

（2）汽车的加速时间。汽车的加速时间表示汽车的加速能力，它对平均行驶车速有很大影响。常用原地起步加速时间与超车加速时间来表明汽车的加速能力。原地起步加速时间指汽车由Ⅰ挡或Ⅱ挡起步，并以最大的加速强度（包括选择恰当的换挡时机）逐步换至最高挡后，到达某一预定的距离或车速所需的时间。轿车常用 0～100km/h 所需的时间来表明加速能力。

（3）汽车的上坡能力。上坡能力用汽车额定载荷时以最低挡位在坚硬路面上等速行驶所能克服的最大坡度来表示，称为最大爬坡度。它表示汽车最大牵引力的大小。

不同类型的汽车对上述三项指标的要求各有不同。轿车与客车偏重于最高车速和加速能力，载货汽车和越野汽车对最大爬坡度要求较高。但不论何种汽车，都必须具备一定的平均速度和加速能力。

为降低汽车的运输成本，要求汽车以最少的燃料消耗完成尽量多的运输量。汽车以最少的燃料消耗量完成单位运输工作量的能力，称为燃料经济性。我国和欧洲的通用指标是汽车行驶 100km 耗用的燃油升数（L/100km）。数值越高，燃料经济性越低。美国常用单位燃料的行驶里程表示汽车的燃料经济性（MPG 或 mile/usgal，即每加仑的英里数）。数字越大，经济性越好。

11.3.2 汽车的制动性

汽车具有良好的制动性是安全行驶的保证，也是汽车动力性得以很好发挥的前提。汽车的制动性有下述三方面的内容。

（1）制动效能。汽车迅速减速直至停车的能力。常用制动过程中的制动时间、制动减速度和制动距离来评价。汽车的制动效能除和汽车的技术状况有关外，还与汽车制动时的速度以及轮胎和路面的情况有关。

（2）制动效能的恒定性。制动器反复使用时（如长途高速行驶和连续下长坡），制动器因吸收大量能量而温度很高，在高温下制动器效能下降的现象称为热衰退。汽车涉水之后制动摩擦面因进水而降低制动效能的现象称为水衰退。

（3）制动时汽车的方向稳定性。是指汽车在制动过程中不发生跑偏、侧滑和失去转向的能力。当左右侧制动力不一样时,容易发生跑偏;当车轮"抱死"时,易发生侧滑或者失去转向能力。

11.3.3　汽车的操纵稳定性和舒适性

汽车的操纵稳定性是指在驾驶者不感到过分紧张、疲劳的条件下,汽车能遵循驾驶者通过转向系统及转向车轮给定的方向行驶,且当遭遇到外界干扰时,汽车能抵抗干扰而保持稳定行驶的能力。汽车的操纵稳定性是人-车的系统问题,即操纵的指令是人(驾驶员)发出的,由汽车的转向系统做出响应;另一方面,人又要根据道路、交通的状况做出分析、判断,不断修正指令(对转向盘的修正操作)。这是一个相互作用的复杂系统。汽车的操纵稳定性包括汽车的操纵性和稳定性两方面的内容。

汽车的操纵性是指汽车对驾驶员转向指令的响应能力,直接影响到行车安全。轮胎的气压和弹性、悬架装置的刚度以及汽车重心的位置都对该性能有重要影响。

汽车的稳定性是指汽车抵抗外力而保持原运动平衡状态或达到新平衡状态的能力。汽车的行驶稳定性包括侧向稳定性和纵向稳定性。对于汽车来说,侧向稳定性尤为重要。当汽车在横向坡道上行驶、转弯以及受其他侧向力时,容易发生侧滑或者侧翻。汽车重心的高度越低,稳定性越好。合适的前轮定位角度使汽车具有自动回正和保持直线行驶的能力,提高了汽车直线行驶的稳定性。如果装载超高、超载,转弯时车速过快,横向坡道角过大以及偏载等,则容易造成汽车侧滑及侧翻。

汽车的舒适性包含人的视觉和感觉两方面,都属主观感觉的范畴。这种主观感受反映在个体上差异极大,目前衡量汽车舒适性的最基本要求是行驶平顺性。它主要是指车辆振动对乘员造成的不舒适和疲惫的感觉。

行驶平顺性的评价方法一般是根据车辆振动对人体的生理反应的影响制定的,并以表征振动的物理量,如频率、振幅、位移、加速度等作为评价指标。最简单且常用的指标是按照车身振动的频率制定的,它取决于悬架机构的性能。

11.3.4　汽车的通过性

汽车在一定的装载质量下能以较高的平均速度通过各种坏路及无路地带和克服各种障碍物的能力,称为汽车的通过性。各种汽车的通过能力是不一样的。轿车和客车由于经常在较好的道路条件下行驶,通过能力就差。而越野汽车、军用车辆、自卸汽车和载货汽车就必须有较强的通过能力。

汽车的通过性主要取决于汽车的几何参数与支承牵引参数。主要几何参数有最小离地间隙、接近角与离去角、纵向通过半径、最小转弯半径、车轮半径等;支承与牵引参数有车轮对地面的单位压力、最大动力因素和相对附着质量等。

1. 底盘主要包括哪些系统?各大系统的功用是什么?
2. 汽车的布置形式主要有哪些?各有什么特点?
3. 简述汽车行驶的工作原理。
4. 汽车的主要性能有哪些?

第 12 章 离 合 器

离合器是汽车底盘传动系统的重要部件。通过离合器的接合或分离,使发动机与传动系统、驱动车轮连接或断开。

要求学生掌握摩擦式离合器的类型、构造、工作原理,了解离合器的典型构造和操纵机构。

12.1 概　述

离合器(clutch)是接合或切断(分离)发动机动力传递的装置,是联系发动机和汽车传动系统的"纽带",因而是汽车传动系统的重要部件。当离合器处于接合状态时,发动机的动力通过离合器传给传动系统的其他装置;当离合器处于分离状态时,便切断了发动机的动力传递。离合器的接合或分离靠驾驶员控制离合器操纵机构来实现。

汽车离合器有摩擦式、液力式和电磁式等多种类型。由于摩擦式离合器在机械式传动系统中应用广泛,本章只涉及摩擦式离合器(friction clutch)的内容。

12.1.1　汽车离合器的功用

1. 保证汽车平稳起步

汽车起步的过程可以分成起步前和起步中两部分。汽车起步前,要先起动发动机。为了减轻发动机的起动阻力，使发动机不带负载易于起动，需要切断发动机与汽车传动系统的连接，离合器的"分离"功能就发挥作用了。否则，汽车传动系统与发动机刚性连接，发动机的负载过大，发动机是难以起动的。

汽车起步使得汽车从完全静止状态变化到运动状态。汽车静止时，发动机遇到的阻力矩很大需要提供足够的动力来克服，不然汽车无法起步。而发动机供给汽车传动系统的动力需要呈渐进增长的方式传递，要不然发动机和汽车传动系统都会受到冲击，造成发动机熄火或零部件损坏。因此，需要通过驾驶员控制使离合器缓速逐渐接合，逐步将发动机的动力传给汽车传动系统。在离合器接合的过程中，同时逐渐踩下加速踏板，增加发动机的动力，进而增大汽车的驱动力，使汽车平稳起步。

2. 保证变速器换挡时工作平顺

在汽车行驶过程中，通过变换挡位来适应不同的行驶条件。换挡时，将原挡位的齿轮副退出啮合或进入新挡位的齿轮副啮合，都需要暂时切断发动机的动力。否则，将难以脱开原挡位齿轮副或难以啮合新挡位的齿轮副，造成损坏机件、产生很大的冲击和噪声。

3. 限制超额转矩的传递，防止传动系统过载

当汽车紧急制动时，若没有离合器，则发动机将因和传动系刚性连接而急剧降低转速，因而其中所有运动件都将产生很大的惯性力矩（其数值可能大大超过发动机正常工作时所发出的最大转矩），这一力矩可能会造成传动系统过载而使其机件损坏。有了离合器，一方面在紧急制动时，可先踩下离合器，使发动机与传动系统分离，解除它们之间的相互作用；另一方面即使来不及先踩下离合器踏板，当惯性力矩超过离合器所能传递的最大转矩时，离合器主、从动部分之间将产生相对滑转来消除这一危险，起到一定的保护作用，从而防止传动系统过载。

12.1.2 离合器的基本组成和工作原理

离合器装置由离合器和离合器操纵机构两部分组成。按功能要求分，摩擦离合器由主动部分、从动部分、压紧机构和分离机构组成。如图12.1所示为摩擦离合器的基本组成和工作原理示意图。

图12.1中离合器的主动部分是发动机的飞轮1、离合器盖3和离合器中的压盘2，离合器盖通过螺栓固定在飞轮上，离合器盖的动力通过传动片（图中略）传给压盘；从动部分是从动盘10和与之通过花键连接的从动轴7（亦称变速器第一轴），从动盘位于压盘和飞轮之间。压紧弹簧13装在离合器盖内，周向分布，对压盘产生压紧力。分离杠杆8的支点9在离合器盖上，一端作用于压盘，另一端被分离轴承4作用。当从动盘被压盘和飞轮夹紧形成一个整体时，发动机的动力通过飞轮以及离合器盖、压盘传给从动盘，由从动轴输出，这就是离合器的接合（图12.1(a)）；若要切断发动机的动力输出，只需将压盘离开从动盘，使从动盘处于自由状态即可，这就是离合器的分离（图12.1(b)）。

离合器的分离过程（图12.1(b)）：踩下离合器踏板5，通过离合器操纵机构使分离拨叉6拨动分离轴承4，分离轴承作用在分离杠杆8的内端并前移，致使分离杠杆的外端后移并带动压盘2离开从动盘10，同时使压紧弹簧13压缩，此时压盘与从动盘之间留出间隙，从动盘不再被压盘和飞轮夹紧，动力输出中断。

离合器的接合过程（图12.1(a)）：放松离合器踏板5，则分离杠杆8内端作用力消失，

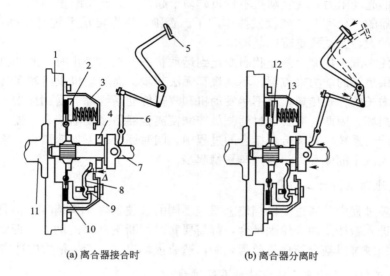

(a) 离合器接合时　　　(b) 离合器分离时

图 12.1　离合器工作原理示意图

1—飞轮　2—压盘　3—离合器盖　4—分离轴承　5—踏板　6—分离拨叉
7—从动轴　8—分离杠杆　9—支点　10—从动盘　11—曲轴　12—花键
13—压紧弹簧　Δ—自由间隙

压盘 2 在压紧弹簧 13 的作用下将从动盘 10 压紧在飞轮 1 上，直至离合器完全接合停止滑磨为止，发动机的动力经从动轴 7 输出。

12.1.3　离合器的基本要求和分类

摩擦式离合器应能满足以下基本要求。

(1) 保证能传递发动机发出的最大转矩，并且还有一定的传递转矩余力。

(2) 能做到分离彻底，接合柔和，并具有良好的散热能力。

(3) 从动部分的转动惯量尽量小一些。这样，在分离离合器换档时，与变速器输入轴相连部分的转速会变化较快，从而减轻齿轮间的冲击。

(4) 具有缓和转动方向冲击，衰减该方向振动的能力，且噪声小。

(5) 压盘压力和摩擦片的摩擦系数变化小，工作稳定。

(6) 操纵省力，维修保养方便。

根据摩擦面的数目（或从动盘的数目）、压紧弹簧的形式与安装位置，以及操纵机构形式的不同，摩擦离合器可分为单盘式、双盘式、周布弹簧式、中央弹簧式、膜片弹簧式。

单盘离合器：只有一个从动盘，前后两面都装有摩擦片，形成两个摩擦面。单盘离合器可满足轿车和轻型货车传递发动机最大转矩的要求。

双盘离合器：有两个从动盘，形成 4 个摩擦面。对中、重型货车而言，要求离合器传递大的转矩，较为有效的措施是增加摩擦面的数目。

周布弹簧离合器：采用若干个螺旋弹簧作压紧弹簧，并沿压盘圆周分布。

中央弹簧离合器：仅有一个或两个螺旋弹簧作压紧弹簧并安置在离合器中央。

膜片弹簧离合器：是以膜片弹簧作为压紧弹簧的离合器。

12.2 摩擦离合器

12.2.1 周布弹簧离合器

1. 单盘周布弹簧离合器

东风 EQ1090E 型汽车的单盘离合器的构造如图 12.2 所示。

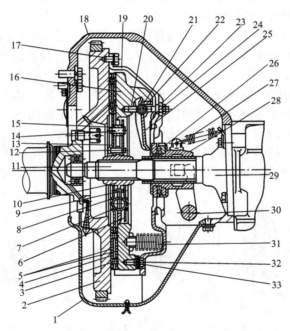

图 12.2 单盘周布弹簧离合器结构图

1—离合器壳底盖 2—发动机飞轮 3—摩擦片铆钉 4—从动盘本体 5—摩擦片 6—减振器盘 7—减振器弹簧 8—减振器阻尼片 9—阻尼片铆钉 10—从动盘毂 11—离合器从动轴（变速器第一轴） 12—阻尼弹簧铆钉 13—减振器阻尼弹簧 14—从动盘铆钉 15—从动盘铆钉隔套 16—压盘 17—离合器盖定位销 18—飞轮壳 19—离合器盖 20—分离杠杆支承柱 21—摆动支片 22—浮动销 23—分离杠杆调整螺母 24—分离杠杆弹簧 25—分离杠杆 26—分离轴承 27—分离套筒复位弹簧 28—分离套筒 29—变速器第一轴轴承盖 30—分离叉 31—压紧弹簧 32—传动片铆钉 33—传动片

(1) 主动部分。由发动机飞轮(flywheel)2、离合器盖(clutch cover)19 和压盘(pressure plate)16 组成。离合器盖通过螺钉固定在发动机飞轮上,并用定位销 17 定位,以保证二者同心和正确的周向安装位置,从而保证离合器的平衡。压盘的前端面为工作面,要求平整光滑,其与离合器盖通过 4 组传动片 33 来传递转矩。传动片由弹簧钢片制成,每组两片,其一端用铆钉 32 铆在离合器盖上,另一端用螺钉与压盘相连,4 组传动片相隔 90°沿圆周切向均匀分布。在离合器分离和接合过程中,依靠弹性传动片产生弯曲变形,压盘便可做轴向平行移动。

(2) 从动部分。由从动盘(driven plate)和从动轴 11 组成。从动盘由从动盘本体 4、摩擦片(friction disc)5、减振器盘 6 和从动盘毂 10 等组成。从动盘装在飞轮和压盘之间，从动盘毂的花键孔套在从动轴前端的花键上，并可沿花键轴向移动。

(3) 压紧机构。由 16 个沿圆周分布于压盘和离合器盖之间的压紧弹簧 31 组成。在压紧弹簧压力作用下，压盘压向飞轮，并将从动盘夹紧，使离合器处于接合状态。

(4) 分离机构。由分离杠杆(release lever)25、分离轴承(release bearing)26、分离套筒(release sleeve)28 和分离拨叉(release fork)(图中未画出)组成。分离离合器时，压盘沿其轴线做平行移动，分离杠杆与压盘的铰接点也跟着压盘一起平移。与此同时，这个铰接点还必须绕分离杠杆的中间支点做圆弧运动。显然，同一点同时做两种运动是不可能的，这就使分离杠杆产生运动干涉。为防止这种干涉，该离合器采用摆动块式的分离杠杆。

摆动块式分离杠杆(图 12.3)由分离杠杆 2、浮动销 4、调整螺栓 6、摆动片 8 及分离弹簧 3 等组成。当离合器处于结合状态时(图 12.3(b))，在离心力的作用下，支承着分离杠杆 2 的浮动销 4 处于支承调整螺栓 6 孔的靠外处(图中靠下)。在离合器分离时(图 12.3(c))，分离杆 2 的内端向左运动，浮动销 4 沿螺栓 6 孔的平面向内运动(图中靠上)，与此同时摆动片 8 绕其在压盘 9 上的支承处摆动，而摆动片的另一端则在分离杠杆上做圆弧移动，移动量约 1mm。显然，该结构不会发生运动干涉。球面调整螺母用以保证 4 个分离杠杆的内端位于飞轮端面的同一平面内。

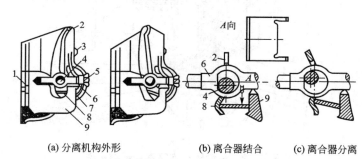

图 12.3 摆动块式分离杠杆的结构和工作状态图

1—从动盘 2—分离杆 3—弹簧 4—浮动销 5—球面调整螺母；
6—支承调整螺栓 7—离合器盖 8—摆动片 9—压盘

(5) 操纵机构。EQ1090E 型汽车的单盘离合器采用的是液压式操纵机构。其中离合器踏板(clutch pedal)、离合器主缸(master cylinder)、离合器工作缸(slave cylinder)及管路均装在离合器壳的外部。

由于离合器接合过程中存在滑磨现象，从动盘摩擦片经长期使用磨损变薄后，压盘会向前(飞轮方向)移动，分离杠杆内端相应的向后移动。如果安装时分离杠杆内端与分离轴承间不留间隙，则从动盘摩擦片磨损后分离杠杆内端会被分离轴承挡住而不能自由后移，分离杠杆外端牵制压盘不能前移，压不紧从动盘，即离合器不能完全接合，将造成离合器打滑、离合器传递转矩的能力下降，并且会加速摩擦片和分离轴承的磨损，甚至会烧坏分离轴承。因此离合器处于正常接合状态时，分离杠杆内端与分离轴承之间应预留一定的自由间隙 Δ(图 12.1)。例如东风 EQ1090E 型汽车 $\Delta=3\sim 4$mm。

由于离合器自由间隙的存在，踏下离合器踏板时，首先要消除这一间隙，然后才能开始分离离合器。为消除这一间隙所需的离合器踏板行程，称为离合器踏板自由行程。如东风 EQ1090E 型汽车的离合器踏板的自由行程为 30～40mm。

如图 12.4 所示为周布弹簧离合器压盘总成分解图。图中离合器盖 8 与压盘 1 之间的传力是通过压盘上的 3 个凸台伸入到离合器盖上 3 个相对应的窗口实现的。

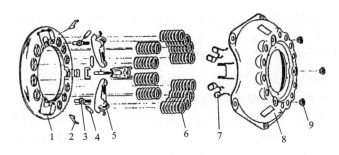

图 12.4　单盘周布弹簧离合器结构
1—压盘　2—摆动片　3—支承调整螺栓　4—浮动销　5—分离杠杆
6—弹簧　7—弹簧挂钩　8—离合器盖　9—球面调整螺母

2. 双盘周布弹簧离合器

摩擦式离合器所能传递的最大转矩数值取决于摩擦面间的压紧力和摩擦系数，以及摩擦面的数目和尺寸。为了增大离合器所能传递的转矩，并考虑到飞轮的径向尺寸有限，在重型货车上广泛采用双盘离合器。由于摩擦片数增多，接合较柔和。

如图 12.5 所示为黄河 JN1181C13 型汽车双盘周布弹簧离合器。发动机的飞轮 8、离合器盖 16 和压盘 6、中间压盘 7 组成离合器的主动部分。离合器盖 16 用螺钉装于飞轮后端，压盘后端的外缘制有 4 个凸耳并伸入离合器盖对应的切槽中，用来传递离合器盖至压盘的转矩。中间压盘的外缘上有 4 个缺口，飞轮上的 4 个定位块嵌装在这 4 个缺口中，用以传递飞轮至中间压盘的转矩、发动机的转矩，同时还起到导向和定心作用。沿圆周均布 12 个压紧弹簧 15，使压盘和中间压盘紧紧地压向飞轮。从动部分的从动盘 3 和 4 分别被夹在压盘和中间压盘、飞轮和中间压盘之间，通过内花键与从动轴的外花键相啮合。分离机构由分离杠杆 5、分离轴承 13、分离套筒 14 组成，另外，为了保证各主动盘和从动盘之间能彻底分离，在中间压盘和飞轮之间装有分离弹

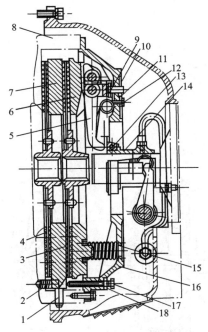

图 12.5　双盘周布弹簧离合器结构图
1—定位块　2—分离弹簧　3、4—从动盘
5—分离杠杆　6—压盘　7—中间压盘
8—飞轮　9—支承销　10—调整螺母
11—压片　12—锁紧螺钉　13—分离轴承
14—分离套筒　15—压紧弹簧　16—离合器盖　17—限位螺钉　18—锁紧螺母

簧 2。为了使后从动盘 3 不被中间压盘和压盘夹住，在离合器盖上装有 4 个限位螺钉 17，用以限制中间压盘的行程。限位螺钉的位置可以调整。另外，调整螺母 10 的作用是调整分离杠杆的工作高度。当离合器分离时，分离轴承推动分离杠杆内端 5 左移，压盘以支承销 9 为中心向右移动，而中间压盘则被分离弹簧 2 推向右方，与前从动盘 4 脱离接触。

12.2.2 膜片弹簧离合器

1. 膜片弹簧离合器的结构及工作原理

膜片弹簧离合器所用的压紧弹簧是一个中心部位开有若干均布径向槽的圆锥形薄弹簧钢片。图 12.6 为典型的膜片弹簧离合器压盘总成示意图。

如图 12.7 所示为东风 S30 轿车膜片弹簧离合器结构图。其主动部分、从动部分与周布弹簧离合器类似，而压紧机构所用的压紧弹簧是一个用优质薄弹簧钢板制成的带有一定锥度的膜片弹簧 5，靠中心部位开有 18 条径向切槽（内端部分称为分离指），为防止应力集中，槽的末端接近外缘处加工呈圆孔，形成 18 根弹性杠杆。膜片弹簧既是压紧弹簧又是分离杠杆，膜片弹簧槽的末端右侧抵靠在离合器盖上冲压出的一个环形凸台上，左侧以弹性挡环 8 作为支承环，成为离合器分离杠杆的支点。

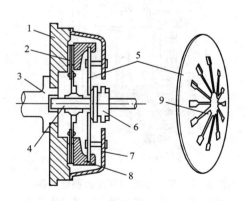

图 12.6 膜片弹簧离合器压盘总成分解示意图
1—飞轮 2—从动盘 3—曲轴
4—从动轴 5—膜片弹簧 6—分离轴承
7—离合器盖 8—压盘 9—分离指

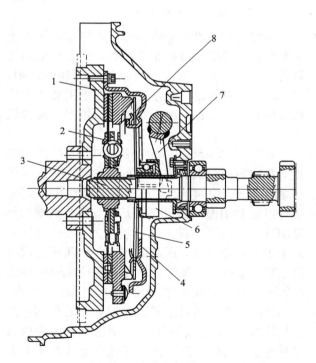

图 12.7 东风 S30 轿车膜片弹簧离合器结构图
1—飞轮 2—从动盘 3—从动轴 4—离合器盖
5—膜片弹簧 6—分离轴承
7—分离叉 8—弹性挡环

如图 12.8 所示为双支承环形膜片弹簧离合器工作原理图。在离合器盖 2 未固定到飞轮 1 上时，离合器盖与飞轮安装面有一距离 L，此时膜片弹簧 4 不受力，处于自由状态，如图 12.8(a)所示。当离合器盖安装螺栓紧固后(如图 12.8(b)所示)，离合器盖左移消除 L，膜片弹簧 4 以右钢丝支承圈 5 为支点发生弹性变形(锥角变小)，膜片弹簧的反弹力使其外端对压盘 3 和从动盘产生压紧力，此时离合器处于接合状态。当分离离合器时，分离轴承 7 左移(图 12.8(c))，膜片弹簧内端左移，并以左钢丝支承圈 8 为支点转动(膜片弹簧呈反锥形)，于是膜片弹簧外端右移，并通过分离弹簧钩 6 拉动压盘使离合器分离。

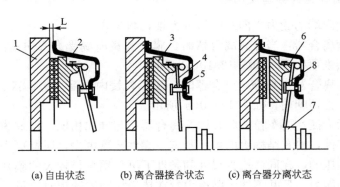

(a) 自由状态　(b) 离合器接合状态　(c) 离合器分离状态

图 12.8　膜片弹簧离合器工作原理
1—飞轮　2—离合器盖　3—压盘　4—膜片弹簧　5—右钢丝支承圈
6—分离弹簧钩　7—分离轴承　8—左钢丝支承圈

2. 膜片弹簧离合器的特点

(1) 具有理想的弹性特性。图 12.9 为螺旋弹簧与膜片弹簧两种弹簧的特性曲线。曲线 1 为螺旋弹簧的特性曲线，呈线性特性。曲线 2 为膜片弹簧的特性曲线，呈非线性特性。假设所设计的两种离合器的压紧力均为 P_b，轴向压缩变形量为 λ_b。当摩擦片磨损变薄使弹簧伸长 λ' 时，螺旋弹簧的压紧力直线下降到 P'_a，将使离合器因压紧力不足而打滑，而膜片弹簧的压紧力 P_a 与 P_b 相差不大，仍能可靠地工作。离合器分离时，当两

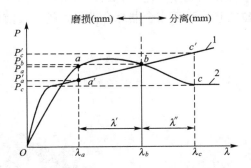

图 12.9　螺旋弹簧与膜片弹簧的特性曲线
1—螺旋弹簧　2—膜片弹簧

种弹簧的压缩量均为 λ'' 时，膜片弹簧所需要的压紧力 P_c 比螺旋弹簧所需要的压紧力 P'_c 减小约 25%～30%，可见，膜片弹簧操纵轻便。

(2) 结构简单紧凑。膜片弹簧兼起压紧弹簧和分离杠杆两种作用，与螺旋弹簧比较，零件数目少，结构简单，且轴向尺寸小。

(3) 高速时平衡性好，压紧力稳定。膜片弹簧是圆形旋转对称零件，其中心位于旋转轴线上，平衡性好；在高速下不会因离心力产生弯曲而导致弹簧压紧力下降，即高速时压紧力稳定。

(4) 寿命长。膜片弹簧与压盘以整个圆周接触，摩擦片上压力分布均匀，磨损均匀；由于膜片弹簧离合器零件少，轴向尺寸小，可以采用较厚的、热容量大的压盘和在离合器

盖上开较大的通风口等措施,达到良好的通风散热效果。所以,摩擦片的使用寿命得到提高。

膜片弹簧离合器也存在一些缺点,主要是对制造工艺和尺寸精度要求较严格。

由于膜片弹簧离合器具有以上一系列的优点,因此在汽车(尤其是轿车)上得到了广泛的应用。

3. 膜片弹簧离合器的分类及比较

根据膜片弹簧内端的受力方向不同可分为推式和拉式。

推式膜片弹簧离合器:当分离离合器时,膜片弹簧内端受力方向指向压盘的离合器。装配时,膜片弹簧锥顶朝后,如图12.10(a)所示。

拉式膜片弹簧离合器:当分离离合器时,膜片弹簧内端受力方向离开压盘的离合器。装配时,膜片弹簧锥顶朝前,如图12.10(b)所示。

图12.11所示为捷达轿车拉式膜片弹簧离合器。与推式相比,拉式膜片弹簧离合器取消了中间支承各零件,使其结构更简单、紧凑,零件数目更少,质量更小;拉式膜片弹簧是以中部与压盘相压的,在同样压盘尺寸的条件下可采用直径较大的膜片弹簧,提高了压紧力与传递转矩的能力,且并不增大踏板力,在传递相同的转矩时,可采用尺寸较小的结构;在接合或分离状态下,离合器盖的变形量小,刚度大,分离效率更高;拉式的杠杆比大于推式的杠杆比,且中间支承少,减少了摩擦损失,传动效率较高,踏板操纵更轻便,拉式的踏板力比推式的一般可减少约25%～30%。但是,拉式膜片弹簧的分离指是与分离轴承套筒总成嵌装在一起的,需采用专门的分离轴承,结构较复杂,安装拆卸较困难。由于拉式膜片弹簧离合器综合性能优越,目前在各种汽车中的应用日趋广泛。

(a) 推式　　　　　(b) 拉式

图 12.10　膜片弹簧离合器

图 12.11　捷达轿车拉式膜片弹簧离合器
1—压盘　2—从动盘　3—分离轴承　4—飞轮

12.2.3　从动盘和扭转减振器

从动盘总成是离合器的从动件。它与变速器的输入轴以花键连接,从动盘夹在飞轮和压盘之间。它主要由从动盘本体2、从动盘毂5和两个摩擦片1组成,如图12.12所示。

为了减少从动盘的转动惯量，从动盘本体和减振器均采用弹簧钢薄板制成。为了使离合器接合柔和，并更好的散热，从动盘本体呈平面且直径较小，本体中部外缘铆有若干个单独制作的波形弹簧钢片；两摩擦系数较大的摩擦片分别与波形片的波峰和波谷部分铆接，因而使得从动盘在轴向上有一定弹性。

由于发动机传到汽车传动系的转速和转矩是周期性变化的，这就使得在传动系中产生扭转振动。为了避免共振，缓和传动系所受的冲击载荷，许多汽车传动系中装设了扭转减振器，该装置安装在离合器的从动盘中。如图12.13所示为带扭转减振器的从动盘分解图。从动盘本体13与从动盘毂7之间通过扭转减振器传递转矩。

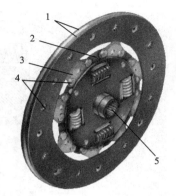

图12.12　桑塔纳轿车离合器从动盘
1—摩擦片　2—从动盘本体
3—波形弹簧片　4—铆钉
5—从动盘毂

从动盘本体13与减振器盘5用3个止动销11铆接在一起，并将从动盘毂7及其两侧的摩擦垫圈3、蝶形垫圈4、摩擦板6夹在中间。从动盘毂上3个止动销穿过的3个小窗口的尺寸比止动销的直径大，允许从动盘本体和减振器盘铆成的整体与从动盘毂之间相互转动一个角度。从动盘本体13、从动盘毂7、减振器盘5上都开有相同的矩形孔，孔中装有减振器弹簧9。从动盘本体与减振器盘上的窗孔有翻边，使弹簧不致脱出。这样，从动盘毂与从动盘本体之间是通过减振器弹簧弹性连接的。

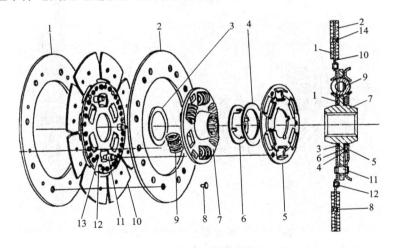

图12.13　带扭转减振器的从动盘
1、2—摩擦片　3—摩擦垫圈　4—碟形垫圈　5—减振器盘　6—摩擦板　7—从动盘毂
8、12、14—铆钉　9—减振器弹簧　10—波形片　11—止动销　13—从动盘本体

从动盘扭转减振器不工作时如图12.14(a)所示。扭转减振器工作时，两侧摩擦片所受摩擦力矩首先传到从动盘本体和减振器盘上，再经6个减振器弹簧传给从动盘毂。这时弹簧被压缩(图12.14(b))。因为减振器弹簧的缓冲作用，传动系统所受的冲击大大减小。

传动系统中的扭转振动会使从动盘毂相对于从动盘本体和减振器盘往复转动，借助夹在它们之间的摩擦阻尼片的摩擦来消耗扭转振动的能量，使扭转振动迅速衰减，减小传动

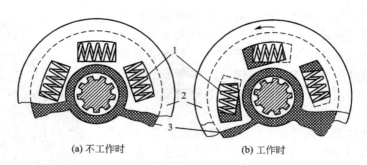

(a) 不工作时　　　(b) 工作时

图 12.14　扭转减振器工作原理

1—减振器弹簧　2—从动盘本体　3—减振器阻尼片

系统所受的交变应力。

有些汽车离合器从动盘中采用两组或更多组刚度不同的减振器弹簧,并将装弹簧的窗口长度做成尺寸不一,利用弹簧先后起作用的办法获得变刚度特性。这种变刚度特性可以避免传动系统共振,降低传动系统的噪声。

图 12.15 为捷达轿车的从动盘,它有两级减振装置。

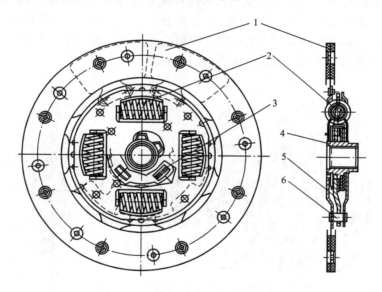

图 12.15　带两级减振装置的从动盘

1—摩擦片　2—减振器弹簧　3—预减振装置　4—从动盘毂　5—从动盘本体　6—从动盘铆钉

第一级为预减振装置 3,它的角刚度很小,主要是减小由于发动机怠速不稳而引起的变速器中常啮合齿轮间的冲击和噪声。另外,当传动系统在小转矩负荷下工作(包括减速滑行)时,也能减小变速器和主减速器内齿轮和系统内其他机件的扭转振动和噪声。

第二级减振器弹簧用与发动机气门弹簧同样的钢丝制成,刚度较大,它只有在从动盘毂与从动盘本体正向(发动机带动传动系统)转过 5°,或反向(传动系统带动发动机)转过 2.5°时才起作用。它能够降低发动机曲轴与传动系统接合部分的扭转刚度,调节传动系统扭转固有频率,使传动系统的共振应力下降,并改善离合器的接合柔和性。

12.3 离合器操纵机构

离合器操纵机构是由驾驶员操控,使离合器分离和接合的机构。驾驶员操控离合器踏板,通过离合器操纵机构,将作用力传递到离合器分离轴承上,保证离合器分离彻底,并且在离合器接合时,保证离合器接合柔和。

离合器操纵机构按传力方式分为机械式和助力式两类。机械式以驾驶员的肌体作为唯一的操纵能源;助力式有弹簧助力式、液压助力式和气压助力式3种。

12.3.1 机械式操纵机构

机械式操纵机构有杆式传动和绳索式传动两种形式。

1. 杆式传动操纵机构

如图12.16所示为离合器杆式传动操纵机构。杆式传动操纵机构结构简单,工作可靠。但杆式传动机构中节点多,因而摩擦损失较大。此外车身和车架的变形会影响其正常工作,离合器远距离操纵时,布置比较困难,不能采用便于驾驶员操纵的吊挂式踏板。

2. 绳索式传动操纵机构

如图12.17所示为离合器绳索式传动操纵机构。其结构特点是离合器踏板和分离叉之间用钢丝绳连接,结构简单,布置方便,不受车身和车架变形的影响,适宜于吊挂式踏板。但其寿命短,传递的力小,只适用于轻型及微型汽车。

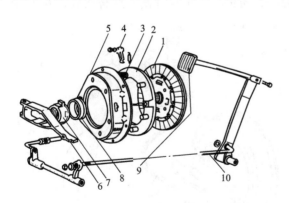

图12.16 离合器杆式操纵机构
1—从动盘 2—压盘 3—压紧弹簧 4—分离杠杆
5—离合器盖 6—分离叉 7—分离套筒
8—分离轴承 9—踏板 10—拉杆

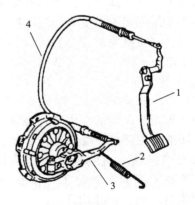

图12.17 离合器绳索式操纵机构
1—踏板 2—回位弹簧
3—分离叉 4—绳索

12.3.2 助力式操纵机构

1. 弹簧助力式操纵机构

图12.18为弹簧助力式操纵机构。在支架板3和三角板6的支承销上挂装助力弹簧4,

三角板可以绕其轴销 5 转动。当离合器踏板完全放松，离合器处于接合状态时，助力弹簧的轴线位于三角板销轴的下方。当踩下踏板时，通过可调推杆 2 推动三角板绕其轴销逆时针转动。最初助力弹簧的拉力对轴销的力矩实际是阻碍踏板和三角板运动的反力矩，该反力矩随着离合器踏板的下移而减小。当三角板转到弹簧轴线通过轴销中心时，弹簧助力矩为零。当踏板继续下移到助力弹簧轴线位于三角板轴销的上方时，助力弹簧的拉力对三角板轴销的力矩方向便成为与踏板力对踏板轴的力矩方向一致，从而起到助力作用。当踏板处于最低位置时，这一助力作用最大。实际上，助力弹簧在踏板后段行程中释放的能量正是由在踏板前段行程中驾驶员所做的功转化而成的。

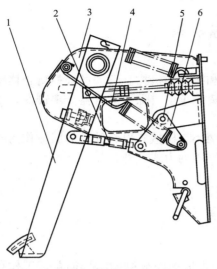

图 12.18　离合器弹簧助力式操纵机构
1—离合器踏板　2—长度可调推杆
3—支架板　4—助力弹簧
5—三角板销轴　6—可转三角板

弹簧助力式操纵机构结构简单，没有借助其他外力的帮助，助力效果不大，一般只能降低踏板力的 20%～30%，所以只是在吨位较小的汽车上采用。

2. 液压助力式操纵机构

如图 12.19 所示为离合器液压式操纵机构整体组成图，主要由主缸、工作缸及管路系统等组成。液压式操纵机构具有摩擦阻力小、质量轻、布置方便、接合柔和，并不受车架和车身变形的影响等优点，应用广泛。

离合器主缸一般固定在发动机前舱内。主缸（图 12.20）与储液室间通过补偿孔 A 和进油孔 B 相通。离合器主缸由推杆 1、活塞 3、复位弹簧 6、壳体、皮碗 5 等组成。活塞 3 中部与壳体间形成环形油室。活塞左端的轴向小孔与皮碗构成单向阀。当踏板处于初始位置时，活塞左端的皮碗位于补偿孔 A 和进油孔 B 之间，两孔均开放。

工作缸一般固定在变速器壳上。工作缸（图 12.21）由活塞 4、皮碗 3、工作缸推杆总成 7、壳体等组成。

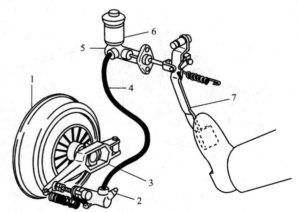

图 12.19　离合器液压式操纵机构
1—离合器　2—工作缸　3—分离叉
4—油管　5—主缸　6—储液室　7—踏板

踏下离合器踏板，主缸中的推杆 1 推动主缸活塞 3 左移（图 12.20），当皮碗将补偿孔 A 关闭后，主缸活塞 3 继续左移时，主缸中的油压升高，压力油经过出油口 C、油管（图 12.19）进入工作缸（图 12.21），向右推动工作缸活塞 4、推杆总成 7 向外移动，从而带动分离叉、分离杠杆运动使离合器分离。

离合器 第12章

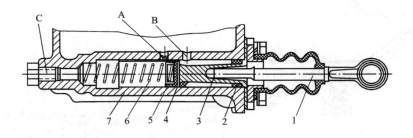

图 12.20 离合器主缸
1—推杆 2—密封圈 3—活塞 4—活塞垫片
5—皮碗 6—活塞复位弹簧 7—主缸体
A—补偿孔 B—进油孔 C—出油口

当迅速放松离合器踏板时，复位弹簧6（图12.20）使主缸活塞较快右移，而由于油液在管路中流动有一定阻力，流动较慢，使活塞左面可能形成一定的真空度。在左右压力差作用下，少量油液经进油孔B，推开活塞左端的轴向小孔和皮碗5所形成的单向阀，由皮碗间隙流到左腔弥补真空。当原先已由主缸流到工作缸去的油液重又流回主缸时，多余的油液可由补偿孔A流回到储液室。同理，由于温度的变化引起系统内部油液体积发生

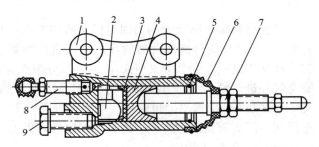

图 12.21 离合器工作缸
1—工作缸体 2—活塞限位块 3—皮碗
4—活塞 5—挡环 6—护罩 7—推杆总成
8—放气螺钉 9—进油管接头

变化时，同样可通过补偿孔A适时地使系统油量得到调节，从而保证正常的油压和液压系统工作的可靠性。

3. 气压助力式操纵机构

在重型汽车上，由于分离离合器时所需踏板力很大，驾驶员难以操作，在这种情况下常采用气压式助力器。气压助力式操纵机构包括空气压缩机、储气筒等一套压缩空气源，结构复杂，质量较大，一般与汽车的气压制动系统及其他气动设备共用一套压缩空气源。

气压助力式操纵机构有气压助力机械操纵（如延安SX2150、斯太尔、红岩CQ261等）和气压助力液压操纵（如东风EQ1141G）两种类型。

为了使驾驶员能随时感知并控制离合器分离或接合的程度，气压助力装置的输出力必须与踏板力和踏板行程呈一定的递增函数关系。此外，当气压助力系统失效时，应保证仍能由人力操纵离合器。

1) 气压助力机械操纵机构

图12.22为红岩CQ261重型越野汽车离合器的气压助力机械操纵机构。其中的气压助力系统主要由控制阀4、助力气缸8和气压管路等组成。

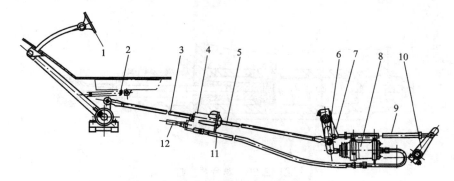

图 12.22　离合器气压助力机械操纵机构
1—踏板机构　2—踏板复位弹簧　3—第一拉杆　4—控制阀　5—第二拉杆
6—中间轴外臂　7—中间轴内臂　8—助力气缸　9—第三拉杆　10—分离叉臂
11—控制阀至助力气缸的软管　12—进气管

驾驶员施加在踏板上的力通过踏板机构放大，并经第一拉杆 3 输入气压系统的控制阀 4 后，一部分作为分离离合器的作用力，直接由第二拉杆 5 输出，经中间轴臂 6 和 7、第三拉杆 9 传给离合器分离叉臂 10；另一部分则作为对控制阀施加的控制力，使气源中的压缩空气经进气管 12 输入控制阀，并将其压力调节到一定值，然后由管道 11 输送到助力气缸 8。助力气缸的输出力也作用在中间轴外臂 6 上，其方向与第二拉杆 5 加于中间轴的力矩同向，因而起到助力作用。踏板力撤除后，助力气缸中的压缩空气即通过控制阀排入大气，于是助力作用消失。

控制阀除了起气开关的作用以外，还应控制输入助力气缸的气压，使之与踏板力和踏板行程呈递增函数关系。当气压助力系统失效时，仍可依靠人力操纵离合器，只是此时所需要的踏板力将大为增加。

2）气压助力液压操纵机构

图 12.23 为东风 EQ1141G 汽车离合器的气压助力液压操纵机构。其中的气压助力系统主要由助力器 9、储气筒 11 和气压管路等组成。

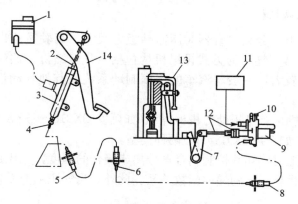

图 12.23　离合器气压助力液压操纵机构
1—储油罐　2—主缸推杆　3—主缸　4—前钢管　5—前软管　6—后钢管
7—分离叉摇臂　8—后软管　9—助力器　10—放气螺栓　11—储气筒
12—工作缸及推杆　13—离合器　14—离合器踏板

当驾驶员踩下离合器踏板 14 时，通过推杆 2 压下主缸 3 的活塞，从主缸压出的液压油通过管路进入助力器 9 内腔。油压一方面直接作用在工作缸的液压活塞及推杆 12 上，另一方面将与储气筒 11 相通的进气阀打开，储气筒内的高压空气进入助力器气缸活塞的后端，推动气缸活塞、推杆，给工作缸的液压活塞及推杆助力。

抬起踏板，主缸活塞回位，助力器油压解除，气压助力停止并解除，离合器及工作缸活塞在各自回位弹簧作用下回位，离合器接合。

1. 汽车传动系统为什么要装离合器？画简图说明离合器的构造和工作原理。
2. 叙述 EQ1090E 型汽车离合器接合时，发动机的动力传递到变速器的动力传递路线。
3. 叙述膜片弹簧离合器与螺旋弹簧离合器在结构上的不同点、性能上的优点。
4. 为了使离合器接合柔和、缓和冲击、避免共振，常采取哪些措施？
5. 离合器的操纵机构有哪几种？各有何特点？
6. 什么叫离合器踏板自由行程？其作用是什么？
7. 离合器从动盘的转动惯量为什么要小？
8. 离合器液压操纵机构的液压主缸结构和工作原理如何？

第13章 变速器与分动器

教学提示

变速器是汽车底盘传动系统的重要部件。驾驶员通过拨动变速杆挂入不同的挡位，从而适应经常变化的行驶条件，使发动机在有利的工况下工作。

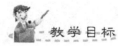
教学目标

要求学生掌握变速器和分动器的构造、工作原理及类型，了解有关车型变速器及其操纵机构的构造。

13.1 概　　述

变速器(transmission)是用来改变发动机输出转矩，进而根据使用要求能改变行车速度的总成。

活塞式发动机的输出转矩和转速变化范围较小，而汽车的使用情况非常复杂，因此要求汽车的驱动力和车速能在较大范围内变化。在传动系统中设置变速器，通过变换挡位可以扩大输出转矩和转速变化范围，满足汽车行驶的需要。

13.1.1 变速器的功用

（1）改变传动比，扩大驱动轮转矩和转速的变化范围，以适应经常变化的行驶条件。
（2）在汽车发动机旋转方向不变的前提下，利用倒挡实现汽车倒退行驶。
（3）在发动机不熄火的情况下，利用空挡中断动力传递，有利于发动机的起动、暖机、怠速，便于换挡或汽车滑行、暂时停车等使用工况。

(4) 通过变速器将发动机的动力输出，驱动其他机构。如自卸车的油泵、某些汽车的绞盘等。

13.1.2 变速器的类型

1. 按传动比变化方式分类

按变速器传动比变化方式分为有级式、无级式和综合式 3 种。

(1) 有级式变速器。有多对齿轮传动副，形成几个可供选择的固定传动比。轿车和轻、中型货车变速器多采用 4～6 个前进挡和 1 个倒挡。重型汽车上的变速器挡位较多，有的还装有副变速器。

(2) 无级式变速器 CVT(Continuously Variable Transmission)。其传动比在一定数值范围内可连续无限多级变化，常见的有流体式和机械式两种。液力变矩器和借助液体压能变化或变换能量的液压传动都属于流体式无级式变速器。而传动带式(含胶带式、金属带式和链带式)无级变速器属于机械式无级变速器。

(3) 综合式变速器。由液力变矩器和行星齿轮式变速器组成的液力机械式变速器属综合式变速器。其传动比可在最大值和最小值之间的几个间断范围内作无级变化。

2. 按变速器操纵机构分类

变速器操纵机构主要有机械式(手动变速器)和自动操纵式(自动变速器)。机械式操纵机构按操纵杆与变速器的相互位置不同，分为直接操纵式和远距离操纵式。

(1) 直接操纵手动换挡变速器。变速器布置在驾驶员座位附近，操纵机构多集装于变速器上盖或侧面，结构简单，操纵方便。

(2) 远距离操纵手动换挡变速器。平头式汽车或发动机后置后轮驱动汽车的变速器，受总体布置限制，变速器离驾驶员座位较远，通常在变速杆与拨块之间增加若干传动件，换挡作用力经过这些转换机构才能完成换挡。

(3) 自动换挡变速器。在某一传动范围内(一般是在前进挡)，由变速器的自动控制系统根据发动机的负荷和车速的变化自动选定挡位并变换挡位，即自动地改变传动比。驾驶员只需要操纵加速踏板以便控制车速。

本章只介绍手动换挡有级式变速器和分动器。

13.1.3 齿轮式变速器的工作原理

图 13.1(a)所示为齿轮传动机构的变速原理图，图 13.1(b)所示为传动简图。Ⅰ是主动轴(动力输入轴 input shaft)，Ⅱ是从动轴(动力输出轴 output shaft)。设主动齿轮 1 的齿数为 Z_1，转速为 n_1，转矩为 T_1，逆时针方向转动；从动齿轮 2 的齿数为 Z_2，转速为 n_2，转矩为 T_2。

齿轮传动机构的传动比(gear ratio) i 可以用主动齿轮的转速 n_1 与从动齿轮的转速 n_2 之比表示，也可以用从动齿轮齿数 Z_2 与主动齿轮齿数 Z_1 之比表示，还可以用从动齿轮轴的转矩 T_2 与主动齿轮轴的转矩 T_1 之比表示。其关系式为：

$$i = \frac{n_1}{n_2} = \frac{Z_2}{Z_1} = \frac{T_2}{T_1} \qquad (13-1)$$

当动力由Ⅰ轴经过齿轮机构传递给Ⅱ轴时，由于 $Z_1 < Z_2$，则 $n_2 < n_1$，$T_2 > T_1$。即当主动齿轮齿数小于被动齿轮齿数时，则减速增矩。反之，则增速降矩。

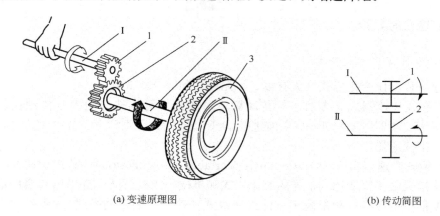

(a) 变速原理图　　　　　　　　　　　　　(b) 传动简图

图 13.1　齿轮传动机构的变速原理
Ⅰ—主动轴　Ⅱ—从动轴　1—主动齿轮　2—从动齿轮　3—车轮

为了扩大变速器输出转速的变化范围，普通齿轮变速器通常采用多组大小不同的齿轮啮合传动，构成多个不同的挡位，其传动比为各级齿轮传动的连乘积。挡位不同，传动比不同，则可得到多种不同的输出转速和转矩。如图 13.2 所示是三轴式变速器各挡位构成原理图。

图 13.2(a)中动力从输入轴 1 输入，经输入轴及中间轴上的常啮合齿轮 7、2，传递给中间轴 4，再经过中间轴的 1 挡齿轮 3、输出轴的 1 挡齿轮 6，传给输出轴 5，动力经过两对齿轮传动，构成 1 挡。其传动比等于两对齿轮传动比的乘积，动力的旋转方向不变。传动比为：

$$i_1 = \frac{n_1}{n_5} = \frac{Z_2 Z_6}{Z_7 Z_3}$$

图 13.2(b)是 2 挡的动力传递途经，除常啮合齿轮 7、2 外，参与传动的齿轮副有 8、9。齿轮副 8、9 构成的传动比小于 1 挡的齿轮副 3、6。同理可构成其他前进挡。2 挡传动比为：

$$i_2 = \frac{n_1}{n_5} = \frac{Z_2 Z_9}{Z_7 Z_8}$$

图 13.2(c)中，通过结合套直接将输出轴 5 和输入轴 1 结合为一体，构成直接挡，传动比为 1。由于动力的传递未经过齿轮的传递，因此，直接挡的传动效率比其他前进挡要高。

为获得倒挡，需再增加一对齿轮传动，如图 13.2(d)所示。倒挡的动力传递经过常啮合齿轮 7、2，中间轴倒挡齿轮 10 和倒挡轴上的齿轮 12，倒挡轴齿轮 12 和输出轴倒挡齿轮 13 三对齿轮传动，输出轴的旋转方向与输入轴相反，通常能获得比 1 挡更大的传动比。倒挡传动比为：

$$i_倒 = \frac{n_1}{n_5} = \frac{Z_2 Z_{12} Z_{13}}{Z_7 Z_{10} Z_{12}} = \frac{Z_2 Z_{13}}{Z_7 Z_{10}}$$

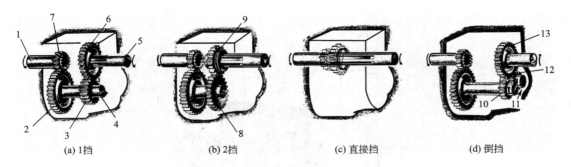

(a) 1挡　　　　　　　(b) 2挡　　　　　　　(c) 直接挡　　　　　　　(d) 倒挡

图 13.2　三轴式变速器各挡位构成原理图

1—输入轴　2—中间轴常啮合齿轮　3—中间轴 1 挡齿轮　4—中间轴　5—输出轴
6—输出轴 1 挡齿轮　7—输入轴常啮合齿轮　8—中间轴 2 挡齿轮
9—输出轴 2 挡齿轮　10—中间轴倒挡齿轮　11—倒挡轴
12—倒挡轴齿轮　13—输出轴倒挡齿轮

13.2　变速器的变速传动机构

变速器由变速器壳体、变速传动机构、变速操纵机构等组成。变速器壳体是变速器其他部件的安装基础；变速传动机构用来改变传动比、转矩和旋转方向；变速操纵机构用来实现换挡。变速器按工作轴的数量（不包括倒挡轴）可分为两轴式变速器和三轴式变速器。

13.2.1　两轴式变速器

在发动机前置前轮驱动和发动机后置后轮驱动的中、轻型轿车上，由于总体结构布置的需求，采用两轴式变速器，其结构简单、紧凑。例如，奥迪 100 型、捷达、红旗、富康、桑塔纳及夏利等轿车均采用两轴式变速器。

前置发动机又有纵向布置和横向布置两种类型，与其配用的两轴式变速器结构形式也有差异。这种变速器通常与主减速器和差速器集合在一起，称为传动箱。

1．与前置发动机横向布置形式相配用的两轴式传动箱

（1）图 13.3 所示为戴姆勒克莱斯勒轿车采用的 A-460 两轴式五挡传动箱。变速器的输入轴 1 通过离合器与横向布置的发动机曲轴相连，两端通过圆锥滚子轴承支承在变速器壳体上。一挡、二挡和倒挡的主动齿轮 3、5 和 8 与输入轴 1 固连；三挡、四挡和五挡的主动齿轮 6、9 和 10 通过键固定在输入轴 1 上；变速器输出轴 13 通过轴承支承在变速器壳体上。一到五挡从动齿轮 18、17、16、14 及 12 分别通过滚针轴承空套在输出轴 13 上；在输入轴、输出轴一侧装有倒挡轴，倒挡轴固定在壳体上，轴上滑套着一个倒挡齿轮 7。一、二挡同步器 4、三、四挡同步器 15、五挡同步器 11 分别通过花键与输出轴 13 相连，三、四挡同步器 15 上制有与倒挡齿轮 7 啮合的齿轮 8。各前进挡主、从动齿轮均处于常啮合状态。

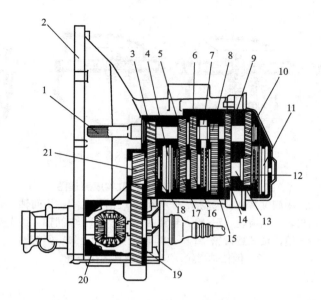

图 13.3 戴姆勒克莱斯勒轿车采用的 A-460 两轴式五挡变速箱
1—输入轴　2—变速箱壳体　3——挡主动齿轮　4—一、二挡同步器　5—二挡主动齿轮　6—三挡主动齿轮　7—倒挡轴倒挡齿轮　8—倒挡主动齿轮　9—四挡主动齿轮　10—五挡主动齿轮　11—五挡同步器　12—五挡从动齿轮　13—输出轴　14—四挡从动齿轮　15—三、四挡同步器和倒挡从动齿轮　16—三挡从动齿轮　17—二挡从动齿轮　18——挡从动齿轮　19—主减速器从动齿轮　20—差速器　21—主减速器主动齿轮

(2) 图 13.4 所示为雪铁龙毕加索轿车采用的 BE4 两轴式五挡变速器。变速器的输入轴Ⅰ通过离合器与横向布置的发动机曲轴相连，两端通过圆锥滚子轴承支承在变速器壳体上。一、倒、二挡主动齿轮 4、5、9 分别与输入轴Ⅰ固连；三、四、五挡主动齿轮 10、12、13 分别通过滚针轴承空套在输入轴Ⅰ上；变速器输出轴Ⅱ左端通过球轴承、右端通过圆柱滚子轴承支承在变速器壳体上。一、二挡从动齿轮 23、21 分别通过滚针轴承空套在输出轴Ⅱ上，三、四和五挡从动齿轮 20、19、17 与输出轴Ⅱ固连；在输入轴、输出轴一侧装有倒挡轴Ⅲ，倒挡轴固定在壳体上，轴上滑套着一个倒挡齿轮 8。三、四挡同步器 11、五挡同步器 14 分别通过花键与输入轴Ⅰ相连；一、二挡同步器 22 通过花键与输出轴Ⅱ相连，其上有与倒挡齿轮 8 啮合的齿轮。同步器均为锁环式。各前进挡主、从动齿轮均处于常啮合状态。

图 13.5 是该变速器的传动示意图。换挡时，只要拨动拨叉使接合套轴向移动即可脱挡和换挡。

当同步器 14 的接合套向右或向左移动到与相应的接合齿圈相接合时，便得到一挡或二挡；而向右或向左移动同步器 6 的接合套时，则挂上三挡或四挡；向右移动同步器 9 的接合套，则挂上五挡。各挡传动比是：

$$i_1=\frac{Z_{15}}{Z_1},\ i_2=\frac{Z_{13}}{Z_4},\ i_3=\frac{Z_{12}}{Z_5},\ i_4=\frac{Z_{11}}{Z_7},\ i_5=\frac{Z_{10}}{Z_8}$$

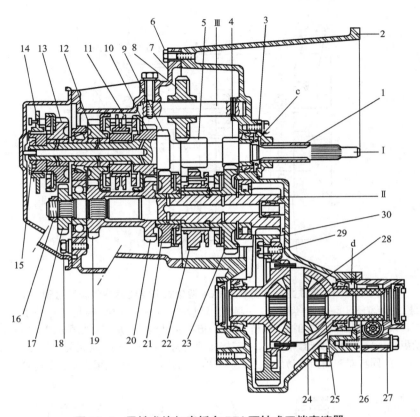

图 13.4　雪铁龙毕加索轿车 BE4 两轴式五挡变速器
1—导向套　2—离合器壳体　3—导向块　4——挡主动齿轮　5—倒挡主动齿轮　6—离合器壳体螺栓　7—变速器壳体　8—倒挡齿轮　9—二挡主动齿轮　10—三挡主动齿轮　11—三、四挡同步器　12—四挡主动齿轮　13—五挡主动齿轮　14—五挡同步器　15—第一轴螺母　16—第二轴螺母　17—五挡从动齿轮　18—卡环定位螺栓　19—四挡从动齿轮　20—三挡从动齿轮　21—二挡从动齿轮　22——、二挡同步器和倒挡从动齿轮　23——挡从动齿轮　24—差速器壳体　25—半轴齿轮　26—里程表主动齿轮　27—里程表从动齿轮　28—行星齿轮　29—主减速器齿轮螺栓　30—主减速器主动齿轮　c、d—调节垫片
Ⅰ—输入轴　Ⅱ—输出轴　Ⅲ—倒挡轴

当移动倒挡齿轮 2，使之同时与齿轮 3 和齿轮 14 啮合时，即为倒挡传动。其传动比是：

$$i_R = \frac{Z_2}{Z_3} \times \frac{Z_{14}}{Z_2} = \frac{Z_{14}}{Z_3}$$

2. 与前置发动机纵向布置形式相配用的两轴式变速器

图 13.6 所示是一汽奥迪 100 型轿车采用的两轴式 012 五挡变速器。变速器的输入轴 2 通过离合器与纵向布置的发动机曲轴相连。输入轴 2 和输出轴 19 上的各挡齿轮均为常啮合齿轮，在输出轴 19 的一、二挡齿轮 23、21 和五、倒挡齿轮 16、14 以及输入轴 2 的三、四挡齿轮 8、10 之间分别装有锁环式惯性同步器 22、15 和 9，5 个前进挡都通过这 3 个同

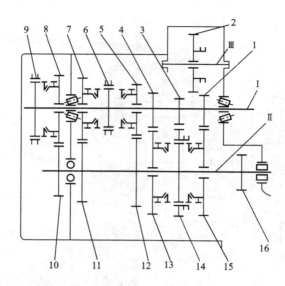

图 13.5　雪铁龙毕加索轿车 BE4 两轴式五挡变速器传动示意图

1——挡主动齿轮　2—倒挡齿轮　3—倒挡主动齿轮　4—二挡主动齿轮　5—三挡主动齿轮　6—三、四挡同步器　7—四挡主动齿轮　8—五挡主动齿轮　9—五挡同步器　10—五挡从动齿轮　11—四挡从动齿轮　12—三挡从动齿轮　13—二挡从动齿轮　14—一、二挡同步器和倒挡从动齿轮　15——挡从动齿轮　16—主减速器主动齿轮

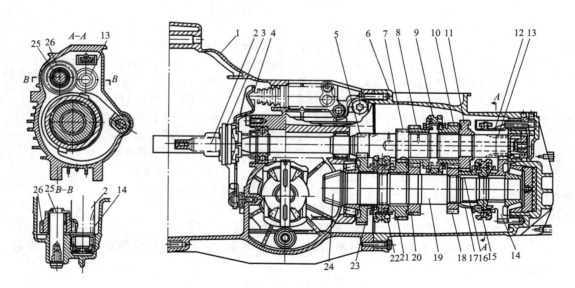

图 13.6　一汽奥迪 100 型轿车两轴式 012 五挡变速器

1—变速器前壳　2—输入轴　3—分离轴承　4—分离杠杆　5—输入轴一挡齿轮　6—变速器后壳　7—输入轴二挡齿轮　8—输入轴三挡齿轮　9、15、22—同步器　10—输入轴四挡齿轮　11—输入轴五挡齿轮　12—集油器　13—输入轴倒挡齿轮　14—输出轴倒挡齿轮　16—输出轴五挡齿轮　17—隔离套　18—输出轴四挡齿轮　19—输出轴　20—输出轴三挡齿轮　21—输出轴二挡齿轮　23—输出轴一挡齿轮　24—主减速器主动锥齿轮　25—倒挡轴　26—倒挡轴倒挡齿轮

步器进行换挡。主减速器的主动锥齿轮 24 与输出轴 19 制成一体,由变速器输出的动力直接经齿轮 24 传给主减速器和差速器。

其各挡传动比是:$i_1 = Z_{23}/Z_5 = 39/11 = 3.545$,$i_2 = Z_{21}/Z_7 = 40/19 = 2.105$,$i_3 = Z_{20}/Z_8 = 40/28 = 1.429$,$i_4 = Z_{18}/Z_{10} = 40/19 = 2.105$,$i_5 = Z_{16}/Z_{11} = 31/37 = 0.838$,$i_R = (Z_{26}/Z_{13}) \times (Z_{14}/Z_{26}) = 35/10 = 3.5$。

由上述可见,两轴式变速器从输入轴到输出轴只通过一对齿轮传动,倒挡传动路线中也只有一个中间齿轮,因而机械效率高,噪声小。但由于它不可能有直接挡,因而最高挡的机械效率比直接挡低。

13.2.2 三轴式变速器

图 13.7 为一典型轿车用的三轴式齿轮传动形式。它有三根齿轮传动轴:第一轴(输入轴)1、中间轴 23 和第二轴(输出轴)13。

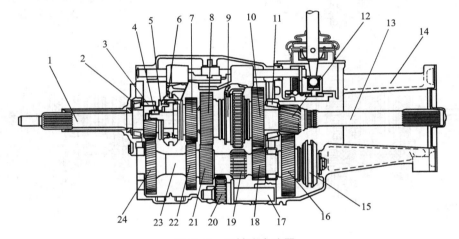

图 13.7 三轴式变速器

1—第一轴 2—第一轴轴承 3—第一轴常啮合齿轮 4—第二轴前轴承 5—三、四挡同步器锁环
6—三、四同步器 7—第二轴三挡齿轮 8—第二轴二挡齿轮 9—一、二挡同步器和第二轴倒
挡齿轮 10—第二轴一挡齿轮 11—第二轴后轴承 12—第二轴五挡齿轮 13—第二轴
14—变速器壳体 15—五挡同步器 16—中间轴五挡齿轮 17—倒挡轴
18—中间轴一挡齿轮 19—中间轴倒挡齿轮 20—倒挡中齿轮
21—中间轴二挡齿轮 22—中间轴三挡齿轮 23—中间轴
24—中间轴常啮合传动齿轮

图 13.7 中除直接挡外,各前进挡均通过两对齿轮传动,变速器输出轴的转动方向与输入轴(发动机曲轴)的转动方向相同。三轴式齿轮传动主要应用于发动机前置后轮驱动的汽车变速器上,尤其是用于中、轻型货车上,因为通过两级齿轮传动可以得到较大的传动比。例如,解放 CA1091 型货车六挡变速器,EQ1141G、EQ1128G、EQ1090E 型货车变速器等均采用三轴式变速器。

图 13.7 中第一轴 1 的前端用向心球轴承支承在飞轮的中心孔内,后端用圆锥滚子轴承支承在变速器前壳的轴承孔中;中间轴的前端用滚柱轴承、后端用向心球轴承支承于变速器壳体上;第二轴前端用滚针轴承支承在齿轮 3 的内圆孔中,后端用圆锥滚子轴承支承

在变速器壳体上。齿轮 3 与第一轴制成一体，与齿轮 24 构成常啮合传动齿轮副。齿轮 18、齿轮 19 及齿轮 21 与中间轴制成一体，以提高轴的刚度和强度，齿轮 24 用键固定在中间轴上。齿轮 16 通过滚针轴承空套在中间轴上。齿轮 7、齿轮 8 和齿轮 10 通过滚针轴承空套在第二轴上，各齿轮上制有外接合齿圈，以便与对应挡同步器上的接合套内齿圈相啮合。齿轮 12 与输出轴制成一体。同步器 6、同步器 9 的花键毂以其内花键与第二轴上的外花键相连接，同步器 15 的花键毂以其内花键与中间轴上的外花键相连接。空挡与各前进挡的动力传动路线如图 13.8 所示。

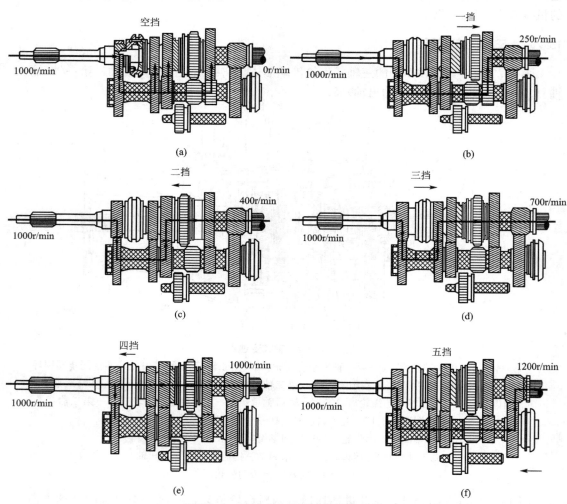

图 13.8　三轴式变速器动力传递路线

空挡：在空挡时，所有同步器的结合套处于花键毂中间位置，当离合器结合时，输入轴旋转，带动除五挡外的常啮合齿轮旋转，由于输出轴上的一至三挡从动齿轮均空套在输出轴上，故无动力输出，如图 13.8(a)所示。

一挡：挂一挡，通过操纵机构使一、二挡同步器的结合套右移，与第二轴一挡齿轮上的齿圈结合，将输出轴一挡齿轮与输出轴固结，动力从第二轴输出，如图 13.8(b)所示。

二挡：挂二挡，通过操纵机构使一、二挡同步器的结合套左移，与第二轴二挡齿轮上的齿圈结合，将二挡齿轮与输出轴固结，动力通过输出轴输出，如图13.8(c)所示。

三挡：挂三挡，通过操纵机构使三、四挡同步器的结合套右移，与第二轴三挡齿轮上的齿圈结合，将三挡齿轮与输出轴固结，如图13.8(d)所示。

四挡：挂四挡，通过操纵机构使三、四挡同步器的结合套左移，与输出轴常啮合齿轮上的齿圈结合，将输入轴与输出轴连成一体，如图13.8(e)所示。由于动力的传递未经过任何齿轮，故将其称为直接挡，传动效率在各挡中最高。

五挡：挂五挡，通过操纵机构使五挡同步器的结合套左移，将中间轴上的五挡齿轮与中间轴锁为一体，再经过五挡常啮合齿轮把动力传给输出轴，如图13.8(f)所示。由于五挡的第二对齿轮传动是增速，且增速的传动比比第一对齿轮减速的传动比大，故获得一个小于1的速比，又称为超速挡。具有超速挡的变速器用在发动机功率较充裕的汽车上，能提高汽车的经济性。

倒挡：挂倒挡，通过操纵机构使倒挡轴上的倒挡齿轮右移，同时与中间轴上的倒挡齿轮和输出轴上带同步器的倒挡齿轮啮合，动力经输入轴、中间轴倒挡齿轮、倒挡轴倒挡齿轮、输出轴倒挡齿轮、输出轴输出，如图13.9所示。为保证倒车的安全性，车速较低，倒挡的传动比一般较大。

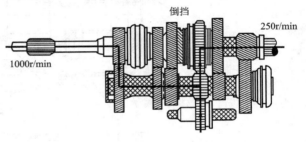

图13.9 三轴式变速器倒挡动力传递路线

图13.10为EQ1141G型汽车的TMH421型五挡变速器。它有3根齿轮传动轴：第一轴(输入轴)1、中间轴16和第二轴(输出轴)26。

第一轴1的前端用向心球轴承支承在飞轮的中心孔内，后端用向心球轴承支承在变速器前壳的轴承孔中，并以轴承盖27的外圆面与离合器壳相应的孔配合，以保证第一轴和曲轴的轴线重合；中间轴的前端用滚柱轴承、后端用向心球轴承支承于变速器壳体上；第二轴前端用滚针轴承支承在第一轴齿轮3的内圆孔中，后端用向心球轴承支承在变速器壳体上，后部的花键上装有用以连接万向传动装置的凸缘15。3根轴都是靠其后轴承进行轴向定位的，轴承的外圈用弹性挡圈和轴承盖轴向限位，内圈被卡环固定在轴上。

齿轮3与第一轴制成一体，与齿轮25构成常啮合传动齿轮副。齿轮17、18、22与中间轴制成一体，以提高轴的刚度和强度，齿轮23、24用键固定在中间轴上。齿轮5、6、8、9、11通过滚针轴承空套在第二轴上，齿轮上制有外接合齿圈，以便与该挡同步器上的接合套内齿圈相啮合。同步器4、7及接合套10的花键毂以其内花键与第二轴上的外花键相连接。

变速器齿轮副、轴和轴承等零件的工作表面采用飞溅润滑。壳体底部有放油塞，壳体一侧有加油口，油面高度由加油口位置控制。在各传动齿轮上有径向油孔或开有径向油槽，以便润滑所在部位的滚针轴承。为防止润滑油从轴和轴承盖之间的间隙流出，在第一轴和第二轴的轴承盖内装有自紧式油封2和14。在各轴承盖、后盖、上盖等结合面间装入密封垫片，并涂密封胶，以防漏油。为防止变速器工作时油温升高、气压增大而造成润滑油渗漏，在变速器盖上装有通气塞。

图13.11为东风EQ1141G型汽车变速器的传动示意图，图示为变速器的空挡位置。

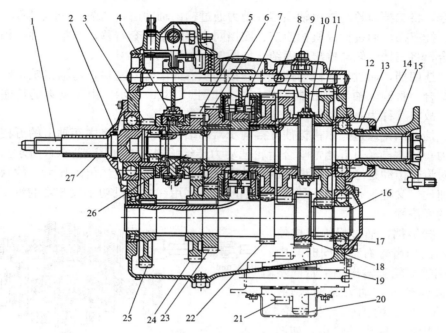

图 13.10　东风 EQ1141G 型汽车变速器

1—第一轴　2—第一轴油封　3—第一轴常啮合齿轮　4—四、五挡锁环式同步器　5—第二轴四挡齿轮　6—第二轴三挡齿轮　7—二、三挡锁销式同步器　8—第二轴二挡齿轮　9—第二轴倒挡齿轮　10—一、倒挡接合套　11—第二轴一挡齿轮　12—第二轴后轴承盖　13—速度表蜗杆　14—油封　15—第二轴凸缘　16—中间轴　17—中间轴一挡齿轮　18—中间轴倒挡齿轮　19—倒挡轴　20、21—倒挡中间双联齿轮　22—中间轴二挡齿轮　23—中间轴三挡齿轮　24—中间轴四挡齿轮　25—中间轴常啮合传动齿轮　26—第二轴　27—轴承盖

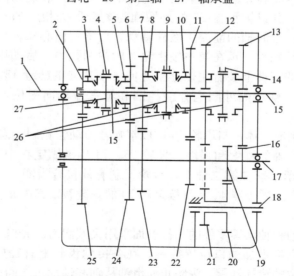

图 13.11　东风 EQ1141G 型汽车变速器的传动示意图

1—第一轴(输入轴)　2—第一轴常啮合传动齿轮　3—第一轴齿轮接合齿圈　4、9、14—接合套　5—四挡齿轮接合齿圈　6—第二轴四挡齿轮　7—第二轴三挡齿轮　8—三挡齿轮接合齿圈　10—二挡齿轮接合齿圈　11—第二轴二挡齿轮　12—第二轴倒挡齿轮　13—第二轴一挡齿轮　14—接合套　15—第二轴(输出轴)　16—中间轴一挡齿轮　17—中间轴　18—倒挡轴　19—中间轴倒挡齿轮　20—倒挡大齿轮　21—倒挡小齿轮　22—中间轴二挡齿轮　23—中间轴三挡齿轮　24—中间轴四挡齿轮　25—中间轴常啮合传动齿轮　26、27—花键毂

13.2.3 组合式变速器

重型货车的装载质量大,使用条件复杂。欲保证重型车具有良好的动力性、经济性,须有更多的挡位和更大的传动比。为避免变速器的结构过于复杂和利于系列化生产,多采用组合式变速器,即以1~2种四挡或五挡变速器为主体,通过更换齿轮副和配置不同的副变速器(一般为两挡),得到一组不同挡数即不同传动比范围的变速器系列。

副变速器有普通齿轮式和行星齿轮式两种。普通齿轮式副变速器结构简单,传力时齿轮的机械负荷较大;行星齿轮机构同时啮合的齿数多,能传递较大的转矩。副变速器传动比较小时多串联在主变速器之前,传动比较大的副变速器多串联在主变速器之后,以利于减小主变速器的质量和尺寸。

1. 普通齿轮式副变速器

图 13.12 为常见的一种组合式变速器的传动机构示意图。它由四挡主变速器Ⅰ和两挡(高速挡和低速挡)副变速器Ⅱ串联而成。副变速器位于主变速器之后,主变速器的输出轴 21 为副变速器的输入轴,动力由副变速器输出轴 17 输出。这样可以得到 8 个前进挡,组合式变速器的传动比为 $i = i_{主} \times i_{副}$。

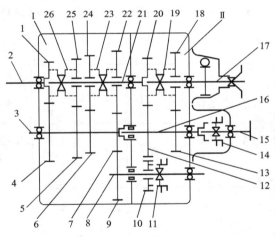

图 13.12 组合式变速器传动机构示意图

1—主变速器输入轴常啮合齿轮　2—输入轴　3—主变速器中间轴　4—主变速器中间轴常啮合齿轮　5—主变速器中间轴三挡齿轮　6—主变速器中间轴二挡齿轮　7—主变速器中间轴一挡齿轮　8—倒挡轴　9—倒挡传动齿轮　10—倒挡空套齿轮　11—接合套　12—副变速器中间轴常啮合齿轮　13—副变速器中间轴低速挡齿轮　14—动力输出接合套　15—动力输出轴　16—副变速器中间轴　17—副变速器输出轴　18—副变速器输出轴低挡齿轮　19、23、26—接合套　20—副变速器输入轴常啮合齿轮　21—主变速器输出轴(副变速器输入轴)　22—主变速器输入轴一挡齿轮　24—主变速器输入轴二挡齿轮　25—主变速器输入轴三挡齿轮

当副变速器接合套 19 左移与齿轮 20 的接合齿圈接合时,副变速器即挂入直接挡(高速挡),其传动比为 $i_{副2}=1$。此时,主变速器的 4 个挡位传动比 $i_{主1} \sim i_{主4}$ 分别为组合式变速器的 4 个高挡传动比 $i_5 \sim i_8 (i_8 = 1)$。

当副变速器接合套 19 右移与齿轮 18 的接合齿圈接合时,副变速器即挂入低速挡,其

传动比为 $i_{副1}=(Z_{12}/Z_{20})\times(Z_{18}/Z_{13})$。此时，将主变速器分别挂入一、二、三、四挡，便可得到组合式变速器的4个低速挡传动比 $i_1\sim i_4$。

倒挡轴8上有两个齿轮。其中倒挡传动齿轮9与主变速器中间轴一挡齿轮7啮合，从而保证了倒挡轴8随输入轴2旋转。另一倒挡齿轮10空套在倒挡轴上，与副变速器输入轴齿轮20常啮合。欲将组合式变速器挂入倒挡，应先将主变速器置于空挡，再将接合套11左移，使之与齿轮10的接合齿圈接合。于是动力便可从输入轴2依次经齿轮1、4、7、9、倒挡轴8、接合套11、齿轮10传到齿轮20。此时若将接合套19左移，便得高速倒挡；右移便得低速倒挡。为了保证倒车安全，常用低速倒挡。

动力输出轴15（可用于驱动其他装置）与副变速器中间轴16的接合或分离由接合套14操纵。

2. 行星齿轮式副变速器

图13.13所示为斯太尔重型汽车ZFS6-90型组合变速器传动机构示意图。主变速器后串联了1个采用行星齿轮机构的两挡副变速器，可得到10个前进挡。

当结合套4左移时，将齿圈6和变速器壳体锁为一体，副变速器行星齿轮机构的齿圈被固定，副变速器换入低速挡。当结合套4右移时，齿圈6与太阳轮7锁为一体，行星齿轮机构连锁成一个整体一起旋转，副变速器换入高速挡，副变速器的传动比为1。

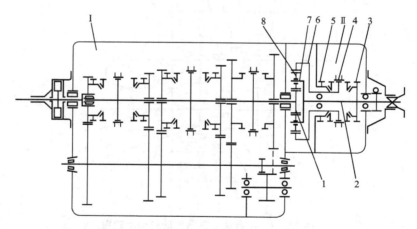

图13.13 斯太尔重型汽车ZFS6-90型组合变速器传动机构示意图
1—副变速器输入轴太阳轮 2—副变速器输出轴 3—副变速器高速挡齿圈
4—副变速器高、低速挡同步器结合套 5—固定外齿圈 6—行星齿轮内齿圈
7—行星架 8—行星齿轮 Ⅰ—主变速器 Ⅱ—副变速器

13.3 同 步 器

13.3.1 无同步器的换挡过程

变速器的换挡装置分为直齿滑动齿轮换挡、接合套换挡和同步器（synchronizer）换挡。

采用直齿滑动齿轮和接合套换挡时，必须等到将要啮合的一对齿轮的轮齿（或接合套与接合齿圈上相应的内、外花键齿）的圆周速度相等（同步），才能平顺地进入啮合而挂上挡。否则，如果没有达到同步就强制换挡，将使两齿轮发出冲击和噪声，影响齿轮的使用寿命，严重时甚至会折断轮齿。

图13.14所示是无同步器（接合套）五挡变速器的四、五挡结构简图。以此图分析这两个挡位的换挡过程。

1. 低挡换高挡（四挡换五挡）

变速器在四挡工作时，接合套3与齿轮4的接合齿圈啮合，两者圆周速度相等$V_3=V_4$。欲从四挡换入五挡，驾驶员应踩下离合器，断开发动机与变速器的联系，再通过变速操纵机构将接合套3左移，使变速器处于空挡位置。

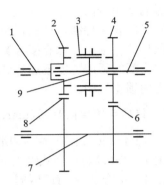

图13.14　无同步器的五挡变速器
四、五挡齿轮结构简图
1—第一轴　2—第一轴常啮合齿轮
3—接合套　4—第二轴四挡齿轮
5—第二轴　6—中间轴四挡
齿轮　7—中间轴　8—中
间轴常啮合齿轮　9—花键毂

当接合套3刚与齿轮4脱离接合的瞬间，仍然是$V_3=V_4$，而四挡齿轮4的转速低于齿轮2的转速，圆周速度$V_4<V_2$，所以，此时有$V_3<V_2$。为避免齿轮冲击，不应立即换入五挡，要在空挡停留片刻，等待$V_3=V_2$的时刻到来。

空挡时，齿轮2只与中间轴及其齿轮、第一轴和离合器从动盘相联系，惯性质量小，再加上中间轴齿轮有搅油阻力，所以V_2下降较快；接合套3则是通过花键毂9、第二轴5与整个汽车联系在一起，惯性质量很大，所以V_3下降较慢。这样，在变速器推入空挡后的某个时刻，必然会有$V_3=V_2$（同步点）的情况出现。此时将接合套3左移与齿轮2上的接合齿圈啮合就可以挂入五挡，不会产生冲击。

但是，自然减速出现同步的时刻太晚，使换挡过程延长。为此，实际换挡操作过程中，应在摘下四挡后，立即抬起离合器踏板，利用发动机怠速迫使变速器的第一轴更快地减速，使V_2快速下降，同步点尽快出现，缩短换挡时间。

2. 高挡换低挡（五挡换四挡）

同理，变速器在五挡工作以及由五挡换入空挡的瞬间，接合套3与齿轮2接合齿圈圆周速度相等，即$V_3=V_2$。因$V_2>V_4$，因而有$V_3>V_4$，所以此时不能挂入四挡。但在空挡时V_4下降得比V_3快，不会出现$V_3=V_4$（同步点）的情况。为此，应将V_4增速，使V_4能与V_3相等。其做法是，驾驶员在变速器由高速挡退入空挡时随即抬起离合器踏板，使离合器重新接合，同时踩一下加速踏板，使发动机连同离合器从动盘、第一轴以及齿轮4等加速到$V_4>V_3$，然后再踏下离合器踏板稍等片刻，等$V_4=V_3$（同步点）时即可挂入低速挡。

由此可见，欲使无同步器变速器换挡时不产生齿轮冲击，需采取较复杂的操作，既增加了驾驶员的劳动强度，又容易加速齿轮的损坏。因此，同步器换挡装置得到广泛应用。

13.3.2 同步器的构造及其工作原理

同步器的功用是使接合套与待啮合的齿圈迅速同步,并阻止二者在同步前进入啮合,从而消除换挡时的冲击,缩短换挡时间,简化换挡过程,使换挡操作简捷轻便,并可延长变速器的使用寿命。

同步器有多种结构形式,目前汽车上广泛采用摩擦惯性式同步器。它是依靠摩擦作用实现同步的。结构上除有接合套、花键毂、对应齿轮上的接合齿圈外,还增设了使接合套与对应齿圈的圆周速度迅速达到同步的摩擦机构,以及阻止两者在达到同步之前接合以防止冲击的锁止机构。

1. 锁环式惯性同步器(inertial synchronizer with lock‐ring)

1) 锁环式惯性同步器的构造

图 13.15(a)是锁环式惯性同步器的结构分解图,图 13.15(b)是其装配图。其主要由花键毂 4、接合套 5、锁环(同步环)1 和 6、滑块 2 以及弹簧圈 3 等组成。

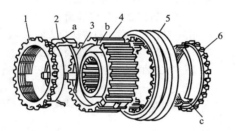

(a) 锁环式惯性同步器零件分解图　　　(b) 锁环式惯性同步器装配图

图 13.15　锁环式惯性同步器零件

1、6—同步环　2—滑块　3—弹簧圈　4—花键毂　5—接合套　7—第一轴
8—第一轴齿轮　9、10—接合齿圈　11—三挡齿轮　12—第二轴
a—滑块中部凸起　b—花键毂轴向槽　c—同步环缺口

花键毂 4 的内孔和外圆柱面上都加工有花键,其内花键与第二轴 12 连接(图 13.15(b)),并用垫圈和卡环作轴向定位,外花键与接合套的内花键作滑动连接。接合套 5 的外圆柱面加工有与换挡拨叉配合的环槽,拨动换挡拨叉可使接合套沿花键毂做轴向移动。

花键毂 4 的两侧与齿轮 8 和 11 之间各有一个锁环 1 和 6。锁环有内锥面,齿圈 9、10 的端部有相同的外锥面,两者之间通过锥面相接触,组成锥面摩擦副。通过这对摩擦副的摩擦,可使转速不等的两个齿轮在接合之前迅速达到同步。为了增强锥面之间的摩擦作用,一般在锁环的内锥面上制造出细密的螺纹槽,以使两锥面接触后破坏油膜,提高摩擦系数。锁环的外圆柱面上有短花键齿圈,花键齿的断面形状和尺寸与齿轮 8、11 上的接合齿圈 9、10 的外花键齿均相同。两个齿圈和锁环上的花键齿在对着接合套 5 的一端都制有倒角,并且与接合套 5 内花键齿齿端的倒角相同,称为锁止角。两个锁环的端部沿圆周方向均布有 3 个缺口 c。

3 个滑块 2 分别装在花键毂 4 的 3 个轴向槽 b 中,滑块可沿槽 b 做轴向移动。滑块的中部有凸起 a,在两个弹簧圈 3 的作用下,将滑块压在接合套的内表面上,使滑块中部凸

起 a 正好嵌在接合套中部的内环槽中，保证接合套在空挡时处于正中位置。滑块的两端伸入锁环的缺口 c 中，滑块的宽度小于缺口 c，只有当滑块位于缺口 c 的中央时，接合套才能与锁环接合。

2）锁环式惯性同步器的工作过程

图 13.16 为锁环式惯性同步器的工作过程示意图（变速器由三挡换入四挡（直接挡）），以此图为例来说明锁环式惯性同步器的工作过程。

空挡位置：当接合套 5 刚从三挡退到空挡时（图 13.16(a)），与齿轮 8 制成一体的接合齿圈 9、接合套 5 和锁环 1 都在其自身及其所联系的一系列运动件的惯性作用下，继续沿原方向转动。设它们的转速分别是 n_9、n_5、n_1，则此时 $n_1 = n_5$，$n_9 > n_5$，即 $n_9 > n_1$。接合套 5 及滑块 2 都处于中间位置，并由弹簧圈 3（图 13.15）定位；锁环 1 在轴向是自由的，它的内锥面与接合齿圈 9 的外锥面不接触，如图 13.16(a)中两条虚线所示。

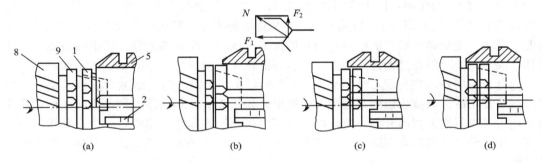

图 13.16 锁环式惯性同步器工作过程示意图
1—同步环 2—滑块 5—接合套 8—第一轴齿轮 9—接合齿圈

摩擦力矩的形成与锁止过程：若要挂入直接挡，驾驶员通过操纵机构拨动接合套 5 并带动滑块 2 一同向左移动。当滑块左端面与锁环 1 的缺口的内端面接触时，便同时推动锁环移向接合齿圈 9，两者（$n_9 > n_1$）一经接触便产生摩擦力矩；接合齿圈 9 便通过摩擦力矩的作用带动锁环相对于接合套 5 及花键毂超前一个角度；当锁环缺口的一个侧面与滑块接触时，锁环便与接合套同步转动。由于滑块未位于缺口中央，接合套花键齿相对于锁环花键齿错开了约半个齿厚，使接合套的齿端倒角与锁环上相应的齿端倒角恰好互相抵住而不能再向左移动进入接合，如图 13.16(b)所示。

可以看出，此时如果要使接合套的花键齿圈与同步环的花键齿圈进入啮合，必须使锁环相对于接合套向后倒转一个角度。如图 13.16 的齿端局部放大图所示，由于在接合套与锁环齿端倒角相抵触时，驾驶员始终对接合套施加一个轴向推力，该轴向推力使接合套的齿端倒角面与锁环的齿端倒角面之间产生正压力 N，力 N 可分解为轴向力 F_1 和切向力 F_2。F_2 形成一个试图拨动锁环相对于接合套反转的力矩，称为拨环力矩 T_2。F_1 使锁环 1 和齿圈 9 的锥面进一步压紧，产生摩擦力矩 T_1，该力矩使两者转速迅速接近。由于锁环通过接合套、花键毂、第二轴与整个汽车相联系，转动惯量大，锁环的转速 n_1 下降慢。而齿圈 9 与离合器从动部分相联系，转动惯量小，n_9 下降得快。因为齿圈 9 是减速转动的，则产生一个与转动方向相同的惯性力矩 T_j。此惯性力矩通过摩擦锥面以摩擦力矩的方式传到锁环上，阻碍锁环相对于接合套反向转动。在齿圈 9 与锁环 1 未达到同步之前，摩擦锥面的摩擦力矩在数值上等于惯性力矩（$T_1 = T_j$）。

可见，在待接合齿圈与锁环未达到同步之前，锁环上作用着两个方向相反的力矩：F_2产生的拨环力矩 T_2 和惯性力矩 T_j（摩擦力矩 T_1）。如果 $T_2 > T_1$，锁环即可相对于接合套向后倒转一个角度，以便二者进入啮合；如果 $T_2 < T_1$，锁环则不能倒转，而通过其齿端锁止角阻止接合套进入啮合，这就是锁环的锁止作用。由于锁环的锁止作用是由接合齿圈9及其相联系零件的惯性力矩形成的，因此称为惯性同步器。

对于一定的轴向推力，拨环力矩 T_2 的大小取决于锁环与接合套齿端倒角（锁止角）的大小，而惯性力矩 T_j 的大小则取决于摩擦锥面的锥角大小。实际上在设计同步器时，都经过适当地选择齿端倒角和摩擦面锥角，保证在达到同步之前始终保持 $T_1 > T_2$，驾驶员轴向作用力的加大只能加快同步的速度，缩短换挡的时间。

同步啮合：随着驾驶员施加于接合套上的推力加大，摩擦力矩不断增加，使齿圈9的转速迅速降低。当与锁环1、接合套5达到同步时，作用在锁环上的惯性力矩消失。但是，由于轴向分力 F_1 的作用，两个摩擦锥面以静摩擦方式接合在一起。因而此时切向力 F_2 形成的拨环力矩 T_2 便使锁环1、齿圈9及与之相连的各零件一起相对于接合套向后倒转一个角度，滑块2处于锁环缺口的中央，两花键齿不再抵触，此时接合套5压下弹簧圈3继续左移，而与同步环的花键齿进入啮合，同步环的锁止作用消失，如图13.16(c)所示。

接合套与同步环接合后，轴向分力 F_1 已不存在，锥面之间的摩擦力矩也消失。此时如果接合套花键齿与接合齿圈花键齿发生抵触，如图13.16(c)所示，则与上述相似，靠齿圈9花键齿端斜面上切向分力，使齿圈9及与之相连的各零件一起相对于接合套转过一个角度，使接合套5与接合齿圈9进入啮合，如图13.16(d)所示，最后完成了换入直接挡的全过程。

锁环式惯性同步器结构紧凑，但径向尺寸小、锥面间摩擦力矩较小，以前多用于传递转矩不大的轿车和轻型货车的变速器。通过采用摩擦系数更大的摩擦材料和增加摩擦面（如双锥面和多锥面锁环式同步器），锁环式惯性同步器在重型汽车上的使用日渐广泛。

2. 锁销式惯性同步器（inertial synchronizer with lock - pin）

图13.17所示是锁销式惯性同步器的结构图。其主要由花键毂9、接合套5、摩擦锥环3、摩擦锥盘2、锁销8、定位销4以及钢球10、弹簧11等组成。

两个有内锥面的摩擦锥盘2分别固定在带有外花键齿圈的齿轮1和6上，随齿轮一同旋转。与之相配合的两个有外锥面的摩擦锥环3，通过3个锁销8和3个定位销4与接合套5连接。销锁8与定位销4在同一圆周上相互间隔地均匀分布。锁销8的两端固定在摩擦锥环3的孔中，两端的工作表面直径与接合套上孔的内径相等，而中部直径则小于接合套孔径。锁销8中部和接合套5上相应的销孔两端有角度相同的倒角—锁止角。只有在锁销与接合套孔对中时，接合套才能沿锁销轴向移动。在接合套上定位销孔中部有斜孔，内装弹簧11，把钢球10顶向定位销中部的环槽（如 $A—A$ 所示），以保证同步器处于正确的空挡位置。定位销4两端伸入锥环内侧面，但有周向间隙，锥环相对接合套在一定范围内作周向摆动。

在空挡位置时，摩擦锥环3与摩擦锥盘2之间有一定间隙，定位销4可随接合套轴向移动。由四挡换入五挡时，接合套5受到拨叉的轴向推力作用，通过钢球10和定位销4带动摩擦锥环3左移，使之与对应的摩擦锥盘接触。因摩擦锥环与锥盘有转速差，接触后的摩擦作用使锥环和锁销相对于接合套转过一个角度，锁销8轴线与接合套上相应孔的轴

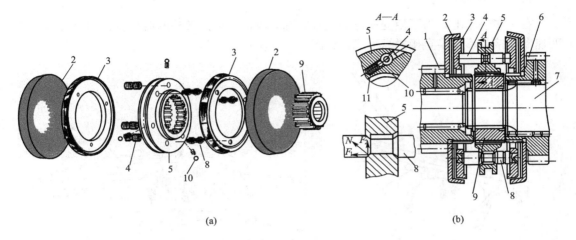

图 13.17　锁销式惯性同步器
1—第一轴齿轮　2—摩擦锥盘　3—摩擦锥环　4—定位销　5—接合套　6—第二轴五挡齿轮
7—第二轴　8—锁销　9—花键毂　10—钢球　11—弹簧

线偏移，于是锁销中部倒角与销孔端的倒角互相抵触，以阻止接合套继续前移。此时锁止面上的法向压紧力 N 的轴向分力 F_1 作用在摩擦锥环上并使之与锥盘压紧，使接合套与待啮合的齿圈迅速达到同步。达到同步时，起锁止作用的齿轮 1 的惯性力矩消失，作用在锁销上的切向力 F_2 产生的拨销力矩通过锁销使摩擦锥环 3、摩擦锥盘 2 和齿轮 1 相对于接合套转过一个角度，锁销与接合套的相应孔对中，接合套克服弹簧 11 的弹力压下钢球而沿锁销移动，直到与齿轮 1 的接合齿圈啮合，顺利挂上五挡。

锁销式惯性同步器在结构上允许采用直径较大的摩擦锥面，摩擦锥面间可产生较大的摩擦力矩，缩短了同步时间，多用在中型和重型汽车上。

13.4　变速器操纵机构

13.4.1　功用和类型

变速器操纵机构的功用是进行挡位变换，即根据汽车行驶条件的需要改变变速器传动机构的传动比、变换传动方向或中断发动机的动力传递。

变速操纵机构根据变速杆距离变速器的远近分直接操纵式、半直接操纵式和远距离操纵式 3 种类型。

1. 直接操纵式

如图 13.18 所示，直接操纵式变速器操纵机构的变速杆及所有换挡操纵装置都设置在变速器盖上。变速器布置在驾驶员座位的近旁，变速杆由驾驶室底板伸出，驾驶员可直接操纵变速杆来拨动换挡装置换挡。直接操纵式变速操纵机构结构简单，变速操纵手感好，但易受发动机振动的影响。一般应用于发动机前置后轮驱动的汽车上。

2. 半直接操纵式

在一些轿车上,为了使变速杆的位置靠近驾驶员,在拨叉轴的后部伸出端增设杆件与变速器连接,形成半直接操纵形式,如图13.19所示。

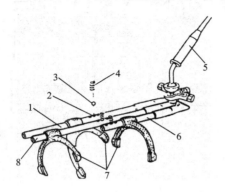

图 13.18 直接操纵式
1—一、二挡拨叉轴 2—凹槽 3—钢球
4—弹簧 5—变速杆 6—五、倒挡拨叉轴
7—拨叉 8—三、四挡拨叉轴

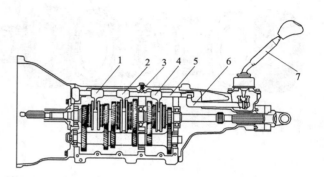

图 13.19 半直接操纵式
1—三、四挡拨叉 2—一、二挡拨叉
3—自锁装置 4—五、倒挡拨叉轴
5—拨叉轴 6—变速连动杆 7—变速杆

3. 远距离操纵式

有些汽车上,变速器的安装位置离驾驶员座位较远,需要在变速杆与拨叉之间加装一些辅助杠杆或一套传动机构,构成远距离操纵机构。

远距离操纵机构分为变速杆布置在转向盘旁边(图13.20)和变速杆布置在驾驶座椅旁边的地板上(图13.21)两种类型。

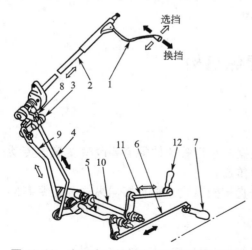

图 13.20 丰田克罗拉轿车变速器远距离操纵
1—变速杆 2—控制轴 3—换挡摆杆
4—换挡连杆 5—换挡横轴 6—换挡连杆
7—外换挡杆 8—选挡摆杆 9—选挡杆
10—选挡横轴 11—选挡连杆 12—外选挡杆

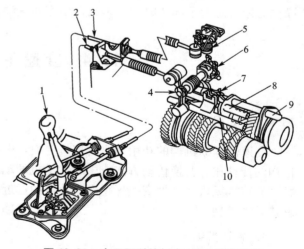

图 13.21 本田阿科德轿车 H2J4 型变速器
1—变速杆 2—换挡拉线 3—选挡拉线 4—换挡臂
5—选挡复位弹簧 6—倒挡锁装置 7—换挡拨块
8—三、四挡拨叉轴 9—五、倒挡拨叉轴
10—一、二挡拨叉轴

远距离操纵应具有足够的刚性,且各连接件间隙不能过大,否则换挡时手感不明显。

13.4.2 操纵机构的构造

图 13.22 所示为解放 CA1091 型汽车六挡变速器直接操纵机构,由变速杆、拨叉、拨叉轴及安全装置等组成。变速杆 12 的上部是驾驶员直接操纵的部分,伸到驾驶室内。拨叉轴 7、8、9、10 的两端均支承于变速器盖的相应孔中,可轴向移动,所有的拨叉和拨块都以弹性销固定于相应的拨叉轴上,拨块的顶部制有凹槽,变速杆的下端就嵌在这些凹槽内。变速器处于空挡时,各凹槽在横向平面内对齐(图示位置)。拨叉的叉口卡在同步器接合套或滑动齿轮的环槽中。选挡时,驾驶员操纵变速杆使其下端球头对准所选挡位相应的拨块凹槽,然后沿纵向摆动,带动拨叉轴及拨叉沿轴向前后移动,从而实现换挡。

各种变速器由于挡位数及挡位排列位置不同,其拨叉和拨叉轴的数量及排列位置也不同。如图 13.22 所示的六挡变速器的 6 个前进挡有 3 根拨叉轴 7、8、9,倒挡独立使用一根拨叉轴 10,共 4 根拨叉轴。如图 13.18 所示的五挡变速器具有 3 根拨叉轴,其一、二挡和三、四挡各有一根拨叉轴,五挡和倒挡共用一根拨叉轴。

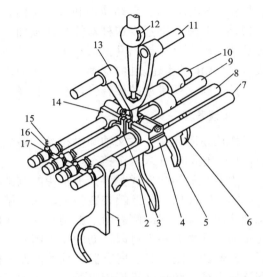

图 13.22 解放 CA1091 型汽车六挡变速器直接操纵机构

1—五、六挡拨叉 2—三、四挡拨叉 3——、二挡拨块 4—五、六挡拨块 5——、二挡拨叉 6—倒挡拨叉 7—五、六挡拨叉轴 8—三、四挡拨叉轴 9——、二挡拨叉轴 10—倒挡拨叉轴 11—换挡轴 12—变速杆 13—叉形拨杆 14—倒挡拨块 15—自锁弹簧 16—自锁钢球 17—互锁柱销

为了保证变速器能够准确、安全、可靠地工作,变速器操纵机构必须具有自锁、互锁和倒挡锁装置。

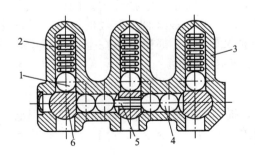

图 13.23 变速器自锁装置

1—自锁钢球 2—自锁弹簧 3—变速器盖 4—互锁钢球 5—互锁销 6—拨叉轴

1. 自锁装置

自锁装置能够对各挡拨叉轴进行轴向定位锁止,防止其自动产生轴向移动而造成自动挂挡和自动脱挡,并保证各挡传动齿轮(接合齿圈)以全齿长啮合。

如图 13.23 为东风 EQ1090E 型汽车五挡变速器的自锁装置,自锁装置由钢球 1 和弹簧 2 组成。

在变速器盖 3 的前端凸起部钻有 3 个深孔,位于 3 根拨叉轴 6 的正上方,孔中装入自锁钢球 1 及自锁弹簧 2。每根拨叉轴对着钢球 1 的一面有3个凹槽（槽的深度小于钢球半径），中间凹槽对正钢球时是空挡位置，左或右凹槽对正钢球时则处于某一工作位置，相邻凹槽之间的距离等于接合套（或滑动齿轮）由空挡换入相应挡（保证全齿长啮合）的距离。自锁钢球被自锁弹簧压入拨叉轴的相应凹槽内，起到锁止挡位的作用，防止自动换挡和自动脱挡。

换挡时驾驶员通过变速杆对拨叉轴施加一定的轴向力，该力克服弹簧的压力而将自锁钢球从拨叉轴凹槽中挤出并推回孔中，拨叉轴滑过钢球进行轴向移动，并带动拨叉及相应的接合套（或滑动齿轮）轴向移动，当拨叉轴移至其另一凹槽与钢球对正时，钢球压入该凹槽中，此时拨叉所带动的接合套（或滑动齿轮）被拨入空挡或另一挡位。

2. 互锁装置

其作用是阻止两个拨叉轴同时移动，即当拨动一根拨叉轴轴向移动时，其他拨叉轴被锁止，可防止同时挂入两个挡。

互锁装置的结构形式很多，最常用的有锁球式、锁销式和钳口式。

如图13.24所示的互锁装置为锁球和锁销式，它由互锁钢球4和互锁销6组成。每根拨叉轴朝向互锁钢球的侧表面上都制有一个深度相等的凹槽，中间拨叉轴上两个凹槽之间有孔相通，孔中有一根可以移动的互锁销6，销的长度等于拨叉轴的直径减去一个凹槽的深度。变速器在空挡时，所有拨叉轴的侧面凹槽与钢球、互锁销都在一条直线上。两个互锁钢球的直径之和正好等于相邻两轴之间的距离加上一个凹槽的深度。

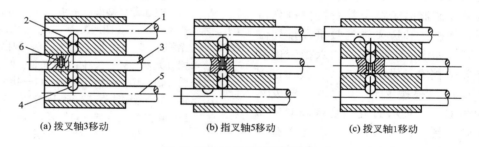

图13.24 互锁装置工作情况

1、3、5—拨叉轴　2、4—互锁钢球　6—互锁销

当移动拨叉轴3时（图13.24(a)），其两侧的内钢球从侧凹槽中被挤出，而两侧的外钢球2、4分别嵌入拨叉轴1、5的侧面凹槽中，将轴1、5锁止在空挡位置。同样，欲移动拨叉轴5，应先将拨叉轴3退回到空挡位置（图13.24(b)），拨叉轴5移动时钢球4从凹槽挤出，通过互锁销6推动另一侧两个钢球移动，拨叉轴1、3都被锁止在空挡位置上。移动拨叉轴1时（图13.24(c)），拨叉轴3、5被锁止在空挡位置。

3. 倒挡锁

倒挡锁的作用是提醒驾驶员，防止误挂倒挡，提高安全性。即挂倒挡时，驾驶员必须进行与挂前进挡不同的操纵方式或对变速杆施加较大的力，才能挂入倒挡。倒挡锁也有多种类型，常用的是弹簧锁销式。

如图13.25所示为EQ1090E型汽车五挡变速器的倒挡锁装置。它由一挡、倒挡拨块中的倒挡锁销1及弹簧2组成。驾驶员选一挡或倒挡时，必须用较大的力向一侧摆动变速杆，使其下端球头右移压缩弹簧2，将锁销1推向右方，变速杆下端才能进入倒挡拨块3

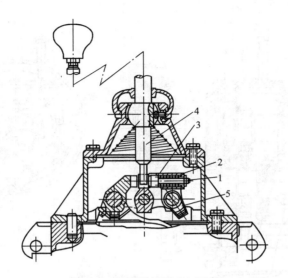

图 13.25 弹簧锁销式倒挡锁
1—倒挡锁销　2—倒挡锁弹簧　3—倒挡拨块　4—变速杆　5——挡、倒挡轴

的凹槽内，以拨动一挡、倒挡轴 5 而挂入一挡或倒挡。只要换入倒挡，其拨叉轴就接通装在变速器壳体上的电开关，警告灯亮、报警器响(有的汽车仪表盘上有倒挡指示灯)，有效防止误挂倒挡。

13.5 分 动 器

分动器用于多轴驱动的越野汽车。其输入轴直接或通过万向传动装置与变速器第二轴相连，其输出轴有若干个，分别经万向传动装置与各驱动桥相连。其功用为：①将变速器输出的动力分配给各驱动桥；②当分动器有两个挡位时兼起副变速器的作用。

图 13.26 所示为东风 EQ 2080 型 6×6 三轴越野汽车的两挡分动器。它有输入轴 1、中间轴 11、后桥输出轴 8、中桥输出轴 12 和前桥输出轴 17 四根轴，各轴均通过圆锥滚子轴承支承在壳体上。在中间轴 11 和前桥输出轴 17 上有接合套 4 和 16，齿轮 3 和 15、齿轮 5 和 9、齿轮 6 和 10、齿轮 10 和 13 为常啮合齿轮。

图示为空挡位置。当换挡接合套 4 左移与齿轮 15 的接合齿圈接合后，分动器挂上高速挡，驱动形式为 6×4。动力传递路线为 1—3—15—4—11—10—6—8—后桥；1—3—15—4—11—10—13—12—中桥。

要挂低速挡，先向右拨动前桥接合套 16，轴 17 和 12 相连接，便接上了前桥。再将换挡接合套 4 右移与齿轮 9 的接合齿圈接合时为低速挡，驱动形式为 6×6，动力传递路线为1—5—9—4—11—10—6—8—后桥；1—5—9—4—11—10—13—12—中桥；1—5—9—4—11—10—13—12—16—17—前桥。

综上所述，在坏路或无路情况下行驶时，越野汽车为使汽车有足够的动力采用全轮驱动方式(6×6 或 4×4)；而在好路上行驶时，为减小功率消耗和轮胎及传动系统零件的磨损，可变前桥为从动桥，采用中、后桥驱动方式 (6×4)或后桥驱动方式(4×2)。

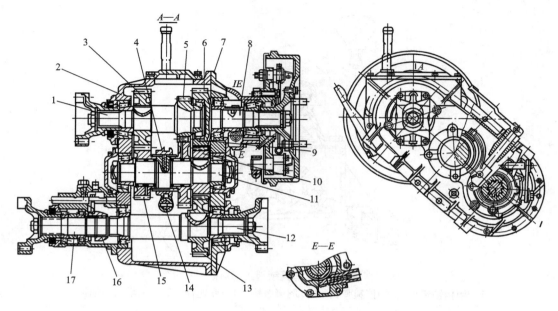

图 13.26　三轴式普通齿轮分动器

1—输入轴　2—分动器壳　3、5、6、9、10、13、15—齿轮　4—换挡接合套
7—分动器盖　8—后桥输出轴　11—中间轴　12—中桥输出轴
14—换挡拨叉轴　16—前桥接合套　17—前桥输出轴

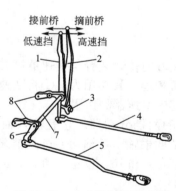

图 13.27　分动器的操纵机构

1—换挡操纵杆　2—前桥操纵杆
3—螺钉　4、5—传动杆　6—摇臂
7—轴　8—支承臂

因为分动器换入低速挡时输出转矩较大，为避免中、后桥超载，操纵机构必须保证：换入低挡前应先接上前桥，摘下前桥前应先退出低挡，即应具有互锁功能。

如图 13.27 所示为一种简单的越野汽车分动器的操纵机构。轴 7 通过两个支承臂 8 固定在变速器壳体上，轴 7 与前桥操纵杆 2 固定在一起可在支承臂上转动，换挡操纵杆 1 松套在轴 7 上。在前桥操纵杆的下端装有互锁螺钉 3，其头部顶靠在换挡操纵杆 1 的下部而互相锁止。在轴 7 的另一端固定着摇臂 6，其臂端经传动杆 5 与操纵前桥接合套的摇臂相连。驾驶员欲使分动器挂入低速挡，只须将换挡操纵杆 1 的上端推向前方。此时，操纵杆 1 绕轴 7 逆时针转动，其下臂便推压螺钉 3，带动操纵杆 2 向接前桥的方向转动。即挂入抵挡的同时也接上了前桥。但当操纵杆 1 被扳到空挡或高速挡时，并不能带动杆 2 回位而摘下前桥。同理，操纵杆 2 上端向后摘前桥的同时，必先退出低速挡。

此外，分动器操纵机构中也有结构原理与变速器相同的自锁装置。

图 13.28 为两轴式普通齿轮分动器。其输入轴 3 用凸缘通过万向传动装置与变速器输出轴连接，输出轴 9、6 分别经万向传动装置通往前、后驱动桥，各轴的支承采用圆锥滚子轴承。输入轴齿轮 2、中间轴高速挡齿轮 12 及输出轴高速挡齿轮 10 为常啮合齿轮。齿

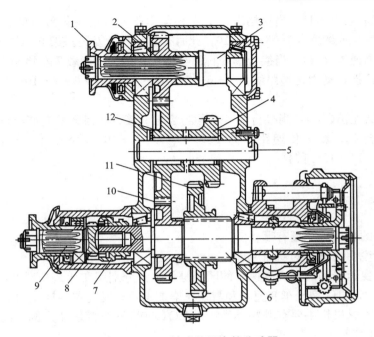

图 13.28 两轴式普通齿轮分动器
1—凸缘盘 2—主动齿轮 3—输入轴 4—中间轴小齿轮 5—中间轴 6—后桥输出轴
7—前桥接合套 8—花键齿轮 9—前桥输出轴 10—常啮合高速挡齿轮
11—变速滑动齿轮 12—中间轴高速挡齿轮

轮 2 通过花键与输入轴相连，齿轮 12 和齿轮 10 均空套在轴上。中间轴低速挡齿轮 4 和齿轮 12 制成一体。变速滑动齿轮 11 通过花键与后桥输出轴 6 相连。

高速挡（2H）：当滑动齿轮 11 向左移动，其内花键齿与齿轮 10 右端的接合齿圈接合时即为高速挡，动力传递路线为 1—2—12—10—11—6—后桥。

低速挡（4L）：先向左拨动前桥接合套 7，与前桥输出轴上的花键齿轮接合，前桥参与驱动。然后再向右拨动滑动齿轮 11，使其外齿轮与齿轮 4 相啮合即挂上低速挡，动力传递路线为 1—2—12—4—11—6—后桥；1—2—12—4—11—6—7—8—前桥。

分动器的齿轮传动形式也有采用行星齿轮的。图 13.29 为行星齿轮式分动器传动示意图。由太阳轮 6、行星齿轮 3（3 个或 4 个）、行星架 5 和齿圈 4（固定在壳体上）组成行星齿轮传动机构。

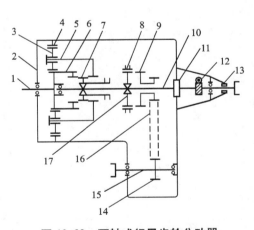

图 13.29 两轴式行星齿轮分动器
1—输入轴 2—分动器壳 3—行星齿轮
4—齿圈 5—行星架；6—太阳轮
7—换挡齿毂 8—接合套
9、14—齿轮 10—后桥输出轴
11—转子式油泵 12—里程表驱动齿轮
13—油封 15—前桥输出轴
16—锯齿式链条 17—花键毂

两轮驱动高速挡(2H)：当换挡齿毂 7 左移与太阳轮 6 的内齿接合时为两轮驱动高速挡(i＝1)，动力传递路线为 1—6—7—10。此时行星齿轮 3 及行星架 5 空转不传力。

四轮驱动高速挡(4H)：当接合套 8 右移与齿轮 9 接合、齿毂 7 左移与太阳轮 6 接合时为四轮驱动高速挡，动力传递路线为 1—6—7—10—后桥；1—6—7—10—17—8—9—16—14—15—前桥。

四轮驱动低速挡(4L)：当接合套 8 右移与齿轮 9 接合、齿毂 7 右移与行星架 5 接合时为四轮驱动低速挡，动力传递路线为 1—6—3—5—7—10—后桥；1—6—3—5—7—10—17—8—9—16—14—15—前桥。

1. 变速器的功用和类型有哪些？
2. 画简图说明变速器的变速原理。
3. 三轴式变速器和两轴式变速器的区别是什么？分别用在什么车型上？
4. 说明 EQ1141G 型汽车变速器和雪铁龙毕加索轿车变速器各挡位的动力传递路线。
5. 变速器操纵机构主要有哪些类型？以 EQ1090E 汽车变速器为例，说明如何保证变速器安全可靠工作？
6. 同步器的功用和类型有哪些？以锁销式惯性同步器为例，说明其具体结构和工作过程。
7. 分动器的作用和其操纵特点是什么？

第 14 章 自动变速器

教学提示

本章主要介绍现代汽车常用自动变速器的分类、组成及基本工作原理和结构特点。主要包括自动变速器的组成和分类、变矩器、行星齿轮变速机构和变速控制原理等内容。

教学目标

要求学生掌握自动变速器的组成和分类、AT 变速器中变矩器的工作原理、行星齿轮变速机构和控制原理等，了解 CVT、AMT 和 DCT 变速器的基本结构和工作原理。

14.1 概　　述

自动变速器是指能够根据发动机工况及汽车运行速度自动选挡和换挡的变速器。它能够克服机械变速器换挡过程动载荷大、零件易磨损以及需频繁操纵离合器等缺点，可减轻驾驶员的劳动强度、提高行车安全性。

14.1.1　自动变速器的类型

自动变速器可以按结构和控制方式、车辆驱动方式、挡位数的不同来分类。
1) 按结构和控制方式分类

自动变速器按结构、控制方式的不同可分为液力式自动变速器、机械式自动变速器、无级自动变速器和双离合器自动变速器。

（1）液力式自动变速器 AT(Automatic Transmission)是应用最广泛、技术最成熟的自动变速器。按照 AT 控制方式的不同，液力自动变速器分为液控液力自动变速器和电控液力自动变速器，目前轿车上广泛采用电控液力自动变速器。按照变速机构的不同，液力自动变速器又分为行星齿轮自动变速器和非行星齿轮自动变速器，行星齿轮自动变速器应用最广泛，非行星齿轮自动变速器只在本田汽车等个别车系中应用。行星齿轮自动变速器中又有辛普森式、拉威挪式之分。

（2）机械式自动变速器 AMT（Automated Mechanical Transmission）在原有手动、有级、普通齿轮变速器的基础上增加电子控制系统，自动控制离合器的接合与分离及变速器挡位的变换。机械式自动变速器由于原有的机械传动结构基本不变，所以传动效率高、机构紧凑、工作可靠等优点被继承下来，在重型车应用上具有很好的发展前景。

（3）无级自动变速器 CVT（Continuously Variable Transmission）通过传动带和工作直径可变的主、从动轮相配合来传递动力，可以实现传动比的连续改变。CVT 已经在部分轿车上使用，如国产奥迪（Audi）A6、南京菲亚特、奇瑞旗云等车型。

（4）双离合器自动变速器 DCT（Dual Clutch Transmission）的动力传递通过两个离合器联接两根输入轴，相邻各挡的被动齿轮交错与两输入轴上的齿轮啮合，配合两离合器的控制，能够实现在不切断动力的情况下转换传动比，从而缩短换挡时间。如在大众车型上应用的 DSG（Direct Shift Gear）变速器即为双离合器自动变速器。

2）按车辆的驱动方式分类

按车辆驱动方式的不同，自动变速器可以分为自动变速器和自动变速驱动桥（Automatic Transaxle）。在发动机前置后轮驱动的布置形式上，自动变速器与主减速器、差速器是分开的。而在发动机前置前轮驱动的布置形式上，自动变速器与主减速器、差速器制成一个整体，形成自动变速驱动桥。

3）按自动变速器前进挡的挡位数分类

根据变速器的前进挡位数的不同，自动变速器可分为四挡、五挡、六挡等，目前比较常见的是四挡和五挡自动变速器，在某些高级轿车如丰田皇冠、宝马 7 系、奥迪 A8 等轿车上开始采用六挡自动变速器。

14.1.2 组成及工作原理

液力自动变速器主要由液力变矩器、变速齿轮机构、供油系统、自动换挡控制系统等部分组成。图 14.1 为一典型的液力自动变速器剖面图。

（1）液力变矩器。液力变矩器位于自动变速器的最前端，通过螺栓与发动机的飞轮相连，其作用与采用手动变速器汽车的离合器相似。利用液力传动的原理，液力变矩器将发动机的动力传给自动变速器的输入轴。

（2）变速齿轮机构。变速齿轮机构主要包括齿轮变速机构和换挡执行机构两部分。如图 14.1 所示的自动变速器齿轮变速机构为行星齿轮式。换挡执行机构主要用来改变行星齿轮中的主动元件或限制某个元件的运动，改变动力传递

图 14.1　液力自动变速器剖面图

的方向和速比。齿轮变速机构与液力变矩器配合，可获得由起步至最高车速整个范围内的自动变速。

（3）供油系统。供油系统主要由油泵、油箱、滤清器、调压阀及管道组成。油泵通常安装在液力变矩器的后方，由变矩器壳后端的轴套驱动。在发动机运转时，无论汽车是否行驶，油泵都在运转，为自动变速器中的变矩器、换挡执行机构、自动换挡控制系统等提供一定的液压油。油压的调节由调压阀来实现。

（4）自动换挡控制系统。自动换挡控制系统能根据发动机的负荷（节气门开度）和汽车的行驶速度，按照设定的换挡规律，自动地接通或切断某些换挡离合器和制动器的供油油路，使换挡执行机构的离合器结合或分开、制动器制动或释放，以改变齿轮变速器的传动比，从而实现自动换挡。

图 14.2 为液力自动变速器的工作原理图。节气门位置传感器和车速传感器把节气门开度和车速转变为电信号，然后将信号（还有发动机转速、冷却液温度、液力油温度等信号参数）输入到电子控制单元（ECU）。在换挡点，ECU 向换挡电磁阀、油压电磁阀、锁止电磁阀发出电信号，电磁阀再将电信号转变成液力控制信号，液力控制信号控制液力阀体中各换挡阀使换挡执行机构换挡。

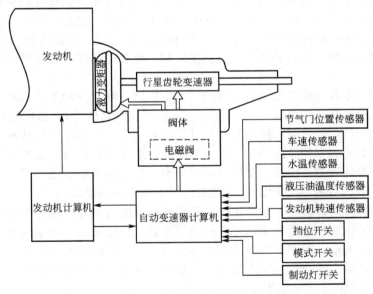

图 14.2　液力自动变速器原理图

14.2　液力耦合器和变矩器

汽车上采用的液力传动装置通常有液力耦合器和液力变矩器两种，二者均属于液力传动，即通过液体的循环流动，利用液体动能的变化来传递动力。

14.2.1　液力耦合器

图 14.3 为液力耦合器结构示意图，其主要零件形状如图 14.4 所示。

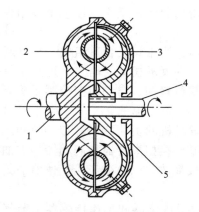
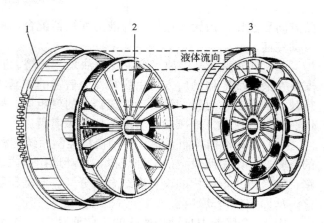

图 14.3　液力耦合器结构示意图
1—发动机曲轴　2—泵轮　3—涡轮
4—从动轴　5—耦合器外壳

图 14.4　液力耦合器的主要零件
1—飞轮　2—涡轮　3—泵轮

液力耦合器主要由壳体(housing)、泵轮(impeller)、涡轮(turbine)3 个元件构成。在发动机曲轴 1 凸缘上固定着耦合器外壳 5(图 14.3);与外壳刚性连接并随曲轴一起旋转的叶轮为耦合器的主动元件,称为泵轮 2;与从动轴 4 相连的叶轮为耦合器的从动元件,称为涡轮 3;涡轮装在密封的外壳中,其端面与泵轮端面相对,两者之间留有 3～4mm 间隙。泵轮与涡轮装合后,通过轴线的纵断面呈环形,称为循环圆。在环状壳体中储存有工作液。

液力耦合器壳体和泵轮在发动机曲轴的带动下旋转,叶片间的工作液在泵轮带动下一起旋转。随着发动机转速的提高,离心力作用将使工作液从叶片内缘向外缘流动。因此,叶片外缘处压力较高,而内缘处压力较低,其压力差取决于工作轮半径和转速。

由于泵轮和涡轮的半径是相等的,故当泵轮的转速大于涡轮时,泵轮叶片外缘的液力大于涡轮叶片外缘的液力。于是,工作液不仅随着工作轮绕其轴线做圆周运动,并且在上述压力差的作用下,沿循环圆依图 14.3 箭头所示方向作循环流动。

液力耦合器的传动过程是:泵轮接受发动机传动来的机械能,传给工作液,使其提高动能,然后再由工作液将动能传给涡轮。液力耦合器实现传动的必要条件是工作液在泵轮和涡轮之间有循环流动。而循环流动的产生是由两个工作轮转速不等,使两轮叶片的外缘产生液力差所致。液力耦合器在正常工作时,泵轮转速总是大于涡轮转速。如果二者转速相等,液力耦合器则不起传动作用。

由液力耦合器工作原理可知,液体在循环流动过程中,没有受到任何其他附加外力,故发动机作用于泵轮上的转矩与涡轮所接受并传给从动轴的转矩相等。亦即液力耦合器只起传递转矩的作用,而不起改变转矩大小的作用,故必须有变速机构与其配合使用。此外,由于液力耦合器不能使发动机与变速器彻底分离,故在采用以移动齿轮或接合套方法换挡的普通齿轮变速器时,为了减小齿轮冲击,在液力耦合器与变速器之间还必须装一个离合器。而且由于液力耦合器中存在液流损失,传动系效率比单用离合器时为低。目前,液力耦合器在汽车上的应用日益减少,逐步被液力变矩器代替。

14.2.2　液力变矩器

常用液力变矩器的形式有三元件液力变矩器、综合式液力变矩器和锁止式液力变矩器。其中综合式液力变矩器的应用较为广泛。

1. 三元件液力变矩器

三元件液力变矩器主要由泵轮1，涡轮2及固定不动的导轮(Stator)3等3个元件组成(图14.5)。涡轮端面与泵轮端面相对，泵轮和涡轮的构造与液力耦合器基本相同。导轮位于泵轮和涡轮之间，并与泵轮和涡轮保持一定的轴向间隙(图14.6)，导轮通过固定套固定于变速器壳体上。

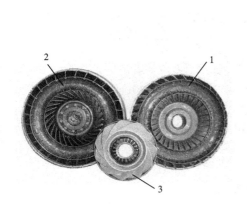

图14.5 液力变矩器的主要零件
1—泵轮 2—涡轮 3—导轮

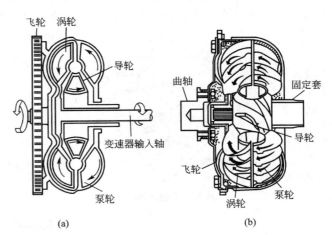

图14.6 液力变矩器的结构与原理

液力变矩器的泵轮与变矩器壳连成一体，用螺栓固定在发动机曲轴后端的凸缘上，为变矩器的主动元件；涡轮通过轴承安装在变矩器内，通过输出轴与汽车传动系统的其他部件相连，为变矩器的从动元件；导轮固定不动。与耦合器一样，变矩器正常工作时，储于环形内腔中的工作液，除有的绕变矩器轴的圆周运动以外，还有的在循环圆中循环流动(图14.6(b))，故能将转矩从泵轮传到涡轮上。

与耦合器不同的是：变矩器不仅能传递转矩，且能在泵轮转矩不变的情况下，随着涡轮的转速不同而改变涡轮输出转矩的数值，即能实现无级变速。变矩器之所以能起变矩作用，是由于结构上比耦合器多了导轮机构。在工作液循环流动的过程中，固定不动的导轮给涡轮一个反作用力矩，使涡轮输出的转矩不同于泵轮输入的转矩。

图14.7所示是变矩器的展开图，由此来说明变矩器的工作原理。展开图是将循环圆上的中间流线(此流线将液流通道断面分割成面积相等的内外两部分)展开成一直线，各循环圆中间流线均在同一平面上展开。在展开图上，泵轮B、涡轮W和导轮D便成为3个环形平面，且工作轮的叶片角度也清楚地显示出来。

为便于说明，设发动机的转速及负荷不变，即变矩器泵轮的转速 n_b 及转矩 T_b 为常数。先讨论汽

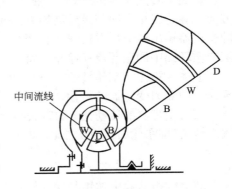

图14.7 液力变矩器工作展开示意图
B—泵轮 W—涡轮 D—导轮

车起步工况。开始时涡轮转速 n_w 为零,如图 14.8(a)所示。工作液在泵轮叶片带动下,以一定的绝对速度沿图中箭头1的方向冲向涡轮叶片。因涡轮静止不动,液流将沿着叶片流出涡轮并冲向导轮,液流方向如图 14.8(a)中的箭头 2 所示。然后液流再从固定不动的导轮叶片沿箭头 3 方向流入泵轮中。当液体流过叶片时,受到叶片的作用力,其方向发生变化。设泵轮、涡轮和导轮对液流的作用转矩分别为 T_b、T'_w 和 T_d。根据液流受力平衡条件,则 $T'_w = T_b + T_d$。由于液流对涡轮的作用转矩 T_w(即变矩器输出转矩)与 T'_w 方向相反、大小相等,因而在数值上,涡轮转矩 T_w 等于泵轮转矩 T_b 与导轮转矩 T_d 之和。显然,此时涡轮转矩 T_w 大于泵轮转矩 T_b,即液力变矩器起了增大转矩的作用。

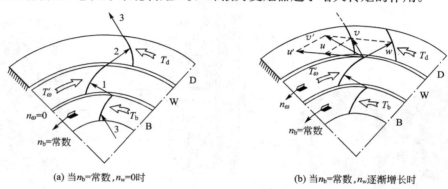

(a) 当 n_b=常数,n_w=0 时   (b) 当 n_b=常数,n_w 逐渐增长时

图 14.8 液力变矩器工作原理图

当变矩器输出的转矩经传动系统传到驱动轮上所产生的牵引力足以克服汽车的起步阻力时,汽车即起步并开始加速,与之相联系的涡轮转速 n_w 也从零逐渐增加。这时液流在涡轮出口处不仅具有沿叶片方向的相对速度 w,而且具有沿圆周方向的牵连速度 u,故冲向导轮叶片液流的绝对速度 v 应是二者的合成速度,如图 14.8(b)所示。因原设泵轮转速不变,起变化的只是涡轮转速,故涡轮出口处的相对速度 w 不变,只是牵连速度 u 起变化。由图 14.8(b)可见,冲向导轮叶片的液流绝对速度 v 将随着牵连速度 u 的增加(即涡轮转速 n_w 的增加)而逐渐向左倾斜,使导轮上所受转矩值逐渐减小。当涡轮转速增大到某一数值,由涡轮流出的液流(如图 14.8(b)中 v 所示方向)正好沿导轮出口方向冲向导轮时,由于液体流经导轮时方向不改变,故导轮转矩 T_d 为零,于是涡轮转矩与泵轮转矩相等,即 $T_w = T_b$。

若涡轮转速 n_w 继续增大,液流绝对速度 v 的方向继续向左倾,如图 14.8(b)中 v' 所示方向,导轮转矩方向与泵轮转矩方向相反,则涡轮转矩为前二者转矩之差($T_w = T_b - T_d$),即变矩器输出转矩反而比输入转矩小。当涡轮转速 n_w 增大到与泵轮转速 n_b 相等时,工作液在循环圆中的循环流动停止,将不在传递转矩。

上述变矩器在泵轮转速 n_b 和转矩 T_b 不变的条件下,涡轮转矩 T_w 随其转速 n_w 变化的规律,即液力变矩器的特性,可用图 14.9 表示。

液力变矩器的传动比 i 的定义与前述齿轮变速器不同,为输出转速(即涡轮转速 n_w)与输入转速(即泵轮转速 n_b)之比,即:

$$i = \frac{n_w}{n_b} \leqslant 1$$

液力变矩器输出转矩与输入转矩(即泵轮转矩 T_b)之比称为变矩系数,用 K 表示,即:

$$K = \frac{T_w}{T_b}$$

如图 14.9 所示的液力变矩器特性是在泵轮转矩 T_b 和转速 n_b 不变的条件下得出的，因此图中的 T_w—n_w 曲线也反映了变矩系数 K 与涡轮转速 n_w（或传动比 i）之间的变化关系。

从变矩器特性中可以看出，变矩系数 K 是随涡轮转速的改变而连续变化的。当汽车起步、上坡或遇到较大阻力时，如果发动机的转速和负荷不变，这时车速将降低，即涡轮转速降低。于是变矩系数相应增大，因而使驱动轮获得较大的转矩，保证汽车能克服增大的阻力而继续行驶。所以液力变矩器是一种能随汽车行驶阻力的不同而自动改变变矩系数的无级变速器。此外，液力耦合器所具备的保证汽车平稳起步、衰减传动系统中的扭转振动、防止传动系统超载等功能，液力变矩器也同样具备。

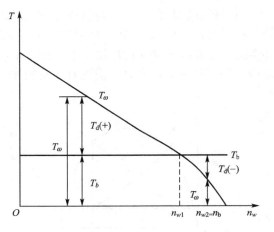

图 14.9　液力变矩器特性（n_b＝常数）

2. 综合式液力变矩器

目前汽车上装用的变矩器大多是综合式液力变矩器（图 14.10）。与三元件液力变矩器的不同之处在于，综合式的导轮不是完全固定不动的，而是装置有单向离合器的。

图 14.11 所示为变矩器单向离合器（one‐way clutch）。它由外座圈 2、内座圈 1、滚柱 5 及不锈钢叠片弹簧 6 组成。导轮 3 用铆钉 4 铆在外座圈 2 上（也可用花键连接）。内座圈 1 与固定套管（图中未画出）用花键连接，内座圈固定不动。外座圈 2 的内表面有若干个偏心的圆弧面。滚柱 5 经常被叠片弹簧 6 压向内、外座圈之间滚道比较狭窄的一端，而将内外两座圈楔紧。

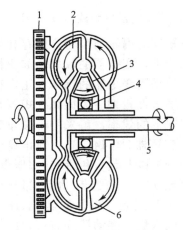

图 14.10　综合式液力变矩器
1—飞轮　2—涡轮　3—导轮
　4—单向离合器
5—变速器输入轴　6—泵轮

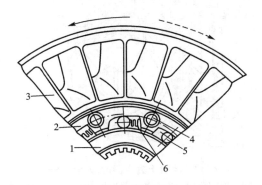

图 14.11　液力变矩器单向离合器
1—内座圈　2—外座圈　3—导轮　4—铆钉
　　5—滚柱　6—叠片弹簧

当涡轮转速较低，与泵轮转速差较大时，从涡轮流出的液流冲击导轮叶片，力图使导轮 3 沿顺时针方向（虚线箭头所示）旋转，由于滚柱 5 楔紧在滚道的窄端，导轮便同自由轮外座圈 2 一起被卡紧在内座圈 1 上而固定不动，此时液力变矩器起增大转矩的作用。当涡轮转速升高到一定程度时，液流对导轮的冲击力反向，改变了内外两座圈的楔紧状态，于是导轮自由地相对于内座圈按实线箭头方向与涡轮同向转动。这时，变矩器就转入耦合器的工作状况。这种可以转入耦合器工况的变矩器称为综合式液力变矩器。

采用综合式液力变矩器的目的在于利用耦合器在高传动比时相对变矩器有较高效率的特点。效率指液力传动装置输出功率与输入功率之比。变矩器效率 η_b 与耦合器效率 η_0 随传动比 i 变化的规律如图 14.12 所示，图中还作出变矩系数 K（变矩系数 K = 输出转矩与输入转矩之比）随传动比变化的曲线。由图中可知，在传动比 $i < i_k = 1$（变矩系数 $K = 1$ 时的传动比）范围内，变矩器的效率高于耦合器；当 $i > i_k = 1$，变矩器的效率 η_b 迅速下降，而耦合器的效率 η_0 却继续增高。在低速时，综合式液力变矩器按变矩器特性工作；而当传动比达 $i_k = 1$ 时，转为按耦合器特性工作，从而扩大了高效率的范围，如图 14.12 中实线所示。

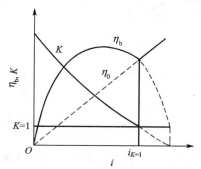

图 14.12　三元件综合式液力变矩器特性

3. 带锁止离合器的液力变矩器

因变矩器的涡轮与泵轮之间存在转速差和液力损失，变矩器的效率不如机械变速器高，故采用变矩器的汽车在正常行驶时的燃油经济性较差。为提高变矩器在高传动比工况下的效率，可采用带锁止离合器的液力变矩器（图 14.13）。锁止离合器的主动部分是传力盘 8 和活塞（即压盘）6，它们与泵轮 11 一道旋转。从动部分是装在涡轮轮毂 14 花键上的从动盘 7。压力油经油道 5 进入后，推动活塞右移，压紧从动盘，即锁止离合器接合，于是泵轮与涡轮接合成一体旋转，变矩器不起作用。当撤除油压时，二者分离，变矩器恢复正常工作。

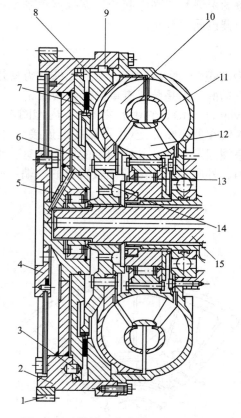

图 14.13　带锁止离合器的液力变矩器
1—起动齿圈　2—锁止离合器操纵油缸　3—导向销　4—曲轴凸缘盘　5—油道　6—操纵油缸活塞（压盘）　7—离合器从动盘　8—传力盘　9—键　10—涡轮　11—泵轮　12—导轮　13—自由轮机构　14—涡轮轮毂　15—变矩器输出轴

当汽车起步或在坏路面上行驶时,可将锁止离合器分离,使变矩器起作用,以充分发挥液力传动自动适应行驶阻力剧烈变化的优点。当汽车在良好道路上行驶时,应接合锁止离合器,使变矩器的输入轴和输出轴成为刚性连接,即转为直接机械传动。此时,变矩系数 $K=1$,变矩器效率 $\eta=1$,这就提高了汽车的行驶速度和燃料经济性。

当锁止离合器接合时,单向离合器机构即脱开,导轮在液流中自由旋转。若取消单向离合器机构,则当泵轮与涡轮锁成一体旋转时,导轮将仍处于固定状态,导致液力损失加大,效率降低。现代轿车自动变速器广泛使用单级双相三元件闭锁综合式液力变矩器。"单级"指只有一个涡轮,"双相"指有变矩和耦合两种工况,"三元件"指有泵轮、涡轮和导轮3个元件,"闭锁"指有锁止离合器的闭锁功能。

14.3 行星齿轮变速器

液力变矩器虽能传递和增大发动机的转矩,但变矩比不大,变速范围不宽,远不能满足汽车使用工况。为进一步增大转矩,扩大其变速范围,提高汽车的适应能力,在液力变矩器后面再装一个机械变速器——有级式齿轮变速器,且多采用行星齿轮结构的变速器。行星齿轮变速器由行星齿轮机构及离合器、制动器和单向离合器等执行元件组成。行星齿轮机构通常由多个行星排组成,行星排的多少与挡数的多少有关。

14.3.1 单排行星齿轮机构的工作原理

图 14.14 为单排行星齿轮机构的构造,其受力分析如图 14.15 所示。

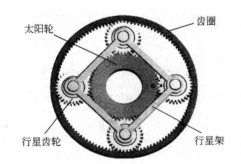

图 14.14 行星齿轮机构构造示意图

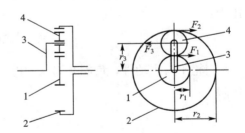

图 14.15 单排行星齿轮机构及作用力
1—太阳轮　2—齿圈　3—行星架　4—行星齿轮

作用于太阳轮(sun gear)1 上的力矩 T_1　　　$T_1=F_1 r_1$
作用于齿圈(ring gear)2 上的力矩 T_2　　　$T_2=F_2 r_2$
作用于行星架(planet carrier)3 上的力矩 T_3　　　$T_3=F_3 r_3$
假设齿圈与太阳轮的齿数比为 α,则:

$$\alpha=\frac{Z_2}{Z_1}=\frac{r_2}{r_1}$$

因而 $r_2=\alpha r_1$,又

$$r_3 = \frac{r_1 + r_2}{2} = \frac{1+\alpha}{2} r_1$$

式中，r_1、r_2 分别为太阳轮和齿圈的节圆半径，r_3 为行星轮与太阳轮的中心距。

由行星轮(planet pinion)4 的力平衡条件可得 $F_1 = F_2$ 和 $F_3 = -2F_2$。因此，太阳轮、齿圈和行星架上的力矩分别为：

$$T_1 = F_1 r_1 \quad T_2 = \alpha F_1 r_1 \quad T_3 = -(\alpha+1) F_1 r_1 \tag{14-1}$$

根据能量守恒定律，3 个元件上输入和输出功率的代数和应等于零，即：

$$T_1 \omega_1 + T_2 \omega_2 + T_3 \omega_3 = 0 \tag{14-2}$$

式中，ω_1、ω_2、ω_3 分别为太阳轮、齿圈和行星架的角速度。

将式(14-1)代入式(14-2)中，即可得到表示单排行星齿轮机构一般运动规律的特性方程式：

$$\omega_1 + \alpha \omega_2 - (1+\alpha) \omega_3 = 0$$

若以转速代替角速度，则上式可写成：

$$n_1 + \alpha n_2 - (1+\alpha) n_3 = 0 \tag{14-3}$$

由式(14-3)可以看出，在太阳轮、齿圈和行星架这 3 个元件中，可任选两个分别作为主动件和从动件，而使另一元件固定不动(即使该元件转速为零)，或使其运动受一定约束(即该元件的转速为某定值)，则整个轮系即以一定的传动比传递动力。下面分别讨论以下情况。

(1) 太阳轮 1 为主动件，行星架 3 为从动件，齿圈 2 固定。此时，式(14-3)中 $n_2 = 0$，故传动比为：

$$i_{13} = \frac{n_1}{n_3} = 1 + \alpha = 1 + \frac{Z_2}{Z_1}$$

(2) 齿圈 2 为主动件，行星架 3 为从动件，太阳轮 1 固定。此时，式(14-3)中 $n_1 = 0$，故传动比为：

$$i_{23} = \frac{n_2}{n_3} = \frac{1+\alpha}{\alpha} = 1 + \frac{Z_1}{Z_2}$$

(3) 太阳轮 1 为主动件，齿圈 2 为从动件，行星架 3 固定。此时，式(14-3)中 $n_3 = 0$，故传动比为：

$$i_{12} = \frac{n_1}{n_2} = -\alpha = -\frac{Z_2}{Z_1}$$

在此情况下，n_1 与 n_2 符号相反，即表示主动轴与从动轴的旋转方向相反，故为倒挡传动情况。

(4) 若使 $n_1 = n_2$，则：

$$n_3 = \frac{n_1 + \alpha n_2}{1+\alpha} = n_1 = n_2$$

在 $n_1 = n_3$ 或 $n_2 = n_3$ 时，同样可得 $n_1 = n_2 = n_3$。因此，若使三元件中的任何两个元件连成一体转动，则第三元件的转速必然与前二者的转速相等，即行星齿轮系中所有元件(包括行星齿轮)之间都没有相对运动，从而形成直接挡传动，传动比为 1。

如果所有元件都不受约束，即都可以自由转动，则行星齿轮机构完全失去传动作用，从而得到空挡。

14.3.2 行星齿轮变速器换挡执行元件

行星齿轮变速器的换挡执行元件包括换挡离合器、换挡制动器和单向离合器。前进挡的数目越多，行星齿轮变速器中的离合器、制动器及单向离合器的数量就越多。离合器、制动器及单向离合器的布置形式主要由行星齿轮变速器前进挡的挡数及所采用的行星齿轮机构的类型决定。

换挡离合器的作用是连接行星齿轮变速器的输入轴和行星排的某个基本元件，或把行星排的某两个基本元件连接起来，成为一个整体传递动力。如图14.16所示，换挡离合器为湿式多盘离合器，由若干相间排列的从动盘2(表面粘有摩擦材料的钢片)、主动盘1和活塞(压盘)9组成。每个主动盘的外缘上突出有键，卡在输入轴8的内键槽内，从动盘2的内缘上设有内花键与输出轴4上的花键毂互相啮合。当液力使活塞9把主动盘和从动盘压紧时，输出轴4和输入轴8接合在一起，换挡离合器接合；当工作液从活塞缸排出时，回位弹簧使活塞后退，离合器便分离。

换挡制动器用于把行星排的太阳轮、齿圈、行星架3个基本元件之一固定，使之不能转动，通常有两种形式：一种是湿式多片制动器，其结构与湿式多盘离合器基本相同，不同之处是制动器用于连接转动件和变速器壳体，使转动件不能转动；另一种是外束带式制动器，如图14.17所示。外束带式制动器是将内侧粘有摩擦材料的制动带3包在制动鼓4的外围，制动带的一端固定在自动变速器壳体上，另一端连有液力伺服油缸。平时制动带与制动鼓间有一定的间隙，制动时液力伺服油缸的活塞推动制动带另一端，把制动带束紧在制动鼓上，使制动鼓不能转动。

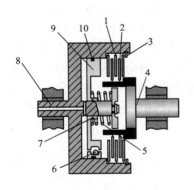

图14.16　换挡离合器
1—主动盘　2—从动盘　3—卡环
4—输出轴　5—回位弹簧　6—出油阀
7、10—油封　8—输入轴　9—活塞

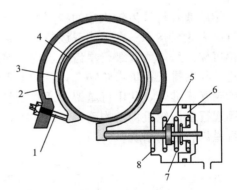

图14.17　外束带式制动器
1—调整螺钉　2—壳体　3—制动带
4—制动鼓　5—推杆
6—伺服缸活塞　7—内弹簧

行星齿轮变速器中的单向离合器也是换挡执行元件，与液力变矩器中的单向离合器原理相似，是依靠单向锁止原理，起到固定或连接几个行星排中的某些基本元件的作用，使行星齿轮变速器组成不同传动比(挡位)；它的工作不需要控制机构对其进行控制，而完全由和它相连接的元件的受力方向来控制。单向离合器会随着行星齿轮变速器挡位的变换，在与它相连接的基本元件受力方向发生变化的瞬间产生接合进行锁止或脱离，可保证换挡平顺无冲击，同时也使液力控制系统得到简化。目前用得较多的有滚柱斜槽式(图14.11)

和楔块式(图 14.18)两种。

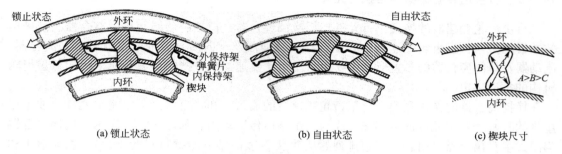

(a) 锁止状态　　　　(b) 自由状态　　　　(c) 楔块尺寸

图 14.18　楔块式单向离合器

14.3.3　典型行星齿轮变速机构

在现代汽车行星齿轮变速器中，采用辛普森(simpson)式行星齿轮机构和拉威挪(ravigneaux)式行星齿轮机构。本章主要介绍辛普森式行星齿轮机构的结构与原理。

辛普森(simpson)式行星齿轮机构(图 14.19)主要由结构参数完全相同的两个单级行星排组合而成。其结构特点是：前后两个行星排的太阳轮连为一个整体，即共用太阳轮，称为前后太阳轮组件；前行星排的行星架与后行星排的内齿圈相连作为自动变速器的输出轴；前行星排的内齿圈和太阳轮组件通常作为自动变速器的输入轴。辛普森式行星齿轮机构与不同数量的换挡执行元件组合，可构成三挡或四挡行星齿轮变速系统。

拉威挪式行星齿轮机构的特点如图 14.20 所示，拉威挪式行星齿轮机构由一个单排单级行星齿轮机构和一个单排双级行星齿轮机构组合而成。其结构特点是：前排为单级行星齿轮机构，后排为双级行星齿轮机构。前后排共用行星架和内齿圈。前排太阳轮称为大太阳轮，与后排长行星齿轮啮合；后排太阳轮称为小太阳轮，与短行星齿轮啮合。长、短行星齿轮互相啮合，共用行星架。通常以前或后太阳轮作为输入轴，内齿圈作为输出轴。拉威挪式行星齿轮机构结构简单、尺寸小，与不同数量的换挡执行元件组合可构成三挡或四挡行星齿轮结构系统。

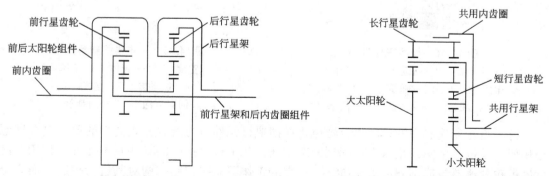

图 14.19　辛普森式行星齿轮机构示意图　　　图 14.20　拉威挪式行星齿轮机构示意图

以丰田 A340E 型变速器为例，说明辛普森式行星齿轮机构的变速原理。

图 14.21 所示为丰田 A340E 型辛普森式三行星排四挡行星齿轮变速器结构示意图。

超速行星排被安装在行星齿轮变速器的前端,行星架 11 是主动件,与输入轴 1 相连。超速行星排的工作由超速挡离合器 C_0、超速挡单向离合器 F_0 和超速挡制动器 B_0 控制,C_0 和 F_0 都连接超速挡行星架 11 与太阳轮 2;F_0 的外圈与行星架 11 啮合,内圈固定在太阳轮 2 上,在发动机动力传到输入轴时,太阳轮 2 与行星架 11 结合。B_0 连接壳体与太阳轮,用于制动太阳轮。齿圈 3 为被动件,与中间轴 4 相连。在行星齿轮变速器传动过程中,B_0 放松 C_0 接合时,超速行星排直接传动,传动比为 1;而当 B_0 制动 C_0 分离时,超速行星排则由行星架输入,齿圈输出处于增加转动状态,因而传动比小于 1(超速挡)。

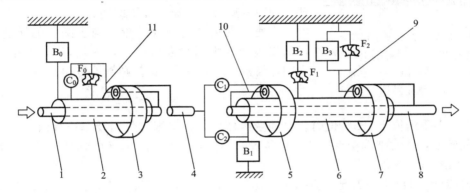

图 14.21 辛普森式三行星排四挡行星齿轮变速器结构示意图
1—输入轴 2—超速挡太阳轮 3—超速挡齿圈 4—中间轴 5—前行星齿圈
6—太阳轮 7—后行星齿圈 8—输出轴 9—后行星架 10—前行星架
11—超速挡行星架 C_0—超速挡离合器 C_1—前进挡离合器 C_2—高
挡及倒挡离合器 B_0—超速挡制动器 B_1—2 挡滑行制动器 B_2—2
挡制动器 B_3—低挡及倒挡制动器 F_0—超速挡单向离合器
F_1—2 挡单向离合器 F_2—低挡单向离合器

  后面一部分为一辛普森复合行星齿轮机构。前进挡离合器 C_1 连接中间轴 4 和前齿圈 5,倒挡及高挡离合器 C_2 连接中间轴 4 和太阳轮 6,2 挡滑行制动器 B_1(为带式结构,其余制动器均为多片摩擦式结构)连接变速器壳体与太阳轮 6,用来制动太阳轮 6。输出轴 8 与前行星架 10、后齿圈 7 连接。2 挡制动器 B_2 用于固定 2 挡单向离合器 F_1 的外圈,防止太阳轮 6 逆时针转动(从变速器输入端看,以下类同),即太阳轮逆时针旋转时 F_1 的内、外圈接合。低挡及倒挡制动器 B_3 连接外壳与后行星架 9,用于制动后行星架 9。低挡单向离合器 F_2 连接后行星架与外壳(逆时针旋转时 F_2 的内、外圈接合),防止后行星架逆时针转动。
  丰田 A340E 型自动变速器换挡手柄有 6 个位置:P、R、N、D、2、L。手柄在 D 位时可在 1～4 挡变换;手柄在 2 位时可在 1～3 挡变换,而且 2 挡会产生发动机制动作用;手柄在 L 位时可在 1～2 挡变换,并且 1、2 挡均有发动机制动作用。
  (1) 换挡手柄位于"N"或"P"位时。C_0 工作,把超速行星排的行星架与其太阳轮联锁在一起,超速行星排处于直接挡状态,从超速行星排输入的转矩没有变化地传至中间轴 4,但因 C_2、C_1 都不工作,所以动力无法向后传递,变速器处于空挡或驻车挡。
  当换挡手柄位于"P"位时,如图 14.22 所示,驻车锁止机构使锁止棘爪 5 上的齿嵌入输出轴的外齿圈 2 中,因锁止棘爪固定在变速器外壳上,所以输出轴被固定而不能转

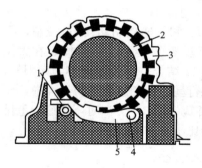

图 14.22　驻车锁止机构
1—锁止凸轮　2—输出轴外齿圈
3—变速器壳体　4—枢轴
5—锁止棘爪

动,起到了驻车制动作用。

(2) 换挡手柄位于"R"位时。如图 14.23(a)所示,C_2、C_0、B_3、F_0 工作,C_0、F_0 把超速行星排的行星架与太阳轮联锁在一起,超速行星排处于直接挡状态,从输入轴输入的转矩没有变化地传至中间轴 4。C_2 把转矩传递到辛普森行星机构的太阳轮 6,使太阳轮沿顺时针方向旋转。B_3 把后排行星架 9 制动,于是后排齿圈 7 减速并逆时针旋转,变速器处于倒挡。

变速器的传动比即太阳轮 6 与齿圈 7 的转速之比。设前排齿圈与太阳轮齿数比为 $\alpha_1 = Z_5/Z_6$,后排齿圈与太阳轮齿数比为 $\alpha_2 = Z_7/Z_6$。则倒挡传动比为:

$$i_R = \frac{n_6}{n_7} = -\alpha_2 = \frac{Z_7}{Z_6} \tag{14-4}$$

(3) 换挡手柄位于"D"位时。自动变速器可以在根据节气门及车速等信号,自动在各挡之间转换,通常把选挡手柄位于此位置的一挡称为 D-1 挡,以此类推,分别为 D-2 挡、D-3 挡、D-4 挡。

变速器处于 D-1 挡工况。换挡执行元件中,C_1、C_0、F_2 工作,其中 C_0 把超速行星排行星架与其太阳轮联锁在一起,超速行星排处于直接挡状态,传动比为 1。C_1 把动力传递至前齿圈 5,前齿圈沿顺时针方向旋转,前行星轮沿顺时针方向围绕其轴旋转,致使其太阳轮 6 沿逆时针方向旋转。太阳轮促使后行星轮沿顺时针方向围绕其轴 9 旋转,并且相对于后齿圈 7 内壁按逆时针方向转动。F_2 能防止后行星架 9 逆时针方向旋转,因为后行星架 9 被固定,后行星轮便迫使其齿圈沿着顺时针方向旋转,将动力传递到输出轴 8。动力传递路线如图 14.23(b)所示。

D-1 挡传动比即为前齿圈 5 与后齿圈 7 的转速之比。根据式(14-3),前排行星齿轮机构的运动特性方程为:

$$n_0 = \alpha_1 n_5 - (1+\alpha_1)n_{10} = 0 \tag{14-5}$$

后排行星齿轮机构的运动特性方程为:

$$n_6 + \alpha_2 n_7 - (1+\alpha_2)n_9 = 0 \tag{14-6}$$

因 $n_7 = n_{10}$;又因 F_2 固定后行星架 9,故 $n_9 = 0$。

将式(14-6)代入式(14-5)中,整理得 1 挡传动比为:

$$i_{D-1} = \frac{n_5}{n_7} = 1 + \frac{1+\alpha_2}{\alpha_1} \tag{14-7}$$

变速器处于 D-4 挡工况。换挡执行元件中,C_1、C_2、B_2、B_0 工作,把超速行星排太阳轮制动(C_0 分离),超速行星排则由行星架输入、齿圈输出至中间轴 4,中间轴转速大于输入轴转速,传动比小于 1;C_1、C_2 则使中间轴与输出轴直接传递动力。变速器处于超速挡工况。动力传递路线如图 14.23(c)所示。

设超速行星排齿圈与太阳轮齿数比为 $\alpha_0 = Z_3/Z_2$,则根据式(14-3),超速行星排特性方程为:

$$n_2 + \alpha_0 n_3 - (1+\alpha_0)n_{11} = 0 \tag{14-8}$$

因 $n_2 = 0$,所以超速挡传动比为:

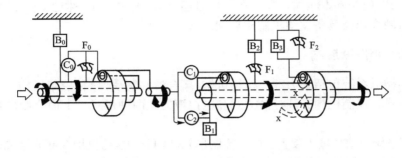

(a) R位动力传递路线

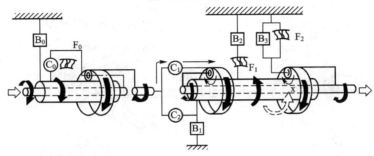

(b) D位一挡、2位一挡动力传递路线(无发动机制动作用)

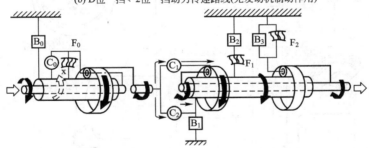

(c) D位4挡(OD挡)动力传递路线(具有发动机制动作用)

图 14.23 三行星排 4 挡行星齿轮变速系统各挡位动力传递路线

$$i_{D-4}=\frac{n_{11}}{n_3}=\frac{\alpha_0}{1+\alpha_0} \tag{14-9}$$

（4）换挡手柄位于"2"位时。变速器只能接通 1~3 挡，这三个挡位的工作原理与换挡手柄位于"D"位的基本相同，只是在 2 挡时还有 B_1 工作。在 2 挡时工况，若发动机减速，前齿圈比输出轴旋转得更慢，促使前行星齿轮按逆时针方向绕其轴旋转，使太阳轮有被前行星轮带动顺时针旋转的趋势。由于此时 B_1 把太阳轮制动，所以与前行星架连在一起的输出轴和前齿圈之间能够传递转矩，发动机可以产生制动效果。

换挡手柄位于"D"位变速器接通 2 挡时，由于 F_1 不能阻止太阳轮顺时针旋转，所以太阳轮在无载荷状态下顺时针转动，前齿圈和与前行星架连在一起的输出轴之间不能传递转矩，发动机不能产生制动效果。

（5）换挡手柄位于"L"位时。变速器只能接通 1、2 挡，这两个挡位的工作原理与换挡手柄位于"2"位时基本相同,只是在一挡时还有 B_3 工作。在一挡工况:若加速后释放加速踏板,自动变速器具备发动机制动功能。

14.3.4 自动换挡操纵系统

自动换挡操纵系统包括动力源、执行机构(离合器和制动器)和控制机构 3 部分。前两部分均为液力式,控制机构有液控液力式和电控液力式两种形式。下面介绍电控液力式操纵系统。

电子控制系统由信号输入装置、电子控制单元(ECU)和执行机构 3 部分组成(图 14.24)。传感器将信号传给电子控制单元,电子控制单元控制执行器工作。

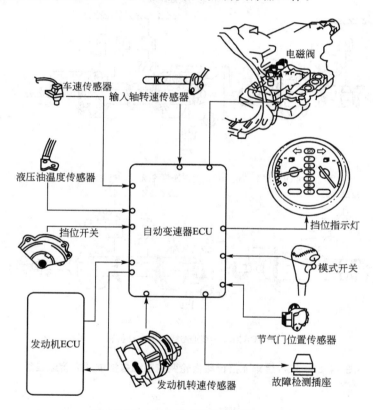

图 14.24 自动变速器电子控制系统

1. 信号输入装置

信号输入装置包括传感器和信号开关装置,负责将汽车行驶的有关状态信息转变为电信号,以便控制电路接受。传感器信号一般有模拟量、脉冲量、开关量等 3 种形态。

图 14.25 为车速传感器的结构。它由永久磁铁、电磁感应线圈组成,安装在变速器输出轴附近的壳体上。输出轴上的停车锁止齿轮为感应转子,当输出轴转动时,停车锁止齿轮的轮齿不断靠近或离开车速传感器,使永久磁铁产生的磁通量发生变化,在电磁感应线圈内产生交流脉冲信号。交流脉冲信号的电压频率与车速成正比。电控单元根据交流脉冲信号的频率计算出车速,作为换挡参数。

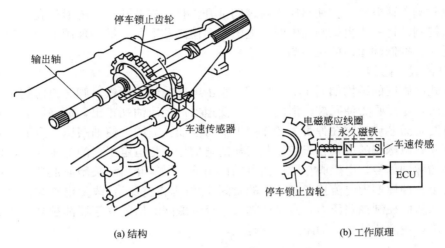

(a) 结构 (b) 工作原理

图 14.25　车速传感器

2. ECU

电子控制单元是电子控制系统的核心,接收传感器检测到的车行驶状态信息和驾驶员给出的干预信息,并进行比较运算。再按照某种规律发出指令,自动控制传动系统工作。ECU 主要由输入通道、控制器和输出通道 3 部分组成。输入通道接收各种输入,控制器将这些信号与内存中的数据进行对比,根据对比结果做出是否换挡等决定,输出通道将控制信号处理或直接输送给电磁阀等执行机构。自动变速器电控单元具有换挡正时控制、自动模式选择控制、发动机转矩控制、故障自诊断、失效保护等功能。

3. 执行器

自动变速器电子控制系统的执行器是电磁阀,根据用途不同,可分为开关式电磁阀和脉冲式电磁阀。开关式电磁阀主要用于换挡控制和锁止控制;脉冲式电磁阀用于油压控制和锁止控制。

1) 开关式电磁阀

控制换挡用的是常闭式电磁阀,控制锁止用的是常开式电磁阀。开关式电磁阀的结构如图 14.26 所示,它主要由电磁线圈、衔铁、阀芯和球阀组成。

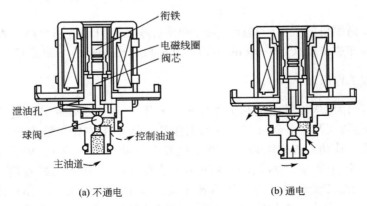

(a) 不通电 (b) 通电

图 14.26　开关式电磁阀

当电磁阀不通电时，主油路压力将球阀推开，打开进油孔、关闭泄油孔，主油路变速器油进入控制油道；当电磁阀通电时，电磁吸力使阀芯下移，推动球阀关闭进油孔，打开泄油孔泄压，控制油道内的压力为零。

2）脉冲式电磁阀

脉冲式电磁阀的结构如图14.27所示，它由电磁线圈、衔铁、阀芯或滑阀组成。当电磁阀通电时，电磁吸力使阀芯或滑阀开启，变速器油经泄油孔排出，油路压力下降；当电磁阀断电时，阀芯或滑阀在弹簧力的作用下，将泄油孔关闭，使油路压力升高。脉冲式电磁阀与开关式电磁阀的区别在于控制其工作的电信号不是恒定不变的电压信号，而是一个固定频率的脉冲信号。电磁阀在脉冲信号的作用下，反复开启和关闭泄油孔，电控单元通过改变每个脉冲周期内电流接通和断开的时间比率（即占空比），改变电磁阀开启和关闭的时间比率，从而控制油路压力。占空比越大，经电磁阀泄出的变速器油越多，油路压力就越低；反之，占空比越小，油路压力就越大。

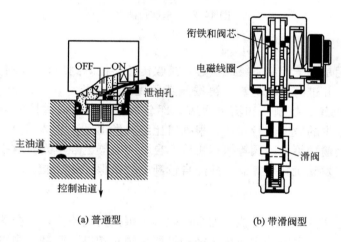

图14.27 脉冲式电磁阀

14.4 无级变速器

装有活塞式内燃机的汽车，其理想的传动系统是无级自动变速系统，即一种能连续换挡的机械式无级变速传动(Continuously Variable Transmission)，简称CVT。

14.4.1 组成和工作原理

图14.28所示为CVT的组成和工作原理示意图，由于传动带采用金属带，亦称为金属带式无级变速器。CVT由金属带、主动工作轮、从动工作轮、液力泵、起步离合器和控制系统等组成。其动力传递路线是：发动机发出的动力经飞轮1、离合器2、主动工作轮（图中4.4a）、金属带10、从动工作轮（图中7、7a）后，传给中间减速器8，再经主减速器与差速器9，最后传给驱动车轮。该变速传动系统中的主、从动工作轮由固定部分4a、7a和可动部分4、7组成。工作轮的固定部分和可动部分之间形成V形槽。金属带在槽内

与工作轮相啮合。当工作轮的可动部分做轴向移动时，即可改变金属带与主、从动工作轮的行驶工况，通过液力控制系统进行连续地调节，实现无级变速传动。

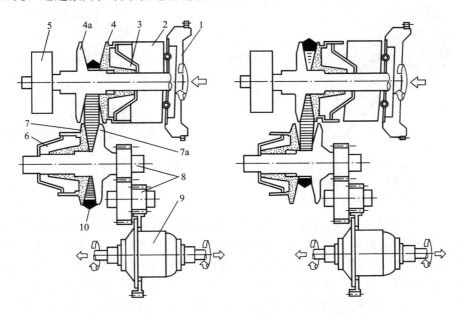

图14.28 金属带式无级变速器的组成和工作原理示意图
1—发动机飞轮 2—离合器 3—主动工作轮液压控制缸 4—主动工作轮可动部分
4a—主动工作轮固定部分 5—液压泵 6—从动工作轮液压控制缸
7—从动工作轮可动部分 7a—从动工作轮固定部分 8—中间
减速器 9—主减速器与差速器 10—金属带

14.4.2 主要部件

1) 金属带

金属传动带由多个(大约280～400片)金属片和两组金属环组成(图14.29)。

金属片用厚为1.5～1.7mm的工具钢片制成。每组金属环由数片为10～12片、厚度约为0.18mm的带环叠合而成。它对金属片起导向作用。金属带是在两侧工作轮挤压力的作用下而实现动力传递的。

2) 工作轮

主、从动工作轮的构造和工作原理，如图14.30所示。工作轮的工作表面一般为直母线锥面体。工作轮的可动部分是在液力控制系统的作用下，依靠钢球-滑道结构做轴向移动，使主、从动工作轮可连续地改变传动带(金属带)的工作半径，以实现无级变速传动。

3) 液力泵(油泵)

液力泵是液力控制系统的液力源，它和一般的液力系统一样，其常用的结构形式有齿轮泵和叶片泵，但近年来流量可控、效率较高的柱塞泵应用最多。

4) 控制系统

CVT的控制系统一般采用机械液力控制和电子液力控制两种。其中，由于电子液力控制系统结构简单，工作可靠而得到广泛的应用。

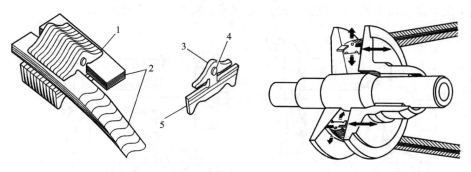

图 14.29　金属带的组成　　　图 14.30　工作轮的工作原理

1—金属片；2—金属环；3—凹坑；

4—凸起；5—V 面

图 14.31 为 CVT 电子液力控制系统的工作原理示意图。系统中包括电磁离合器的控制和主、从带轮的传动比控制。传动比控制由发动机节气门信号和主、从带轮的转速决定。电子控制单元(ECU)根据发动机的转速、车速、节气门开度和换挡控制信号等，向液力控制单元发出指令，控制主、从动工作轮液力油缸中的油液压力，使主、从动工作轮的可动部分轴向移动，而改变金属带与工作轮间的工作半径，以实现无级自动变速传动。

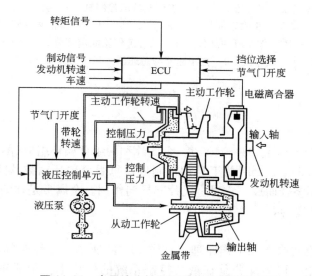

图 14.31　电子液力控制系统工作原理示意图

14.5　电控机械式自动变速器

电控机械式自动变速器(AMT)是在传统定轴式变速器和干式离合器总体传动结构不变的情况下，通过装置电控系统、传感器和相应执行机构，实现选换挡、离合器及发动机节气门等操纵的自动控制。

14.5.1 AMT 系统组成

AMT 由被控对象(离合器、变速器等)、执行机构(气动或液动或电动执行机构)、传感器、电控系统(电控软件、电控电子电路)4 个主要部分组成。

(1) 被控对象：AMT 控制的对象包括发动机、固定轴式变速器和干式离合器。

(2) 执行机构：按驾驶员的意图实现车辆运行状态的改变。执行机构由选、换挡执行机构，离合器分离结合执行机构，油门执行机构组成。根据动力源的不同，采用的执行机构也不同。图 14.32 为装有电控操纵机构的变速器操纵机构三维 CAD 模型。该变速器有 6 个前进挡和一个倒挡，有 4 根拨叉轴，选、换挡由两个正交布置的电动机驱动。

(3) 传感器：传感器用于实时监测车辆运行状态、采集各种信息，同时将采集到的信号输送给 ECU 处理。

(4) 电控系统：电控系统分为电控硬件和软件两部分。控制系统硬件将传感器采集到的信号通过电控单元(ECU)进行处理，对相应地执行机构发出指令，实现驾驶员的意图。ECU 是电控单元的核心，具有存储程序、接收信息、发出指令的功能。控制系统软件预先编写好程序并存储于 ECU 中，包括起步换挡所用到的函数和数据表，挡位策略、起步、换挡、制动等控制程序，数据采集与处理程序等。电控系统对实现车辆的良好性能并保证车辆的可靠运行有重要作用。

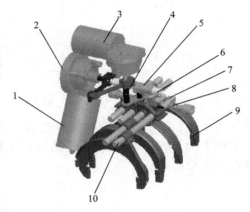

图 14.32　变速器电控操纵机构的三维模型
1—换挡电动机　2—减速机构　3—选挡电动机
4—选挡轴　5—选换挡拨头　6—换挡轴
7—自锁钢球　8—互锁销
9—拨叉　10—拨叉轴

14.5.2 AMT 系统的工作原理

AMT 的工作原理图如图 14.33 所示。驾驶员通过加速踏板和选择器(包括选挡范围、换挡规律、巡航控制等)向 ECU 表达意图，发动机转速、输入轴转速、车速、挡位、节气门开度等传感器实时监测发动机工况和车辆的运行状况，并将相应的电信号输入 ECU，ECU 按存储在其中的设定程序模拟熟练驾驶员的驾驶规律(最佳换挡规律、离合器最佳接合规律、发动机节气门的自适应调节规律等)，对节气门开度、离合器接合及换挡进行控制，以实现发动机、离合器和变速器的最佳匹配，从而获得优良的行驶性能、平稳起步性能和迅速换挡能力。

AMT 实现变速器换挡的自动控制，选换挡操纵杆的动作和离合器的接合与分离由气动、液动或电动执行机构完成，使选换挡操作方便，减轻驾驶员的劳动强度。通过 ECU 进行最优化的换挡控制，使汽车能在最理想的换挡点及时换挡，并可避免手动换挡操作不当所造成的换挡冲击。因此，AMT 可使汽车的动力性和平顺性等有所提高。采用传统的齿轮变速器传动，传动效率优于液力变速器，机械传动机构的维修也较简单。AMT 在齿轮变速器的基础上实现换挡操作自动化，具有生产继承性好、投入费用

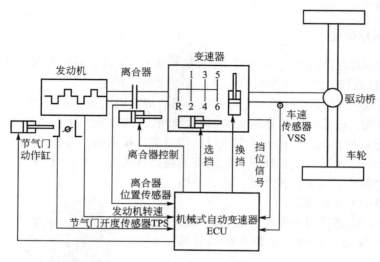

图 14.33 AMT 工作原理图

低、效率高、制造简单、操纵方便等优点，AMT 的研究和运用逐渐广泛。但 AMT 增设了相关的传感器、ECU 及换挡执行机构，其成本较手动变速器高，结构较复杂，维修难度也相应提高。

14.6　双离合变速器

双离合器自动变速器（DCT）的概念早在 1940 年就被提出了。Darmstadt 大学的 Rudolph Franke 教授第一个申请了双离合器自动变速器（DCT）专利，该变速器曾在载货车上试验过，但没有批量投入生产。1985 年，大众公司开始在奥迪 Sport Quattro S1 赛车上采用双离合器变速器技术，并积累了很多经验。直到 20 世纪 90 年代末，随着电子技术的迅速发展，双离合器控制技术才逐渐得以成熟，大众汽车公司和博格华纳首先携手合作生产，将它装置在量产主流车型——奥迪车上，并命名为直接换挡变速器 Direct‑Shift Gearbox(DSG)，于 2002 年首次向世界展示这一技术创新。目前，双离合器式自动变速器技术正受到国外各大汽车公司的重视，例如德国大众公司、ZF 公司、福特公司、戴姆勒‑克莱斯勒公司等研究开发的产品都已取得成功。图 14.34 为大众迈腾 1.8TSI 的 6 速 DSG 双离合器自动变速器。

图 14.34　大众迈腾 1.8TSI 6 速 DSG 双离合器自动变速器

14.6.1 DCT 的组成

双离合器式自动变速器主要由双离合器、按 DCT 工作原理配置的变速器以及相应的控制系统组成。图 14.35 为一典型双离合器式自动变速器的传动结构图。变速器有 6 个前进挡和一个倒挡,有两个内外布置的离合器 3、4。

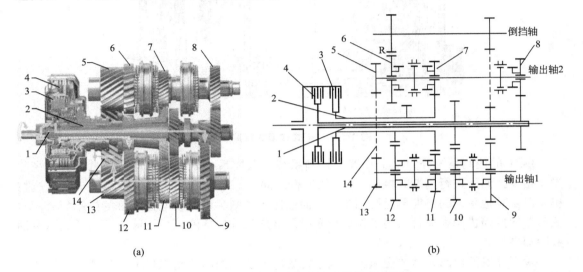

图 14.35 双离合器式自动变速器传动结构图
1—内输入轴 2—外输入轴 3—离合器 C2 4—离合器 C1 5—主减速器主动齿轮 6—倒挡齿轮
7—6 挡齿轮 8—5 挡齿轮 9—1 挡齿轮 10—3 挡齿轮 11—4 挡齿轮 12—2 挡齿轮
13—主减速器主动齿轮 14—主减速器从动齿轮

如图 14.35 所示,变速器输入轴 1 为一个实心轴,与离合器 C1 相联;变速器输入轴 2 是套在变速器输入轴 1 外面的一个空心轴,与离合器 C2 相联;两个输入轴是同心的。输入轴 1 上的齿轮分别和 1 挡、3 挡、5 挡齿轮相啮合;输入轴 2 上的齿轮分别和 2 挡、4 挡、6 挡齿轮相啮合;倒挡齿轮通过倒挡轴齿轮和输入轴 1 的齿轮啮合。即 1、3、5、R 挡与离合器 C1 联接在一起,而 2、4、6 挡联接在离合器 C2 上。1、2、3、4 挡的动力由变速器输出轴 1 输出,5、6、倒挡的动力由变速器输出轴 2 输出,变速器输出轴 1、2 左边的小圆柱齿轮与差速器壳上的主减速器从动齿轮相啮合,将动力传给差速器。另外,还有 4 个同步器,由液压换挡机构控制进行挡位的切换,所有挡位均为同步器挂挡。

双离合器式自动变速器所采用的离合器有干式离合器和湿式离合器两种。如大众汽车的 DSG-6 挡双离合器变速器采用湿式双离合器,如图 14.36(a)所示;而 DSG-7 挡双离合器变速器采用干式双离合器,如图 14.36(b)所示。湿式是指双离合器安装于一个充满液压油的封闭油腔里。这种结构具有更好的调节能力和优异的热容性,因此能够传递比较大的转矩。DSG-6 挡双离合器变速器可匹配最大转矩为 350N·m 的发动机。干式双离合器没有封闭的油腔,是由两个尺寸相近的离合器从动盘同轴相叠安装组成的。干式双离合器结构简单,因而效率更高。干式离合器因自身结构的固有特性使其能够承受的最大转矩比湿式离合器低。DSG-7 挡双离合器变速器用于匹配最大转矩不超过 250N·m 的小排量发动机。

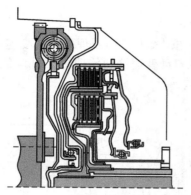
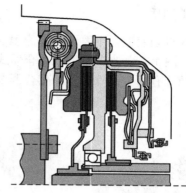

(a) 湿式双离合器　　　　　　　　(b) 干式双离合器

图 14.36　干式和湿式双离合器

DCT 的控制系统分为电子和液压控制系统。电控系统采集车辆运行信息、驾驶员的操作指令，然后进行判断并控制 DCT 的运行。同时，电控系统还要负责与发动机的电控单元以及其他系统的电控单元协调工作。而液压系统则负责接收电控系统的控制指令，对变速器的换挡机构和离合器的工作进行操纵。液压系统包括液压泵、液压控制单元以及油液冷却系统。

最新开发的双离合器式变速器控制系统集电子变速控制单元(TCU)、传感器、液压电磁阀模块和阀体为一体，组成变速器机电模块。该模块通过自动校对达到符合设计要求的输出功能。该模块因取消了多级校正步骤和线束以及连接器，成本大大降低。主板直接将电磁阀、TCU 和传感器组连接起来，更提高了模块的可靠性。

14.6.2　DCT 的工作原理

如图 14.35(b)所示，车辆处于停车状态时，离合器 C1、C2 都分离，不传递动力。当车辆起步时，自动换挡机构将挡位切换为 1 挡，然后离合器 C1 接合，车辆开始起步运行，控制过程与 AMT 类似。此时离合器 C2 处于分离状态，不传递动力。当车辆加速接近 2 挡的换挡点时，由 ECU 控制自动换挡机构将挡位提前换入 2 挡。当达到 2 挡换挡点时离合器 C1 分离，同时离合器 C2 开始接合，两个离合器交替切换，直到离合器 C1 完全分离，离合器 C2 完全接合，整个换挡过程结束。车辆进入 2 挡运行后，车辆自动变速器电控单元可以根据相关传感器信号判断车辆当前的运行状态，进而确定车辆即将进入运行的挡位是升挡还是降挡，而 1 挡和 3 挡均联接在离合器 C1 上，因为该离合器处于分离状态，不传递动力，故可以指令自动换挡机构十分方便地预先换入即将进入工作的挡位，当车辆运行达到换挡点时，只需要将正在工作的离合器 C2 分离，同时将另一个离合器 C1 接合，配合好两个离合器的切换时序，整个换挡动作全部完成。车辆继续运行时，其他挡位的切换过程也都类似。

DCT 的动力传递通过两个离合器联接两根输入轴，相邻各挡的从动齿轮交错地与两输入轴齿轮啮合，配合两离合器的控制，能够实现在不切断动力的情况下转换传动比，从而缩短换挡时间，有效提高换挡品质。DCT 既继承了手动变速器传动效率高、安装空间紧凑、质量轻、价格便宜等许多优点，又实现了换挡过程不中断动力，这不仅对 AMT 来说是一个巨大的进步，还保留了 AT、CVT 等换挡品质好的优点，因此是自动变速器的发展方向。

1. 简述自动变速器的类型。
2. 简述液力耦合器与变矩器的结构及原理。
3. 单排单级行星齿轮机构的运动规律是什么？
4. 辛普森式和拉威挪式齿轮变速机构的特点是什么？
5. 画出 A340E 自动变速器的挡位传动简图，并说明各挡位换挡执行元件的工作情况。
6. 画图说明电液控自动变速器的控制原理。
7. 简述金属带式无级变速器的组成与工作原理。
8. 简述双离合器式自动变速器的传动原理。

第 15 章
万向传动装置

教学提示

万向传动装置在汽车上的应用很广泛。本章将介绍万向节、传动轴和中间支承等内容。

教学目标

要求学生理解万向传动装置在汽车上的应用、十字轴式刚性万向节传动的不等速性、双十字轴式万向节的等速条件，掌握各类万向节的结构与工作原理，了解传动轴和中间支承的基本结构。

15.1 概　　述

由于汽车总成结构和布置等原因，两轴之间传递动力可能会出现轴线相交且相对位置经常发生变化的情况，万向传动装置就是用于传递空间两相交轴（即两轴线交与一点）之间动力的装置。

15.1.1 汽车对万向传动装置的要求

汽车上的万向传动装置应满足以下要求。

（1）保证所连接的两轴夹角及相对位置在一定范围内变化时，能可靠且稳定地传递动力。

（2）保证所连接的两轴尽可能地等速运转。

（3）由于万向节夹角而产生的附加载荷、振动和噪声应在允许的范围内，在使用车速范围内不应产生共振。

(4) 传动效率高，使用寿命长。

(5) 结构简单，制造方便，维修保养容易等。

15.1.2 组成及工作原理

万向传动装置一般由万向节（universal joint）和传动轴（drive shaft）组成。对于长轴距的汽车，有的还要加装中间支承。万向传动装置在汽车上的应用较多，如连接变速器和驱动桥、连接变速器与分动器、连接断开式驱动桥或转向驱动桥以及连接转向操纵机构等。

1. 连接变速器与驱动桥

在发动机前置后轮驱动的汽车上（图15.1），变速器输出轴轴线与驱动桥的输入轴轴线难以布置得重合；并且在汽车行驶过程中，由于不平路面的冲击等因素，两轴相对位置经常变化，故变速器的输出轴与驱动桥的输入轴不可能刚性连接，而必须在两根轴之间设置万向传动装置，以满足动力传递的要求。在汽车轴距较大的情况下，由于变速器与驱动桥距离较远，所以应将传动轴分成两段或三段（图15.2(a)），即主传动轴4和中间传动轴2，用3个十字轴万向节1，且在中间传动轴后端设置了中间支承3。

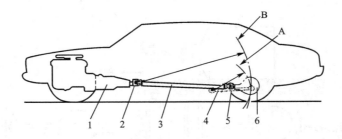

图 15.1 变速器与驱动桥之间的万向传动装置

1—变速器　2、5—万向节　3—传动轴　4—导向杆　6—驱动桥
B—驱动桥绕变速器后端跳动的弧线　A—驱动桥绕导向杆支点跳动的弧线

2. 连接变速器与分动器

对于多桥驱动的汽车或越野汽车，在分动器与各驱动桥之间或驱动桥与驱动桥之间也需要万向传动装置来传递动力。当离合器与变速器分开或变速器与分动器分开布置时（图15.2(b)、图15.2(c)），尽管设计上其轴线是重合的，但为了消除制造、装配误差以及车架变形对传动的影响，其间也设置有万向传动装置。

3. 连接断开式驱动桥或转向驱动桥

对于断开式驱动桥，若与独立悬架配合使用，由于左、右驱动轮存在相对跳动，则在差速器和车轮之间需要有万向传动装置，如图15.2(d)所示。

对于转向驱动桥，兼有转向和驱动的功能。作为转向轮，要满足汽车转向时转向轮偏转角度的要求；作为驱动轮，同时要满足把动力从差速器传到车轮的要求。而且，车轮与差速器之间存在动力传动交角的变化。因此，在转向驱动桥的车轮与差速器之间设置有万向传动装置。若转向驱动桥采用非独立悬架，往往将一侧的半轴分为内、外两段，然后用万向节连接，如图 15.2(e)所示。

4. 连接转向操纵机构

对于某些汽车的转向操纵机构，由于受转向系统整体布置的限制和安全考虑，转向盘轴线与转向器输入轴轴线不重合，将转向操纵机构分段，其间需要设置万向传动装置，如图 15.2(f)所示。

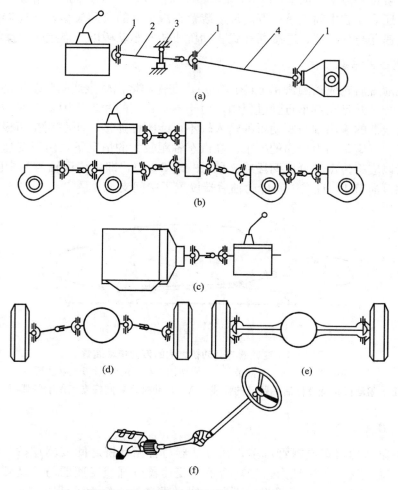

图 15.2　万向传动装置在汽车上的应用
1—万向节　2—中间传动轴　3—中间支承　4—主传动轴

15.2　万 向 节

万向节的作用是实现轴间夹角或相互位置有变化的两转轴之间传递动力。

万向节分为刚性万向节和挠性万向节。刚性万向节靠零件的刚性铰链式联接传递动力。由于挠性万向节在汽车上应用有限，本章不涉及该内容。刚性万向节又分为不等速万向节（常用的为十字轴式）、准等速万向节（双联式、三销轴式等）和等速万向节（球叉式、球笼式等）。本章仅介绍常见的不等速万向节和等速万向节的内容。

15.2.1 十字轴式万向节

十字轴式万向节(cardan universal joint)因结构简单、传动可靠、效率高，故普遍应用于各类汽车的传动系统中。

1. 十字轴式万向节的结构

十字轴式万向节主要由两个万向节叉和中间一个十字轴组成，其结构简图如图 15.3 所示。在十字轴 1 的两个相互垂直的轴线上，每端各有一轴销，它们分别装在两个节叉 2 的两个销孔内，节叉可绕十字轴的轴销自由摆动。两个节叉装在十字轴上后，其节叉平面相互垂直，两节叉各自与其传动轴 3 相连。

十字轴式刚性不等速万向节的实际结构如图 15.4 所示。两个万向节叉 2 和 6 上的孔分别活套在十字轴 4 的两对轴颈上，两节叉可通过焊接或用法兰等方式和轴管（传动轴）连接在一起。这样，当主动轴转动时，从动轴既可随之转动，又可绕十字轴中心在任意方向摆动。为了减少摩擦损失，提高传动效率，在十字轴轴颈和万向节叉孔间装有由滚针 8 和套筒 9 组成的滚针轴承。为了润滑轴承，减少十字轴轴颈和滚针轴承的磨损，十字轴的内腔有油路通向轴颈，润滑油从注油嘴 3 注入十字轴内腔。为避免润滑油流出及尘垢进入轴承，在十字轴的轴颈上套着装在金属座圈内的毛毡油封 7。在十字轴中部还装有带弹簧的防止十字轴内腔油压过高的溢流阀 5，油压过高时溢流阀会被顶开而使润滑油外溢。当采用性能优于毛毡油封的橡胶油封 2（图 15.5）时，就不用溢流阀，多余的润滑油便从橡胶油封内圆表面与十字轴轴颈接触处溢出。

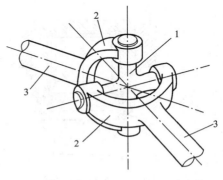

图 15.3　十字轴万向节结构简图
1—十字轴　2—万向节叉　3—传动轴

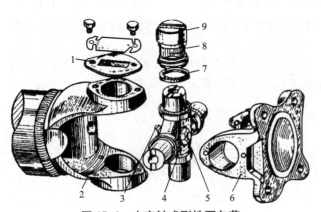

图 15.4　十字轴式刚性万向节
1—轴承盖　2、6—万向节叉　3—注油嘴　4—十字轴
5—溢流阀　7—油封　8—滚针　9—套筒

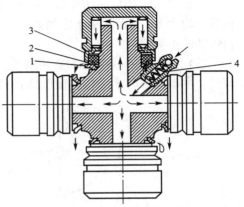

图 15.5　十字轴润滑油道及密封装置
1—油封挡盘　2—油封
3—油封座　4—注油嘴

万向节传递动力需要沿两轴相交的理论轴线传动，因此在结构上要保证万向节叉与十字轴组装在一起时，其理论轴线与实际轴线重合，否则会引起振动和噪声。为此，通常采用滚针轴承轴向定位的方式，即装在十字轴4（图15.4）轴颈上的轴承套筒9相对万向节叉2、6正确定位，用轴承盖1来限制套筒9的轴向移动。轴承盖用螺钉固定在节叉销孔的端面上，轴承盖内端有一凸槽与套筒外端面的凹槽相配合以防止其转动。

除盖板式定位外，还有多种轴向定位方式。如滚针轴承套筒内、外止推环定位，如图15.6(a)所示为轴承套筒外止推环3定位；另一种为瓦盖式定位，分为整体（图15.6(b)）和分开瓦盖式定位（图15.6(c)），分开瓦盖式定位是将分开瓦盖6连同十字轴用U型螺栓固定在万向节叉的半圆孔内，这种结构形式的十字轴拆装方便，但其制造工艺复杂。

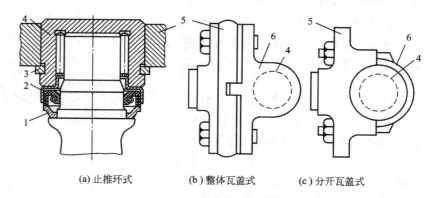

(a) 止推环式　　(b) 整体瓦盖式　　(c) 分开瓦盖式

图15.6　十字轴轴向定位方式

1—防尘罩　2—油封座圈　3—止推环　4—滚针轴承座　5—节叉　6—瓦盖

2. 十字轴式万向节的不等速性

在输入轴和输出轴之间有夹角的情况下，单个十字轴式万向节传动，其两轴的角速度是不相等的。

十字轴式万向节传动示意图如图15.7所示。设主动叉轴1为垂直位置且以ω_1等角速旋转，从动叉轴2与主动叉轴1有一夹角α，其角速度为ω_2。十字轴旋转半径OA与OB相等，均为r。下面就单十字轴式万向节传动过程中的两个特殊位置进行运动分析，说明它传动的不等速性。

（1）主动叉（drive yoke）在垂直位置（图15.7(a)），并且十字轴平面与主动叉轴垂直的情况。主动叉轴与十字轴连接点A的线速度v_A在十字轴平面内，并且垂直于从动叉轴。

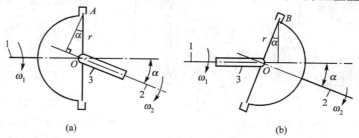

图15.7　十字轴式刚性万向节传动示意图

1—主动叉轴　2—从动叉轴　3—十字轴

若视十字轴随主动叉轴 1 一起转动时,有:$v_{A1}=r\omega_1$。
若视十字轴随从动叉轴 2 一起转动时,有:$v_{A2}=r\omega_2\cos\alpha$。

由于 $v_{A1}=v_{A2}$,因此 $\omega_2=\dfrac{\omega_1}{\cos\alpha}$,故有:$\omega_2>\omega_1$。

由此可知,当主、从动叉轴转到所述位置时,从动叉轴的转速大于主动叉轴的转速。

(2) 主动叉在水平位置(图 15.7(b)),并且十字轴平面与从动叉轴垂直时的情况。此时从动叉轴与十字轴连接点 B 的线速度 v_B 在十字轴平面内,并且垂直于主动叉轴。分析同上,可得 $\omega_2<\omega_1$。

也就是说,当主、从动叉轴转到所述位置时,从动叉轴的转速小于主动叉轴的转速。

由上述两个特殊情况的分析可以看出,十字轴式万向节在传动过程中,主、从动轴的转速是不相等的。这就是单个十字轴式万向节的速度特性——传动的不等速性。

图 15.8 表示两轴转角差($\varphi_1-\varphi_2$)随主动轴转角 φ_1 的变化关系。由图可见,若主动轴以等角速转动,在主动轴转过一周从动轴也转过一周的情况下,从动轴的转动时快时慢。在 $0°\sim180°$ 范围内,前 $0°\sim90°$ 的范围,($\varphi_1-\varphi_2$)为负值,即 $\varphi_2>\varphi_1$,从动轴相对主动轴转得快,先加速后减速;后 $90°\sim180°$ 的范围,($\varphi_1-\varphi_2$)为正值,即 $\varphi_2<\varphi_1$,从动轴相对主动轴转得慢,先减速后加速。且在 $\varphi_1=45°$、$\varphi_1=135°$ 时达到转角差的最大值。$180°\sim360°$ 的范围亦然。这就进一步表明了单个十字轴万向节在有夹角时传动的"不等速性"。

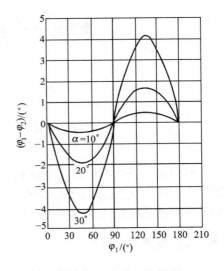

图 15.8 两轴转角差随主动轴转角的变化关系

十字轴式万向节传动的不等速程度与主、从叉轴间的夹角有关。两轴间夹角越大,不等速性越严重,传动效率也越低。因此,采用十字轴万向节传动装置的两轴间夹角不应太大,一般控制在 $7°$ 以内。在动态跳动过程中,不要超过 $20°$,极限不超过 $30°$。

3. 双十字轴式万向节传动的等速条件

单个十字轴万向节在有夹角时传动是不等速的,若采用传动轴将两个十字轴万向节连接起来传动,即所谓"双十字轴式万向节"传动,第一个万向节的不等速效应被第二个万向节的不等速效应抵消,就可以实现两轴间的等速传动。

根据运动学分析得知,要达到这一目的,必须满足以下两个条件。

(1) 第一个万向节两轴间夹角 α_1 与第二个万向节两轴间夹角 α_2 相等。

(2) 第一个万向节的从动叉与第二个万向节的主动叉处于同一平面内。

后一条件完全可以由传动轴和万向节叉的正确装配来保证。但是,前一条件($\alpha_1=\alpha_2$)除了在采用驱动轮独立悬架时通过相关措施有可能保证实现外,在其他情况和条件下,不可能在任何时候都保证 $\alpha_1=\alpha_2$。就每一个万向节而言,只要存在着夹角 α_1 或 α_2,万向节在工作过程中内部各零件之间就有相对运动,因而导致摩擦损失,降低传动效率。夹角越大,则效率越低。因此,在汽车总体布置上,应尽量减小 α_1 和 α_2。由以上条件可知,有两种双万向节的布置方案可达到等速效果:输出输入轴呈平行或相交布置,$\alpha_1 = \alpha_2$,传动轴两端的不等速性相互抵消。如图 15.9 所示。

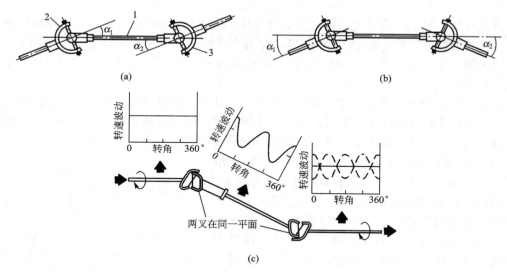

图 15.9　双万向节布置方案及等速原理图
1—传动轴　2—第一个万向节　3—第二个万向节

双十字轴万向节传动虽能近似地解决等速传动问题,但允许的轴间夹角小。在要求轴间夹角大或布置上受轴向尺寸限制的情况下,双十字轴万向节的运用就不可取了。只用一个万向节就能实现或基本实现等角速传动的等速和准等速万向节应运而生。

15.2.2　等速万向节

在机械传动中,解决有轴间夹角的等速动力传递,典型的例子是锥齿轮传动。如图 15.10 所示,一对大小相同的锥齿轮传动,两齿轮轴线夹角为 α,两齿轮的啮合点 P 位于交角的平分面上,由 P 点分别到两轴的垂直距离都等于 r。在 P 点处两齿轮的圆周速度是相等的,因而两个齿轮旋转的角速度也相等。从这个原理出发,若万向节的传力点在其夹角变化时始终位于角平分面内,则可使两万向节叉保持等角速传动的关系。

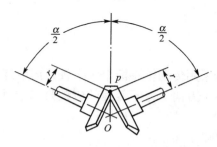

图 15.10　等速万向节的工作原理

等速万向节的基本原理就是从结构上保证万向节在工作过程中,其传力点始终位于两轴夹角的平分面上。目前,汽车上应用较广泛的等速万向节有球叉式万向节、球笼式万向节等。

1. 球叉式万向节(weiss universal joint)

球叉式万向节的构造如图 15.11 所示。主动叉 5 与从动叉 1 分别与内、外半轴制成一体。在主、从动叉上,各有 4 个曲面凹槽,装合后形成两个相交的环形槽作为钢球滚道。4 个传动钢球 4 放在槽中,中心钢球 6 放在两叉中心的凹槽内,以定中心。

为顺利地将钢球装入槽内，在中心钢球 6 上铣出一个凹面，凹面中央有一深孔。装合时，先将定位销 3 装入从动叉内，放入中心钢球，然后在两球叉槽中陆续装入 3 个传动钢球，再将中心钢球的凹面对向未放钢球的凹槽，以便装入第 4 个传动钢球，而后再将中心钢球 6 的孔对准从动叉孔，提起从动叉轴使定位销 3 插入球孔中，最后将锁止销 2 插入从动叉上与定位销垂直的孔中，以限制定位销轴向移动，保证中心钢球的正确位置。

按图 15.12 来说明球叉式等角速传动原理：主动叉和从动叉凹槽的中心线是以 O_1、O_2 为圆心的两个半径相等的圆，而圆心 O_1、O_2 与万向节中心 O 的距离相等。因此，在主动轴和从动轴以任何角度相交的情况下，传动钢球中心都位于两圆的交点上，亦即所有传动钢球都位于角平分面上，因而保证了等角速传动。

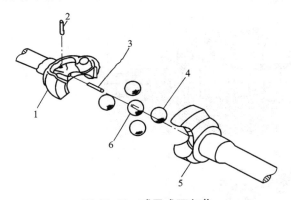
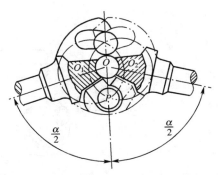

图 15.11　球叉式万向节
1—从动叉　2—锁止销　3—定位销
4—传动钢球　5—主动叉　6—中心钢球

图 15.12　球叉式万向节等角速传动原理

球叉式万向节结构简单，允许最大夹角为 32°～33°，一般应用于转向驱动桥中，如图 15.13 所示。

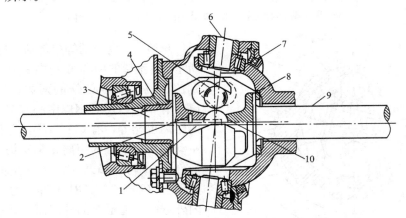

图 15.13　球叉式万向节在转向驱动桥中的布置
1—定位销　2—锁止销　3—从动叉　4—径向推力轴承　5—传动钢球
6—主销　7—油封　8—推力轴承　9—主动叉　10—中心钢球

球叉式万向节工作时，只有两个钢球传力，反转时，则由另两个钢球传力。因此，钢球与曲面凹槽之间的单位压力较大，磨损较快，影响使用寿命。近年来，有些球叉式万向节中省去了定位销和锁止销,中心钢球上也没有凹面,靠压力装配。这样,结构更为简单,但拆装不便。

2. 球笼式万向节(rzeppa universal joint)

球笼式万向节的结构如图15.14所示。星形套7以内花键与主动轴1相连,其外表面有6条凹槽,形成内滚道。球形壳8的内表面有相应的6条凹槽,形成外滚道。6个钢球6分别装在各条凹槽中,并由保持架4使之保持在一个平面内。动力由主动轴1经钢球6、球形壳8输出。该结构形式的球笼式万向节在轴向上是不能移动的,称为固定型球笼式万向节(简称RF节)。

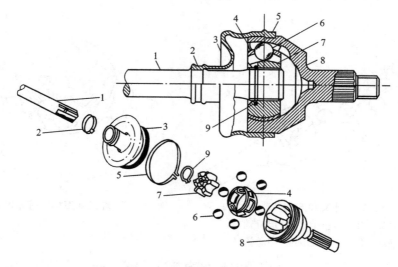

图 15.14 球笼式等速万向节

1—主动轴 2、5—钢带箍 3—外罩 4—保持架(球笼) 6—钢球
7—星形套(内滚道) 8—球形壳(外滚道) 9—卡环

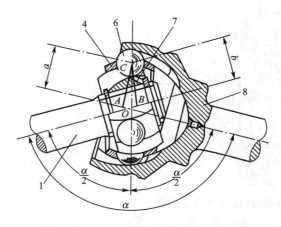

图 15.15 球笼式万向节等速传动原理

O—万向节中心 A—外滚道中心
B—内滚道中心 C—钢球中心
α—两轴交角(指钝角)(其他图注同图15.14)

球笼式万向节的等速传动原理如图15.15所示。外滚道的中心 A 与内滚道的中心 B 分别位于万向节中心 O 的两边,且与 O 等距离,有 $OA=OB$。钢球中心 C 到 A、B 两点的距离也相等,有 $CA=CB$,即传力钢球到主动轴和从动轴的距离 a 和 b 相等。在三角形 $\triangle COA$ 与 $\triangle COB$ 中,CO 是共边,有三角形 $\triangle COA$ 与 $\triangle COB$ 全等。由于保持架的内外球面、星形套的外球面和球形壳的内球面,均以万向节中心 O 为球心,当两轴夹角变化时,保持架可沿内、外球面滑动,以保持钢球在一定位置。当两轴相交任意角时,总有 $\angle COA=\angle COB$ 成立,因此,传力钢球6的中心 C 总是位于两轴夹角的平分

面上，保证了从动轴与主动轴等角速转动。

球笼式等角速万向节不仅传动夹角大（两轴最大夹角达47°），而且无论传动方向如何，6个钢球全部传力。与球叉式万向节相比，其承载能力强，结构紧凑，拆装方便，因此应用非常广泛，大多数转向驱动桥的转向节处均采用球笼式等速万向节。

还有一种球笼式等角速万向节是伸缩型球笼式万向节（简称VL节），其结构如图15.16所示。该结构形式的内、外滚道是圆筒形的，在传递转矩过程中，星形套2与筒形壳4可以沿轴向相对移动，故可省去其他万向传动装置中必须有的滑动花键。这不仅使结构简化，而且由于星形套2与筒形壳4之间的轴向相对移动是通过钢球5沿内、外滚道滚动来实现的，与滑动花键相比，其滑动阻力小，最适用于断开式驱动桥。这种万向节保持架的内球面中心B与外球面中心A位于万向节中心O的两边，且与O等距离。钢球中心C到A、B距离相等，以保证万向节作等角速传动。

一般来说，在转向驱动桥中伸缩型球笼式万向节（VL节）布置在靠差速器一侧（内侧），而固定式球笼式万向节（RF节）则布置在转向节处（外侧），如图15.17所示。

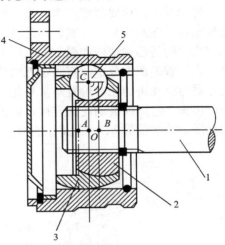

图15.16 伸缩型球笼式万向节（VL节）
1—主动轴 2—星形套（内滚道）
3—保持架（球笼）
4—筒形壳（外滚道） 5—钢球

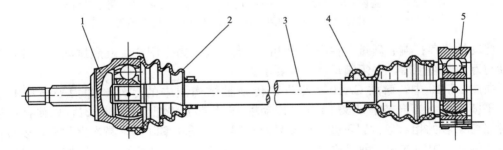

图15.17 RF节与VL节在转向驱动桥中的布置
1—球笼式万向节（RF节） 2、4—防尘罩
3—传动轴（半轴） 5—伸缩型球笼式万向节（VL节）

15.3 传动轴和中间支承

15.3.1 传动轴

传动轴是万向传动装置中主要的传力部件，也是高速转动件。

对于传动轴，若其长度较大，由于偏心质量因素等影响，受离心力作用，将会引起传动轴的弓形转动。当传动轴转速达到某一临界转速时,传动轴就会因弓形转动挠度过大而断裂。为得到较高的强度和刚度,传动轴多做成空心的,一般用厚度为 1.5～3.0mm 的薄钢板卷焊而成。超重型货车的传动轴则直接采用无缝钢管。在转向驱动桥、断开式驱动桥或微型汽车的万向传动装置中,通常将传动轴制成实心轴。

传动轴的结构要考虑三个方面的问题:①减小滑动接头处的摩擦;②减小桥壳的噪声经传动轴传递给车身;③减轻传动轴的质量和不平衡量。

典型的传动轴结构如图 15.18 所示,精轧低碳钢板卷制呈管状,再经电焊而成传动轴管。在轴管的两端分别焊有固定万向节的叉头和能滑动的花键接头 7。汽车行驶过程中,变速器与驱动桥的相对位置经常变化,为避免运动干涉,传动轴中设有由滑动花键套 6 和花键接头 7 组成的滑动花键连接,以满足传动轴长度的变化。为减少磨损,还装有用以加注润滑脂的注油嘴 5、油封 8、油封盖 9 和防尘套等。

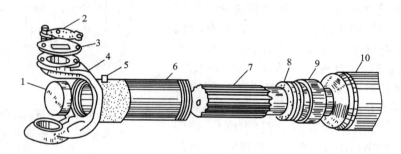

图 15.18 传动轴结构

1—盖 2—盖板 3—轴承盖 4—万向节叉 5—注油嘴 6—滑动花键套
7—花键接头 8—油封 9—油封盖 10—传动轴管

传动轴若存在偏心质量,在高速旋转时,会因离心力作用产生剧烈振动。因此,当传动轴与万向节装配后,必须满足动平衡要求。

在图 15.19 中,解放 CA1091 型汽车传动轴结构图中的零件 3 即为平衡用的平衡片。平衡后,在万向节滑动叉 13 与主传动轴 16 上刻上装配位置标记 21,以便拆卸后重装时保持二者的相对角位置不变。传动轴过长时,自振频率降低,易产生共振,故常将其分为两段并加中间支承。前段称中间传动轴,如图 15.19 上部所示,后段称主传动轴,如图 15.19 下部所示。

解决传动轴中滑动花键的轴向滑动阻力和磨损问题,可用对花键进行磷化处理或喷涂尼龙层的方法。此外,有的则在花键槽内设置滚动元件,如图 15.20 所示的圆柱滚子式花键连接。在传动轴内套管 3 上制有 4 个均布的夹角为 90°的凹槽(滚道),在传动轴外套管 2 上也相应地制有 4 个均布的夹角为 90°的贯通凹槽(滚道)。内、外套管的凹槽装配吻合后,放入滚柱 1,并使相邻的滚柱各按向右和向左的顺序间隔排列。内、外传动套管 3 和 2 的两端装有挡圈 4,以防滚柱 1 脱落及限定内、外套管的相对移动量。工作中,内、外套管的相对滑动由滚柱在凹槽内滚动实现。当传动轴沿逆时针方向旋转时(图 15.20 中 A—A 剖视),各凹槽中向右倾斜安装的滚柱传力;反之,向左倾斜的滚柱传力。

如图 15.21 所示,在轿车断开式后驱动桥中,有的采用半轴滚动花键连接,将半轴滑动花键处的相对滑动转变为滚柱在滚道中的滚动。在万向节套管叉 2 与外半轴 4 之间装有花键轴套 1。套管叉 2 的内圆表面开有 3 条凹槽，与此对应，花键轴套 1 的外圆表面上有 3 条凸起，凸起的宽度为凹槽宽度的一半，二者装合后，每一凸起的两边形成一条矩形断面的滚道。花键轴套的两端各有一个导块 7，导块外表面切有 3 条半圆形矩形断面的凹槽，与上述每一凸起两边的矩形滚道相通形成 3 条封闭的滚道。在滚道中装有若干个滚柱 8，滚柱可在滚道中滚动。滚动花键能减少摩擦损失，提高传动效率，但结构较复杂，成本高。

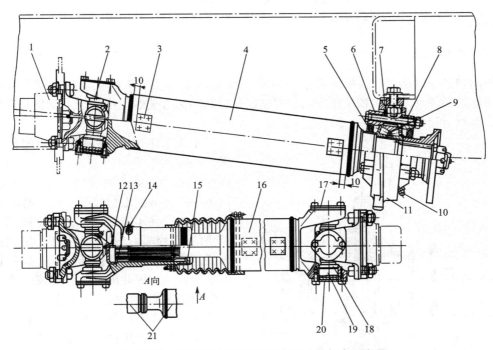

图 15.19　解放 CA1091 型汽车的传动轴与中间支承

1—凸缘叉　2—万向节十字轴　3—平衡片　4—中间传动轴　5、15—油封　6—中间支承前盖　7—橡胶垫环　8—中间支承后盖　9—双列圆锥滚子轴承　10、14—注油嘴　11—支架　12—堵盖　13—万向节滑动叉　16—主传动轴　17—锁片　18—滚针轴承油封　19—万向节滚针轴承　20—滚针轴承盖　21—装配位置标记

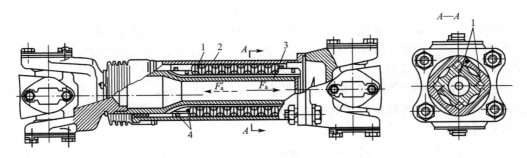

图 15.20　传动轴滚动花键

1—滚柱　2—传动轴外套管　3—传动轴内套管　4—挡圈

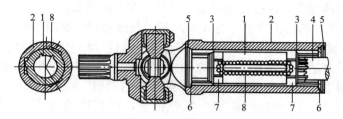

图 15.21 轿车半轴滚动花键

1—花键轴套 2—万向节套管叉 3、5—卡环 4—外半轴 6—垫圈 7—导块 8—滚柱

15.3.2 中间支承

传动轴分段时需要加设中间支承。通常中间支承安装在车架横梁上,除支承传动轴外,还能补偿传动轴轴向和角度方向的安装误差以及车辆行驶过程中由于发动机窜动或车架等变形所引起的位移。

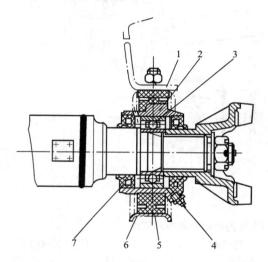

图 15.22 东风 EQ1090E 型汽车传动轴中间支承

1—车架横梁 2—轴承座 3—轴承 4—注油嘴
5—蜂窝形橡胶垫 6—U 型支架 7—油封

东风 EQ1090E 型汽车的中间传动轴采用蜂窝软垫式中间支承(图 15.22)与车架相连接。轴承 3 可在轴承座 2 内滑动,轴承座装在蜂窝形橡胶垫 5 内,通过 U 型支架 6 固定在车架横梁上。由于蜂窝形橡胶垫的弹性作用,传动轴可在一定范围内向任意方向摆动,并能随轴承一起作适当的轴向移动,因此能有效补偿安装误差和行驶中出现的轴向位移。此外,还可吸收振动并减少噪声传导。这种蜂窝软垫式支承结构简单,效果良好,应用较广泛。

解放 CA1091 型汽车采用的是双列圆锥滚子轴承式中间支承,如图 15.19 所示,其特点是圆锥滚子轴承可承受较大的轴向力,且便于调整(磨削双列轴承内座圈之间的调整垫,以减小间隙),使用寿命较长。

有的汽车采用摆动式中间支承,如图 15.23 所示。当发动机轴向窜动时,中间支承可绕支承轴 3 摆动,改善了轴承的受力状况。此外,橡胶衬套 2 和 5 能适应传动轴轴线在横向平面内少量的位置变化。

对于前置前驱(F.F.型)汽车,变速器和主减速器直接组合在一起而无需传动轴,但主减速器到车轮之间需要用传动轴连接,此传动轴称为驱动轴,其特点是长度较短、转速低,但传递转矩大。

当汽车发动机纵向布置时,动力总成通常处于汽车纵向对称轴线上,因此左、右驱动轴的长度基本相等,这类驱动轴一般制成实心轴,而不是空心轴管。

当汽车发动机横向布置时,动力总成的传动部分因布置上的原因已偏离中心位置,这

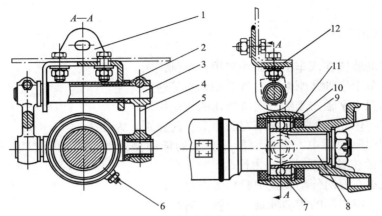

图 15.23　摆动式中间支承

1—支架　2、5—橡胶衬套　3—支承轴　4—摆臂　6—注油嘴　7—轴承
8—中间传动轴　9—油封　10—支承座　11—卡环　12—车架横梁

使得左、右驱动轴的长度有所不同,其长度之比约为 2∶3。长的驱动轴采用刚性较大的管状驱动轴,而短的驱动轴仍采用直径较小的实心轴,如图 15.24 所示。在长的驱动轴上,采用中间支承,使左、右车轮处跳动的驱动轴长度相等,如图 15.25 所示。

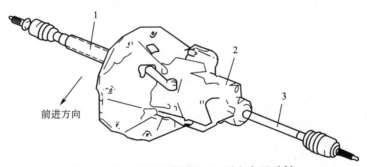

图 15.24　发动机横置 F.F. 型汽车驱动轴

1—管状长驱动轴　2—变速器、主减速器　3—实心短驱动轴

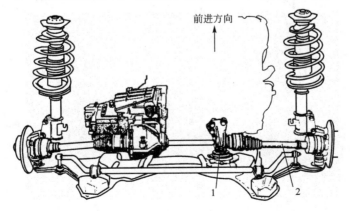

图 15.25　采用中间支承的右驱动轴

1—中间支承　2—右驱动轴

思考题

1. 万向传动装置在汽车上有哪些应用？举例说明。
2. 试分析单十字轴式刚性万向节传动的不等速性。
3. 试说明双十字轴式刚性万向节传动的等速原理。
4. 球叉式与球笼式等速万向节在应用上有何差别？为什么？
5. 在前转向驱动桥中，靠传动器侧布置的伸缩型球笼式万向节(VL节)可否去掉？VL节与RF节的位置可否对调？为什么？
6. 中间支承在万向传动装置中起什么作用？
7. 为什么一般汽车的传动轴是空心管状的？
8. 前置前驱(F.F.型)汽车的传动轴有何特点？

第 16 章 驱 动 桥

本章主要介绍常见驱动桥的类型，重点介绍主减速器、差速器的类型及结构特点。

要求学生了解驱动桥的功用、类型，以及发动机动力的驱动路线，重点了解主减速器、差速器等零部件的工作原理及其结构，掌握常见类型驱动桥的结构特点。

16.1 概　　述

驱动桥(drive axle)位于汽车传动系的末端，其基本功能是：①将万向传动装置传来的发动机转矩通过主减速器、差速器、半轴等传到驱动轮，实现降低转速、增大转矩的目的；②对于发动机纵置的汽车，通过圆锥齿轮副主减速器改变转矩的传递方向；③通过差速器实现左、右驱动轮的差速作用，保证内、外侧车轮以不同转速转向。

16.1.1　汽车对驱动桥的要求

为完成以上功能，汽车驱动桥应满足以下基本要求。
(1) 应具有合适的传动比，以保证汽车具有良好的动力性和燃油经济性。
(2) 与悬架导向机构的运动相协调，对于转向驱动桥还应与转向机构的运动相协调。
(3) 各部件工作平稳，振动、噪声小。
(4) 传动效率高。
(5) 尽可能减小外廓尺寸，保证汽车具有较大的离地间隙，以提高汽车的通过性。

(6) 在满足强度和刚度的要求下,尽可能降低各部件质量。

另外,还应保证部件结构简单、成本低、加工制造工艺性好、便于拆装和调整等。

16.1.2 驱动桥的组成与分类

1. 驱动桥的组成

驱动桥由主减速器(final drive)、差速器(differential)、半轴(half axle)和驱动桥壳(axle housing)等组成,如图 16.1 所示。

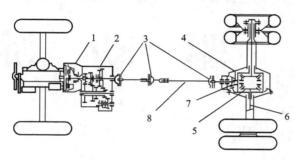

图 16.1 驱动桥的组成
1—离合器 2—变速器 3—万向节 4—驱动桥
5—差速器 6—半轴 7—主减速器 8—传动轴

主减速器是汽车传动系统中降低转速、增大转矩的主要部件。当变速器未设置超速挡时,主减速器的传动比即为传动系统的最小传动比,亦称为主传动比 i_0。差速器解决汽车转向时两侧的驱动车轮转动速度不等和多轴驱动桥转动速度不等的问题。半轴用来可靠地传递驱动力。驱动桥壳是传动系统和行驶系统主要部件的安装基础件。

2. 驱动桥的类型

驱动桥的类型有断开式驱动桥(divided axle)和非断开式驱动桥(un-divided axle)两种。

图 16.2 为半轴套管与主减速器壳刚性连成一体,两侧的半轴和驱动轮不可能在横向平面内做相对运动,故称这种驱动桥为非断开式驱动桥,亦称为整体式驱动桥。它由驱动桥壳 1、主减速器 2、差速器 3、半轴 4 和轮毂 5 组成。动力从变速器或分动器经万向传动装置输入驱动桥的转矩首先传到主减速器 2,在此增大转矩并相应降低转速后,经差速器 3 分配给左右两半轴 4,最后通过半轴外端的凸缘盘传至驱动车轮的轮毂 5。驱动桥壳 1 由主减速器壳和半轴套管组成。轮毂 5 借助轴承支承在半轴套管上。整个驱动桥通过弹性悬架与车架连接。

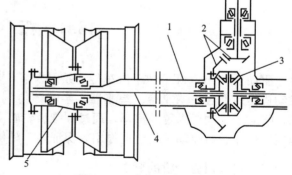

图 16.2 非断开式驱动桥
1—驱动桥壳 2—主减速器
3—差速器 4—半轴 5—轮毂

为了提高汽车的行驶平顺性和通过性,有些轿车和越野车全部或部分驱动轮采用独立悬架,即将两侧的驱动轮分别用弹性悬架与车架相联系,两轮可彼此独立地相对于车架上下跳动。与此对应,主减速器壳固定在车架上。驱动桥壳分段制成并通过铰链连接,这种驱动桥称为断开式驱动桥,如图 16.3 所示。主减速器 1 固定在车架或车身上，两侧车轮 5 分别通过各自的弹性元件 3、减振器 4 和摆臂 6 组成的弹性悬架与车架相连。为适应车轮绕摆臂轴 7 上下跳动的需要，差速器与轮毂之间的半轴 2 两端用万向节连接。

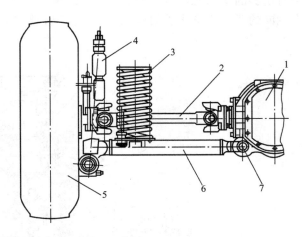

图 16.3　断开式驱动桥
1—主减速器　2—半轴　3—弹性元件　4—减振器
5—车轮　6—摆臂　7—摆臂轴

16.2　主减速器

主减速器的功用是将输入的转矩增大并相应降低转速；当发动机纵置时还具有改变转矩旋转方向的作用。

为满足不同的使用要求，主减速器的结构形式也是不同的。

按参加减速传动的齿轮副数目分，有单级式主减速器和双级式主减速器。在双级式主减速器中，若第二级减速器齿轮置于两侧车轮附近，实际上成为独立部件，则称为轮边减速器。

按主减速器传动比挡数分，有单速式和双速式。前者的传动比是固定的，后者有两个传动比供驾驶员选择，以适应不同行驶条件的需要。

按齿轮副结构形式分，有圆柱齿轮式（又可分为轴线固定式和轴线旋转式即行星齿轮式）、圆锥齿轮式和准双曲面齿轮式。

16.2.1　单级主减速器

单级主减速器具有结构简单、体积小、质量轻和传动效率高等优点。一般应用在轿车和轻、中型货车上。图 16.4 为单级主减速器与差速器示意图。主减速器由主动锥齿轮和从动锥齿轮组成。

1. 主减速器的结构特点

主减速器的主动齿轮和从动齿轮之间必须有正确的相对位置，才能使两齿轮啮合传动时冲击噪声较小，而且轮齿沿其长度方向磨损较均匀。为此，在结构上一方面要使主动和从动锥齿轮有足够的支承刚度，使其在传动过程中不至于发生较大变形而影响正常啮合；另一方面应有必要的啮合调整装置。

为保证主动锥齿轮有足够的支承刚度，主动锥齿轮18（图16.5）与轴制成一体，前端支承在互相贴近而小端相向的两个圆锥滚子轴承13、17上，后端支承在圆柱滚子轴承19上，形成跨置式支承。

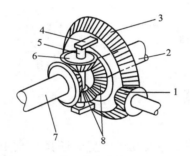

图16.4 主减速器与差速器示意图
1—主减速器主动锥齿轮
2、7—半轴 3—主减速器从动锥齿轮
4—差速器壳 5—行星齿轮轴
6—行星齿轮 8—半轴齿轮

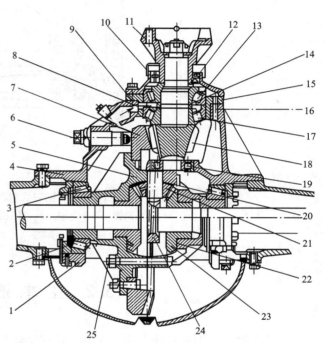

图16.5 东风EQI090E型汽车主减速器和差速器
1—差速器轴承盖 2—轴承调整螺母
3、13、17—圆锥滚子轴承 4—主减速器壳
5—差速器壳 6—支承螺栓 7—从动锥齿轮
8—进油道 9、14—调整垫片 10—防尘罩
11—叉形凸缘 12—油封 15—轴承座
16—回油道 18—主动锥齿轮 19—圆柱滚子轴承
20—行星齿轮垫片 21—行星齿轮
22—半轴齿轮推力垫片 23—半轴齿轮
24—行星齿轮轴（十字轴） 25—螺栓

装配主减速器时，圆锥滚子轴承应有一定的装配预紧度，即在消除轴承间隙的基础上，再给予一定的压紧力。其目的是减小在锥齿轮传动过程中产生的轴向力所引起的齿轮轴的轴向位移，以提高轴的支承刚度，保证锥齿轮副的正常啮合。但也不能过紧，若过紧则传动效率低，且加速轴承磨损。

2. 齿轮啮合间隙的调整

指齿面啮合印迹和齿侧间隙的调整（图16.6）。先在主动锥齿轮轮齿上涂以红色颜料

(红丹粉与机油的混合物),然后用手使主动锥齿轮往复转动,于是从动锥齿轮轮齿的两工作面上便出现红色印迹。若从动齿轮轮齿在正转和逆转工作面上的印迹位于齿高的中间偏于小端,并占齿面宽度的 60% 以上,则为正确啮合。正确啮合的印迹位置可通过主减速器壳与主动锥齿轮轴承座(图 16.5)之间的调整垫片的总厚度(即移动主动锥齿轮的位置)而获得。

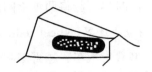

图 16.6　从动锥齿轮的啮合印迹

3. 准双曲面齿轮(hypoid gear)的特点

准双曲面齿轮与螺旋锥齿轮相比,不仅齿轮的工作平稳性好、轮齿的弯曲强度和接触强度高,而且主动齿轮的轴线可相对从动齿轮的轴线偏移。当主动锥齿轮轴线向下偏移时(图 16.7),在保证一定离地间隙的情况下,可降低主动锥齿轮和传动轴的位置,因而使车身和整个重心降低,这有利于提高汽车行驶稳定性。准双曲面齿轮的应用较为广泛。东风 EQ1090E 型汽车主减速器采用了准双曲面齿轮,其偏移距为 38mm。

准双曲面齿轮副布置分上偏移和下偏移,如图 16.7 所示。上、下偏移是这样判定的:从大齿轮锥顶看,并把小齿轮置于右侧,如果小齿轮轴线位于大齿轮中心线之下为下偏移(图 16.8);如果小齿轮轴线位于大齿轮中心线之上为上偏移。

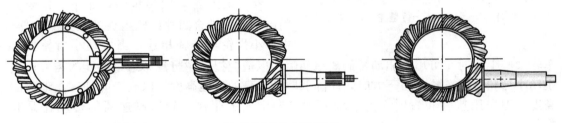

(a) 螺旋锥齿轮传动,轴线相交　　(b) 准双曲面齿轮传动,轴线偏移

图 16.7　主动和从动锥齿轮轴线位置　　　　图 16.8　双曲面圆锥齿轮的偏移

准双曲面齿轮工作时,齿面间有较大的相对滑动;且齿面间压力很大,齿面油膜易被破坏。为减少摩擦,提高效率,必须用含防刮伤添加剂的双曲面齿轮油,绝不允许用普通齿轮油代替,否则将使齿面迅速擦伤和磨损,大大降低使用寿命。

16.2.2　其他主减速器

1. 双级主减速器(double reduction final drive)

根据发动机特性和汽车使用条件,要求主减速器具有较大的主传动比时,由一对锥齿轮构成的单级主减速器已不能保证足够的最小离地间隙,因而需要采用两对齿轮实现降速的双级主减速器。

一般双级主减速器中主动锥齿轮与轴制成一体,采用悬臂式支承。即主动锥齿轮轴支承在位于齿轮同一侧的两个相距较远的圆锥滚子轴承上,而主动锥齿轮悬伸在轴承之外。这种支承形式的结构比较简单,但支承刚度不如跨置式的。主动锥齿轮轴多用悬臂式支承的原因有两点:①第一级齿轮传动比较小,相应的从动锥齿轮直径较小,因而在主动锥齿轮外端要再加一个支承,布置上很困难;②因传动比小,主动锥齿轮及轴颈尺寸有可能做得较大,同时尽可能将两轴承间的距离加大,同样可得到足够的支承刚度。

2. 轮边减速器(wheel reductor)

在重型载货汽车、越野车和大型客车上,当要求提供较大的主传动比和较大的离地间隙时,采用主减速器加轮边减速器传动可取得较好效果。

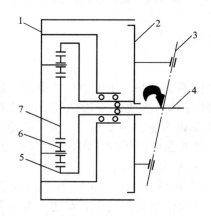

图 16.9 轮边减速器的结构示意图
1—行星架 2—车轮底板 3—转向主销
4—半轴 5—齿圈 6—行星轮 7—太阳轮

通常,轮边减速器为行星齿轮机构(图 16.9),齿圈 5 与半轴套管固定在一起,半轴 4 传来的动力经中心太阳轮 7、行星轮 6、行星齿轮轴和行星架传给车轮。由于齿圈 5 与不旋转的车轮底板相连,行星轮系形成以太阳轮为输入、行星架为输出的减速传动。采用这种形式的轮边减速器可在获得较大主减速比的同时,使驱动桥主减速器尺寸减小,相应增大了离地间隙。半轴在轮边减速器之前,所承受的载荷大为减少,换句话说,半轴和差速器尺寸可以进一步减小。但是由于需要使用两套轮边减速器,因此结构较复杂,制造成本高。

在大型客车和同级越野汽车上,还常采用由一对外啮合圆柱齿轮组成的轮边减速器。主动小齿轮与半轴相连,当主动小齿轮位于车轮中心上方时,可增大驱动桥的离地间隙,以适应提高越野汽车通过性能的需要;当主动小齿轮位于车轮中心下方时,能降低驱动桥壳的离地高度,以利于降低客车地板的高度。但采用这种布置时,由于轴向和径向空间的限制,轮边减速器的传动比是有限的。

3. 双速减速器(two speed final drive)

为充分发挥汽车的动力性和提高燃油经济性,有些汽车上装用了具有两挡速比的主减速器(图 16.10)。通常这种双速主减速器由一对锥齿轮 2 和 4 以及一个行星齿轮机构组成,齿圈 5 和从动锥齿轮 4 联为一体,行星架 7 则与差速器壳 3 刚性连接,动力由锥齿轮副经行星齿轮机构传给差速器,由半轴 10 传给驱动轮。左半轴上滑套一个接合套,其上设有能与主减速器壳体啮合的接合套短齿圈 9 和能与差速器壳啮合的接合套长齿圈 8。

主减速器高挡用于一般行驶条件,驾驶员可以通过气压或电动控制方式靠换挡拨叉机构将接合套置于左边(图 16.10(a)),接合套短齿圈与主减速器壳分离,接合套长齿圈 8 与行星齿轮 6 和行星架 7 的内齿圈同时啮合,从而使行星齿轮系锁死,此时,差速器壳 3 与从动锥齿轮 4 以相同的转速旋转。显然,高挡速比即为主从动锥齿轮齿数之比。

主减速器低挡用于要求较大牵引力时,此时拨叉将接合套移向右边(图 16.10(b)),使接合套的短齿圈与主减速器壳体接合,长齿圈与行星架的内齿圈分离,而只与行星齿轮啮合,于是,行星齿轮机构的中心轮被固定。与从动锥齿轮连为一体的齿圈称为主动件,与差速器壳连在一起的行星架称为从动件,行星齿轮机构起减速作用。此时,主减速器总减速比由主从动锥齿轮和行星齿轮机构共同构成。

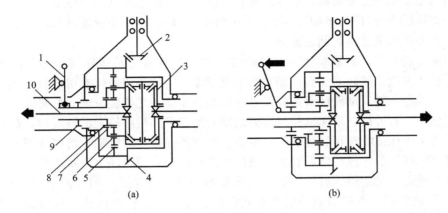

图 16.10 双速主减速器结构示意图

1—换挡机构　2—主动锥齿轮　3—差速器壳　4—从动锥齿轮　5—齿圈　6—行星齿轮　7—行星架　8—接合套长齿圈(太阳轮)　9—接合套短齿圈　10—半轴

4. 贯通式减速器(tandem final drive)

有些多轴越野汽车为使结构简化，部件通用性好以及便于形成系列产品，常采用贯通式驱动桥。如图16.11所示，前面(或后面)两驱动桥的传动轴是串联的，传动轴从距分动器较近的驱动桥中穿过，通往另一驱动桥。这种布置方案的驱动桥称为贯通式驱动桥。

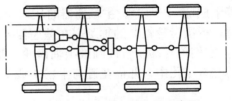

图 16.11 贯通式驱动桥示意图

16.3 差 速 器

汽车行驶过程中，车轮对路面的相对运动有两种状态——滚动和滑动。其中滑动又有滑转和滑移两种。设车轮中心在车轮平面内相对路面的移动速度为 U，车轮旋转角速度为 ω，车轮纯滚动半径为 r_r。若 $U=r_r\omega$，则车轮对路面的运动为纯滚动；若 $\omega\neq0$，当 $U=0$ 时，则车轮的运动为纯滑转；若 $U\neq0$，当 $\omega=0$ 时，则车轮的运动为纯滑移。

当汽车转弯行驶时，内外两侧车轮中心在同一时间内移过的曲线距离显然不同，即外侧车轮移过的距离大于内侧车轮。若两侧车轮都固定在同一刚性转轴上，两轮角速度相等，则此时外轮必然是边滚动边滑移，内轮必然是边滚动边滑转。同样，汽车在不平路面上直线行驶时，两侧车轮实际移过的曲线距离也不相等。即使路面非常平直，但由于轮胎制造尺寸误差、磨损程度不同、承受的载荷不同或充气压力不等，各个轮胎的滚动半径实际上不可能相等。因此，只要各车轮角速度相等，车轮对路面的滑动就必然存在。车轮对路面的滑动不仅会加速轮胎磨损，增加汽车的动力消耗，而且可能导致转向和制动性能的恶化。所以，在正常行驶条件下，应使车轮尽可能不发生滑动。为此，在汽车结构上，必须保证各个车轮(尤其是驱动车轮)有可能以不同角速度旋转。

若主减速器从动齿轮通过一根整体轴同时带动两侧驱动轮，则两轮角速度只能是相等的。为使两侧驱动轮必要时能以不同的角速度转动,保证车轮纯滚动状态,必须将驱动两侧车轮的整体轴断开(即为半轴)。能使同一桥两侧车轮以不同角速度转动的装置,称为差速器。这种差速器又称为轮间差速器。

多轴驱动的汽车,各驱动桥间由传动轴相连。若各桥的驱动轮均以相同的角速度旋转,同样也会发生上述轮间无差速器时的类似现象。为使各驱动桥有可能具有不同的输入角速度,以消除各桥驱动轮的滑动现象,可以在各驱动桥之间装设轴间差速器。

当遇到左、右或前、后驱动轮与路面之间的附着条件相差较大的情况时,简单的齿轮式差速器将不能保证汽车得到足够的牵引力。附着条件较差的驱动轮将高速滑转而汽车却不能前进(详见后述)。故经常遇到此种情况的汽车应当采用防(限)滑差速器。

防滑差速器常见的形式有强制锁止式齿轮差速器、高摩擦自锁式差速器(包括摩擦片式、滑块凸轮式等)、牙嵌式自由轮差速器、托森差速器、黏性联轴(差速)器和电控防滑差速器等。

16.3.1 普通差速器

汽车上广泛应用的是对称式锥齿轮差速器(bevel gear differential),其结构如图 16.12 所示。对称式锥齿轮轮间差速器由圆锥行星齿轮、行星齿轮轴、圆锥半轴齿轮和差速器壳等组成(图 16.13)。主减速器的从动齿轮用铆钉或螺栓固定在差速器壳 5 的凸缘上。装合时,行星齿轮轴 2 的轴颈嵌在差速器壳的孔内,每个轴颈上浮套着一个直齿圆锥行星齿轮 6,它们均与两个直齿圆锥半轴齿轮 3 啮合。而半轴齿轮的轴颈分别支承在差速器壳相应的左右座孔中,并借花键与半轴 4 或 7 相连。动力自主减速器从动齿轮依次经差速器壳、

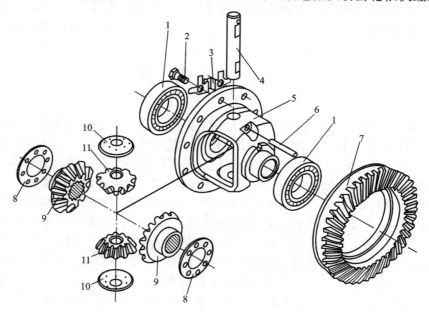

图 16.12 长城迪尔差速器总成

1—圆锥滚子轴承 2—螺栓-紧固从动锥齿轮与差速器 3—锁片-从动锥齿轮螺栓
4—行星齿轮轴 5—差速器壳 6—定位销 7—从动锥齿轮 8—半轴齿轮止推垫片
9—半轴齿轮 10—行星齿轮止推垫片 11—行星齿轮

行星齿轮轴、行星齿轮、半轴齿轮及半轴输出给驱动轮。当两侧车轮以相同的转速转动时，行星齿轮绕半轴轴线转动，即公转。若两侧车轮阻力不同，则行星齿轮在做上述公转运动的同时，还绕自身轴线转动(称自转)，此时两半轴齿轮带动两侧车轮以不同的转速转动。

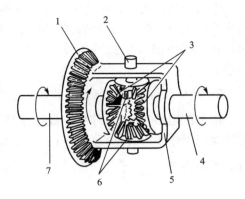

图 16.13　差速器示意图
1—主减速器从动锥齿轮　2—行星齿轮轴
3—半轴齿轮　4、7—半轴
5—差速器壳　6—行星齿轮

1. 差速原理

差速器中各元件的运动关系可用图 16.14 来说明。对称式锥齿轮差速器是一种行星齿轮机构。差速器壳 3 与主减速器的从动齿轮 6 固连在一起，故为主动件，设其角速角为 ω_0；行星齿轮轴 5 与差速器壳 3 固连成一体，形成行星架；半轴齿轮 1 和 2 为从动件，其角速度分别为 ω_1 和 ω_2。A、B 两点分别为行星齿轮 4 与半轴齿轮 1 和 2 的啮合点。行星齿轮的中心点为 C，A、B、C 3 点到差速器旋转轴线的距离均为 r。当行星齿轮只是随同行星架绕差速器旋转轴线公转时，处在同一半径上的 A、B、C 3 点的圆周速度都相等(图 16.14(b))，其值为 $\omega_0 r$。于是 $\omega_0 = \omega_1 = \omega_2$，即差速器不起差速作用，而半轴角速度等于差速器壳 3 的角速度。

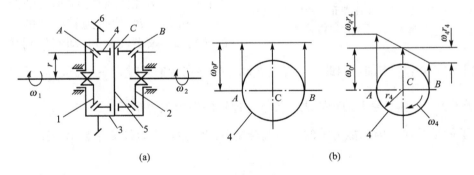

图 16.14　差速器差速原理
1、2—半轴齿轮　3—差速器壳　4—行星齿轮　5—行星齿轮轴　6—主减速器从动齿轮

当行星齿轮 4 除公转外，还绕本身的轴 5 以角速度 ω_4 自转时，啮合点 A 的圆周速度为 $\omega_1 r = \omega_0 r + \omega_4 r_4$，啮合点 B 的圆周速度为 $\omega_2 r = \omega_0 r - \omega_4 r_4$。

于是：
$$\omega_1 r + \omega_2 r = (\omega_0 r + \omega_4 r_4) + (\omega_0 r - \omega_4 r_4)$$

即：
$$\omega_1 + \omega_2 = 2\omega_0$$

若角速度以每分钟转数 n 表示，则：
$$n_1 + n_2 = 2n_0$$

此即为两半轴齿轮直径相等的对称式锥齿轮差速器的运动特性方程式。它表明左右两侧半轴齿轮的转速之和为差速器壳转速的两倍，而与行星齿轮的转速无关。因此在汽车转弯行驶或在其他行驶情况下，都可以借助行星齿轮以相应转速自转，使两侧驱动车轮以不同的转速在地面上滚动而无滑动。

由运动特性方程式还可知：①当任何一侧半轴齿轮的转速为零时，另一侧半轴齿轮的转速为差速器壳转速的两倍；②当差速器壳转速为零（例如，用中央制动器制动传动轴时）时，若一侧半轴齿轮受其他外来力矩而转动，则另一侧半轴齿轮即以相同的转速反向转动。

2. 对称式锥齿轮差速器中的转矩分配

由主减速器传来的转矩 T_0 经差速器壳、行星齿轮轴和行星齿轮传给半轴齿轮。行星齿轮相当于一个等臂杠杆，而两个半轴齿轮半径也是相等的。因此，当行星齿轮没有自转时，总是将转矩 T_0 平均分配给左、右两半轴齿轮，即 $T_1 = T_2 = \frac{1}{2} T_0$。

当两半轴齿轮以不同转速朝相同方向转动时，设左半轴转速 n_1 大于右半轴转速 n_2，则行星齿轮将按图 16.15 上实线箭头 n_4 的方向绕行星齿轮轴 5 自转，此时行星齿轮孔与行星齿轮轴轴颈间以及齿轮背部与差速器壳之间都产生摩擦。行星齿轮所受的摩擦力矩 T_r 的方向与其转速 n_4 的方向相反，如图 16.15 上虚线箭头所示。此摩擦力矩使行星齿轮分别对左右半轴齿轮附加作用了大小相等而方向相反的两个圆周力 F_1 和 F_2。F_1 使传到转得快的左半轴上的转矩 T_1 减小，而 F_2 却使传到转得慢的右半轴上的转矩 T_2 增加。因此，当左右驱动车轮存在转速差时，$T_1 = \frac{1}{2}(T_0 - T_r)$，$T_2 = \frac{1}{2}(T_0 + T_r)$。左右车轮上的转矩之差等于差速器的内摩擦力矩 T_r。

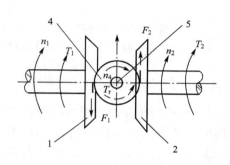

图 16.15　差速器转矩分配

1、2—半轴齿轮　3—差速器壳（图中未标注）
4—行星齿轮　5—行星齿轮轴

为了衡量差速器内摩擦力矩的大小及转矩分配特性，常以锁紧系数 K 表征，即：

$$K = \frac{T_2 - T_1}{T_0} = \frac{T_r}{T_0}$$

差速器内摩擦力矩和其输入转矩（差速器壳体上的力矩）之比，定义为差速器锁紧系数 K。而快慢半轴的转矩之比 $\frac{T_2}{T_1}$，定义为转矩比，以 K_b 表示，$K_b = \frac{T_2}{T_1} = \frac{1+K}{1-K}$。

目前广泛使用的对称式锥齿轮差速器的内摩擦力矩很小，其锁紧系数 $K = 0.05 \sim 0.15$，转矩比 K_b 为 1.1～1.4。可以认为无论左右驱动轮转速是否相等，而转矩基本上总是平均分配的。这样的分配比例对于汽车在好路面上直线或转弯行驶时，都是满意的。

当汽车在坏路面上行驶时，却严重影响了通过能力。例如，当汽车的一个驱动轮接触到泥泞或冰雪路面时，此时在泥泞路面上的车轮原地滑转，而在好路面上的车轮静止不动。这是因为在泥泞路面上车轮与路面之间的附着力很小，路面只能对半轴作用很小的反作用转矩，虽然另一车轮与好路面间的附着力较大，但因对称式锥齿轮差速器具有转矩平均分配的特性，使这一个车轮分配到的转矩只能与传到滑转的驱动轮上的很小的转矩相等，致使总的牵引力不足以克服行驶阻力，汽车便不能前进。只有使用防滑差速器才能解决这个问题。

16.3.2 防滑差速器

为了提高汽车在坏路上的通过能力，可采用各种形式的防滑差速器。其共同出发点都是在一个驱动轮滑转时，设法使大部分转矩甚至全部转矩传给不滑转的驱动轮，以充分利用这一侧驱动轮的附着力而产生足够的牵引力，使汽车能继续行驶。为实现上述要求，最简单的办法是在对称式锥齿轮差速器上设置差速锁，当一侧驱动轮滑转时，可利用差速锁使差速器不起差速作用。

1. 强制锁止式差速器（locking differential）

图 16.16 为瑞典斯堪尼亚 LT110 型汽车上所用的强制锁止式差速器。采用电控气动方式操纵差速锁。当汽车的一侧车轮处于附着力较小的路面上时，可按下仪表板上的电钮，使电磁阀接通压缩空气管路，压缩空气便从管接头 3 进入工作缸 4，推动活塞 1 克服弹簧 7 带动外接合器 9 右移，使之与内接合器 10 接合。结果，左半轴 6 与差速器壳 11 成为刚性连接，差速器不起差速作用，即左右两半轴被联锁成一体一同旋转。这样，当一侧驱动轮滑转而无牵引力时，从主减器传来的转矩全部分配到另一侧驱动轮上，使汽车得以正常行驶。

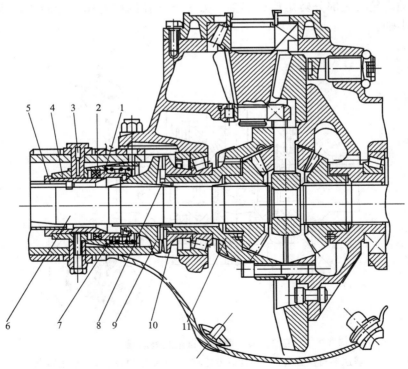

图 16.16 斯堪尼亚 LT110 型汽车的强制锁止式差速器

1—活塞 2—活塞皮碗 3—气路管接头 4—工作缸 5—套管 6—左半轴
7—压力弹簧 8—锁圈 9—外接合器 10—内接合器 11—差速器壳

当汽车通过坏路后驶上好路时，驾驶员通过电钮使电磁阀切断高压气路，并使工作缸通大气，缸内的压缩空气即经电磁阀排出。于是弹簧 7 复位，推动活塞使外接合器左移回到分离位置。

强制锁止式差速锁结构简单，易于制造。但操纵不便，一般要在停车时进行，而且如果过早接上或过晚摘下差速锁，亦即在好路段上左、右车轮仍刚性连接，则将产生前面已述及的在无差速器情况下出现的一系列问题。因此，有些越野汽车采用了在行驶过程中，能根据路面情况自动改变驱动轮间转矩分配的高摩擦自锁式差速器。

2. 高摩擦自锁式差速器（multi-disc self-locking differential）

图 16.17 是在对称式锥齿轮差速器基础上发展而来的摩擦片自锁式差速器。为增加差速器的内摩擦力矩，在半轴齿轮和差速器壳之间安装有摩擦片，十字轴由两根相互垂直的行星齿轮轴组成，轴的端部均切有凸 V 形斜面，相应地，在差速器壳孔上也开有相应 V 形斜面的内孔，两根行星齿轮轴的 V 形面呈反向安装。每一半轴齿轮的背面有推力盘和主、从动摩擦片。推力盘以内花键与半轴相连，在其轴颈处用外花键与从动摩擦片相连。主动摩擦片靠花键与差速器壳相连。推力盘和主、从动摩擦片均可沿轴向做微小的滑移。当汽车直线行驶时，两半轴无转速差，扭矩平均分配给两半轴，由于差速器壳通过斜面作用在行星齿轮轴两端，斜面上产生的轴向力迫使两行星齿轮轴分别从左、右向外移动，通过行星齿轮使推力盘压紧摩擦片。此时转矩经两条路径传给半轴：一条沿行星齿轮轴、行星齿轮和半轴齿轮将大部分转矩传给半轴，另一条路径则由差速器壳经主、从动摩擦片、推力盘传给半轴。

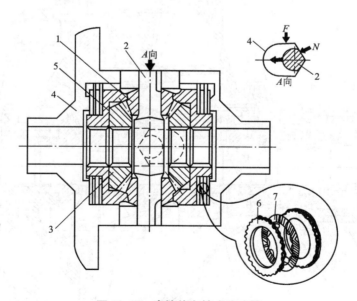

图 16.17　摩擦片自锁式差速器
1—差速器行星齿轮　2—行星齿轮轴　3—半轴齿轮　4—差速器壳
5—推力压盘　6—主动摩擦片　7—从动摩擦片

当一侧车轮在路面上滑转，或汽车转弯时，行星齿轮自转，左右半轴齿轮的转速产生差异，这种转速差的存在和轴向力的作用使主、从动摩擦片间产生摩擦力矩。其数值大小与差速器传递的转矩和摩擦片的数值成正比。而摩擦力矩的方向与转速较高的半轴旋向相反,与转速较慢的半轴旋向相同。高摩擦力矩作用的结果是使低转速半轴传递的转矩大大增加。这种差速器结构简单、工作平稳、锁紧系数可达5或更高,常用于轿车和轻型载货汽车。

3. 托森差速器(torsen differential)

托森差速器是一种新型的差速器,它利用蜗轮蜗杆传动的不可逆性原理和齿面高摩擦条件,使差速器能根据其内部差动转矩(即差速器的内摩擦转矩)的大小自动在"差速"和"锁死"之间转换,即当差速器内差动转矩较小时起差速作用,而当差速器内差动转矩过大时差速器将自动锁死,这样可以有效地提高汽车的通过能力,因而在现代四轮驱动轿车上得到了广泛应用。

托森差速器的结构如图16.18所示。差速器由空心轴2、差速器壳3、后蜗杆轴9、前蜗杆轴10、蜗轮轴6和蜗轮5等组成。空心轴2靠花键与差速器壳3相连一同转动,可作为差速器的输入。蜗轮5通过蜗轮轴6固定在差速器壳3上,3对蜗轮分别与前蜗杆轴10和后蜗杆轴9相啮合,每个蜗轮上固定有两个直齿圆柱齿轮4,与前后蜗杆轴相啮合的蜗轮彼此通过直齿圆柱齿轮相啮合。当该差速器作为轴间差速器使用时,可以将前蜗杆轴和驱动前桥的差速器齿轮轴联为一体,后蜗杆轴和驱动后桥的驱动轴凸缘盘为一整体。汽车驱动时,来自发动机的驱动力通过空心轴2传至差速器壳3。然后,通过蜗轮轴6传到蜗轮5,并传向蜗杆轴9和10,前蜗杆轴10通过差速器齿轮轴1将驱动力传至前桥,后蜗杆轴9通过后驱动轴8将驱动力传至后桥,从而实现前后驱动桥的驱动牵引作用。而当该差速器作为轮间差速器使用时,也可以将前蜗杆轴和后蜗杆轴分别与左、右驱动轮半轴相连接。当汽车转向时,左右驱动轮出现转速差,通过啮合的直齿圆柱齿轮相对转动,使一轴转速加快,另一轴转速减慢,实现差速作用。

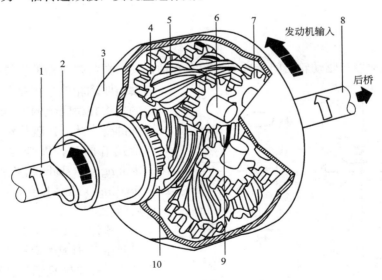

图 16.18 轴间托森差速器的结构

1—差速器齿轮轴　2—空心轴　3—差速器壳　4、7—直齿圆柱齿轮
5—蜗轮　6—蜗轮轴　8—后驱动轴　9—后蜗杆轴　10—前蜗杆轴

托森差速器由于其结构和性能上的诸多优点被广泛用作全轮驱动轿车的轴间差速器和后驱动桥的轮间差速器(图 16.19)。但是由于在转速差较大时该结构具有自动锁止作用,所以一般不用作转向驱动桥的轮间差速器。

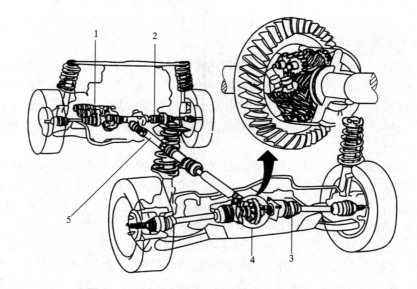

图 16.19　安装在轿车后驱动桥上的托森差速器

1—变速器与差速器总成　2—前桥　3—后桥　4—后桥主减速器与托森差速器　5—传动轴

16.4　半轴与桥壳

16.4.1　半轴

半轴是差速器与驱动轮之间传递动力的实心轴,其内端与差速器的半轴齿轮相连,外端与驱动轮轮毂相接。半轴与驱动轮的轮毂在桥壳上的支承形式决定了半轴的受力状态。现代汽车半轴的支承形式有两种,即全浮式支承(full-floating axle shaft)和半浮式支承(semi-floating axle shaft),如图 16.20 所示。

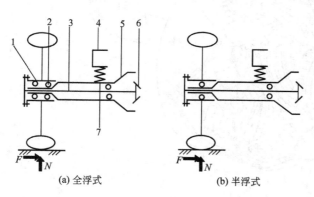

图 16.20　半轴的支承形式

1—轮毂　2—轮毂轴承　3—半轴
4—车架　5—驱动桥壳　6—半轴齿轮　7—弹簧

全浮式支承对地面反力 N 和 F 以及由 F 形成的弯矩均通过桥壳传至车身,故半轴只承受转矩,不承受任何反力和弯矩作用,受力状态简单,广泛用于各种载货汽车。

在结构上,半轴外端锻出的凸缘

借助螺栓与轮毂相连。轮毂通过两个跨距较大的圆锥滚子轴承支承在半轴套管上。半轴套管与空心梁压配在一起形成桥壳。半轴内端通过花键与差速器的半轴齿轮相连。这样的连接方式使得半轴易于拆卸，即只需拧下凸缘上的螺栓，便可将半轴抽出，而车轮与桥壳仍能支承住汽车。

半浮式半轴将作用在车轮上的各种反力通过半轴传递给驱动桥壳，故此种支承形式只能使半轴内端免受弯矩，而外端却需承受全部弯矩。

在结构上，半轴与桥壳间的支承只靠一个轴承，为使半轴和车轮不致被向外的侧向力拉出，该轴承必须能够承受向外的轴向力。

半浮式支承结构简单，被广泛应用于反力弯矩较小的轿车上。

16.4.2 桥壳

驱动桥壳的功用是支承并保护主减速器、差速器和半轴等，使左右驱动车轮的轴向相对位置固定；与从动桥一起支承车架及其上的各总成质量；汽车行驶时，承受由车轮传来的路面反作用力和力矩，并经悬架传给车架。

驱动桥壳应有足够的强度和刚度，且质量要小，并便于主减速器的拆装和调整。由于桥壳的尺寸和质量一般都比较大，制造较困难，故其结构形式在满足使用要求的前提下，要尽可能便于制造。

驱动桥壳从结构上可分为整体式桥壳和分段式桥壳两类。

(1) 整体式桥壳(banjo housing)。具有较大的强度和刚度，且便于主减速器的装配、调整和维修。因此普遍应用于各类汽车上。

整体式桥壳因制造方法不同又有多种形式。常见的有整体铸造、钢板冲压焊接、中段铸造两端压入钢管、钢管扩张成型等形式。为增加强度和刚度，整体铸造桥壳(图16.21)两端压入无缝钢管制成的半轴套管。桥壳上有通气塞，保证高温下的通气，保持润滑油品质和使用周期。这种整体铸造桥壳刚度大、强度高、易铸成等强度梁形状，但因质量大，铸造品质不易保证，适用于中、重型汽车，更多地用于重型汽车上。中段铸造两端压入钢管的桥壳，质量较小，工艺简单且便于变形，但刚度较差，适于批量生产。北京BJ2020型汽车驱动桥壳属于此种类型的整体式桥壳。

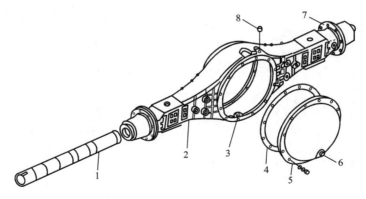

图16.21 东风EQ1090E型汽车的驱动桥壳
1—半轴套管 2—后桥壳 3—放油孔 4—后桥壳垫片
5—后盖 6—油面孔 7—凸缘盘 8—通气塞

钢板冲压焊接式桥壳具有质量小、制造工艺简单、材料利用率高、抗冲击性能好、成本低等优点并适于大量生产。目前,在轻型货车和轿车上得到广泛采用。

(2) 分段式桥壳 (trumpet - type axle housing)。分段式桥壳一般分为两段,由螺栓将两段连成一体。分段式桥壳比整体式桥壳易于铸造,加工简便,但维修不便。当拆检主减速器时,必须把整个驱动桥从汽车上拆卸下来。

1. 汽车驱动桥的功用是什么?每个功用主要由驱动桥的哪部分来实现和承担?
2. 准双曲面齿轮有什么特点?
3. 双级主减速器是如何保证其有足够的刚度和强度的?
4. 差速器的工作原理是什么?常见的差速器有哪几种?
5. 如何区分全浮式半轴和半浮式半轴?
6. 驱动桥壳有哪两种类型?

第 17 章 车架、车桥和车轮

教学提示

车架是汽车装配的基础,车桥是传递车架与车轮之间各向作用力及其所产生的弯矩和转矩的装置,车桥的两端安装车轮,而车轮由轮胎直接与地面接触在道路上行驶。本章介绍车架、车桥的类型、组成和工作原理,重点介绍转向桥的功用、组成和工作原理以及转向轮定位功用与原理。

教学目标

要求学生熟练地掌握转向桥的功用、组成和工作原理,掌握转向轮定位的功用和原理,了解车架、车轮的基本构造和工作原理,一般了解转向驱动桥的结构、功用和工作原理。

17.1 概 述

汽车作为一种地面交通运输工具,其行驶系统的主要功用是:①支承汽车的总质量;②接受由发动机经传动系统传来的转矩,并通过驱动轮与地面之间的附着作用,产生驱动力,以保证整车正常行驶;③传递并支承路面作用于车轮上的各种反力及其所形成的力矩;④尽可能地缓和不平路面对车身造成的冲击和振动,保证汽车平顺行驶。

汽车(轮式汽车)行驶系统一般由车架、车桥、车轮和悬架等部分组成(图 17.1)。车轮 4 和 5 分别支承着车桥 3 和 6,车桥又通过弹性悬架 2 和 7 与车架 1 相连接。车架是整个汽车的基体,它将汽车的各相关总成连接成一个整体,构成汽车的装配基础。

汽车行驶系统的基本类型主要有轮式、履带式、半履带式、车轮-履带式和水陆两用汽车等几种形式。汽车行驶在比较坚实的道路上时,其行驶系统中直接与路面接触的部分是车

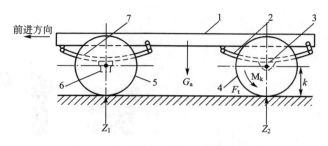

图 17.1 行驶系统的组成及受力简图
1—车架 2—后悬架 3—驱动桥 4—后轮 5—前轮 6—从动桥 7—前悬架

轮,这种行驶系统称为轮式行驶系统,这样的汽车便是轮式汽车。行驶系统中直接与路面接触的部分是履带的汽车称为履带式汽车。行驶系统中直接与路面接触的部分既有车轮又有履带的汽车称为半履带式汽车或车轮-履带式汽车。应用较多的是轮式汽车行驶系统。

水陆两用汽车除具有一般轮式汽车的行驶系统外,还备有一套在水中航行的行驶机构。

17.2 车　　架

汽车车架(frame)俗称"大梁"。其上装有发动机、变速器、传动轴、车桥、车身等总成和部件。车架的功用是支承、连接汽车的各总成,使各总成保持相对正确的位置,并承受汽车内外的各种载荷。车架通过悬架装置安装在车轮上。有的客车和轿车为了减小质量,取消了车架,制成了能够承受各种载荷的承载式车身,即无梁式车身。由于车架是整个汽车的基础,要承受汽车内外的各种载荷,因此,要求车架具有足够的强度、合适的刚度;要求它具有结构简单、重量轻等特点;同时,还应尽可能地降低汽车的重心和获得较大的前轮转向角,以保证汽车行驶时的稳定性和转向灵活性。

目前,汽车车架的结构形式主要有边梁式车架和中梁式车架(或称脊骨式车架)两种。

17.2.1 边梁式车架

边梁式车架是由两根位于两边的纵梁和若干根横梁通过铆接或焊接而连成的坚固的刚性构架。由于边梁式车架便于安装车身和布置总成,有利于改装变型车和发展多品种车型的需要,所以被广泛采用。

边梁式车架的纵梁通常用低合金钢板冲压而成,一般为 16Mn。其断面形状有槽形断面、箱形断面、"Z"字形断面和"工"字形断面等几种(图 17.2)。根据汽车形式和结构布置的要求,纵梁可以在水平面内或纵向平面内做成弯曲的、等截面或非等截面的。纵梁

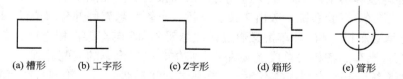

(a) 槽形　　(b) 工字形　　(c) Z字形　　(d) 箱形　　(e) 管形

图 17.2 车架纵(横)梁的剖面形状

的形式繁多，有前窄后宽结构、前宽后窄结构和前后等宽结构，还有平行式结构和弯曲式结构。此外，在纵梁上还制有很多装置孔，用以安装脚踏板、车身、转向器和悬架总成及其支架。

边梁式车架的横梁不仅用来保证车架的扭转刚度和承受纵向载荷，而且还用来支承汽车上的主要部件。通常载货汽车约有5～8根横梁，分别布置在安装散热器、发动机、驾驶室、传动轴中间支承、备胎架和钢板弹簧的前后支点处。

载货汽车车架的前端和轿车车架的前后两端装有横梁式的保险杠，以防汽车突然发生碰撞时散热器和翼子板等机件受到损伤；对轿车来说，保险杠可以起到装饰作用。载货汽车的保险杠上装有挂钩，以便牵引。有些越野汽车的保险杠后面还装有绞盘，以便汽车陷入打滑路段时进行自救。载货汽车和部分大型客车有时要拖带挂车，故在车架的后端一般还装有拖钩。大多数拖钩通过螺旋弹簧与车架横梁弹性相连，并用加强梁和加固角撑。拖钩可以在车架平面内绕轴销摆动，其上装有防脱装置，牵引时拖钩具有缓冲、转向和防脱作用。

图17.3(a)为东风EQ1090E型汽车车架，它由2根纵梁和8根横梁铆接而成，又称梯形车架。由于纵梁中部所受弯矩最大，为了使应力分布均匀，同时减小质量，纵梁6制成中部断面最高的不等高槽形截面梁。每根纵梁上都开有上百个安装其他机件的孔。前横梁3上装

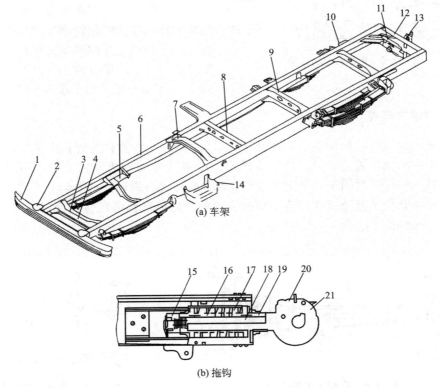

图17.3 东风EQ1090E型汽车车架
1—保险杠 2—挂钩 3—前横梁 4—发动机前悬置横梁 5—发动机后悬置支架和横梁 6—纵梁
7—驾驶室后悬置横梁 8—第四横梁 9—后钢板弹簧前支架横梁 10—后钢板弹簧后支架横梁
11—角撑横梁组件 12—后横梁 13—拖钩部件 14—蓄电池拖架 15—螺母 16、19—衬套
17—弹簧 18—拖钩 20—锁块 21—锁扣

有冷却水散热器,横梁4作为发动机的前悬支座。为降低发动机高度,改善驾驶员的视野,横梁4和5均制成下凹形。在横梁7的上面装置驾驶室的后悬置,在其下面装置传动轴中间支承。由于传动轴安装位置的需要,横梁7制成拱形,其余横梁都做成简单的直槽形。后横梁12的中部装有拖带挂车用的拖钩部件13(图17.3(b)),因后横梁要承受拖钩传来的很大的作用力,故采用角撑加强。拖钩18的尾部支承在两个衬套16与19上,在两个衬套的凸缘间装有弹簧17,而在拖钩尾部的端头旋有螺母15,并用开口销锁住。弹簧17用以缓和汽车行驶时所受到的冲击力,此冲击力可能由主车传到挂车,也可能由挂车传到主车,为保持挂车拖架的挂环与拖钩的衔接,拖钩具有可掀转的锁扣21,其上有带弹簧的锁块20,锁扣可用平头销及开口销固定在闭合位置,此时平头销穿过锁扣与锁块上相重合的小孔。

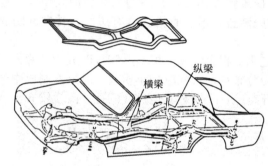

图17.4 汽车(X形)车架

解放CA1091型汽车的车架与东风EQ1090E型汽车的车架结构基本相似,但解放CA1091型汽车的车架是前窄后宽的结构,前部宽度缩小是为了给转向轮和转向直拉杆让出足够的空间,从而保证最大的车轮偏转角度。

对于短而宽的汽车车架,为了降低重心高度和提高车架的扭转刚度,通常制成前窄后宽而后部向上弯曲的车架结构,且两根横梁制成X形(X形车架),如图17.4所示。故X形车架一般只用于轿车车架。

17.2.2 中梁式车架

中梁式车架只有一根位于中央而贯穿汽车全长的纵梁,亦称为脊骨式车架,如图17.5所示。中梁的断面可做成管形、槽形或箱形。中梁的前端做成伸出支架,用以固定发动机,而主减速器壳通常固定在中梁的尾端,形成断开式后驱动桥。中梁上悬伸的托架用以支承汽车车身和安装其他机件。若中梁是管形的,则传动轴可在管内穿过。图17.6为具有中梁式车架的轿车底盘。

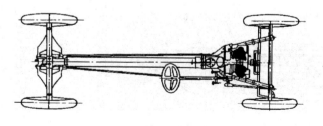

图17.5 中梁式车架结构

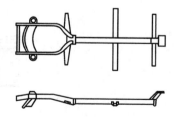

图17.6 中梁式车架底盘

中梁式车架的优点:有较好的抗扭转刚度和较大的前轮转向角,在结构上允许车轮有较大的跳动空间,便于装用独立悬架,从而提高了汽车的越野性;与同吨位的载货汽车相比,其车架轻,整车质量小,同时质心也较低,故行驶稳定性好;车架的强度和刚度较大；脊梁还能起封闭传动轴的防尘罩作用。中梁式车架的缺点：制造工艺复杂，精度要求高，总成安装困难，维护修理也不方便，故目前应用较少。

另外，部分轿车和大型客车取消了车架，而以车身兼代车架的作用，即将所有部件固定在车身上，所有的力也由车身来承受，这种车架称为无梁式车架，也可称为承载式车身（图17.7）。如上海桑塔纳、一汽奥迪100、捷达、高尔夫型轿车均为承载式车身。公共汽车及长途大客车多数采用全金属承载式车身，其中大部分是有骨架式的，而无骨架承载式车身在一部分大客车上也有所采用。

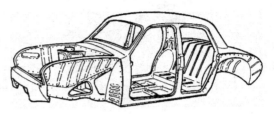

图 17.7　无梁式车架（承载式车身）

17.3　车　桥

车桥（也称车轴，axle）通过悬架与车架（或承载式车身）相连接，两端安装车轮。车架所受的垂直载荷通过车桥传到车轮；车轮上的滚动阻力、驱动力、制动力和侧向力及其弯矩、转矩又通过车桥传递给悬架和车架，故车桥的作用是传递车架与车轮之间的各向作用力及其所产生的弯矩和转矩。

根据悬架的结构形式，车桥可分为整体式和断开式两种。断开式车桥为活动关节式结构，它与独立悬架配合使用；整体式车桥的中部是一个整体的刚性实心或空心梁（轴），它多与非独立悬架配用。大部分现代轿车左右车轮之间实际上没有车桥，而是通过各自的悬架与车架相连接，然而习惯上仍将它们称为断开式车桥。

按照车桥上车轮的运动方式和作用，车桥可分为转向桥、驱动桥、转向驱动桥和支持桥4种类型。其中转向桥和支持桥都属于从动桥。一般汽车的前桥多为转向桥，后桥或中、后两桥多为驱动桥。越野汽车和一些轿车的前桥既是转向桥又是驱动桥，故称为转向驱动桥。某些单桥驱动的三轴汽车（6×2汽车）的中桥或后桥为支持桥。挂车上的车桥都是支持桥。

驱动桥已在第16章汽车传动系统中介绍过，支持桥除不能转向外，其他功能和结构与转向桥相同，因此本节主要介绍整体式的转向桥和转向驱动桥。

17.3.1　转向桥

转向桥利用转向节使车轮偏转一定的角度以实现汽车的转向，同时还承受和传递车轮与车架之间的垂直载荷、纵向力和侧向力以及这些力形成的力矩。转向桥通常位于汽车的前部，因此也常称为前桥。

各种类型汽车的转向桥结构基本相同，主要由前轴（梁）、转向节、主销和轮毂等4部分组成（图17.8）。前轴是转向桥的主体，其断面形状采用工字形和管形两种。

1. 前轴（front axle）

作为主体零件的前轴4（图17.8）是用中碳钢经模锻和热处理而制成的。其断面是工字

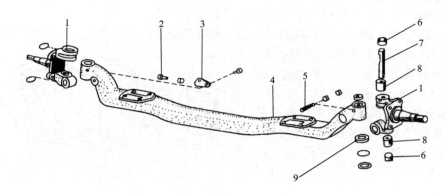

图 17.8　日本丰田戴娜轿车转向桥
1—转向节　2—转向节固定螺栓　3—转向节固定器　4—前轴
5—主销固定螺栓　6—螺塞　7—主销　8—衬套　9—轴承

形,为提高抗扭强度,在接近两端的部位各有一个加粗部分成拳形,其中有通孔,主销 7 即插入此孔内。中部向下弯曲成凹形,其目的是使发动机位置得以降低,从而降低汽车质心;扩展驾驶员视野;减小传动轴与变速器输出轴之间的夹角。

2. 转向节(steering knuckle)

转向节 1(图 17.8)是车轮转向的铰链,它是一个叉形件。上下两叉有安装主销的两个同轴孔,转向节轴颈用来安装车轮。转向节上销孔的两耳通过主销与前轴两端的拳形部分相连,使前轮可以绕主销偏转一定角度而使汽车转向。为了减小磨损,转向节销孔内压入青铜衬套 8,衬套的润滑用装在转向节上的油嘴注入润滑脂润滑。为使转向灵活,在转向节下耳与前轴拳形部分之间装有轴承 9。在转向节上耳与拳形部分之间还装有调整垫片,以调整其间的间隙。

3. 主销(king pin)

主销的作用是铰接前轴及转向节,使转向节绕着主销摆动以实现车轮的转向。主销 7 (图 17.8)的中部切有凹槽,安装时用主销固定螺栓 5 与它上面的凹槽配合,将主销固定在前轴的拳形孔中。主销与转向节上的销孔动配合,以便实现转向。

4. 轮毂(wheel hub)

车轮轮毂通过两个圆锥滚子轴承支承在转向节 1(图 17.8)外端的轴颈上。轴承的松紧度可用调整螺母(装于轴承外端)加以调整。轮毂外端用冲压的金属罩盖住,内端装有油封。制动底板与防尘罩一起都固定在转向节上。

图 17.9 为北京 BJ1040 型汽车转向桥。前轴 2 由两个前轴拳形件 7 和一根无缝钢管焊接而成。这种结构可用于轻型汽车上,而且不需大型锻造设备来制造前轴。主销推力轴承采用球轴承,可使转向操纵轻便。由转向节上耳油嘴注入的润滑脂经主销 8 内的轴向和径向油孔进入主销与衬套之间的摩擦表面,使之得到润滑。车轮转角限位螺钉 6 用来限制转向轮的最大偏转角。

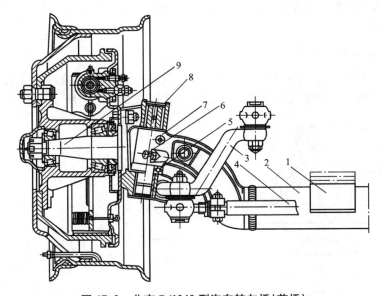

图 17.9 北京 BJ1040 型汽车转向桥(前桥)
1—钢板弹簧座 2—前轴 3—转向节臂
4—转向横拉杆 5—推力轴承 6—车轮转角限位螺钉
7—前轴拳形件 8—主销 9—转向节

17.3.2 转向轮定位

为了保持汽车直线行驶的稳定性、转向的轻便性和减小轮胎与机件间的磨损,转向轮、转向节和前轴三者之间与车架必须保持一定的相对位置,这种具有一定相对位置的安装称为转向轮定位,也称前轮定位。正确的前轮定位应做到:可使汽车直线行驶稳定而不摆动;转向时转向盘上的作用力不大;转向后转向盘具有自动回正作用;轮胎与地面间不打滑以减少油耗;延长轮胎使用寿命。前轮定位包括主销后倾、主销内倾、前轮外倾及前轮前束。

1. 主销后倾(caster)

主销装在前轴上后,在纵向平面内,其上端略向后倾斜,这种现象称为主销后倾。在纵向垂直平面内,主销轴线与垂线之间的夹角 γ 叫主销后倾角,如图 17.10 所示。

主销后倾后,它的轴线与路面的交点口位于车轮与路面接触点 b 之前,这样 b 点到 a 点之间就有一段垂直距离 l。若汽车转弯时(图中所示向右转弯),则汽车产生的离心力将引起路面对车轮的侧向反作用力 F,F 通过 b 点作用于轮胎上,形成了绕主销的稳定力矩 $M=Fl$,其作用方向正好与车轮偏转方向相反,使车轮有恢复到原来中间位置的趋势。即使在汽车直线行驶偶尔遇到阻力使车轮偏转时,也有此种作用。由此可见,主销后倾的作用是保持汽车直线行驶的稳定性,并力图使转弯后的前轮自动回正。后倾角越大,车速越高,前轮的稳定性越强,但后倾角过大会造成转向盘沉重,一般采用 $\gamma < 3°$。有些轿车和客车的轮胎气压较低,弹性较大,行驶时由于轮胎与地面的接触面中心向后移动,引起稳定力矩增加,故后倾角可以减小到接近于零,甚至为负值(即主销前倾)。

主销后倾角的获得一般是由前轴、钢板弹簧和车架三者装配在一起时,使前轴断面向后倾斜而形成的。

2. 主销内倾(king pin inclination)

主销安装到前轴上后,在横向平面内,其上端略向内倾斜,这种现象称为主销内倾。在横向垂直平面内,主销轴线与垂线之间的夹角 β 称为主销内倾角,如图 17.11 所示。

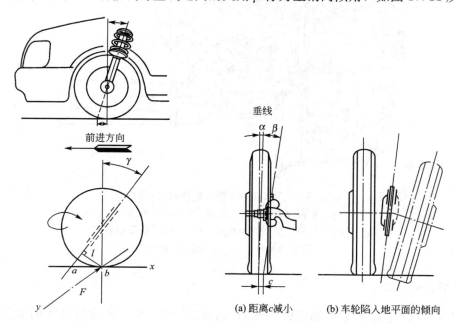

图 17.10 主销后倾示意图　　图 17.11 主销内倾示意图

主销内倾后,主销轴线的延长线与地面交点到车轮中心平面与地面交线的距离 c 减小(图 17.11(a)),从而可减小转向时驾驶员加在转向盘上的力,使转向操纵轻便,也可减少从转向轮传到转向盘上的冲击力;与此同时,当车轮转向或偏转时,车轮有向下陷入地平面的倾向(图 17.11(b)),但事实上这是不可能的,而只能使转向轮连同整个汽车前部向上抬起一个相应的高度,这样在汽车本身重力的作用下,迫使车轮自动回到原来的中间位置。由此可见,主销内倾的作用是使前轮自动回正,转向轻便。主销内倾角越大或前轮转角越大,则汽车前部抬起就越高,前轮的自动回正作用就越明显,但转向时转动转向盘费力,转向轮的轮胎磨损增加,一般主销内倾角控制在 5°～8°之间为宜。

主销内倾角是由前轴制造时使主销孔轴线的上端向内倾斜而获得的。

主销后倾和主销内倾都有使汽车转向自动回正,保持直线行驶位置的作用。但主销后倾的回正作用与车速有关,而主销内倾的回正作用几乎与车速无关。因此,高速时主销后倾的回正作用起主导地位,而低速时则主要靠主销内倾起回正作用。此外,直行时前轮偶尔遇到冲击而偏转时,也主要依靠主销内倾起回正作用。

3. 前轮外倾(camber)

前轮安装在车轮上,其旋转平面上方略向外倾斜,这种现象称为前轮外倾。前轮旋转平面与纵向垂直平面之间的夹角 α 称为前轮外倾角,如图 17.11(a)所示。

前轮外倾的作用在于提高了前轮工作的安全性和操纵轻便性。由于主销与衬套之间，轮毂与轴承等处都存在有间隙，若空车时车轮垂直地面，则满载后，车桥将因承载变形，可能会出现车轮内倾，这样将会加速汽车轮胎的磨损。另外，路面对车轮的垂直反作用力沿轮毂的轴向分力将使轮毂压向轮毂外端的小轴承，加重了外端小轴承及轮毂紧固螺母的负荷，严重时使车轮脱出。因此，为了使轮胎磨损均匀和减轻轮毂外轴承的负荷，安装车轮时预先使车轮有一定的外倾角，以防止车轮出现内倾。前轮外倾角大虽然对安全和操纵有利，但是过大的外倾角将使轮胎横向偏磨增加，油耗增多，一般前轮外倾角为1°左右。

前轮外倾角是由转向节的结构确定的。当转向节安装到前轴上后，其转向节轴颈相对于水平面向下倾斜，从而使前轮安装后出现前轮外倾。

4. 前轮前束(toe-in)

汽车两个前轮安装后，在通过车轮轴线而与地面平行的平面内，两车轮前端略向内束，这种现象称为前轮前束。左右两车轮间后方距离 A 与前方距离 B 之差$(A-B)$称为前轮前束值，如图 17.12 所示。

前轮前束的作用是消除汽车行驶过程中因前轮外倾而使两前轮前端向外张开的不利影响。由于前轮外倾，当车轮在地面纯滚动时，车轮将向外侧方向运动，实际上装在汽车上的两个前轮只能向正前方滚动，当两车轮具有前束时，两车轮在向前滚动时会产生向内侧的滑动。这样，由外倾和前束使两前轮产生的滑动方向相反，可以互相抵消从而使两前轮基本上是纯滚动而无滑动地向前运动。此外，前轮前束还可以抵消滚动阻力造成的使两前轮前部向外张开的作用，使两前轮基本上是平行地向前滚动。

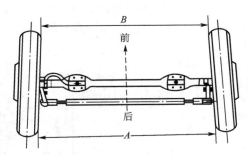

图 17.12 前轮前束（俯视图）

前轮前束可通过改变横拉杆的长度来调整。调整时，根据各厂家规定的测量位置，使两轮前后距离差$(A-B)$符合规定的前束值。测量位置除图示的位置外，还可取两车轮钢圈内侧面处的前后差值，也可以取两轮胎中心平面处的前后差值。一般前束值为 0~12mm。

17.3.3 转向驱动桥

能实现车轮转向和驱动的车桥称为转向驱动桥，如图 17.13 所示。在结构上，转向驱动桥既具有一般驱动桥所具有的主减速器 1、差速器 3 及半轴 4 和 8；也具有一般转向桥所具有的转向节壳体 11、主销 12 和轮毂 9 等。它与单独的驱动桥、转向桥相比，其不同之处是，由于转向的需要半轴被分为两段，分别叫内半轴 4（与差速器相连接）和外半轴 8（与轮毂连接），二者用等角速万向节 6 连接起来。同时，主销也因此分成上下两段，分别固定在万向节的球形支座 14 上。转向节轴颈 7 做成空心的，以便外半轴从中穿过。转向节的连接叉是球状转向节壳体 11，既满足了转向的需要，又适应了转向节的传力。转向驱动桥广泛地应用到全轮驱动的越野汽车上。

以图 17.14 所示的北京 BJ2020N 型越野汽车为例，说明转向驱动桥的结构。

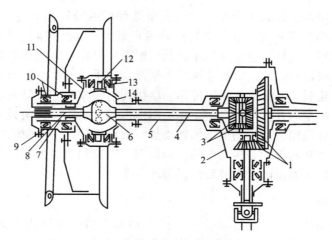

图 17.13 转向驱动桥示意图

1—主减速器 2—主减速器壳 3—差速器 4—内半轴 5—半轴套管 6—等角速万向节
7—转向节轴颈 8—外半轴 9—轮毂 10—轮毂轴承 11—转向节壳体
12—主销 13—主销轴承 14—球形支座

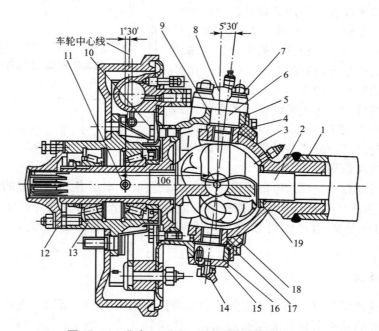

图 17.14 北京 BJ2020N 型越野汽车转向驱动桥

1—半轴套管 2—内半轴 3—球形支座 4—主销座孔 5、16—调整垫片
6—主销 7—锥形衬套 8—转向节臂 9—转向节外壳 10—螺栓
11—转向节轴颈 12—半轴凸缘 13—轮毂 14—止动销 15—下盖
17—主销衬套 18—密封圈 19—止动垫圈

1. 驱动部分

桥的中部装有主减速器(未画出)和差速器。内半轴 2 和外半轴通过等角速万向节连接

在一起，外半轴的端部制有花键，它和半轴凸缘 12 相啮合。当前桥驱动时，转矩由主减速器、差速器传给内半轴 2、万向节、外半轴和半轴凸缘 12，最后传递到轮毂 13，驱动车轮旋转。

2. 转向部分

转向节由转向节轴颈 11 和转向节外壳 9 用螺栓连接成整体。转向节轴颈上装有两个轮毂轴承，以支承轮毂 13；转向节轴颈的内孔壁内压装有衬套，以支承外半轴。在转向节外壳 9 的上下两端分别装有上下两段主销 6 的加粗部分，并用止动销 14 止动；在转向节外壳上端还装有转向节臂 8，在转向节外壳下端装有下盖 15。转向节臂和下盖分别通过螺栓和锥形衬套 7 与转向节外壳 9 相连，以便上、下主销密封定位。主销配用带有翻边的青铜主销衬套 17，该衬套分别压入上下两个主销座孔 4 内，主销座孔又压装在球形支座 3 的上下两端，衬套的翻边起止推作用。润滑脂由上、下油嘴注入后，分别进入主销中心油道，再从两个侧孔出来进入主销与衬套之间，实现润滑。汽车转向时，转向直拉杆拉动转向节臂 8 带动转向节绕主销摆动，这时转向轮即可随之偏转，从而实现汽车的转向。

图 17.15 为轿车的转向驱动桥总成（图中未画出中间主减速器和差速器）。动力经主减速器和差速器传至传动轴 2 和内等角速万向节，经内等角速万向节（球笼式万向节）和外等角速万向节传到车轮和轮胎上，驱动车轮旋转。

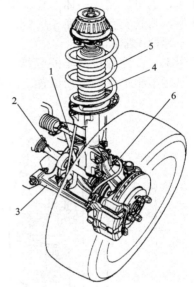

图 17.15　轿车转向驱动桥
1—可调转向横拉杆　2—传动轴
3—悬架摆臂　4—减振支柱
5—减振弹簧　6—转向节

17.4　车轮与轮胎

车轮与轮胎是汽车行驶系统中的主要部件，汽车通过车轮由轮胎直接与地面接触在道路上行驶。其主要功用是：①支承汽车总质量；②吸收和缓和汽车行驶时所受到的路面冲击和振动；③保证轮胎与路面的良好附着性能，以提高汽车的动力性、制动性和通过性；④产生平衡汽车转向行驶时离心力的侧向力，在保证汽车正常转向行驶的同时，通过轮胎产生的自动回正力矩，使汽车保持直线行驶。

17.4.1　车轮

车轮是介于轮胎和车桥之间承受负荷的旋转组件，一般由轮毂（hub）、轮辐（轮盘，spoke）和轮辋（rim）组成。轮毂通过圆锥滚柱轴承套装在车桥或转向节轴颈上。轮辋也叫钢圈，用以安装轮胎，与轮胎共同承受作用在车轮上的负荷，并散发高速行驶时轮胎上产生的热量及保证车轮具有合适的断面宽度和横向刚度。轮辐将轮辋与轮毂连接起来。轮辋与轮辐可以是整体的(不可拆式的),也可以是可拆式的。

1. 车轮的类型

按轮辐的构造,车轮可分为辐板式和辐条式两种。目前,普通级轿车和轻、中型载货汽车多采用辐板式车轮,而高级轿车、竞赛汽车及重型载货汽车多采用辐条式车轮。

(1) 辐板式车轮(disc wheel)。图17.16为轿车车轮。车轮的轮辋1与轮辐2可以用铆钉连接,也可以制成一体。轮辐中心有一中心孔,用来将轮辐安装在轮毂3上,螺栓内端呈锥形,与轮辐孔的锥面相适应。轮辐靠近中心孔部分略向外鼓起,使得轮辐有些弹性而有助于螺栓的紧固防松。

图17.17为载货汽车的辐板式车轮。轮辐2压成深凹形,以便与轮毂轴承位置相适应,保持车轮平面的适当位置。需要安装双轮胎时,可把两个相同的轮辐并列安装在一个轮毂上。

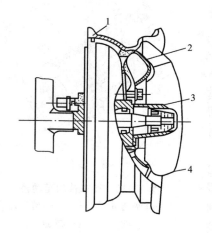 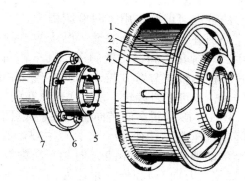

图17.16 轿车车轮
1—轮辋 2—轮辐 3—轮毂 4—轮毂罩

图17.17 载货汽车辐板式车轮
1—挡圈 2—轮辐 3—轮辋 4—气门嘴伸出孔
5—螺栓 6—凸缘 7—轮毂

轮辐中心制有中心孔,以便安装轮毂7。中心孔四周有几个大孔,通过螺栓与轮毂固定。这些圆孔边缘和螺栓头部均制成锥形,以便正确地对中。轮辋3焊在轮辐上,轮辋上的椭圆孔为气门嘴伸出孔4。

载货汽车后桥负荷较前桥大得多,为使后轮轮胎不致超载,一般后桥装用双式车轮(图17.18),即把两个相同的车轮并排安装在同一个轮毂上,用特殊的螺栓、螺母套固定。这种用特殊的螺栓和螺母套的固定方法,保证了车轮的正确位置,同时在拆卸外车轮时,不致引起内车轮的松脱。

载货汽车左、右两车轮的固定螺栓(母)采用不同的旋紧方向,左侧车轮采用左旋螺纹,右侧车轮采用右旋螺纹。这种安装型式可以防止车轮在行驶或制动时轮胎螺母自动松脱。轿车可不采用这种安装形式,因为轮辐较薄,轮胎螺母旋紧后,轮辐在压出的凸起部分弹性边缘会将轮胎螺母卡住。

(2) 辐条式车轮(wire wheel)。用于重型载货汽车的辐条式车轮多采用铸造辐条,如图17.19所示。其特点是辐条4与轮毂5铸成一体,与轮辋1用衬块2及螺栓3固定在一起。

配合锥面 6 用来保证轮辋 1 与辐条对中。也有采用类似于自行车用的钢丝作辐条的车轮,这种车轮质量小,但价格高,维修安装不便,故常在某些高级轿车及竞赛汽车上使用。

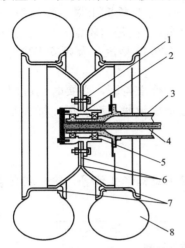

图 17.18　载货汽车双式车轮
1—螺栓　2—轮毂　3—车桥壳　4—半轴
5—轴承　6—轮辐　7—轮辋　8—轮胎

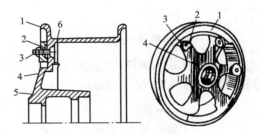

图 17.19　辐条式车轮
1—轮辋　2—衬块　3—螺栓
4—辐条　5—轮毂　6—配合锥面

2. 轮辋的类型

按照轮辋结构特点的不同,轮辋可分为深槽式、平底式和对开式(可拆式)等 3 种形式。

(1) 深槽轮辋。深槽轮辋(图 17.20(a))是一种整体轮辋,其结构特点是断面中部有一深凹槽,可使轮胎拆装方便。两侧有带肩的凸缘用来固定轮胎,并与胎圈接触。肩部一般以 5°±1°的倾斜度向中央倾斜。倾斜部分的最大直径是轮胎胎圈与轮辋的着合直径。这种轮辋结构简单、刚度大、质量小,对于尺寸小而弹性大的轮胎最适宜,故适用于轿车或轻型、微型汽车的车轮上,如红旗 CA7560、天津夏利 TJ7100 型轿车及北京 BJ2020N 型越野汽车均装用这种类型的轮辋。

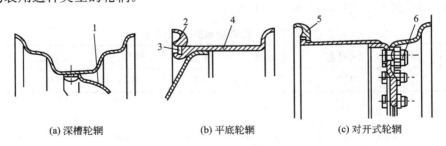

(a) 深槽轮辋　　　(b) 平底轮辋　　　(c) 对开式轮辋

图 17.20　轮辋断面型式
1—轮辐　2、5—挡圈　3—锁圈　4—轮辋　6—螺栓

(2) 平底轮辋。平底轮辋(图 17.20(b))的结构特点是轮辋断面中部为平直的,一侧有凸缘,另一侧以可拆的挡圈 2 做凸缘。开口的锁圈 3 用来将挡圈 2 固定在轮辋上。安装轮胎时,先将轮胎套在轮辋上,再套上挡圈,并将它向内推,直至越过轮辋上的环形槽,再

将开口的弹性锁圈嵌入环形槽中。由于载货汽车多采用较大较硬的外胎,为使其拆装方便,一般多采用平底轮辋,解放 CA1091 和东风 EQ1090E 型载货汽车采用这种轮辋。

(3) 对开式轮辋。对开式轮辋(图 17.20(c))的结构特点是轮辋由内、外两部分组成,用螺栓 6 将两部分连成一体。内、外两部分中,有一部分(往往是内轮辋)与轮辐固连。这种轮辋在拆装轮胎时,只需拆下螺栓 6 即可。如东风 EQ2080 型汽车及延安 SX2150 型越野汽车采用对开式轮辋。

轮辋是轮胎的装配基础,原则上每种轮胎只配用一种标准轮辋,必要时也可用与标准轮辋相接近的容许轮辋。如果轮辋与轮胎配合不当,会造成轮胎早期损坏,特别是使用在过窄的轮辋上的轮胎。

3. 国产轮辋规格的表示方法

轮辋规格用轮辋名义宽度代号、轮缘高度代号、轮辋结构形式代号、轮辋名义直径代号和轮辋轮廓类型代号来表示,其表示方法为:

数值	字母	×或—	数值	(字母)	GB 2933—82
轮辋名义宽度代号	轮缘高度代号	轮辋结构形式代号	轮辋名义直径代号	轮辋轮廓类型代号	国际号

(1) 轮辋名义宽度和轮辋名义直径。它们均以英寸表示,一般取两位小数(当新设计轮胎以毫米表示时,轮辋也以毫米数值表示)。

(2) 轮缘高度代号。用一个或几个拉丁字母表示,见表 17-1。有些类型的轮辋(平底宽轮辋),其名义宽度代号也代表了轮缘高度,不再用字母表示。

表 17-1 轮辋轮缘高度代号 (mm)

代号	B	C	D	E	F	G	H	J	K	L	P	R	S	T	V	W
尺寸	13.80	15.88	17.45	19.81	22.23	27.94	33.73	17.27	19.26	21.59	25.40	28.58	33.33	38.10	44.45	50.80

(3) 轮辋结构形式代号。轮辋的结构形式根据其主要由几个零件组成分为:一件式轮辋、二件式轮辋、三件式轮辋、四件式轮辋和五件式轮辋。符号"×"表示一件式轮辋,符号"—"表示两件或两件以上的多件式轮辋。

(4) 轮辋轮廓类型代号。其表示方法见表 17-2。

表 17-2 轮辋轮廓类型及代号

轮廓类型	深槽	深槽宽	半深槽	平底	半底宽	全底宽	对开式
代号	DC	WDC	SDC	FB	WFB	TB	DT

例 1

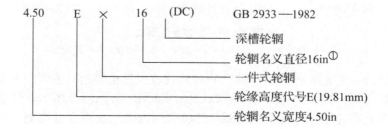

例 2

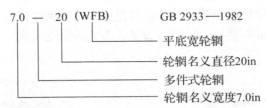

新设计的轮辋表示方法如下。

轿车：10×3.50C、15×6JJ。轻型载货汽车：15×5.5JJ、16.5×6.00、15—5.50F(SDC)。中、重型载货汽车：20—7.5、22—8.00V、22.5×8.25。

4. 轮毂

轮毂是连接制动鼓、轮辐和半轴凸缘的重要零件，一般由圆锥滚子轴承套装在轴管或转向节轴颈上。按轮辐的结构形式可分为辐板式车轮轮毂和辐条式车轮轮毂两种。辐板式车轮轮毂拆装方便，一般用于轻型和中型汽车车轮；辐条式车轮轮毂常常将辐条与轮毂铸造成一体，多用于重型车轮。

轮毂内装有轮毂轴承，为使其润滑，可在毂内加少量润滑脂。

17.4.2 轮胎

1. 轮胎的作用

轮胎安装在轮辋上，直接与路面接触。其作用是：支承汽车的总质量；与汽车悬架共同吸收和缓和汽车行驶时所受到的冲击和振动，以保证汽车具有良好的乘坐舒适性和行驶平顺性；保证车轮与路面的良好附着而不致打滑，使汽车行驶平稳。

2. 轮胎的类型

汽车轮胎按其用途可分为轿车轮胎和载货汽车轮胎两种。轿车轮胎主要用于轿车的充气轮胎；载货汽车轮胎主要用于载货汽车、客车及挂车上的充气轮胎。

汽车轮胎按胎体结构可分为充气轮胎(pneumatic tire)和实心轮胎(solid tire)。现代汽车绝大多数采用充气轮胎；而实心轮胎目前仅应用在沥青、混凝土路面的干线道路上行驶的低速汽车或重型挂车上。

就充气轮胎而言，按组成结构不同，可分为有内胎轮胎(tube tire)和无内胎轮胎(tubeless tire)两种；按胎内的工作压力大小，可分为高压胎、低压胎和超低压胎 3 种；按胎体中帘线排列的方向不同，又可以分为普通斜交胎、带束斜交胎和子午线胎(radial tire)；按胎面花纹的不同，还可以分为普通花纹胎、混合花纹胎和越野花纹胎。

1) 有内胎的充气轮胎

这种轮胎由外胎 1、内胎 2 和垫带 3 组成，如图 17.21 所示。外胎是用耐磨橡胶制成的强度较高而又有弹性的外壳，直接与地面接触，保护着内胎使其不受损伤。它由胎圈 1、缓冲层 2、胎面和帘布层 3 等组成，如图 17.22 所示。

胎面是外胎的外表面，包括胎冠 5、胎肩 6 和胎侧 7 三部分。胎冠 5 也称行驶面，它与路面直接接触，承受冲击和磨损，并保护胎体不受机械损伤。为了增加轮胎与路面之间的附着力，防止纵横向滑移，在胎冠 5 上有各种形式的花纹，如图 17.23 所示。胎肩 6

(图17.22)是较厚的胎冠5和较薄的胎侧7间的过渡部分,一般也有各种花纹以防滑和散热。胎侧7是贴在帘布层侧壁的薄橡胶层,其作用是保护胎侧部分的帘布层免受机械损伤及水分侵蚀。胎侧不与地面接触,一般不磨损,但此处承受较大的挠曲变形。

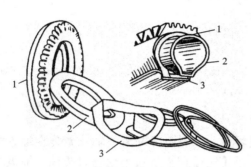

图17.21　有内胎的充气轮胎组成
1—外胎　2—内胎　3—垫带

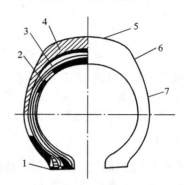

图17.22　外胎的构造
1—胎圈　2—帘布层　3—缓冲层　4—橡胶层
5—胎冠　6—胎肩　7—胎侧

(a) 普通花纹　　　　(b) 混合花纹　　　　(c) 越野花纹

图17.23　轮胎的花纹

帘布层4是外胎的骨架,也称胎体,其主要作用是承受负荷(汽车重力、路面冲击力和内部气压),保持轮胎外缘的尺寸和形状。帘布层通常由多层胶化的棉线或其他纤维编织物叠成,并按一定的角度交叉排列。为使其负荷均匀分布,帘布层数多采用偶数。帘布层数的多少要根据轮胎承受的负荷、内压以及轮胎的类别和用途来确定,一般在外胎表面上注有帘布层数。

缓冲层2位于胎面和帘布层之间,质软而弹性大。其作用是加强胎面与帘布层的结合,以缓和汽车在行驶时所受到的不平路面的冲击,以及防止汽车在紧急制动时胎面与帘布层脱离。

胎圈1是帘布层3的根基。它靠胎圈固装在轮辋上。胎圈由钢丝圈、帘布层包边和胎圈包布组成。

内胎是一个环形的橡胶管,上面装有气门嘴,以便充入或排出空气。内胎里充满了一定压力的压缩空气。一般气压在0.5～0.7MPa的轮胎称为高压胎;气压在0.15～0.45MPa的轮胎称为低压胎;气压在0.15MPa以下的轮胎称为超低压胎。目前,轿车、货车几乎全都采用低压胎,因为低压胎弹性好、断面宽,与道路接触面大,壁薄而散热性好,所以提高了汽车的行驶平顺性、转向操纵的稳定性,同时,道路和轮胎本身的寿命也得以延长。但由于橡胶性能的改善,已使轮胎负荷能力大为提高,虽然轮胎气压已在高压胎范围,但轮胎的缓冲性能仍保持原来同规格的低压胎性能,这类轮胎国内外仍将其归于低压胎之列。

垫带是一个环形的橡胶带,它垫在内胎与轮辋之间,保护内胎不被轮辋和胎圈磨坏,并防止尘土及水汽浸入胎内。

2) 子午线轮胎

目前,子午线轮胎得到了越来越广泛的应用。子午线轮胎(图17.24)帘布层 2 的帘线与轮胎子午断面接近一致(即与胎面中心线成 90°或接近 90°)排列,以带束层 3 箍紧胎体。其特点是帘线的这种排列能使其强度被充分利用,故它的帘布层数比普通轮胎可减少将近一半,最少的只有一层,且没有偶数限制,所以胎体柔软;帘线在圆周方向上只靠橡胶来联系。为了承受汽车行驶时产生的较大切向力,子午线轮胎具有若干层帘线与子午断面呈大角度(交角 70°~75°)、高强度、不易拉伸的周向环形的类似缓冲层的带束层。同时带束层采用强度高、伸缩率小的帘线材料制成,故带束层像一条刚性环带似地箍在胎体上,极大地提高了胎面的刚度和强度。

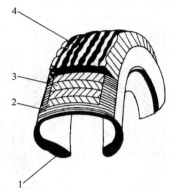

图 17.24　子午线轮胎
1—胎圈　2—帘布层
3—带束层　4—胎冠

子午线轮胎与普通斜交胎相比,具有耐磨性好、弹性大、行驶里程长(比普通胎长50%以上);滚动阻力小、节约燃料(滚动阻力可减小 25%~30%,油耗降低 8%左右);承载能力大、减振性能和附着性能好、胎面耐刺穿和自重轻等优点。但其胎侧易裂口,胎圈易损坏,且侧向稳定性差,成本高。

子午线轮胎使用的轮辋与普通轮胎相同,在使用中,子午线轮胎与普通轮胎不能并装也不可同轴混装。充气时,一般载货汽车子午线轮胎的内压应比相应的普通轮胎高0.2MPa 左右。国内外轿车及一些中型载货汽车广泛装用子午线轮胎。

3) 无内胎轮胎

无内胎轮胎(图 17.25)在外观和结构上与有内胎轮胎相似,所不同的是它没有内胎和垫带,空气直接压入外胎中,其密封性是由外胎和轮辋来保证的。无内胎轮胎的内壁上附加了一层厚约 2~3mm 的专门用来封气的橡胶密封层 1,有的还在该层下面贴着一层特殊混合物制成的自粘层。当轮胎穿孔时,自粘层能自行将刺穿的孔黏合,故这种轮胎也称为有自粘层的无内胎轮胎。在胎圈外侧也有一层胎圈橡胶密封层 2,用以增加胎圈与轮辋着合的气密性。轮辋底部是倾斜的,并涂有均匀的漆层。气门嘴 3 直接固定在轮辋 6 的一侧,其间垫以密封用的橡胶密封垫 4,并用螺母旋紧密封。铆接轮辋和辐板的铆钉 7 自内侧塞入,并涂上一层橡胶。

无内胎轮胎的优点是:只在爆破时才会失效,而穿孔时漏气缓慢,胎压不会急剧下降仍能继续行驶;同时因无内胎,故摩擦生热少,散热快,适于高速行驶;此外,它结构简单,质量较小。无内胎轮胎的缺点是:密封层和自粘层易漏气,途中修理较为困难。此外,自粘层只有在穿孔尺寸不大时方能粘合。天气炎热时自粘层可能软化而向下流动从而破坏车轮平衡,因此,一般多采用无自粘层的无内胎轮胎。它的外胎内壁只有一层密封层,当轮胎穿孔后,由于其本身处于压缩状态而紧裹着穿刺物,故能长期不漏气,即使将穿刺物拔出,亦能暂时保持胎内气压。无内胎轮胎一般配用深式轮辋,目前在轿车上应用较多。

4）轮胎的规格

轮胎作为标准化、系列化的产品，为便于识别和选用，要求具有明确的规格。各国对于轮胎规格的表示方法都有自己的标准，但基本上大同小异，应反映出轮胎的类型、结构、主要尺寸及基本性能参数等，一般都含有轮胎断面宽度 B、轮辋直径 d（如图 17.26）等信息。

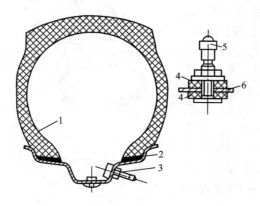

图 17.25　无内胎轮胎

1—橡胶密封层　2—胎圈橡胶密封层　3—气门嘴
4—橡胶密封垫　5—气门嘴帽　6—轮辋

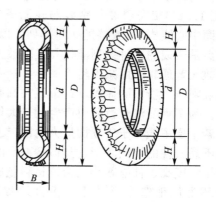

图 17.26　充气轮胎的尺寸标注

D—外直径；d—内直径（即轮辋直径）
B—断面宽度；H—断面高度

轮胎规格的表示方法有公制和英制两大系统，目前大多数国家采用英制表示法，但也有英制和公制混合表示的，我国这两种表示方法都在使用。总的说来，我国轿车轮胎规格参照欧洲标准（ETRTO），载货汽车轮胎规格参照美国标准（TRA）。我国现执行的轮胎标准有《GB 9743—1997 轿车轮胎》、《GB/T 2978—1997 轿车轮胎系列》、《GB 9744—1997 载货汽车轮胎》、《GB/T 2977—1997 载货汽车轮胎系列》。

在我国标准中，轿车轮胎规格的常见表示方法如下示例所示。

205/55　R16　91W

其中，"205"表示轮胎的断面宽度（单位 mm），"55"表示轮胎的扁平率（即轮胎断面高宽比 $H/B=55\%$），"R"表示轮胎为子午线轮胎（无字母"R"则为斜交胎），"16"表示轮胎的轮辋直径（单位 in），"91"表示轮胎负荷指数（即轮胎承载能力，根据国家标准 GB/T 2978 查表可得具体承载数值），"W"表示轮胎速度级别（即该轮胎允许的最高车速 km/h，不同字母表示不同的允许最高车速，见表 17-3）。

表 17-3　轮胎速度级别代号（部分）

轮胎速度级别代号	J	K	L	M	N	P	Q	R	S	T	U	H	V	W	Y
允许最高行驶车速（km/h）	100	110	120	130	140	150	160	170	180	190	200	210	240	270	300

根据我国标准，载货汽车轮胎的规格有 11 种，具体表示方法如以下示例所示。

(1) 4.50-12 ULT。该示例为微型载货汽车普通断面斜交轮胎的规格,其中,"4.50"表示轮胎断面宽度(单位 in),"12"表示轮辋直径(单位 in),"ULT"表示微型载货汽车轮胎。

(2) 6.0-16 LT。该示例为轻型载货汽车普通断面斜交轮胎的规格,其中,"6.0"表示轮胎断面宽度(单位 in),"16"表示轮辋直径(单位 in),"LT"表示轻型载货汽车轮胎。

(3) 6.0R16 LT。该示例为轻型载货汽车普通断面子午线轮胎的规格,其中,"6.0"表示轮胎断面宽度(单位 in),"R"表示轮胎为子午线轮胎,"16"表示轮辋直径(单位 in),"LT"表示轻型载货汽车轮胎。

(4) 214/70 14 LT。该示例为轻型载货汽车斜交公制系列轮胎的规格,其中,"214"表示轮胎断面宽度(单位 mm),"70"表示轮胎的扁平率为70%,"14"表示轮辋直径(单位 in),"LT"表示轻型载货汽车轮胎。

(5) 214/70 R14 LT。该示例为轻型载货汽车子午线公制系列轮胎的规格,其中,"214"表示轮胎断面宽度(单位 mm),"70"表示轮胎的扁平率为70%,"R"表示轮胎为子午线轮胎,"14"表示轮辋直径(单位 in),"LT"表示轻型载货汽车轮胎。

(6) 9.00-20。该示例为中、重型载货汽车普通断面斜交轮胎的规格,其中,"9.00"表示轮胎断面宽度(单位 in),"20"表示轮辋直径(单位 in)。

(7) 9.00R20。该示例为中、重型载货汽车普通断面子午线轮胎的规格,其中,"9.00"表示轮胎断面宽度(单位 in),"R"表示轮胎为子午线轮胎,"20"表示轮辋直径(单位 in)。

(8) 8R22.5。该示例为中、重型载货汽车普通断面子午线无内胎轮胎的规格,其中,"8"表示轮胎断面宽度(单位 in),"R"表示轮胎为子午线轮胎,"22.5"表示无内胎轮辋直径(单位 in)。

(9) 245/75 22.5。该示例为中、重型载货汽车斜交无内胎公制系列轮胎的规格,其中,"245"表示轮胎断面宽度(单位 mm),"75"表示轮胎的扁平率为75%,"22.5"表示轮辋直径(单位 in)。

(10) 245/75 R22.5。该示例为中、重型载货汽车子午线无内胎公制系列轮胎的规格,其中,"245"表示轮胎断面宽度(单位 mm),"75"表示轮胎的扁平率为75%,"R"表示轮胎为子午线轮胎,"22.5"表示轮辋直径(单位 in)。

(11) 315/75 R22.5 154/149 L。该示例为中型载货汽车子午线无内胎公制系列轮胎的规格,其中,"315"表示轮胎断面宽度(单位 mm),"75"表示轮胎的扁平率为75%,"R"表示轮胎为子午线轮胎,"22.5"表示轮辋直径(单位 in),"154/149"表示轮胎负荷指数(单胎/双胎),"L"表示轮胎速度级别。

思考题

1. 轮式行驶系统由哪几部分组成?功用是什么?
2. 试分析轮式行驶系统的受力情况。
3. 车桥中整体式桥和断开式桥各有什么特点?为什么整体式桥通常配非独立悬架而断开式桥与独立悬架相配?
4. 转向轮定位参数有哪些?各有什么作用?主销后倾角为什么在某些轿车上出现负

值？前束如何测量和调整？

5. 转向驱动桥在结构上有什么特点？其转向和驱动两个功用主要由哪些零件实现？

6. 为什么辐板式车轮比辐条式车轮在汽车上得到更广泛采用？

7. 子午线轮胎和普通斜交胎相比，有什么区别和特点？为什么子午线轮胎得到越来越广泛地使用？

8. 我国轿车轮胎的规格如何表示？

第 18 章 悬 架

教学提示

悬架是车架(或承载式车身)与车桥(或车轮)之间的一切传力连接装置的总称。车架与车桥通过悬架弹性地连接在一起。本章重点介绍悬架的组成、作用与分类;介绍独立悬架和非独立悬架的类型、组成和工作原理;简介电控悬架系统。

教学目标

要求学生熟练掌握悬架的组成、作用和工作原理;掌握弹性元件、减振器的结构、功用和工作原理,一般掌握独立悬架和非独立悬架的类型、组成和工作原理;了解电控悬架系统的类型及工作原理。

18.1 概 述

18.1.1 汽车对悬架的要求

为保证汽车安全、舒适的工作,汽车对悬架提出如下要求。
(1) 保证汽车有良好的行驶平顺性。
(2) 具有合适的衰减振动能力。
(3) 保证汽车具有良好的操纵稳定性。
(4) 汽车制动或加速时要保证车身稳定,减少车身纵倾;转弯时车身侧倾角要合适。
(5) 具有良好的隔声能力。
(6) 结构紧凑、占用空间尺寸要小。

(7) 可靠地传递车身与车轮之间的各种力和力矩，在满足零部件质量要小的同时，还要保证有足够的强度和寿命。

18.1.2 悬架的组成与分类

悬架(suspension)主要由弹性元件 1、导向装置 2、5 和减振器 3 等 3 部分组成。如图 18.1 所示。

悬架的主要作用是把路面作用于车轮上的垂直反力(支承力)、纵向反力(驱动力和制动力)和侧向反力以及这些反力所形成的力矩传递到车架(或承载式车身)上，以保证汽车的正常行驶。

弹性元件使车架与车桥之间作弹性联系，承受和传递垂直载荷，缓和及抑制不平路面所引起的冲击；导向装置用来传递纵向力、侧向力及其力矩，并保证车轮相对于车架或车身有一定的运动规律；减振器用以加快振动的衰减，限制车身和车轮的振动。由此可见，上述 3 个组成部分分别起缓冲、导向和减振作用，三者联合起到共同传力的作用。为防止车身在不平路面行驶或转向时发生过大的横向倾斜，部分汽车还装有辅助弹性元件横向稳定器(stabilizer anti-roll bar)和平衡杆(stabilizer bar)。

需要指出的是：任何悬架只要具备上述功用，在结构上并非需要有以上全套装置。如一般汽车上广泛采用的多片钢板弹簧悬架，它既有缓冲、减振的功能，又担负起传力和导向的任务，因此，不需要再安装导向机构，甚至不需要减振器(如后悬架)。在悬架系统中弹性元件与减振器是并联安装的。

根据汽车两侧车轮运动是否相互关联，汽车悬架可分为非独立悬架(rigid axle suspension)和独立悬架(independent suspension)两种形式，如图 18.2 所示。

非独立悬架(图 18.2(a))的结构特点是汽车两侧车轮分别安装在一根整体式的车轴两端，车轴则通过弹性元件与车架相连接。这种悬架当一侧车轮因道路不平而跳动时，将要影响另一侧车轮的工作，因此称为非独立悬架或相关悬架。独立悬架(图 18.2(b))则是两侧车轮分别安装在断开式的车轴两端，每段车轴和车轮单独通过弹性元件与车架相连。这样当一侧车轮跳动时，对另一侧车轮不产生影响，因此称为独立悬架。

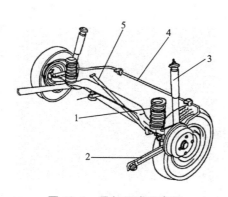

图 18.1 悬架组成示意图
1—弹性元件 2、5—导向装置
3—减振器 4—横向稳定器

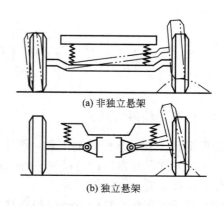

图 18.2 非独立悬架与独立悬架示意图

独立悬架的前轮可调整其定位,故在轿车上被广泛应用,而非独立悬架因结构简单、制造和维修方便,故在中型、重型汽车中被普遍采用。

18.2 弹 性 元 件

汽车悬架所用的弹性元件可分为钢板弹簧、螺旋弹簧、扭杆弹簧、气体弹簧等。一般载货汽车的非独立悬架广泛采用钢板弹簧;大多数轿车的独立悬架应用螺旋弹簧和扭杆弹簧;而在重型载货汽车上气体弹簧得到广泛的应用。

18.2.1 钢板弹簧

钢板弹簧是汽车悬架中应用最广泛的一种弹性元件。它是由若干片长度不等、曲率半径不同、厚度相等或不等的弹簧钢片叠合在一起组成的一根近似等强度的弹性梁(图18.3)。

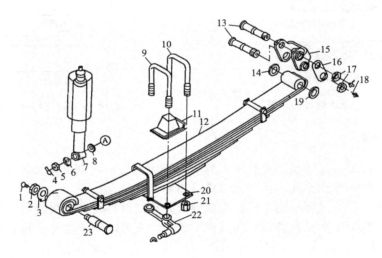

图 18.3 钢板弹簧

1、18—黄油嘴 2、17、21—锁紧螺母 3—防松垫圈 4—开口销 5—带槽口螺母
6、8—减振器垫圈 7—减振器总成 9、10—U形螺栓 11—钢板弹簧减振垫
12—前钢板弹簧总成 13、23—钢板弹簧销 14、19—衬垫
16—钢板弹簧吊耳 20—底板 22—减振器支架

钢板弹簧的中部一般由U形螺栓9、10与车桥刚性固定,其两端用钢板弹簧销13、23铰接在车架的支架上。

为加强第一片的卷耳,常将第二片末端也弯成卷耳,把第一片卷耳包住。弹簧受压变形时为防止它们之间产生相对滑动,在第一片与第二片卷耳之间留有较大的空隙。

在车架加载弹簧变形时,钢板弹簧各片之间产生相对滑动进而产生摩擦,此时钢板弹簧本身具有一定的减振作用。如果钢板弹簧各片之间干摩擦,轮胎所受到的冲击要直接传给车架,并直接使钢板弹簧各片磨损,故安装钢板弹簧时,应在各片之间涂上适量的石墨润滑剂。

为了进一步改善弹簧钢板的受力状况,可采用不同形状的断面。矩形断面钢板弹簧(图 18.4(a))结构简单,但受拉应力一面的棱角处易产生疲劳裂纹。图 18.4(b)、(c)采用上下不对称的横断面,由于断面抗弯的中性轴线上移,不但可减小拉应力,而且节省了材料。

钢板弹簧端部有 3 种结构形式(图 18.5)。图 18.5(a)端部为矩形的钢板,其制造简单,广泛应用在载货汽车上。图 18.5(b)端部为梯形的钢板,其质量小、节省钢材,较多的用在载货汽车上。图 18.5(c)端部为椭圆形的钢板,这种结构改善了应力分布状况,片端弹性好,片间摩擦小,质量也较轻,但制造工艺复杂,成本较高,一般在轿车上应用较多。

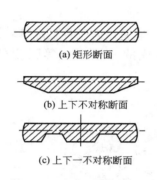

图 18.4 钢板弹簧的断面

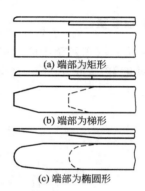

图 18.5 钢板弹簧端部形式

18.2.2 螺旋弹簧

螺旋弹簧广泛地应用于前独立悬架。螺旋弹簧(图 18.6)与钢板弹簧相比,具有无需润滑、不忌泥污、所占纵向空间不大、弹簧质量小等优点。

螺旋弹簧本身没有减振作用,因此在螺旋弹簧悬架中必须另装减振器。此外,螺旋弹簧只能承受垂直载荷,故必须装设导向机构以传递垂直力以外的各种力和力矩。螺旋弹簧常用弹簧钢棒料卷制而成,可做成等螺距或变螺距的,前者刚度不变,后者刚度是可变的。

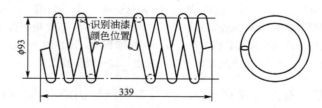

图 18.6 夏利 TJ7100 轿车前悬架螺旋弹簧(尺寸单位:mm)

18.2.3 扭杆弹簧

扭杆弹簧是一根具有扭转弹性的直线金属杆件 2(图 18.7)。其断面一般为圆形,少数为矩形或管形。它的两端可以做成花键、方形、六角形或带平面的圆柱形等,以便将一端固定在车架 3 上,另一端通过摆臂 1 固定在车轮上。当车轮跳动时,摆臂便绕着扭杆轴线摆动，使扭杆产生扭转弹性变形，借以保证车轮与车架的弹性联系。有的扭杆由一些矩形断面的薄扭片组合而成，这样弹簧更为柔软。

扭杆本身的扭转刚度虽然是常数，但采用扭杆的悬架刚度却是可变的。若将扭杆的固定端转过一个角度，则摆臂的初始位置将改变，借以可调节车架与车轮间的距离，即调节车身高度。

扭杆是用铬钒合金弹簧钢制成的，表面经过加工后很光滑。为了保护其表面，通常涂以沥青和防锈油漆或者包裹一层玻璃纤维布，以防碰撞、刮伤和腐蚀。扭杆具有预

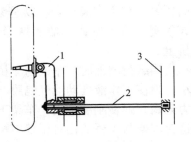

图 18.7　扭杆弹簧
1—摆臂　2—杆　3—车架

扭应力，安装时左右扭杆预加扭转的方向都与扭杆安装在车上后承受工作载荷时扭转的方向相同，不能互换，为此，在左右扭杆上刻有不同的标记。

扭杆弹簧与钢板弹簧相比较，具有质量小、不需润滑的优点。

18.2.4　气体弹簧

气体弹簧是在一个密封的容器中充入压缩气体，利用气体的可压缩性实现其弹簧作用的。这种弹簧的刚度是可变的，因为作用在弹簧上的载荷增加时，容器内的定量气体气压升高，弹簧的刚度增大。反之，当载荷减小时，弹簧内的气压下降，刚度减小，故它具有较理想的弹性特性。

气体弹簧有空气弹簧和油气弹簧两种。

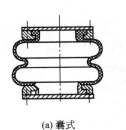

图 18.8　空气弹簧

（1）空气弹簧（air spring）。空气弹簧是利用压缩空气作弹簧的。根据压缩空气所用容器的不同，又有囊式和膜式两种形式（图 18.8）。囊式空气弹簧由夹有帘线的橡胶气囊和密闭在其中的压缩空气组成。气囊的内层用气密性好的橡胶制成，而外层则用耐油橡胶制成。气囊一般做成如图 18.8 所示的两节，节与节之间围有钢质的腰环，使中间部分不致有径向扩张，并防止两节之间相互摩擦。气囊的上下盖板将气囊密封。膜式空气弹簧的密闭气囊由橡胶膜片和金属压制件组成。

（2）油气弹簧（hydro-pneumatic spring）。在密闭的容器中充入压缩气体和油液，利用气体的可压缩性实现弹簧作用的装置称油气弹簧。油气弹簧以惰性气体（氮气）作为弹性介质，用油液作为传力介质，一般是由气体弹簧和相当于液力减振器的液压缸组成的。

根据结构的不同，油气弹簧分为单气室、双气室以及两级压力式等 3 种形式。

单气室油气弹簧又分为油气分隔式和油气不分隔式两种（图 18.9），前者可防止油液乳化，且便于充气。

单气室油气分隔式油气弹簧（图 18.9(a)）的球形气室固定在工作缸 4 上，其内腔用橡胶油气隔膜 2 隔开，一侧充入高压氮气，构成气体弹簧；另一侧与工作缸的内腔相通，并充满了工作介质（减振油液），相当于液力减振器。油气隔膜的作用在于把作为弹性介质的

高压氮气和工作液分开,以避免工作液乳化,同时也便于充气和保养。在球形气室上装有充气阀。油气弹簧上端的球形气室和下端的活塞分别通过上、下球座固定在车架和车桥上。

当载荷增加时,车架与车桥之间的距离缩短,活塞5上移使充满工作液的内腔容积减小,迫使工作液推动油气隔膜2向具有一定压力的氮气室移动,使气室容积减小,氮气压力升高,弹簧刚度增大,车架下降缓慢。当外界载荷等于氮气压力时,活塞便停止上移,这时车架与车桥的相对位置不再变化,车身高度也不再下降。

当载荷减小时,油气隔膜在高压氮气压力的作用下向油室一侧移动,推动活塞下移,从而使弹簧刚度减小,车架与车桥之间的距离变长,车架上升减缓,当外部载荷与氮气压力平衡时,活塞停止下移,车身高度也不再上升。

由于氮气储存在密闭的球形气室内,其压力随外载荷的大小而变化,故油气弹簧具有变刚度的特性,同时又起液力减振器的作用。

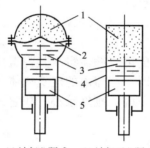

图 18.9 单气室油气弹簧示意图
1—气体 2—油气隔膜 3—油液
4—工作缸 5—活塞

单气室油气不分隔式油气弹簧(图18.9(b))的工作缸4的上端和活塞的下端分别固定在车架和车桥上。活塞的上面有一油层,既可以润滑活塞又可以作为气室的密封。油层上方的空间即为高压气室,其中充满高压氮气,气体和工作油液间没有任何隔离装置。

当载荷增加时,活塞在工作缸体内向上移动,高压气室容积缩小,氮气被进一步压缩,此时油压升高。当载荷减小时(伸张行程),活塞向下移动,高压气室的容积增大,气体压力和油压都下降。

空气弹簧和油气弹簧都同螺旋弹簧一样,只能承受轴向载荷,因此气体弹簧悬架中必须设置纵向和横向推力杆等导向机构,同时还必须设有减振器。

气体弹簧可以通过专门的高度控制阀自动调节气室中的原始充气压力,以调节车身与地面的高度。

18.3 减 振 器

减振器的作用是吸收弹性元件起落时车辆的振动,使其迅速恢复平稳的状态,以改善汽车行驶的平稳性。

汽车悬架系统中广泛采用液力减振器。其作用原理是利用液体流动的阻力来消耗振动的能量。当车架与车桥相对运动时,活塞在缸筒内就上下移动,减振器壳体内的油液便反复地从一个内腔通过一些窄小的孔隙流入另一内腔。此时,孔壁与油液间的摩擦及液体分子内摩擦便形成对振动的阻尼,使车身和车架的振动能量转化为热能而被油液和减振器壳体吸收,最后散到大气中去。减振器的阻尼力大小随车架与车桥的相对运动速度的增减而增减,并且与油液的黏度有关。这种阻尼力的大小可用孔道的多少、通道的面积、阀门弹簧的软硬以及油液的稀稠等各种方法加以控制。

能在压缩行程(车桥与车架相互靠近)和伸张行程(车桥与车架相互远离)均起减振作用

的减振器称为双向作用式减振器；只能在伸张行程内起减振作用的减振器称为单向作用式减振器。

双向作用式减振器根据其构造可分为筒式和摆臂式两种。目前汽车上广泛采用双向作用筒式减振器。

18.3.1 液力减振器

图 18.10 为常见的双向作用筒式减振器。它有 3 个同心钢筒：防尘罩 21、储油缸筒 20 和工作缸筒 19。防尘罩与活塞杆 18 和用于连接车架的上吊环 26 焊接在一起。工作缸筒装于储油缸筒内，并用储油缸筒螺母 27 通过密封圈 25 和导向座 22 压紧。储油缸筒的下端与连接车桥的下吊环 10 焊接在一起。在减振器工作时，这两个缸筒作为一个整体一起随车桥运动。储油缸筒与工作缸筒之间形成储油腔，内装减振油液，但不装满，工作缸筒内则充满减振油液。活塞杆 18 穿过储油缸筒和工作缸筒的密封装置伸入工作缸筒内。在活塞杆的下端用压紧螺母 9 固定活塞 4。活塞 4 的头部有内外两圈沿圆周均布的轴向通

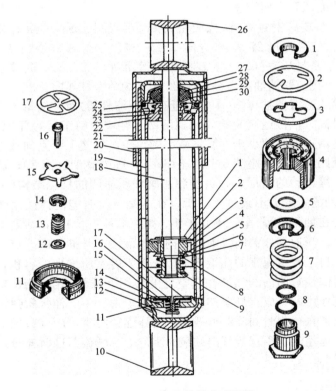

图 18.10 双向作用筒式减振器

1—流通阀限位座 2—流通阀弹簧片 3—流通阀 4—活塞 5—伸张阀 6—支承座圈
7—伸张阀弹簧 8—调整垫片 9—压紧螺母 10—下吊环 11—支承座 12—压缩阀弹簧座
13—压缩阀弹簧 14—压缩阀 15—补偿阀 16—压缩阀杆 17—补偿阀弹簧片
18—活塞杆 19—工作缸筒 20—储油缸筒 21—防尘罩 22—导向座 23—衬套
24—油封弹簧 25—密封圈 26—上吊环 27—储油缸筒螺母
28—油封 29—油封盖 30—油封垫圈

孔，外圈孔大、内圈孔小。在外圈大孔上面盖着流通阀3，并用流通阀弹簧片2压紧，再由流通阀限位座1限位。在内圈小孔下面，均布着4道小槽，其上面有伸张阀5和支承座圈6。当伸张阀被压紧时便形成4个缺口，该缺口为常通的缝隙，在压缩或伸张行程时，油液均可通过此缺口流动。在伸张阀与压紧螺母9之间装有调整垫片8，用于调整伸张阀弹簧7的预紧力。

在工作缸筒下端装有支承座11，其上端面有两个小缺口被星形补偿阀15盖着，形成两道缝隙，作为工作缸筒与储油缸筒之间的常通缝隙。补偿阀中央有孔，孔中装着压缩阀杆16，杆上有中心孔和旁通孔，其上滑套着压缩阀14。不工作时，压缩阀在压缩阀弹簧13的作用下使其上端面压在补偿阀15上，使内部形成锥形空腔。此时，油液经阀杆上的中心孔、旁通孔仅能流到锥形空腔中，而不能进入储油缸筒。支承座11上端用翻边的方法将补偿阀弹簧片17紧压在压缩阀杆16顶端边缘。

由于流通阀和补偿阀的弹簧较软，当车轮跳动较小时，油液从这两个阀和一些孔缝中流过；而伸张阀和压缩阀的弹簧都较硬，预紧力也较大，故当车轮剧烈跳动并使油压增大到一定程度时，才能压开它而流过。

工作缸筒的上部装有密封装置（橡胶密封圈25、油封28、油封盖29、油封垫圈30、油封弹簧24和储油缸筒螺母27等）和导向座22。橡胶密封圈25用于密封工作缸筒周缘；而橡胶油封28用于密封活塞杆。当活塞杆往复运动时，杆上的油液被密封件刮下，经导向座22上的径向小孔流回储油缸。导向座22用来为活塞杆导向。

当双向作用筒式减振器被压缩（车轮靠近车架压缩悬架）时，活塞4下移，使其下腔室容积减小，油压升高，油液经流通阀3流到活塞上腔室。由于活塞杆18占去上腔室一部分容积，故上腔室增加的容积小于下腔室减小的容积，致使下腔室油液不能全部流入上腔室，而多余的油液则压开支承座圈6上的压缩阀14进入储油缸筒20。这些阀对油液的节流便造成对悬架压缩运动的阻尼力，由于流通阀和压缩阀的特殊结构（弹簧较软，通道较小），能使油液流动的阻尼力不致过大，所以在压缩行程时能使弹性元件充分发挥它的缓冲作用。当悬架处在伸张行程（车轮离开车架、减振器被拉长）时，活塞上移使其上腔室容积减小、油压升高，流通阀3关闭。上腔室内的油液便推开伸张阀5流入下腔室。同样由于活塞杆的存在，自上腔室流来的油液不足以充满下腔室所增加的容积，下腔室内产生一定的真空度，这时储油缸筒内的油液在真空度的作用下推开补偿阀15流入下腔室进行补充。这些阀的节流作用即构成对悬架伸张运动的阻尼力。由于伸张阀弹簧的刚度和预紧力比压缩阀的大，且伸张行程时油液通道截面也比压缩行程小，所以减振器在伸张行程内产生的最大阻尼力远远超过了压缩行程内的最大阻尼力。减振器这时充分发挥减振作用，保护弹性元件不被拉坏。

18.3.2 充气式减振器

（1）充气式减振器（gas-filled shock absorber）。充气式减振器（图18.11）的结构特点是：在减振器缸筒的下部有一个浮动活塞2，使工作腔形成3个部分。在浮动活塞与缸筒一端形成的腔室中充入高压氮气；浮动活塞的上面是减振器油液，浮动活塞上装有大断面的O形密封圈3，把油和气完全隔开，形成封气活塞；工作活塞8上装有随其运动速度大小而改变通道截面积的压缩阀4和伸张阀7，此二阀均由一组厚度相同、直径不等、由大到小而排列的弹簧钢片组成。

当车轮跳动时,减振器的工作活塞在油液中往复运动,使工作活塞的上腔与下腔之间产生油压差,压力油便推开压缩阀或伸张阀来回流动。由于阀对压力油产生较大的阻尼力而使振动衰减。

由于下腔高压氮气的存在,便可以利用氮气的膨胀和压缩,借助浮动活塞的上下运动来补偿因活塞杆的进出而引起的缸筒容积的变化。因此不再需要储油腔,当然也就不需要储油缸筒了,所以这种减振器也称为单筒式减振器。而前述的双向作用筒式减振器既有工作缸筒,又有储油缸筒,故亦称双筒式减振器。

充气式减振器作为一种新型减振器,与双向作用筒式减振器相比,具有以下优点:①采用浮动活塞,不需要储油缸筒还减少了一套阀门系统,使结构大为减化;②在防尘罩直径相同的条件下,充气式减振器工作缸筒及活塞直径大,可以产生更大的阻尼力;③减振器中的高压氮气能减少车轮遇到冲击力时产生的高频振动,且有助于消除噪声;④充气式减振器由于浮动活塞的存在,消除了油液的乳化现象。充气式减振器的缺点是:①对油封要求高;②充气工艺复杂,修理困难;③当缸筒受到冲击而变形时,减振器就不能工作。

(2) 阻力可调式减振器(adjustable shock absorber)。阻力可调式减振器(图 18.12)的悬架系统采用了刚度可变的空气弹簧。其工作原理是,当汽车载荷增加时,空气囊中的气压升高,与之相通的气室 1 内的气压也随之升高,促使膜片 2 向下移动与弹簧 3 产生的压力平衡。同时,膜片带动与它相连的柱塞杆 4 和柱塞 6 下移,因而使得柱塞相对空心连杆 5 上的节流孔 7 的位置发生变化,结果减小了节流孔的通道截面面积,也就是减小了油液流经节流孔的

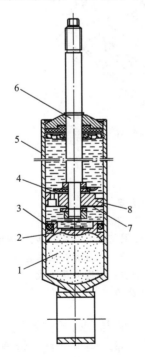

图 18.11 双向作用充气式减振器
1—密封气室 2—浮动活塞 3—O 形密封圈
4—压缩阀 5—工作缸 6—活塞杆
7—伸张阀 8—工作活塞

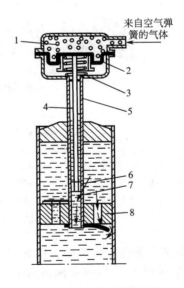

图 18.12 阻力可调式减振器
1—气室 2—膜片 3—弹簧
4—柱塞杆 5—空心连杆
6—柱塞 7—节流孔 8—活塞

流量，从而增加了油液的流动阻力。当汽车载荷减小时，柱塞上移，增大了节流孔的通道截面面积，结果减小了油液的流动阻力，达到了随汽车载荷的变化而改变减振器阻力的目的，保证了悬架系统具有良好的振动特性。某些高级轿车上装用了阻力可调式减振器。

18.4 非独立悬架

一般载货汽车均采用钢板弹簧作为弹性元件的非独立悬架，因钢板弹簧既有缓冲、减振的功能，又起传力和导向的作用，使得悬架结构大为简化。而采用螺旋弹簧或气体弹簧则需要有较复杂的导向机构。

18.4.1 纵置板簧式非独立悬架

图 18.13 为日本日野 K2 型汽车的后悬架。它采用纵置板簧式非独立悬架结构。

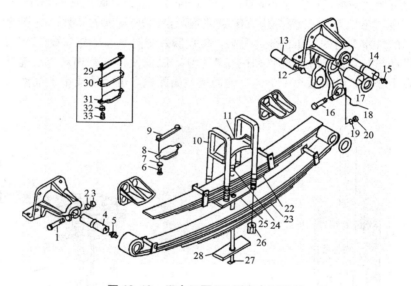

图 18.13　日本日野 K2 型汽车后悬架
1、6、16—螺栓　2、19、26、33—螺母　3、7、20—防松垫圈
4、13、14—钢板弹簧销　5、12、15—黄油嘴　8、31—橡胶限制件　9、29—底座固定件
10—U 形螺栓　11、32—钢板弹簧减振垫　17—衬垫　18—钢板弹簧吊耳总成
21、28、30—衬垫　22—后副钢板弹簧总成　23—后主钢板弹簧总成
24、27—中心螺栓　25—后钢板弹簧座

在板簧式非独立悬架中，钢板弹簧一般是纵向安置的，它与车桥的连接绝大多数是用两个 U 形螺栓 10，将钢板弹簧的中部刚性地固定在车桥上部。钢板弹簧两端通过钢板弹簧销 4、13 与车架支座活动铰接，以起传力和导向作用。

由于载货汽车后悬架载质量变化较大，为了保持悬架的频率不变或变化不大，广泛地在后悬架中采用后副钢板弹簧总成 22。后副钢板弹簧总成一般装在后主钢板弹簧总成上方，当后悬架负荷较小时，仅由主钢板弹簧起作用。在负荷增加到一定程度时，后副钢板弹簧总成与车架上的支架接触，开始起作用。此时，后主、副钢板弹簧一起工作，一起承受载荷而使悬架刚度增大，保证车身振动频率不致因载荷增加而变化过大。

钢板弹簧变形时，为保证车架两端与钢板弹簧连接的卷耳间的距离有伸缩的余地，钢板弹簧后端与车架的连接通常采用以下几种结构形式。

（1）吊耳支架式，解放 CA1091 型载货汽车前悬架采用。
（2）滑板支承式，东风 EQ1090E 型载货汽车前悬架采用。
（3）橡胶块支承式，一汽早期生产的 2.5t 越野汽车前悬架采用。

18.4.2 螺旋弹簧非独立悬架

螺旋弹簧非独立悬架一般只用作轿车的后悬架。图 18.14(a) 为一汽奥迪 100 型汽车后悬架。图 18.14(b) 为后悬架的放大图。减振器 8 下端是吊耳，通过螺栓 6、自锁螺母 16 和后桥 7 相连。减振器外面装有防尘罩 11，保护套下端装有弹簧下座 9，保护套上端装有限位块。减振环（图中未画出）、弹簧上座 14 和螺旋弹簧 10 就固定在弹簧上、下座 14 和 9 之间。弹簧上座上端有座圈孔，弹簧上座橡胶支承 13 就装在里边。减振器 8 的活塞杆由弹簧上座和弹簧上座橡胶支承 13 中间的通孔穿出，然后将自锁螺母 15 拧入减振器活塞杆上的螺纹，将活塞杆上部固定在弹簧上座 14 上。弹簧上座法兰上有 4 个螺栓孔，以便通过螺栓、自锁螺母 15 固定在和车身相连的连接件 12 上。后悬架中，导向元件横向推力杆 5 下连后桥，上连车身，用来传递车桥和车身之间的横向作用力及其力矩。加强杆 4 也是下连车桥，上连车身，此杆的作用是加强横向推力杆的安装强度，并可减轻车重和使车身受力均匀。

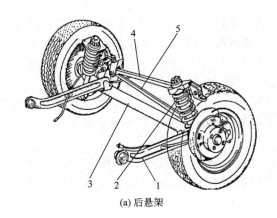
(a) 后悬架

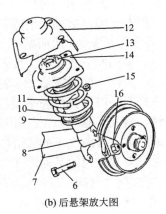
(b) 后悬架放大图

图 18.14 一汽奥迪 100 型汽车后悬架
1—纵摆臂 2—后悬架 3—后桥 4—加强杆 5—横向推力杆
6—螺栓 7—后桥 8—减振器 9—弹簧下座 10—螺旋弹簧
11—防尘罩 12—连接件 13—弹簧上座橡胶支承
14—弹簧上座 15、16—自锁螺母

18.4.3 空气弹簧非独立悬架

图 18.15 为空气弹簧非独立悬架示意图。囊式空气弹簧 5 的上下端分别固定在车架和车

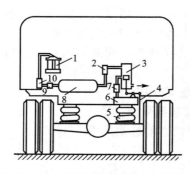

图 18.15 空气弹簧非独立悬架示意图
1—压气机 2、7—空气滤清器 3—车身高度控制阀
4—控制杆 5—空气弹簧 6—储气筒 8—储气筒
9—压力调节器 10—油水分离器

桥上。从压气机 1 产生的压缩空气经油水分离器 10 和压力调节器 9 进入储气筒 8。压力调节器可使储气筒中的压缩空气保持一定的压力。储气筒 6 通过管路与两个空气弹簧相通。储气筒和空气弹簧中的空气压力由车身高度控制阀 3 控制。空气弹簧和螺旋弹簧一样只能传递垂直力;其纵向力和横向力及其力矩也是由纵向推力杆和横向推力杆(图中未画图)传递的。采用空气弹簧悬架时,可以通过车身高度控制阀来改变空气弹簧内的空气压力,从而自动调节车身高度,以保证车身高度不因载荷变化而变化。

18.5 独立悬架

独立悬架的结构特点是两侧的车轮各自独立地与车架或车身弹性连接(图 18.2(b))。与非独立悬架相反,独立悬架很少用钢板弹簧作为弹性元件,而多采用螺旋弹簧和扭杆弹簧作为弹性元件,因而具有导向机构。独立悬架具有以下优点:①悬架弹性元件的变形在一定的范围内,两侧车轮可以单独运动而互不影响,这样可减少车架和车身在不平道路上行驶时的振动,而且有助于消除转向轮不断偏摆的现象;②减轻了汽车上非弹簧承载部分的质量(非簧载质量),从而减小了悬架所受到的冲击载荷,可以提高汽车的平均行驶速度;③由于采用断开式车桥,发动机位置可降低和前移并使汽车重心下降,有利于提高汽车行驶的稳定性,同时能给予车轮较大的上下运动空间,悬架刚度可设计得较小,使车身振动频率降低,以改善行驶平顺性;④可保证汽车在不平道路上行驶时,车轮与路面有良好的接触,增大了驱动力。此外具有特殊要求的某些越野汽车采用独立悬架后,可增大汽车的离地间隙、提高汽车的通过性能。

独立悬架按车轮的运动形式可分为横臂式独立悬架(车轮在汽车横向平面内摆动的悬架)、纵臂式独立悬架(车轮在汽车纵向平面内摆动的悬架)、烛式独立悬架和麦弗逊式独立悬架(车轮沿主销移动的悬架)4 种类型(图 18.16)。

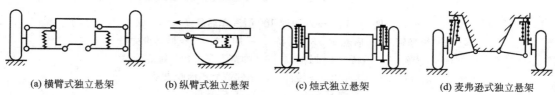

(a) 横臂式独立悬架　(b) 纵臂式独立悬架　(c) 烛式独立悬架　(d) 麦弗逊式独立悬架

图 18.16 独立悬架分类示意图

1. 横臂式独立悬架

横臂式独立悬架分为单横臂式独立悬架和双横臂式独立悬架两种。

(1) 单横臂式独立悬架(single transverse arm type)。图 18.17 为德国戴姆勒-奔驰轿车采用的单横臂式后独立悬架示意图。在该结构中，后桥半轴套管 8 是断开的，主减速器 5 的左侧有一个单铰链 4，半轴可绕其摆动。在主减速器上面安装着可调节车身水平位置的油气弹性元件 2，它和螺旋弹簧 7 一起承受并传递垂直力。作用在车轮上的纵向力主要由纵向推力杆 6 承受。中间支承 3 不仅可以承受侧向力，还可以部分地承受纵向力。当车轮上下跳动时，为避免干涉，其纵向推力杆的前端用球铰链与车身连接。采用单横臂式独立悬架的车轮上下运动时，车轮平面将产生倾斜而改变轮距的大小，并使主销内倾角及车轮外倾

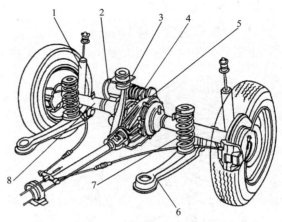

图 18.17　单横臂式后独立悬架示意图
1—减振器　2—油气弹性元件　3—中间支承
4—单铰链　5—主减速器　6—纵向推力杆
7—螺旋弹簧　8—半轴套管

角均发生较大变化。轮距变化使轮胎产生横向滑移，破坏轮胎与地面的附着，因此这种悬架很少在转向轮中采用。

(2) 双横臂式独立悬架(double transverse arm type)。图 18.18 为双横臂式独立悬架示意图。这种悬架的两个横臂长度可以相等，也可以不等长。等臂长的双横臂式独立悬架在车轮上下跳动时，虽然车轮平面不发生倾斜，却会使轮距发生较大的变化(图 18.18(a))。这将使车轮产生横向滑移。不等臂长的双横臂式独立悬架若两臂长度选择合适，则可以使主销角度与轮距的变化均不过大(图 18.18(b))。因此不等长的双横臂式独立悬架在轿车的前轮上应用较为广泛。

图 18.19 为一种典型的不等长双横臂式独立悬架。上横臂 2 和下横臂 6 为不等长横臂。螺旋弹簧 1 与减振器位于上、下横臂之间。

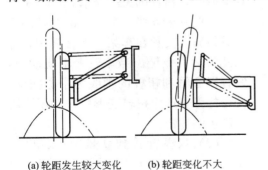

(a) 轮距发生较大变化　(b) 轮距变化不大

图 18.18　双横臂式独立悬架示意图

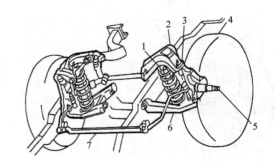

图 18.19　不等长双横臂式独立悬架
1—螺旋弹簧　2—上横臂　3—球关节　4—车轮
5—转向节　6—下横臂　7—稳定杆

图 18.20 为日本丰田皇冠轿车前悬架示意图。

2. 纵臂式独立悬架

(1) 单纵臂式独立悬架(singe trailing arm type)。单纵臂式独立悬架在车轮上下运动时，主销后倾角会产生很大变化，一般不用在前悬架中(图18.21)。

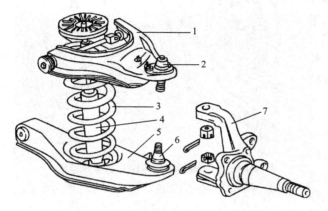

图 18.20　日本丰田皇冠轿车前悬架示意图
1—上横臂　2—上球头销　3—螺旋弹簧
4—筒式减振器　5—下横臂
6—下球头销　7—转向节

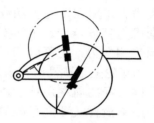

图 18.21　单纵臂式前独立悬架示意图

图 18.22 为法国雷诺-5 型轿车装用的单纵臂式扭杆弹簧后独立悬架结构示意图。

悬架的纵臂 4 是一箱形构件，一端用花键与车轮的心轴 5 连接，而另一端与套管 1 固装成一体。扭杆弹簧 2 装在套管内，其外端用花键固定在套管内的花键套中，扭杆的另一端借花键与车架的另一侧纵梁连接。套管 1 的两端用宽橡胶衬套 3 支承在车架梁上套筒中，并以此为活动铰链。当车轮上下跳动时，纵臂以套管和扭杆的轴线为中心摆动，使扭杆弹簧产生扭转变形以缓和不平路面产生的冲击。

(2) 双纵臂式独立悬架(double-trailing arm type)。这种悬架的两个纵臂长度一般做成相等，形成平行四连杆机构。这样可使车轮上下运动时，主销后倾角不变，因而这种形式的悬架适用于转向轮。

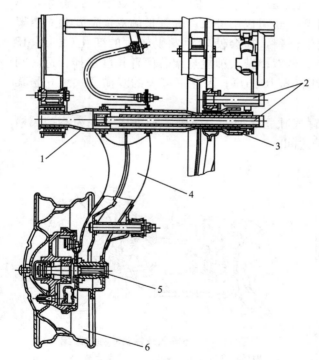

图 18.22　法国雷诺-5 型轿车的后悬架
1—套管　2—扭杆弹簧　3—橡胶衬套
4—纵臂　5—心轴　6—车轮

图 18.23 为双纵臂扭杆弹簧式前独

立悬架示意图。两根纵臂1的后端与转向节铰接，前端则通过各自的摆臂轴2支承在车架横梁5内部的衬套3中。摆臂轴与纵臂1刚性地连接，扭杆弹簧4由若干片矩形断面的薄弹簧钢片叠加而成。扭杆弹簧4外端插入摆臂轴2的矩形孔内，中部用螺钉6使之与管形横梁5相固定。这种悬架两侧车轮共用两根扭杆弹簧。

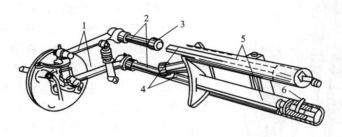

图 18.23　双纵臂式扭杆弹簧式前独立悬架
1—纵臂　2—摆臂轴　3—衬套
4—扭杆弹簧　5—横梁　6—螺钉

图 18.24 为四连杆型后独立悬架图。后稳定杆6可防止轿车转向时发生过大的横向倾斜。后桥及后悬架起着支持车架的作用，并将负荷自车架传至车轮。

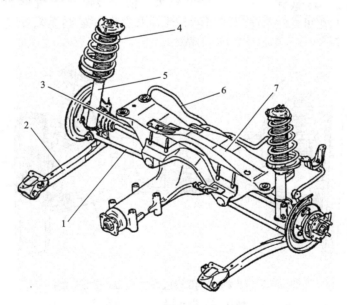

图 18.24　四连杆型后独立悬架
1—前侧向控制杆　2—纵向臂　3—后侧向控制杆　4—螺旋弹簧
5—支柱　6—后稳定杆　7—横梁

3. 车轮沿主销移动的悬架

车轮沿主销移动的悬架包括两种形式：一种是车轮沿固定不动的主销轴线移动的烛式独立悬架；另一种是车轮沿摆动的主销轴线移动的麦弗逊式独立悬架。

（1）烛式独立悬架（sliding pillar type）。烛式独立悬架的车轮沿固定不动的主销轴线移动(图 18.25)。主销1刚性地固定在车架上，转向轮、转向节则装在套筒3上。这种悬架的主销定位角不变化，使汽车转向操纵及行驶稳定性较好，但侧向力全部由套在主销1上的套筒3和主销承受，套筒与主销之间的摩擦阻力大，磨损严重。

(2) 麦弗逊式悬架(Mc Pherson type)。这种悬架的车轮沿摆动的主销轴线移动(图 18.26)。横摆臂1以球铰链与转向节3相连接。外面套有螺旋弹簧6的减振器4上端通过螺栓与橡胶垫圈与车身5相连接，下端固定在转向节3上。主销的轴线为上下铰链中心的联线。当车轮上下跳动时，因减振器的下支点随横摆臂摆动，故主销轴线的角度是变化的，显然车轮沿着摆动的主销轴线运动。因此，这种悬架变形时，使主销的定位角和轮距都有些变化。合理地调整杆系的布置，可使车轮的这些定位参数变化极小。这种悬架的突出优点是两前轮内侧空间较大，便于发动机等机件的布置。一汽奥迪100、捷达及上海桑塔纳型轿车均采用麦弗逊式独立悬架。

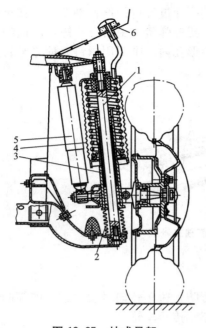

图 18.25 烛式悬架

1—主销 2—防尘罩 3—套筒
4—防尘罩 5—减振器 6—通气管

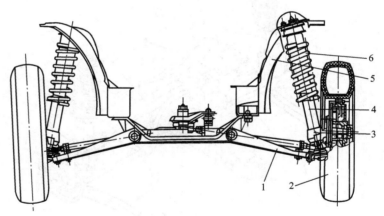

图 18.26 吉林 JL110 型汽车前悬架(麦弗逊式)

1—横摆臂 2—车轮 3—转向节
4—减振器 5—车身 6—螺旋弹簧

18.6 平 衡 悬 架

多轴汽车的全部车轮如果都是单独刚性地悬挂在车架上，则在不平道路上行驶时将不能保证所有的车轮同时接触地面(图 18.27(a))。当有弹性悬架而道路不平度较小时，虽然不一定会出现悬空现象，但各个车轮间的垂直载荷分配比例会有很大的改变。当车轮垂直载荷小甚至为零时，车轮对地面的附着力也将随之变小甚至等于零。在这种情况下，转向车轮将使汽车操纵能力大大降低以致失去操纵能力；驱动车轮不能产生足够的（甚至为零）驱动力；此外，一个车轮上垂直载荷减小，将引起其他车轮上垂直载荷的增加，严重时还会发生车桥及车轮超载的危险。

为解决这一问题，理论上，全部车轮均采用独立悬架，可以保证所有车轮与地面的良好接触，但将使汽车结构变得相当复杂。为此，常采用多轴汽车的平衡悬架解决这一问题。

若将两个车桥（如三轴汽车的中桥和后桥）装在两根平衡杆的两端，而将平衡杆中部与车架铰链（图 18.27(b)）。这样，当一个车桥抬高的将使另一车桥降低。如果平衡杆两臂等长，则两个车桥上的垂直载荷在任何情况下都会相等，故不可能发生如图 18.27(a) 所示的情况。这种能保证中、后桥车轮垂直载荷相等的悬架，称为平衡悬架（equalizing suspension）。

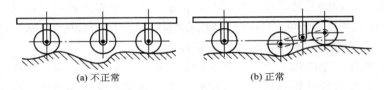

(a) 不正常　　　　　　(b) 正常

图 18.27　三轴汽车在不平道路上行驶情况示意图

钢板弹簧平衡悬架在三轴和四轴越野汽车中获得了普遍的应用。如图 18.28 所示为三轴汽车的中、后驱动桥平衡悬架。

车架固装在心轴 4 上，心轴的两端用圆锥滚子轴承装在可动的心轴轴承毂 5 上。在心轴轴承毂的上方装置纵向钢板弹簧 2，钢板弹簧两端抵住半轴套管座架 6，半轴套管座架借反作用杆 1 及 3 借助球销连同橡胶衬套与车架连接。

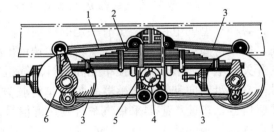

图 18.28　三轴汽车中、后桥平衡悬架
1、3—反作用杆　2—钢板弹簧　4—心轴
5—心轴轴承毂　6—半轴套管座架

采用平衡悬架可使中、后桥形成一个总的支承机构，能连同钢板弹簧一起绕心轴转动。另外，钢板弹簧变形时，中、后桥能各自单独移位，适应行驶在不平道路上的需要。并且在中、后桥载荷平均分配的条件下，增强了汽车的行驶性能。

18.7　电子控制悬架系统

18.7.1　组成及工作原理

1. 电子控制悬架系统的功用

电子控制悬架系统（ECSS，Electronic Controlled Suspension System），又称电子调节

悬架系统(Electronic Modulated Suspension System)，简称为 EMS。

对于传统的悬架系统而言，当其结构确定后，就具有固定的悬架刚度和阻尼系数，在车辆行驶过程中无法进行调节，也就是在汽车行驶过程中不能人为地加以控制，因此悬架减振性能的进一步提高受到了限制。这种车辆在行驶过程中悬架刚度和阻尼系数不能改变的悬架称为被动悬架。显然，被动悬架在汽车行驶过程中平顺性和操纵稳定性不能兼而有之。为了满足汽车悬架系统平顺性和操纵稳定性两项性能要求，克服被动悬架的刚度和阻尼系数不能调节的弱点，便出现了汽车主动悬架的概念。主动悬架能够根据车辆的运动状态和路面状况主动做出反应，抑制车体的运动，使悬架始终处于最优的减振状态。车辆在行驶过程中悬架刚度和阻尼系数可人为地加以控制，并不断变化的悬架称为主动悬架。所以主动悬架的特点就是能够根据外界输入或车辆本身状态的变化进行动态自适应调节。随着电子技术的发展，在汽车悬架系统中采用了电子控制技术，便形成了电子控制悬架系统，简称电控悬架。显然，电子控制悬架系统就是主动悬架系统。

因此，汽车电子控制悬架系统的功用是：根据汽车行驶路面状况、行驶速度和载荷变化情况，通过电子控制单元(ECU)来控制相应的执行元件，自动调节车身高度、悬架刚度和阻尼系数，改善汽车的平顺性和操纵稳定性。

在装备电子控制悬架的汽车上，当汽车转弯、加速和制动时，乘员能够感到悬架较为坚硬，而在正常行驶时能够感到悬架比较柔软；电控悬架系统还能平衡地面反力，使其对车身的影响减小到最低程度。

2. 电子控制悬架系统的组成及工作原理

各种车型的电控悬架虽有一定的区别，但其基本结构和工作原理都是一样的。主要由前、后车身高度传感器、方向盘转向和转角传感器、节气门位置传感器和车速传感器、控制开关、电子调节悬架电控单元和执行器等组成。车身高度传感器采集前后车身的高度信号，方向盘转向和转角传感器采集汽车行驶方向信号，节气门位置传感器采集驾驶员加、减速信号，车速传感器采集汽车行驶速度信号。传感器和控制开关向 EMS ECU 输入车身以及汽车行驶的状态信息，EMS ECU 接受传感器和控制开关输入的电信号，并向执行元件发出控制命令，执行元件产生一定的机械动作，从而改变车身高度、弹簧刚度和减振器的阻尼力。

图 18.29 为丰田汽车控制调节悬架系统 TEMS 结构图。其各部件的功用见表 18-1。

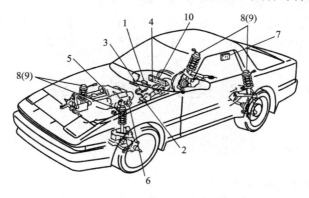

图 18.29　丰田汽车电子控制悬架系统结构图(TEMS)

表 18-1 电子控制悬架各部件的功用

序号	部件	功用
1	选择器开关	由两个按钮（NORMAL 标准和 SPORT 跑车）组成。驾驶员用这两个按钮选择阻尼力方式
2	转向传感器	检测方向盘转向的方向和方向盘的最大转角
3	停车灯开关	将制动信号传送至 TEMS ECU
4	车速传感器	将车速信号传送至 TEMS ECU
5	节气门位置传感器（发动机 ECU）	检测节气门开度并将信号经发动机 ECU 传送至 TEMS ECU
6	空挡起动开关（仅限 A/T 车辆）	传送信号，通知 TEMS ECU 什么时间换挡在"N"或"P"位
7	TEMS ECU	根据来自各传感器的信号，按照所选择方式控制减振器的阻尼力
8	执行器	根据来自 TEMS ECU 的信号，执行器驱动减振器控制杆（旋转滑阀），从而改变阻尼力
9	减振器	减振器内置旋转滑阀，分 3 级改变阻尼力
10	TEMS ECU 指示灯	指示所选择减振器的阻尼力（软、中、硬）

3. 电子控制悬架系统的类型

电子控制悬架系统有车高调整、阻尼力调整和弹簧刚度调整三个基本调整功能。根据基本功能的不同，电子控制悬架系统主要有以下几种类型：①电子控制变高度空气弹簧悬架系统；②电子控制变刚度空气弹簧悬架系统；③电子控制变阻尼悬架系统。

18.7.2 电子控制变高度悬架系统

1. 变高度控制悬架系统的组成

车身高度控制系统的主要功用是当车内乘员或载荷变化时，自动调节车身高度，使汽车行驶姿态稳定，从而提高乘坐的舒适性。

汽车采用的车身高度控制系统的组成如图 18.30 所示，由 4 只高度传感器（安装在每个减振器下面）、控制开关、电控单元 EMS ECU、高度调节执行器（包括 4 个气压缸、两只高度控制电磁阀、空气压缩机、干燥器和空气管路）等组成。

2. 变高度控制悬架系统的控制过程

变高度控制悬架系统在汽车乘员或载荷变化时能够自动调节车身高度。当乘员或载荷增加时，系统将自动调高车身高度；反之，当乘员或载荷减小时，系统将自动调低车身高度。变高度控制悬架系统的控制过程如图 18.31 所示。

（1）车身高度不变时悬架系统的控制过程。当车身高度传感器输入 EMS ECU 的信号表示车身高度在设定高度范围内时，EMS ECU 将发出指令使空气压缩机停止转动，空气

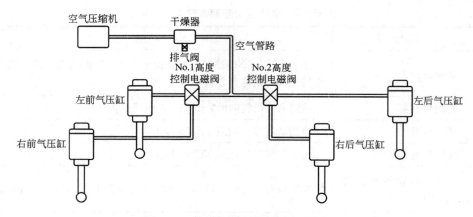

图 18.30 车身高度控制系统结构图

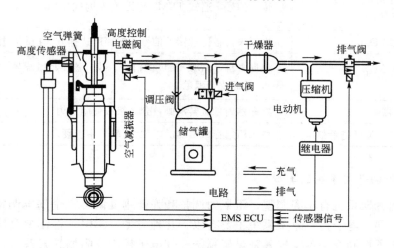

图 18.31 车身高度控制系统工作原理图

减振器内空气量保持不变，车身高度保持在正常位置。

(2) 车身高度降低时悬架系统的控制过程。当汽车乘员或载荷增加使车身高度"偏低"或"过低"时，高度传感器将向 EMS ECU 输入车身"偏低"或"过低"的信号。EMS ECU 接收到车身高度降低的信号时，立即向压缩机继电器高度控制电磁阀发出电路接通指令，在接通高度控制空气压缩机继电器电路使压缩机运转的同时，接通高度控制电磁阀线圈电路使电磁阀打开，压缩空气进入空气弹簧的气压腔(气室)，气压腔充气量增加便使车身高度上升。

(3) 车身高度升高时悬架系统的控制过程。当汽车乘员或载荷减少使车身高度"偏高"或"过高"时，高度传感器将向 EMS ECU 输入车身升高的信号。EMS ECU 接收到车身高度升高的信号时，立即向空气压缩机继电器发出电路切断指令，并向排气阀和高度控制电磁阀发出电路接通指令，压缩机继电器触点迅速断开使电动机电路切断而停止运转，排气阀和高度控制电磁阀线圈电路接通使电磁阀打开，空气从减振器气压腔、经高度控制电磁阀、空气软管、干燥器、排气阀排出，气压腔空气量减少使车身高度降低。

18.7.3 电子控制变刚度悬架系统

1. 变刚度悬架系统的组成

在汽车的每个车轮都安装有空气弹簧和普通减振器，通过改变空气弹簧气压腔中的压缩空气压力(实际上是改变空气密度)，即可改变空气弹簧悬架的刚度。

变刚度空气弹簧悬架系统由高度传感器、控制开关、EMS ECU、刚度调节器(气压缸、高度电磁阀、空气压缩机、干燥器和空气管路)等组成。由此可见，变刚度空气弹簧悬架系统与变高度空气弹簧悬架系统的组成基本相同，主要区别在于空气弹簧气压缸的内部结构及其调节机构有所不同。

变刚度空气弹簧气压缸中的空气弹簧气压腔分为主、辅两个气压腔，并在主气压腔与辅气压腔之间设有一个由步进电机驱动的空气调节阀。主、辅气压腔设计为一体，不仅节省空间，而且减轻质量。悬架上端与车身相连，下端与车轴相连，随着车身与车轮的相对运动，主气压腔的容积将不断变化。因此，调节主气压腔的空气量(即空气压力和密度)，即可调节空气弹簧的刚度。如果主气压腔与辅气压腔之间的气体可以流动，那么改变主、辅气压腔之间气体通路的大小，使主气压腔被压缩的空气量发生变化，就可改变空气弹簧悬架的刚度。

2. 空气弹簧悬架刚度的调节原理

在汽车行驶过程中，为了防止或抑制车身出现"点头"、"侧倾"、"后坐"等现象，需要调节相应悬架的高度和减振器的阻尼力。当汽车紧急制动时，为了抑制点头现象，EMS ECU 将根据制动灯开关接通信号和车速传感器提供的车速高低信号，向前空气弹簧执行元件发出指令使其气压升高，增大前空气弹簧的刚度，同时控制后空气弹簧执行元件使后空气弹簧放气，减小其刚度。当控制单元计算的车速变化量表明无需抗点头控制时，就使前后空气弹簧恢复到原来的压力。

18.7.4 电子控制变阻尼悬架系统

1. 变阻尼悬架系统的组成

在电子控制悬架系统中，变阻尼悬架系统的应用最为广泛。变阻尼悬架系统与空气弹簧悬架系统相比，最突出的优点是质量轻，因空气弹簧悬架系统需要空气压缩机、气压缸和干燥器，使整车质量大大增加，而变阻尼悬架系统只增加了电子控制元件和可变减振器阻尼的执行元件，质量较轻。

变阻尼电子控制悬架系统由车速传感器、转向盘转角与转动方向传感器、节气门位置传感器、减振器工作模式选择开关(在仪表盘上)、制动灯开关、空挡起动开关(自动变速器汽车装用)、电控单元和阻尼力调节执行器等组成，其结构和位置如图18.32所示。节气门位置传感器的信号并不是直接传递给悬架系统的电控单元，而是首先传递给发动机电控单元，再由发动机电控单元向悬架系统电控单元发送指令。

变阻尼悬架系统采用的控制方式分为以下3种：①根据汽车行驶状况进行控制；②根据驾驶员选择的运行模式进行控制；③根据汽车行驶状况和驾驶员选择的运行模式进行控制。

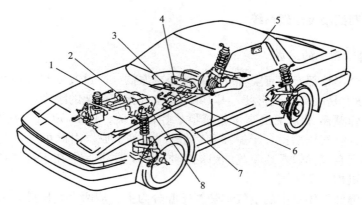

图 18.32 电子控制变阻尼悬架系统结构图
1—变阻尼执行元件　2—节气门位置传感器　3—工作模式选择开关　4—车速传感器
5—EMS ECU　6—制动灯开关　7—方向盘转角与转动方向传感器　8—空挡起动开关

2. 变阻尼悬架系统的控制过程

汽车行驶过程中，变阻尼悬架系统的控制过程是通过选择减振器阻尼的工作模式进行的。驾驶员根据行驶需要选择不同的工作模式，减振器阻尼就处于相应的工作状态。减振器阻尼的状态一般设有"标准"、"中等硬度"和"坚硬"三种形式。

当分别选择"标准"、"中等硬度"和"坚硬"工作模式时，EMS ECU 就根据传感器和控制开关信号确定阻尼为"标准"、"中等硬度"和"坚硬"三种相应状态，汽车在行驶过程中由于转弯、加速和制动所需要的合适阻尼力就可以得到自动调节，从而改善了不同工作条件下汽车的平顺性和操纵稳定性。

18.7.5　变高度变刚度变阻尼悬架系统

1. 变高度变刚度变阻尼悬架系统的组成

汽车电子控制悬架系统有高度可变、刚度可变和阻尼力可变 3 种电子控制可变悬架系统。在实际使用中，往往采用两种或两种以上的组合电子控制悬架系统，即变高度变刚度变阻尼悬架系统。在汽车电子控制悬架系统中，往往同时使用空气弹簧和变阻尼减振器。减振器的弹性元件用于支承汽车的质量，减振器控制系统用于调节减振器的阻尼，空气弹簧用于调节车身高度和刚度。如图 18.33 所示为变高度变刚度变阻尼的电子控制悬架系统。

电子控制悬架系统的控制单元从各种传感器和控制开关接收信息，包括控制模式选择开关、方向盘转角与转向传感器、横向加速度传感器（侧向惯性力传感器）、节气门位置传感器、车速传感器、制动灯开关、车身高度传感器、车高选择开关、门控灯开关、倒车灯开关、前照灯开关、空气供给系统的压力传感器和压力开关等。依据这些信息，EMS ECU 能够知道驾驶员所选择或希望的车身高度、刚度、减振器的阻尼、汽车的转向方向及转向角度、转弯时侧向惯性力的大小、汽车是否在加速、驾驶员是否在踩制动踏板、实际车身高度、车门是否打开、汽车是否倒车行驶、前照灯是否接通等信息，并控制执行元件执行相应的动作，从而达到自动控制车身高度、刚度和减振器阻尼的目的。

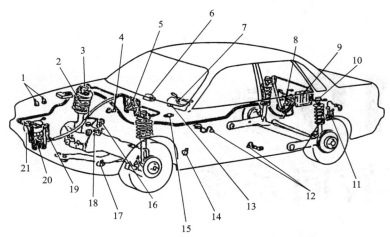

图 18.33　汽车变高度变刚度变阻尼悬架系统结构图

1—压缩机继电器　2—空气弹簧　3—变阻尼执行器　4—节气门位置传感器　5—前阀总成　6—系统功能指示器　7—转角与转向传感器　8—后阀总成　9—EMS ECU　10—变阻尼执行器　11—后高度传感器　12—门控灯开关　13—车速传感器　14—电源继电器　15—制动灯开关　16—空气压缩机　17—横向加速度传感器　18—前高度传感器　19—空气干燥器　20—流量控制阀　21—储气罐

2. 变高度变刚度变阻尼悬架系统的控制过程

在电子控制变高度变刚度变阻尼悬架系统的汽车上，驾驶员能够选择的车身高度工作模式有"高位"和"自动"两种状态，能够选择的减振器阻尼工作模式有"运动"、"自动"和"柔软"3种模式。

当驾驶员选择车身高度为"自动"状态时，控制单元能根据道路状况决定空气弹簧高度。按一下仪表盘上的高度选择按钮，就可将悬架设置在"高位"状态，并给空气弹簧充气，使车身高度升高。当汽车在坏路面上行驶时，为了防止车身底部碰撞路面，应当选择"高位"工作模式。

当减振器阻尼工作模式选择在"运动"模式时，控制单元将使减振器阻尼在任何情况下都很"坚硬"。当选择在"自动"模式时，控制单元根据传感器和开关信号，可将减振器阻尼调节为"坚硬"、"中等硬度"或"柔软"状态。当系统处于"自动"模式时，若再按"自动"按钮，系统将以"中等硬度"状态工作。当选择"柔软"模式工作时，控制单元能改变减振器的阻尼硬度，使之在"坚硬"、"中等硬度"和"柔软"之间变换，选择"柔软"模式工作要比"自动"模式稍微软一些。

思考题

1. 汽车上为什么设置悬架总成？一般它是由哪几部分组成的？各部分的作用是什么？
2. 汽车悬架中的减振器与弹性元件为什么要并联安装？对减振器有哪些要求？
3. 双向作用筒式减振器的压缩阀、伸张阀、流通阀和补偿阀各起什么作用？压缩阀和伸张阀的弹簧为什么较强？预紧力为什么较大？
4. 常用的弹性元件有哪几种？试比较它们的优缺点。
5. 钢板弹簧上的弹簧夹起什么作用？安装时应注意什么？
6. 电子控制悬架系统的功用是什么？电子控制悬架系统主要有哪几种类型？

第 19 章 汽车转向系统

教学提示

汽车转向系统是改变或保持汽车行驶方向的系统，对汽车的行驶安全至关重要，因此汽车转向系统的零件都称为保安件。本章主要介绍机械转向系统、液压动力转向系统和电动助力动力转向系统的组成及工作原理等内容。

教学目标

要求学生掌握汽车转向基本特性、转向系统类型、组成及工作原理、液压式动力转向系统的组成与类型，了解电动助力转向系统和四轮转向系统的基本知识。

19.1 概　　述

汽车在道路上行驶时，驾驶员根据道路情况和交通状况操纵转向盘，进而控制转向车轮，改变或保持汽车的行驶方向。用来改变或保持汽车行驶方向的机构称为汽车转向系统（steering system）。汽车转向系统的功能就是按照驾驶员的意愿控制汽车的行驶方向。汽车转向系统对汽车的行驶安全至关重要，因此汽车转向系统的零件都称为保安件。

若使汽车顺利并轻便转向，需要解决两个基本问题。一是汽车转向时，所有车轮需要绕着一个转向中心转动；二是必须通过某种方式增大驾驶员操纵转向盘的手力，从而有足够的作用力使转向车轮偏转一定的角度，实现汽车转向。

19.1.1　汽车转向基本特性

若使汽车能顺利转向，各车轮不产生滑动，转向车轮须同向偏转，且所有车轮需要绕着一个转向中心转动，保证各车轮在转向过程中均为纯滚动。如图 19.1 所示，汽车 4 个车轮 A、B、C 和 D 转轴的延长线相交于一点 O，O 点即为车轮的转动中心，4 个车轮的运动轨迹形成同心圆。这就是汽车转向基本特性。

当车轮转向机构的几何关系为平行四边形转向机构时,转向车轮的偏转角度相同(图19.2(a)),4个车轮转轴延长线的交汇点有两个O_1、O_2,因而形成两个转动中心,转向车轮不能实现纯滚动,其转向过程异常。

为满足汽车转向基本特性,运用阿克曼原理(ackerman principle),转向机构的几何关系呈梯形(图19.2(b))。梯形转向机构由梯形臂和横拉杆组成。梯形转向机构使两侧转向车轮偏转时形成一个转向中心,即汽车的4个车轮均绕着一个点转动。此时内、外侧转向车轮偏转角度不相等,内侧车轮偏转角α比外侧车轮偏转角β大(图19.3)。在车轮为刚体的假设条件下,内、外侧转向车轮偏转角的理想关系式为:

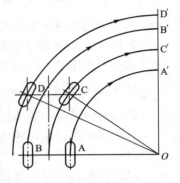

图19.1　车轮的运动轨迹

$$\cot\beta = \cot\alpha + \frac{B}{L}$$

式中,B为两侧主销轴线与地面交点之间的距离,也称为轮距;L为汽车轴距。

由转向中心O到外转向轮中心平面与地面接触的距离R称为汽车的转弯半径(turning radius)(图19.4)。转弯半径越小,则汽车转向所需场地越小,其机动性越好。由图19.4可知,当前外转向轮偏转角达到最大值β_{max}时,转弯半径R有最小值。在图示理想情况下,最小转弯半径R_{min}与β_{max}的关系为$R_{min} = \frac{L}{\sin\beta_{max}}$。

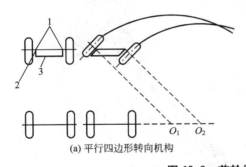
(a) 平行四边形转向机构

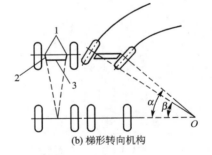
(b) 梯形转向机构

图19.2　前轮的运动轨迹
1—转向主销　2—转向节臂　3—横拉杆

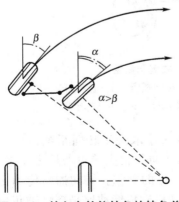

图19.3　转向车轮偏转角的转角差

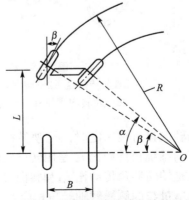

图19.4　转向车轮偏转角的关系

19.1.2 转向系统类型、组成及工作原理

汽车转向系统分为两大类：机械转向系统和动力转向系统。完全靠驾驶员手力操纵的转向系统称为机械转向系统。借助动力来操纵的转向系统称为动力转向系统。动力转向系统又可分为液压动力转向系统和电动助力动力转向系统。

1. 机械转向系统(manual steering system)

机械转向系统主要由转向操纵机构、转向器和转向传动机构3部分组成(图19.5)。

转向操纵机构是驾驶员操纵转向器工作的机构，包括从转向转向盘到转向器输入端的零部件。

操纵汽车转向时，驾驶员对转向盘的操纵力是有限的，需要借助增力装置使转向车轮偏转。转向器就是把转向盘传来的转矩按一定传动比放大并输出的增力装置。

转向传动机构是把转向器的运动传给转向车轮的机构，包括从转向摇臂到转向车轮的零部件。

如图19.5所示，需要转向时，驾驶员对转向盘1施加转向力矩，该力矩通过转向轴2输入机械转向器3。经转向器中的减速传动副将转向力矩放大并将转动减速后由转向摇臂4传到转向直拉杆5，再传给两侧的横拉杆6和8，带动两侧的梯形臂9和10，使两侧转向车轮同向偏转，从而改变汽车的行驶方向。

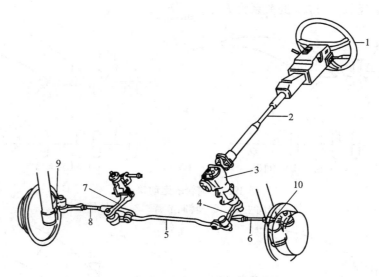

图19.5 机械转向系统的组成和布置示意图

1—转向盘 2—转向轴 3—转向器 4—转向摇臂 5—直拉杆
6—左转向横拉杆 7—摇杆 8—右转向横拉杆 9、10—梯形臂

当转向盘直径一定时，驾驶员操纵转向盘手力的大小取决于转向系统角传动比的大小。转向系统角传动比 i_ω 是用转向盘转角增量与同侧转向节相应转角增量之比来表示的。其数值是转向器角传动比 $i_{\omega1}$ 和转向传动机构角传动比 $i_{\omega2}$ 的乘积。转向器角传动比是转向盘转角增量与同侧摇臂轴转角相应增量之比。转向传动机构角传动比是摇臂轴转角增量与

同侧转向节转角相应增量之比。

对于一般汽车而言，$i_{\omega 2}$大约为1。由此可见，转向系统角传动比主要取决于转向器角传动比。转向系统角传动比越大，转向时加在转向盘上的力矩就越小，转向轻便。但转向系统角传动比大会导致转向操纵不灵敏。所以，转向系统角传动比的大小要协调好"转向轻便"与"转向灵敏"之间的矛盾。

2. 动力转向系统（power steering system）

使用机械转向装置可以实现汽车转向，当转向车桥负荷较大时，仅靠驾驶员的体力作为转向能源则难以顺利转向。动力转向系统就是在机械转向系统的基础上加设一套转向加力装置而形成的。转向加力装置减轻了驾驶员操纵转向盘的作用力。转向能源来自驾驶员的体力和发动机（或电动机），其中发动机（或电动机）占主要部分，通过转向加力装置提供。正常情况下，驾驶员能轻松地控制转向。但在转向加力装置失效时，就回到机械转向系统状态，一般来说还能由驾驶员独立承担汽车转向任务。

(1) 液压式动力转向系统。图 19.6 为一种液压式动力转向系统的组成和液压转向加力装置的管路布置示意图。其中属于转向加力装置的部件是：转向液压泵 7、转向油管 8、转向油罐 6 以及位于整体式转向器 4 内部的转向控制阀及转向动力缸 5 等。当驾驶员转动转向盘 1 时，通过机械转向器使转向横拉杆 9 移动，并带动转向节臂，使转向轮偏转，从而改变汽车的行驶方向。与此同时，转向器输入轴还带动转向器内部的转向控制阀转动，使转向动力缸产生液压作用力，帮助驾驶员转向操作。由于有转向加力装置的作用，驾驶员只需采用较小的转向力矩，就能实现转向轮偏转。

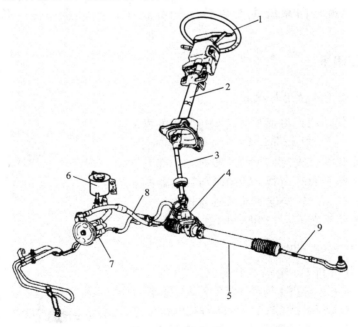

图 19.6　液压式动力转向系统的组成示意图

1—转向盘　2—转向轴及柱管　3—万向传动装置　4—整体式转向器
5—转向动力缸　6—转向油罐　7—转向液压泵　8—转向油管　9—转向横拉杆

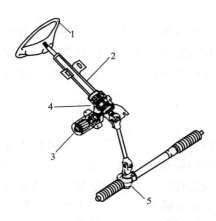

图 19.7 电动式 EPS 的组成示意图
1—转向盘 2—转向轴及柱管
3—助力电机 4—减速机构
5—机械转向器

（2）电动助力动力转向系统。电动助力动力转向系统简称电动式 EPS 或 EPS（Electronic Power Steering system）在机械转向机构的基础上，增加了信号传感器、电子控制单元和转向助力机构。图 19.7 为电动式 EPS 的组成示意图。

电动式 EPS 利用电动机作为助力装置，根据车速和转向参数等因素，由电子控制单元完成助力控制，其原理可概括如下。

当操纵转向盘时，装在转向盘轴上的转矩传感器不断地测出转向轴上的转矩信号，该信号与车速信号同时输入到电子控制单元。电控单元根据这些输入信号，确定助力转矩的大小和方向，即选定电动机的电流和转动方向，调整转向辅助动力的大小。电动机的转矩由电磁离合器通过减速机构减速增矩后，加在汽车的转向机构上，使之得到一个与汽车工况相适应的转向作用力。

19.2 机械转向系统

前已述及，机械转向系统主要由转向操纵机构、转向器和转向传动机构 3 部分组成。

19.2.1 转向操纵机构

1. 转向操纵机构的功用与组成

转向操纵机构的功用是将驾驶员转动转向盘的操纵力矩传给转向器。它主要由转向盘 1、转向轴及转向柱管 2 和万向传动装置 3 等组成（图 19.8）。转向轴上部与转向盘固定连接，下部装有转向器。转向轴与转向器的连接方式有两种，一种是与转向器的输入轴直接连接，另一种是通过万向传动装置间接与转向器的输入轴相接连。

2. 转向盘（steering wheel）

转向盘主要由轮圈 1、轮辐 2 和轮毂 3 组成，其结构如图 19.9 所示。轮辐的形式有两根辐条式（图 19.10(a)）、三根辐条式（图 19.10(b)）和四根辐条式（图 19.10(c)）3 种。轮辐和轮圈的心部有钢或铝合金等金属制骨架，外层以合成树脂或合成橡胶包覆，下侧形成波浪状以利于驾驶员把持。转向盘与转向轴通常通过带锥度的细花键连接，端部通过螺母轴向压紧固定。

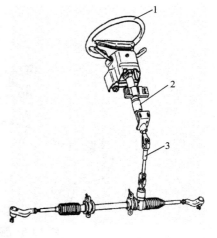

图 19.8 转向操纵机构示意图
1—转向盘 2—转向轴及转向柱管
3—万向传动装置

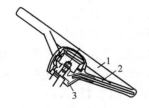

图 19.9 转向盘结构
1—轮圈 2—轮辐 3—轮毂

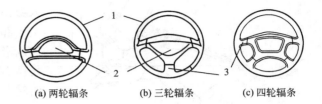

(a) 两轮辐条　　(b) 三轮辐条　　(c) 四轮辐条

图 19.10 转向盘轮辐的形式
1—轮圈 2—轮毂 3—轮辐

有的汽车喇叭开关按钮装在转向盘上,方便驾驶员操作。

因为在整个转向系统中,各传动件之间存在着装配间隙,这些间隙反映到转向盘上来就变成转动转向盘的空转角度。在空转角度阶段,驾驶员操纵转向盘,对各转向轮的偏转是不起作用的。转向轮在直线行驶位置时,转向盘的空转角度称为转向盘自由行程。转向盘自由行程对于缓和路面冲击及避免驾驶员过度紧张是有利的。转向盘自由行程应控制在转向轮处于直线行驶位置时转向盘向左或向右的自由行程不超过 $10°\sim15°$ 的范围。

3. 转向轴(steering shaft)和转向管柱(steering column)

转向轴用来连接转向盘和转向器,并将转向盘的转向转矩传给转向器。转向轴分为普通式和能量吸收式两种。现代汽车更多地采用能量吸收式转向轴结构。

转向管柱安装在车身上,支承转向轴及转向盘。转向轴从转向管柱内穿过,靠转向管柱内的轴承和衬套支承。为方便不同体型的驾驶员操纵转向盘,转向管柱上装有能改变转向盘位置的装置。转向盘的安装角度和高度可以在一定范围内调整,以适应驾驶员的体形和驾驶习惯,如图 19.11 所示。

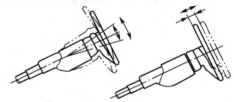

图 19.11 转向盘安装角度和高度的调整

4. 安全保护装置

为保证驾驶员的安全,汽车主动安全技术在交通安全中发挥着重要作用。尽管如此,在行车中仍然可能发生意外事故,出现汽车碰撞,此时汽车的被动安全技术为减轻人员的伤害提供保障。在转向操纵机构上体现的汽车被动安全技术有安全气囊和能量吸收式转向轴两种。

(1) 安全气囊。安全气囊 SRS(Supplemental Restraint System)大多安装在转向盘上。它的结构主要由传感器、气体发生器、气囊系统等 3 部分组成。传感器检测汽车发生碰撞时的车速、冲击参数,气体发生器根据传感器指令释放高压气体,或引爆固体燃料,瞬时产生高压氮气并迅速向气囊充气,气囊膨胀,达到保护乘员的目的。另外,安全气囊还有一些排气孔,使安全气囊撞到乘员时压力有所减小,以达到缓冲效果。安全气囊只能在减速度足够大的碰撞中爆发(充气),而且只能使用一次,不能重复使用。

(2) 能量吸收式转向轴。除了能满足转向轴常规的功能外,在汽车发生正面碰撞时,能够有效地吸收碰撞能量,防止或减少碰撞能量伤害驾驶员的转向轴叫做能量吸收式转向轴。

在汽车发生正面碰撞时,会出现两次碰撞。即在汽车碰撞力作用下汽车的前部发生塑性变形,转向轴向驾驶员胸部方向运动的首次碰撞;随汽车减速,驾驶员在惯性力作用下向转向轴方向运动的二次碰撞。首次碰撞的能量通过转向轴以机械的方式予以吸收,防止

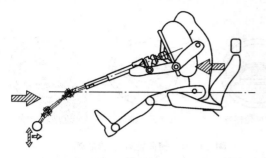

图 19.12 汽车正面碰撞时转向轴-驾驶员系统的碰撞关系

或减少其直接作用于驾驶员身上,避免造成人身伤害。二次碰撞即驾驶员本身的运动能量一部分由约束装置如安全带、安全气囊等加以吸收,以防止超出人体承受能力的碰撞伤害驾驶员。图 19.12 为汽车发生正面碰撞时转向轴-驾驶员系统的碰撞关系。

由于能量吸收的机理和形式的不同,转向管柱与车身受撞脱开方式以及转向轴受撞压缩的形式不同,能量吸收式转向轴的种类很多。典型的能量吸收式转向轴有万向传动装置防撞结构、网状管轴式结构。

(1)万向传动装置防撞结构。如图 19.13 所示,隔绝首次碰撞影响的方法是通过转向轴中的万向传动轴防撞结构来实现的。防撞型万向传动轴除了要保证汽车正常行驶时传递转向转矩外,当汽车发生正面碰撞、碰撞力达到一定值时万向传动轴随汽车前部发生塑性变形而向后弯曲。图中虚线为碰撞前的位置,实线为碰撞后的位置。当万向传动轴向后弯曲变形时,迫使上端转向轴及管柱连带转向盘前移。这种结构布置达到了隔绝首次碰撞、同时减轻二次碰撞影响的目的。另一种形式是将万向传动轴的中间轴制成轴-套管(图 19.14),两者之间用销子连接,当碰撞力达到一定值时连接销子被"冲"断,轴可以伸缩至套管深处,由此隔断首次碰撞的冲击能量(图 19.15)。

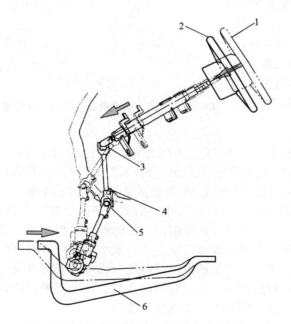

图 19.13 万向传动装置防碰撞结构示意图
1—转向盘碰撞前位置 2—转向盘碰撞后位置
3—上万向节向前下方移动 4—支点
5—下万向节向后下方移动 6—悬架构件

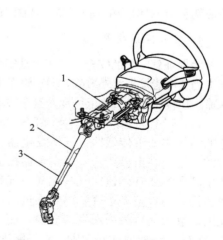

图 19.14 轴-套筒式能量吸收装置图
1—转向柱管 2—中间轴套管
3—中间轴

（2）网状管轴式结构。如图 19.16 所示，转向轴管的部分管壁制成网状，当汽车发生正面碰撞而受到压缩时很容易轴向变形，吸收能量。

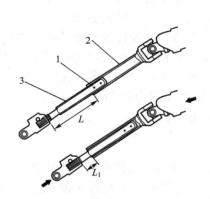

图 19.15　碰撞前后轴-套筒变化
1—销子　2—中间轴套筒　3—中间轴
L—碰撞前的长度；L_1—碰撞后的长度

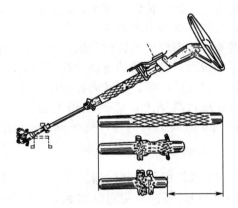

图 19.16　网状管轴式转向柱吸能装置示意图

19.2.2　机械转向器

转向器是汽车上重要的安全部件。机械转向器是把转向盘的转动变为转向摇臂的摆动，并按一定传动比放大转矩的机构。

1. 机械转向器的传动效率与类型

（1）机械转向器的传动效率。机械转向器在转向系统中起到减速增矩的作用，并能改变转向力矩的传动方向。汽车行驶时，驾驶员操纵转向盘的转向力通过转向器传到转向轮，同时路面的冲击力也能够通过转向器反传到转向盘。机械转向器的传动效率是指转向器的输出功率与输入功率之比。转向摇臂输出功率与转向轴输入功率之比称为正效率（forward efficiency）。而转向摇臂输入功率与转向轴输出功率之比称为逆效率（reverse efficiency）。为了减轻驾驶员操纵转向盘的体力消耗，应尽量提高转向器的传动效率，特别是其正效率。正效率与逆效率均很高的转向器叫做可逆式转向器；逆效率极低的转向器称为不可逆式转向器；逆效率略高于不可逆式转向器的称为极限可逆式转向器。

驾驶汽车时需要一定的逆效率，一方面有利于汽车转向结束后转向轮和转向盘的自动回正，另一方面可以使驾驶员获得路面反馈的信息，即"路感"。但逆效率过高、路面的冲击反力过大时，反馈给转向盘的冲击力也大，极易造成"打手"情况。

由于可逆式转向器不仅正效率高，而且逆效率也高，路面的冲击反力容易通过转向器传给转向盘，所以用于良好道路的汽车多采用可逆式转向器。不可逆式转向器在现代汽车上没有应用。在路面条件差的情况下使用的汽车多采用极限可逆式转向器。

（2）机械转向器的类型。按力传动的可逆性及构造不同，机械转向器可分为以下 3 种类型。

① 可逆式转向器：循环球式，齿轮齿条式。

② 极限可逆式转向器：蜗杆滚轮式，蜗杆曲柄双销式。

③ 不可逆式转向器：蜗杆扇形齿轮式、球面螺杆式。

转向器的转向轻便性是由转向器传动比的大小决定的。转向器传动比越小，转向操纵力越大。反之，传动比越大，转向操纵力越小。传动比小时，转向灵敏；反之，传动比大时，转向不灵敏。若不考虑转向沉重与汽车机动能力的问题，转向器传动比为等速比。若需要兼顾转向轻便与转向灵敏的要求，则将转向器的传动比设计成可变的，即在转向过程的不同阶段，转向器的传动比是不同的。对于需要保证在高速行驶时转向灵敏、低速行驶时转向轻便的汽车，其转向器的传动比为中间小、两头大，这就是变速比转向器。

在现代汽车上，广泛采用的转向器是齿轮齿条式转向器(rack and pinion steering gear)和循环球式转向器(recirculating ball steering gear)。

2. 转向器的结构

(1) 齿轮齿条式转向器。它由转向齿轮2、转向齿条3、壳体和预紧力调整装置等组成(图19.17)。转向齿轮通过轴承支承在壳体内，转向齿轮的一端与转向轴连接，将驾驶员的转向操纵力输入，另一端与转向齿条直接啮合，形成一对传动副，并通过转向齿条传动，带动横拉杆，使转向节转动。为保证齿轮齿条无间隙啮合，补偿弹簧5产生的压紧力通过压板6将转向齿轮(pinion)2和转向齿条(rack)3压靠在一起。弹簧的预紧力可以通过调整螺柱4进行调整。

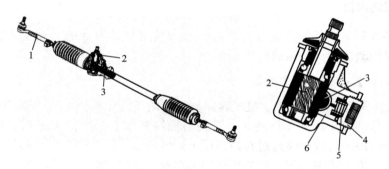

图 19.17　齿轮齿条式转向器示意图
1—转向横拉杆　2—转向齿轮　3—转向齿条
4—调整螺柱　5—补偿弹簧　6—压板

由于齿轮齿条式转向器属于可逆式转向器，其正效率与逆效率都很高，自动回正能力强。齿轮齿条式转向器结构简单、加工方便、工作可靠、使用寿命长、不需要调整齿轮齿条的间隙，因而得到了广泛的应用。

图19.18为可变传动比齿轮齿条转向器的啮合。转向齿轮处于中间位置时传动比小，在两端位置时传动比大。以满足汽车低速行驶时转向轻便、高速行驶时转向灵敏的需要。

(2) 循环球式转向器。它由两级传动副、壳体、钢球和间隙调整装置等组成。第一级传动副是螺杆-螺母传动副，第二级是齿条-齿扇传动副。

图19.19为一种循环球式转向器的整体结构。它的两级传动副分别是：一级传动副是转向螺杆(steering screw)和转向螺母(steering nut)，转向螺杆与转向轴连接；另一级传动副是齿条(rack)和齿扇(sector)，在转向螺母下平面上加工成齿条，齿扇与齿扇轴形成一体。转向螺母既是第一级传动副的从动件，又是第二级传动副的主动件。为了减少转向

螺杆与转向螺母之间的摩擦与磨损，二者的螺纹不直接接触，而是做成内外滚道，滚道中间装有许多钢球，以实现滚动摩擦。转向螺母上装有两个钢球导管，钢球导管内装满了钢球，钢球导管与滚道连通，形成两条独立的供钢球循环滚动的封闭通道。

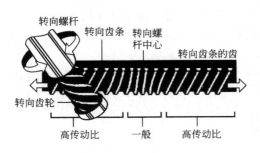

图19.18 可变传动比齿轮齿条转向器示意图

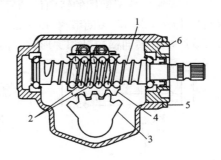

图19.19 循环球式转向器
1—转向螺杆 2—钢球 3—齿扇
4—转向螺母 5—上盖 6—锁紧螺母

图19.20为可变传动比循环球式转向器齿轮机构。当转向盘转动时，转向轴带动转向螺杆旋转，通过钢球将力传给转向螺母，使得转向螺母沿轴向移动，钢球则在钢球导管与滚道通道内循环滚动；通过螺母上的齿条带动齿扇及轴转动，进而带动转向摇臂摆动，通过其他转向传动装置的传动，实现车轮的偏转。如果将齿条的齿顶面制成鼓形弧面，齿扇上的每一个齿的节圆半径也相应变化，使得中间齿节圆半径小，两端齿节圆半径大，便可得到变传动比的转向器，这样操纵省力，转向轻便。

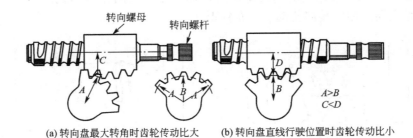

图19.20 可变传动比循环球式转向器齿轮机构

循环球式转向器的正效率很高（最高可达90%～95%），操纵轻便，使用寿命长，工作平稳可靠，但其逆效率也较高。对经常在良好道路上行驶的汽车而言，没有大的影响。循环球式转向器是目前国内外应用最为广泛的结构形式之一。

19.2.3 转向传动机构

转向传动机构是将转向器输出的力和运动传给转向桥两侧的转向节、且使两侧转向轮按一定关系偏转的机构。

前已述及，为满足汽车转向的基本特性、实现汽车顺利转向，运用阿克曼原理，转向传动机构的几何关系呈梯形。梯形转向机构使两侧转向车轮偏转时形成一个转向中心，同时满足内、外侧转向车轮保持相应的偏转角度差。

1. 转向传动机构的组成与布置形式

转向传动机构的组成与布置形式由转向器的位置和转向桥悬架的类型决定。

(1) 与非独立悬架配用的转向传动机构。如图 19.21 所示，由转向摇臂（drop arm）2、转向直拉杆（drag link）3、转向节臂（knuckle arm）4、转向横拉杆（tie rod）6 和两个梯形臂（steering arm）5 组成。转向横拉杆和梯形臂与前桥构成转向梯形结构（ackerman steering）。

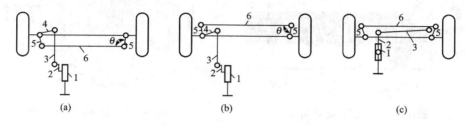

图 19.21　与非独立悬架配用的转向传动机构示意图
1—转向器　2—转向摇臂　3—转向直拉杆　4—转向节臂　5—梯形臂　6—转向横拉杆

这种转向传动结构的布置形式有 3 种：①转向梯形结构后置（图 19.21(a)），适合于前桥仅为转向桥的情况，国内中型载重汽车上大多采用这种结构；②转向梯形结构前置（图 19.21(b)），适合于前桥为转向-驱动桥的情况，避免布置转向传动机构时的运动干涉；③转向梯形结构前置且转向直拉杆横置（图 19.21(c)），有的越野汽车上采用这种结构。

(2) 与独立悬架配用的转向传动机构。与独立悬架相配的转向桥是断开式转向桥，因而转向传动机构中的转向梯形也必须是断开式的，分成几段（图 19.22）。

图 19.22(a) 为与循环球式转向器配用的转向传动机构的布置形式。图 19.22(b) 为与齿轮齿条式转向器配用的转向传动机构布置形式。

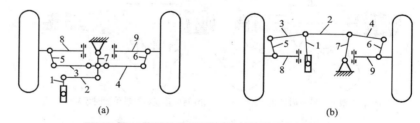

图 19.22　与独立悬架配用的转向传动机构示意图
1—转向摇臂　2—转向直拉杆　3—左转向横拉杆　4—右转向横拉杆　5—左梯形臂
6—右梯形臂　7—摇杆　8—悬架左摆臂　9—悬架右摆臂

2. 转向传动机构主要零部件的结构

转向传动机构的主要零部件包括转向摇臂、转向直拉杆和转向横拉杆。这些杆件都是传动件并作空间运动，因此杆件之间的连接都采用球头销作空间铰链连接。杆件连接部分易磨损，需要定期加注润滑脂润滑。

(1) 转向摇臂（drop arm）。它是把转向器输出的力和运动传给转向直拉杆或转向横拉杆的传动件。其结构如图 19.23 所示。转向摇臂的上端具有锥形三角形细花键槽孔，与转向摇臂轴外端花键相连接。为保证装配关系正确，在转向摇臂轴的外端面和摇臂上孔的外端面上刻有装配标志。转向摇臂的小端锥形孔装有与转向直拉杆相连接的球头销，球头销的球面部分必须耐磨损,并能承受较大的冲击负荷,一般要经过表面的强化和硬化处理。

(2) 转向直拉杆(drag link)。它把转向摇臂传来的力和运动传给转向梯形或转向节臂。其结构如图 19.24 所示。转向直拉杆的中间段为实心或空心杆件,两端则较粗,内装球头销座 5。球头销座分别将两个球头销的球头 1 夹住,通过球头销一端与转向摇臂连接,另一端与转向节臂(或梯形臂)连接。在球头销座的两侧或一侧有压缩弹簧 3、9 和端部螺塞 7,保证球头销和转向直拉杆的铰链连接不松旷。弹簧预紧力可由端部螺塞调节。

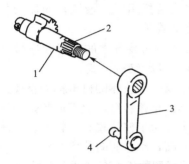

图 19.23　转向摇臂和摇臂轴
1—摇臂轴　2—带锥度的齿花键
3—转向摇臂　4—球头销

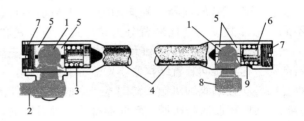

图 19.24　转向直拉杆
1—球头　2—转向节臂；3、9—压缩弹簧
4—直拉杆体　5—球头销座　6—弹簧座
7—端部螺塞　8—转向摇臂

(3) 转向横拉杆(tie rod)。它是连接左、右梯形臂的传动件。其结构如图 19.25 所示。转向横拉杆由转向横拉杆体(图中未画出)和两端的横拉杆接头 4 组成。球头销 3 的球头置于横拉杆接头的两球头座 2 内,球头销的尾部与梯形臂或转向节臂相连。

横拉杆接头靠螺纹与转向横拉杆体连接。横拉杆接头旋装到横拉杆体上后,用夹紧螺母夹紧。转向横拉杆体由钢管或钢杆制成,它的两端有正、反旋向螺纹。松开夹紧螺母,转动转向横拉杆体,可调整其长度,即调整转向轮的前束值。

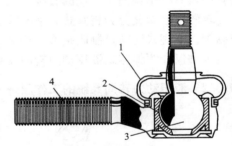

图 19.25　转向横拉杆接头
1—防尘罩　2—球头座　3—球头销
4—横拉杆接头

19.3　动力转向系统

当汽车前轴负荷增加到一定程度时,完全靠驾驶员手力操纵的机械转向系统已经不能满足转向要求,必须借助动力来操纵转向系统。这个动力来自发动机(或电动机)。在正常情况下,汽车转向时驾驶员提供小部分的能量,发动机(或电动机)则提供大部分能量。一方面减轻转向操纵力,另一方面采用较小的转向器角传动比,就能满足转向灵敏的要求。所以,动力转向系统兼顾了操纵省力和灵敏两方面的要求。

按传力介质不同,动力转向有气压式和液压式两种。气压式动力转向主要应用于前轴最大载质量为 3~7t 并采用气压制动系统的载货汽车。液压式动力转向的工作压力可超过 10MPa，其部件尺寸不大。液压系统工作时无噪声，工作滞后时间短，而且能吸收来自不平路面的冲击。因此，液压式动力转向已在各类各级汽车上获得广泛应用。由电动机提供大部分能量的动力转向系统的内容将在下节讨论。

19.3.1 液压式动力转向系统的组成与类型

液压式动力转向系统由机械转向装置和液压转向加力装置组成。液压转向加力装置包括转向液压泵、转向动力缸、转向控制阀、转向油罐和油管等。

根据机械式转向器、转向动力缸和转向控制阀三者在转向装置中的布置和连接关系的不同，液压式动力转向装置分为整体式、组合式和分离式 3 种结构形式。

由转向控制阀、转向动力缸和机械式转向器三者组合成一个整体的机构称为整体式动力转向器。这种转向装置结构紧凑，输油管路简单，在汽车上布置容易，但其拆卸修理较为困难。由转向控制阀和机械式转向器组合成一个整体的机构称为半整体式动力转向器。转向动力缸、转向控制阀与机械式转向器都是单独设置的称为分离式动力转向装置。分离式动力转向装置的应用范围很小，仅在结构紧凑、安装位置狭窄的轻型载货汽车和轿车上采用。

液压动力转向器分为常压式和常流式。常压式液压动力转向器是转向控制阀在中间位置时常闭，工作液压油一直处于高压状态的动力转向器。常流式液压动力转向器是转向控制阀在中间位置时常开，工作液压油一直处于常流状态的动力转向器。由于常流式液压动力转向器具有结构简单、泄露较少、消耗功率较少等优点，而广泛应用于各种汽车。

转向控制阀又分为转阀式和滑阀式。转阀式转向控制阀是转阀相对于阀体转动的转向控制阀。滑阀式转向控制阀是滑阀相对于阀体做直线运动的转向控制阀。

本书仅介绍整体式液压动力转向装置。

19.3.2 液压动力转向系统的工作原理

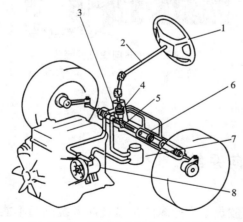

图 19.26　液压动力转向系统示意图
1—转向盘　2—转向轴
3—齿轮齿条式整体动力转向器
4—转向控制阀　5—齿轮齿条式转向器
6—转向动力缸　7—转向油罐
8—转向液压泵

液压动力转向系统是在机械式转向系统的基础上加装一套转向加力装置而成的。以齿轮齿条式转向器为基础的液压动力转向系统为例，来说明其工作原理。如图 19.26 所示，该系统由转向盘 1、转向轴 2、齿轮齿条式整体动力转向器 3、转向液压泵（steering oil pump）8 和转向油罐（steering reservoir）7 等组成。齿轮齿条式整体动力转向器 3 又由转向控制阀 4、齿轮齿条式转向器 5、转向动力缸 6 构成。转向油罐 7 储存液压油，有进、出油管接头，通过油管分别与转向液压泵 8 和转向控制阀 4 连接。转向液压泵 8 安装在发动机上，由曲轴通过皮带驱动，将油从转向油罐处吸入并向转向控制阀 4 供给液压油。转向控制阀 4 通过改变液压油路来改变动力传递路线。转向动力缸 6 内由活塞分隔成左右两个工作腔，工作腔通过油道分别与转向控制阀 4 连接。

汽车直线行驶时，转向控制阀 4 处于中间位置并将转向动力缸 6 的左右两个工作腔导通，转向液压泵 8 与转向油罐 7 的油路亦导通，从转向液压泵 8 泵出来的工作液可直接流回转向油罐 7，转向液压泵 8 处于卸荷状态，动力转向器不起助力作用。汽车需要右转弯时，驾驶员向右转动转向盘 1，转向控制阀 4 将转向液压泵 8 泵出来的工作液与转向动力缸 6 的右腔接通，将左腔与转向油罐 7 接通，在油压的作用下，转向动力缸中的活塞向左移动，通过转向传动机构使左、右轮向右偏转，从而实现向右转向；而左转弯时，情况与上述相反。

19.3.3 整体式液压动力转向器

1. 整体式液压动力转向器的结构

图 19.27 为整体式液压动力转向器的结构。转向控制阀 1、转向齿条 2 和转向齿轮 3 与转向动力缸 6 制成一体，组成整体式动力转向器。该转向器的控制阀为转阀式结构。转向控制阀内有一扭杆 7。扭杆 7 的一端通过花键与转向齿轮连接，扭杆的另一端与转阀的阀芯用销子连接，阀芯又与转向轴的末端固定在一起。转向轴的转动可以通过扭杆带动转向齿轮转动。转阀的阀芯外圈与阀体相配合，阀芯和阀体构成控制阀，置于转向器壳体内。转向器壳体上有油孔分别通向转向液压泵、转向油罐以及转向动力缸的左右两个工作腔。转向齿条与转向动力缸内的活塞制成一体，活塞将转向动力缸分隔为左右两个工作腔。转向动力缸上有油管通向转向器壳体内的控制阀。

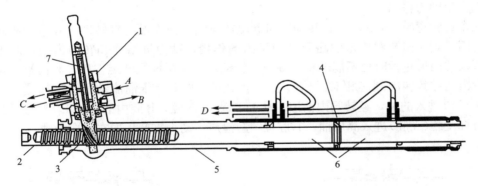

图 19.27　整体式液压动力转向器

1—转向控制阀　2—转向齿条　3—转向齿轮　4—转向动力缸活塞　5—转向器壳体
6—左右动力缸　7—扭杆　A—接转向液压泵　B—接转向油罐
C—接转向动力缸　D—接转向控制阀

2. 转向控制阀(steering control valve)

转向控制阀组件如图 19.28 所示，主要由阀体 11、阀芯 7 及扭杆 9 组成。控制阀体 11 呈圆筒形，其表面上制有 3 道较宽且深的油环槽和 4 道较窄浅的密封环槽。各油环槽的底部开有与内壁相通的油孔，中间油环槽的油孔是进油通道，与转向液压泵相通；两侧油环槽的油孔，分别与转向动力缸的左腔、右腔相通。密封环槽用于安装密封圈组件。在阀体的内表面，与左腔、右腔相通的油孔处制有 6 条不贯通的纵槽，形成 6 道槽肩。阀芯 7 也制成圆筒形，其外圆表面与阀体 11 滑动配合，二者可以相对转动。阀芯与阀体配合间隙很小，配合精度很高，二者组成偶件，不可更换。阀芯表面上也制有 6 条不贯通的纵槽，形成 6 道槽肩，

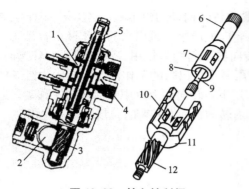

图 19.28　转向控制阀

1、4、11—阀体　2—转向齿条
3、12—转向齿轮　5、9—扭杆
6—转向齿轮轴　7—阀芯
8—与转向油罐相通　10—阀门孔

分别与阀体的槽肩和纵槽配合形成液体流动间隙，在阀芯 7 的不同纵槽上开有 3 个等间隔的径向通孔，用以流通液压油，此油道通向转向油罐。

3. 动力转向器的工作过程

汽车直线行驶时，转阀处于中间位置（图 19.29），来自转向液压泵的工作液从转向器壳体的进油口 C 流到阀体 3 的中间油环槽中，经过其槽底的 3 个通孔进入阀体 3 和阀芯 4 之间，此时因阀芯处于中间位置，进入的油液分别通过阀体和阀芯纵槽形成的两边相等的间隙，再通过阀芯的纵槽和阀体的纵槽以及阀体的径向孔流向阀体外的上、下油环槽，然后通过壳体中的两条油道分别流到动力缸的左腔（A 腔）、右腔（B 腔）中。同时，通过阀芯纵槽的径向油孔流到阀芯内腔与扭杆组件之间的空隙（回油道 2）中，经油管回到转向油罐中去，形成了常流式油液循环。此时，A 腔、B 腔油压相等且很小，齿条-活塞既没有受到转向齿轮的轴向推力，也没有受到 A 腔、B 腔因压力差造成的轴向推力。所以齿条-活塞处于中间位置，不产生助力作用。

汽车右转弯时（图 19.30），转动转向盘使转向轴及扭杆顺时针转动，并带动阀芯同步转动。因受到转向节臂传来的路面转向阻力的作用，动力缸活塞和转向齿条暂时不能运动，所以转向齿轮暂时也不能随转向轴向右转动。这样扭杆受转矩作用，其两端产生扭转变形，因而导致转向阀芯相对阀体转过一个角度，改变液压油流动通道。如图 19.30 所示，从 C 口进入的油，经转阀内油道，从 D 口流入 A 腔；B 腔内的油经 E 口流入回油道。即动力缸左腔（A 腔）进入高压油，右腔（B 腔）泄压，动力缸产生向右转向助力。

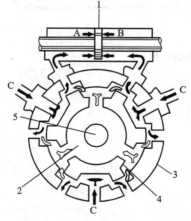

图 19.29　转阀式转向控制阀工作原理
（汽车直线行驶时）

1—活塞　2—回油道　3—阀体　4—阀芯　5—扭杆
A、B—动力缸工作腔　C—来自转向油泵油液

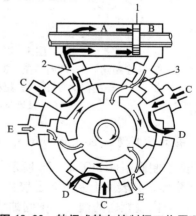

图 19.30　转阀式转向控制阀工作原理
（汽车右转弯时）

1—活塞　2、D—进入动力缸 A 腔油液
3、E—从动力缸 B 腔流出油液
A、B—动力缸工作腔　C—来自转向油泵油液

齿条在液压力作用下向右运动的同时，转向齿轮本身也开始与转向轴同向转动。只要转向盘继续转动，扭杆的扭转变形便一直保持不变，转向控制阀所处的右转向位置不变。

一旦转向盘停止转动，动力缸暂时还继续工作，导致转向轮继续转动，使扭杆的扭转变形减少，转向助力减少。当转向助力刚好与车轮的回正力矩相平衡时，齿条齿轮停止运动。此时，转向阀即停驻在某一位置不动，转向轮转角保持不变。

转向过程中，若转向盘转动的速度快，阀体与阀芯的相对角位移量大，动力缸两腔压力差增大，转向助力随之增大，车轮偏转的速度也快；若转向盘转动速度慢，助力就小，车轮偏转的速度慢；转向盘不动，转向轮转到某一相应的位置也不动，这称之为转向控制阀的"渐进随动原理"。

转向后回正时，若驾驶员放松方向盘，阀芯回到中间位置，失去助力作用，此时，车轮在回正力矩的作用下回位。若驾驶员同时逆时针回转转向盘，动力转向器反向助力，帮助车轮回正。

若汽车行驶偶遇外界阻力使车轮发生偏转，则阻力矩通过转向传动机构、转向齿条齿轮作用在阀体上，使阀体、阀芯产生相对角位移，动力缸产生与车轮偏转方向相反的助力作用。在此力的作用下，车轮迅速回正，保证了汽车直线行驶的稳定性。

一旦液压助力装置失效，助力缸不起作用，驾驶员需转动转向盘以较大的角度，使扭杆产生大的变形，传递更大的转矩，以驱动转向齿轮旋转。此时，该动力转向器变成机械转向器，驾驶员需施加很大的力，才能实现转向。

19.3.4 转向液压泵

转向液压泵是动力转向的动力源，它由发动机通过V形皮带驱动或由曲轴或凸轮轴通过齿轮驱动，通过转向控制阀向动力缸的工作腔供油。其结构形式较多，有叶片式、齿轮式、转子式、柱塞式、滚子叶片式等。其中叶片式转向液压泵应用广泛。

转向油罐与转向液压泵制成一体的，称为潜没式转向液压泵。转向油罐与转向液压泵彼此独立安装的，称为非潜没式转向液压泵。

1. 叶片式转向液压泵的结构及工作原理

图19.31(a)为一种潜没式双作用叶片转向液压泵结构。它由转向油罐1、转子6、叶片5、定子环4、前配油盘8、后配油盘7、流量控制阀2、转子轴3、皮带轮9、泵体10等组成。转向油罐1置于泵体之上，泵体内的转子6由皮带轮9通过转子轴驱动。转子两侧有前配油盘8和后配油盘7。转子上开有均匀分布的径向槽（图19.31(b)），径向槽末端形成小油腔，配油盘上有油槽与小油腔相通，使小油腔内充满高压油。叶片安装在转子的径向槽内，并可在槽内往复滑动。定子内表面有由两段大半径的圆弧、两段小半径的圆弧和过渡圆弧组成腰形结构。转子6和定子环4同心。

图19.32为潜没式双作用叶片转向液压泵的工作原理。转子在转子轴的带动下旋转时，叶片在离心力和小油腔内高压油的作用下紧贴定子表面。叶片随转子顺时针转动，使相邻叶片之间形成的密封腔容积由小变大、由大到小周期变化。转子每旋转一周，每个工作腔各自吸油、压油两次，即完成两次吸入行程和输出行程，此称为双作用，故将这种形式的叶片泵称为双作用叶片泵。当进行吸入行程时，容积由小变大，形成一定真空度吸

油；当进行输出行程时，容积从大变小，压缩油液，由压油口向外供油。

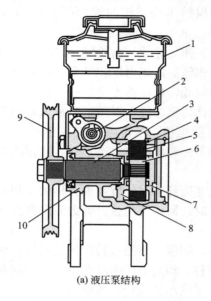
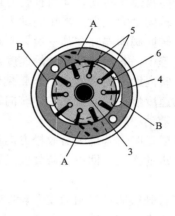

(a) 液压泵结构　　　　　　　　　(b) 油泵装置

图 19.31　潜没式双作用叶片转向液压泵

1—转向油罐　2—流量控制阀　3—转子轴　4—定子环　5—叶片
6—转子　7—后配油盘　8—前配油盘　9—皮带轮
10—泵体　A—吸入口　B—输出口

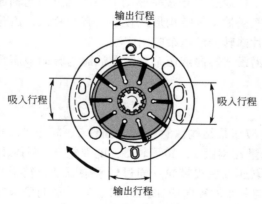

图 19.32　双作用叶片转向
液压泵工作原理

2. 流量-安全组合阀

转向液压泵工作时要解决两个问题。一是转子的转速随发动机转速升高时，转向液压泵的流量将增大，流量过大时会导致液压泵消耗功率过多和油温过高。因此，必须设置用以限制转向液压泵最大流量的流量控制阀。二是当动力缸的负载过大，使得转向液压泵的输出压力过高时，动力缸和液压泵均超载会导致零件损坏。因此，液压系统中还必须设置用以限制系统最高压力的安全阀。在转向油泵内将两阀组合形成流量-安全组合阀，限制液压动力转向系统的最高工作压力和最大流量。

流量-安全组合阀如图 19.33 所示，流量阀由柱塞 6 和弹簧 2 组成；在流量阀体内腔中由钢球 3、阀杆 4 和弹簧 5 组成安全阀。其工作原理为：流量阀柱塞 6 右侧一端承受来自油泵出油腔 A 室的油压，左侧一端承受来自油泵出油口 B 室的油压和弹簧的压力，当流量不大时，流量阀柱塞 6 处在靠右侧位置，A 室与转向油罐不通；当流量大到一定值时，由于通往 B 室的节流孔的作用，B 室油压低于右侧一端，且流量越大，节流作用越大，压差越大，当流量阀柱塞 6 两侧的压差足以克服弹簧 2 的压力时，柱塞 6 向左运动，油泵出油腔 A 室和通向转向油罐的 C 口导通，起到限制流量的作用（图 19.34(a)）。当出油口压力大到一定值时，克服安全阀弹簧 5 的压力，推开单向阀钢球 3 使出油口与通向转向油罐的 C 口相通，限制液压动力转向系统的最大工作压力（图 19.34(b)）。

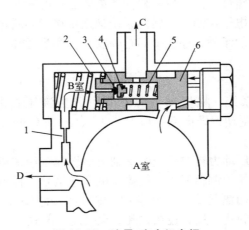

图 19.33　流量-安全组合阀
1—节流孔　2—弹簧　3—钢球　4—阀杆　5—弹簧
6—柱塞　C—流向转向油罐　D—流向转向控制阀

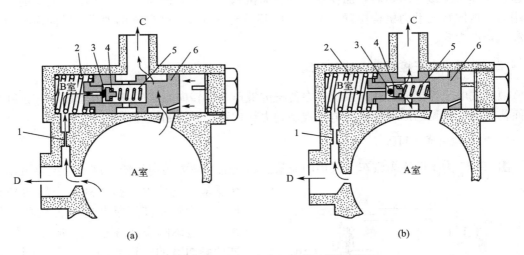

图 19.34　流量-安全组合阀工作原理
1—节流孔　2—弹簧　3—钢球　4—阀杆　5—弹簧　6—柱塞
C—流向转向油罐　D—流向转向控制阀

19.4　电子控制动力转向系统

动力转向系统由于转向操纵灵活、轻便，在设计汽车时对转向器结构形式的选择灵活性增大，能吸收路面对前轮产生的冲击等优点，因此动力转向系统在中型载货汽车尤其在重型载货汽车上得到广泛使用。但传统的动力转向系统所具有的固定放大倍率不能随汽车不同工况予以调整，其助力作用不协调。电子控制的动力转向系统在低速行驶时可使转向轻便、灵活；在中高速区域转向时，能保证提供最优的动力放大倍率和稳定的转向手感，提高了高速行驶的操纵稳定性。由于发动机前置前轮驱动的轿车，其前轴负荷的增加影响转向轻便性的问题，所以电子控制动力转向系统被逐步移置到轿车上，这样不仅能很好地解决转向轻便与转向灵活的矛盾，还能提高行驶安全性和舒适性。

19.4.1 组成与分类

电子控制动力转向系统，根据动力源不同可分为液压式电子控制动力转向系统（EHPS）和电动式电子控制动力转向系统（EPS——Electronic Control Power Steering，亦称ECPS）。

EHPS是在传统的液压动力转向系统的基础上增设控制液体流量的电磁阀、车速传感器和电子控制单元等。电子控制单元根据检测到的车速信号，控制电磁阀，使转向动力放大倍率实现连续可调，从而满足高、低车速时的转向助力要求。根据控制方式不同，将EHPS分为3类：流量控制式、反力控制式和阀灵敏度控制式。

EPS是在传统的机械式转向系统的基础上，利用直流电动机作为动力源，电子控制单元根据转向参数和车速等信号，控制电动机转矩的方向和大小。电动机的转矩由电磁离合器通过减速机构减速增矩后，加在汽车的转向机构上，使之得到一个与工况相适应的转向作用力。按照转向助力机构位置的不同，将EPS分为3类：转向轴助力式、转向齿轮助力式和齿条助力式。

19.4.2 液压式电子控制动力转向系统

液压式电子控制动力转向系统是在传统的液压动力转向系统的基础上增设电子控制装置而构成的。常见的两种液压式电子控制动力转向系统的控制原理如下。

1. 流量控制式 EHPS

图19.35为丰田凌志汽车上采用的流量控制式电控动力转向系统。该系统主要由车速传感器、电磁阀、整体式动力转向控制阀、动力转向液压泵和电子控制单元等组成。电磁阀安装在通向转向动力缸活塞两侧油室的油道之间，当电磁阀的阀针完全开启时，两油道就被电磁阀旁路。流量控制式动力转向系统就是根据车速传感器的信号，控制电磁阀阀针的开启程度，从而控制转向动力缸活塞两侧油室的旁路液压油流量来改变转向助力。车速越高，流过电磁阀电磁线圈的平均电流值越大，电磁阀阀针的开启程度越大，旁路液压油流量越大，液压助力作用越小，转动转向盘的力也随之增加。

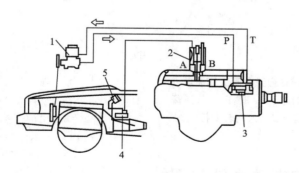

图 19.35 流量控制式动力转向系统
（丰田凌志汽车）
1—动力转向液压泵 2—电磁阀
3—动力转向控制阀 4—EHPS ECU
5—车速传感器

这就是流量控制式动力转向系统的工作原理。

2. 反力控制式 EHPS

反力控制式动力转向系统主要由转向控制阀、分流阀、电磁阀、转向动力缸、转向液压泵、储油箱、车速传感器及电子控制单元等组成，其工作原理如图 19.36 所示。

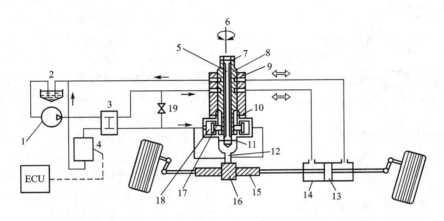

图 19.36　反控制式动力转向系统

1—液压泵　2—储油箱　3—分流阀　4—电磁阀　5—扭力杆　6—转向盘
7、10、11—销子　8—转阀阀杆　9—控制阀阀体　12—小齿轮轴
13—活塞　14—转向动力缸　15—齿条　16—小齿轮　17—柱塞
18—油压反作用力室　19—小孔

转向控制阀是在传统的整体转阀式动力转向控制阀的基础上增设了油压反力室构成的。扭力杆 5 的上端通过销子与转阀阀杆 8 相连，下端与小齿轮轴 12 用销子连接。小齿轮轴的上端部通过销子与控制阀阀体相连。转向时，转向盘上的转向力通过扭力杆传递给小齿轮轴。当转向力增大、扭力杆发生扭转变形时，控制阀阀体和转阀阀杆之间将发生相对转动，于是就改变了阀体和阀杆之间油道的通、断关系和工作油液的流动方向，从而实现了转向助力作用。

分流阀 3 把来自转向液压泵 1 的油液向控制阀一侧和电磁阀一侧分流，按照车速和转向要求，改变控制阀一侧与电磁阀一侧的油压，确保电磁阀一侧具有稳定的机油流量。固定小孔的作用是把供给转向控制阀的一部分流量分配到油压反力室一侧。

电磁阀根据需要开启适当的开度，将油压反力室一侧的油液流回储油箱。工作时，电子控制单元（ECU）根据车速的高低线性控制电磁阀的开口面积。当车辆停驶或速度较低时，ECU 使电磁阀线圈的通电电流增大，电磁阀开口面积增大，经分流阀分流的油液通过电磁阀重新回流到储油箱中，使作用于柱塞的背压（油压反力室压力）降低。于是柱塞推动控制阀转阀阀杆的力（反力）较小，因此只需要较小的转向力就可使扭力杆扭转变形，使阀体与阀杆发生相对转动而实现转向助力作用。当车辆在中高速区域转向时，ECU 使电磁阀线圈的通电电流减小，电磁阀开口面积减小，所以油压反力室的油压升高，作用于柱塞的背压增大，于是柱塞推动转阀阀杆的力增大，此时需要较大的转向力才能使阀体与阀杆之间作相对转动而实现转向助力作用，使得在中高速时驾驶员可获得良好的转向手感和转向特性。

19.4.3 电动式电子控制动力转向系统

1. EPS 的组成与原理

EPS 在机械转向机构的基础上，增加电动式助力机构和转向助力控制系统。如图 19.37 所示为电动式 EPS 简图。

EPS 是利用电动机作为助力源，电子控制单元根据转向操纵力、车速等参数，计算得到最佳的转向助力转矩，并向电动式助力机构输出控制信号，实现最佳的转向助力控制。EPS 的工作原理为当操纵转向盘 1 时，装在转向轴上的转矩传感器 11 不断地测出转向轴上的转矩信号，该信号与车速信号同时输入到电子控制单元 3。电控单元根据这些输入信号，确定助力转矩的大小和方向，即选定电动机的电流大小和方向，调整转向辅助动力的大小。电动机的转矩由电磁离合器 5 通过减速机构减速增矩后，加在汽车的转向机构上，使之得到一个与汽车工况相适应的转向作用力。

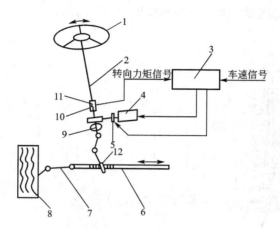

图 19.37 电动式 EPS 简图
1—转向盘 2—转向轴 3—EPS ECU
4—电动机 5—电磁离合器 6—转向齿条
7—横拉杆 8—转向轮 9—输出轴
10—扭力杆 11—转矩传感器 12—转向齿轮

2. EPS 的特点

与 EHPS 相比，电动式 EPS 具有如下优点。

(1) 能耗降低。EPS 只有转向时系统才工作，消耗较少的能量。因而与 EHPS 相比，在各种行驶工况下均可节能 80%～90%。

(2) 轻量化显著。电动式 EPS 无液压式 EPS 必须具有的动力缸、液压油泵、转阀、液压管道等部件，因此其结构紧凑，质量减轻，无油渗漏问题，系统易于布置。

(3) 优化助力控制特性。液压助力的增减有一定的滞后性，反应敏感性较差，随动性不够。电动式 EPS 由于采用电子控制，可以使转向系统的转向性能得到优化，增强随动性。

(4) 系统安全可靠。当 EPS 出现故障时，可立即切断电动机与助力齿轮机构的动力传送，迅速转入人工-机械转向状态。

3. EPS 的类型

按照转向助力机构安装位置的不同，将 EPS 分为三类：转向轴助力式、转向器小齿轮助力式和齿条助力式。

(1) 转向轴助力式。转向助力机构安装在转向轴上(图 19.37)。电动机的动力经离合器、电机齿轮传给转向轴的齿轮，然后经万向节及中间轴传给转向器。

(2) 转向器小齿轮助力式。转向助力机构安装在转向器小齿轮处(图 19.38)。与转向轴助力式相比，可以提供较大的转向力，适用于中型车。这种助力形式的助力控制特性比较复杂。

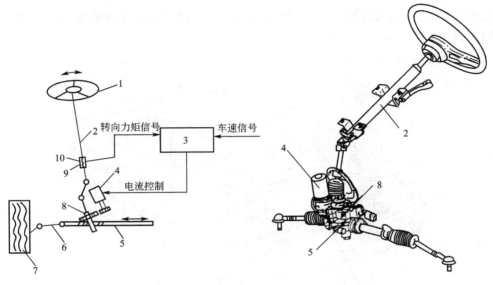

图 19.38　小齿轮助力式转向系统图

1—转向盘　2—转向轴　3—EPS ECU　4—电动机　5—齿条　6—拉杆
7—车轮　8—小齿轮　9—扭力杆　10—转向力矩传感器

（3）齿条助力式。转向助力机构安装在转向齿条处（图 19.39）。电动机通过减速传动机构直接驱动转向齿条。与转向器小齿轮助力式相比，可以提供更大的转向力，适用于大型车。这种助力形式对原有的转向传动机构有较大改变。

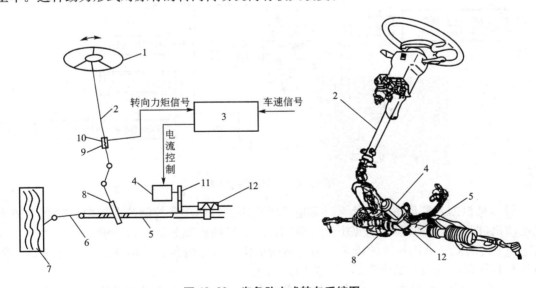

图 19.39　齿条助力式转向系统图

1—转向盘　2—转向轴　3—EPS ECU　4—电动机　5—齿条　6—拉杆　7—车轮
8—小齿轮　9—扭力杆　10—转向力矩传感器　11—斜齿轮　12—螺杆螺母

4. EPS 基本组成部件的结构与功能

以丰田 PRIUS 轿车的 EPS 为例（图 19.40），说明基本组成部件的构造与功能，其组成框图如图 19.41 所示。

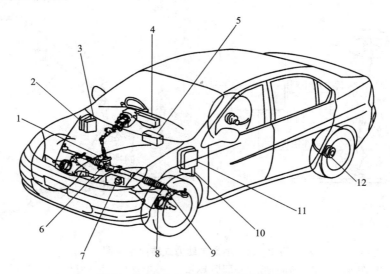

图 19.40　PRIUS 混合动力轿车的 EPS
1—转矩传感器　2—自动控制单元　3—转向控制单元　4—组合仪表　5—中心显示器　6—转向器　7—继电器　8—车轮速度传感器与转子（前轮）　9—车轮速度传感器　10—混合动力控制单元　11—发动机控制单元　12—车轮速度传感器与转子（后轮）

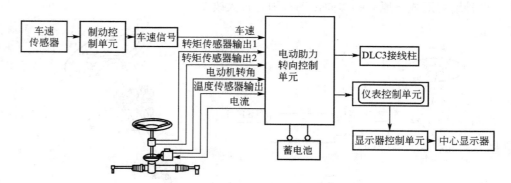

图 19.41　EPS 组成框图

EPS 是根据各种传感器的信号，靠电动助力转向控制单元控制装在转向齿轮壳上的直流电动机（即助力电动机），由该电动机驱动，增加转向操纵力的助力系统。

(1) 转向器。采用传统的齿轮齿条式转向机构。齿轮齿条式转向器由小齿轮驱动，使齿条左右移动，从而改变汽车的行驶方向。

(2) 助力电动机总成。助力电动机总成由直流电动机和减速机构组成，它装置在齿轮齿条式转向器壳体上（图 19.42）。这样布置是为了既避免对独立悬架结构造成干涉，又能确保齿条行程、车轮定位倾角以及车轮转向的性能。

助力电动机总成采用低惯性的直流电动机。电动机输出转矩经准双曲面减速机构传给转向器小齿轮轴,增大转向操纵力。

(3) 转矩传感器。采用电阻式传感器,检测来自转向盘的输入转矩。转矩传感器装在转向器小齿轮轴上(图19.43)。转矩的输入轴与输出轴靠扭杆连接。电阻式转矩传感器由两对电阻—触点构成(图19.44),触点与转向器小齿轮轴(转矩输出轴)固接,电阻与转矩输入轴固接。

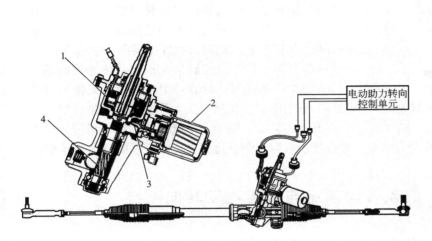
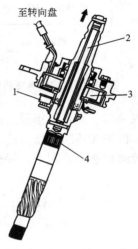

图19.42 助力电动机总成装配位置图
1—转矩传感器 2—直流电动机
3—准曲面齿轮减速器 4—齿条与小齿轮

图19.43 转矩传感器的安装位置
1—转矩传感器 2—扭杆
3—螺旋电缆 4—小齿轮轴

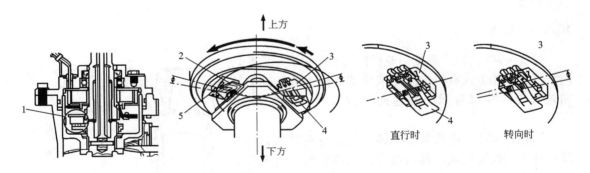

图19.44 转矩传感器的结构
1—电阻式转矩传感器 2、4—触点 3、5—电阻

当转动转向盘时,扭杆扭转,输入轴与输出轴间产生相对位置变化。此位置变化由转矩传感器转换为电压变化,并向转向控制单元输出。

转矩传感器的输出电压特性(图19.45)如下。

(1) 直行状态。汽车直行时,驾驶员不转动转向盘,因输入轴没有产生转矩,扭杆不扭转,转矩传感器的电阻不变化。

(2) 转向状态(右转向)。驾驶员向右转向时,输入轴转动,输入轴与小齿轮相连的扭

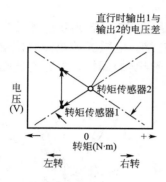

图 19.45 输出电压特性

杆扭转，直至与因路面反力作用形成的转矩达到平衡为止。固定在输入轴上的电阻与固定在小齿轮上的触点间发生相对位移。由于电阻的变化，转矩传感器输出1、输出2的电压变化。转向控制单元根据这个电压差，经演算得出助力转矩值，向助力电动机输出电流，驱动助力电动机转动，经减速机构在转向器小齿轮上产生助动力。

(3) 转向稳定状态。当驾驶员转动转向盘保持位置不动时，转向转矩与电动机助力转矩之和与路面反力达到平衡状态，扭杆仍处于扭转位置，此时系统保持转向稳定状态。

(4) 转向控制单元。转向控制单元根据各传感器的信号以及转向盘操纵力、车速等，计算助力电流值，向助力电动机输出。当各传感器出现异常时，一般情况下电源会被切断，助力停止，转向系统进入手动机械式转向状态。此外，若系统其他地方出现异常，则助力电流下降，助力量固定在不考虑车速的范围内，保持助力状态。并且显示故障代码，让驾驶员知道系统已出现异常。

19.5 四轮转向系统与线控电动转向系统

在汽车前轮设置转向装置的基础上，后轮也设置有转向装置，称为四轮转向系统 (four wheel steering，简称4WS)。后轮转向装置对汽车转向是有利的，可改善汽车的转向性能。4WS 与只在汽车前轮设置转向装置(2WS)的性能相比较，其优点在于：缩短转向动作过程；提高转向时的稳定性；提高转向操作随动性和正确性；变换车道容易和缩短最小转弯半径。

19.5.1 概述

设置 4WS 的汽车根据前轮转向角和车速决定后轮转向角。其工作方式有机械式、液压式和电动式。前后转向轮的转向控制有同向和逆向两种情况，如图 19.46 所示。

四轮转向系统中若后轮的转向与前轮的转向方向相反，称逆向控制模式，其转弯半径比两轮转向的转弯半径小。低速时后轮逆向偏转角最大为 5°，适用于汽车驶入车库和在狭窄的拐角处转弯。随着车速的升高，后轮转向角变小，在车速达到 40km/h 时转向角变成 0°。这就提高了汽车停车或在狭小空间转向的机动性。

若后轮的转向与前轮的转向方向相同，则称同向控制模式。其转弯半径比两轮转向的转弯半径大。汽车在 40km/h 以上行驶时，后轮同向偏转角为 2.5°。其作用是汽车在转向时车身与行驶方向的偏转角小，减少了汽车调整行驶转向时的旋转和侧滑，提高了操纵稳定性，且能保证汽车在潮湿路面上稳定地转向。

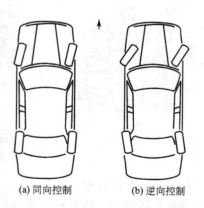

图 19.46 4WS 前后轮转向控制

19.5.2 四轮转向系统

1. 机械式四轮转向系统

图 19.47 为本田先驱汽车采用的机械式四轮转向系统。前后轮都设置有转向器，两转向器之间用机械装置连接，前轮转向角决定后轮转向角。

1) 系统组成

本田先驱汽车机械式四轮转向系统在二轮转向装置(2WS)的基础上，增设前轮转向器、后轮转向器和中央轴。

2) 系统工作原理与工作特性

当转动转向盘时，前轮转向器中的小齿轮由齿轮-齿条式转向器的齿条带动，将齿条的左右运动再变换为小齿轮的转动，经中央轴使后轮转向器的转向齿轮产生动作。

当转向盘转动量小时，后轮与前轮同向偏转；当转向盘转动量大时，后轮与前轮反向偏转。这样可以提高汽车高速时的操纵稳定性，并可以减小汽车的转弯半径。其工作特性如图 19.48 所示。

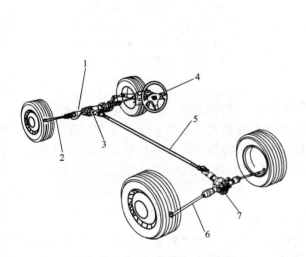

图 19.47 机械式四轮转向系统
1—前轮转向器 2—前横拉杆
3—输出齿轮轴 4—转向盘
5—中央轴 6—后横拉杆 7—后轮转向器

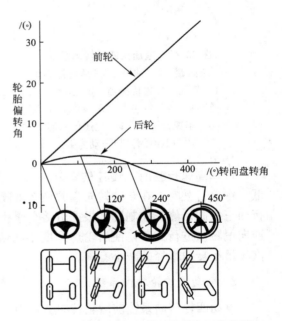

图 19.48 本田 4WS 前后轮转向工作特性

2. 液压式四轮转向系统

图 19.49 为一种液压式四轮转向系统。它由储油罐 1、油泵 2、后轮控制阀 3、节气门位置传感器 4、转向盘转角传感器 6、4WS-ECU7、车速传感器 8、轮速传感器 9、动力缸 11 和电磁阀 10 等组成。

这种液压式四轮转向系统对汽车的运行状况随时进行综合判断，可以精确控制后轮偏转角，从而提高汽车中、高速行驶过程中的操纵稳定性。如图 19.50 所示，液压油自油泵输入到电磁阀和后轮控制阀，根据 4WS-ECU 的指令，然后进入能控制后轮偏转角的动力缸。4WS-ECU 对后轮偏转角的控制分成基本控制和修正控制两部分。基本控制包含稳定性控制和回正控制。

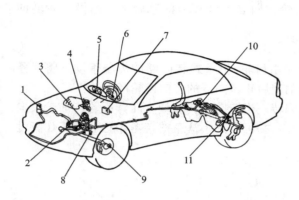

图 19.49　液压式四轮转向系统
1—储油罐　2—油泵　3—后轮控制阀
4—节气门位置传感器　5—指示灯
6—转向盘转角传感器　7—4WS-ECU
8—车速传感器　9—轮速传感器
10—电磁阀　11—动力缸

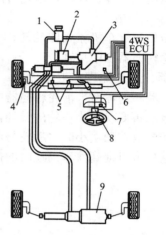

图 19.50　液压式四轮转向系统工作原理
1—储油罐　2—油泵　3—电磁阀
4—转速传感器　5—油压传感器
6—车速传感器　7—故障警示灯
8—转向传感器　9—动力缸

汽车高速行驶时，慢速转动转向盘，后轮与前轮同向偏转，进行稳定性控制；汽车低、中速行驶时，在转动转向盘的最初阶段，后轮与前轮逆向偏转，然后逐渐回正，即进行回正控制。修正控制则是根据道路交通状况和驾驶员的操作情况对后轮的同向偏转量或逆向偏转量进行修正，使后轮达到期望的偏转角度。该转向系统的后轮最大偏转角较小，汽车最小转向半径的减小有限。

3. 电动式四轮转向系统

电动四轮转向系统前后轮转向器均为电动助力，两转向器之间无任何机械连接装置及液压管道等部件，直接对前后轮的转向进行控制，具有前后轮转向角关系控制精确、控制自由度高、机构简单等优点。

电动四轮转向系统由微机控制单元、前后轮转向执行器、主副前轮转向传感器、主副后轮转向传感器、后轮转速传感器、车速传感器等组成。

后轮转向执行器包括一个通过循环球螺杆机械驱动转向齿条的电动机。执行器内的复位弹簧在点火开关关闭时或四轮转向系统失效时将后轮推到直线行驶位置。一个后轮转角传感器和一个副后轮转角传感器安装在后轮转向执行器的顶端。

发动机工作时，如果转动转向盘，四轮转向控制单元接收所有传感器的信息并进行分析，通过内部预设的控制模式，确定后轮的偏转角。然后控制后轮偏转机构中的电动机驱动球形滚道螺母转动，推动球形滚道螺杆移动，使后轮发生偏转，电控单元再根据后轮偏转机构中的主、辅偏转角传感器反馈信号，对后轮的偏转角进行修正。

上述的电动四轮转向系统属于车速、前轮偏转角及偏转角速度响应型四轮转向系统，既可以改善汽车高速行驶转向时的稳定性，又可以提高汽车高速转向时的转向响应，还可以减小汽车低速行驶转向时的转弯半径。

19.5.3 线控电动转向系统

线控电动转向系统 SBW 是在电动助力转向系统的基础上发展而来的，两者都是用电机作为执行器。在线控电动转向系统中，转向盘和转向车轮之间是没有任何机械连接的。

线控电动转向系统又称为电子转向系统，主要由转向盘总成、转向执行总成、主控制单元（ECU）和容错控制单元（RECU）组成，如图 19.51 所示。

SBW 系统工作时，装在转向拉杆上的拉压力传感器和线位移传感器实时地反映出路面状况，即可得出路感信息，再将这些信息转换为电信号传给 ECU，ECU 依据车速传感器传来的电信号以及路感电机上反馈来的电流信号来控制路感电机的转动方向和输出转矩大小，从而完成对路感电机的实时控制。当转向盘转动时，装在转向轴上的转矩传感器开始工作，将在转向轴上产生的转矩信号和转向信号转换为电信号传给 ECU；同时，ECU 再依据车速传感器传来的电信号、拉杆上两传感器的路感信号以及转向电机上反馈来的电流信号来决定转

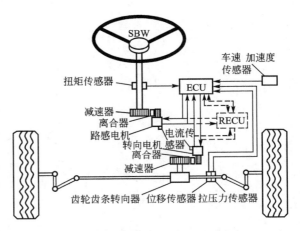

图 19.51 线控电动转向系统示意图

向电机的转向方向和转矩大小，从而完成对转向执行电机的实时控制。在对转向电机和路感电机控制的同时，容错控制单元 RECU 又对 ECU 进行实时监控，在 ECU 发生故障时对系统进行弥补控制。

与电动助力转向系统相比，线控电动转向技术提高了汽车的安全性能、改善了汽车的驾驶特性和驾驶员的路感性，增强了汽车的操纵性和舒适性，减轻了整车质量，降低了燃油消耗，使汽车具有一定的智能化，是未来汽车转向系统的发展方向。目前，制约线控转向技术的瓶颈在于 SBW 系统的传感器技术、总线技术、动力电源技术和容错控制技术。

 思考题

1. 汽车转向系统的功用是什么？汽车转向时，若使四轮都做纯滚动，应满足什么条件？
2. 简述汽车转向系统的基本工作原理。
3. 汽车转向系统分为哪几类？各由哪几部分组成？
4. 为什么目前在轻型、微型轿车和货车上大多采用齿轮齿条式转向器？

5. 简述齿轮齿条式转向器的基本结构和工作原理。
6. 简述循环球式转向器的基本结构和工作原理。
7. 简述转向控制阀的工作原理。
8. 简述叶片式转向液压泵的工作原理。
9. 简述电子控制式电动助力转向系统的工作原理。
10. 电动助力转向系统是如何分类的？与液压助力式相比较，它有哪些优点？
11. 四轮转向有哪些优越性？
12. 简述线控电动转向系统的工作原理。

第 20 章 汽车制动系统

教学提示

制动系统是汽车重要的系统之一。汽车行驶的安全性在很大程度上取决于汽车制动装置工作的可靠性。本章介绍制动器、制动传动装置、制动力调节装置和制动防抱死系统、电子稳定性控制系统等内容。

教学目标

要求学生掌握汽车制动的实质、制动系统类型、组成及工作原理、鼓式制动器和盘式制动器的结构及工作原理、制动传动装置(机械、液压、气压)的组成及工作原理,理解制动力调节装置的类型、结构及工作原理,了解 ABS 制动防抱死系统和 ESP 电子稳定性控制系统的基本知识。

20.1 概　　述

汽车以一定的车速行驶时具有一定的动能。随着汽车行驶速度的不断提高,要使行驶中的汽车减速或停车,就必须强制地对汽车施加一个与汽车行驶方向相反的力,这个力称为制动力。汽车制动系统(braking system)就是产生制动力的装置。

20.1.1　汽车对制动系统的要求

驾驶员能够根据道路和交通等情况对制动力进行控制,以实现一定程度的强制制动。制动系统的功能主要体现在 3 个方面:使汽车减速或停车;下坡行驶时,使汽车维持稳定的车速;使汽车原地可靠停车(包括在坡道上停车)——驻车。

根据以上功能，汽车制动系统应满足以下要求。

（1）具有足够的制动效能。行车制动能力是用一定制动初速度下的制动减速度和制动距离来评价的；驻车能力是以汽车在良好路面能可靠停驻的最大坡度来评价的。

（2）工作可靠。行车制动装置至少要有两套独立的驱动制动器的管路，当其中一套管路失效时，另一套完好的管路能正常工作。

（3）制动热稳定性良好。

（4）操纵轻便，并具有良好的随动性。

（5）在任何速度下制动时，汽车都不应丧失操纵性和方向稳定性。

（6）制动时产生的噪声尽可能小。

（7）摩擦副要有足够的使用寿命，摩擦副磨损后要有能消除因磨损而产生间隙的机构。

20.1.2 制动系统的组成及工作原理

汽车制动系统一般采用摩擦制动，车轮制动器利用摩擦制动车轮，轮胎与路面间的摩擦力使汽车减速或停车。因此，制动的实质就是将汽车的动能强制地转化为其他形式的能量（通常是热能），扩散到大气环境中。

汽车的制动系统具有以下4个基本组成部分。

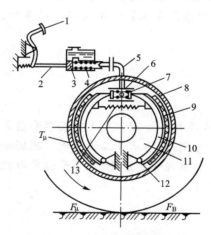

图 20.1　制动系统原理示意图
1—制动踏板　2—推杆　3—主缸活塞
4—制动主缸　5—油管　6—制动轮缸
7—轮缸活塞　8—制动鼓　9—摩擦片
10—制动蹄　11—制动底板
12—支承销　13—制动蹄回位弹簧

（1）供能装置：供给、调节制动所需能量以及改善传能介质状态的部件。其中产生制动能量的部分称为制动能源。人的肌体可作为制动能源，如图 20.1 所示的制动系统。

（2）控制装置：产生制动动作和控制制动效果的部件。如图 20.1 中的制动踏板机构，即是最简单的一种控制机构。

（3）传动装置：将制动能量传输到制动器的各个部件，如图 20.1 中的制动主缸和制动轮缸。

（4）制动器：产生阻碍车辆运动或运动趋势的力（制动力）的部件，如图 20.1 中的鼓式制动器。制动器也包括辅助制动系统中的缓速装置。

较为完善的制动系统还应具有制动力调节装置、报警装置、压力保护装置等附加装置。

各种类型的制动系统，其工作原理类似，故可用一种简单的液压制动系统来说明一般制动系统的工作原理，如图 20.1 所示，该制动系统由鼓式制动器和液压传动机构组成。

车轮制动器主要由旋转部分、固定部分和张开机构组成。旋转部分是一个以内圆面为工作表面的金属制动鼓 8，它固定在车轮轮毂上，随车轮一同旋转。固定部分为制动底板 11。制动底板用螺栓与转向节凸缘（前轮）或桥壳凸缘（后轮）固定在一起。张开机构包括轮缸活塞 7 和制动蹄 10。在两个弧形制动蹄 10 的下端分别由制动底板上的两个支承销 12 支承，制动蹄的上端用回位弹簧 13 拉紧压靠在轮缸活塞上。制动蹄的外圆面上铆有摩擦片 9。

液压传动机构主要由制动踏板 1、推杆 2、制动主缸 4、制动轮缸 6 和油管 5 等组成。制动踏板安装在驾驶室内,踏板下端与推杆铰接,推杆的另一端支承在制动主缸活塞 3 上。制动轮缸装在制动底板上,用油管与装在车架上的制动主缸相连。

不制动时,制动鼓的内圆面和制动蹄摩擦片之间留有一定的间隙(简称制动器间隙),制动鼓可以随车轮自由旋转。

制动时,驾驶员踏下制动踏板 1,带动推杆 2 推动制动主缸活塞 3 移动,使制动主缸 4 内的制动液以一定的压力经过油管 5 流入制动轮缸 6,推动轮缸活塞 7 移动,驱动两制动蹄 10 的上端绕着支承销 12 向外张开,从而使制动蹄上的摩擦片 9 压紧在制动鼓 8 的内圆面上。此时,不旋转的制动蹄就对旋转的制动鼓产生一个摩擦力矩 T_μ,其方向与车轮旋转方向相反。制动鼓将该力矩传到车轮后,由于车轮与路面间有附着作用,车轮即对路面作用一个向前的周缘力 F_μ。与此同时,路面会给车轮一个向后的反作用力 F_B,也就是车轮的制动力。各车轮上制动力的总和就是汽车受到的总制动力。制动力由车轮经车桥和悬架传给车架及车身,迫使整个汽车产生一定的减速度。制动力越大,减速度也越大。

放松制动踏板时,制动蹄在回位弹簧 13 的作用下向中央收拢,回到原位,制动鼓和制动蹄的间隙又恢复,制动力矩和制动力消失,制动作用解除。

20.1.3 制动系统的分类

制动系统的分类方法较多,具体见表 20-1。其中行车制动系统和驻车制动系统是各种汽车必须具备的基本制动装置。

表 20-1 汽车制动系统的类型

分类方法	类 型	特 点
按功用分类	行车制动系统	使行驶中的汽车减速甚至停车
	驻车制动系统	使已停驶的汽车原地可靠停车
	应急制动系统	在行车制动系统失效后实现汽车减速甚至停车
	辅助制动系统	为适应山区行驶及特殊用途汽车需要而增设的制动装置,独立于行车制动系统之外
按制动能源分类	人力制动系统	以驾驶员的肌体作为唯一的制动能源
	动力制动系统	以发动机的动力转化为液压或气压形式的势能进行制动
	伺服制动系统	兼用人力和发动机动力进行制动
按制动能量的传输方式分类	机械式制动系统	以机械机构传输制动能量
	液压式制动系统	以液压机构传输制动能量
	气压式制动系统	以气压机构传输制动能量
	电磁式制动系统	以电磁机构传输制动能量
	组合式制动系统	以多种方式传输制动能量
按制动回路数目分类	单回路制动系统	全车制动采用一个气压或液压回路
	双回路制动系统	全车制动采用两个彼此隔绝的气压或液压回路

20.2 制 动 器

制动器是制动系统中用以产生阻碍车辆运动或运动趋势的力的部件。汽车制动器除各种缓速装置以外，几乎都是利用固定元件与旋转元件工作表面的摩擦产生制动力矩的摩擦制动器。

目前，各类汽车广泛采用的摩擦制动器根据旋转元件的不同可分为鼓式和盘式两大类。它们之间的区别在于：鼓式制动器摩擦副中的旋转元件为制动鼓（brake drum），以其圆柱面为工作表面；盘式制动器摩擦副中的旋转元件为圆盘状的制动盘（brake disc），以其端面为工作表面。

制动器根据安装位置的不同可分为车轮制动器和中央制动器。旋转元件固定在车轮或半轴上的制动器称为车轮制动器；旋转元件固定在传动系统传动轴上的制动器则称为中央制动器。车轮制动器一般用于行车制动，也有兼用于应急制动和驻车制动的；中央制动器一般只用于驻车制动和缓速制动。

20.2.1 鼓式制动器

鼓式制动器是利用制动蹄片挤压制动鼓而获得制动力的，可分为内张式和外束式两种。内张鼓式制动器是以制动鼓的内圆柱面为工作表面，在现代汽车上广泛使用；外束鼓式制动器则是以制动鼓的外圆柱面为工作表面，目前只用作极少数汽车的驻车制动器。

鼓式制动器根据制动蹄张开装置（也称促动装置）形式的不同，可分为轮缸式制动器和凸轮式制动器，如图20.2所示。轮缸式制动器以液压制动轮缸作为制动蹄促动装置，多为液压制动系统所采用；凸轮式制动器以凸轮作为促动装置，多为气压制动系统所采用。

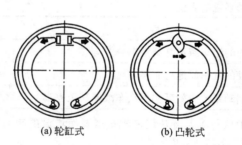

图 20.2 制动器促动装置的形式

(a) 轮缸式　　(b) 凸轮式

1. 轮缸式制动器（wheel cylinder brake）

轮缸式制动器按制动蹄的受力情况不同，可分为领从蹄式、双领蹄式（单向作用、双向作用）、双从蹄式、自增力式（单向作用、双向作用）等类型，如图20.3所示。

(1) 领从蹄式制动器（leading trailing shoe brake）。领从蹄式制动器的结构如图20.4所示。制动底板5固定在后桥壳或前桥转向节凸缘上，在制动底板的下部装有两个偏心调整螺钉1，两个制动蹄11、12的下端有孔，套装在偏心调整螺钉上，并用锁止螺母3锁止。制动底板的中部装有两制动蹄托架4，以限制制动蹄的轴向位置。制动蹄上端用回位弹簧10拉靠在制动轮缸9的顶块上。制动蹄的外圆面上，用埋头螺钉铆接着用石棉和铜丝压制成的摩擦片8。作为制动蹄促动装置的制动轮缸也用螺钉固装在制动底板上。制动鼓固装在车轮轮毂的凸缘上，随车轮一起转动。

如图20.5所示为领从蹄式制动器的受力示意图，制动轮缸7中的直径相等的两个活

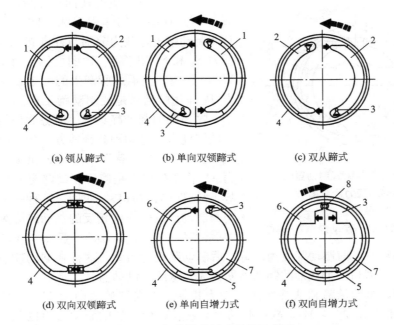

图 20.3　各种鼓式制动器的示意图
1—领蹄　2—从蹄　3—固定支承销　4—制动鼓　5—传力杆
6—第一制动蹄　7—第二制动蹄　8—双向支承销

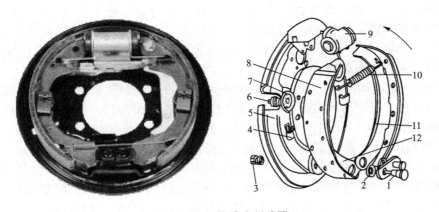

图 20.4　领从蹄式制动器
1—偏心调整螺钉　2—垫圈　3—锁止螺母　4—托架　5—制动底板
6—偏心轮调整螺钉　7—偏心轮　8—摩擦片　9—制动轮缸
10—回位弹簧　11、12—制动蹄

塞可在轮缸内轴向移动，制动时两轮缸活塞对两制动蹄端所施加的作用力 F（也称促动力）总是相等的。

设汽车前进时制动鼓的旋转方向如图中箭头所示，这时制动鼓称为正向旋转。制动时，前制动蹄 1 和后制动蹄 2 在相等促动力 F 的作用下，分别绕各自的支承点 3 和 4 张开直到紧压在制动鼓 6 上。此时，旋转着的制动鼓即对两制动蹄分别作用着法向反作用力

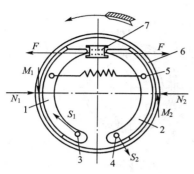

图20.5 领从蹄式制动器的
制动蹄受力示意图

1—领蹄 2—从蹄 3、4—支承点
5—回位弹簧 6—制动鼓 7—轮缸

N_1 和 N_2，以及相应的切向反力（即摩擦力）M_1 和 M_2。假定这些力的作用点和方向如图20.5所示，且两制动蹄上这些力分别与各自支承点3和4的支反力 S_1 和 S_2 相平衡。由图可见，前制动蹄上的力 M_1 与 F 绕其支承点所产生的力矩是同向的。所以力 T_1 作用的结果是使制动蹄1在制动鼓上压得更紧，这表明前制动蹄具有"增势"作用。这种张开时的转动方向与制动鼓旋转方向相同的制动蹄称为"领蹄"或"助势蹄"（leading shoe）。与之相反，力 M_2 作用的结果是使后制动蹄有放松制动鼓的趋势，故其具有"减势"作用。这种张开时的转动方向与制动鼓旋转方向相反的制动蹄称为"从蹄"或"减势蹄"（trailing shoe）。显然，当汽车倒行，即制动鼓反向旋转时，前制动蹄变为从蹄，后制动蹄变为领蹄。这种在制动鼓正、反向旋转时，都有一个领蹄和一个从蹄的制动器即称为领从蹄式制动器。

由上可知，虽然领蹄和从蹄所受促动力相等，但受到的法向力 N_1 和 N_2 却不相等，即 $N_1 > N_2$，相应地 $M_1 > M_2$，故两制动蹄对制动鼓所施加的制动力矩也不相等。一般制动领蹄的制动力矩为从蹄的2~2.5倍。显然，在两制动蹄摩擦片工作面积相同的情况下，领蹄摩擦片上的单位压力较大，因而磨损较为严重。这种制动鼓所受两制动蹄法向力不能互相平衡的制动器属于非平衡式制动器。

领从蹄式制动器的制动效能比较稳定，结构简单可靠，便于安装，广泛用作货车的前、后轮制动器和轿车的后轮制动器。

如图20.6所示为北京BJ2020N型汽车后轮制动器，它采用的制动器即是按照图20.5所示方案设计的领从蹄式制动器。

(2) 双领蹄式制动器（two leading shoe brake）。在制动鼓正向旋转时，两制动蹄均为领蹄的制动器称为双领蹄制动器。如图20.7所示的北京BJ2020N型汽车的前轮制动器即采用双领蹄制动器。

两制动蹄各用一个单活塞式制动轮缸2促动，且两套制动蹄4、制动轮缸、支承销7和调整凸轮8等在制动底板上的布置是中心对称的，以代替领从蹄式制动器中的轴对称布置。等直径的两个制动轮缸可借油管连通，使两者油压相等。这样，在汽车前进时，两制动蹄均为领蹄；但在倒车时，两制动蹄均变为从蹄。由此可见，这种双领蹄式制动器具有单向作用，在前进时制动效能好，倒车时制动效能大大下降，且不便安装驻车制动器，故一般不用作后轮制动器；但两制动蹄片受力相同，磨损均匀，且制动蹄片作用于制动鼓的力量是平衡的，即单向作用双领蹄制动器属于平衡式制动器。

如果能使单向作用双领蹄制动器的两制动蹄的支承销和促动力作用点位置互换，那么在倒车制动时就可以得到与前进制动时相同的制动效果。双向作用双领蹄制动器（dual two leading shoe brake）的设计就是基于此设想，该类制动器的制动蹄在制动鼓正、反向旋转时均为领蹄。

双向作用双领蹄制动器不论汽车前行或倒退，两制动蹄总是领蹄，制动效能不变，一般用作中、轻型货车及部分轿车的前、后制动器。但用作后轮制动器时，须另设中央停车

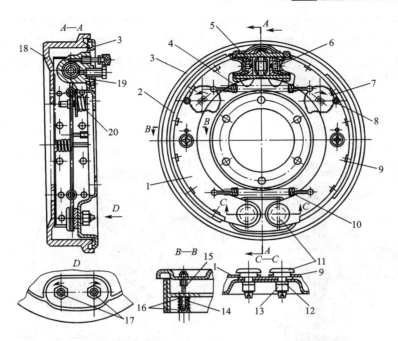

图 20.6　北京 BJ2020N 型汽车后轮制动器（领从蹄式）

1—制动蹄　2—摩擦片　3—制动底板　4、10—制动蹄回位弹簧　5—制动轮缸活塞
6—活塞顶块　7—调整凸轮　8—调整凸轮锁销　9—后制动蹄　11—支承销
12—弹簧垫圈　13—螺母　14—制动蹄限位弹簧　15—制动蹄限位杆　16—弹簧盘
17—支承销内端面上的标记　18—制动鼓　19—制动轮缸　20—调整凸轮压紧弹簧

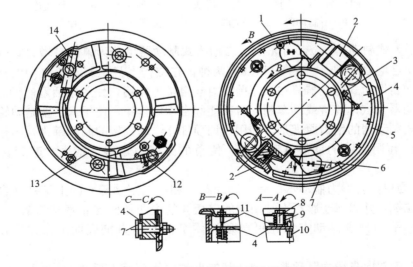

图 20.7　北京 BJ2020N 型汽车前轮制动器（单向双领蹄式）

1—制动底板　2—制动轮缸　3—制动蹄回位弹簧　4—制动蹄　5—摩擦片
6—调整凸轮　7—支承销　8—调整凸轮轴　9—弹簧　10—调整凸轮锁销
11—制动蹄限位杆　12、14—油管接头　13—轮缸连接油管

制动器。如图 20.8 所示的红旗 CA7560 型轿车的前后轮制动器即采用双领蹄制动器。制动底板 3 上的所有固定元件，如制动蹄 11、制动轮缸 2、回位弹簧 13 等都是成对的，而且既是按轴对称，又是按中心对称布置。两制动蹄端采用浮动支承，且支点的轴向位置也是浮动的。双向作用双领蹄制动器属于平衡式制动器。

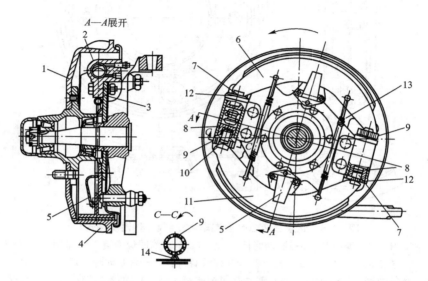

图 20.8　红旗 CA7560 型轿车前后轮制动器（双向双领蹄式）
1—制动鼓　2—制动轮缸　3—制动底板　4—制动鼓散热肋片　5—制动蹄限位片
6—上制动蹄　7—支座　8—轮缸活塞　9—调整螺母　10—可调支座
11—下制动蹄　12—防护套　13—回位弹簧　14—锁片

（3）自增力式制动器（servo brake）。自增力式制动器可分为单向自增力式（uni—servo brake）和双向自增力式（duo—servo brake）两种，在结构上只是制动轮缸中的活塞数目不同而已。单向自增力式制动器只在汽车前进时起自增力作用，使用单活塞制动轮缸；双向自增力式制动器在汽车前进或倒车制动时都能起自增力作用，使用双活塞制动轮缸。

自增力式制动器的增力原理是，利用可调顶杆体浮动铰接的制动蹄来代替固定的偏心销式制动蹄，利用前蹄的助势推动后蹄，使总的摩擦力矩得以增大，起到自动增力的作用。

图 20.9 为单向自增力制动器。第一制动蹄 1 和第二制动蹄 6 的上端被各自的制动蹄回位弹簧 2 拉拢，并以铆于腹板上端两侧的夹板 3 的内凹弧面支靠着支承销 4。两制动蹄下端以凹入的平面分别浮动支承在可调顶杆体 7 两端的直槽底面上，并用拉紧弹簧 8 拉紧。

图 20.10 为双向自增力制动器。制动蹄的上端两侧铆有夹板 4，用前后蹄回位弹簧 6 和 3 将夹板拉靠在支承销上，两制动蹄的下端由拉紧弹簧 9 拉靠在可调顶杆体 8 两端直槽的底平面上。可调顶杆体是浮动的。制动轮缸处于支承销稍下的位置。

在基本结构参数和制动轮缸工作压力相同的条件下，自增力式制动器由于对摩擦助势作用的利用，制动效能最好，但其制动效能对摩擦因数的依赖性最大，因而其稳定性最差;此外,在制动过程中自增力式制动器制动力矩的增长在某些情况下显得过于急速。因此,单向自增力式制动器只用于中、轻型汽车的前轮,而双向自增力式制动器由于可兼作驻车制动器而广泛用于轿车后轮。

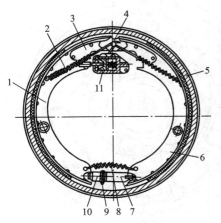

图 20.9　单向自增力式制动器
1—第一制动蹄　2—制动蹄回位弹簧
3—夹板　4—支承销　5—制动鼓
6—第二制动蹄　7—可调顶杆体
8—拉紧弹簧　9—调整螺钉
10—顶杆套　11—制动轮缸

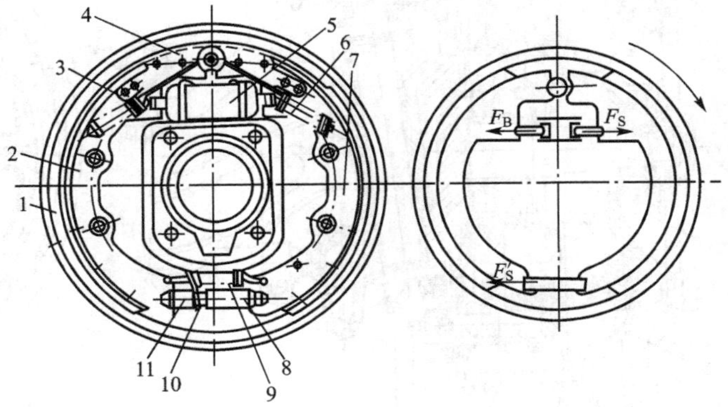

图 20.10　双向自增力式制动器
1—制动底板　2—后制动蹄　3—后蹄回位弹簧
4—夹板　5—制动轮缸　6—前蹄回位弹簧
7—前制动蹄　8—可调顶杆体
9—拉紧弹簧　10—调整螺钉　11—顶杆套

2. 凸轮式制动器(cam brake)

目前,所有国产汽车和部分国外汽车的气压制动系统中,都采用凸轮促动的车轮制动器,而且几乎都设计成领从蹄式。凸轮促动的双向自增力式制动器只宜用作中央制动器。

如图 20.11 所示的东风 EQ1090E 型汽车的前轮制动器即采用凸轮制动器。工作表面对称的制动凸轮与凸轮轴 4 制成一体。制动蹄 2 在不制动时由回位弹簧 3 拉靠在制动凸轮上。制动凸轮轴通过支座 10 固定在制动底板 7 上,其尾部花键轴插入制动调整臂 5 的花键孔中。

制动时,制动调整臂在弹簧制动气室 6 的推动下,带动制动凸轮轴 4 转动,推动两制动蹄压靠在制动鼓 8 上。由于凸轮轮廓的中心对称性,凸轮只能绕固定的轴线转动而不能移动,另外两制动蹄的结构和安装还具有轴对称性,所以当凸轮转过一定角度时,两制动蹄的位移是相等的。可见两制动蹄对制动鼓施加压紧力的大小完全取决于凸轮对制动蹄推力的大小,以及凸轮的轮廓形状和凸轮所转过的角度。但是,制动鼓对制动蹄片的摩擦使得领蹄端部力图离开制动凸轮,同时又使从蹄端部更加靠紧制动凸轮。这就是说,凸轮对从蹄的促动力大于对领蹄的促动力。因此,虽然领蹄有增势作用,从蹄有减势作用,但正是这种差别造成了制动效能高的领蹄的促动力小于制动效能低的从蹄的促动力,从而使得两制动蹄的制动力矩相等。这种制动器由于结构上不是中心对称的,两制动蹄作用于制动鼓的法向反力虽然大小相等,但却不在一条直线上,不可能相互平衡,故这种制动器仍然属于非平衡式制动器。

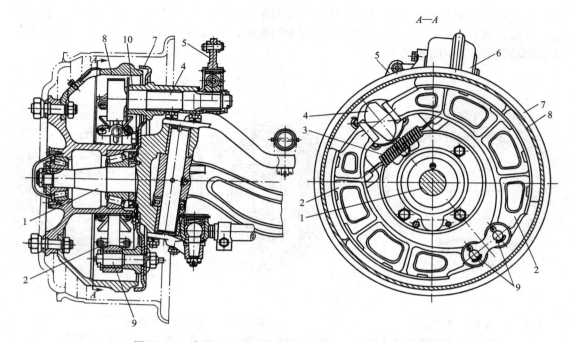

图 20.11 东风 EQ1090E 型汽车的前轮制动器（凸轮制动器）
1—转向节轴颈　2—制动蹄　3—回位弹簧　4—制动凸轮轴
5—制动调整臂　6—制动气室　7—制动底板　8—制动鼓
9—支承销　10—制动凸轮轴支座

20.2.2 盘式制动器

盘式制动器摩擦副中的旋转元件是以端面工作的金属圆盘，称为制动盘。摩擦元件从两侧夹紧制动盘而产生制动，如图 20.12 所示。固定元件则有多种结构形式，大体上可将盘式制动器分为钳盘式和全盘式两类。

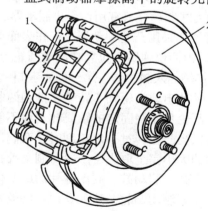

图 20.12　盘式制动器
1—制动钳　2—制动盘

1. 钳盘式制动器（caliper disc brake）

在钳盘式制动器中，由工作面积不大的摩擦块与其金属背板组成制动块。每个制动器中一般有 2～4 块。这些制动块及其促动装置都装在横跨制动盘两侧的夹钳形支架中，称为制动钳（caliper）。钳盘式制动器散热能力强，热稳定性好，故广泛应用于大多数轿车和轻型货车上。

钳盘式制动器按制动钳的结构型式可分为定钳盘式和浮钳盘式两种。

（1）定钳盘式制动器（disc brake with fixed caliper）。图 20.13 为定钳盘式制动器的结构示意图。制动盘 1 固定在轮毂上，制动钳 5 固定在车桥上，既不能旋转也不能沿制动盘轴向移动。制动钳内装有两个制动轮缸活塞 2，分别压住制动盘两侧的制动块 3。当驾驶员踩下制动踏板使汽车制动时，来自制动主缸的制动液被压入制动轮缸，制动轮缸的液压上升，两轮缸活塞在液压作用下移向制动盘，将制动块压靠到制动盘上，制动块夹紧制动盘，产生阻止车轮转动的摩擦力矩，实现制动。

（2）浮钳盘式制动器（disc brake with floating caliper）。顾名思义，浮钳盘式制动器的制动钳是浮动的，可以相对于制动盘轴向移动。图 20.14 为浮钳盘式制动器的结构示意图。制动钳 1 一般设计成可以相对于制动盘 4 轴向移动。在制动盘的内侧设有液压油缸 9，外侧的固定制动块 5 附装在钳体上。制动时，制动液被压入油缸中，在液压作用下活塞 8 向左移动，推动活动制动块 6 向左移动并压靠到制动盘 5 上。同时，作用在制动钳体上向右的反向液压力推动制动钳体整体连同固定制动块 5 沿导向销 2 向右移动，直到左侧的固定制动块 5 也压到制动盘上。这时两侧制动块都压在制动盘上，制动块夹紧制动盘，产生阻止车轮转动的摩擦力矩，实现制动。

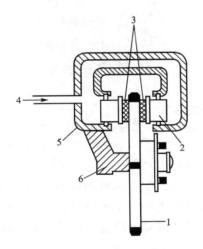 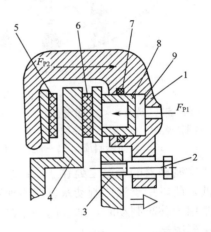

图 20.13　定钳盘式制动器示意图
1—制动盘　2—活塞　3—制动块
4—进油口　5—制动钳　6—车桥

图 20.14　浮钳盘式制动器示意图
1—制动钳　2—导向销　3—制动钳支架
4—制动盘　5—固定制动块　6—活动制动块
7—活塞密封圈　8—活塞　9—液压油缸

2. 全盘式制动器（complete disc brake）

如图 20.15 所示为全盘式制动器的结构示意图。在重型载货汽车上，要求有更大的制动力，为此采用全盘式制动器。全盘式制动器摩擦副的固定元件和旋转元件都是圆盘形的，分别称为固定盘和旋转盘。制动盘的全部工作面可同时与摩擦片接触，其结构原理与摩擦离合器相似。

3. 盘式制动器的特点

盘式制动器与鼓式制动器相比，其优点是盘式制动器工作表面为平面且两面传热，圆盘旋转容易冷却，不易发生较大变形，制动效能较为稳定，浸水后制动效能下降较小；而鼓式制动器单面传热，内外两面温差较大，导致制动鼓容易变形，同时长时间制动后，制动鼓因高温而膨胀，制动踏板行程增大，制动效能减弱。另外，盘式制动器结构简单，维修方便，易实现制动间隙自动调整。

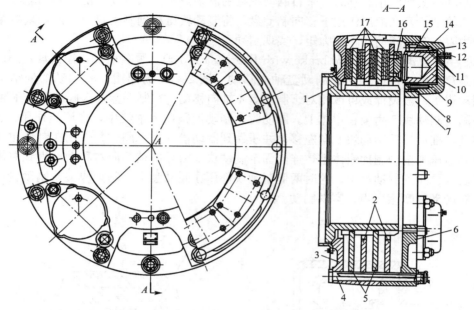

图 20.15　全盘式制动器示意图

1—旋转花键毂　2—固定盘　3—外侧壳体　4—带键螺栓　5—旋转盘　6—内侧壳体
7—调整螺圈　8—活塞套筒回位弹簧　9—活塞套筒　10—活塞　11—活塞密封圈　12—放气阀
13—套筒密封圈　14—液压缸体　15—固定弹簧盘　16—垫块　17—摩擦片

盘式制动器的不足之处在于摩擦片直接作用在圆盘上，无自动摩擦增力作用，制动效能较低，所以用于液压制动系统时若所需制动促动管路压力较高，须另行装设动力辅助装置；兼用于驻车制动时，加装的驻车制动传动装置比鼓式制动器要复杂，因而在后轮上的应用受到限制。

20.3　液压制动系统

液压制动系统利用制动液，将制动踏板力转换为液压力，通过管路传到车轮制动器，再将液压力转变为使制动蹄张开的机械推力。液压制动系统常用于轿车和轻型车上，可分为单回路、双回路等类型。其中单回路液压制动系统(single-circuit braking system)已淘汰，目前应用最多的是双回路液压制动系统(dual-circuit braking system)，该制动系统在汽车上的布置如图 20.16 所示。

双回路液压制动系统利用相互独立的双腔制动主缸，通过两套独立管路，分别控制两桥或三轮的车轮制动器。其特点是若其中一套管路发生故障而失效，另一套管路仍能继续起制动作用，从而提高了汽车制动的可靠性和行车安全性。

20.3.1　组成及工作原理

双回路液压制动系统由制动主缸(制动总泵)、液压管路、后轮鼓式制动器中的制动轮缸(制动分泵)、前轮钳盘式制动器中的液压缸等组成，如图 20.17 所示。制动主缸 2 的前

汽车制动系统 第20章

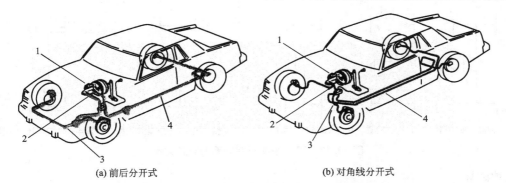

(a) 前后分开式　　　　　　　　(b) 对角线分开式

图 20.16　液压制动系在汽车上的布置
1—制动主缸　2、3、4—制动管路

后腔分别与前后轮制动轮缸 9 之间通过油管 8 连接。真空助力器 3 以发动机进气支管或独立安装的真空泵的真空吸力为动力源，产生与制动踏板同向的推动力协助人力进行制动。制动调节阀 7 调节进入前后制动轮缸的液压大小，力图使前后车轮同时被制动抱死。

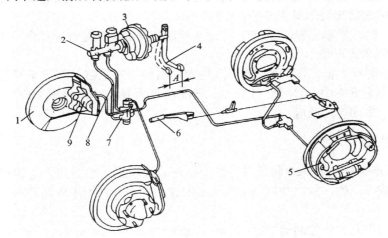

图 20.17　双回路液压制动系统的基本组成
1—前轮车轮制动器　2—制动主缸　3—真空助力器　4—制动踏板　5—后轮车轮制动器
6—驻车制动操纵手柄　7—制动调节阀　8—油管　9—制动轮缸

踩下制动踏板 4（图 20.17），制动主缸 2 利用主缸活塞的移动将制动液压入制动轮缸 9，从而使轮缸活塞移动，将前轮制动器的制动块推向制动盘、后轮制动器的制动蹄推向制动鼓。在制动器间隙消失并开始产生制动力矩时，液压与踏板力方能继续增长直到完全制动。在此过程中，由于液压作用，油管弹性膨胀变形和摩擦元件弹性压缩变形，踏板和轮缸活塞都可以继续移动一段距离。解除踏板力，制动块会回位，制动蹄和轮缸活塞在回位弹簧作用下回位，制动液压油流回制动主缸，制动作用结束。

双回路液压制动系统在各类汽车上的布置方案各不相同，如图 20.18 所示。

各布置方案的特点如下。

（1）一轴对一轴（Ⅱ）型：前轴（桥）制动器与后轴（桥）制动器各有一套管路。该布置方案最为简单，可与单轮缸鼓式制动器配合使用，在发动机前置后轮驱动的汽车上得到广泛应用，如南京依维柯、广州标致等汽车；其缺点是当一套管路失效时，前后桥制动力分配

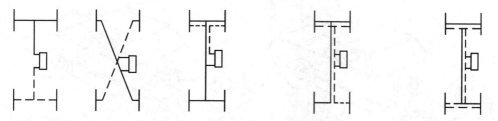

(a) 一轴对一轴(II)型　(b) 交叉(X)型　(c) 一轴半对半轴(HI)型　(d) 半轴一轮对半轴一轮(LL)型　(e) 双半轴对双半轴(HH)型

图 20.18　双回路液压制动系的布置方案

关系被破坏。

（2）交叉(X)型：一轴的一侧车轮制动器与另一轴的对角车轮制动器同属一套管路。该布置方案中任一管路失效时，剩余的总制动力都能保持管路正常时总制动力的一半，而且前后桥制动力分配关系不发生改变，有利于提高制动稳定性。该布置方案多用于发动机前置前轮驱动的轿车上，如上海桑塔纳、奥迪100、神龙富康、天津夏利等汽车。

（3）一轴半对半轴(HI)型：每侧前轮制动器的半数轮缸和全部后轮制动器轮缸同属一套管路，其余的前轮轮缸则属于另一套管路。

（4）半轴一轮对半轴一轮(LL)型：两侧前轮制动器的半数轮缸和一个后轮制动器分别属于相互独立的两套管路。

（5）双半轴对双半轴(HH)型：前、后轮制动器的半数轮缸分别属于相互独立的两套管路。在以上布置方案中，HI型、LL型、HH型较为复杂，在汽车上应用较少；II型、X型由于优点较多而被广泛应用。

20.3.2　制动主缸

制动主缸(master cylinder)属于单向作用活塞式液压缸，它的作用是将踏板机构输入的机械能转换成液压能。制动主缸分单腔和双腔式两种，分别用于单回路和双回路液压制动系统。

图 20.19 为串联式双腔制动主缸(series dual chamber brake master cylinder)的结构示意图。该类制动主缸用在双回路液压制动系统中，相当于两个单腔制动主缸串联在一起而

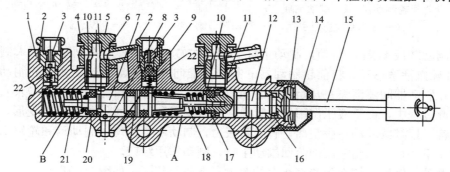

图 20.19　串联式双腔制动主缸的结构示意图

1—制动主缸缸体　2—出油阀座　3—出油阀　4—进油管接头　5—空心螺栓　6—密封垫　7—前缸活塞　8—定位螺钉　9—密封垫　10—旁通孔　11—补偿孔　12—后缸活塞　13—挡圈　14—护罩　15—推杆　16—后缸密封圈　17—后活塞皮碗　18—后缸弹簧　19—前缸密封圈　20—前活塞皮碗　21—前缸弹簧　22—回油阀；A—后腔；B—前腔

构成。制动主缸的壳体内装有前缸活塞 7、后缸活塞 12 及前缸弹簧 21、后缸弹簧 18。前缸活塞用密封圈 19 密封；后缸活塞用密封圈 16 密封，并用挡圈 13 定位。两个储液筒分别与前腔 B、后腔 A 相通，通过各自的出油阀 3 与前后制动轮缸相通，前缸活塞靠后缸活塞的液力推动，而后缸活塞直接由推杆 15 推动。

制动主缸在不工作时，前后腔内的活塞头部与皮碗正好位于各自的旁通孔 10 和补偿孔 11 之间。前缸活塞回位弹簧的弹力大于后缸活塞回位弹簧的弹力，以保证两个活塞不工作时都处于正确的位置。

制动时，驾驶员踩下制动踏板，踏板力通过传动机构传给推杆 15，并推动后缸活塞 12 向前移动，皮碗盖住旁通孔 10 后，后腔 A 压力升高。在后腔液压和后缸弹簧力的作用下，前缸活塞 7 向前移动，前腔 B 压力也随之提高。当继续向下踩制动踏板时，前后腔的液压继续提高，使前后制动器产生制动。

解除制动时，驾驶员松开制动踏板，在前后活塞弹簧的作用下，制动主缸中的活塞和推杆回到初始位置，管路中的油液推开回油阀 22 流回制动主缸，从而制动作用消失。

若前腔控制的回路发生故障，则前缸活塞不产生液压力，但在后缸活塞液力作用下，前缸活塞被推至最前端，后腔产生的液压力仍能使后轮产生制动；若后腔控制的回路发生故障，则后腔不产生液压力，但后缸活塞在推杆作用下前移，并与前缸活塞接触而推动前缸活塞前移，前腔仍能产生液压力使前轮产生制动。由此可见，当双回路液压制动系统中任何一套管路失效时，制动主缸仍能工作，只是所需的踏板行程增大而已。

20.3.3 真空助力器

真空助力器(vacuum booster)装在制动踏板和制动主缸之间，利用真空度对制动踏板进行助力，其控制装置是利用制动踏板机构直接操纵的。如图 20.20 所示为一汽红旗 CA7220 型轿车的真空助力式液压制动系统示意图。该系统采用的是交叉型(X)或对角线布置的双回路液压制动系统。

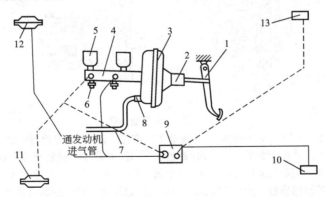

图 20.20　CA7220 型轿车的真空助力式液压制动系统
1—制动踏板机构　2—控制阀　3—伺服气室　4—制动主缸　5—储液罐
6—制动信号灯液压开关　7—真空供能管路　8—单向阀　9—感载比例阀
10—左后轮缸　11—左前轮缸　12—右前轮缸　13—右后轮缸

真空助力器主要由真空伺服气室和控制阀组成，如图 20.21(a)所示。真空伺服气室由前、后壳体 1 和 19 组成，两者之间夹装有伺服气室膜片 20，将伺服气室分成前、后两腔。

前腔经真空单向阀9通向发动机进气歧管(即真空源)，外界空气经过滤环11和毛毡过滤环14滤清后进入伺服气室后腔。后腔膜片座8的毂筒中装有控制阀6。控制阀由空气阀10和真空阀9组成，其结构图部分放大后如图20.21(b)和图20.21(c)所示，空气阀与控制阀推杆12固装在一起，控制阀推杆借调整叉13与制动踏板机构连接。伺服气室膜片座8上有通道A和B，通道A用于连通伺服气室前腔和控制阀，通道B用于连通伺服气室后腔和控制阀。真空伺服气室工作时产生的推力连同踏板力一起，直接作用在制动主缸推杆2上。

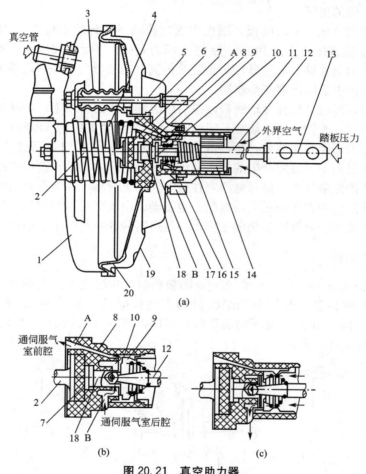

图20.21 真空助力器

1—伺服气室前壳体　2—制动主缸推杆　3—导向螺栓密封套
4—膜片回位弹簧　5—导向螺栓　6—控制阀　7—橡胶反作用盘
8—伺服气室膜片座　9—真空阀　10—空气阀　11—过滤环
12—控制阀推杆　13—调整叉　14—毛毡过滤环　15—控制阀推杆弹簧
16—阀门弹簧　17—螺栓　18—控制阀柱塞
19—伺服气室后壳体　20—伺服气室膜片

真空助力器不工作时，空气阀10和控制阀推杆12在控制阀推杆弹簧15的作用下，离开橡胶反作用盘7，处于右端极限位置，并使真空阀9离开膜片座8上的阀座，即真空阀处于开启状态。而真空阀9又被阀门弹簧16压紧在空气阀上，即空气阀处于关闭状态。此时伺服气室的前后两腔相互连通，并与大气隔绝。在发动机工作时，前后两腔内都能产生一定的真空度。

制动时，踩下制动踏板，来自踏板机构的控制力推动控制阀推杆 12 和控制阀柱塞 18 向前移动，在消除柱塞与橡胶反作用盘 7 之间的间隙后，再继续推动制动主缸推杆 2，主缸内的制动液以一定压力流入制动轮缸，此力为制动踏板机构所给。与此同时，在阀门弹簧 16 的作用下，真空阀 9 也随之向前移动，直到压靠在膜片座的阀座上，从而使通道 A 和 B 隔绝，即伺服气室的前腔和后腔隔绝，进而空气阀离开真空阀而开启，空气经过滤环 11、毛毡过滤环 14、空气阀的开口和通道 B 充入伺服气室后腔。随着空气的充入，在伺服气室膜片 20 的两侧出现压力差而产生推力，此推力通过膜片座 8、橡胶反作用盘 7 推动制动主缸推杆 2 向前移动，此力为压力差所给。此时，制动主缸推杆上的作用力为踏板力和伺服气室反作用盘推力的总和，使制动主缸输出的压力成倍增长。

解除制动时，控制阀推杆弹簧 15 使控制阀推杆和空气阀向右移动，真空阀离开膜片座上的阀座而开启。伺服气室的前后两腔相通，且均为真空状态。膜片座和膜片在膜片回位弹簧的作用下回位，制动主缸解除制动作用。

若真空助力器失效或真空管路无真空度，则控制阀推杆将通过空气阀直接推动膜片座和制动主缸推杆移动，使制动主缸产生制动压力，但作用在踏板上的力要增大。

20.3.4 制动轮缸

制动轮缸（wheel cylinder）的作用是将从制动主缸输入的液压能转变为机械能，以使制动器进入工作状态。制动轮缸有单活塞式和双活塞式两种。单活塞式制动轮缸主要用于双领蹄式和双从蹄式制动器，而双活塞式制动轮缸应用较广，即可用于领从蹄式制动器，又可用于双向双领蹄式制动器及双向自增力式制动器。

如图 20.22 所示为北京 BJ2020N 型汽车双领蹄前制动器配用的单活塞式制动轮缸。液压油腔密封件采用装在活塞 8 导向面上切槽内的密封圈 4。进油间隙借活塞端面的凸台保持。

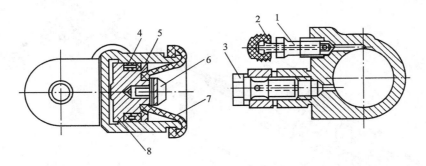

图 20.22 单活塞式制动轮缸结构示意图
1—放气阀 2—橡胶护罩 3—进油管接头 4—密封圈
5—缸体 6—顶块 7—防护罩 8—活塞

如图 20.23 所示为双活塞式制动轮缸，如北京 BJ2021、奥迪 100 及上海桑塔纳等汽车的后轮缸。缸体 1 用螺栓固定在制动底板上。缸内有两个活塞 2，两活塞之间的内腔由两个皮碗 3 密封。制动时，制动液自油管接头和进油孔 7 进入，活塞在液压作用下外移，通过顶块 5 推动制动蹄张开。弹簧 4 保证皮碗、活塞及制动蹄的紧密接触，并保持两活塞之间的进油间隙。

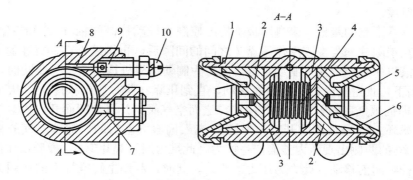

图 20.23 双活塞式制动轮缸结构示意图
1—缸体 2—活塞 3—皮碗 4—弹簧 5—顶块 6—防护罩
7—进油孔 8—放气孔 9—放气阀 10—放气阀防护螺钉

20.4 气压制动系统

气压制动系统是发展最早的一种动力制动系统。气压制动系统的制动能源是空压机产生的压缩空气；而驾驶员肌体仅用来控制制动能源。气压制动系统的供能装置和传能装置都是气压式的，其控制装置大多由踏板机构和制动阀等元件组成，也有的在踏板机构和制动阀之间串联液压式操纵传动装置。驾驶员通过控制踏板的行程，调整气体压力的大小而获得不同制动强度的制动力。

气压制动系统踏板行程较短，操纵轻便，制动力较大，结构复杂，制动不如液压式柔和，在中、重型汽车上得到广泛应用。汽车制动系统在汽车上的布置如图 20.24 所示。

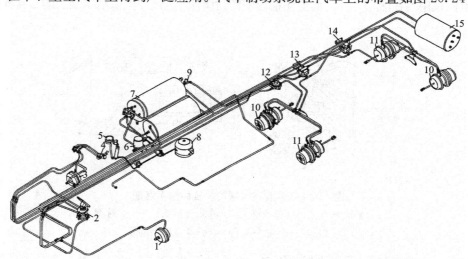

图 20.24 CA1192型汽车气压制动系统的布置示意图
1—前左制动气室总成 2—直踏式制动阀总成 3—前右制动气室总成 4—手动阀总成
5—排气制动阀总成 6—再生储气筒 7—储气筒总成 8—空气干燥器总成 9—气压保护阀总成
10—中右、后左弹簧制动缸总成 11—中左、后右弹簧制动缸总成 12—中桥继动阀及管接头总成
13—手继动阀及管接头总成 14—后桥继动阀及管接头总成 15—后桥制动储气筒

20.4.1　组成及工作原理

气压制动系统的制动回路和液压制动系统一样，一般采用双回路。

如图 20.25 所示为东风 EQ1090E 型汽车的双回路气压制动系统示意图。空压机 1 由发动机驱动产生压缩空气，压缩空气先通过湿储气筒单向阀 4 流入湿储气筒 6 进行冷却和油水分离，再分别经两个主储气筒单向阀 4 分别进入主储气筒 14 和 17，分成两个回路：一个回路经主储气筒 14、并列双腔制动阀 3 的后腔通向前制动气室 2；另一个回路经主储气筒 17、并列双腔制动阀 3 的前腔和快放阀 13 通向后制动气室 10。

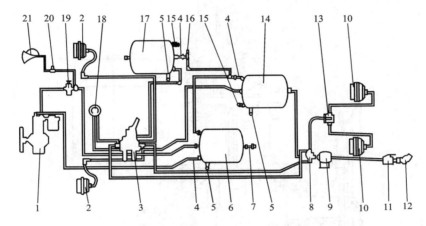

图 20.25　东风 EQ1090E 型汽车的双回路气压制动系统示意图

1—空压机　2—前制动气室　3—并列双腔制动阀　4—储气筒单向阀　5—放水阀
6—湿储气筒　7—溢流阀　8—梭阀　9—挂车制动阀　10—后制动气室　11—挂车分离开关
12—连接头　13—快放阀　14—主储气筒（供前制动器）
15—低压报警器　16—取气阀　17—主储气筒（供后制动器）　18—双针气压表
19—气压调节阀　20—气喇叭开关　21—气喇叭

制动时，踩下制动踏板，制动阀打开主储气筒与制动气室之间的通道，来自主储气筒 14 的压缩空气经过制动阀进入前制动气室 2，前轮制动器开始制动；来自主储气筒 17 的压缩空气经过制动阀进入后制动气室 10，后轮制动器开始制动。制动阀的前后腔输出压缩空气也都通入梭阀 8，梭阀则只让压力较高一腔的压缩空气输入到挂车制动阀 9，以使挂车产生制动。

解除制动时，放松制动踏板，制动阀重新关闭主储气筒与制动气室之间的通道，同时开启制动气室与大气的通道，制动气室的压缩空气通过制动阀泄入到大气中，制动作用消失。

20.4.2　气压制动系统的供能装置

气压制动系统的供能装置包括空压机、储气筒、调压阀、安全阀、进排气滤清器、管道滤清器、油水分离器、空气干燥器、防冻器及多回路压力保护阀等。

1. 空压机（air compressor）

空压机的作用是产生压缩空气。空压机大多采用空气冷却活塞式，具有与发动机类似的曲柄连杆机构，通常由发动机通过传动带或齿轮来驱动。空压机按缸数可分为单缸和双缸两种。

如图 20.26 所示为东风 EQ1090E 型汽车风冷单缸空压机的结构示意图。空压机固定在发动机一侧的支架上，由曲轴带轮通过风扇带轮和 V 形带驱动。进气口 A 经气管通向空气滤清器，出气口 B 经气管通向湿储气筒。

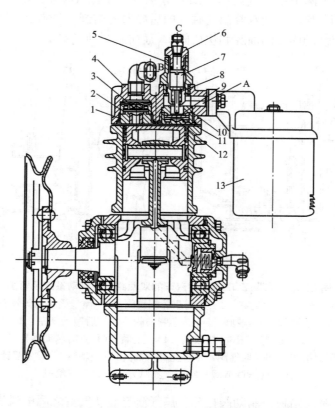

图 20.26　东风 EQ1090E 型汽车风冷单缸空压机
1—排气阀座　2—排气阀导向座　3—出气阀　4—气缸盖　5—卸荷装置壳体
6—定位塞　7—卸荷柱塞　8—柱塞弹簧　9—进气阀　10—进气阀座
11—进气阀弹簧　12—进气阀导向座　13—进气滤清器　A—进气口
B—排气口　C—调压阀控制压力输入口

空压机的工作原理如图 20.27 所示。发动机运转时，空压机随之运转。当活塞 1 下行时，活塞上腔容积增大，产生真空吸力，进气阀 6 开启，外部空气经空气滤清器 5、进气阀进入气缸；活塞上行时，活塞上腔容积减少，进入气缸的空气被压缩，气缸压力升高，进气阀关闭，当气缸压力上升到足够大时顶开排气阀 2，压缩空气经排气口 B 和气管送到湿储气筒；当储气筒内的气压达到规定值后(0.7～0.81MPa)，调压器接通储气筒与卸荷柱塞 3 之间的气路，压缩空气进入卸荷柱塞 3 的上腔，卸荷柱塞顶开进气阀，空压机气缸与大气相通，不再压缩空气，卸掉活塞上的载荷，空压机运行阻力显著下降，从而减少了发动机的功率损失。

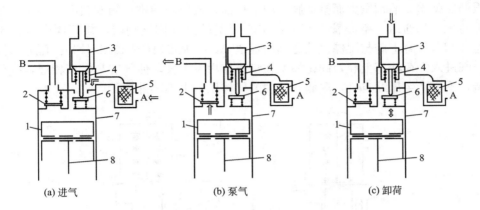

图 20.27 空压机工作原理示意图
1—活塞　2—排气阀　3—卸荷柱塞　4—柱塞弹簧　5—空气滤清器
6—进气阀　7—缸体　8—连杆　A—进气口　B—排气口

2. 调压阀（pressure governor）

调压阀的作用是调节供气管路中压缩空气的压力，使之保持在规定的压力范围内，且在过载时实现空压机的卸荷空转，以减少发动机的功率损失。

调压阀在回路中的连接方法有如下两种。

（1）调压阀与空压机和储气筒并联。当系统的空气压力达到规定值时，调压阀使空压机的进气阀开启，卸荷空转。

（2）调压阀串联在空压机和储气筒之间。当系统的空气压力达到规定值时，调压阀将多余的压缩空气直接排入大气，空压机卸荷空转。

如图 20.28 所示为东风 EQ1090E 型汽车的膜片式调压阀。该调压阀与储气筒并联，由膜片组、阀门组、调压弹簧及壳体等组成。膜片的外缘被夹于上盖 1 和壳体 10 之间，构成膜片上、下两腔。膜片上腔经上盖上的小孔 B 与大气相通，而下腔经滤芯通过管接头 9 与湿储气筒相通。

调压阀的工作原理如图 20.29 所示，分为正常供气和卸荷空转两种工作情况。

当调压阀膜片 4 下腔的气体压力小时，空心管 5 下端靠紧排气阀 6，并使排气阀打开，接湿储气筒的气道 A 至接空压机卸荷柱塞上腔的气体通道 B 被切断，而通道 B 通过开启的排气阀与大气相通。此时空压机正常向储气筒供气（图 20.29(a)）。当湿储气筒压力升高到 0.70～0.74MPa 时，调压阀膜片 4 下腔气压作用力足

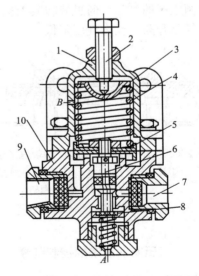

图 20.28 东风 EQ1090E 型汽车的调压阀
1—上盖　2—调压螺钉　3—弹簧座
4—调压弹簧　5—膜片　6—空心管
7—接卸荷阀管接头　8—排气阀
9—接储气管接头　10—壳体
A、B—通气孔

以克服调压弹簧3的预紧力而推动膜片向上拱曲,调压阀的排气阀6关闭,关闭了卸荷柱塞上腔与大气的通道。空心管上移后,空心管下端离开排气阀门,排气阀上端面出现间隙,这样卸荷柱塞上腔与湿储气筒之间的通道A、B被接通(图20.29(b))。湿储气筒内的压缩空气进入卸荷柱塞上腔,卸荷柱塞在气压作用下下移,使气缸与大气相通,空压机卸荷空转,不再产生压缩空气,湿储气筒内的气体压力也不再升高。

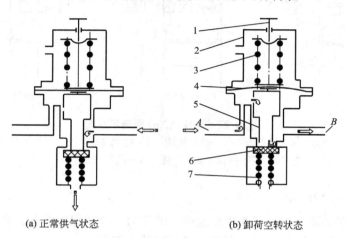

(a) 正常供气状态　　　　　(b) 卸荷空转状态

图 20.29　调压阀工作原理示意图

1—调压螺钉　2—上盖　3—调压弹簧　4—膜片　5—空心管　6—排气阀
7—排气阀弹簧　A—接湿储气筒　B—接卸荷阀控制气室

调压阀的气压可通过旋转其上盖2上的调压螺钉1(图20.29)进行调整。当螺钉旋入时,气压升高,反之气压降低。

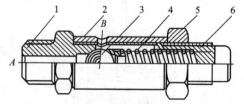

图 20.30　东风 EQ1090E 型汽车的安全阀

1—阀座　2—外壳　3—钢球　4—弹簧
5—锁紧螺母　6—调整螺钉
A—接储气筒　B—通大气

3. 安全阀(safety valve)

如图20.30所示为 EQ1090E 型汽车装于湿储气筒上的安全阀,它由阀座1、钢球3、弹簧座、弹簧4、锁紧螺母5和调整螺钉6等组成。当湿储气筒内的气压作用力超过安全阀弹簧的预紧张力时,压缩空气顶开钢球,气体由排气孔B排出,储气筒内的气压下降。旋转调整螺钉,改变弹簧的预紧力,就可改变安全阀起作用的气压。

20.4.3　气压制动系统的控制装置

气压制动系统的控制装置包括制动阀、快放阀、继动阀与梭阀等。

1. 制动阀(brake valve)

制动阀是气压行车制动系统的主要控制元件,它的作用是控制储气筒进入各个车轮制动气室和挂车制动阀的压缩空气量,用以保证随动作用以及足够强的踏板感,控制汽车是否制动以及制动的强度。制动阀输出压力的变化在一定范围内是渐进的,可以直接输入作为传能装置的制动气室，也可以作为控制信号输入另一控制元件（如继动阀）。

制动阀的结构形式有单腔式（已淘汰）、双腔式和三腔式等。制动阀按操纵方式可分为脚控式和手控式，前者多用于行车制动系统，后者多用于应急制动系统、驻车制动系统和辅助制动系统。

如图 20.31 所示为东风 EQ1090E 型汽车采用的脚控并列双腔膜片式制动阀，它主要由拉臂、上体、下体、平衡弹簧总成、滞后机构总成等组成。拉臂 1 用拉臂轴 28 支承在上体的支架上，并可绕拉臂轴摆动。支架上装有限位调整螺钉用以调整最大工作气压。拉臂上还装有锁紧螺母 26 和调整螺钉 27 用以调整踏板的自由行程。上体内装置的平衡弹簧总成（2、3、5）可上下移动。推杆 8 装入壳体中央压装衬套的孔内，能轴向移动，其上端与平衡弹簧座相抵，下端伸入平衡臂 9 杠杆孔内。平衡臂杠杆两端压靠在两腔膜片挺杆总成上。下体 17 下部孔中安装有两个阀门，两侧共有 4 个接头孔，下方两个为进气孔 A_1 和 A_2，上方为两个排气孔 B_1 和 B_2。

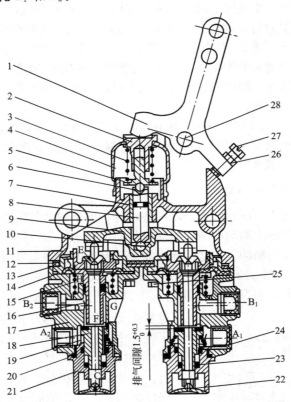

图 20.31　东风 EQ1090E 型汽车的并列双腔膜片式制动阀

1—拉臂　2—平衡弹簧上座　3—平衡弹簧　4—防尘罩　5—平衡弹簧下座　6、10—钢球
7、12、23、24—密封圈　8—推杆　9—平衡臂　11—上体　13—钢垫　14—膜片
15—膜片回位弹簧　16—芯管　17—下体　18—阀　19—阀门回位弹簧　20—密封垫
21—阀门导向座　22—防尘堵片　25—防尘堵塞　26—锁紧螺母　27—调整螺钉　28—拉臂轴
A_1—进气孔（通前制动储气筒）　A_2—进气孔（通后制动储气筒）
B_1—出气孔（通前制动气室及挂车空气管）　B_2—出气孔（通后制动气室）　C—下部排气孔
D—节流孔　E—上部排气孔　F—排气阀座　G—进气阀座

该制动阀的工作过程如下。

(1) 制动过程：驾驶员踩下制动踏板，通过拉杆使拉臂1绕拉臂轴28转动，将平衡弹簧上座2下压，并经平衡弹簧3、平衡弹簧下座5、钢球6、推杆8、钢球10，使平衡臂9下移，推动两腔内膜片总成中的芯管16下移，消除间隙后，先将排气阀座F关闭，再打开进气阀座G。此时，储气筒内的压缩空气经进气阀座G，然后经B孔充入制动气室，推动制动气室膜片，使制动凸轮转动以实现制动。

(2) 平衡过程：在压缩空气流经B孔时，同时通过D孔进入膜片的下腔，推动两腔的芯管16上移。当气压升高到一定值时，进气阀座G、排气阀座F同时关闭，储气筒便停止对制动气室输送压缩空气，制动阀处于平衡状态，汽车便保持一定的制动强度。当驾驶员感到制动强度不足时，可继续踩下制动踏板到某一位置，则制动气室进气量增多，气压升高。后面又会出现新的平衡状态。

(3) 解除制动：驾驶员放松制动踏板，拉臂在回位弹簧的作用下回位，平衡弹簧座上端面的压力消除，推杆、平衡臂、膜片总成均在回位弹簧及平衡腔内压缩空气的作用下向上移动，排气阀座F被打开，制动气室及制动管路的压缩空气便经排气口，穿过芯管内孔通道，从上体排气孔E、阀18内孔道及下部排气孔C排入大气。若制动踏板只放松到某一位置不动，在平衡弹簧3的作用下，阀18又将进气阀座G和排气阀座F同时关闭，制动阀又处于新的平衡状态，制动强度下降，但仍保持一定的制动作用。当制动踏板完全放松时，制动作用才彻底解除。

当汽车处于行驶状态时，排气阀座F敞开，制动气室内无压缩空气，制动系统不起作用。

当汽车双回路气压制动系统的某一制动管路漏气时，另一条制动管路仍能起制动作用，在此不再赘述其工作过程。

2. 快放阀(quick release valve)

对于轴距较长的汽车，制动阀离制动气室较远，如果制动气室都要经过制动阀来充气或放气，将导致制动和解除制动的滞后时间过长，不利于汽车及时制动和制动解除后的及时加速，因此在制动阀到制动气室之间接近制动气室处的管路上串联装置快放阀。

如图20.32所示为东风EQ1090E型汽车的膜片式快放阀的结构示意图。上、下壳体1、5用螺钉2连成一体，并用密封垫密封。上壳体通过接头A与制动阀连接，下壳体通过接头B、D分别与后桥左、右制动气室连接，下壳体中部的孔C与大气相通。

快放阀的工作原理如图20.33所示。不制动时，膜片成平直状态。由于膜片在径向和轴向与壳体之间都有一定的间隙，所以快放阀不密封任何一条管路，后桥制动气室与制动阀均可通过快放阀通向大气。

制动时，从控制阀来的压缩空气通过A孔进入快放阀，推动膜片，将通大气孔C堵住。气体压力使膜片发生弹性变形，膜片边缘下弯，打开了A—B、A—D之间的通道，压缩空气经B、D分别进入后桥左、右制动气室，后轮车轮制动器

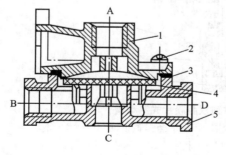

图20.32　东风EQ1090E型汽车的快放阀

1—上壳体　2—螺钉　3—密封垫
4—膜片　5—下壳体　A—接制动阀
B—接后桥左轮制动气室
C—通大气　D—接后桥右轮制动气室

开始制动，此时的快放阀相当于一个三通阀。

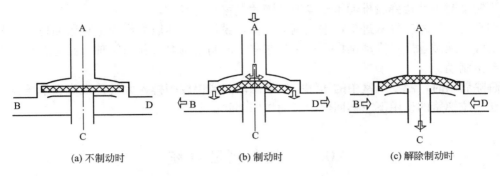

(a) 不制动时　　　　(b) 制动时　　　　(c) 解除制动时

图 20.33　快放阀工作原理示意图

解除制动时，制动阀至快放阀管路内的压缩空气从制动阀排气孔排到大气中，膜片上腔气体压力消失。制动气室的压缩空气回流，从快放阀 B、D 孔进入，膜片在下腔气体压力作用下迅速上移，关闭进气孔 A，压缩空气从排气孔 C 排入大气。这样后桥制动气室的压缩空气直接通过快放阀短路排出，缩短了排气时间，与前桥制动气室同步解除制动。

20.4.4　气压制动系统的传能装置

气压制动系统的传能装置主要是制动气室(brake chamber)，它的作用是将输入的压缩空气压力转变为转动制动凸轮的机械推力，使车轮制动器产生制动力矩。

制动气室有膜片式和活塞式两种。膜片式制动气室结构简单，但膜片的行程较小，寿命短，制动间隙稍有变化就需及时调整。活塞式制动气室则没有这些问题，多用于重型车辆。

如图 20.34 所示为东风 EQ1090E 型汽车的膜片式制动气室(diaphragm brake chamber)，它主要由盖 2、橡胶膜片 3、壳体 6、推杆 8 及回位弹簧 5 等组成。制动器壳体 6 和盖 2 是用钢板冲压制成的，夹布橡胶膜片的周缘用卡箍 10 夹紧在壳体和盖的凸缘之间。膜片将整个制动气室分隔成两个相互完全隔绝的气室。膜片和盖之间的气室通过进气孔 1 与制动阀连接，膜片和壳体之间的气室通大气。弹簧通过焊接在推杆上的支承盘 4 推动膜片紧靠在盖的极限位置。推杆 8 的外端通过螺纹与连接叉 9 连接，连接叉通过销子与制动

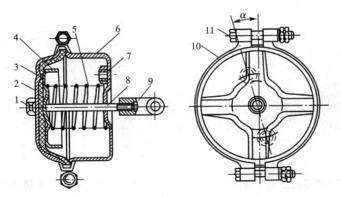

图 20.34　东风 EQ1090E 型汽车的制动气室
1—进气口　2—盖　3—膜片　4—支承盘　5—弹簧　6—壳体
7—固定螺钉孔　8—推杆　9—连接叉　10—卡箍　11—螺拴

调整臂连接。整个制动气室用螺栓通过支架固定在车桥上。

不制动时，回位弹簧推动承压盘连同膜片左移与盖紧贴。

制动时，压缩空气从进气口进入制动气室，膜片在气体压力作用下克服回位弹簧的弹力而右移，通过承压盘推动推杆、连接叉右移，使制动调整臂和凸轮轴及凸轮转过一个角度而产生制动。

解除制动时，制动气室中的压缩空气经制动阀或快放阀排入大气，膜片和承压盘连同推杆在回位弹簧的作用下左移回位，制动作用解除。

20.5 驻车制动系统

驻车制动系统的作用是：汽车停驶后使汽车可靠停车，防止汽车滑溜；汽车在坡道起步时，协同离合器、节气门踏板等使汽车顺利起步；在行车制动失效后临时使用或配合行车制动器进行紧急制动。为实现这些功能要求，驻车制动系统多采用机械传动装置。对于轻型和中型车辆，多采用人力机械式驻车制动装置；对于重型车辆，多采用助力式驻车制动装置。目前，也有少数中高档轿车采用电子驻车系统(EPB, Electrical Park Brake)。

20.5.1 组成及工作原理

人力机械式驻车制动系统一般由操纵杆1、调节齿板2、拉线4、平衡杠杆3、制动器7等组成，如图20.35所示，其中制动器一般为驻车制动系统和行车制动系统共用的后轮制动器。

如图20.36所示为红旗CA7220型轿车的制动系统示意图，其驻车制动系统是机械式的，与行车制动系统共用后轮制动器。在驻车制动时，驾驶员将驻车制动操纵杆7向上扳起，通过一系列杆件将驻车制动操纵缆绳9拉紧，从而对两后轮制动器进行驻车制动。此时由于驻车制动操纵杆上棘爪的单向作用，使棘爪与棘爪齿板啮合，操纵杆不能反转，整

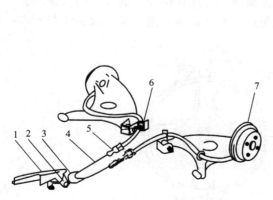

图 20.35 驻车制动系统组成示意图
1—操纵杆 2—调节齿板 3—平衡杆杆
4—拉线 5—拉线调整接头
6—拉线支架 7—制动器

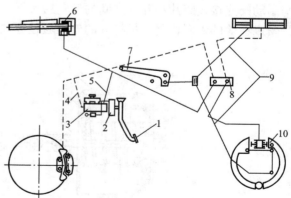

图 20.36 红旗 CA7220 型轿车的制动系统示意图
1—制动踏板 2—真空助力器 3—制动主缸
4、5—制动管路 6—盘式制动器 7—驻车制动操纵杆
8—感载比例阀 9—驻车制动操纵缆绳 10—鼓式制动器

个机械驻车制动杆系被可靠地锁止在制动位置。欲解除驻车制动,须先将操纵杆7扳起少许,再压下操纵杆端头的压杆按钮,通过棘爪压杆使棘爪离开棘爪齿板,然后放松操纵杆端按钮,使棘爪得以将整个机械驻车制动杆系锁止在解除制动的位置。

20.5.2 驻车制动器

驻车制动器(parking brake)一般被称为手制动器或手刹(hand brake),按其安装位置的不同可分为中央制动式和车轮制动式两种。中央制动式驻车制动器安装在变速器或分动器之后,对传动轴制动(如红旗 CA7560、北京 BJ2020N、解放 CA1091、东风 EQ1091E 等汽车);车轮制动式驻车制动器与行车制动系统共用一套制动器总成,各自的传动机构是相互独立的(如红旗 CA7220 型、奥迪 100 型和桑塔纳等轿车以及黄河 JN1181C13 型货车等)。

对于中央制动式驻车制动器,其结构形式与行车制动器基本相同,在此不再赘述,以下主要介绍车轮制动式驻车制动器。

1. 鼓式制动器

鼓式驻车制动器的基本结构与行车制动系统中的鼓式制动器相同,常用的有凸轮张开式和自动增力式两种。

如图 20.37 所示为东风 EQ1090E 型汽车凸轮张开式驻车制动器的结构示意图。制动鼓通过螺栓与变速器输出轴的凸缘盘紧固在一起,制动底板固定在变速器后端壳体上。驻车制动时,向上拉动操纵杆2,通过拉丝软轴11使摇臂10绕支承销顺时针转动,拉杆通过摇臂3带动凸轮轴6转动,使两制动蹄张开而产生制动,用棘爪和齿扇锁住操纵杆,保持制动状态。解除制动时,按下棘爪按钮,将操纵杆推向前面的极限位置,两制动蹄片在回位弹簧作用下回位,解除制动。

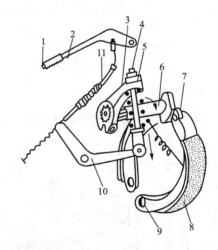

图 20.37 东风 EQ1090E 型汽车凸轮张开式驻车制动器示意图
1—按钮 2—操纵杆 3—摆臂 4—拉杆
5—调整螺母 6—凸轮轴 7—滚轮
8—制动蹄 9—偏心支承销
10—摇臂 11—拉丝软轴

如图 20.38 所示为一种自增力式驻车制动器的结构示意图。制动鼓12借螺杆14和螺钉22与变速器的输出轴凸缘盘13连接,随变速器输出轴转动。制动底板1与驻车制动蹄支承销11通过螺杆19固定在变速器外壳上。驻车制动时,将制动手柄23连同棘齿拉杆27拉出,使制动器内的驻车制动臂6绕销轴5顺时针转动,经推板4将左制动蹄压靠到制动鼓上。不能再左移的推板4的右端即成为臂6继续转动的新支点,臂6通过销轴5使右制动蹄以棘轮20为支点顺时针移动,压靠到制动鼓上,产生制动作用。解除制动时,应先将制动手柄连同棘齿拉杆顺时针转过一定角度,使棘齿条与棘爪脱离啮合,然后再将制动手柄推回到不制动位置,并转过一定角度,以便下次制动。

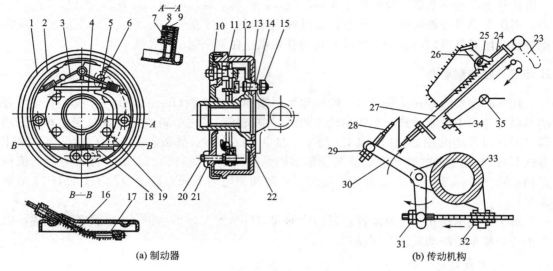

(a) 制动器　　　　　　　　　　　　　　(b) 传动机构

图 20.38　自增力式驻车制动器

1—制动底板　2—驻车制动蹄　3、18—拉簧　4—推板　5—销轴　6—驻车制动臂
7—压簧　8—压簧座　9—压簧拉杆　10、15—螺母　11—驻车制动蹄支承销
12—驻车制动鼓　13—变速器第二轴凸缘盘　14、19—螺杆　16、28—钢丝绳
17—回位弹簧　20—调整棘轮　21—防尘套　22—埋头螺钉　23—制动手柄
24、32—导管　25—棘爪　26—支座　27—棘齿拉杆　29、31—调整螺母　30—摇臂
33—前桥　34—驻车制动灯开关　35—驻车制动指示灯

2. 盘式制动器

对于后轮采用盘式制动器的车辆来说，后轮盘式制动器要安装驻车制动装置。目前，带驻车制动装置的盘式制动器有 3 种：盘鼓组合式（制动盘中间部位安装有用作驻车制动的鼓式制动装置）、单盘独立夹钳驻车制动（制动盘上安装有独立的驻车制动夹钳）、驻车制动和行车制动共用制动夹钳。

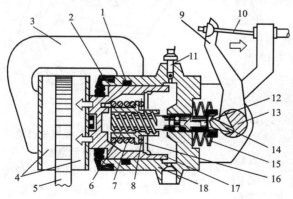

图 20.39　带驻车制动装置的浮钳盘式制动器

1—密封圈　2—防尘罩　3—夹钳　4—制动块
5—制动盘　6—螺母　7—扭簧　8—止推轴承
9—制动杠杆　10—拉线　11—放气螺钉
12—自调螺杆　13—制动凸轮　14—短轴
15—膜片弹簧　16—止推垫圈
17—活塞　18—活塞缸体

如图 20.39 所示为带驻车制动装置的浮钳盘式制动器。自调螺杆 12 穿过制动夹钳 3 的孔，膜片弹簧 15 使螺杆右端斜面与驻车制动杠杆 9 的凸轮斜面始终贴合。螺杆左端装有自调螺母 6，螺母凸缘左侧被扭簧 7 紧箍着。止推轴承 8 固定在螺母凸缘右侧，并被固定在活塞 17 上的止推垫圈 16 封闭。止推轴承和止推垫圈之间的装配间隙即为设定制动间隙值时完全制动所需的活塞行程。

进行驻车制动时,在驻车制动杠杆 9 的凸轮推动下,自调螺杆 12 连同自调螺母 6 一直左移到螺母接触活塞底部。由于扭簧 7 的阻碍,自调螺母不可能倒转着相对于螺杆向右移动,于是轴向推力便通过螺杆传到螺母,再到活塞,最后传到制动块而实现制动。由于行车制动由油压直接作用于活塞实现,但止推垫圈与止推轴承之间有间隙,故行车制动和驻车制动不会引起干涉。

解除驻车制动时,自调螺杆在膜片弹簧 15 的作用下随驻车制动杠杆回位。

20.6 制动力调节装置

制动时,在车轮上作用一个制动力矩,路面对车轮作用一个向后的切向反作用力,也就是制动力。该制动力 F_B 受轮胎与路面间的附着力 F_φ 的限制,即:

$$F_B \leqslant F_\varphi = G \cdot \varphi$$

式中,G 为车轮对路面的垂直载荷;φ 为轮胎与路面间的附着系数。

制动力 F_B 一旦达到了附着力 F_φ 的数值,车轮便完全停止旋转而被抱死,只是沿路面做纯滑移,汽车将失去抗侧滑能力。若前轮制动到抱死而后轮还在滚动,则汽车会失去操纵性而无法转向;若后轮制动到抱死而前轮还在滚动,则汽车会侧滑而发生甩尾甚至掉头。无论是前轮还是后轮单独滑移,都极易造成车祸,尤其是后轮单独侧滑后果更为严重。所以制动时最好前、后轮都不要抱死,并且首先避免后轮抱死。

欲使汽车既得到尽可能大的制动力,又保持制动时的方向稳定性,就必须将制动系统设计得能够将前、后轮制动达到同步滑移。前后轮同步滑移的条件是:前后轮制动力之比等于前后轮对路面垂直载荷之比,即:

$$\frac{F_{B1}}{F_{B2}} = \frac{G_1\varphi}{G_2\varphi} = \frac{G_1}{G_2}$$

式中,F_{B1} 为前轮制动力;F_{B2} 为后轮制动力;G_1 为前轮对路面的垂直载荷;G_2 为后轮对路面的垂直载荷。

但是,汽车在制动过程中,作用于汽车重心上的向前惯性力试图使汽车俯倾,因而造成前轮垂直载荷增大而后轮垂直载荷减小,即重心前移,使得前后轮垂直载荷之比变大。因此要满足前后轮同步制动的条件,汽车前后轮制动力之比,也就是前后轮制动管路压力之比也应是变化的,如图 20.40 中的曲线 1 和曲线 2 所示,曲线 1 称为满载时制动的理想特性曲线,曲线 2 称为空载时制动的理想特性曲线。

若不考虑前后轮制动力分配,前后制动管路压力总是相等,则其特性如图 20.40 中的曲线 3 所示。因而其前后轮制动力之比为定值,这显然不能满足理想的制动要求。为了提高制动安全性,汽车制动系统中设置了各种制动力调节装置,使前后轮制动管路压力的实际分配特性

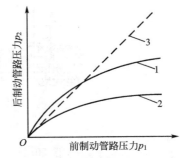

图 20.40 前后制动管路压力分配特性
1—满载时的理想特性
2—空载时的理想特性
3—无制动力调节装置时的实际特性

曲线接近相应的理想分配特性曲线。在越来越多的汽车上,装备了最佳制动力调节装置——制动防抱死系统(Anti. lock Braking System,ABS),使车轮在制动过程中始终保持边滚边滑的临界状态,充分利用轮胎与路面间的附着力,保证制动安全。

汽车上传统的制动力调节装置主要有限压阀、比例阀、感载阀和惯性阀等,它们一般串联在后制动管路中,但也有的串联在前制动管路中。

20.6.1 限压阀

限压阀串联于液压或气压制动回路的后制动管路中。限压阀的作用是当前后制动管路压力 p_1 和 p_2 由零同步增长到一定值后,自动将 p_2 限定在该值不变,避免后轮抱死。

液压限压阀的构造如图 20.41(a)所示。自进油口输入的控制压力是前制动管路压力(亦即制动主缸压力)p_1,从出油口输出的是后制动管路压力 p_2。阀门 2 与活塞 3 连接成一体,装入阀体 6 后,弹簧 5 便受到一定的预紧力。在弹簧力的作用下,阀门离开阀体上的阀座而抵靠着阀盖 1。阀门凸缘上开有若干个通油切口。当输入压力 p_1 较低时,阀门 2 左端推力为 $p_1 a$(a 为阀门左端有效面积),阀门右端受弹簧力 F(图中未画出),此时由于 $F>p_1 a$,阀门不动且一直保持开启,因而 $p_2=p_1$,即限压阀尚未起限压作用。当踏板力增加,p_2 与 p_1 同步增长到一定值 p_s 时,限压阀开始限压,阀门左端压力超过右端弹簧的预紧力,即 $p_s a>F$,阀门向右移动,关闭后轮轮缸与制动主缸的油道。此后 p_1 再增长,p_2 也不随之增长而是保持定值 p_s。限压点 p_s 仅取决于限压阀的结构,而与汽车的轴载质量无关。

限压阀的静特性曲线如图 20.41(b)中的直线 AB 所示。与不装任何制动力调节装置时的实际制动管路分配特性 OK 相比,装用限压阀后的实际分配特性 OAB 更为接近理想分配特性曲线。装用限压阀的汽车在满载且 $p_1=p_2=p_s$ 时,前后轮才有可能被制动到同步抱死;否则无论 $p_1<p_s$ 还是 $p_1>p_s$ 时,相应于同一 p_1 值的 p_2 实际值均低于 p_2 理想值。因此,在 $p_1\neq p_s$ 的情况下制动,不会出现后轮先抱死,必然是前轮先抱死滑移,这正符合制动稳定性的要求。

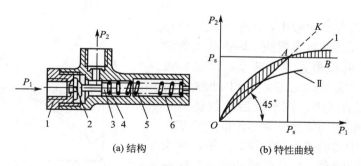

图 20.41　液压限压阀的结构及其特性曲线
1—阀盖　2—阀门　3—活塞　4—活塞密封圈　5—弹簧　6—阀体
Ⅰ—满载理想特性曲线　Ⅱ—空载理想特性曲线

限压阀用于重心高度与轴距的比值较大的轻型汽车上,因为这种汽车在制动时,后轮垂直载荷向前轮转移得较多,即重心前移较多,其理想的制动管路压力分配特性中段的斜率较小,与限压阀特性曲线 AB 相近。

20.6.2 比例阀

重心高度与轴距的比值较小的中型以上汽车，制动时重心前移较少，其理想制动管路分配特性中段斜率较大。这种汽车如果装用限压阀，虽然可以满足制动时前轮先滑移的要求，但在紧急制动时后轮制动力将远小于后轮附着力，不能满足制动力尽可能大的要求。为此，在液压或气压制动系统的后制动管路中串联比例阀来解决这一问题。

比例阀（又称 P 阀）的作用是当前、后制动管路压力 p_1 与 p_2 同步增长到一定值 p_s 后，自动对 p_2 的增长加以节制，也就是使 p_2 的增量按一定比例小于 p_1 的增量。比例阀与限压阀的区别在于当制动管路压力达到 p_s 以后，输入与输出的压力按一定比例增长，使实际制动管路压力分配曲线更接近于理想曲线。由此可见，比例阀比限压阀更能充分发挥后轮的制动力。

比例阀的结构如图 20.42(a)所示，一般采用两端承压面积不等的差径活塞结构。不工作时，差径活塞 2 在弹簧 3 的作用下处于上极限位置。此时阀门 1 保持开启，因而在输入控制压力 p_1 与输出压力 p_2 从零同步增长的初始阶段，$p_1=p_2$。但是压力 p_1 的作用面积 A_1 小于压力 p_2 的作用面积 A_2，故活塞上方液压作用力大于活塞下方液压作用力。在 p_1、p_2 同步增长过程中，活塞上、下两端液压作用力之差超过弹簧 3 的预紧力时，活塞便开始下移。当 p_1 和 p_2 增长到一定值 p_s 时，活塞内腔中的阀座与阀门接触，进油腔与出油腔即被隔绝，此时比例阀处于平衡状态。

若进一步提高 p_1，则活塞将回升，阀门又重新开启，油液继续流入出油腔，使 p_2 也升高，但由于 $A_1<A_2$，p_2 尚未增加到新的 p_1 值，活塞又下降到平衡位置。在任一平衡状态下，差径活塞的力平衡方程为：

$$p_2 A_2 = p_1 A_1 + F$$

即：

$$p_2 = \frac{A_1}{A_2} p_1 + \frac{F}{A_2}$$

式中，F 为平衡状态下的弹簧力。F 越大，p_2 越大，调节作用起始点的控制压力 p_s 就越大。由于斜率 $A_1/A_2<1$，所以 p_2 的增量小于 p_1 的增量。如图 20.42(b)中所示的折线 OAB 为装用比例阀后的实际制动管路压力分配特性，它更接近于理想分配曲线。

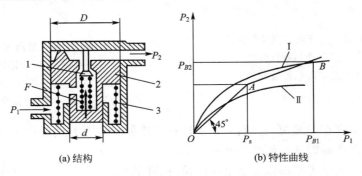

(a) 结构　　(b) 特性曲线

图 20.42　比例阀的结构及其特性曲线

1—阀门　2—活塞　3—弹簧　Ⅰ—满载理想特性曲线　Ⅱ—空载理想特性曲线

20.6.3 感载阀

有些汽车(特别是中、重型货车)在实际装载质量不同时,其总重力和重心位置变化较大,因而满载和空载下的理想促动管路压力分配特性曲线差距也较大。一般在非满载、总质量较小时,理想曲线要下移。此时,采用一般的比例阀就不能适应载荷变化对制动力分配作相应变化的要求,故有必要采用其特性随汽车实际装载质量而变化的感载阀。

液压制动系统用的感载阀有感载限压阀和感载比例阀两种,其特性如图20.43所示。满载时,感载阀特性曲线为 OA_1B_1。而在空载时,感载阀的调节作用起始点自动改变为 A_2,使特性曲线变成 OA_2B_2,但两特性曲线的斜率还是相等的。这种变化是渐进的,即在实际装载质量为任一值时,都有一条与之相应的特性曲线。调节作用起始点的控制压力 p_s 取决于限压阀或比例阀的活塞弹簧预紧力。因此只要使活塞弹簧预紧力随汽车装载质量而变化,便能实现感载调节。由于感载比例阀的工作特性优于感载限压阀,所以应用较广。

1. 感载比例阀(loading sensing pressure proportioning valve)

图20.44为一种液压感载比例阀的结构。阀体3安装在车身上,活塞4右端的空腔内有阀门2。杠杆5的一端由感载拉力弹簧6与后悬架连接,另一端压在活塞4上。

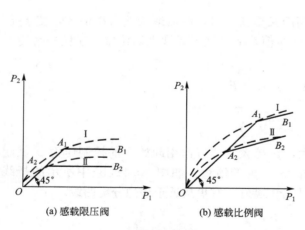

图 20.43 液压感载阀特性曲线
Ⅰ—满载理想特性曲线
Ⅱ—空载理想特性曲线

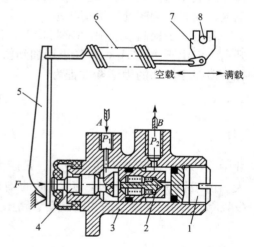

图 20.44 液压感载比例阀
1—螺塞 2—阀门 3—阀体
4—活塞 5—杠杆 6—拉力弹簧
7—摇臂 8—后悬架横向稳定杆

不制动时,活塞在感载拉力弹簧6通过杠杆5施加的推力 F 的作用下处于右端极限位置。阀门右端杆部顶触螺塞1而处于开启状态。

制动时,来自制动主缸油压为 p_1 的制动液从进油孔A进入,并通过阀门从出油孔B输出到后制动管路,此时的输出压力 $p_2=p_1$,由于活塞右端承压面积大于左端承压面积,活塞不断向左移动,最后将阀门关闭达到某一平衡状态。此后 p_2 的增量将小于 p_1 的增量。

这种感载比例阀的特点是作用于活塞上的轴向力 F 是可变的。当汽车装载质量增加时，后悬架载荷也增加，因而后轮向车身移近，后悬架横向稳定杆便带动摇臂转过一定角度，将感载拉力弹簧进一步拉伸。这样作用于活塞上的推力 F 便增大。反之汽车装载质量减少时，推力 F 也减少。

2. 感载限压阀(loading sensing pressure limiting valve)

如图 20.45 所示为一种液压感载限压阀，其推力 F 与弹簧压缩量有关，从而与推杆行程有关，并可由感载控制机构控制。通过感载控制机构向感载阀输入的控制信号一般是有关悬架的变形量。

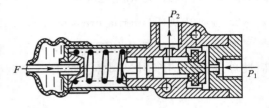

图 20.45　液压感载限压阀结构

20.6.4　惯性阀

惯性阀(又称 G 阀)是一种用于液压制动系统的制动力调节装置。它的作用是根据汽车制动时作用在重心上的惯性力自动调节制动力在前、后轮上的分配。

惯性阀的特性曲线与感载阀相似，但其调节作用起始点的控制压力 p_s 取决于汽车制动时作用在汽车重心上的惯性力，也就是说 p_s 不仅与汽车的实际装载质量有关，也与汽车制动减速度有关。

惯性阀分为惯性限压阀和惯性比例阀两类。

1. 惯性限压阀(inertia pressure limiting valve)

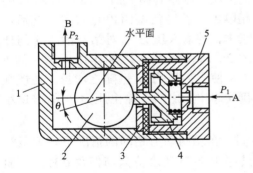

图 20.46　惯性限压阀结构示意图
1—阀门　2—惯性球　3—阀座　4—阀门
5—阀盖　A—进油孔　B—出油孔

惯性限压阀的结构如图 20.46 所示。惯性限压阀内有一个惯性球 2，惯性球起作用时其支承面相对于水平面的仰角 θ 必须大于零。汽车在水平路面上时，θ 应为 10°～13°。通常惯性球在其本身重力作用下处于下极限位置，并将阀门 4 推到与阀盖 5 接触，使得阀门与阀座 3 之间保持一定的间隙。此时进油孔 A 与出油孔 B 连通。

在水平路面上施行制动时，来自制动主缸的制动液由进油孔 A 输入惯性球，再从出油孔 B 进入后制动管路，输出压力 p_2 即等于输入压力 p_1。当路面对车轮的制动力使汽车产生减速度时，惯性球也具有相同的减速度。当控制压力 p_1 较低、减速度较小时，惯性球向前的惯性力沿支承面的分力不足以平衡球的重力沿支承面的分力，阀门便然保持开启，p_2 也依然等于 p_1。当 p_1 增长到某一定值 p_s 时，制动力和减速度增大到足以实现 p_1 和 p_2 两力平衡，阀门弹簧便通过阀门将球推向前上方，使阀门得以压靠阀座，切断制动液流动通道。此后 p_1 继续增长，前轮制动力以及汽车总制动力继续增长时，球的惯性力使球滚到前上极限位置不动，阀门对阀座的压紧力也因 p_1 的增长而增加，阀门牢牢关闭，故

p_2 保持 p_s 值不变。

汽车在上坡路上制动时,由于支承面仰角 θ 增大,惯性球重力沿支承面的分力也增大,使得惯性阀开始起作用所需的控制压力 p_s 更高,即所限定的输出压力 p_2 更高,这正与汽车上坡时后轮附着力增加相适应。相反,在下坡路上制动时,后轮附着力减小,惯性阀所限定的 p_2 也正好相应地降低。

2. 惯性比例阀(inertia pressure proportioning valve)

惯性比例阀的结构如图 20.47 所示。惯性比例阀的阀座 8 位于惯性球 7 的前方,惯性球兼起阀门作用。阀体上部两个同心但直径不等的油腔 E 和 G,E 腔与出油孔 B 连通,而 G 腔通过油道 H 与进油孔 A 连通。E 腔中直径较大的第一活塞 2 与 G 腔中直径较小的第二活塞 4 组成差径活塞组。

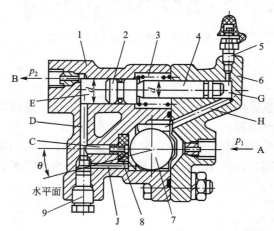

图 20.47　惯性比例阀结构示意图
1—前阀体　2—第一活塞　3—弹簧
4—第二活塞　5—放气阀　6—阀体
7—惯性球　8—阀座　9—旁通锥阀
A—进油口　B—出油口
C、D、H、J—油道　E、G—油腔

在输入压力 p_1 和输出压力 p_2 同步增长的初始阶段,惯性球保持在后极限位置不动,进油口 A 与出油道 C、D 相通,因而 $p_2 = p_1$。此时差径活塞组两端的液压作用力不等,其差值由弹簧 3 承受。当该力超过弹簧预紧力时,差径活塞组便进一步压缩弹簧 3 而右移。当 p_1、p_2 同步增长到某一定值 p_s 时,惯性球沿倾斜角为 θ 的支承面向上滚到压靠阀座 8 时,油腔 E 和 G 便互相隔绝,差径活塞组停止右移。此后,继续增长的输入压力 p_1 对第二活塞 4 的作用力 N_1 与弹簧力 F 之和作用于第一活塞 2 上,使 E 腔压力 p_2 也随之增长。在惯性比例阀起作用之后,输出压力 p_2 的增量小于输入压力 p_1 的增量。

当汽车实际装载量不同时,其总质量也不同。在总制动力相同的情况下,满载汽车的减速度比空车的小。但是使同一惯性阀开始起作用的减速度值只与仰角 θ 有关,而与汽车装载量无关。因此,汽车满载时,相应于调节作用起始点的控制压力值 p_s 比空载时的高。

在某些情况下不需要惯性比例阀起作用时,可将旁通锥阀 9 旋出,使旁通油道 H 与出油道 D 连通。于是阀门被短路,差径活塞组也失效。

20.7　制动防抱死系统

制动防抱死系统(Anti-lock Braking System,ABS)是汽车上的一种主动安全装置。其作用是在汽车制动时防止车轮抱死拖滑,以提高汽车制动时的方向稳定性,缩短汽车的制动距离，使汽车制动更为安全有效。

20.7.1 ABS 理论基础

1. 滑移率

汽车从纯滚动到抱死拖滑的制动过程是一个渐进的过程，经历了纯滑动、边滚边滑和纯滑动 3 个阶段。为了评价汽车车轮滑移成分所占比例的多少，常用滑移率 s 来表示，其定义如下：

$$s=\frac{u-u_w}{u}\times 100\%=\frac{u-r\omega}{u}\times 100\%$$

式中，u 为车速；u_w 为车轮速度；ω 为车轮滚动角速度；r 为车轮半径。

当车轮纯滚动时，$u=u_w$，$s=0$；当车轮抱死纯滑动时，$u_w=0$，$s=100\%$；当车轮边滚边滑时，$u>u_w$，$0<s<100\%$。车轮滑移率越大，说明车轮在运动中滑动成分所占的比例越大。

2. 滑移率对汽车制动性的影响

如图 20.48 所示，滑移率对汽车车轮制动附着系数 φ_x 和侧向附着系数 φ_y 影响极大，从而影响汽车的制动性能。

由图 20.48 可以看出，当地面对车轮法向反作用力一定时，滑移率大约在 20% 左右时制动纵向附着系数 φ_x 最大，车轮与路面之间的附着力最大，此时产生最大的地面制动力，制动效果最佳。当滑移率等于零时，侧向附着系数 φ_y 最大，汽车抗侧滑能力最强，制动时方向稳定性最好。φ_y 随着滑移率的增大而减小，当车轮完全抱死拖滑时 $\varphi_y\approx 0$，汽车制动稳定性最差。

基于以上理论，ABS 制动防抱死系统防止汽车制动时车轮抱死，并把车轮的滑移率保持在 10%～30% 的范围内，以保证车轮与路面有良好的纵向、侧向附着力，有效防止制动时汽

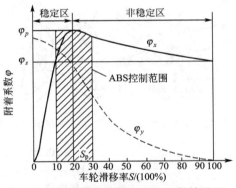

图 20.48 滑移率与路面附着系数的关系
φ—附着系数 φ_x—纵向附着系数
φ_y—横向附着系数 S—车轮滑移率
φ_p—峰值附着系数
S_p—峰值附着系数时的滑移率
φ_S—车轮抱死时纵向滑动附着系数

车侧滑、甩尾、失去转向等现象发生，提高了汽车制动时的方向稳定性。制动时，ABS 系统将制动力保持在最佳的范围内，从而制动距离缩短，也能减弱轮胎与地面之间的剧烈摩擦，减轻轮胎的磨损。

20.7.2 ABS 的组成及工作原理

ABS 制动防抱死系统由车轮速度传感器、ABS 电控单元、制动压力调节装置等部分组成，如图 20.49 所示。

轮速传感器(speed sensor)的功用是检测车轮的速度，并将速度信号输入 ABS 的电控单元。目前，用于 ABS 系统的速度传感器主要有电磁式和霍尔式两种。如图 20.50 所示

为轮速传感器在车轮上的安装位置。

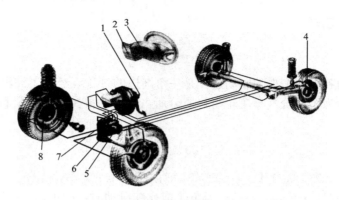

图 20.49 ABS 制动防抱死系统的组成
1—制动灯开关 2—ABS 指示灯 3—制动警告灯 4—左后轮速传感器
5—液压泵电动机 6—液压调节器 7—电子控制单元 8—右前轮速传感器

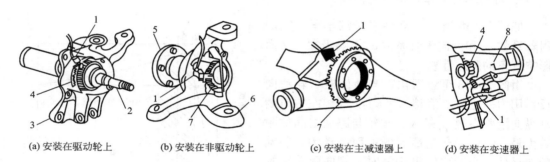

图 20.50 ABS 轮速传感器的安装位置
1—传感器头 2—半轴 3—悬架支座 4—齿圈 5—轮毂
6—转向节 7—主减速器从动齿轮 8—变速器

ABS 电控单元（ECU）具有运算功能，接收轮速传感器的交流信号，计算出车轮速度、滑移率和车轮的加、减速度。把这些信号加以分析，对制动压力发出控制指令。电子控制装置能控制压力调节器，对其他部件还具有监控功能。当这些部件发生异常时，由指示灯或蜂鸣器给驾驶员报警，使整个系统停止工作，恢复到常规制动方式。如图 20.51 所示，ECU 由以下几个基本电路构成：①轮速传感器的输入放大电路；②运算电路；③电磁阀控制电路；④稳压电源、电源监控电路、故障反馈电路和继电器驱动电路。

制动压力调节装置主要由供能装置（液压泵、储能器）、电磁阀和调压缸等组成。液压泵是一个高压泵，它可在短时间内将制动液加压（在储能器中）到 15~18MPa，并给整个液压系统提供高压制动液。液压泵能在汽车起动 1min 内完成上述工作。液压泵的工作独立于 ABS 电控单元，如果电控单元出现故障或接线有问题，液压泵仍能正常工作。储能器的结构形式有多种。用得较多的为活塞-弹簧式储能器，该储能器位于电磁阀与回油泵之间，由轮缸来的液压油进入储能器，进而压缩弹簧使储能器液压腔容积变大，以暂时储存制动液。电磁阀是制动压力液压调节装置的重要部件，由它完成对 ABS 的控制。ABS 系统中都有一个或两个电磁阀体，其中有若干电磁阀，分别控制前、后轮的制动。常用的电

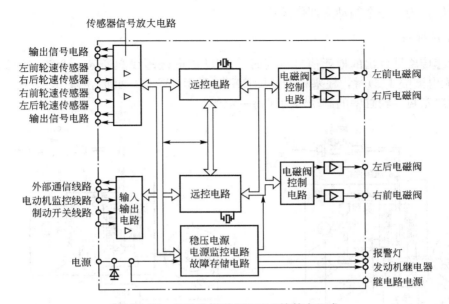

图 20.51　ABS 电控单元(ECU)的基本组成

磁阀有三位三通阀和二位二通阀等形式。

ABS 系统根据其制动压力调节方式的不同，分为循环调压式和变容积式两种。以循环调压式 ABS 系统为例，说明其工作原理。

循环调压式 ABS 系统的制动压力调节装置串联在制动主缸与轮缸之间，通过电磁阀直接调节轮缸的制动压力，其工作过程分为常规制动、保压过程、减压过程和增压过程等。

1. 常规制动

常规制动过程中，ABS 系统不工作。电磁阀线圈 5 中无电流通过，柱塞 10 处于如图 20.52 所示的位置。此时制动主缸 6 与制动轮缸 2 直通，由制动主缸来的制动液直接进入轮缸，轮缸压力随主缸压力而增减。此时液压泵 8 不需要工作。

2. 减压过程

轮速传感器 3 检测到车轮 4 有抱死信号时，ECU 即向电磁阀线圈 5 通入一个较大的电流，柱塞 10 移到上端，如图 20.53 所示。此时制动主缸与轮缸的通路被切断，电磁阀将轮缸与回油通道和储液器 9 接通，轮缸中制动液经电磁阀流入储液器，轮缸压力下降。与此同时，电动机起动，带动液压泵 8 工作，把流回储液器的制动液加压后输送

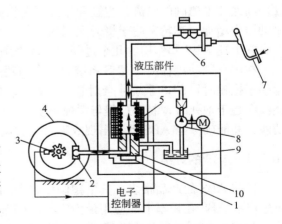

图 20.52　循环调压式 ABS 常规制动过程
1—电磁阀　2—制动轮缸　3—轮速传感器
4—车轮　5—电磁阀线圈　6—制动主缸
7—制动踏板　8—液压泵　9—储液器　10—柱塞

到制动主缸,为下一个制动周期作准备。

3. 保压过程

当轮速传感器发出的抱死信号较弱时,ECU 向电磁阀线圈通入一个较小的保持电流(约为最大电流的 1/2)时,柱塞移到如图 20.54 所示的位置。此时主缸 6、轮缸 2 和回油孔相互隔离密封,轮缸中的制动压力保持一定。

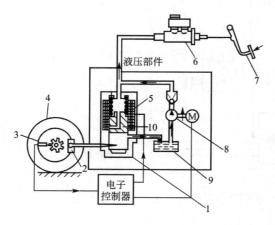
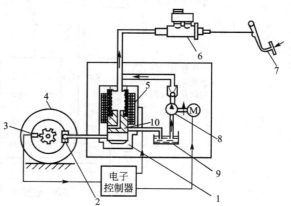

图 20.53 循环调压式 ABS 减压制动过程
1—电磁阀 2—制动轮缸 3—轮速传感器
4—车轮 5—电磁阀线圈 6—制动主缸
7—制动踏板 8—液压泵
9—储液器 10—柱塞

图 20.54 循环调压式 ABS 保压制动过程
1—电磁阀 2—制动轮缸 3—轮速传感器
4—车轮 5—电磁阀线圈 6—制动主缸
7—制动踏板 8—液压泵
9—储液器 10—柱塞

4. 增压过程

当压力下降后车轮加速太快时,柱塞又回到初始位置,如图 20.52 所示。此时,ECU 便切断通往电磁阀的电流,主缸和轮缸再次相通,主缸中的高压制动液再次进入轮缸,使制动压力增加。车轮又趋于接近抱死状态。

在上述 ABS 起作用的几个过程中,压力调节都是脉冲式的,其频率约为 4~10Hz。

在汽车制动过程中,ABS 系统只在车速超过一定值时才起作用,而且只有当被控制车轮趋于抱死时,ABS 系统才会对趋于抱死车轮的制动压力进行防抱死调节;在被控制车轮还没有趋于抱死时,制动过程与常规制动系统的制动过程完全相同。ABS 系统具有自诊断功能,并能确保当 ABS 系统出现故障时,常规制动系统仍能正常工作。

20.7.3 ABS 的分类

目前 ABS 的产品很多,其中德国博世公司、戴维斯公司、美国德尔科和本迪克斯公司生产的 ABS 在轿车上的应用最为广泛。ABS 的主要分类见表 20-2。

ABS 的控制通道分为单通道、双通道、三通道和四通道 4 种。所谓控制通道是指在 ABS 系统中能够独立进行制动压力调节的制动管路。对车轮制动压力采用轴控时,有高选和低选两种方式。所谓高选是指以不容易抱死的车轮为控制对象;所谓低选是指以容易抱死的车轮为控制对象。

表 20-2　ABS 系统的分类

分类方法	ABS 类型	特点	应用
按压力调节介质分	机械式	以机械力控制	已趋于淘汰
	真空式	以真空产生作用力控制	真空液压制动汽车
	空气式	以高压空气控制	气压或气顶液压制动汽车
	液压式	以制动液控制	液压制动汽车,应用广泛
按控制方法分	轮控式	对每个车轮单独控制	成本高、效果好
	轴控式	对同一车轴上的所有车轮一起控制	结构简单、效果差
	混合式	前轮轮控,后轮轴控	介于以上两者之间
按控制通道分	单通道	后轮轴控	早期应用
	双通道	前后轮轴控	早期应用
	三通道	前轮轮控,后轮轴控	应用广泛
	四通道	所有车轮轮控	实际应用不多

1. 单通道 ABS

单通道 ABS 在后轮制动器总管中设置一个制动压力调节器,在后桥主减速器上安装一个轮速传感器(也有的在两后轮上各安装一个轮速传感器),如图 20.55 所示。单通道 ABS 能充分利用两后轮的附着力,制动时后轮并未抱死,制动时方向稳定性得以提高;但前轮制动压力未进行控制,制动时前轮仍会出现抱死,转向操纵能力未得到改善。在 ABS 发展早期得到广泛应用,目前仅在一些轻型货车上得到应用。

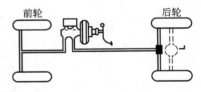

图 20.55　单通道 ABS

2. 三通道 ABS

三通道 ABS 一般是对两前轮进行独立的轮控,两后轮按低选原则进行轴控,如图 20.56 所示。对两前轮进行独立控制主要是考虑轿车,尤其是前轮驱动的轿车,前轮的制动力在汽车总制动力中所占的比例较大(可达 70% 左右),可充分利用两前轮的附着力;对两后轮按低选原则进行轴控,可以保证汽车在各种条件下左右两后轮的制动力相等。因此,三通道 ABS 在汽车上普遍采用,如上海桑塔纳 2000GSi、一汽捷达都市先锋等。

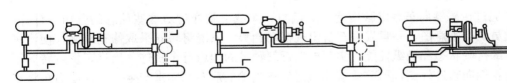

a. 三通道四传感器式ABS　　b. 三通道三传感器式ABS　　c. 三通道四传感器式ABS(对角线布置)

图 20.56　三通道 ABS

20.8 车辆稳定性控制系统

在汽车行驶过程中，汽车不断受到横向和纵向的作用力，当横向力(侧向力)超过车轮的侧向抓地力时，汽车的操纵能力将大大降低，甚至失控，从而影响行车安全。在 ABS 和 ASR(Acceleration Slip Regulation，驱动防滑系统)系统基础上研制的电子稳定性控制系统 ESP(Electronic Stability Program)，可以实现对汽车纵向和横向滑移的控制，从而大大提高汽车的行驶稳定性和安全性。

ESP 系统是由德国博世(BOSCH)公司与梅塞德斯-奔驰(Mercedes－Benz)公司联合开发的。1998 年 2 月，梅塞德斯-奔驰公司首次批量在其 A 级微型轿车上安装 ESP 系统。之后，世界各大汽车公司也纷纷开发类似系统，如日本丰田的 VSC(Vehicle Stability Control)系统、宝马公司的 DSC(Dynamic Stability Control)系统、沃尔沃公司的 DSTC(Dynamic Stability and Traction Control)系统等，虽然各大系统称呼不同，但基本原理均相同。

20.8.1 ESP 组成

ESP 系统集成了 ABS、ASR 和 BAS(Braking Assistant System，制动辅助系统)等 3 个系统的基本功能，主要由转向角传感器、轮速传感器、横向加速度传感器、侧滑传感器、发动机管理系统 ECU 以及 ESP 液压调节器等组成，如图 20.57 所示。

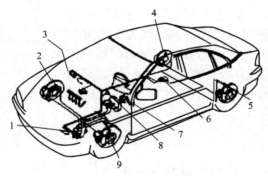

图 20.57 ESP 组成示意图

1—液压调节器 ESP 2—转速传感器 3—发动机管理系统 ECU 4—转速传感器 5—转速传感器 6—侧滑传感器 7—踏板行程传感器 8—转向角传感器 9—转速传感器

20.8.2 ESP 工作原理

ESP 通过传感器向车载电脑传递有关信息，车载电脑通过对这些信息的分析、计算，辨别驾驶员的行驶意图，一旦发现车身出现摆动趋势，系统将瞬间采取修正措施，使汽车达到最佳的行驶状态和操纵性能，实现或接近驾驶员的理想行车轨迹。当汽车发生转向不足时，前轮偏向轨迹外侧，ESP 系统通过对轨迹内侧的后轮制动来产生一个补偿力矩将车轮带回期望的行驶轨迹，如图 20.58(a)所示；而当汽车发生转向过多时，汽车尾部横向摆动，此时 ESP 系统则通过对轨迹外侧的前轮制动产生一个补偿力矩将车轮带回期望的行驶轨迹，如图 20.58(b)所示。

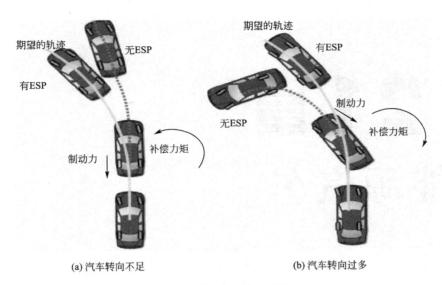

(a) 汽车转向不足　　　　(b) 汽车转向过多

图 20.58　ESP 系统工作原理

1. 制动系统的功能有哪些？它由哪些装置组成？
2. 试说明制动系统的一般工作原理。
3. 鼓式制动器有几种形式？根据制动蹄受力的不同，画出鼓式制动器不同的结构简图，并说明各种结构的特点及其应用。
4. 常见的盘式制动器有几种形式？各具有什么特点？
5. 盘式制动器与鼓式制动器相比，具有哪些优缺点？
6. 气压制动系统具有哪些典型部件？各部件有何作用？
7. 液压制动系统具有哪些典型部件？各部件有何作用？
8. 汽车的制动力为什么要进行调节？制动力调节装置主要有哪些？各有何作用？
9. ABS 制动防抱死系统有何作用？它主要由哪些装置组成？它是如何工作的？
10. 试说明车辆稳定性控制系统 ESP 的工作原理。

第 21 章 新能源汽车

教学提示

新能源汽车能有效解决汽车环境和能源问题,是目前世界各国汽车企业的研发重点之一。本章介绍新能源汽车的定义及分类、纯电动汽车、混合动力电动汽车、燃料电池电动汽车和天然气汽车等内容。

教学目标

要求学生掌握新能源汽车的定义及分类、纯电动汽车的组成及主要部件、混合动力汽车的含义及分类、燃料电池的组成,理解燃料电池的工作原理,了解天然气汽车的基本知识。

21.1 概 述

伴随着汽车工业的飞速发展,环境和能源对人类生活和社会发展的影响越来越大,节能、环保、新能源等字眼越来越紧密地与汽车联系在一起。研制开发更节能、更环保、使用替代能源的新型汽车,成为各大汽车公司的当务之急。发展新能源汽车既是解决环境和能源问题的重要途径,也是提升汽车企业核心竞争力的技术制高点。

21.1.1 新能源汽车的定义

根据我国《汽车产业发展政策》等有关规定,2009 年 6 月 17 日工业和信息化部发布了《新能源汽车生产企业及产品准入管理规则》。该规则对新能源汽车给出了明确的定义:新能源汽车是指采用非常规的车用燃料作为动力来源(或使用常规的车用燃料、采用新型车载动力装置），综合车辆的动力控制和驱动方面的先进技术，形成的技术原理先进、具有新技术、新结构的汽车。

21.1.2 新能源汽车的分类

新能源汽车包括的范围比较广，大体上可分为醇类汽车、燃气汽车、电动汽车、两用燃料汽车、双燃料汽车、太阳能汽车等类型。

（1）醇类汽车。醇类汽车主要包括甲醇汽车（采用甲醇作为燃料）和乙醇汽车（采用乙醇作为燃料）。

（2）燃气汽车。燃气汽车是指燃烧气体的汽车，如天然气汽车（燃烧天然气）、液化石油气汽车（燃烧液化石油气）、氢气汽车（燃烧氢气）等。

（3）电动汽车。电动汽车包括纯电动汽车、混合动力电动汽车和燃料电池电动汽车3种形式。纯电动汽车以车载电能储存装置（如电池）为动力源，以电动机为驱动系统；混合动力电动汽车具有两种或两种以上的动力源，其中一种动力源可以传递电能；燃料电池电动汽车以燃料电池为动力源。

（4）两用燃料汽车。两用燃料汽车具有两套独立的燃料供给系统，两套系统可分别但不能同时向气缸供给燃料，只能有一种燃料在气缸内燃烧，如汽油-液化石油气两用燃料汽车、汽油-压缩天然气两用燃料汽车等。

（5）双燃料汽车。双燃料汽车具有两套燃料供给系统，两套系统按预定的比例同时向气缸供给燃料，两种燃料在气缸内混合燃烧，如柴油-液化石油气双燃料汽车、柴油-压缩天然气双燃料汽车等。

（6）太阳能汽车。太阳能汽车以太阳能作为动力源。

21.2 纯电动汽车

21.2.1 纯电动汽车的组成及原理

纯电动汽车（EV）一般由电动机驱动，电动机的驱动能源来源于蓄电池，因此其结构和燃油汽车明显不同，其系统主要组成如图21.1所示。纯电动汽车主要由电力驱动系统、电源系统和辅助系统3部分组成。纯电动汽车以下简称电动汽车。

（1）电力驱动系统。电动汽车的电力驱动系统主要包括电子控制器、功率转换器、电动机、机械传动装置和车轮等。该系统的主要作用是将蓄电池中储存的电能转化为驱动汽车行驶的动能，并能够在汽车制动时回收部分制动能量给蓄电池充电。

（2）电源系统。电动汽车的电源系统主要包括蓄电池、能量管理系统和充电器等。该系统的主要作用是向电动机提供动力源，监测蓄电池的工作状态，并控制充电器向蓄电池充电。

（3）辅助系统。电动汽车的辅助系统主要包括辅助动力源、空调、动力转向系统以及其他辅助设备等。

汽车行驶时，蓄电池通过控制系统向电动机供电，电动机将电能转换为机械能，机械动力通过传动系统传递给驱动轮。由驾驶员操纵的制动踏板和加速踏板上都安装有传感

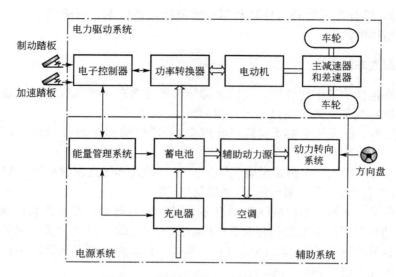

图 21.1 纯电动汽车系统组成示意图

器。加速踏板位置传感器(或节气门位置传感器)将加速踏板的位置变成电信号送入电子控制器,从而控制汽车的行驶速度;当汽车制动时,制动踏板位置传感器将制动踏板的位置变成电信号送入电子控制器,从而回收汽车的制动能量。

21.2.2 纯电动汽车的主要特点

电动汽车与传统的燃油汽车在结构上的主要区别是由电动机取代了内燃机,另外在能源、储能装置、传动系统等方面也有所不同。用电动机代替内燃机及其附属装置(即润滑、冷却、进排气系统等),使其结构简单;在动力传动装置上,取消了燃油箱和燃料控制系统,代之以电源系统、电子控制系统等。具体比较见表 21-1。

表 21-1 传统内燃机汽车与纯电动汽车的比较

项目	内燃机汽车	纯电动汽车
车载能源	汽油或柴油	电能
储能装置	燃油箱	蓄电池
驱动装置	内燃机	电动机及其控制器
传动系统	离合器、变速器、万向传动装置、驱动桥等	部件减少

相对传统的内燃机汽车,纯电动汽车具有如下优点。

(1) 几乎无污染,噪声低。电动汽车使用的是电能,工作时不产生废气,对环境无污染。电动汽车行驶时噪声比较低,电动机产生的噪声比内燃机要小得多。

(2) 能源多样化,效率高。电动汽车使用的电能来源广泛,可由煤炭、水力、风力、太阳能、核能、潮汐等转化而来,减少了对石油资源的依赖。电动汽车电能的利用效率比内燃机汽车热能的利用效率要高,而且在制动过程中电动汽车可以回收部分制动能量。

(3) 结构简单,维修方便。电动汽车的结构比内燃机汽车要简单,传动部件少,维修保养方便,而且易于操纵。

虽然纯电动汽车与传统内燃机汽车相比具有很多优点，但其发展目前仍存在一定的困难，电动汽车的发展瓶颈体现在电池技术方面，一是电池能量密度低，二是充电时间长。另外，电动汽车系统的可靠性和高昂的价格也是阻碍电动汽车普及的主要原因。

21.2.3 纯电动汽车动力电池

电池是电动汽车能量的存储装置，也是目前制约电动汽车发展的关键因素。电池是电动汽车的动力源泉，是电动汽车发展的技术瓶颈。电动汽车对动力电池的要求是比能量高、比功率大、充放电效率高、相对稳定性好、使用成本低、使用寿命长和安全性好等。迄今为止，在电动汽车上普遍使用的动力电池有铅酸电池、镍氢电池和锂离子电池等。

1. 铅酸电池

铅酸电池主要由正负极板、隔板、电解、安全阀、外壳等组成，其基本结构如图 21.2 所示。极板是铅酸电池的核心部件，正极板上的活性物质是二氧化铅，负极板上的活性物质为海绵状纯铅。隔板隔离正、负极板，防止短路；吸收电解液，促进电解离子扩散。电解液由蒸馏水和纯硫酸按一定比例混合而成，参与电化学反应。

铅酸电池是目前最成熟的电动汽车动力电池。铅酸电池自 1859 年 Plante 发明以来，至今已有 150 多年的历史。由于其成本低、可靠性好、适用性强、大电流放电性能好、原材料易得等优点，铅酸电池在被发明后的近 100 多年里曾是电动车辆动力电池的首选。

铅酸电池主要分为两大类：注水式铅酸电池（FLAB, Flooded Lead - acid Battery）和阀控式铅酸电池（VRLAB, Valve Regulated Lead - acid Battery）。注水式铅酸电池电解液的消耗量非常小，在使用寿命内基本上不需要补充蒸馏水。阀控式铅酸电池在使用期间不用加酸加水，电池为密封结构，盖子上有安全阀，安全阀自动调节密封电池

图 21.2 铅酸电池的结构
1—端子 2—外壳 3—隔板
4—正极板 5—负极板

体内充电和工作时产生的多余气体，因此可以免维护，符合电动汽车的要求。

作为电动汽车动力电池使用，铅酸电池必须解决 3 大技术难题：提高比能量和比功率、提高循环使用寿命和快速充电。但由于价格低廉，国内外将铅酸电池的应用定位在速度不高、路线固定、充电站容易设立的电动汽车上。

为了解决铅酸电池的技术难题，国际铅锌组织（ILZO）于 1992 年联合 62 家世界著名铅酸电池厂家成立了先进铅酸电池研制联盟（ALABC），共同研制电动汽车用铅酸蓄电池。目前正在开发的电动汽车用先进铅酸电池主要有水平铅酸电池、双极性密封铅酸电池和卷式电极铅酸电池等几种。

2. 镍氢电池

镍氢电池有方形和圆柱形两种外形，主要由正极、负极、隔板、电解液等组成，如

图21.3所示。正极上的活性物质是氢氧化镍，负极上的活性物质是储氢合金，氢氧化钾作为电解质，在正负极之间有隔板，共同组成单体镍氢电池。

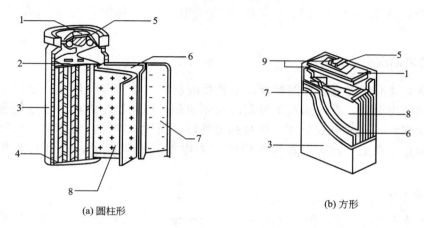

(a) 圆柱形　　　　　　　　　　　　　(b) 方形

图21.3　镍氢电池的结构

1—顶盖　2—隔垫　3—外壳　4—底垫　5—安全阀
6—隔板　7—负极板　8—正极板　9—绝缘板

镍氢电池是20世纪90年代发展起来的一种新型碱性蓄电池，具有比能量高、功率高、可循环充放电、安全可靠等优点，由于不存在重金属污染问题，被称为"绿色电池"。

镍氢电池的基本单元是单体电池，按使用要求组合成不同电压和不同电荷量的镍氢电池组。镍氢蓄电池的关键技术是确定一种可以无数次反复使用的能够储存氢的合金材料。目前，有两种材料可用于镍氢电池：一种是基于镧镍的稀土合金，称为AB5类合金；另一种是由钛锆等构成的稀土合金，称为AB2类合金。含AB5类合金的镍氢电池容量比含AB2类合金的容量要小，但前者充电特性和稳定性比后者要好，故在镍氢电池上应用较多。

近年来，随着混合动力电动汽车的产业化和燃料电池汽车的研制开发，镍氢电池受到了非常普遍的关注，随着镍氢电池技术的不断发展，其能量密度、功率密度、循环寿命和快速充电能力还会有所提高，成本也将会进一步降低。因此，许多公司都把镍氢电池作为今后混合动力电动汽车（油-电混合）和燃料电池汽车（电-电混合）动力电池使用的首选。

世界上最早的两款商业化混合动力电动汽车—丰田Prius和本田Insight配备的都是镍氢动力电池。世界各发达国家均在加紧开发研制镍氢电池，并实现产业化。目前镍氢电池已投入批量生产，主要生产商有日本三洋电机株式会社、日本松下EV电池公司、美国O-vonic公司、德国Varta公司以及法国Saft公司等。

虽然镍氢电池在技术上取得了很大突破，但仍有很多因素制约着其实际应用，如高温性能、储存性能、循环寿命、电池组管理系统以及成本等。

3. 锂离子电池

锂离子电池主要由正极、负极、隔板、电解液和安全阀等组成，其外形主要有方形和圆柱形两种，圆柱形锂离子电池的结构如图21.4所示。

锂离子电池是1990年由日本Sony公司首先推向市场的新型高能电池,是目前所有可充电电池中综合性能最优的一种新型电池。与其他电池相比,锂离子电池应用于电动汽车上,在容量、功率方面均具有较大优势,具有电压高、比能量高、充放电寿命长、无记忆效应、无污染、快速充电、自放电率低、安全可靠等优点。

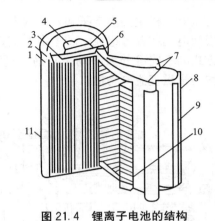

图21.4　锂离子电池的结构

1—绝缘片　2—密封圈　3—安全阀
4—正极端子　5—防爆阀　6—正极引线
7—隔板　8—负极　9—负极引线
10—正极　11—外壳

随着锂离子电池成本的急剧下降和性能的大幅度提升,国内外许多汽车生产厂家对锂离子电池在电动汽车方面的应用都表现出特别的关注。全球各发达国家已有20余家公司开展了锂离子电池研发,如富士重工、NEC、东芝、Johnson Controls、Degussa AG/Enax、Sanyo电机、Panasonic EV Energy等。

第一代车用锂离子电池是锰酸锂离子电池,成本较低、安全性较好,但循环寿命欠佳,在高温环境下循环寿命更短。第二代是磷酸铁锂离子电池,具有原材料价格低、工作电压适中、充放电特性好、放电功率高、可快速充电、循环寿命长、高温稳定性好、安全无毒等优点,是锂离子电池的发展方向。

当前锂离子电池存在的主要问题是快速放电性能差、成本高以及过充放电保护等。在过充或滥用的情况下,锂离子电池可能发生火灾或爆炸。为了安全及保障电池使用寿命,锂离子电池往往采用较小的电流充电,这样带来的问题是充电时间长,不利于在电动汽车上的推广。为确保锂离子电池的安全性,必须使用电池管理系统,这样就会增加电池的成本和体积。

21.2.4　纯电动汽车驱动电动机

驱动电动机是电动汽车驱动系统的核心,其性能的好坏直接影响电动汽车驱动系统的性能,特别是影响电动汽车的最高车速、加速性能及爬坡性能等。电动汽车驱动电动机应具有较宽的调速范围及较高的转速、足够高的起动转矩、效率高、体积小、质量轻等优点。

电动机的种类很多,按结构及工作原理主要分为直流电动机、无刷直流电动机、异步电动机、永磁同步电动机和开关磁阻电动机等类型。电动汽车最早采用的是直流电动机。随着电子技术和自动控制技术的发展,电动汽车的技术要求也在不断提高,比直流电动机性能更为优越的无刷直流电动机、异步电动机、永磁同步电动机和开关磁阻电动机在电动汽车上的应用也越来越广泛。

1. 直流电动机

直流电动机直接将直流电能转换为机械能,具有结构简单、技术成熟、控制容易等特点,在早期的电动汽车或希望获得更简单结构的电动汽车上得到应用,特别是场地用电动车和专用电动车上应用普遍。

直流电动机主要由定子和转子两大部分组成，如图 21.5 所示。定子由主磁极、机座、换向极和电刷装置等组成，转子由电枢铁心、电枢绕组和换向器等组成。直流电动机根据励磁方式的不同可分为串励、并励、复励等不同形式。以永磁材料作为磁极的直流电动机，称为永磁直流电动机。

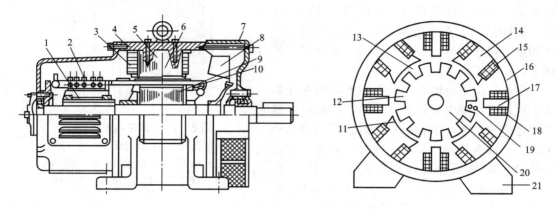

图 21.5　直流电动机的结构

1—换向器　2—电刷装置　3—励磁绕组　4—基座　5—主磁极　6—换向器
7—端盖　8—风扇　9—电枢绕组　10—电枢铁心　11—毂轮　12—电枢齿
13—电枢槽　14—主磁极　15—励磁绕组　16—基座　17—换向极
18—换向极绕组　19—电枢绕组　20—电枢铁心　21—底脚

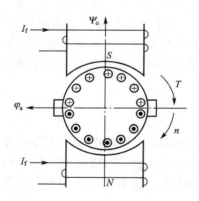

图 21.6　直流电动机的工作原理

直流电动机工作时，由励磁电流产生磁通，电枢电流经电刷流入电枢线圈。如图 21.6 所示，电枢线圈中的电流在 N 极下从纸面流出，在 S 极下从纸面流入。根据导体通电在磁场中要受力的原理，通电的转子会产生转矩，也就是电磁转矩，这个电磁转矩驱动汽车前进。电磁转矩的大小取决于磁通和电枢电流的大小。

电动汽车行驶时，通常由加速踏板控制电枢电流，在磁通不变的情况下，通过调节加速踏板的位置来改变电磁转矩的大小，这样就可实现电动汽车的车速调节。

直流电动机的缺点是有机械换向器，当在高速大负载工况下运行时，换向器表面会产生火花，所以电动机的转速不能太高。又由于直流电动机运行时电刷与换向器表面一直处于摩擦状态，总会产生磨损，因此直流电动机需要定期维护。

2. 无刷直流电动机

无刷直流电动机利用电子换向装置代替有刷直流电动机的机械换向装置，保留了无刷直流电动机宽阔而平滑的优良调速性能，克服了有刷直流电动机机械换向带来的一系列缺点，具有体积小、重量轻、效率高、转矩高、精度高、能实现数字化控制等优点，是最理想的调速电动机之一，在电动汽车上有着广泛的应用前景。

无刷直流电动机主要由电动机本体、电子换相器和转子位置传感器等组成。电动机本体包括定子和转子两部分。电子换相器由功率开关和位置信号处理电路组成，用来控制定子各绕组顺序和时间。转子位置传感器用于检测转子磁极位置，为功率开关电路提供正确的换相信息。

无刷直流电动机的工作原理与有刷直流电动机的工作原理基本相同。在电动机工作时，通过调节电枢电流实现转矩控制，同时通过调节电源电压实现调速控制。

3. 异步电动机

异步电动机又称交流感应电动机，由旋转磁场与转子绕组感应电流相互作用而产生电磁转矩。异步电动机的种类很多，根据转子结构的不同可分为绕线型异步电动机和笼型异步电动机。绕线型异步电动机的转子槽中放的是绕线线圈，通常转子三相绕组成星型。笼型异步电动机的转子绕组形状像个笼子，通常该笼子由铸铝或铜条组成，转子非常坚固，适合于高速旋转，所以笼型异步电动机适合于电动汽车。

在电动汽车上，异步电动机的调速主要是靠改变输入电源的频率来实现的，电源频率的改变使电机的同步转速改变，通常情况下电机转速近似等于同步转速，所以改变频率也就改变了电机转速。利用异步电动机控制器可实现电源频率的连续调节，这样也就实现了电机转速的连续调节。

近年来，由异步电动机驱动的电动汽车几乎都采用矢量控制和直接转矩控制。矢量控制有最大效率控制和无速度传感器矢量控制两种方式：最大效率控制使励磁电流随电动机参数和负载条件的变化达到电动机的损耗最小、效率最大；无速度传感器矢量控制利用电机电压、电流等参数估算速度，不用速度传感器，达到系统简化、成本降低、可靠性提高的目的。直接转矩控制把转子磁通定向变换为定子磁通定向，通过控制定子磁链的幅值以及该矢量相对于转子磁链的夹角，达到控制转矩的目的。由于直接转矩控制手段直接、结构简单、控制性能优良、动态响应迅速，因此非常适合电动汽车的控制。

异步电动机的转子绕组不需与其他电源相连，定子电流直接取自交流电源。与其他电动机相比，异步电动机具有结构简单、使用维护方便、运行可靠、质量轻、成本低等优点，但其调速性能较差，在要求有较宽平滑调速范围的使用场合不如直流电动机经济方便。因此，在大功率、低转速场合不如使用同步电动机合理。

4. 永磁同步电动机

永磁同步电动机具有效率高、控制精度高、转矩密度高、转矩平稳性好、振动噪声低等优点，在电动汽车上具有很高的应用价值，受到国内外电动汽车行业的高度重视。

永磁电动机的结构和传统电动机一样，主要由转子和定子两大部分组成。转子主要由永磁铁、转子铁心和转轴组成，定子主要由电枢铁心和电枢绕组构成。永磁电动机用永磁体取代绕线式同步电机转子中的励磁绕组，从而省去了励磁线圈、滑环和电刷。定子电枢绕组中通入三相对称交流电后将产生旋转磁场，定子的旋转磁极由于磁拉力拖着转子同步旋转。

永磁电动机体积小、重量轻、转动惯量小、功率密度高，适合电动汽车空间有限的要求；另外，转矩惯量比大，过载能力强，尤其低转速时输出转矩大，适合电动汽车的起动加速。因此，永磁电动机得到国内外电动汽车生产厂家的广泛关注，并在日本得到了普遍应用。日本新研制的电动汽车大都采用永磁电动机，比较典型的是丰田 Prius 混合动力汽车。

为了提高永磁同步电动机控制系统性能，使其具有更快的响应速度、更高的转速精度以及更宽的调速范围，在永磁同步电动机控制方面提出了各种控制策略，如恒压频比开环控制、矢量控制、直接转矩控制以及模糊控制、神经网络控制等各种智能控制方法。

5. 开关磁阻电动机

开关磁阻电动机具有可控参数多、调速性能好、结构简单、成本低、损耗小、运转效率高、起动转矩大、起动电流小等优点，是一种极具发展潜力的新型电动机。

开关磁阻电动机由双凸极的定子和转子组成，其定子和转子的凸极均由普通的硅钢片叠压而成。定子极上集中绕组，转子既无绕组也无永磁体。转子带有位置传感器，以提供转子位置信号。开关磁阻电机有多种不同的相数结构，如单相、二相、四相及多相等，且定子和转子的级数有多种不同的搭配，定子和转子的齿数满足自动错位条件。

开关磁阻电动机的运行遵循"磁阻最小原理"——磁通总是沿着磁阻最小的路径闭合，所以开关磁阻电动机的转向与相绕组的电流方向无关，而仅取决于相绕组通电的顺序。选择不同时刻对电动机相绕组通电，就能产生不同方向及大小的电磁转矩，从而使转子正向或反向旋转，电动汽车加速或减速行驶。

开关磁阻电动机不同于常规的电动机，因其特殊结构和工作方式，既可以通过控制电动机自身的参数（如开通角、关断角），也可以通过 PID 控制、模糊控制等同样适用于其他电动机上的控制理论，对功率变化器部分进行控制，进而实现电动机的转速调节。

开关磁阻电动机具有电磁噪声大、低转速转矩脉冲大两大技术难题，因此目前在电动汽车上应用较少。但由于开关磁阻电动机结构简单，调速控制比较容易，所以还是受到电动汽车行业一定的重视。

21.3　混合动力电动汽车

21.3.1　混合动力电动汽车的含义

混合动力电动汽车英文缩写为 HEV，即 Hybrid Electric Vehicle。根据国际电工技术委员会 IEC（International Electro-technical Commission）的定义，混合动力电动汽车 HEV 是能够根据特定的运行要求，从两种或两种以上能量源、能量储存器或转化器中获取驱动力的汽车，在运行中至少有一种能量储存器或转化器直接驱动汽车，并且至少有一种能量源、能量储存器或转化器能够提供电能。这样，HEV 就是指装有两个以上动力源（包括有电动机驱动）的汽车，其动力源有多种，包括各种蓄电池、太阳能电池、燃料电池、燃料发动机等，也就是说这种汽车就是将电动机与辅助动力单元组合在一辆汽车上做驱动力。

混合动力电动汽车与常规的内燃机汽车相比，其主要优点是采用了高功率的能量储存装置（飞轮、超级电容器或蓄电池）向汽车提供瞬时能量，可以减小发动机尺寸、提高效率以及降低排放等。

混合动力电动汽车与纯电动汽车相比，具有以下优点。

（1）可以最大限度发挥内燃机汽车和纯电动汽车的双重优点。

（2）电池的数量减少，因而混合动力电动汽车自身质量可减轻。

(3) 辅助动力单元 APU(Auxiliary Power Units)的选用使汽车的续驶里程和动力性能可以达到内燃机汽车的水平。

(4) 虽然辅助动力单元(比如内燃机)会有排放产生,但由于其排量小,主要工作在最佳工况点附近,避免了急速工况和变工况,因而就大大减少了汽车变工况(特别是低速、急速)时的排放,另外由于可回收制动能量,可使混合动力电动汽车成为较低排放的节能汽车。

(5) 借助发动机输出的动力直接带动车内空调、暖风、真空助力器、动力转向等汽车电器附件,无需再消耗电池组内有限的电能,保证了乘员舒适性。

(6) 在一些对汽车排放严格限制的地区(如商业区、游览区、居民区等),混合动力电动汽车可以关闭 APU,由纯电力驱动,成为零排放的电动汽车。

(7) 混合动力电动汽车的发动机可以采用多种燃料,缓解了燃油危机。

21.3.2 混合动力电动汽车的种类

混合动力电动汽车与传统汽车及纯电动汽车最大的差别是它们的驱动方案。驱动方案决定着部件的数量、种类以及系统的控制策略;驱动方案的差异导致不同 HEV 的适用条件和使用要求各不相同;同样开发工作的难度也相差很大。可以说,驱动方案的选择决定了 HEV 研究开发的重点和方向,关系着开发进度和产品水平,是 HEV 开发中首要的关键的一步。

混合动力电动汽车是在纯电动汽车和内燃机汽车的基础上发展起来的,按驱动方案分为 3 种基本类型:串联式 SHEV(Series HEV)、并联式 PHEV(Parallel HEV)和混联式 CHEV(Combined HEV)。

1. 串联式 HEV

串联混合动力电动汽车 SHEV(Series Hybrid Electric Vehicle)由发动机带动发电机,发电机的电能向动力电池组充电,电池组的输出电能经过控制器输入到电动机,电机输出的转矩经机械传动系统驱动车轮。SHEV 结构示意图如图 21.7 所示。

串联式混合动力电动汽车的发动机为辅助动力装置,能够控制在油耗和排放最低的最佳工况区相对稳定运行,除带动空调压缩机等附件外,带动发电机时,它所发出的电可直接供电动机或蓄电池使用。当汽车在起步、加速、爬坡或高速行驶时,需要较大的功率而发电机无法满足时,电池组可提供额外的电能。当汽车低速行驶、滑行、制动减速或停车时,发电机发出的功率若超过汽车的动力需求,多余的电能将向电池组充电。

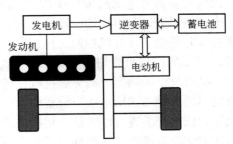

图 21.7 串联混合动力电动汽车结构示意图

串联式混合动力电动汽车从总体结构上看,比较简单、容易控制,电力驱动是唯一的驱动模式,其特点趋近于纯电动汽车。发动机、发电机、电动机三大总成在布置上虽然有较大的自由度,但各自的功率较大、体积则较大、质量也较大,因此在中小型混合动力电动汽车上布置有一定的困难。另外,能量转换效率比内燃机汽车要低,故串联式混合动力电动汽车最适合在大型客车上使用,如在城区行驶的公共汽车。

2. 并联式 PHEV

并联混合动力电动汽车 PHEV(Parallel Hybrid Electric Vehicle)由两套动力驱动系统构成。第一套是发动机的动力通过与离合器的接合传至传动系统，与传统的汽车结构和原理完全一样；第二套是电驱动系统，蓄电池的电能通过控制器输入到电动机，电动机输出的转矩经离合器、传动轴和传动系统驱动车轮。PHEV 结构示意图如图 21.8 所示。

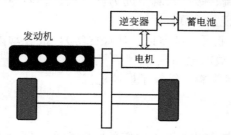

图 21.8　并联混合动力电动汽车结构示意图

并联式混合动力电动汽车的两套动力驱动系统以机械能叠加的方式驱动汽车，发动机通过变速装置和驱动桥直接相连，电机可用作电动机或发电机以平衡发动机所受的载荷，使发动机能在高效率区域工作。但由于发动机和驱动桥是机械连接的，在城市工况时发动机并不能运行在最佳工况点，车辆的燃油经济性比串联式的要差。

并联式混合动力电动汽车有 3 种驱动模式：纯内燃机驱动、纯电动机驱动和混合动力驱动。也就是说发动机与电动机可以分别独立地向驱动轮提供动力，在汽车需要大功率时两者也可以共同提供动力。在一般路面行驶时，PHEV 采用纯内燃机驱动，仅使用发动机作动力；当汽车起步或在排放要求较高的区域行驶时，PHEV 采用纯电动机驱动，仅使用电动机作动力；当汽车加速或爬坡时，如果发动机的动力不足以满足汽车的要求，则电动机也参与工作，即 PHEV 采用发动机和电动机混合动力驱动模式。

与串联式混合动力电动汽车相比，并联式混合动力电动汽车具有效率高、能量转换效率高、可以采用小功率的发动机和电动机、质量小等优点，所以 PHEV 比较适合于经常在郊区和高速公路上行驶的车辆采用。

3. 混联式 CHEV(只使用发动机作动力)

混联混合动力电动汽车 CHEV(Combined Hybrid Electric Vehicle)是由发动机、发电机、电动机、变速器组成的一体化结构，同时兼具串联和并联混合动力汽车的特点。它通过实时的电子计算机控制工作过程，实现发动机与电动机的优化耦合，共同驱动汽车运行。CHEV 结构示意图如图 21.9 所示。

发动机发出的功率一部分通过机械传动输送给驱动桥，另一部分驱动发电机发电。发电机发出的电能输送给电动机或蓄电池，电动机产生的驱动力矩通过动力耦合装置传送给驱动桥，该耦合装置可以为动力切换系统或动力分配系统。

动力切换系统用于在串联式或并联式两种驱动方式间切换。当车辆低速低负荷行驶时，离合器分离，驱动系统主要以串联方式工作；当汽车负荷较大、高速稳定行驶时，驱动系统则以并联方式工作。

目前，混联混合动力电动汽车一般采用行星齿轮机构作为动力分配系统，将整个系统耦合在一起。比较经典的混联混合动力电动汽车将发动机、发电机和电动机通过一个

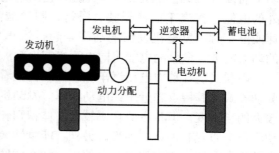

图 21.9　混联混合动力电动汽车结构示意图

行星齿轮机构连接在一起，动力从发动机输出到与其相连的行星架，行星架将一部分转矩传动给发电机，另一部分传送给传动轴，同时发电机也可以驱动电动机驱动传动轴，此时驱动系统就既不是串联方式也不是并联方式，而是两种驱动方式同时存在，充分利用了两种驱动方式的优点。

动力分配式混联混合动力电动汽车根据行驶工况和能量需求，灵活采取不同工作方式，从而达到高效率、低油耗、低排放的效果。当汽车起步或小负荷行驶时，蓄电池提供动力，电动机驱动，此时为纯电动工况；当正常匀速行驶时，发动机提供动力，而电动机、发动机和蓄电池都不起作用，此时为纯内燃机工况；当汽车以大负荷加速行驶时，发动机和电动机共同提供动力；当减速制动时，通过制动能量回收系统给电池充电；当滑行或停车时，发动机带动发电机给电池充电。

由于混联混合动力电动汽车能充分发挥串联式和并联式的优点，能够使发动机、发电机和电动机等部件进行更多的优化匹配，从而在结构上保证了在更复杂工况下使系统在最优状态工作，所以更容易实现油耗和排放的控制目标，因此是目前最具影响力的混合动力电动汽车。如已大批量投放市场的日本丰田 Prius，动力性能完全达到同类汽油车的水平，百公里油耗只是同类汽油车的一半，排放平均只有日本运输省严格限值的 1/10 左右，成本只比同类汽油车高 20% 左右。

3 种不同驱动方案的混合动力电动汽车对比见表 21-2。

表 21-2 混合动力电动汽车驱动方案比较

驱动方案	串联式	并联式	混联式
主要特点	以电力形式进行动力合成	以机械形式对动力进行叠加	两者兼有
总体结构	发动机与电动机无机械联接，结构简单	发动机与电动机采用机械联接方式，结构复杂	发动机、发电机、电动机通过动力复合装置进行动力复合，结构最复杂
特殊部件	为保证系统效率，必须采用高效发动机	可以选用较小的发动机和电机	动力复合装置需完成不同形式的动力合成任务，设计加工水平要求高
	要求发电机和电动机效率高，功率大	电机可兼作发电机和电动机	
	一般需配备较多的电池	为实现最优控制，应选用自动变速器和自动离合器	
控制策略	以提高系统效率为核心	以实现两套系统的协调工作为目的；复杂	进行复杂的能量管理和协调；很复杂
整车成本	必须兼有大功率发电机和电动机及其控制器；成本高	可利用现有技术，通过性好，电机小；总体成本高	系统复杂，部件种类数量多，性能要求高；成本更高
燃油经济性	和传动汽车相比提高有限	有较大提高	更高
排放污染	很低，控制排放作用明显	对控制排放有适当作用	排放污染很低
适用路况	市内频繁起步加速工况	市郊和城间及高速公路工况	各种路况

21.4 燃料电池电动汽车

21.4.1 燃料电池电动汽车的含义

顾名思义，燃料电池电动汽车（FCEV，Fuel Cell Electric Vehicle）是指采用燃料电池作为能源的电动汽车。燃料电池电动汽车与纯电动汽车除了动力源不同之外，其驱动电机、传动系统等部件都完全相同。

与传统内燃机汽车相比，燃料电池电动汽车具有以下优点。

（1）能量直接转换，转换效率高，理论上可达100%，实际上已达60%～80%。

（2）能量应用效率高，排放污染低，几乎可以达到零排放，具备使用替代燃料的可能性。

（3）低噪声，无振动，安静舒适。

（4）燃料补充容易，可迅速获得动力。

（5）低负载状态下有较高的效率。

因此，燃料电池电动汽车可以说是世界上最环保、高效、低公害的汽车，代表着未来汽车工业的发展方向。

21.4.2 燃料电池电动汽车的基本结构

纯燃料电池电动汽车只有燃料电池一个动力源，汽车的所有功率都由燃料电池承担，其动力系统结构示意图如图21.10所示。燃料电池将氢气与氧气反应产生的电能传递给驱动电动机，驱动电动机将电能转化为机械能传递给传动系统，从而驱动车轮。

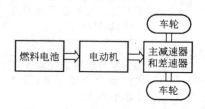

图21.10 纯燃料电池电动汽车动力系统结构示意图

纯燃料电池电动汽车的主要缺点如下。

（1）燃料电池的功率大、成本高昂。

（2）对燃料电池的动态性能和可靠性要求很高。

（3）不能进行制动能量回收。

为了有效解决上述问题，目前的燃料电池电动汽车多采用混合驱动方式，即在燃料电池的基础上，增加一个动力电池组或超级电容器作为另一个动力源，和燃料电池共同工作，共同驱动汽车。

图21.11所示为氢燃料电池电动汽车的结构示意图。气态氢通常用高压储气罐来装载，为保证燃料电池电动汽车一次充气有足够的续驶里程，就需要多个高压氢气储气罐。氧气可从空气中直接获取或从氧气罐中获取。氧气若来源于空气，需用压缩机提高压力，以增加燃料电池的反应速度。在空气供应系统中还要对空气进行加湿处理，保证空气有一定的湿度。燃料电池产生的是直流电，需要经过DC/DC变换器进行调压。在采用交流电机的驱动系统中，还需要DC/AC逆变器将直流电转换为交流电。

燃料电池电动汽车的辅助电源可以为蓄电池组、飞轮电池或超级电容器等，与作为主电源的燃料电池共同组成双电源系统。在具有双电源系统的燃料电池电动汽车上，驱动电动机的电源可以出现以下工作模式。

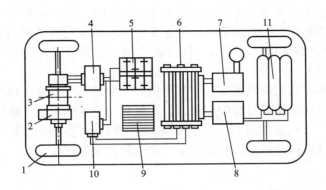

图 21.11　氢燃料电池电动汽车结构示意图

1—驱动轮　2—驱动系统　3—驱动电动机　4—DC/AC逆变器　5—辅助电源(蓄电池、超级电容)
6—燃料电池发动机　7—空气压缩机和空气加湿装置　8—氢气管理系统
9—主控制器　10—DC/DC变换器　11—氢气储存罐

(1) 汽车起步时，由辅助电源提供电能带动燃料电池发动机起动。

(2) 汽车正常行驶时，由燃料电池发动机提供驱动所需的全部电能，剩余的电能储存到辅助电源中，辅助电源向汽车各种电子、电器设备提供所需的电能。

(3) 汽车加速或爬坡时，若燃料电池发动机提供的电能还不足以满足汽车驱动功率要求，则由辅助电源提供额外的电能，形成双电源供电模式。

(4) 汽车减速制动时，辅助电源储存制动回收能量。

21.4.3　燃料电池

目前的燃料电池主要以氢燃料电池为主。氢燃料电池是一种电化学发电装置，把化学能直接转化为电能，其基本原理是电解水的逆反应：把加注的氢和空气中的氧分别供给阴极和阳极，氢通过阴极向外扩散和电解质发生反应后，分解为氢离子和电子，产生电流的同时氢离子通过外部负载到达阳极，与氧结合生成水，其原理如图 21.12 所示。为了输出足够的电能来驱动汽车，需要将一定数量的燃料电池单体串联起来构成燃料电池组。

燃料电池的种类繁多，按燃料状态分为液体型和气体型两种；按工作温度分为低温型(低于 200℃)、中温型(200~750℃)和高温型(高于 750℃)；按电解质类型不同分为碱性燃料电池(AFC, Alkaline Fuel Cell)、磷酸燃料电池(PAFC, Phosphoric Acid Fuel Cell)、熔融碳酸盐燃料电池(MCFC, Molten Carbonate Fuel Cell)、固体氧化物燃料电池(SOFC, Solid Oxide Fuel Cell)、质子交换膜燃料电池(PEMFC, Proton Exchange Membrane Fuel Cell)等。

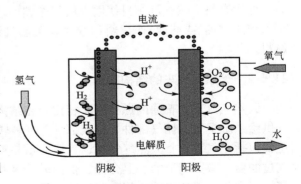

图 21.12　燃料电池工作原理

为满足车辆所必需的快速起动和动力响应的能力，车用燃料电池必须具有较高的能量密度，同时具有成本低、安全性好、寿命长等特点。从能量密度、操作温度、耐 CO_2 能力以及耐振动冲击能力等来看,质子交换膜燃料电池(PEMFC)最适合用作电动汽车的动力电源。PEMFC 的能量转换效率理论上可达到 80%。质子交换膜燃料电池 PEMFC 又名固体高聚合物电解质燃料电池,PEMFC 用可传导质子的聚合膜作为电解质,这种聚合膜是 PEMFC 的关键技术。

当前,世界上所有领先的汽车制造商都在积极开发燃料电池电动汽车,并且许多国家在燃料电池的研究方面取得了可喜的成绩,但从现有技术条件来看,离燃料电池电动汽车实现全面的商业化还有一定的距离,这主要体现在燃料电池电动汽车的一些关键技术方面,如燃料电池发动机技术以及燃料的制备、储存和运输等方面。

21.5 天然气汽车

新能源汽车除了纯电动汽车、混合动力电动汽车和燃料电池电动汽车以外,还包括天然气汽车、液化石油气汽车、甲醇燃料汽车、乙醇燃料汽车、二甲醚燃料汽车、氢燃料汽车以及太阳能汽车等。其中天然气汽车是目前应用较广泛的一类新能源汽车。

21.5.1 天然气汽车的分类

天然气汽车是指以天然气为燃料的汽车。

天然气是从天然气田直接开采出来的,其主要成分是甲烷。天然气压缩到 20MPa 左右的高压,储存在车载高压气瓶中,即为压缩天然气(CNG,Compressed Natural Gas);在常压下,温度为 $-162℃$ 的天然气为液体,储存在车载绝热气瓶中,即为液化天然气(LNG,Liquefied Natural Gas)。

根据所使用天然气燃料状态的不同,天然气汽车可分为压缩天然气汽车和液化天然气汽车,世界上使用较多的是压缩天然气汽车。

使用天然气为燃料的汽车,可以使用单一燃料,也可以同时使用多种燃料。根据燃料使用种类的不同,可分为专用燃料天然气汽车、两用燃料天然气汽车和双燃料天然气汽车。世界上使用较多的是两用燃料天然气汽车。

专用燃料天然气汽车只使用天然气作燃料;两用燃料天然气汽车既可以使用天然气也可以使用汽油(或柴油)作燃料;双燃料天然气汽车可同时使用天然气和汽油(或柴油)作燃料。

21.5.2 天然气汽车的结构

天然气汽车与普通内燃机汽车相比,在结构上主要增加了天然气供给系统。车用天然气供给系统主要由储气部件、供气部件、燃料转换部件和控制部件等组成。其中储气部件主要包括充气装置、天然气气瓶、气压显示装置和手动截止阀等;供气部件主要包括天然气过滤器、减压调节器、混合器、低压软管及循环水软管等;燃料转换部件主要包括油/气转换开关、天然气截止阀和汽油截止阀等。

手动截止阀的作用是在 CNG 汽车充气、修理或入库停车时,截断气瓶到减压调节器之间的天然气通路。减压调节器可以保证其瓶内的压力发生变化时进入混合气的天然气压力基本恒定。比例调节式混合器的作用是将空气和天然气按一定比例混合,形成一定浓度的可燃混合气。油/气转换开关有 3 个位置，即"油"、"气"、"中"，当转换开关置于"油"位置时，接通电动汽油泵电路，同时切断 CNG 电磁阀电路；当转换开关置于"气"位置时，接通 CNG 电磁阀电路，同时切断电动汽油泵电路；转换开关置于"中"位置时，不接通电动汽油泵电路和 CNG 电磁阀电路的任一电路。

汽油/CNG 两用燃料天然气汽车有多种类型。某国产 CNG 供给系统采用步进电动机伺服阀和比例调节式混合器闭环控制系统，其组成如图 21.13 所示。

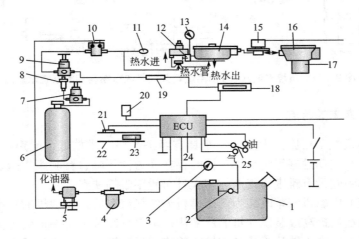

图 21.13　比例调节式混合器闭环控制 CNG 供给系统
1—汽油箱　2—油位传感器　3—汽油表　4—汽油滤清器　5—电动汽油泵　6—车载气瓶
7—充气阀　8—过滤器　9—手动截止阀　10—CNG 电磁阀　11—高压表　12—安全阀
13—低压表　14—减压调节器　15—步进电动机　16—混合器　17—化油器　18—压力显示器
19—压力传感器　20—发动机转速传感器　21—氧传感器　22—发动机排气管
23—三元催化转换器　24—电控单元(ECU)　25—汽油/CNG 转换开关

当驾驶员将汽油/CNG 转换开关置于"气"位置时，电控单元(ECU)24 向 CNG 电磁阀 10 通电，电磁阀开启。车载气瓶 6 内的天然气经充气阀 7、过滤器 8、手动截止阀 9 和电磁阀 10 进入减压调节器 14。天然气在减压调节器内降压，低压的天然气经步进电动机 15 控制的低压通道进入混合器 16，在混合器中天然气和空气混合后进入气缸。ECU 根据氧传感器 21 和发动机转速传感器 20 的信号，通过调节步进电动机伺服阀的行程来改变减压调节器至混合器之间的低压通道通过面积，以控制天然气的流量。

虽然混合器式闭环控制 CNG 供给系统能够改善空燃比的控制精度，但小气量工况下的空燃比难以准确稳定控制，因此近年来电控天然气喷射系统得到了迅速发展。电控天然气喷射系统通常利用原有电控汽油喷射系统的控制系统，只增加几个传感器(如安装在减压调节器后的天然气压力传感器等)、执行器(如天然气喷射器、汽油电磁阀等)以及一个供气控制模块，原有的三元催化转换器和氧传感器可以继续使用。电控汽油/CNG 两用燃料天然气汽车燃料喷射系统示意图如图 21.14 所示。

除了汽油/CNG 两用燃料天然气汽车，目前已经应用的还有柴油/CNG 两用燃料天然气汽车。对柴油/CNG 两用燃料天然气汽车而言，其燃料供给系统只需在原有柴油供给系统的基础上再增加一套 CNG 供给系统。

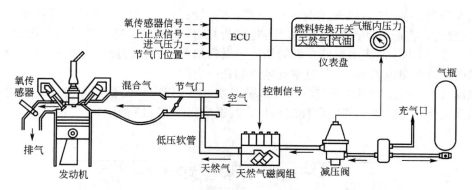

图 21.14 电控汽油/CNG 两用燃料天然气汽车燃料喷射系统示意图

21.5.3 天然气汽车的特点

与传统内燃机汽车相比，天然气汽车具有经济性好、排放低、噪声小、安全性能高、维修费用低、冬季起动性好等优点，但同时存在动力性下降、行驶距离短、汽车用户初始投资大、供气体系建设有难度、气瓶体积大且布置困难等缺点。

虽然将传统的内燃机汽车改装为两用燃料天然气汽车后，发动机的功率和转矩会有明显下降，但如果适当提高改装发动机的压缩比，不仅可以减小功率损失还能改善发动机的燃料经济性。天然气汽车被认为是具有推广价值的低污染汽车，尤其适合于城市公共交通和出租汽车使用，已在世界范围内得到广泛应用。

1. 什么是新能源汽车？
2. 新能源汽车有哪些主要类型？
3. 纯电动汽车的组成与传统内燃机汽车有哪些异同？
4. 电动汽车用动力电池有哪些主要类型？各有何优缺点？
5. 电动汽车用驱动电机有哪些主要类型？各有何优缺点？
6. 什么是混合动力电动汽车？混合动力电动汽车有哪几种类型？
7. 为什么说"混合动力电动汽车是一种过渡车型"？
8. 试说明燃料电池的工作原理。
9. 为什么说"燃料电池电动汽车是未来汽车的发展方向"？
10. 传统的内燃机汽车改装为双燃料天然气汽车在结构上需要有哪些变化？试以汽油/CNG 双燃料汽车为例进行说明。

参 考 文 献

[1] 肖生发. 汽车构造 [M]. 北京：北京大学出版社，2006.
[2] 陈家瑞. 汽车构造 [M]. 3版. 北京：机械工业出版社，2010.
[3] 肖生发. 汽车工程概论 [M]. 2版. 北京：北京理工大学出版社，2010.
[4] 关文达. 汽车构造 [M]. 2版. 北京：机械工业出版社，2005.
[5] 蔡兴旺. 汽车构造与原理 [M]. 北京：机械工业出版社，2004.
[6] 臧杰. 汽车构造 [M]. 北京：机械工业出版社，2005.
[7] 李卓森. 汽车知识纵览 [M]. 北京：机械工业出版社，2000.
[8] 徐维新. 现代汽车新技术 [M]. 上海：上海科学技术出版社，1999.
[9] 余志生. 汽车理论 [M]. 3版. 北京：机械工业出版社，2001.
[10]《汽车工程手册》编辑委员会. 汽车工程手册（试验篇）[M]. 北京：人民交通出版社，2001.
[11] 肖生发. 汽车工程学基础 [M]. 北京：人民交通出版社，2002.
[12] 于振洲. 汽车构造与修理 [M]. 长春：吉林科学技术出版社，1999.
[13] 董宝承. 汽车底盘 [M]. 北京：机械工业出版社，2004.
[14] 邓楚南. 轿车构造 [M]. 北京：人民交通出版社，1999.
[15] 杨杰民. 现代汽车发动机构造 [M]. 上海：上海交通大学出版社，1999.
[17] 唐艺编. 新编汽车构造 [M]. 北京：机械工业出版社，1998.
[18] 李仁光. 汽车构造 [M]. 北京：人民交通出版社，1997.
[19] 关文达. 捷达高尔夫型轿车结构与维修 [M]. 长春：吉林科学技术出版社，1997.
[20] 吴际璋. 汽车构造 [M]. 北京：人民交通出版社，1997.
[21] 中国第一汽车集团公司编. 红旗轿车 [M]. 北京：北京理工大学出版社，1998.
[22] 范迪彬. 汽车构造 [M]. 合肥：安徽科技出版社，2001.
[23] 吴社强. 汽车构造 [M]. 上海：上海科技出版社，2003.
[24] 王望予. 汽车设计 [M]. 4版. 北京：机械工业出版社，2004.
[25] 曾壮. 车迷百科知识 [M]. 北京：新时代出版社，2004.
[26] 黄靖雄. 现代汽车构造 [M]. 台北：正工出版社，1998.
[27] 竹花有也. 自动车工学概论 [M]. 东京：理工学社，1997.
[28]（日）全国自动车整备专门学校协会. 底盘构造 [M]. 2版. 东京：山海堂，2002.
[29]（日）全国自动车整备专门学校协会. 发动机构造 [M]. 2版. 东京：山海堂，2002.
[30] 刘世恺. 汽车百年史话 [M]. 2版. 北京：人民交通出版社，2005.
[31] 周龙保. 内燃机学 [M]. 2版. 北京：机械工业出版社，2005.
[32] 刘峥，王建昕. 汽车发动机原理教程 [M]. 北京：清华大学出版社，2001.
[33] 陆际清，刘峥. 汽车发动机燃料供给与调节 [M]. 北京：清华大学出版社，2002.
[34] 舒华，姚国平. 汽车新技术 [M]. 北京：国防工业出版社，2005.
[35] 周林福. 汽车底盘构造与维修 [M]. 北京：人民交通出版社，2005.
[36] 钱振为. 21世纪中国汽车产业 [M]. 北京：北京理工大学出版社，2004.
[37] 徐石安. 汽车构造-底盘工程 [M]. 北京：清华大学出版社，2008.
[38] 崔胜民. 新能源汽车技术 [M]. 北京：北京大学出版社，2009.